KB265473

國語學의 새로운 照明

李光政 篇

도서출판 역락

머리말

말은 그 민족의 흥망성쇠와 더불어 역사를 같이 한다. 비근한 예로 일제 강점기의 우리말은 민족의 운명처럼 풍전등화의 위기에 있었다. 다행히 민족의 재건과 더불어 우리말의 운명도 새로운 전기를 맞아 발전에 발전을 거듭하여 오늘에 이르렀다.

말은 흐르는 물처럼 잠시도 쉬지 않고 변하는 속성을 가지고 있다.

민족의 운명을 대변하고 물처럼 흐르는 우리말이 어떠한 방향으로 발전해야 하는가의 길을 정하고 인도해 주는 역할을 하는 것은 국어를 연구하는 학자들의 몫이다.

여기에 國語學의 새로운 照明이라는 이름으로 출간하는 이 책자는 그러한 국어학자의 책임을 수행하는데 적격한 학자들의 모임이고 21세기의 새로운 국어학의 연구방향과 갈 길을 가늠하는데 좋은 길잡이가 될 책자라고 생각한다.

이 책의 내용은 3부로 구성하였다.

제1부의 "수사와 의미"는 언어 사용의 궁극의 목적이 되는 의미론의 영역에 해당하는 것으로 구성하였다. 수사법, 문체, 낱말밭 이론, 어휘의미 영역과 기호학, 의미의 텍스트 언어학적 접근 등 다양한 내용을 참신한 시각에서 연구한 논문들이다.

제2부는 "문법과 음운" 부분은 우리가 행용하는 말의 형식과 기본틀이 되는 음운과 문법에 대한 영역이다. 우리말의 음운, 형태, 통사의 세 영역에서 주요 관심사가 되는 논제들을 택하여 새로운 시각에서 분석하고 이론을 정립한 논문들이다.

제3부에서는 "우리 옛말"을 연구의 대상으로 삼았다. 문헌어 뿐만이 아니라, 지명에 담겨 있는 옛말까지도 탐색을 하고 있다. 과거의 역어류해, 이

두, 언해 등의 여러 종류의 언어자료들에 대한 음운 문법 등에 걸친 심도 있는 연구가 이루어진 논문들이다.

이 책의 제목을 『國語學의 새로운 照明』이라고 붙인 데는 나름대로 타당한 이유와 근거가 있다. 우선 필진들이 신진 소장학자들로 주축을 이루었다는 점이다. 우리는 흔히 자연과학 분야의 학문의 지속성은 대략 5년을 그 주기로 삼고 있다. 특히 컴퓨터공학 같은 첨단학문은 5년이 지나면 그 이론이나 실용성이 과거가 되어 쓸모가 없어진다고 한다.

인문과학분야는 장맛과 같이 오래될수록 좋다고 하는 주장이 있으나 인문학도 과학인 이상 새로운 발전을 그 이상적인 모델로 삼는 것은 자연과학과 다를 것이 없다. 위의 25명의 필진 가운데는 첨단의 새로운 학문을 연구하여 학위를 받은 지 얼마 되지 않는 분들이 다수다 그러니만큼 이들 논문은 구태의연하지 않고 참신한 것이 장점이다.

한편 참신하고 새로운 것에는 그에 따른 새로운 검증이 요구된다. 그리하여 이 책자에는 또 여러분의 중진학자들의 논문을 수록하였다. 이들은 국어학 연구에 평생을 바치다 대학에서 정년한 분들도 두 분이나 계시고, 학계의 현역으로 활동하는 교수님도 여러 분이다. 이 한 권의 책자가 우리 국어연구의 새로운 길을 열고, 안내하는 역할을 다해 줄 것으로 기대한다.

2003년 2월
이광정

제1부 수사와 의미

제2부 문법과 음운

제3부 우리 옛말 연구

제1부
수사와 의미

'말'의 은유화 양상에 대한 고찰

박 영 순*

1. 서론

본고는 '말'이란 단어의 인지적 개념화를 통하여 나타나는 은유화와 그 의미 확대 양상을 살펴보는 데 그 목적이 있다. 단어는 일차적인 언어적 의미로 전달되고, 해석된다. 그러나 아래의 예들에서는 우리의 머릿속에 내재되어 있는 언어 능력은 Chomsky가 생각하듯 그토록 기계적이고, 문법에 따라 문장이 생성되는 것이 아니고, George Lakoff 같은 인지의미론자들이 주장하는 것처럼 오히려 전달하고자 하는 내용에 따라 구조나 형식이 선택되

* 고려대학교

고, 또한 주어진 기존의 형식에 대하여 유연하게 창의적으로 의미를 첨가, 확대, 변형하여 사용하고 있다는 것을 실증적으로 보여줄 것이다.

또한 언어 능력과 다른 인지 능력은 구별되어야 한다는 Chomsky의 생각과는 달리 인지의미론자들이 주장하는 것처럼 인지 능력 속에 언어 능력도 포함되어 있다는 것을 증명하게 될 것이다. 이것은 언어의 형식과 의미는 일 대 일의 고정된 대응만으로 이해해서는 안 된다는 것을 시사한다. 다시 말하면 '말'의 은유적 사용을 통하여 언어의 형식과 의미의 관계도 Saussure의 이론처럼 완전히 자의적이 아니고 상당 부분 동기화되어 있다는 것도 알 수 있다. 즉 일상적으로 사용하고 있는 언어 표현의 의미는 우리 마음의 산물로서 지각과 추리, 경험과 상상력 등과 같은 일반적인 인지 영역 안에서 개념적 내용을 환기시킴으로써 나타난다는 것이다. (임지룡 1997:27)

다시 말하면 사람은 어떤 단어나 문장을 문자 자체로서만 이해하고 사용하는 것이 아니고 다른 사물에 비유하고, 의미를 확대하며, 변형하여 새로운 의미로도 사용한다는 것이다. 이와 같이 언어를 창의적으로 사용하는 것은 언어 보편적인 현상이다. 모든 언어에 존재하는 관용어나 은유[1]가 이를 보여주고 있다.

본고에서는 한국인들이 '말'이란 단어를 어떻게 사용하는가를 관찰하여 한국인들이 '말'의 의미를 어떻게 비유하고 확대하는가를 보여주는 데 그 목적이 있다. 즉 한국인들이 '말'을 어떻게 인지하고 개념화하는가를 살펴보고, '말'의 은유적 사용은 매우 자연스러운 인지적 과정이란 것을 증명하고자 한다.[2] 이렇게 '말'과 관련된 은유가 많은 것은 '말'이 인간의 활동 중 가장 큰 비중을 차지할 뿐만 아니라 '말'의 수행력이 워낙 크기 때문이 아닌가 한다.

---

1) 한국어에서의 은유에 대한 자세한 논의에 관해서는 박영순(2000) 참조.

2) 인지언어학들은 '개념화'(conceptualization)를 '범주화'(categorization)와 동일시하기도 한다. 왜냐하면 개념화를 함으로써 어떤 사물의 핵심적인 속성이나 특징이 드러나고, 그렇게 되면 다른 사물과의 구별이 뚜렷해지고, 비슷한 성격을 가진 사물들의 범위를 알 수 있게 되므로 결국 범주화의 예비 작업이 되기 때문이다.

2. ‘말’의 개념화 양상

　인간을 가장 인간답게 하는 지표는 ‘언어’라고 한다. 즉 ‘언어’가 있으므로 사람은 동물과 구별되고, 과학 기술과 문화를 발전시킬 수 있다는 것이다. 언어는 ‘말’로 실현되는데, 이 실현되는 ‘말’에 대하여 사람들은 단순히 ‘말’을 말 자체로서만 이해하고 사용하는 것이 아니라 다음에서 보는 바와 같이 추상적인 존재인 ‘말’을 구체적 대상인 ‘액체’로, ‘음식’으로, 그 다음은 ‘사람’으로, 더 나아가서는 ‘경기’로까지 개념화하여 의미를 확대하여 사용한다는 것을 알 수 있다. 그리고 이러한 의미 확장을 위해서는 비유, 유추, 상상, 창조 등의 인지 능력을 동원하는 것으로 보인다. 그러므로 언어 능력은 다른 인지 능력과 독립되어 있는 것이 아니고, 인지 능력 속에 언어 능력도 포함되어 다른 고등 정신 능력과 함께 존재한다고 말할 수 있을 것이다. 그러면 ‘말’이란 단어를 어떻게 개념화하여 은유화하는지, 그리하여 ‘말’의 의미를 얼마나 확대하여 사용하는지 살펴보기로 하자.

　‘말(speech)’의 언어적 의미는 ‘화자가 전달하고자 하는 사상과 감정을 음성언어로 나타낸 언어의 형식’일 것이다. 그러므로 ‘말’이란 ‘사람의 입을 통해 나오는 의미 있는 소리’이다. 그러나 이러한 기본적인 의미가 아닌 다른 사물이나 개념으로 사용되는 경우가 훨씬 많다는 것을 실례를 통하여 볼 수 있다. 즉 사람의 인지 능력은 다음과 같이 비유, 유추, 상상과 창조의 인지 과정을 통하여 ‘말’이란 단어를 다양한 의미로 사용하는 것이다.

1) 비유를 통한 개념화

　의미 확장의 대표적인 인지적 기제는 비유이다. 원관념의 어떤 특성을 다른 사물에 비유하여 나타내는 개념화를 우리는 흔히 볼 수 있다. 다음이 그 예다.

　　(1) ‘말’은 액체이다

다음 예에서 보는 바와 같이 말의 연속성을 '액체'의 연속적인 흐름에 비유하여 '말은 액체다'와 같은 의미로 개념화하여 다음과 같은 문장들이 사용됨을 볼 수 있다.

① 말을 흘리지 말아라.
② 말이 새나갔다.
③ 말은 쏟아 놓으면 다시 주워 담을 수가 없다.
④ 그는 나에게 비난을 퍼부었다.
⑤ 그의 입에서는 조국을 찬양하는 말이 줄줄 흘러나왔다.

(2) '말'은 음식이다

'액체'에서 한 단계 더 나아가 이번에는 '말'을 '음식'으로까지 개념화하여 사용하는 경우가 다음의 예에서 나타난다. 이것은 아마도 액체 중에는 우리가 마실 수 있는 것이 많기 때문이 아닌가 한다. 또한 마시는 것은 먹는 음식과 함께 연상될 수도 있으므로 '음식'으로 개념의 확대가 일어난 게 아닌가 한다.

① 나는 김선생님의 말씀을 소화할 수가 없다.
② 나는 그 말을 삼켜버렸다.
③ 철수는 내가 한 말을 계속 곱씹는다.
④ 나는 어제 순희한테서 약속 안 지켰다고 욕을 많이 먹었다.
⑤ 그의 말은 언제나 달콤하다.

보는 바와 같이 음식을 먹을 때만 쓰일 수 있는 표현들, '소화하다', '삼키다', '곱씹다', '먹다', '달콤하다' 등이 '말'에 대한 동사로 자연스럽게 사용되고 있다.

(3) '말'은 물체이다.

위에서와 같이 '말'을 '음식'으로 보게 되니까 거기서부터 다시 더 확대되어 일반 '물체'로까지 대체하게 된다. 다음 문장들이 그 예다.

① 철수는 말을 끊었다.
② 동수는 계속 말을 이어갔다.
③ 영희는 말을 미화한다.
④ 말을 골라서 써라
⑤ 말을 아껴라.
⑥ 그의 말은 무게가 있다.

보는 바와 같이 '말'은 이제 일반 물체와 같이 개념화하여 '끊다', '잇다', '미화하다', '쓰다'. '아끼다'와 같이 사용됨을 볼 수 있다.

2) 유추를 통한 개념화

인간의 인지는 어떤 단어에 대한 유추를 통하여 의미를 확대하고, 새로운 개념을 부여하기도 한다. '말'을 하나의 생명체로 개념화하거나, '사람' 자체로 개념화하여 다음과 같은 문장들을 사용하는 것이 그 예다.

(1) 말은 생명체다.

① 찬수의 말은 힘이 넘친다
② 동호의 말은 생기가 있다.
③ 동진의 말은 박력이 없다.
④ 영수의 말은 힘이 없다.
⑤ 철수의 말은 영원히 살아남을 것이다.

위의 문장들에서 보는 바와 같이 이번에는 '말'을 생명이 있는 생명체로 유추하고 개념화하여 은유로 사용한 것을 볼 수 있다. 즉 '힘이 넘친다', '생기가 있다', '박력이 있다', '힘이 없다', '살아남다'와 같이 생명체에 대한 동사가 그대로 사용되고 있다.

　　(2) '말'은 사람이다.

　더 나아가서 '말'은 이제 단순한 하나의 생명체에서 더 고도로 발달한 '사람'으로까지 개념이 확대되어 은유화되고 있다. 다음 예를 보자.

　　① 영수의 말은 성인군자다.
　　② 우리 형님이 하는 말은 할아버지다.
　　③ 준호의 말은 아직 초등학생이다.
　　④ 민호의 말은 선생님이다.
　　⑤ 순희의 말은 어린애다.

　물론 위의 예들은 '…와 같이 어떠하다'는 직유를 축약하여 만들어진 은유 유형으로 설명할 수도 있겠지만, 구조적인 분석 외에 내용적으로 분석한다면 그대로 '말'을 '그 말을 하는 사람'으로 개념화하여 은유적으로 사용되었다고 볼 수도 있다. 즉 '말'은 사람만이 하는 것이므로 '말'을 '사람'으로 유추하여 전달하고 이해되었다고 보아도 좋다는 것이다.

3) 상상과 창조를 통한 개념화

　인간의 인지 능력 중에서 가장 발달된 고등 정신 능력은 상상력과 창조력이라 할 것이다. 이러한 상상력과 창조력은 예술에 주로 반영되지만 일상 언어에서도 찾아볼 수 있다.[3] 다음이 그 예다. 즉 '말'을 경기나 전쟁으로 개념화하거나 '옷'으로 개념화하며, 돈과 공놀이로도 개념화하여 언어에 반영하는 것은 인간만이 가진 상상력과 창조력의 결과가 아닌가 한다.

　　(1) '말'은 경기, 전쟁이다.

―――――――――――――――――

[3] 물론 상상력과 창조력도 그 정도성을 논의할 수는 있을 것이다. 즉 같은 상상력에 의거한 은유화라고 해도 일상 언어에서 나타나는 은유와 문학 작품에서 나타나는 은유는 그 상상력의 정도에서 분명히 차이가 드러날 것이며, 창의력에 의한 은유화도 마찬가지일 것이다.

① 너의 말에 내가 졌다.
② 그의 말은 나를 압도했다.
③ 민수의 말에 나는 대항할 수가 없었다.
④ 말 한마디에 승부가 갈린다.
⑤ 철수의 논리적인 공격에 나는 효과적으로 방어하지 못했다.
⑥ 결국 그 토론에서는 직격탄만 쏜 형국이다.

위에서 보는 바와 같이 '말'을 무슨 경기나 전쟁으로 개념화하여 사용하여 말하는 것을 볼 수 있다. '졌다', '압도했다', '승부', '공격', '방어', '직격탄' 등이 모두 경기나 전쟁에 사용하는 용어들인 것이다.

(2) 말은 옷이다

① 진수의 말은 짜임새가 있다.
② 정희의 말은 맵시가 있다.
③ 미영의 말은 화려하고 아름답다.
④ 동수의 말은 이미 누더기가 되었다.

위의 네 문장에서 보는 바와 같이 '말'을 '옷'과 같이 '짜임새 있다', '맵시가 있다', '화려하고 아름답다', '누더기가 되었다'로 사용하고 있다. '말'과 '옷'은 사람이 가진 것 중에서 밖으로 드러난다는 점에서 어느 정도의 유사성을 찾을 수 있다.

(3) 말은 돈이다

① 남아일언은 중천금이다.
② 천냥 빚도 말 한마디로 갚는다.
③ 그가 한 말은 백만불 짜리다.
④ 군자의 말 한 마디는 천금을 주고도 사기 어렵다.

'말'은 하나의 '소리'에 불과한 기호일 따름이지만, 실제로 그 '말'의 힘은 엄청나다. 말 한마디로 남을 울릴 수도 있고, 웃길 수도 있으며, 위협할 수도 있고, 격려할 수도 있으며, 중요한 약속도 되고, 정치도 되며, 문화도 되고, 엄청난 경제적인 이해 관계를 야기할 수도 있다. 그러므로 이렇게 엄청난 힘을 가진 '말'은 '돈'이 할 수 있는 기능 혹은 그 이상도 할 수 있는 것으로 상상하여 '돈'으로 개념화하여 은유적으로 사용된 것이다.

(4) 말은 공놀이이다

① 말을 굴리지 말고 하여라.
② 말을 빙빙 돌리지 말고 하여라.
③ 그의 말은 술술 굴러갔다
④ 수진의 말은 튄다.4)

'구르다', '돌리다', '튀다' 같은 동사는 주로 공의 상태를 나타내는 단어들이다. 그런데 위에서는 '말'에 대한 술어로서 이런 용어들을 사용한 것을 볼 수 있다. 이와 같이 말을 공놀이로 개념화하는 것은 사람만이 가진 상상력과 창조력의 결과로밖에 설명할 방법이 없을 것으로 보인다.

3. '말'의 개념화와 의미 확장 과정

'말'의 의미는 위에서 본 바와 같이 매우 넓게 확장되어 사용된다. 이것은 아주 자연스런 현상으로 어떤 언어에서나 관찰되는 언어 본질 중 하나이다. 그러면 지금까지 살펴본 '말'의 의미 확대 양상을 하나의 그림으로 그려보면 다음과 같다.

---

4) 물론 여기서 '튄다'는 말의 의미는 '공이 튀다'할 때의 '튀다'보다는 '눈에 드러나다', '남과
  차별화되다'의 의미가 더 큰은 물론이다.

【그림 1】 말의 은유적 개념화와 의미의 확대

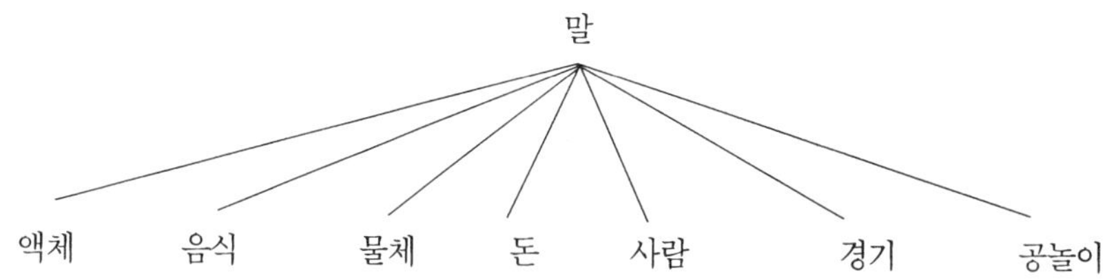

즉 위의 그림을 통하여 '말'에 대한 개념화와 의미의 확대 과정이 다음과
같이 일어남을 추론해 볼 수 있다.

말은 이어진다 → 이어진다는 점에서 액체와 유사하다 → 액체 중에서는 사람이 마
실 수 있는 것이 있다 → 마시는 것은 입 속에 넣어서 목으로 넘어가게 하는 것이다
→ 입에서 목으로 넘어가는 것은 음식이다 → 음식은 물체다 → 사람도 물체 중 한가
지다 → 사람은 말을 하며, 그 말은 그 사람의 인격, 성격, 교양, 실력 등을 나타낸다
→ 사람은 옷을 입는다. 옷은 디자인과 색에 따라 남에게 주는 인상이 전혀 다르다.
→ 사람의 말은 경우에 따라 큰 역할을 하므로 돈처럼 소중하다 → 사람은 다양한 종
류의 경기를 한다 → 경기에서는 공격과 수비(방어)가 있고, 승패가 있다 → 경기 중에
는 공놀이도 있다. 공은 재료가 고무 등으로 만들어졌고, 생김이 동글동글하므로 굴러
다니는 특징과 위로 튀어 오르는 특징이 있다.

4. 관습적인 말과 비관습적인 말의 사용

위의 '말'의 의미 확장에서 보았듯이 비유, 유추, 상상과 창조에 의한 은
유는 비관습적인 언어의 사용 현상을 잘 보여주고 있다. 그러나 비관습적
이라 해도 완전히 자의적으로 무질서하게 사물을 개념화하고, 은유화하여
의미의 확장을 가져 온 것이 아니고 대부분의 은유나 비관습적인 표현
(inconventional expression)들은 관습적인 언어와 더불어 동기화되어 있다는 것을
알 수 있다. 그러므로 아무리 난해한 은유가 생성된다고 가정하더라도 '*말

은 개다', '*말은 영희를 사랑한다', '*말은 시간이다', '* 말은 낮잠이다'와
같은 문장은 생산되지 않을 것이라고 예견할 수 있다. 왜냐하면 이러한 표
현은 어떤 경우에도 사람의 상상력이나 창조력, 개념화, 의미의 확대의 결
과로 나타날 수 있는 표현이 아니기 때문이다. 즉 이런 식으로는 동기화될
수 없기 때문이다.

그러므로 은유 표현은 의미 확장의 한 유형으로 이해되어야함과 동시에,
의미의 확장은 완전히 자의적으로, 비동기적으로 무질서하게 일어나는 것
이 아니고 인간의 인지능력을 동원하여 비유, 유추, 상상, 창조 등의 과정
을 거쳐 동기화되어 나타난다고 할 수 있다. 예를 들어 '말'은 '액체', '물
체', '음식', '옷' '돈', '사람', '경기', '공놀이' 등으로 개념화하여 그 의미가
확대되어 은유화되는 것이다. '먹다'라는 단어도 비슷한 과정의 의미 확장
을 볼 수 있다. '음식을 먹다'에서 '담배를 먹다', '약을 먹다'로 확장되고,
다음은 '욕을 먹다', '뇌물을 먹다'와 같이 추상화도 일어난다. 즉 '먹다'라
는 동사는 '보이던 사물을 보이지 않게 안으로 집어넣다'의 의미로 개념화
됨으로써 관습적인 의미인 '입안으로 넣어 씹어 넘기다'의 의미를 비관습
적으로 확장하여 사용함을 알 수 있다.

그런데 이런 식의 비관습화는 예외적으로 한두 단어나 문장에 사용되는
것이 아니고 수없이 많은 단어와 문장들이 비관습적으로 사용된다는 데에
언어의 본질이 있다는 것이다. 즉 처음에 생각했던 대로 언어가 규칙적으
로, 그리고 규범적으로, 관습적으로 생성되고, 이해되는 것이 아니라 1차적
인 의미는 있되 실제의 언어 사용에서는 많은 경우에 2차, 3차적 의미로,
비규범적으로, 비관습적으로 생성되고 이해된다는 것이다. 그럼에도 불구
하고 위의 예에서 보듯이 비규범, 비관습적이라고 해도 그 안에 또 다른 규
범과 범주가 있다는 것이다. 다음이 그 예다.

(1) 보다

① 맑은 하늘을 보다. (see)
② 집을 보다. (watch, stay)
③ 시험을 보다 (take)

④ 선을 보다 (meet)

⑤ 사주를 보다, 궁합을 보다 (tell, see)

⑥ 며느리를 보다 (get ?)

⑦ 발명한 것을 실험해 보다 (try)

⑧ 합의를 보다 (agree)

⑨ 이익을 보다 (get profit)

⑩ 손해를 보다 (loose)

⑪*사랑을 보다

⑫*미움을 보다

⑬*평화를 보다

보는 바와 같이 한국어의 다의어 '보다'는 '사물을 눈으로 보다'의 구체적인 의미에서부터 추상적인 보조동사로까지 사용됨을 알 수 있다. 즉 ⑥~⑩까지의 '보다'는 모두 비관습적으로 사용된 예다. ⑥은 "새 며느리를 맞이하였다"는 의미이고, ⑦은 '시도하다' 의 의미이며, ⑧은 '합의하였다'와 같은 의미이고, ⑨는 '얻다'의 의미요, ⑩은 '손해가 발생하였다'는 의미이다. 이와 같이 10개의 문장에서 '보다'는 모두 다른 의미로 사용되었지만 보통의 한국 사람이라면 모두 바르게 이해하고 해석하여 원만한 의사소통이 이루어질 것이다.

또한 재미있는 것은 '며느리를 보다'는 되는데, '*시어머니를 보다'는 안 된다. 이것은 곧 '사람을 맞아들인다'와 같은 의미로 윗사람이 아랫사람에게는 쓸 수 있지만, 반대로 아랫사람이 윗사람을 맞이한다는 의미로는 사용할 수 없다. 따라서 '*시어머니를 보다'는 안 된다. 그리고 '합의를 하였다'의 의미로 '합의를 보았다'는 되지만 '약속을 하였다'는 의미로 '*약속을 보았다'는 안 된다. 그러므로 이런 부분은 비관습적인 창조적 언어 구사를 하는 속에도 눈에 보이지 않는 어떤 원리나 제약이 있다는 것을 일 수 있다. 즉 '보다'는 추상명사와 공기하지 못한다는 것을 알 수 있다.

다음은 동사 '가다'의 의미를 살펴보자.

(2) 가다

① 대구에 가다. (go)
② 시장에 가다. (shopping)
③ 유학을 가다. (study abroad)
④ 하버드대학에 가다. (admitted)
⑤ 장가를 가다, 시집을 가다. (marry)
⑥ 옷에 주름살이 가다. (appears)
⑦ 화병에 금이 가다. (occur)
⑧ 시간이 가다, (elapse)
⑨ 소식이 가다. (reach, arrive)
⑩ 국민들 마음이 A 후보에게 가다. (prefer, support)
⑪ 호감이 가다. (like, favor)
⑫ 맛이 가다. (rotted, changed)
⑬ 너의 결심이 오래 가면 결국 뜻을 이룰 것이다. (continue)
⑭*바위가 가다.
⑮*모래가 가다.

이와 같이 '가다'라는 동사가 '움직여 발화장소에서 멀어지다'의 관습적 기본 의미에서 다음과 같이 비관습적으로, 또는 창의적으로 확대되어 사용됨을 알 수 있다.

사람(또는 동물)이 움직여 발화 장소에서 멀어지다(①~④) → 진행, 경과, 지속(⑧, ⑨, ⑬) → 변하다(⑫) → 정신, 마음이 어떤 곳으로 쏠리다(⑩, ⑪) → 어떤 상황이나 상태가 생기다(⑥, ⑦) → 결혼하다(⑤).

그러나 ⑭~⑮에서 보는 바와 같이 원천적인 무생물은 '가다'의 주어가 될 수 없다. 이것은 곧 의미 확대에도 일정한 제약이 있다는 것을 보여 준다고 할 수 있고, 이 제약은 논리적으로도 매우 타당함을 알 수 있다. 다음의 경우를 보자.

(3) 죽다

① 사람이 죽다. (die)

② 기가 죽다. (be dejected)

③ 코가 죽다. (low)

④ 시계가 죽다. (stop)

⑤ 법이 죽다. (does not have authority, or power)

⑥ 그 이론이 죽다. (disappear, has no more follower))

⑦ 배고파 죽겠다. (very hungry)

⑧ 부모님이 보고싶어 죽겠다. (miss a lot)

⑨ 신기해 죽다. (very (extremely) surprised)

⑩ 예뻐 죽다. (very pretty, very(extremely) lovely)

⑪ 기막혀 죽다. (at a loss)

⑫ 분해서 죽다. (very(extremely) angry).

⑬ *책상이 죽다.

⑭ *돌이 죽다

⑮ *슬픔(*분노)이 죽다5)

'죽다'의 의미 역시 매우 넓게 확대되어 사용됨을 알 수 있다. 그런데 '죽다'의 의미 확장은 매우 재미있는 현상을 보여주는데, 가장 불행하고, 슬픈 상황인 '생명이 소멸되다'(①)의 의미에서 '약해지다'(②, ⑤, ⑥), '잠시 멈추다'(④)의 의미로 변화되고, '어떤 상태가 매우 심하다'(⑦, ⑧)와 같이 확대되며, 더 나아가 사람이 살아있음은 물론, 마음이 가장 행복하고, 기분이 좋은 상태(⑨, ⑩)까지를 의미하는 것으로까지 확대하여 사용하는 것이다. 그리고 정신적으로 어찌할 바를 모를 정도로 놀라고 당혹하며, 화가 나는 상태를 ⑪, ⑫와 같이 '분해서 죽다'로 표현한 것처럼 의미적으로 변화되어 사용됨을 볼 수 있다.

그런데 위의 예들을 잘 관찰해 보면 '죽다'가 원래의 의미가 아닌 확대되거나 변화된 의미로 사용될 때는 모두 '강조법'에 의한 것임을 알 수 있다. 즉 '배고파 죽다'는 '배고픔'의 강조로 보아야 한다는 것이다. 이러한 강조법은 상당히 폭넓게 사용됨을 알 수 있다. 그러나 여기서도 역시 강조의 표

---

5) 물론 이러한 비문들도 특별한 환경의 문학 작품 안에서는 혹시 사용될 수 있을지도 모른다. 그러나 일상적인 언어에서는 비문으로 볼 수 밖에 없다.

현으로 '죽다'를 사용함에 있어서도 최소한의 제약은 있음을 볼 수 있다. 즉 첫째, 무생물이 '죽다'의 주체가 될 수 없다. (⑬, ⑭) 둘째로 나쁜 감정을 나타내는 명사형이 '죽다'의 주체가 될 수 없다는 것을 ⑮의 예를 통해 알 수 있다.

5. 결론

이상과 같이 사람은 언어를 사용함에 있어 관습적인, 기존의 의미대로만 따르지 않고, 인지 능력이 허락하는 대로 자유롭게 확대, 변형하여 운용함으로써 은유를 생성한다. 그런데 여기서 한가지 지적할 사항은 일상 언어의 경우 문학 언어와는 달리 의미의 확대에 있어서 어느 정도의 제약은 있다는 것이다. '보다'의 ⑪~⑬, '가다'에서의 ⑭~⑮, '죽다'의 ⑬~⑮의 예가 이것을 잘 보여준다. 이와 같이 언어는 자체의 내재적 질서와 구조와 의미를 가지고 있지만, 언어 사용자에 의해 자유롭게 확대, 축소, 변형되어 운용된다. 은유와 관용어가 그 대표적인 예다. 그러나 이러한 의미 확대에도 일정한 제약이 있다는 것은 역시 언어를 통한 의사소통이 원활하게 이루어지기 위해서는 인간의 인지 능력에 의한 언어 사용에 있어서 운용의 묘가 필요하다는 것을 확인할 수 있다.

참고문헌

김기수(1993), 「은유의 인지적 연구」, 경북대학교 박사학위 논문.

──(1997), "삶과 죽음에 관한 은유 표현의 인지적 연구", 「언어」 22-3. 한국언어학회.

김대식(1995), 「은유의 인지적 분석에 관한 연구」, 대구 효성가톨릭대학교 박사학위 논문.

김성일(1997), 『은유의 의미론적 분석』, 경북대학교 박사학위 논문.

박경현(1989), "일상국어에서의 은유적 표현에 관한 고찰", 경찰대 논문집 8.

박영순(1997), "은유의 사회적 의미에 대하여", 「사회언어학」 제5권 2호. 사회언어학회.

──(2000), 「한국어 은유 연구」, 고려대 출판부.

──(2000), "은유의 의미를 통해서 본 생각(idea)의 개념화에 대하여", 「한국어 의미학」
        7. 한국어의미학회.

──(2001), "한국어 가족 호칭의 은유화에 대하여", 「한일 어문학 논총」, 태학사.

이종열(1998). "'가다'의 다의성에 대한 인지의미론적 연구", 「한국어 의미학」 3, 한국어
        의미학회.

이찬규(1999), "의사소통에 영향을 미치는 인지작용에 관한 연구", 「한국어 의미학」 4,
        한국어의미학회.

임지룡(1997), 「인지의미론」, 탑출판사.

정원용(1996), 「은유와 환유」, 부산: 新知書院.

정희자(2002), 「담화와 추론」, 한국문화사.

최경봉(2000), "은유 표현에서 단어의 선택과 해석 원리", 「한국어 의미학」 7, 한국어의미학회.

홍승욱(1988), "영어의 화용론적 고찰", 「언어연구」 6, 한국현대언어학회.

Fiumara, Gemma G.(1995), The Metaphoric Processes, New York, Routledge.

Goatly, Andrew(1997), The Languages of Metaphors, New York: Routledge.

Grady, Joseph E.(1997), Ph.D dissertation, U.C Berkeley.

Grady, Joseph E.(1998), "The Conduit Metaphor revisited: A reassessment of Metaphors
            for metaphors for mental processes", In J.P.Koenig (ed.), Conceptual
Structure, Discourse, and Language 2, Stanford: CSLI.

Grady(1999), "A Typology of Motivation for Conceptual Metaphor: correlation vs
            resemblance", G. Steen & R. Gibs (eds.), metaphor in Cognitive Linguistics,
            Philadelphia: John Benjamins.

Lakoff(1987), Women, Fire and Dangerous Things: What Categories Reveal about the

Mind, University of Chicago Press.

Lakoff, George(1996), "The Contemporary Theory of Metaphor" in Andrew Ortony(ed., Metaphor and Thought, 2nd edition. Cambridge University Press

Langacker, Ronald(1991), Foundations of Cognitive Grammar, Vol II:Descriptive Application, Stanford University Press.

Ortony, Andrew(1991), Metaphor and Thought. Second edition, New York: Cambridge University Press.

Turner, Mark(1987), Death is the Mother of Beauty: Mind, metaphor, Criticism U. of Chicago Press.

환유와 은유의 상호작용

김 종 도*

1. 서론

이 논문의 목적은 환유(metonymy)와 은유(metaphor)의 상호작용을 포착하려는데 있다. 은유와 환유는 Aristotle 이래로 철학이나 수사학에서 다루어 왔지만 서로로부터 독립적 지위를 누려오지 못했다. 그 이유는 환유와 은유가 철학이나 수사학에서 홀대를 받아 제자리 차지 못했던 탓도 있지만 근본적으로 이 두 범주는 두 물체 사이의 관련성을 나타내어 어느 하나를 다른 것으로 대체하는 유사한 기능을 가졌기 때문인지 모른다. 그래서 기도

---

* 수원대학교

하여 Aristotle은 환유와 직유까지도 은유 범주 속에 넣는가 하면 Searl(1981)은 환유가 은유의 한 하위 분류(subclass)로 본다. 그런가 하면 Group de Liege(Sohofer와 Rice(1977)에 의하면)는 은유와 환유를 제유속에 넣는 묘한 논리를 적용한다. 어느 쪽으로 보는 학자라도 환유와 은유가 상호 작용하리라고 생각하지 않았다. 아마도 그 분들이 그렇게 생각한 것은 용기은유(container metaphor)에 물들어서 언어표현이 독립된 의미를 가지고 있는 것으로 보기 때문에 어느 표현이 다른 표현의 영향을 받아서 의미가 변하리라고 생각하지 않았기 때문이었을 것이다. 이유를 또 하나 추가한다면 환유와 은유가 언어학에서 다루어지는 것이 비교적 최근의 일이기 때문일지도 모른다. Jesperson조차 환유와 은유에 대한 언급이 없을 뿐만 아니라 Jesperson 이후의 구조주의 언어학자들이나 그 전통을 물려받은 표준문법 학자들도 외면하거나 언급을 피하고 있다. 그들은 문법을 구조 중심으로 짜는데 몰두하느라고 의미적 현상으로 볼 수 있는 환유와 은유를 다룰 겨를이 없었기 때문인지도 모른다.

언어학의 테두리 안에서 환유나 은유를 다룬 학자들조차도 두 범주 사이의 경계선 확정에 대한 논쟁에 급급하거나 지나치게 은유의 독립성을 주장함으로써 두 범주 사이의 상호작용까지 논의할 여력이 없었을지 모른다. 그런가 하면 어떤 학자들은 다른 극단으로 치달아 두 범주의 관련성이 큰데 주목하여 독립성을 거부하고 두 범주가 연속 변차적 관계에 있다고 까지 주장하게 된다(Barcelona 2000). 인지 언어학이 등장함으로써 언어적 현상들을 인지적 작용들과 관련지을 수 있게 되어서야 비로소 환유와 은유의 상호작용을 다룰 수 있는 환경이 마련되었다 할 수 있다. 이러한 환경에서 자란 개념적 은유설은 환유와 은유가 개념적 현상으로 보기 때문에 개념 수준에서 상호작용을 가정할 수 있었다.

그러나 본격적으로 환유와 은유의 상호작용의 연구가 이루어지기 위해서는 개념적 은유설이 혼성설로 발전하기를 기다릴 수밖에 없었다. 혼성설은 맥락에 따라서 다른 의미가 구축되어 나오는 것을 설명하는데 목적을 두고 있으며 의미 구축에 환유와 은유가 혼성작용의 다른 국면으로 상호작용 하여 의미 구축을 하는 것으로 가정한다. 우리는 이 논문에서 이 가정이 어떻게 실현되며 어떤 모습으로 실현되는지 살펴볼 것이다. 거기에 앞서 상호작용의 종류들을 알아보고 이 상호작용들도 혼성설로 가장 잘 설명될 수 있다는 것을 보일 것이다.

2. 상호작용을 다루기에 적절한 은유 모형

다른 모형들을 검토하기에 앞서 Aristotle의 모형을 살펴보고 이 모형을 따르는 고전적 은유관이 두 범주의 상호작용을 수용할 수 없는 이유들을 살펴볼 것이다. Aristotle은 시학(Poetics, 14576)에서 은유를 아래와 같이 정의하고 있다.

> 은유는 어떤 것에 다른 것에 속한 이름을 붙여주는 것이다. 속에서 종으로 혹은 종에서 속으로 혹은 종에서 종으로 전이가 이루어지며 때로는 유사성에 근거를 두고 이루어진다.

이 정의는 Aristotle의 은유관을 몇 가지로 요약할 수 있게 해준다: 첫째는 은유는 의미전이(transference)이고 전이는 낱말 수준에서 일어난다. 둘째 은유는 (곧이곧대로 말하는) 문자적 쓰임에서 일탈이다. 셋째 은유는 두 사물간의 유사성에 근거를 둔다. 넷째 은유를 낱말 수준의 의미 정의로 보기 때문에 낱말 의미의 전이와 관련되는 환유적 현상이나 제유적 현상, 심지어는 직유까지 은유 아래 거두어들인다.

Aristotle의 정의를 따르면 은유와 환유는 동일한 범주에 속하기 때문에 서로의 상호 작용을 논할 수 없다. 그러므로 Two heads are better than one의 heads는 persons이나 brains에서의 전이로 볼 수 있을 뿐이다. 이러한 분석은 이 문장이 의미하는 바를 다 설명해 주었다고 볼 수 없다. 왜냐하면 이 문장이 전하는 의미는 두 사람이 머리를 맞대고 의논하면 혼자서 생각해내는 것보다 더 나은 해결책을 얻어낼 수 있다는 의미이기 때문이다. 이렇게 해석될 수 있는 것은 heads가 brain과 부분/전체 관계로 연결되고 brain과 그 기능이 다시 부분/전체 관계로 연결되는 연속적 환유적 관계가 성립되기 때문이다. 이러한 환유적 관계가 MORE IS BETTER라는 개념적 은유에 동기를 제공해줌으로써 위와 같은 해석을 얻을 수 있다고 보아야 분석이 정확해지기 때문이다. 이것이 위의 예문의 해석이 이루어지는 내력이라 한다면 Aristotle의 정의나 이 정의를 따르는 전통적 은유 모형은 이 내력을 제대로 설명할 수 없는 것이 된다.

Aristotle의 은유관의 발전된 형태라 할 수 있는 대체설(substitution view)(Black 1954)도 위에서 보듯이 head를 person이나 brain으로 대체한다는 것으로 끝나기 때문에 우리가 보인 해석이 나오는 이유를 설명해 주지 못한다. 그리고 이 모형은 heads를 어떤 문자적 표현으로, 예를 들어 persons이나 brains으로 대체할 수 있는지가 분명하지 않은 문제를 안고 있다. 거기다 대체할 수 있다 하더라도 대체하면 위에서 보인 것과 같은 의도하는 의미가 나온다고 할 수 없다. 예를 들어 위의 예문을 The cooperation of two brains is better than that of one으로 의역한다면 이 의역이 전하는 의미는 강도나 신선도에서 위의 예문과 전연 다르기 때문이다. 이 문제를 고려하여 비교설(comparision view)(Black 1955)을 내세우기도 한다. 비교설은 은유가 직유의 생략된 형태임으로 Richard is a lion은 Richard is like a lion과 같다고 한다. 비교설은 직유가 like a lion과 같은 표현으로 유사성을 드러내고 있는데 반하여 은유는 (like) ……(in being brave)가 내포되어 있는 점이 다르지만 두 표현이 비교되는데는 동일 하다고 설명한다. 이러한 설명은 위의 예문과 같은 관습적 은유에 적용 가능할지 모르지만 맥락에 의해서 의미가 결정되는 새(novel) 은유에 적용할 수 없는 것이 문제다.

위에서 보인 데로 대체설과 비교설은 낱말의 대체나 낱말 사이의 비교로 보기 때문에 두 범주의 상호작용을 수용할 수가 없다. 그러면 상호작용설 (interaction view)은 이름 값에 걸맞게 상호작용을 설명할 수 있는지 알아보자. Richards(1936)는 아래 같은 말로 상호작용설을 제시하고 있다: 우리가 은유를 사용할 때는 함께 활동적인 다른 사물들에 대한 그리고 의미가 상호작용의 결과인 하나의 낱말이나 구에 의해서 뒷받침되는 두 생각들을 가지고 있으며 이 두 생각들이 상호작용하여 은유적 의미를 낳는다고 한다. 그의 예를 보자.

　　(1) The poor are the negroes of Europe.

　(1)은 대체설에 의하면 유럽의 가난한 사람들에 대해서 간접적으로 말하는 것이 된다. 비교설에 의하면 유럽의 가난한 사람들과 흑인을 비교하는 데 불과하다. Richards를 따르면 유럽의 가난한 사람과 흑인에 대한 생각들이 상호 작용하여 유럽의 가난한 사람들은 미국의 흑인들처럼 괄시받고 천시되는 불쌍한 사람들이라는 의미가 나온다. 이와 같이 Richards는 두 낱말 (즉 매체(vehicle)인) negros와 (대의(tenor)인) the poor에 대한 우리의 (기존의) 생각이 상호작용하는 것으로 본다. 상호작용설에서 사용하고 있는 이 상호작용이라는 용어는 낱말의 기존 의미들이 상호작용하는 것이므로 맥락에 따라 새로운 의미를 구축해내는 인지작용으로서의 두 범주의 상호작용과는 다르다.

　그러므로 상호작용설은 두 범주의 상호작용을 다루기에는 역부족일 뿐만 아니라 상호작용설이란 은유에만 관련된 모형임으로 환유까지 끌어들여서 상호작용을 논할 수는 없었다. 이 말은 상호작용설을 확대 발전시킨 Black (1955)에도 적용할 수 있다. 그는 어떤 사람을 wolf라 부른다면 이 두 낱말에 대한 어떤 자세 사항들을 억제하거나 다른 사항을 강조하여 사람에 대한 새로운 견해를 만드는 것이라 한다. 다시 말하면 사람과 wolf를 새로운 각도에서 보게 하여 두 낱말의 의미가 서로를 닮게 된다고 한다. 이와 같은 생각을 (1)에 적용하면 초점어 negroes가 주어진 맥락에서 새로운 의미를 얻는 것이라 한다. 다시 말하면 새로운 맥락이 초점어에 의미 확대를 강요함으로써 새로운 의미를 얻게 된다고 한다. 제일주어(primary subject) the poor와 보조주어(subsidiary subject) negroes가 연관된 공통성 체계(system of associated commonplaces)를 바탕으로 이러한 의미가 나오는 것으로 본다. 그는 은유가 이 체계에 일종의 여과장치(filter) 역할하여 필요한 정보가 도출되도록 하여 새로운 의미를 가지게 된다고 한다. 이렇게 될 수 있는 것은 은유가 보통 보조주어에게 적용되는 진술을 내포함으로써 제일 주어의 자질들을 선택하고, 강조하고, 억제하고, 조직하기 때문이라 한다. Black의 은유설도 Richards와 마찬가지로 은유에 국한된 모형임으로 환유와 은유의 관계까지 논의할 수 있는 여지는 없었다.

그러나 Black의 주장을 쫓으면 은유와 환유가 상호 작용할 수 있는 여지가 보인다. 제일 주어와 보조 주어의 공통성 체계가 두 개체 사이의 공통지식이라고 본다면 이 공통지식 속에 환유적 영향이 있으리라고 가정할 수가 있다. 왜냐하면 환유가 은유보다 더 기본적(Barcelona 2000)이므로 은유라는 인지작용이 공통지식의 환유적인 국면에 일어나는 것을 가정할 수 있기 때문이다. 그러나 Black의 상호작용설은 근본적으로 두 개의 생각(제일주어와 보조주어) 사이의 상호작용을 염두에 둘 뿐이다. 게다가 은유를 낱말 수준의 지적작용(intellectual operation)으로 보기 때문에 다른 인지작용과의 상호작용을 가정할 수 없다. 이 이외에 또 하나의 문제는 제일주어와 보조주어 사이의 관계가 쌍방향적인데 있다. 쌍방향적인 관점에서 보면 [사람은 동물이다]라는 은유는 제일주어 사람과 보조주어 동물이 상호작용하여 사람이 동물적인 특징을 가지게 되고 동물이 사람 같은 특징을 가지게 되어야 한다. 그래서 사람의 어떤 국면이 동물에 사상되고 역으로 동물의 어떤 국면이 사람에게 사상되어야 하지만 전자를 발견할 수 없는 것으로 본다면 상호작용설이 한계가 있다고 할 수 있다. 이 한계 때문에 상호작용설은 더 발전하지 못하고 개념적 은유설에 자리를 물려줄 수밖에 없었다.

Lakoff과 Johnson(1980)이 제창한 개념적 은유설은 사상이 개념 층에서 두 영역(원천영역(source domain)과 목표영역(target domain)) 사이에 이루어지는 것으로 보는 것이 기존의 은유설들과 다르다. 그리고 그는 덧붙여 사상은 체계적이고 일방적이라고 한다. 그리고 그는 "우리의 일상적 개념 체계와 우리의 일상적 관습적 언어의 대부분이 은유적으로 구조 지어지고 이해되지만 정작 이러한 현상들을 눈치채지 못할 뿐만 아니라 논의조차 이루어지지 않는다"고 은유의 불가피성을 논한다. 덧붙여 은유는 우리의 생각, 말 심지어 행동 속에까지 만연되어 있어서 일어나지만 "목표영역의 내재적 구조와 일치하게 원천영역의 영상도식적 구조(인지적 위상)를 보존한다"는 불변가설의 제약을 받는다고 한다.

　개념적 은유설의 가장 큰 공헌 중의 하나는 은유를 개념적 현상으로 끌어올리므로 해서 개념이 언어로 부호화되기 이전에 은유가 환유와 상호작용할 수 있는 공간을 마련해준 것이다. 그러나 이 모형은 은유가 두 영역간의 일방적 사상이며 환유가 한 영역 내의 지시적 전이 현상으로 봄으로 해서 두 범주간의 상호작용을 용납할 수 있는 길이 봉쇄되어 있는데 문제가 있다. 길의 봉쇄는 The Invisible Man(Ralph Ellison(1952, 作)과 같은 표현의 의미를 정확히 분석할 수가 없는 문제가 생기게 한다. 이 소설의 제목은 흑인이 사회적 진출이 적기 때문에 사회에서는 보이지 않는 사람과 다름없다는 환유적 의미이기 때문이다. 이와 같이 invisible이 black을 대신할 수 있는 것은 시각공간을 통해서 색깔 영역을 이해하는 은유적 사상에 의해서다. 이것이 가능한 것은 검은 것은 어두운 곳에서는 보이지 않을 뿐만 아니라 더욱이 흰 것과 동시에 어두운 곳에 있을 때 검은 것이 보이지 않는 환유적 현상에 의해 동기를 부여받았기 때문이다. 그래서 사회를 어두운 곳으로 보면 흑인이 보이지 않을 것이라는 판단에 의해 INVISIBLE IS BLACK 이라는 은유가 가능하게 된 것이다. 다시 말하면 invisible의 부정적인 면과 black의 부정적인 면이 상호작용하여 inivisible man이 black man을 지시하는 환유가 일어났다고 본다면 은유와 환유가 상호작용 하는 것으로 보아야할 것 같다. 이러한 예를 보더라도 환유가 은유적 사상에 동기를 부여하는 것으로 보는 것이 사리에 맞을 듯하다.

　또 하나의 개념적 은유설의 문제는 은유와 환유가 개념적 현상이라고 말한 것으로 끝나버리는 것이다. 실제로 은유와 환유가 개념세계에서 어떻게 상호작용할 수 있는지는 내보이지 않을 뿐만 아니라 두 영역간의 사상이 정적이어서 상호작용 같은 동적 개념을 수용할 수가 없는 것이 문제다. 그러나 개념적 은유설이 은유를 개념적 현상으로 봄으로써 언어적으로 부호화되기 이전에 개념 세계 내에서 일어날 수 있는 여러 가지인지 작용을 가정할 수 있는 가능성을 열어준 것은 큰 공헌이라 할 수 있다. 구체적으로 이 가능성은 개념적 은유설이 혼성(blending) 작용을 끌어들여 혼성설(blending theory) 혹은 다공간설(many-space theory)로 발전하면서 실현될 수 있었다.

혼성설은 Turner와 Fauconnier(1995), Fauconnier와 Turner(1998) 등이 제창하고 있는 이론이다. 혼성설이 두 가지 이름을 가진 이유를 설명하면 이 은유 모형의 설명의 대강이 이루어지는 것으로 볼 수 있다. 그 이유는 개념적 은유설이 원천영역과 목표영역이라는 두 공간을 설정하는데 반하여 다공간설은 두 영역 외에 총칭공간(generic space)과 혼성공간(blending space)이라는 공간을 더 설정하기 때문이다. 뿐만 아니라 원천영역과 목표영역도 입력공간$_1$, 입력공간$_2$로 불러서 더 많은 공간으로 늘어날 가능성을 열어두고 있는 것도 또 하나의 이유이다. 개념적 은유설이 원천영역이나 목표영역이라는 말을 쓰고 있는 것은 사상이 일방적으로 일어나는 것을 나타내기 위해서였다. 거기에 반하여 혼성설은 입력공간들 뿐만 아니라 총칭공간과 혼성공간을 설정하고 이 네 개의 공간들이 통합망(integration net)을 이루고 이 망 내의 각 영역 사이에 인지작용이 유기적으로 일어나는 것으로 가정한다. 그리고 총칭공간과 혼성공간은 입력공간들의 중간에 위치하며 입력공간에서의 투영에 의해서 이루어지는 것으로 가정하는 즉석(on-line) 구조로 본다. 또 하나의 특징은 정보가 두 입력 공간으로 흐르는 것을 가정할 뿐만 아니라 혼성공간과 총칭공간에서 다시 입력공간(목표공간)으로 투영되는 것을 허용하기 때문에 정보의 교류가 쌍방향이라는 것이다. 아래 예를 보자.

> (2) He was so mad I could see the smoke coming out of ears.
>   (Mark Turner와 Fanconnier, 2000)

(2)는 ANGER IS HEAT라는 개념은유가 언어로 표현된 예이다. 목표영역 ANGER나 원천 영역 HEAT에는 smoke와 관련시킬 수 있는 정보가 없다. 혼성설은 혼성공간에서 입력공간$_1$에 있는 ANGER에 관한 정보와 입력공간$_2$(정서공간)와 입력공간$_3$(생리공간)으로부터 들어온 정보들 예를 들면 HEAT와 관련되는 증기/연기가 혼성되어 다시 입력공간$_2$로 투영되어 ANGER가 smoke를 생성하도록 짜여진다.(혼성설에 대해서는 3의 2)에서 더 자세히 논의 될 것이다.)

이와 같이 혼성설은 인지적 작용이 일어나서 이루어지는 통합망을 설정하고 통합망내의 혼성공간에서 인지작용이 일어날 수 있게 함으로써 환유와 은유가 상호 작용할 수 있는 공간을 설정하고 있다. 그러면 아래에서 구체적으로 이 상호 작용의 갈래를 알아보고 이 상호작용이 어떻게 일어나는지 알아보자.

3. 상호작용의 분류

은유와 환유가 상호작용한다는 것은 잘 알려진 사실이다(Lakoff과 Turner 1989:104~106, Goossens 1990; Gibbs 1994:449~451). 때로는 그 상호작용이 복잡하게 이루어지기 때문에 포착이 쉽지 않거나 너무 관습화 되어 있어서 우리의 주의를 비켜가기 쉽다. Barcelona(2000:10)는 상호작용을 두개의 일반적 유형으로 정리하고 있다.

(i) 개념적 수준에서의 상호작용
(ii) 동일한 언어 표현에 은유와 환유가 함께 나타나는 현상

그는 이 중에서 중요한 것은 (i)이라고 전제하고 이를 다시 두개의 하위 유형으로 나누고 있다.

(a) 은유의 환유적인 개념적 동기
(b) 환유의 은유적인 개념적 동기

(a)는 환유가 개념수준에서 은유에게 동기를 제공해 주는 것을 의미한다. 환유가 은유의 동기가 됨으로 은유와 환유의 경계를 흐리게 하여 은유이론의 정립을 어렵게 만든다. 그래서 은유이론가들 중에서는 환유가 신체적 경험에 더 가까워 더 기본적임으로 많은 은유에 동기를 부여한다고까지 주장하게 된다. (b)는 은유가 환유에 동기를 제공하는 경우를 말한다. 이 예는

앞서 우리가 제시한 The Invisible Man에서 찾을 수 있다. 우리는 다음 소절에서 각 항목별로 논의를 좀 더 심도 있게 다루겠으나 Barcelona와는 순서를 바꾸어 (ii)의 두 범주의 공기현상을 먼저 다루기로 하자.

1) 은유와 환유의 공기

Barcelona(2000:10)는 은유와 환유의 상호작용(혹은 결합)의 한 유형이 동일한 언어표현에 두 범주가 공기하는 것이라고 지적하고 있다. 이 유형은 두 범주가 개념적으로 상호작용하는 것이 아니기 때문에 서로에게 어떤 영향을 주지 않아서 독립적이라고 한다. 그는 아래의 예로 자기 주장의 정당성을 내세운다.

(3) The ham sandwich started snarling.

the ham sandwich가 그것을 주문한 사람을 뜻하는 환유이고 snarling은 PEOPLE ARE ANIMALS라는 개념적 은유에 바탕을 둔 은유적 표현이다. 이 두 비유적 표현이 동일한 언어표현에 나타나지만 어느 한 범주가 다른 범주에 영향을 미치지 않은 것 같다고 한다. 다시 말하면 어느 한 표현이 은유나 환유로 해석되는데 다른 한 쪽의 존재가 필수적이지는 않다는 것이다. 그래서 the ham sandwich 대신에 he나 Tom이 들어간다고 해서 snarling이 은유적으로 해석되지 않은 것은 아니며 역으로 snarling이 문자적 표현 running away without paying으로 대체 되더라도 the ham sandwich가 환유적으로 해석될 수 없는 것은 아니라 한다.

이 문제에 대해서 Croft(1993:335)는 견해를 달리하고 있다. 그의 예를 보자.

(4) Denmark shot down the Maastricht treaty.

(4)에서 Denmark는 the voters of Denmark를 의미하는 환유이고 shot down

은 cause to fail을 의미하는 은유라 한다. 이렇게 (4)의 해당 부분이 각각 환유와 은유로 해석되는 것은 (4)가 하나의 개념영역 안에서 의사소통 목적을 수행하기 위해서 해당 부분이 조정되었기 때문이라 한다. 이러한 영역의 개념적 통일은 어떤 구문이 하나의 개념 영역 내에서 해석되어야 일관성을 얻는다는 것을 의미하는 것이라 한다. 그러므로 개념적 통일이란 구문의 부분들이 하나의 개념적 영역 내에서 개념적으로 조정되는 것이라 할 수 있다. 이 조정 작용은 영역사상이나 영역부각에 의해서 이루어지며 영역사상이 은유를, 영역부각은 환유를 낳는다고 한다. 이렇게 보면 환유와 은유도 개념적 통일을 이루기 위한 조정의 일종으로 볼 수 있다.

개념적 통일은 격발장치(trigger)에 의해서 이루어지며 이 장치는 언어표현으로 나타나기도 하지만 맥락에 의해서 주어지기도 한다고 한다. (4)의 격발장치는 the Maastricht Treaty이고 이 장치에 의해서 (4) 전체는 모든 부분들이 정치영역에 맞게 조정되어야 한다고 한다. 이렇게 통일된 영역에 맞게 조정되어 Denmark는 환유로 shot down은 은유로 실현된다고 한다. Croft의 생각을 (3)에 적용하면 격발장치 snarling이 개념 영역을 유정영역으로 통일시키고 이 영역에 맞게 the ham sandwich가 유정적 성질을 가지게 되어 주문한 사람을 뜻하도록 상호작용한다고 할 수 있다.

Croft의 분석대로라면 은유와 환유가 단순히 동일한 단어들의 결합에 공기하는 것으로 끝나는 것이라기보다 개념적 영역의 통일성에 순응하기 위해 상호 협조한다고 하는 것이 더 정확하다. 그는 상호협조 부분을 더 구체화하여 한 쪽이 다른 쪽을 유발(induce)한다는 주장을 내세운다. 그래서 (4)의 shot down은 Denmark의 부분을 부각시키고 Denmark는 shot down의 사상을 유발한다고 한다. 아래 예로 상호 유발 관계를 좀더 살펴보자(상게서:363).

(5) The newspaper went down.

이 예는 중의적이어서 비유적으로 해석할 수 있는가 하면 문자적 의미로도 해석 가능하다고 한다. 비유적 표현으로 해석하려면 the newspaper가 신문사를 나타내는 환유적 쓰임으로 went down은 파산을 의미하는 은유적 쓰임으로 해석되어야 한다고 한다. 이 말은 위의 예문을 비유적으로 해석하려면 양쪽 모두 환유적으로나 은유적으로 해석해야 한다는 의미이다. 문제는 어느 한 쪽을 비유적으로 해석하지 않으면 다른 쪽도 비유적 표현으로 해석할 수 없다는 사실이다. 그러나 이 표현에는 (4)에서처럼 개념적 통일을 기하게 하는 격발장치로 볼만한 언어표현을 찾을 수 없다. Croft는 이러한 경우에는 맥락이 격발장치 역할을 한다고 한다. 그의 주장대로 맥락이 개념 영역을 통일시키면 이 통일에 순응하여 the newspaper는 신문사로 went down은 파산을 의미할 수 있다고 할 수 있다.

Croft는 환유와 은유의 상호 유발의 원인을 좀 더 근본적인데서 찾고 있다. 그는 상호유발은 언어표현들이 결합해서 구문을 이룰 때 결합을 지배하는 의존성(dependency)에 의해서 일어난다고 한다. 의존성 개념은 Langacker (1987:300)에서 빌려온 것이다. 그는 요소가 결합하여 구문을 이루려면 관계가 비대칭적이라야 한다고 전제하고 어느 한 쪽이 자립적이면 어느 한 쪽은 의존적이 된다고 한다. 이러한 전제 하에 자립성/의존성을 아래 같이 정의한다: "하나의 구조 D(의존구조)는 A(자립구조)가 D의 현저한 하부구조를 정교화 하면 A에 의존한다." 이 정의에 의하면 S+V+O 구조에서 S와 O는 V의 하부구조를 정교화 함으로 자립적이고 V는 의존적이라고 할 수 있다. 의존성 개념을 위의 예에 대입하면 (4)의 Denmark는 자립적 구조이고 shot down은 의존적이라 할 수 있다. 이 말을 일반화하면 의존관계에 있는 환유적 표현과 은유적 표현은 환유와 은유를 상호 유발한다고 할 수 있다.

은유와 환유가 관련되는 의미적 현상인 영역사상과 영역부각도 의존성 개념에 바탕을 두고 아래와 같이 상호작용한다고 한다: "자립서술(구조)과 의존서술(구조)의 문법적 결합에서는 의존서술이 자립구조에서 영역부각 (domain highlighting)을 유발하고 자립서술은 의존서술에서 영역사상(domain mapping)을 유발한다." 그러나 자립서술과 의존서술이 각각 상대에게 영역사상이나 영역부각을 유발한다는 주장은 영역사상이 없으면 영역부각이 존재할 수 없다거나 영역부각이 일어나지 않으면 영역사상이 일어나지 않는 것과 같은 필연적인 관계에 있다는 의미는 아닌 것 같다. 아래 예를 보고 논의를 계속하자.

(6) Terrorism hijacked APEC Conference.

(7) A little pot is soon hot.

(6)에서 terrorism 대신에 terrorists가 쓰이더라도 hijack이 은유적으로 쓰일 수 있는 것을 보면 은유와 환유의 관계가 필연적인 것은 아닌 것 같다. 자립구조 terrorism이 hijack에 영역사상이 일어나게 하고 hijack이 terrorism에 영역부각이 일어나게 했다는 의미로 쓰인 것이지 둘 사이의 인과관계가 성립되는 것은 아닌 것 같다. 그러나 terrorism이 환유적으로 terrorists를 지시하는데는 hijack이 행위자를 필요로 하는 동사여야 하고 hijack의 행위자성이 terrorism이 terrorist가 되게 하여 highjack APEC Conference가 은유적으로 해석되게 하니 상호유발적이라 할 수 있다.

바꾸어 말하면 (6)의 격발장치 APEC Conference가 개념영역을 세계 정치 영역으로 통일됨으로써 terrorism은 terrorists로 조정되고 hijack은 'take away something underway illegally'로 조정된다고 할 수 있다. 거기다 APEC Conference도 환유적으로 조정되어 이 회의에 쏠린 세계의 이목을 뜻하게 되어 소기의 의미가 나온다. (7)은 (6)보다는 쉽게 생각할 수 있다. (7)이 맥락에 의해서 정서적 영역으로 개념적 통일을 이루어야 된다는 것을 알면 조정이 어떻게 이루어질지 알 수 있다. 그러면 HOT는 (은유적으로) ANGRY 로 조정되고 BE ANGRY는 화를 나타낼 수 있는 행위자를 요구하게 되어 a little pot가 쉽게 a narrow minded man으로 (환유적으로) 조정될 수 있다.

Croft가 한 구문을 하나의 개념 영역으로 해석되게 하기 위해서 부분들이 조정되는 것으로 본 것은 통찰력 있는 분석이라 할 수 있다. (6)에서 보듯이 은유의 해석에 중요한 단서를 제공하는 맥락을 고려할 여지가 있는 점이 높이 살만하다. 맥락의 중요성은 경우에 따라 다를 수 있어서 (6)은 (7)보다 더 큰 것 같이 보인다. (6)을 정확하게 이해하기 위해서는 모스코바 어느 극장에서 벌어진 체첸 반군들이 천 여명의 인질로 잡고 러시아 정부와 대치하고 그로 인해서 푸틴 대통령이 APEC 회의에 참석 못하게 되었을 뿐만 아니라 세계의 매스컴들이 앞다투어 APEC 정상회담보다 더 크게 보도하는 당시의 상황을 염두에 두어야 하기 때문이다. 그러나 아쉬운 점은 조정이 이루어지는 곳이 설정되지 않는 것이 문제라 할 수 있다. 조정이 인지작용의 결과로 이루어진다면 이 조정이 이루어지는 공간을 설정하는 것이 순서이기 때문이다.

2) 은유와 환유적 개념적 공기

환유가 개념 수준에서 은유에게 동기를 제공한다는 주장은 꽤 오래 동안 은유 연구자들의

흥미를 끌어온 것이다. 그래서 이 주장이 강도를 더해가서 은유는 반드시 환유적 동기를 가지고 있다고까지 주장하기에 이른다. 그래서 Barcelona (2000:51)도 "은유는 적어도 전형적으로 한 두 개의 환유적 사상에 바탕을 두고 있다"고 주장하고 덧붙여 모든 은유는 궁극적으로 환유로부터 동기를 부여받는다는 가설을 입증하려고 애쓰고 있다.

우리가 환유와 은유의 상호작용을 논하게 되면 빠지게 될 위험성은 상호작용을 시간적 연속성과 관련짓는 것이다. 환유가 은유보다 먼저 일어나야 하는 것으로 가정하여 은유는 은유보다 생산이나 이해에서 시간이 더 걸려야 한다는 입증할 수 없는 결론에 이를 위험성이 있다. 그렇게 되면 원천 영역이나 목표영역의 환유적 이해가 은유의 관습화에 앞서서 관습화될 필요가 있다는 가정을 추인해야 한다. 뿐만 아니라 만약 순서가 있는 것으로 본다면 새로운 은유에서는 환유적 이해도 새로워야 한다고 비약할지 모른다. 이러한 위험성을 피하기 위해 은유의 환유적 동기라는 것을 정확히 이해하는 것이 중요하다. 환유적 동기란 은유가 가능하기 위해서는 목표영역이나 원천 영역이 환유적으로 이해되어야 하고 환유적 원근법으로 보아야 한다는 것을 의미하는데 불과하기 때문이다. 그래서 Barcelona(2000:31)는 이 점을 분명히 하기 위해서 "동기"라는 말을 "(은유의) 개념적 선행조건"으로 이해해야 한다고 못을 박는다.

3) 개념 수준에서의 상호작용

앞서 논의한 은유/환유 상호작용은 언어수준의 상호작용이라면 이 소절에서 논의된 상호작용은 개념 수준의 상호작용이다. 전자는 언어표현 속에 드러나 있기 때문에 상호작용의 정도를 가늠하는 것이 다소 용이하여 연구자들의 주목을 끌어왔다. 그러나 여기서 논의될 개념적 상호작용은 쉽게 전모를 드러내지 않아서 크게 연구자들의 시선을 크게 끌지 못한 듯 하다. 시선을 끌지 못한 또 하나의 이유는 개념적 은유설이 등장하기 전에는 상호작용을 수용할 수 있는 모형이 없었기 때문일 지도 모른다. 이는 Lakoff과 Johnson(1980)의 개념적 은유설이 등장함으로써 비로소 상호작용에 대한 논의가 활발해진 데서도 알 수 있다(Barcelona 2000).

개념수준에서의 상호작용을 논하기 전에 환유가 제공하는 동기들을 분류하고 분류 기준을 제시하고 있는 연구들을 살펴보기는 것이 순서일 것 같다. 먼저 Goossens(1990)은 유형을 4가지로 분류하고 있다: 환유에서 온 은유, 은유 내의 환유, 환유 내의 은유, 은유적 맥락에서의 탈 환유화, 환유에서 온 은유는 은유적 쓰임이 환유에 바탕을 두고 있어서 환유에 연결 지어야 은유적 해석이 가능한 은유라 한다. 예를 들어 beat one's breast,('make a noisy open show of sorrow that may be partly pretence')라는 은유는 공개적으로 자기 죄를 고백하면서 가슴을 치는 것과 같은 환유적 바탕을 가지고 있다. 이러한 환유적 바탕에서 큰 소리로 슬픔을 보이는 은유적 의미가 나오는 것이라 한다.

은유 내의 환유는 동일한 요소가 은유의 원천영역과 목표영역에 존재함으로써 환유적 관계가 성립되는 경우이다. 예를 들어 bite one's tongue off('be sorry for what one has just said')는 원천영역의 tongue이 목표영역에서 언어능력(speech faculty)을 의미한다. 이러한 의미 덕에 원천영역에서 화자가 자신의 말 실수를 자책하는 의미로 혀를 깨무는 것이 목표영역의 말하는 능력을 빼앗아 버리는 것으로 사상될 수 있다 한다.

세 번째 유형 환유 내의 은유는 아주 드물어서 그는 하나의 예만 찾을 수 있었다고 한다. 그의 예는 be/get up one one's hind legs('stand up in order to say or argue something, esp. in public')이다. 이 은유는 동물이 뒷다리로 어렵게 버티고 서서 다른 동물의 주목을 끄는 환유에 바탕을 두고 있다고 한다. 이 표현은 전체적으로 보면 환유적이지만 hind가 덧붙여지면서 은유적이 된다고 한다. 동물의 뒷다리로서는 것이 대단한 노력이 필요한데서 애써서 자신의 견해를 밝히는 것을 의미하게 되어 은유적이 된다고 한다.

네 번째는 은유 내에서의 탈 환유화이다. 그가 든 예는 pay lip service to ('support in words, but not in fact; give loyalty, interest etc. in speech, while thinking the opposite')이다. 이 예는 얼핏보면 은유 내의 환유처럼 보인다. paying은 빚을 갚는 장면을 암시하는데 이 장면이 환유를 내포하고 있는 은유라고 한다. 그러나 lip service는 "입술로 하는 서비스"로 해석하면 lip이 "말하는 것"을 의미하는 환유가 된다고 한다. 그런데 이 lip service가 "입술로만 하는 서비스"를 뜻하게 되어 lip service의 의미가 전체에서 벗어나서 (탈 환유화되어) pay lip service to가 은유적으로 해석되게 한다고 한다.

Goossens(1990)의 분류를 보면 은유와 환유 사이의 상호작용이 시간적 연속성(혹은 순서)과 관련이 있는 것 같이 보인다. 예를 들어 환유에서 온 은유는 환유가 먼저 일어나고 다음에 은유가 일어나는 것으로 생각할 수 있게 하고 역으로 은유에서 온 환유는 은유가 일어난 다음에 환유가 일어나는 것으로 생각나게 한다. Gibbs(1964)는 실험적으로 은유의 이해가 문자적 이해보다 시간적으로 더 걸릴 것이라는 가설을 입증할 수 없었다고 한다. 그래서 Goossens는 이러한 오해를 피하기 위해서 은유와 환유가 서로 얽혀진다고(intertwined) 말하고 있다. 그래서 우리는 환유와 은유가 상호작용을 하지만 시간적 연속성과 관련시키지 않기 위해서 환유가 은유에게 동기를 제공한다고 말할 것이며 동기제공을 혼성설을 쫓아서 환유적 연결(connections)로 이해할 것이다.

다음으로 Barcelona(2000)를 살펴보자. 그는 은유의 환유적 동기설을 확대하여 "모든 은유가 개념적 환유에 의해서 동기가 제공된다"는 가설을 입정하려고 애쓴다. 그 노력의 일환으로 Taylor(1995)가 환유적 동기를 찾을 수 없는 은유의 예로 본 loud color, sweet music, black mood 같은 공감각적 (synesthesia) 은유의 환유적 동기를 분석하고 있다. 그는 환유가 은유에게 제공하는 동기를 두 가지로 요약하고 있다. 첫째 유형은 loud color에서 볼 수 있는 것으로 은유의 목표영역의 어떤 현저한 하위 영역에 대한 환유적 이해가 은유의 원천 영역의 결정에 영향력을 행사하는 것이다. 은유 loud color의 목표 영역은 color 영역이다. 이 영역에서 관찰자에게 불쾌감을 주는 일탈적인 색깔이 환유적으로 전체 색깔 영역을 의미한다. 그리고 원천영역인 소리영역에서 다시 불쾌한 경험을 일으키는 소리가 환유적으로 소리영역 전체를 의미한다. 다시 말하면 환유적 동기란 환유가 두 영역 사이에 유사성이 생기게 하여 은유에 동기를 제공하는 것이다. 그래서 일탈적인 야한 색깔이 "주의를 끄는" 색깔로 이해되고 이것이 큰 소리가 원천영역으로 (주의를 끌기 때문에) 선택되는 동기를 제공해 주는 것이다. loud가 소리 영역에서 지각자가 지각대상에서 일탈적인 기분 나쁜 효과가 색깔 영역에서 일탈적인 색깔이 지각자에게 주는 눈을 끄는 속된 색깔이 있다면 이 두 유사성에 의해서 은유가 성립된다고 할 수 있다. loud color는 원천영역과 목표영역에서 환유적 작용에 의해서 어떤 특징이 유도되고 이 특징들 사이의 유사성에 근거를 두고 있는 은유라는 주장이다.

또 하나의 유형은 결과가 원인을 나타내는 환유가 은유에 동기를 제공하는 예이다. 이 예는 슬플때 머리를 숙이는 것이 공간영역으로 일반화(이 자체가 환유적이다)되고 이 일반화가 동기를 부여하여 SADNESS IS DOWN이 이루어진다고 한다. Barcelona(2000)는 이 과정을 먼저 몸을 숙이는 자세(결과)가 슬픔(원인)을 나타내는 환유가 되고 환유가 SADNESS IS DOWN이라는 은유에 동기를 제공한다고 한다.

이러한 Barcelona(2000)의 가설을 승계하여 논의를 계속하고 있는 사람이 Radden(2000)이라 할 수 있다. 그는 은유가 두 영역간의 사상 관계이고 환유가 한 영역 내에서의 영역관계이지만 은유에 관련되는 두 영역이 하나의 개념영역에 바탕을 두는 경우가 있어서 두 범주가 연속변차선을 이루는 것으로 보는 것이 정확하다고 생각한다. 그러나 환유가 은유에 관련되는 두 개념영역에 연상적이고 환유적인 연결고리 역할을 하기 때문에 환유에 바탕을 두는 은유(metonymy-based metaphor)라 하는 것이 바람직하다고 본다. 그는 이렇게 은유가 일어나도록 밀어 부치는 힘이 있는 것으로 가정하고 그 힘을 네 가지로 정리한다: (ⅰ) 두 은유영역의 공통적 경험적 바탕, (ⅱ) 함축 작용, (ⅲ) 범주구조, (ⅳ) 문화모형. 이러한 환유의 영향 때문에 환유와 은유의 구별은 사실상 유지될 수 없다고 한다. 그래서 그는 환유와 은유의 연속 변차선을 가정하고 한쪽 끝이 가장 원형적인 환유적 예가 있다면 다른 한 쪽 끝이 원형적인 은유적 예가 있는 것으로 보아야 한다고 결론을 내린다.

Radden의 네 가지 힘을 좀더 자세히 알아보자. 첫째 은유는 공통적인 경험적 바탕에서 일어나는 것이다. 이 은유는 Barcelona가 말한 경험의 일반화와 유사하다. 예를 들어 Radden은 MORE IS UP이 UP FOR MORE라는 환유적 경험에 뿌리를 두고 있다고 본다. 이 범주에 속하는 또 하나의 은유는 상관관계(correlation)라는 환유적 관계에 바탕을 둔 것이다. 좀 더 구체적으로 말하면 인과관계나 부분들 사이의 상보적 관계에 바탕을 둔 은유이다. 전자의 예에는 Like father like son, Short visits make long friends 등이다. 후자의 예를 들어 보면 남녀가 육체적으로 가까이에 있는 것이 정신적으로 가까이 있는 것이 되어 남녀가 각각 상보적 부분이 되는 통일체를 이룰 수 있는 것으로 본다. 이러한 생각에 바탕을 두고 LOVE IS UNITY 같은 은유가 생겨나서 couple이 부부를 의미하게 된다. 비교(comparison)도 이 유형에 속한다. 비교가 이 유형에 속할 수 있는 것은 비교는 곧 가까이에 둔다는 의미임으로 근접성이 거리로 이해되기 때문이다. 이러한 환유적 관계에 바탕을 두고 This is close to the truth 같은 은유가 이해된다.

두 번째 힘은 대화함축(conversational implicature)이다. 다시 말하면 A stands for B와 같은 환유에서 A와 B 사이가 대화 함축 관계에 있는 경우를 말한다. 이 유형에 속하는 예는 연속적 사건이다. Taylor가 말한 공감각적 은유가 여기에 속한다. 예를 들어서 어떤 것을 본다는 것은 그것을 알게되었다는 의미가 되어 KNOWING IS SEEING이라는 은유가 생겨난다. 또 하나의 유형은 사건과 결과에 바탕을 둔 은유이다. 예를 들면 seize, take, get, hold 같이 "힘으로 어떤 것을 잡다"라는 의미와 관련된 낱말들이 소유의 의미를 나타내는 경우이다. 이러한 사건과 결과의 관계에서 POSSESSION IS HOLDING 과 같은 은유가 생겨나서 to hold a driver's license, to hold power, to hold a belief 같은 표현이 생겨난다. 이 유형에 관련된 또 하나의 예는 어떤 장소가 어떤 활동과의 환유관계에서 생겨나는 은유이다. 그래서 They are on the playground는 They are playing을 의미한다.

세 번째 힘의 유형은 범주구조에 관련된 예이다. 범주와 범주 구성원의 관계가 환유에 이용되는 예는 흔하다. 예를 pill이 피임약을 뜻한다든지 aspirin이 진통제를 뜻하는 경우이다. 이 유형은 명사 범주에서만 일어나는 것이 아니다. 예를 들어 The study sparked a controversy에서 spark는 "점화하다"의 의미가 추상영역으로 확대된 CAUSE IS FORCE라는 은유의 예다. spark는 자동차가 시동되어서 운행되는 전체 과정과 환유적 관계를 맺고 있고 이 환유적 관계가 위에서 말한 은유의 원천이 된다.

네 번째 힘의 유형은 문화 모형이다. Quinn과 Holland(1987)는 문화 모형을 아래와 같이 정의한다: "한 사회의 구성원들이 널리 공유하고 구성원들이 이 세계를 이해하고 이 세계 속에서 행동하는데 큰 역할을 하는 전제되고 인정된 세계모형." 이러한 모형에 의해서 움직이는 물건은 힘이 그 안에 내재되어 있는 것으로 보아서 움직이는 물건이 힘과 환유적 관계에 있는 것으로 본다. 이 관계가 FORCE IS A SUBSTANCE CONTAINED IN AFFECTING CAUSE와 같은 은유에 동기를 제공한다. 이 개념적 은유가 His punches carry a lot of force와 같은 언어 표현을 낳는다.

이 유형의 또 하나의 예는 Reddy(1979)가 보여주고 있는 도관은유이다. 도관은유는 송출자(화자)가 말속에 의미를 넣어서 도관을 통해서 보내면 수령자(청자)가 배달된 말속에서 의미를 꺼내는 것으로 생각한다. 그에 의하면 영어에서 의사소통을 의미하는 언어표현은 거의 70%가 이 은유에 바탕을 두고 있다고 한다. 이와 같이 도관은유가 의사소통을 나타낼 수 있는 것은 WORD-FORM FOR CONTENT라는 환유가 동기를 제공해주기 때문에 가능하다. 우리는 이 환유에 의해서 언어표현이 관련된 의미를 나타내는 것으로 생각한다(예: four-letter words, ugly words).

지금까지의 논의를 살펴보면 환유의 도움을 받지 않고는 은유가 이루어질 수 없는 것으로 보일 것 같다. 이 주장은 지나칠 것 같지만 두 인지작용이 상상력이라는 하나의 인지능력에 의해서 일어나는 두 국면이고 이 국면들이 의사소통이라는 공통목적을 위해서 존재한다면 상호작용하는 것은 당연할지 모른다. 이렇게 생각하면 Barcelona(2000:53)가 "모든 은유는 궁극적으로 환유에 의해서 동기가 부여된다"라고 하는 말에 수긍하게 될 것이다.

이 소절에서의 논의는 개념 수준에서의 환유와 은유의 상호 작용들이 어떤 종류가 있느냐에 초점이 맞추어져 있었다. 다음 소절에서는 은유와 환유의 상호작용의 내부를 좀 더 들여다보도록 하겠다. 상호작용의 내부를 들여다보는데는 앞서 언급했듯이 혼성설의 도움을 받아야 온당하게 될 것으로 생각한다. 왜냐하면 혼성설은 원천영역과 목표영역의 중간에 환유적 성질을 가진 두 공간을 설정함으로 상호작용이 일어날 것으로 전제되어 있는 모형이라 할 수 있다. 그러면 다음 소절에서 혼성설을 더 자세히 소개하고 이 설이 이 상호작용을 어떻게 설명하는지 알아보자.

4. 다공간설 원근법으로의 환유와 은유의 상호작용 이해

위의 소절에서 논의한 대로 상호작용이 개념 수준에서 일어나고 어떤 종류가 있다는 정도로는 이 상호작용이 은유가 표현들의 문자적 의미와 사상만으로 예상할 수 없는 의미를 가지는 것을 설명할 수 없다. 이를 메꾸기 위해 Feyaerts(2000)는 개념적 사상이 계층적 구조에서 수평적으로 이루어지기도 하고 수직적으로 이루어지기도 하는 것으로 가정한다. 제일 아래층에서는 개체들 사이의 사상이, 둘째 층에서는 지식 체계의 사상이, 제일 위층에서는 원천영역의 논리적 체계의 목표영역에로의 사상이 일어난다고 한다.

그는 자기의 주장을 Mantafahrer 모형을 예로 들어 설명한다. 이 말은 독일에서 Opel Manta 모형의 차를 소유한 사람을 의미한다고 한다. 이 차는 스포티하고 낮은 유선형의 외양을 하고 있지만 상대적으로 값이 싸서 상업적으로 인기를 끈 차종이다. 이 차를 소유한 사람은 보통 사회적으로 중하류층에 속하지만 상류층을 흉내내기를 좋아해서 거들먹거리며 금발미녀를 데리고 공격적으로 차를 몰지만 머리가 텅빈 사람으로 여기는 경향이 있다고 한다. 이러한 배경에서 Mantafahrer는 "어리석은 사람"을 뜻한다고 한다.

Mantafahrer이 이러한 의미를 낳게 되는 것은 Opel Manta를 운전하는 사람은 어떤 속성이 모자란다고 여기기 때문이라 한다. 이런 의미가 나오는 것은 인간이 심리적 자질을 가지고 있고, 이 자질을 물체로 보며 이 물체는 모자랄 수 있고 모자라면 온전할 수 없는 것으로 이해하기 때문이라고 한다. 이와 같은 환유적이고 은유적인 과정을 거쳐 환유와 은유가 상호작용하여 "모자라다"는 말이 "어리석다"를 뜻하게 된다고 한다. 이와 같이 두 범주가 상호작용 한 결과로 "모자라다"는 말이 "어리석다"를 의미하게 됨으로 Mantafahrer은 은/환유(metaphtonymy)(Goossens(1990)의 용어)라 할 수 있다고 한다. Feyaerts는 이 구조를 아래 도표처럼 나타내고 있다.

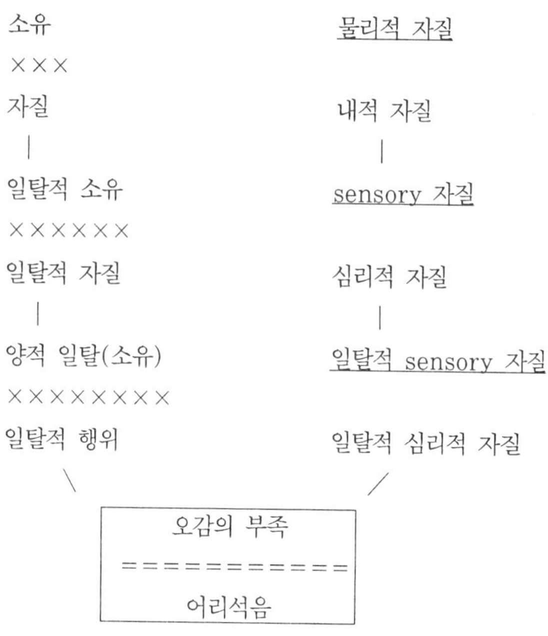

【도표 1】

위의 도표에서 ×××는 은유적 관계를, 실선은 환유적 관계를, ===는 은/환유적 관계를 나타낸다. 도표에서 각 쌍들의 위의 것은 원천 영역을, 아래 것은 목표영역을, 왼쪽 기둥은 은유적 계층구조를, 오른쪽은 환유적 계층구조를 나타낸다. 이 구조들이 결합하여 아래의 상자처럼 오감이 부족하여 어리석음의 의미가 나온다고 보이고 있다. 정리하면 【도표 1】는 Mantafahrer이 은/환유 작용에 의해서 "모자라다"가 "어리석다"는 것을 의미하게 되는 것을 나타낸다. 그는 이러한 은/환유의 예를 아래의 언어표현에서 찾을 수 있다고 한다.

(8) a. Sie hat nicht alle beisammen.

　　　'She does not have them all.'

　　b. Er hat drei Sinne wie ein Bar.

　　　'He has three senses like a bear.'

　　c. Sie hat ihre funf Sinne alle drei.

　　　'She has her five senses, all three of them.'

(8)은 인간이 오감을 가지고 있다고 가정하고 (a)처럼 전부를 갖지 않거나, (b~c)처럼 모자라면 "어리석다"는 것을 의미한다.

Feyaerts의 분석은 분류에 치중한 분석보다는 진일보한 분석이라 할 수 있다. 사상이 추상성 계층에 따라 나누어진 층 간에서 이루어지도록 되어 있고 마지막 단계에서 이 계층 구조들이 결합하여 "감각의 부족"과 "어리석음"이 섞여서 은/환유가 되는 것으로 그려져 있다. 그리고 둘째 층에서 영상도식 구조가 사상되고 마지막 층에서 지식 체계가 사상되기 때문으로 가정하는 것 같다. 그의 모형은 상호작용의 분류나 환유가 어떤 힘을 행사하는 것으로 분석하는 것보다는 상호작용을 구체화하려는 노력이 보인다. 그러나 그의 모형은 원천영역의 개념구조와 목표영역의 개념구조가 정적인 사상관계를 가지는 것으로 보기 때문에 위의 도표에서 보듯이 오감의 부적과 어리석음이 은/환유 속에 공존하고 있을 따름이다. 그래서 오감의 부족이 어리석음의 의미로 변하는 이유를 설명하지 못하는 것 같다. 이러한 결함을 메우려면 위의 도표에서 보인 환유와 은유가 동적으로 상호작용하여 어느 영역의 속성으로도 볼 수 없는 새로운 구조가 생길 수 있게 해야 한다. 이러한 조건들을 충족시켜주는 모형이 혼성설이다.

혼성설은 앞서 보인 데로 최소한 네 개의 공간으로 이루어지며 이 공간들은 사상과 투영이라는 관계들로 연결되는 통합망(intergration net)을 이루는 것으로 가정한다. 이 망을 아래와 같이 나타낼 수 있다.

【그림 1】통합망

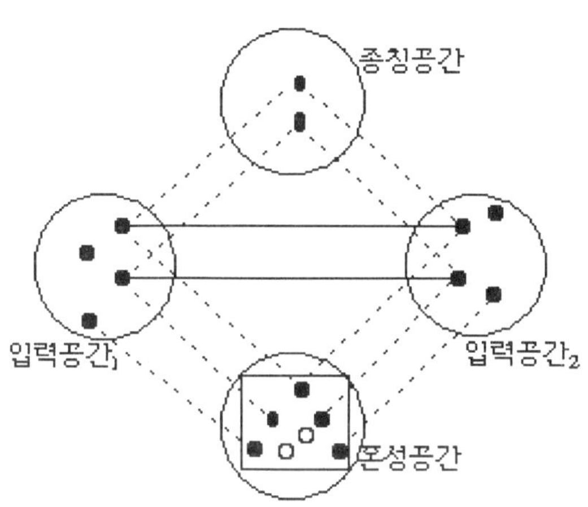

【그림 1】을 간단하게 설명해보자. 먼저 눈에 띄는 것은 네 개 원으로 이루어지고 원 내에 검은 점들이 있다. 원은 공간을, 점은 각 공간의 정보요소들을 나타낸다. 그리고 점들은 점선과 실선으로 연결되어 있고 실선은 두 입력공간(원천 영역과 목표영역에 해당. 앞으로 입력공간이라는 말 대신에 원천영역, 목표영역이라는 말을 쓰는 경우도 있을 것이다.) 사이에 이루어지는 반면에 점선은 두 입력공간과 총칭공간이나 혼성공간과 연결되어 있다. 실선은 사상을, 점선은 투영을 나타낸다. 사상이 두 공간 사이에 일어나서 공간횡단 사상(cross space mapping)이라 하기도 한다. 그리고 정보요소들이란 개체(entity), 속성(attribute) 그리고 관계(relation)들이다. 그리고 또 놓쳐서는 안될 것은 총칭공간과 혼성공간이 두 입력공간의 중간에 있다는 것과 정보 요소들 사이에 관계 선이 있는 점이다. 이 것은 사상이나 투영이 선택적으로 이루어진다는 의미이다. 사상이나 투영이 선택적으로 이루어진다는 것은 사상과 투영으로 관련되는 두 공간은 정보상으로 부분과 전체 관계가 성립되는 환유

적이라는 것을 의미한다.

총칭공간과 혼성공간은 입력공간의 정보 요소들이 투영되어 이루어진다. 위의 그림에서 보듯이 총칭공간은 두 입력공간의 정보들의 고통성이 투영되어 이루어짐으로 두 입력공간에 대해서 총칭적이다. 다음으로 혼성공간은 두 입력 공간에서 정보 요소들이 투영되어 이루어지는 점은 총칭공간과 동일하지만 정보요소들이 독립적으로 투영됨으로 두 입력 공간의 공통성과 무관할 수 있는 점이 다르다. 총칭공간은 두 입력공간의 정보와 추상관계에 있지만 혼성공간의 정보요소들은 두 입력공간의 정보들과 동일할 수도 있고 추상적일 수도 있다. 또 하나 다른 점은 혼성공간에는 입력공간과 투영 관계에 있지 않은 정보요소들이 있을 수 있는 사실이다. 이는 장기 기억이나 사회 문화적 요소 혹은 맥락적 요소들에서 온 정보들이다. 이렇게 출처가 다양한 요소들이 혼성되어서 두 입력 공간에 존재하지 않는 신흥구조 (emergent structure)를 이루어낸다. 그러므로 혼성작용은 이 정보들이 동적으로 작용하여 신흥구조를 만들어낸다.

신흥구조는 은유가 두 영역으로 예상할 수 없는 새로운 의미를 말한다. 예를 들어 "사서 고생하다"는 은유는 구매영역과 경험영역에는 없는 "자발적으로 어리석은 짓을 하다"라는 의미를 가질 수 있다. 이러한 성질을 가진 신흥구조는 혼성공간에서 출처가 다른 정보 요소들이 혼성되어서 일어난다. 이러한 혼성 작용은 합성(composition), 완성(completion), 정교화(elaboration)로 세분할 수 있다. Grady, Oakley와 Coulson(1999:107)은 합성은 정보들이 투사되어 들어와서 틀을 짜는 것을 말하며 이 틀을 장기 기억의 정보들을 참고하여 조화를 이루게 하는 것이 완성이고 이렇게 완성된 구조들에 세부사항들을 보충하여 정교화 한다고 한다. 이렇게 보면 신흥구조가 이루어지는 과정 즉 혼성과정을 아래와 같이 요약할 수 있다(김동환 2002:65).

(9) 입력 공간 구축 → 입력공간의 연결 → 혼성공간(총칭공간)형성 → 신흥구조 창조

그러면 혼성공간에서 환유와 은유가 어떻게 작용하는지 알아보자. 첫째로 망에서 일어나는 인지작용은 환유에 바탕을 두고 있는 것으로 보인다.

그것은 【그림 1】과 같은 통합망에서 환유적인 국면을 찾아내면 상호작용은 자연히 밝혀지리라 생각할 수 있다. 왜냐하면 위에서 밝힌 통합망은 은유를 만들어내는 것으로 가정하기 때문이다. 통합망의 관계들이 환유적 연결(metonymic connection)이라고 가정하기 때문이다. 그러므로 입력공간들 사이의 관계는 물론 입력공간들과 총칭공간, 혼성공간들 사이의 관계들도 환유적이라 생각한다. 첫째 공간횡단 사상에서부터 환유적인 면을 찾아보자. 예를 들어 ANGER IS HEAT라는 은유에서 입력공간$_1$의 용기(container)가 사람(person)과 사상관계를 가진다고 하면 이 관계는 용기의 영상도식이 사람에게 덧씌워져서 이루어진다. 이때 용기의 자세한 부분은 생략되고 틀(frame)만 덧씌워짐으로 입력공간$_1$의 틀과 입력공간$_2$의 틀은 전체/부분 관계 즉 환유적 관계에 있다.

다음으로 총칭공간에서 찾아보면 입력공간들의 공통적인 요소들이 포착되어서 구축됨으로 총칭공간의 정보들은 친정집의 정보와 환유적 관계에 있게된다. 아래 예를 보자.

(10) This surgeon is a butcher.

(10)은 외과의 수술 솜씨가 서툰 것을 나타내는 은유이다. 이 은유에서 입력공간$_1$의 외과의가 입력공간$_2$의 도축자와 사상관계를 가지고 이 두 정보요소의 공통점이 투영되어 총칭공간에서는 행위자가 된다. 행위자는 도축자와 외과의의 자세한 점들에서 추상되어 이루어졌으므로 도출자와 외과의에 대해서 부분/전체 관계 즉 환유적 관계에 있다.

혼성공간도 총칭공간에서처럼 입력공간의 요소들이 부분적으로 투영됨으로 입력공간과 환유적 관계에 있다고 할 수 있다. 뿐만 아니라 입력공간의 요소들 사이의 환유적 관계가 그대로 포착되는 곳이기도 하다. 위의 예문에서 입력공간$_1$에서 온 외과의 수술 칼·환자·치료와 같은 정보요소들은 동일한 입력공간 출신이므로 혼성공간에서도 가까운 위치에 있게 된다. 이러한 점도 환유적 현상이라 할 수 있다. 이렇게 보면 입력공간과 중간에 있는 두 공간 사이에는 전체/부분이라는 환유적 관계에 있다고 할 수 있다.

혼성설의 특징을 좀 더 들여다보자. 혼성설의 특징 중의 하나는 총칭공간과 혼성공간은 입력공간의 정보들이 두 공간의 스크린(screen)에 투영되어 이루어짐으로 유사성에 바탕을 둘 필요가 없는 일방적 작용인 점이다. 이렇게 투영되어 들어온 정보들이 혼성되어 다시 입력공간 중의 하나에 투영되어 입력공간의 정보들의 구조에 영향을 미친다. 이러한 환유적 성질은 혼성공간에서 일어나는 혼성작용에 제약을 가하는 원리들이 생겨나게 한다.

Fauconnier와 Turner(1998)는 아래와 같은 최적 원리(optimality principle)들이 이 공간들 사이에 적용되는 것으로 간주한다: 통합(integration), 망(web), 재구성(unpacking), 위상(topology), 의의(good reason), 환유적 투영제약(metonymy projection constraint). 이 원리들은 이름은 여러 가지이지만 하는 일을 하나로 아우를 수 있다: 입력공간들의 정보가 혼성공간에 투영되어 혼성될 때 입력공간에서의 정보들 사이의 관계가 지켜지는 쪽으로 혼성되어서 신흥구조가 만들어진다. 예를 들면 위상원리는 혼성공간에 있는 요소의 관계들이 입력공간에서의 관계들이 환유적 관계가 존속되게 해야 한다는 것을 규정하고 있다. 또 하나 예를 들면 환유적 투영제약은 어떤 요소가 입력공간에서 혼성공간에 투영되고 동일한 공간에서 유사한 요소가 혼성공간에 투영되면 이 두 요소는 혼성공간에서 관계가 더 밀접해진다는 것을 규정하는 제약이다. 예를 들어 은유 DEATH IS THE GRIM REAPER는 죽음영역에서 죽음의 결과로 해골이 만들어지는데서 죽음과 해골은 환유적 관계에 놓이게 된다. 이 관계가 원천영역의 수확자(reaper) 정보와 혼성되어 해골이 죽음의 사신의 골격이 된다. 인간의 죽음 영역에서의 죽음과 그 결과인 해골 사이의 인지적 거리는 상당히 멀었지만 출신이 동일한 영역임으로 서로 가까워져서 해골이 죽음의 사신의 골격이 된다.

이렇게 보면 Lakoff(1990)의 불변가설(invariance hypothesis)은 Fauconnier와 Turner의 최적원리들을 하나로 합친 것이라 할 수 있다. Lakoff(1990:54)은 불변가설을 '은유적 사상은 원천영역의 인지적 위상(즉, 영상도식 구조)을 보존하는 것'이라고 정의하고 있다. 이 정의를 혼성설에 맞추어 보면 총칭공간의 정보들이 혼성공간에 제약을 가해서 신흥구조가 총칭구조를 허물지 못하게 하는 것이라 할 수 있다. 예를 들면 (11)의 신흥구조라 할 수 있는 "외

과의가 서툴다”에는 행위자가 없는 신홍구조가 만들어질 수 없으며 “사서
고생하다”는 사는 사람과 경험을 하는 사람이 동일하지 않은 신홍구조를
만들어질 수 없다.

그러면 이 소절의 남은 부분에서는 은유의 환유적 동기에 대해서 좀 더
자세히 살펴보기로 하자. 먼저 Fauconnier와 Turner(1999)가 ANGER IS HEAT
라는 혼성설에 준거하여 은유에서 환유적 동기를 어떻게 포착하고 있는지
살펴보자. 그는 위의 은유가 아래와 같은 언어표현들에서 볼 수 있으며 이
은유는 【도표 2】와 같은 대응체계 위에 이루어지고 있다고 주장한다.

(11) a. I had reached a boiling point.

b. She got all steamed up.

c. When I told him, he just exploded.

【도표 2】 ANGER IS HEAT의 대응(사상) 통합망

원천영역	혼성	목표영역	
입력공간$_1$	혼성공간	입력공간$_2$(정서)	입력공간$_3$(생리)
용기	사람/용기	사람	사람
열	열/노여움	노여움	신체열
증기/연기	증기/연기	노여움 표시	땀, 붉어짐
구멍	귀/구멍		귀
폭발	폭발	극도의 노여움 표출	떨림, 생리학적 자제력 상실
비등점	비등/감정의 최고점	감정의 최고점	

위의 통합망은 열과 노여움의 통속모형에 바탕을 두고 이루어져 있다.
예를 들어 우리는 보통 화가 나면 열이 나고 얼굴이 붉어지고 진땀이 나는
것으로 생각한다. 그러므로 ANGER IS HEAT는 감정과 생리적 효과를 이어
주는 환유적 연결에서 동기를 부여받는다. 예를 들면 노여움과 신체열, 노
여움의 표시와 땀, 얼굴의 붉어짐, 극도의 노여움 표출과 자제력 상실등이
환유적으로 연결된다. 정리하면 입력공간$_2$와 입력공간$_3$의 정보들이 혼성공
간에서 환유적 관계로 맺어진다. 이 관계들이 입력공간$_1$에서 들어온 정보와

혼성되어 ANGER IS HEAT 라는 은유가 생성되고 혼성되는 과정에서 신흥 구조가 생성되는 것으로 가정한다. 그리고 혼성과정이 합성, 완성 그리고 정교화 과정으로 이루어짐으로 우리는 쉽게 God, he was so mad I could see the smoke coming out of his ears라는 은유적 표현을 이해할 수 있다. 위의 통합망에서 보듯이 heat는 fire와 관련되고 fire는 smoke와 관련되고 귀와 구멍이 환유적으로 연결되는 과정을 거쳐 화가나면 귀에 연기가 나는 것으로 이해할 수 있다.

이렇게 이해되는 과정을 정교화(elaboration)라하며 이 정교화 덕에 위의 God … ears와 같은 예를 생성하고 이해한다. 이렇게 이해될 수 있기 위해서는 위의 통합망이 원천영역의 신체열이 목표공간에서 노여움이 일으키는 생리학적인 반응 사이의 환유적 관계가 ANGER IS HEAT에 동기를 제공해주어야 한다고 본다(Kövecses와 Lakoff). 위의 은유 예에서 보듯이 입력공간들 사이 정적인 사상관계나 환유적 관계만으로는 연기가 귀에서 나오는 의미가 나오는 이유를 설명할 수 없었다. 이를 설명하기 위해서 각 공간에서 투영되어 온 정보나 통속모형, 맥락적인 지식이 혼성되는 것으로 보아야 한다. 그러면 입력공간$_1$의 steam/smoke가 입력공간$_2$의 노여움의 표시와 혼성되면서 steam/ smoke가 나오는 것으로 확대되는 것이 설명될 수 있다.

Radden은 위에서 보았듯이 은유가 되도록 밀어붙이는 힘을 가정하고 있지만 그 힘이 작용하는 장을 설정하고는 있지 않은 문제점이 있었다. Ibanez(2000)는 이 문제를 다공간설을 도입하여 각 공간에서 이루어지는 작용으로 설명하고 있다. 그리고 우리는 이러한 작용이 이루어질 데 은유와 환유가 상호작용하는 것으로 가정할 수 있다.

(12) He got up on his hind legs to defend his views.

(12)에서 got up on one's hind legs를 Goossens(1990)은 환유 안에 있는 은유의 예로 보고서 있는 동작이 전체 장면과 환유적 관계에 있다고 한다. hind가 은유적 요소를 보태어 줌으로써 동물이 서 있는 것으로 재해석되게 하고 동물이 뒷발로 서 있는 것이 무척 힘들다는 것에서 노력이 들어가는 의

미가 보태어지는 것으로 본다. Ibanez는 그렇게 볼 것이 아니라 동물의 행위가 인간의 행위로 사상되는 은유적 사상 내에 환유가 있는 것으로 보자고 주장한다. 이렇게 보면 환유를 통해서 동물이 상체를 세운 채 앞발로 공격자세를 취하는 전체장면에 접근할 수 있다고 한다. 이 장면이 어떤 학생이 두 팀으로 나누어서 벌어지는 공개토론회에서 팔을 위협적으로 휘두르며 열렬하게 자신의 견해를 방어하는 맥락에서 쓰여진 말이라고 가정하면 아래와 같이 통합망으로 정리할 수 있다고 한다.

【도표 3】 (12)의 통합망

원천영역	목표영역	
입력공간$_1$	총칭공간	입력공간$_2$
-동물	-유정적 개체	-성난 학생
-분명히 위험한 상황	-긴장된 상황	-자기 팀과 함께 힘든 토론에 참여중
-뒷발로 서기	-갑작스럽고 정력적으로 위로 움직임	-논쟁하기 위해 일어남
-두려워서 혹은 화가 나서	-감정에 휩싸여서	-화가 나서
-공격적으로 행동하기	-잠재적으로 해를 끼칠 방식으로 행동하기	-주먹을 휘두르고 공격적으로 행동하기
-자제력을 잃음	-자제력 잃음	-자제력 잃음
-적을 공격하듯이	-적에 대항하여	-상대의 공격에 대항하여

혼성공간

> 자기팀과 함께 어렵고 힘든 토론에 참가하고 있는 한 학생이 성이 나서 갑자기 박차고 일어나서 상대팀을 위협할 목적으로 주먹을 공격적으로 그리고 위협적으로 흔들면서 논쟁하다.
> 그 학생은 쉽게 가라앉을 것 같이 않고 다른 사람에게 위협할지 모른다 등등
>
> (Ibanez 2000)

【도표 3】은 【도표 2】와 마찬가지로 정리한 것이다. 이 도표는 (12)와 같은 은유가 입력공간들의 정보들이 혼성공간에서 혼성되는 과정을 나타낸 것이다. 이 도표에서 환유적인 요소를 찾아내면 바로 환유와 은유의 상호작용을 드러낼 수 있다고 할 수 있다.

앞서 말했듯이 총칭공간은 입력공간$_1$과 입력공간$_2$의 정보들이 추상되어 즉 공총성이 포착된 것이므로 총칭공간은 두 공간에 대해서 환유적 관계에 놓인다. 왜냐하면 두 공간의 정보가 전체이고 총칭공간의 대응물은 부분이 되기 때문이다. 예를 들면 입력공간$_1$의 "분명히 위험한 상황"을 어떤 구체적인 내용이 있는 상황이지만 총칭공간의 "긴장된 상황"은 구체적인 면이 생략된 상황이기 때문이고 오직 "긴장된" 면만 투영되기 때문이다. 다음으로 입력공간$_1$에서 들어온 "뒷발로 서기"는 "어려운 동작을 의도적으로 한다"는 혼성공간의 의미와 환유적 관계에 있다고 볼 수 있으므로 공간들 사이의 관계들이 환유적 연결도 이어져 있다고 할 수 있다.

5. 결론

우리는 이 논문에서 환유와 은유는 서로 상호작용하고 상호작용은 환유가 은유에게 동기를 제공하는 식으로 이루어진다는 것을 밝혔다. 아울러 상호작용이 일어나는 방식은 크게 두 가지로 나눌 수 있다는 것을 보였다: 하나는 동일한 언어표현에 환유가 공기하는 현상이고 또 하나는 개념 층에서 환유가 은유에게 동기를 제공하는 것이다.

환유와 은유가 한 언어표현에 공기하여 그 표현이 동일한 개념 영역으로 해석되기 위해서 서로 조정되는 방식으로 상호작용 한다. 두 번째 개념 즉 상호작용유형은 개념 층에서 일어남으로 언어표현으로 드러나는 것이 아니다. 그래서 이 유형은 설명하기 위해서는 은유가 언어표현이 이루어지기 이전의 현상으로 볼 필요가 있다는 점을 보였다. 그리고 이 조건에 맞는 은유모형이 개념적 은유설의 발전된 은유모형인 혼성설이라는 것을 보였다.

혼성설은 두 입력공간 사이에 상호작용이 일어날 수 있는 두 공간 즉 총칭공간과 혼성공간을 설정한다. 이 두 중간공간은 두 입력공간들과 환유적으로 연결됨으로 태생적으로 환유적이다. 이러한 환유적 바탕 위에 은유가 일어남으로 환유와 은유는 상호작용하다고 할 수 있다. 구체적으로 말하면 혼성공간에서 총칭공간이 제공하는 틀 안에서 입력공간에서 들어온 정보들과 맥락적 지식 등이 혼성되는 것으로 가정한다. 이렇게 혼성되는 과정에서 환유적 연결과 은유적 사상이 유기적으로 혼성되는 것으로 가정한다. 이렇게 보면 혼성설은 통합망 내에서 일어나는 투영과 사상 그리고 혼성은 환유적 요소와 은유적 요소가 상호 작용하는 것을 규정하고 있다고 볼 수 있다.

참고문헌

김동환(2002), 개념적 혼성이론. 서울: 박이정.

김종도(2001), 인지문법의 은유모형. 경상대 논문집. 경상대학교 국제어학원.

Barcelona, Antonio(2000), On the Plausibility of Claiming a Metonymic Motivation for Conceptual Metaphor. In Antonio Barcelona (ed), *Metaphor and Metonymy at the Crossroads - A Cognitive Perspective*. New York: Mouton de Gruyter.

Black, Max.(1955), Proceedings of the Aristotelian Society. N. S. 55: 273~294

Croft, William.(1993), The Tole of Domains in the Interpretation of Metaphors and Metonymies. *Cognitive Linguistics* 1~4.

Fauconnier, G.(1997), *Mappings in Thought and Language*. Cambridge: Cambridge University Press. Fauconnier, G and M. Turner. 1998. Conceptual Integration Networks. *Cognitive Science* 22/2: 133~187

Fauconnier, G and M. Turner(1999), Metonymy and Conceptual Integration. In K-U. Panther and G. Radden(eds.), *Metonymy in Language and Thought*. Amsterdam/Philadelphia: John Bengamins Publishing Company

Feyaerts, Kunt(2000), Refining the Inheritance Mypothesis: Interaction between Metaphoric and Metonymic Hierarchies. In Barcelona(ed.), *Metaphor and Metonymy at the Crossroads - A Cognitive Perspective*. New York: Mouton de Gruyter

Goossens, Louis(1990), Metaphtonymy: The Interaction of Metaphor and Metonymy in Expressions for Linguistic Action. *Cognitive Linguistics* 1~3.

Grandy, J., T. Oakley and S. Coulson(1999), Blending and Metaphor. In Gibbs, R and G. J. Steen(eds), *Metaphor in Cognitive Linguistics*. Amsterdams/Philadelphia: John Benjamin Publishing Company.

Ibanez, F.J.R. de M.(2000), The Role of Mapping and Domains in Understanding Metonymy. In Barcelona(ed.), *Metaphor and Metonymy at the Crossroads -A Cognitive Perspective*

Lakoff, George and Mark Johnson(1980), *Metaphors We Live By*. Chicago: The University of Chicago Press.

Lakoff, G and Mark Turner(1989), *More than Cool Reason*: A Field Guide to Poetic

Metaphor. Chicago: The University of Chicago Press.

Lakoff, G.(1990), The Invariance Hypothesis: Is Abstract Reason Based on Image-Schema?, *Cognitive Linguistics* 1-1: 39~75.

Quinn, Naomi - Dorothy Holland(1987), Culture and Cognition. In Dorothy Holland-Naomi Quinn(eds.) *Cultural Models in Language and Thought. Combridge*: Cambridge University Press.

Radden, Gunter(2000), How Metonymic are Metaphors? In Barcelona(ed.) Metaphor and *Metonymy at the Crossroads - A Cognitive Perspective.* New York: Mouton de Gruyter.

Reddy, M1979), The Conduit Metaphor: A Case of Frame Conflict in our Language about Language. In Ortony(ed), *Metaphor and Thought. Combridge*: Cambridge University Press.

Richards, I. A(1936), *The Philosophy of Rhetoric.* Oxford: Oxford University Press.

Searl, John R(1981), Metaphor. In M. Johnson (ed). Philosophical Perspectives on Metaphor. Minneapolis: University of Minnesota press

Turner, M and G. Fauconnier(1995), Conceptual Intergration and Formal Expression. *Journal of Metaphor and Symbolic Activity* 10/3: 183~203.

속담의 문체론적 연구

이 석 규*

목 차

1. 서론
2. 속담의 개념과 범주
   1) 일반식 인식
   2) 속담과 격언
   3) 문체론적 접근
3. 결론

1. 서론

속담(俗談)은 언중(言衆)의 시(詩)[1]라고 한다. 참으로 의미심장하고도 적절한 말이라고 아니할 수 없다. 그러나 왜 언중의 시라고 하는지에 관하여는 뚜렷한 근거를 갖고 주장하고 있지는 않다.

가령 "솔잎이 가랑잎더러 바스락거린다고 한다."라든지, "노루 때린 막대

---

* 경원대학교

1) 金宗澤(1967)에서는 Hayakawa의 "俗語라고 불리는 것은 일상생활의 詩로 간주할 것이다. 卽 사람들의 인생이나 인생에서 만나는 사물에 대한 느낌을 싱싱하게 표현하고 있기 때문이다."라고 한 말을 재인용하면서 거기에서 한 걸음 더 나아가 필자 스스로가 "俗談은 言衆의 詩"라고 주장하고 있다. 그러나 왜 시라고 할 수 있는지에 관하여서는 비유하고 있을 뿐 어떠한 자료나 합리적 근거를 제시하고 있지는 않다.

기 삼 년을 삶아 먹는다." 따위의 속담을 보면 그 함축하고 있는 뜻도 뜻이려니와 정말로 아름답고 세련된 표현에 그냥 매료당하는 느낌을 금할 수가 없다. 어떤 이야기 속에서 그 내용을 설명하는 대신 속담을 인용할 경우, 여러 말을 하지 않고도 최대의 공감을 불러일으키고 또한 그 말에 확실한 권위를 불어 넣어주는 역할을 한다. 이런 경우에 속담보다 더 효과적인 표현을 찾아보기는 힘들 것이다. 뿐만 아니라 그 표현의 적절성 때문에 때때로 그렇게 사용된 속담을 곱씹어보게까지 되는 것이다. 이처럼 속담은 우리들의 일상언어생활의 매순간마다 효과적으로 사용되어 메마른 생활을 다채롭게 하고 생동감 넘치게 한다.

이 논문에서는 속담의 어떠한 특성이 이러한 효과를 가져오는지를 가려내기 위하여 먼저 국어 사전 및 속담과 관계되는 속담, 격언 사전과 전문가들의 논저에 나타난 속담에 관한 인식을 격언과 대비하여 살펴보고, 둘째로 속담의 특성을 보다 분명히 하기 위하여 격언, 관용적 표현 등과 함께 문체론 적으로 접근하여, 예컨대 어휘의 종류, 무장의 길이, 수사법을 포함한 표현기법 등에 관하여 통계적으로 분석하고, 그것을 토대로 속담의 개념과 범주를 분명히 밝히고자 한다. 또한 속담은 어떤 특징을 가지고 있으며, 전달하고자 하는 말의 효용성을 어떻게 살리고 있는지도 살피고자 한다. 그리고 서두에 인용한 대로 "속담을 언중(言衆)의 시(詩)"라고 할 만한 것인지에 관하여서도 구체적인 근거를 제시하여 언급하고자 한다.

2. 속담의 개념과 범주

1) 일반적 인식

속담의 외형적인 가장 두드러진 특징은 그것이 매우 짧다는 것이다. 대개 경구(警句)의 형식으로 되어 있는데, 전통적으로 이처럼 짧은 형식으로 표현의 경제성을 극대화하여 표현하는 경구의 부류로 대체로 속담, 격언, 표어 등이 대표적인 예라고 할 것이다. 그밖에도 속담과 잘 구분이 되지 않는 형식의 표현으로 고전 소설이나 판소리 또는 탈춤 가사에 나오는 '관용적 표현'들이 있는 데 이에 대하여서도 간단히 언급하고자 한다. 최근 산업사회의 발달과 함께 매스컴을 이용한 선전 및 광고문화의 확산에 따른 선전문구나 광고문 등이 새로운 표현형식으로 크게 붐을 일으키고 있으나 이에 관하여서는 따로 살피기로 하고 여기서는 일단 논의에서 제외하기로 한다.

2) 속담과 격언

(1) 사전(辭典)의 뜻풀이

속담과 가장 경계가 불분명한 것은 아무래도 격언일 것이다. 격언은 오랜 세월동안 일반인들에 의하여 속담과 혼용되어 왔다. 어떤 속담들은 격언에서 나왔고 어떤 격언은 특정한 시대의 속담을 원용해서 쓴 것이 어떤 위인의 말로 기록되어 격언이 된 것도 있다. 그런 의미에서 속담과 격언은 매우 가까운 거리에 있다고 할 수 있다.[2] 그러나 그렇게 간단하지만은 않은 것이 또한 속담과 격언의 관계이다. 격언과 속담은 분명히 다른 것이다.

격언과 거의 동의어로 쓰이고 있는 말로 금언(金言), 잠언(箴言) 등이 있는 데, 먼저 사전의 뜻풀이를 비교하면 다음과 같다. 조사에 사용한 국어사전은

1. 국어사전, 耘平語文研究所 編, 金敏洙 監修, 금성출판사(1992).
2. 새 우리말 큰 사전, 신기철, 신용철 編, 삼성출판사(1974).
3. 새 한글 사전, 한글학회 편, 광명인쇄사(1973).

등 세 권이며 그 뜻풀이는 다음과 같다.

---

2) 姜在哲(1980)에서는 속담의 발생과정에 관하여 ㉠ 先說話 後俗談型, ㉡ 先俗談 後說話型, ㉢ 獨立俗談型의 세 가지로 나누고 있는데 격언과의 관계에 관한 연구는 없다. 그것은 격언은 대체로 특정한 위인이나 성현이 사색이나 언행을 통하여 또는 저서를 쓰는 과정에서 삶의 진실을 남김으로써 발생한 개인적인 것이기 때문에 고려하지 않은 것으로 생각된다.

♣ 속담(俗談) :

1. ① 옛적부터 민간에 전하여오는 알기 쉬운 격언(格言), 또는 잠언(箴言).

  ② 속된 이야기. 세언(世諺), 속설(俗說), 속어(俗語).

2. ① 어느 때 누가 어디서 말했는지는 모르나, 그것이 주위 사람들의 마음 속에
  깊은 동감을 얻고, 널리 펴서 온 민족에게 공통된 격언, 비언(鄙諺), 속설(俗說).

  ② 속된 이야기, 속언, 상말 비언: 품위가 매우 낮은 말.

3. 세상에 흔히 돌아다니는 쉬운 격언

♣ 격언(格言) :

1. 사리에 맞아 교훈이 될만한 짧은 말. 흔히 옛 성현이나 위인들이 남긴 말을 가리킴.

2. 사람이 오랜 역사적 생활체험에서 이루어진, 인생에 대한 교훈과 경계 따위를 간
  결하게 표현한 짧은 말. ⇒금언

3. 사리에 적당하여 본보기가 될만하도록 묘하게 된 짧은 말 토막.

♣ 금언(金言) :

1. ① 행동이나 생활에 있어서 지도적인 구실을 할 만한 귀중한 내용이 담긴 짧은
  어구.

  ② 부처의 입에서 나오는 불멸의 법어(法語). ▷격언.

2. ① 생활의 본보기가 될만한 귀중한 내용을 가진 격언. 이를테면 '아는 것이 힘이
  다.' 따위 ⇒격언

  ② 부처의 입에서 나온 불멸의 법어

3. ① 귀중한 격언.

  ② 부처의 입에서 나온 법어

♣ 잠언(箴言) : 箴 : 바늘 잠, 경계할 잠

1. ① 가르쳐서 훈계가 될만한 말.

  ② 구약성서의 한 편. 헤브리 민족의 지혜문학 중 으뜸이 가는 것으로, 솔로몬
  왕의 경계(警戒)와 교훈을 내용으로 함.

2. ① (가르쳐서)훈계가 되는 말. 경계 말.

  ② <성> 구약성서의 한 편. 솔로몬 왕의 훈언(訓言)을 내용으로 하며 모두 31
  장임.

 3. 가르쳐서 경계가 되는 말

논의의 편의를 위하여 먼저 격언, 금언, 잠언의 의미를 비교해볼 필요가 있다.

'격언', '금언', '잠언'의 뜻풀이를 보면, 서로 다른 뜻으로 쓰기도 하지만 대체로 동의어로 사용하고 있음을 알 수 있다. 뜻풀이 ①을 비교해보면, '격언, 금언 잠언'은 모두 '사리에 맞고' '교훈적'이며 '훈계가 될 만하'며, '생활의 본보기' 되는 '귀중한 내용'을 담고 있는 말'이라는 점에서 동의어로 사용되고 있다. 다만, ②의 의미를 볼 때 '금언'은 불교 쪽에서 '잠언'은 기독교 쪽에서 유래한 '가르침 또는 교훈적인 말'이며 격언은 이 모든 것을 망라하고 있음을 알 수 있다. 그러나 여기서 주의할 것은 ②의 의미보다는 ①의 의미가 일반적으로 사용되고 있다는 점이다. 금언이 불교의 법어(法語)를 가리키는 경우가 없지는 않지만 일반적으로는 불교는 물론 여타의 종교, 그리고 종교와 관계없는 위인들의 말도 지칭한다는 사실과 잠언이 '기독교 구약성서의 한 부분'이지만 기독교 외의 다른 종교에서 나온 말, 그리고 종교와 상관이 없는 위인이나 현자들의 가르침이 될 만한 경구를 모두 잠언이라고 하는 사실이 그것을 입증하고 있다.3) 요컨대 '격언', '금언', '잠언'은 뜻이 서로 다른 낱말이 아니라 동의어라고 개념을 정리할 수 있다.

다음으로 남은 문제는 '속담'과 '격언'(금언, 잠언)의 개념에 관하여 비교해 볼 차례이다.

위에 제시된 '속담'의 뜻풀이를 보면 1, 2, 3 세 개의 사전 모두가 모두 속담과 격언을 같은 것으로 풀이하고 있다. 다만 "㉠알기 쉽다. ㉡민간에서 전해온다. ㉢온 민족에게 널리 퍼져 있다. ㉣세상에 흔히 돌아다니는 말이다."라는 단서가 붙어 있다는 점이 차이라면 차이일 뿐이다. 그리고 "㉤어느 때 누가 어디서 한말인 지 알 수 없다"고 못을 박고 있다. 세 개의 사전 모두에서 '속담'을 '격언'이라고 풀이하고 있으면서도 이처럼 다섯 가지의 단서를

---

3) 원래 그 어원을 정확히 알 수는 없으나 금언이 부처님의 말씀을 지칭하며, 잠언이 구약성서의 솔로몬왕의 어록을 기록한 '구약성서의 한 부분'에서 출발한 것은 분명하다. 그것이 환유적으로 의미가 확산되면서 불교나 기독교 등 종교적 범주를 초원해서 모든 교훈적이며 삶의 지표가 되는 성현, 철인, 위인들의 가르침을 통칭하는 말로 일반화된 것으로 보인다. 따라서 이 글의 논지와 관련되는 부분은 사전의 뜻풀이 ①뿐이며, ②는 이 글의 논지와 관계가 없으므로 언급하지 않았다.

붙이고 있는 것을 보면 역시 격언과 속담은 완전히 똑같지는 않은 모양이다. 물론 위의 다섯 가지 단서 중에 둘째, 셋째, 넷째가 같은 뜻이라고 본다면 ㉠어느 때 누가 한 말인지 모른다. ㉡민간에서 전해오며, 널리 퍼져있다. ㉢ 알기 쉽다는 특성을 갖는다고 요약할 수 있다. 한편 사전에 나타난 '격언'의 개념을 살펴보면 ㉠말한 사람이 알려져 있다. 예컨대, 성현이나 위인 또는 철인들이 그들이다. ㉡민간에 널리 퍼져있다기보다는 경전을 비롯한 고전 등에 실려 있다. 다시 말하면 출전이 있다는 점이 그 특성이다.

끝으로 사전의 뜻풀이가 '속담'이 '일반인들의 깊은 동감(공감)을 얻는 말'이라는 점에 의미를 두는데 비하여 격언(금언, 잠언)은 귀중함, 지도적, 가르침, 경계 등 교훈적인 측면에 무게를 두고 있다는 점이 차이점이다. 그러므로 격언은 일반인들에게 교훈의 대상으로 무조건 따라야 할 인생의 지침으로 인식하고 있는데 비하여 속담은 깊이 공감하는 다소 동류적 인식을 나타내고 있다고 하겠다.

(2) 속담, 격언 관계 서적들의 인식

'속담'과 '격언'에 관한 개념을 보다 분명히 하기 위하여 사전풀이 외에도, 속담집이나 격언집, 또는 속담사전과 격언사전들에 실려 있는 견해를 살펴볼 필요가 있을 것이다. 물론 대부분은 사전의 뜻풀이와 비슷한 말이 반복되며, 상식적 표현으로 일관하는 경우가 많은 것도 사실이다. 그리고 이들의 표현을 자세히 관찰해도 경계가 불분명하기는 마찬가지다. 그러나 그것은 속담과 격언의 인식적 차이의 경계가 불분명한 것이지 속담과 격언의 개념적 차이가 없기 때문은 아니다.

다음은 몇몇 속담, 격언 사전에 나타난 격언과 속담에 관한 인식을 표현한 부분들이다.

> 이언(俚諺)은 흔히 속담이라고도 하며, 누가 언제 이런 말을 하였는지 모르는 사이에 사회적 민속적으로 오랜 옛날부터 일상생활어로 써오던 말이요, 격언은 '금언(金言)', '잠언(箴言)'이라고 말하는, 개인적 개성적으로 명현(名賢), 철인(哲人)들이 써 오던 단구(短句)로서 대개는 도덕적 교훈을 내포하고 있다.4)

속담은 문자 그대로 속된 말이다. 그것은 본질적으로 민중의 것이다. 그 구슬 같은 한 마디 한 마디는 민족사회의 오랜 경험과 지혜를 단적으로 반영하는 것이다……
속담은 사회적 소산이다.
속담은 향토성을 반영한다.
속담은 간결한 것을 특징으로 한다.
속담의 다른 표현으로 속언(俗言), 이언(俚彦), 언(諺)[5]

속담은 민중 속에 감추어져 있으며, 또한 우리의 고전은 물론 중국문헌 중에도 우리의 것과 아주 밀접한 관계가 있는 것이 많다.[6]

인류변천의 역사와 함께 줄기차게 변화하며 물려받은 정신적 유산. 속담은 쉽게 흘려버릴 것 같은 짧은 토막의 말 같지만 그 말 속에 포함된 무궁한 철학적 진리는 천 마디 만 마디 미사여구와도 비할 바가 아니다…… 우리의 역사와 함께 면면히 전해온 속담은 조선시대에 와서 그 절정에 이르렀으며 당쟁을 비유한 이야기나, 최근세 일제 점령 하나 자유당 말기의 서민적 풍자는 가히 절정에 이르고 있다.[7]

이상의 내용을 살피면 사전 풀이의 내용과 매우 흡사하여 반복되는 표현이 많은데 다음과 같이 요약된다.
격언은 ㉠격언은 명현, 철인들의 말로 개인적 개성적이다. ㉡ 도덕적 교훈을 내포하고 있다. 그에 비하여 속담은 ㉠누가 언제 이런 말을 하였는지 모른다. ㉡오랜 옛날부터 전해오는 말이다. ㉢일반 민중이 일상생활어로 써오던 속된 말이다. ㉣ 민족사회의 오랜 경험과 지혜를 단적으로 반영한다. ㉤시대상을 반영한다.

(3) 논저에 나타난 인식

학자들의 논저에 나타난 격언과 속담에 관한 인식을 살펴보면 아래와 같

---

4) 崔根學 編(1980), 世界格言辭典, 耕學堂.
5) 李基文 編(1995) , 改訂版俗談辭典, 一潮閣
6) 지윤환(1997), 속담풀이 사전, 한국고전신서편찬회.
7) 오행자(1986), 속담, 격언 수수께끼, 한국토속문화 수집회 편.

다.

먼저 金宗澤(1967)에서는 "俗談의 限界를 決定지우기 위해서는 먼저 그 定義부터 내려져야 하겠으나 이것 역시 Aristoteles 以來 未決의 課題로 남겨진 채 俗談은 如前히 言衆의 편이 되어 쓰이고 있는 것이다….

적어도 하나의 陳述이 俗談이 되려면

첫째, 속담적 구조를 갖추고

둘째, 機能的인 意味傳達을 하며

셋째, 寬容性과 大衆性을 지녀야 한다."고 주장하면서 특히 의미기능에 관한 보충 설명을 통하여서 "진정한 意味의 俗談이란 意味機能으로 보아 단순한 敍述的 槪念의 전달을 하는 것이 아니고, 俗談的 構造에 의하여 機能的 意味傳達을 하는 것을 말한다. … 詩가 그렇듯이 俗談의 意味는 전혀 말과 말의 結合關係 즉, 構造에 의해서만 可能하다. 詩의 意味가 散文的 槪念의 總和가 아니듯이 俗談의 意味도 槪念의 文法的인 總和가 아닌 것에 그 特徵이 있다. 俗談의 意味는 象徵的 直感的인 方法에 의해서 表示되는데, 詩와 詩 아닌 것의 限界가 分明하듯 俗談인 것과 아닌 것의 限界도 그 構造에 의하여 分明해진다."[8)]
고 덧붙이고 있다. 이 주장을 요약하면 속담은 특성은 ㉠속담적 구조 ㉡기능적 의미 전달 ㉢관용성과 대중성 등이다.

한편 최기호·김미형(2000)에서는 "속담은 격언과도 같이 교훈을 주는 것이 많아서 격언과 구별이 모호하게 생각되기도 한다. 그러나 속담은 어디까지나 민간에 전해 내려온 말이라는 큰 범주에 속하는 것으로 그 가운데에서 격언과도 같이 교훈적인 말들이 있는 것으로, 격언과는 구별 될 수 있다. 격언은 사리에 들어맞는 사상이나 결론 등을 표현한 짤막한 교훈적인 말로 속(俗)의 의미를 가지지 않는다." 고 하여 격언과 속담을 구분할 수 있음을 시사하면서도 단지 '민간 전승'이라는 차이점만을 내세우고 있어 그 구별이 뚜렷하지 않다. 한편 심재기(1986)에서는 속담과 격언을 구분에 관하여 이들이 혼동되고 있는 까닭을 '속담'이라는 명칭에 대한 의미기능을 완전히 파악하지 못한 채 언어대중들에 의하여 자연발생적으로 붙여졌기 때문이며,

---

8) 金宗澤(1967), 俗談의 意味機能에 關한 硏究, 국어국문학 34·35 합병호 국어국문학회.

또한 속담과 비슷한 특성과 기능을 가진 다른 표현 어구들이 있어서 그러한 표현어구들의 차이가 일반 언중에게 쉽게 식별되지 않기 때문이라고 주장한다. 또한 속담을 정의하기 위해서 '관용표현(慣用表現)'이라는 유개념(類概念)을 제시하고 그 하위 범주로 어휘와 어구로 나누어 다음과 같은 어휘장을 제시하고 있다.9)

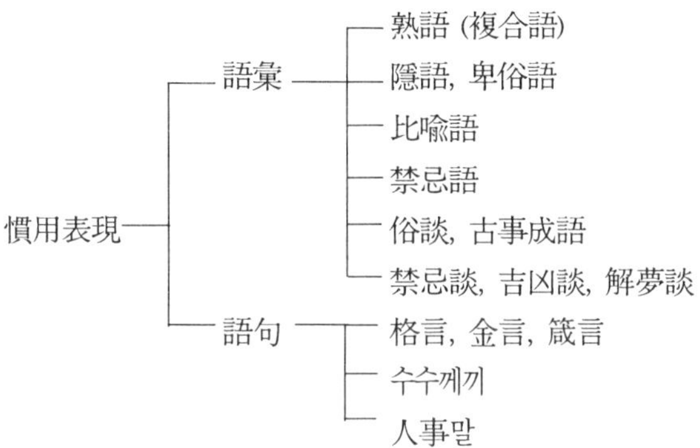

그리고 이에 덧붙여서 격언, 금언, 잠언이 교훈을 기본의미기능으로 삼고 있다면 속담은 특정사실의 의미기능에 대한 '비유적 서술'이라고 단정하면서 "어떤 사실을 비유로 서술하는데 쓰이는 관용어구"라고 속담을 정의하고 있다.

따라서 격언과 속담은 관용 표현이라는 유개념의 하위개념들로 발생적 특성 때문에 속담과 격언이 혼동되기도 하나, 격언은 기본의미가 '교훈'인데 비하여 속담은 기본의미가 '비유적 서술'이라고 보고 이들을 분명히 구분하고 있다. 조재윤(1998)에서는 간결성, 비유성, 시가성, 교훈성, 관용성, 사회성, 상황성 통속성, 지관성, 자극성, 일면성의 11가지를 속담의 특성으로 제시하고 그 중에 시가성, 교훈성 통속성, 일면성은 적용되지 않는 경우도 있어서 이를 제외한 나머지 7가지를 속담의 필수적 특성으로 구분하고 있다 조재윤(1998)에서는 보다 분석적으로 속담의 특성을 분명히 하여 개념을 정립한 셈이다.

---

9) 沈在箕(1986), 國語意味論, 開文社, pp.293~294 참조

(4) 종합

이제까지 격언과 비교하여 속담의 특성을 찾고 그 개념을 정립하기 위하여, 국어사전의 정의, 속담, 격언 사전, 속담풀이사전 및 학자들의 견해를 고찰하여 보았다. 이들은 서로 많은 부분을 공통적으로 인식하기도 하였으나, 또 나름대로 특성을 갖고 있음을 알 수 있었다. 이제 이들을 종합하여 특성을 구명하면 다음과 같다.

【표 1】
♣ 속담
㉠ 어느 때 누가 한 말인지 모른다.
㉡ 민간에서 전해오며, 널리 퍼져있다.
㉢ 알기 쉽다.
㉣ 공감(동감)-동류적.
㉤ 속되다.
㉥ 민족사회의 오랜 경험과 지혜를 반영한다.
㉦ 시대상을 반영한다.
㉧ 상징적, 직감적, 비유적 서술

♣ 격언
㉠ 말한 사람이(성현, 철인 위인)이 있다.
㉡ 개인적 개성적이다.
㉢ 경전, 고전 등에 실려 있다.(출전이 있다)
㉣ 귀중함, 지도적, 가르침, 경계 등 도덕적 교훈적, 인생의 지침으로서의 가치
㉤ 언중은 수동적 상위적 개념으로 인식하고 수동적으로 수용한다.

♣ 격언과 속담의 공통점
그러나 속담과 격언을 자주 혼동하고 혼용하는 것을 보면 많은 공통점이 있기 때문이다 그 공통점 요약하면 다음과 같다.
㉠ 표현이 짧고 간결하다.(하나의 문장이나 구절)
㉡ 수사법을 쓰고 있다.(수사법의 내용은 상당한 차이가 있지만)
㉢ 교훈적이다.(교훈의 방법은 다르다.)

ⓔ 관용적이다.

이상에서 정리된 격언과 속담의 차이점과 공통점의 제시에도 불구하고, 그리고 그러한 개연성을 인정하면서도 여전히 막연한 느낌이 드는 것은, 그 냥 설명에만 의존하고 있을 뿐이지 구체적 자료에 근거하는 논증이 없기 때문이다. 따라서 이 시점에서 필요한 것은 구체적 자료와 논증이다.

3) 속담의 특성화를 위한 문체론적 접근

(1) 간결성 그리고 구체성

2), 4)의 논의를 통하여 속담과 격언을 비교를 통한 개념정립이 일단 마무리되었다고 할 수 있겠다. 그러나 그럼에도 불구하고 보다 구체적인 개념정립이 필요하다고 본다. 가령 속담과 격언이 모두 짧고 간결한 표현이며, 수사법을 쓰고 있다. 그렇다면, 그것이 얼마나 짧으며, 어떤 수사법을 쓰고 있는지, 격언과 속담의 차이가 거기서 드러나는지, 그리고 속담의 수사법과 격언의 수사법의 사용 비율은 어느 정도에 이르고 있으며, 어떻게 다른지 그것으로 이들의 특성을 분명히 할 수 있는지 하는 따위다. 이러한 모든 것을 체계화함으로써, 격언과 비교 상황에서의 상대적 속담의 특성을 분명히 할 뿐 아니라, 속담의 문체론적 특성을 확실히 할 것으로 본다. 나아가 격언의 의미론적 특성까지도 뚜렷이 정립할 수 있을 것이다.

속담의 근본적인 개념을 보다 분명히 하기 위하여 여기에서 '관용적 표현'과의 비교도 필요하다. 관용적 표현에 관하여 심재기(1986)에서는 속담, 격언 등을 포함하는 상위의 유개념으로 제시한 바 있는데, 여기서는 개념의 폭을 좁혀서 속담과 대등한 종(種)의 개념으로 설명하고자 한다.

관용적 표현은 속담이나 격언과는 달리 단지 어떤 대상에 대한 묘사를 하는 데 그 목적이 있다. 따라서 관용적 표현은 단지 기발성, 적절성, 감각성 등 표현의 아름다운 특성으로 인하여 많은 문인 묵객 또는 사랑방 방담(放談) 속에서 사랑을 받아 온 표현으로, 그것이 오랜 세월에 걸쳐 언중의 공감을 받고 반복적인 재인용으로 인하여 일반화된 상투적 표현이라는 점에서는 속담과 다를 바가 없지만,[10] 단지 묘사적 표현일 뿐 그밖에 속담이 갖는 특성이 없다는 데서 속담과 구별되어야 한다.

관용적 표현은 유머나 고전소설, 판소리 사설 또는 농담 등에서 사용되는 상투적인 표현 형태인 것이다. 가령 '쥐꼬리만한 봉급'이나, '풍년거지 쪽박 잃어버린 형상', '고양이 달걀 굴리듯 한다' 따위의 표현은 그 속에 이미지가 살아 있고 리얼리티가 숨쉬고 있음을 본다. 그러나 속담적인 표현, 예컨대, 교훈적이거나[11] 비판적, 풍자적 표현 그리고 무엇보다도 풍유적 표현이 되지 못하다는 점에서 속담과는 현저한 차이점이 있다.

이제 격언, 속담, 관용적 표현에 관하여 그 특성을 요약하였지만 보다 확실한 이해를 돕기 위하여 몇 개씩을 예시하면 다음과 같다.

♣ 격언

가난한 자를 학대하는 자는 그 조물주를 업신여기는 것이다.
교만은 멸망의 선도자이며 자랑은 실패의 선도자이다.
스스로 칭찬하지 말고 남으로 하여금 나를 칭찬하게 하라.
아는 것이 힘이다.
너 자신을 알라.
지혜의 첫걸음은 자신의 어리석음을 아는 것이다.
인생은 짧고 예술은 길다.

---

10) 沈在箕(1986, pp.293~294)에서는 속담의 생성과정을 다음과 같이 제시하고 있다.
   俗談의 生成過程
   個人的 次元 ① 特殊事例의 發生
           ② 그 事例의 描寫(表現)
           ③ 描寫(表現)의 整齊
   社會的 次元 ④ 言衆의 共感과 再引用
   이것은 관용적 표현의 생성과정과 전연 다를 바가 없다.
11) 임지룡(1998, "국어 의미론", 탑출판사, p.197)에서는 "관용어와 속담은 모두 표현형식이 고정되어 있다는 점에서 공통점을 지니나 속담은 비유성, 풍자성 교훈성이 강한 반면, 관용어는 그러한 특성이 약하거나 없다는 점에서 차이를 갖는다"고 하고 있으며, 문금현(1996, "국어의 관용표현 연구", 서울대학교 박사학위 논문, p.22)에서는 "순수 관용 표현과 속담문은 기본적으로 둘 다 비유의 의미를 가진다. 그런데 속담문은 비유의미 위에 교훈성이나 풍자성이 더해진다."고 주장하고 있다.

♣ 속담

낮 말은 새가 듣고 밤 말은 쥐가 듣는다.

등잔 밑이 어둡다.

꼬리가 길면 밟힌다.

종로에서 뺨맞고 한강에 가서 눈흘긴다.

구슬이 서 말이라도 꿰어야 보배다.

꼬부랑 자지 제 발등에 오줌 눈다.

늙은 말이 콩 더 달라고 한다.

♣ 관용적 표현

저녁 굶은 시어머니 상이다.

물찬 제비 같다.

복날 개 패듯 한다.

다람쥐 쳇바퀴 돌듯 한다.

엎어지면 코 닿을 만큼 가깝다.

중 대가리에 녹두알 굴러가듯 한다.

댑싸리 밑 개 팔자.

　이제 속담과 격언 그리고 관용적 표현의의 평균 길이를 제시하면 다음과 같다. 이러한 작업을 하기 위하여 崔根學 編,(1980) "世界格言辭典", 耕學堂, 李基文 編(1995), "改訂版俗談辭典", 一潮閣, 지윤환(1997), "속담풀이 사전", 한국고전신서편찬회, 오행자 편(1986), "속담, 격언 수수께끼", 한국토속문화 수집회 등에 나타난 속담과 격언을 가장 익숙한 것을 위주로 속담 309개, 격언 146개, 관용적 표현 40개를 발췌하여 통계를 낸 것이다. 격언은 외국 격언과 국내 격언을 가리지 않고 뽑았으며 속담은 중국에서 들어온 것도 있겠으나 대체로 우리의 속담으로 알려진 것들을 뽑았다. 또한 각 사전에 속담과 격언 구분 없이 섞여 있는 경우가 많기 때문에 대체로 【표 1】의 기준에 의거하여 발췌했다. 다만 최학근(1980)에 수록된 격언들은 출전과 말한 사람이 기록되어 있기 때문에 주로 그것에 의존하여 뽑았으며 그래도 가급적이면 국내의 격언을 중심적으로 고르려고 노력하였다. 또한 속담은 한자 4언, 6언으로 된 성어(成語)들도 있는데 이러한 것들은, 격언이나 관용적 표

현과의 구색을 맞추기 위하여, 발췌에서 제외하고 완결된 문장으로 되어있
는 것들을 취하였다.

【 표 2 】 문장의 길이

	문항	글자 수	평균 길이
격 언	146	2294	15.7
속 담	309	3444	11.2
관용적 묘사	40	356	8.9

【표 2】를 통하여 격언, 속담 및 관용적 표현의 문장의 길이를 495문장을
통계를 낸 결과 격언, 속담, 관용적 표현이 모두 짧고 간결한 표현으로 되어
있지만 그 중에서도 가장 길이가 긴 격언이 평균 15.7자, 속담이 11.2자, 그
리고 관용적 표현이 8.9자로 어떤 표현형식보다 문장이 짧고 간결하다는 것
을 확인할 수 있다. 격언과 속담만을 비교하면 속담이 상당히 짧은 것으로
나타난다. 그 까닭은 아마도 격언이 속담에 비하여 설명적 표현이 많기 때
문인 것으로 보인다.

간결성과 관련하여 이에 못지 않게 중요한 표현상의 특징은 구체어를 쓰
는 비율이 어떠하냐 하는 것이다. 먼저 이들을 통계로 나타낸 결과를 보면
다음과 같다.

【 표 3 】 어휘의 구성

	총어휘수	구체명사 1		구체명사 2		추상명사		
		어휘수	비율(%)	어휘수	비율(%)	어휘수	구체 1과의 비율	구체 2와의 비율
격 언	347	56	20.7	133	38.3	214	79.3	61.7
속 담	693			681	98.3	12		1.7
관용적 표 현	75			74	98.7	1		1.3

【표 3】에 나타난 구체명사를 쓰는 비율을 보면 격언과 속담이 매우 대조적임을 알 수 있다. 위의 표에서 "구체명사1"로 표시된 것은 '사람을 나타내는 명사' 예컨대, 군자, 소인, 사람, 친구, 지자(知者), 인간, 소년, 노인, 어머니, 여자, 백성, 조물주 등을 제외한 것으로 이들이 구체 명사이면서도 개인을 가리키기보다는 집단을 가리킴으로써 상당히 추상성을 띄고 있기 때문인데, 이 경우 구체명사와 추상명사의 비율은 20 : 80이며, '사람을 나나내는 명사'를 포함하는 구체명사2의 경우는 38 : 62로 여전히 추상명사의 사용이 압도적으로 많음을 알 수 있다. 이에 비하여 속담은 구체명사와 추상명사의 비율이 98.3 : 1.7로 거의 구체명사만으로 되어 있음을 알 수 있다. 구체명사의 사용비율이 관용적 표현은 속담과 거의 비슷한 수준으로 격언과는 매우 대조되는 모습을 확인할 수가 있는 것이다.

일반적으로 설명(說明)은 주로 추상어를 많이 쓰고 묘사(描寫)는 구체어를 많이 쓰는 것으로 되어 있으며, 소설이나 수필 등 문학적인 글에서는 설명이 아니라 묘사와 보여주기 수법으로 글을 쓰는 것이 관례이므로 아무래도 구체어를 많이 쓰기 마련이다. 특히 시(詩)에서는 관념어나 추상어 사용을 극도로 피하고 되도록이면 구체어, 심지어 감각어를 써야 하며, 시를 쓰는 사람들에 따라서는 추상어나 관념어는 어떤 경우든 쓰지 않는 것을 원칙으로 하는 유파도 있다. 그것은 추상어나 관념어를 쓰면 이미지 창출을 하기가 어렵고 글의 내용이 설명으로 변하기 때문이다. 이러한 관점에서 볼 때 격언이 매우 철학적, 관념적, 추상적인 표현을 주로 하여, 인생살이에 대한 가르침, 깨우침, 교훈, 경계를 설명하는 교육적 철학적 표현임에 비하여 속담은 구체적, 감각적, 이미지적 표현을 주로 하는 설명적이기보다는 묘사, 보여주기, 철학적이기보다는 다분히 예술적 표현임을 확인할 수 있다.

(2) 비유 그리고 수사법

다음은 보다 구체적으로 표현기법을 수사적인 면에서 살펴보고자 한다. 먼저 격언부터 살펴보면 총 146개의 격언 가운데 대조 26회(17.8%), 대구(對句) 21회(14.4%), 은유 22회(15.1%), 직유 1회(0.7%), 과장 3회(2%), 역설 11회

(7.5%) 반어 1회(0.7%), 도치 2회(1.4%), 설의1회(0.7%)가 나타나 있다. 이들을 분석해보면 146개 격언에 수사법이 모두 88회 사용되고 있으며 이는 60.4%의 격언이 수사법을 사용하고 있음을 나타낸다. 또 한가지 유의해야 할 점은 수사법 가운데에도 비유는 은유, 직유, 환유를 합하여 27회(약18%)가 나타나 있으며 강조대조 과장 등 강조법(29회, 약21%)과 대구, 반어, 도치, 설의 등 변화법(25회 약16%)이 고루 사용되고 있다. 그리고 그밖에도 역설이 11회(7.5%)가 나타난다.

이에 비하여 속담은 매우 대조적인 모습을 볼 수 있는데, 직유 22회(7.1%), 은유 37회(11.9%), 풍유 289회(93.5%), 대조 25회(8.1%), 과장 44회(14%), 비교 7회(2.3%), 대구 36회(11.6%), 설의 9회(2.9%) 그밖에도 아이러니(역설을 포함하여) 138회(44.7%)가 나타나 있다. 이중에 비유는 직유, 은유, 풍유 등을 합하여 총 348회에 달하며 총 309문장을 고려하면 비유가 무려 112.6%나 사용되고 있다. 또한 대조, 과장, 비교 등 강조법도 76회에 24.6%가 나타나 있으며, 변화법도 대구, 설의를 합하여 45회(14.6%)에 달한다. 이것을 격언과 비교하면, 격언은 비유가 적고(18%) 속담은 비유가 비교할 수 없을 정도로 많이 사용되고 있다(112.6%). 강조법과 변화법은 대체로 격언과 속담이 비슷하게 사용되고 있다. 특히 아이러니가 138회(44.7%)나 나타나는데 이는 그 어떤 표현 형식에서도 볼 수 없을 만큼 많이 나타나 있다고 하겠다.

한편 관용적 표현은 총 40문장에, 직유가 23회(55.5%), 은유가 12회(30%), 과장이 4회(7.5%), 설의가 3회(7%)가 나타나 있다. 따라서 비유가 직유, 은유를 합하여 35회(85%), 강조가 4회(7.5%), 변화가 3회(7%)로 나타나 있어 거의 비유법이 대부분을 차지하고 있으며, 그 중에서도 직유가 주조를 이루고 있다.

이상의 결과를 바탕으로 먼저 격언과 속담을 비교해보면, 격언은 인생의 교훈적 내용을 가르침을 목적으로 직접적으로 말하는 것이다. 그러므로 비유나 구체적 표현, 감각적 표현, 또는 이미지적 표현이 상대적으로 매우 적고 그 대신 추상적이고 관념적인 내용을 그냥 지시적, 직설적, 설명적으로 표현하고 있다. 물론 이런 경우에 비유적인 표현을 하기는 어렵다. 그러나 그런 가운데도 그것을 효과적으로 전달하기 위하여 강조와 변화를 추구하는 표현을 최대한으로 활용하고 있음을 알 수 있다.

이와 대조적으로 속담은 격언과 비슷한 인생의 교훈적 내용을 구체적인 삶 속에서 깨달은 경험을 바탕으로, 아주 구체적인 언어로 감각적 이미지를 창출하는 표현을 최대한으로 활성화하고 있음을 본다. 특히 비유를 많이 쓰고 있는데 그 중에도 대부분이 풍유로서, 아마도 다른 어떤 표현형식에서도 짧으면서 속담처럼 풍성한 풍유는 그 유례를 찾아 볼 수가 없을 것이다. 그것은 지시나 설명이 아니고 '보여주기'위해서이다. 받아들이고 안 받아들이고는 독자나 청자의 자유에 맡기는 형식이다. 그것이 속담이다. 그러므로 격언에서처럼 그것을 배움으로써 수동적으로 받아들이는 것이 아니라, 보이는 현상과 모습을 통하여 저절로 공감하는 방식으로 접근하게 된다. 그러므로 일반 언중에게 아주 쉽게, 거부감 없이, 일상생활에서 발견되는 구체적 현상으로 인식하면서 자연스럽게 받아들이게 되는 것이다. 물론 비유 외에도 강조나 변화법이 많이 사용되고 있지만 그것은 격언의 그것과 큰 차이가 없다. 물론 비유에 비하면 강조법나 변화법이 상대적으로 적게 나타나 있다. 하지만, 그럼에도 불구하고 일반적인 다른 표현 형식에 비하여서는 그것도 매우 풍성하게 사용되고 있다는 점을 유의해야할 것이다.

다음은 속담과 관용적 표현과의 비교인데, 위의 통계에 나타나 있는 바와 같이 비유는 풍유를 빼놓고 본다면 관용적 표현이 속담보다 훨씬 더 풍부함을 알 수 있을 것이다. 그것은 앞에서 언급한 바와 같이 관용적 표현은 어떤 대상에 대한 묘사를 잘하는 데 그 목적이 있기 때문이다. 가령 '쥐꼬리만한 봉급',이나 '풍년거지 쪽박 잃어버린 형상', '고양이 달걀 굴리듯 한다' 따위의 관용적 표현은 그 속에 이미지가 살아 있고 리얼리티가 숨쉬고 있음을 본다. 그러나 속담적인 표현, 예컨대, 교훈적이거나[12] 풍유적, 풍자

---

12) 속담의 교훈성과 관련하여 : 조재윤(1998, 한국 속담의 구조분석 연구, 고려대학교 박사학위 논문, pp.29~30)에서는 속담의 특성에는 간결성, 비유성, 시가성, 교훈성, 관용성, 사회성, 상황성 통속성, 지관성, 자극성, 일면성의 11가지가 있는데, 모든 속담이 이 특성을 보유하는 것은 아니며 속담이 가진 일반적인 경향이다. 우선 간결성, 비유성, 관용성, 사회성, 직관성, 자극성, 상황성 등은 어느 속담에나 나타나는 필수적 특성으로 규정하고 있으며 그 중에서 교훈성은 시가성, 통속성, 일면성 등과 함께 적용되지 않는 경우도 있다고 하였다. 또한 주경희,(2002, 국어교육 108호, p.290) 에서는 속담의 교훈성에 관하여 첫째 속담은 의미만으로 의미 실현을 하지 않으므로 이를 기준으로 교훈성을 판단한다는 것은 객관적인

적 요소, 아이러니적 요소가 없다. 그냥 묘사로서 그치기 때문이다. 따라서
당연히 비유적 표현이 발달해 있고, 비유 중에서도 풍유를 제외한 직유, 은
유 쪽에만 치우친 표현이 주조를 이루고 있다. 그러나 속담은 그렇지 않다.
설혹 직유와 은유는 관용적 표현에 비하여 적으나, 풍유는 비교할 수 없을
만큼 많다. 잘 아는 바와 같이 풍유는 우의 또는 우화라고도 하며 그 말 자
체의 의미에 이미 현실 속의 구체적인 상황에 알맞게 활용하여 교훈이 될
수 있음이 내포되어 있다. 그러므로 풍유라는 말속에 이미 교훈적이라는 의
미가 포함되어 있는 것이다. 관용적 표현과 다른 속담의 또한 가지 특성은
위의 통계에서 보는 바와 마찬가지로 아이러니적 표현이 많다는 것이다. 원
래 아이러니란 두 개의 모순되고 상반된 것의 대립을 조화로 받아들이는
인식작용으로 그 속에 세상 만사에 대한 풍자와 비판과 새로운 의미부여의
기능을 내포하고 있다. 그리하여 모든 시적인 것은 아이러니에 의해서 가능
해진다고 할 만큼 시에 있어서 중요한 역할을 하는 것이다. 속담이 44.7%에
이를 만큼 아이러니를 내포하고 있는 것은 격언이나 관용적 표현과는 사뭇
다른 속담의 의미적 효용성과 문체론적으로 속담이 시적인 특성을 공유하
고 있다는 증거가 될 것이다.

수사법의 통계를 바탕으로 한 격언, 속담, 관용적 표현의 특성을 다시 정
리하면 격언은 비유가 적고, 속담은 비유가 비교할 수 없을 정도로 매우 활
발히 사용되고 있으며, 강조법과 변화법은 대체로 격언과 속담이 비슷하게
사용되고 있다. 특히 속담의 두드러진 특징의 하나는 아이러니가 특별히 많
이 나타나있다는 것이다.

또한 속담과 관용적 표현을 볼 때, 관용적 표현은 직유 은유 등 단순묘사
를 위한 표현이 발달되어 있고 속담은, 표현 자체의 아름다움도 아름다움이

논의가 되기 어렵다. 둘째, 교훈성 유무를 판단하는 객관적 기준 설정의 문제이다. 속담의
내용에 따라 교훈성을 파악할 수 있다면 내용에 따라 교훈성이 있는 것과 없는 것으로 나
누어야 하는데 이것은 쉽지 않다고 하여 속담 그 자체의 내용을 가지고 교훈성을 판별하기
는 곤란하다는 입장을 취하고 있다.
그러나 속담이 관용어구와 다른 점은 속담은 언뜻 보기에 교훈성이 드러나 있는 것도 있고
얼른 발견되지 않는 것도 있으나 이리저리 연결을 하면 결국 교훈적으로 활용할 수 있는
데 비하여, 관용어구는 어떤 식으로 관련을 지으려 하여도 교훈적으로 연결이 되지 않는다
는 점에서 근본적인 차이가 있는 것이다.

려니와 풍유적 표현의 풍성함을 통하여 교훈적 기능을 극대화하고 있으며, 아이러니의 활발한 표현으로 풍자, 비판, 새로운 의미발견 및 부여 등의 기능을 지니고 있는 다이나믹한 표현형식이라고 하겠다.

(3) 종합

이제까지 격언과 속담 그리고 관용적 표현을 문체론적으로 비교하여 살펴보았다. 그 결과 【표 1】에 나타난 속담과 격언의 특성과 공통성을 확인하고 나아가 그 특성에 대한 뚜렷한 근거를 제시하였다고 할 수 있다. 게다가 다음의 특성을 첨가함으로써 격언과 속담의 개념을 분명히 하였다. 또한 관용적 표현의 개념, 그리고 속담과의 경계선도 뚜렷이 할 수 있게 되었다. 다시 말하면 격언은 비유가 적고, 속담은 비유적 표현이 매우 활발하며, 강조법과 변화법은 대체로 격언과 속담이 비슷하게 사용되고 있다. 특히 아이러니가 많이 나타나 있는데 이는 그 어떤 표현 형식에서도 보기 드물 만큼 많이 나타나 있다고 하겠다.

관용적 표현은 거의 비유법이 대부분을 차지하고 있다.

격언과 속담을 비교해보면, 격언은 인생의 교훈적 내용을 가르침을 목적으로 그 표현이 지시적, 직설적, 설명적이다. 그러므로 비유나 구체적 표현, 감각적 표현을 통하여 이미지를 창출하는 경우가 아주 적고, 추상적이고 관념적인 내용을 그냥 직설적, 설명적으로 표현하는 형식을 취하고 있다. 다만 효과적으로 전달하기 위한 방법으로 강조나 변화를 추구하는 표현을 쓰고 있다.

속담은 격언과 비슷한 인생의 교훈적 내용을 아주 구체적이고 감각적 언어로 이미지를 창출하고 있다. 특히 비유를 많이 쓰고 있는데 그 중에도 대부분이 풍유로서, 똑같은 교훈적 내용이라 하더라도 설명이 아닌 보여주기의 형식을 취함으로써 수용의 주체를 독자나 청자에게 위임하고 있다는 점이 특징이다. 강조나 변화법도 사용되고 있는데 그것은 격언의 그것과 큰 차이가 없다.

관용적 표현은 비유적 표현이 풍유를 제외하면 속담보다 훨씬 더 풍부하다. 그것은 관용적 표현이 어떤 대상에 대한 묘사를 하는 것이기 때문인데 결과적으로 묘사로서의 관용적 표현은 이미지와 현장감이 살아 숨쉬고 있는 표현이다. 그러나 관용적 표현에는 풍유적, 풍자적 요소, 아이러니적 요소가 없다.

속담은 풍유를 아주 많이 활용함으로써 교훈적 기능을 극대화하고 또한 아이러니적 표현을 많이 사용함으로써 예컨대, 비판, 풍자, 교훈 등 의미기능의 효용성을 극대화하고 있으며, 문체론적으로 시적인 특성에 가장 가까운 표현 방식을 취하고 있다. 따라서 서두에서 언급한 바와 같이, 속담은 "언중의 시"라는 주장을 뒷받침해주고 있다.

3. 결론

이제까지 속담에 관한 일반적 인식에 관하여, 국어사전, 격언, 속담 사전을 비롯한 일반 서적에 나타난 격언과 속담에 관한 인식, 그리고 논저에 나타난 속담에 관한 연구 등을 고루 살핌으로써 격언과 속담, 그리고 관용적 표현에 관하여 그 특성을 체계화하는 작업을 하였다. 그 결과 격언과 속담 그리고 관용적 표현은 서로 혼동될 수 없는, 뚜렷한 특성을 가진 표현형식들임을 확인하였다. 그리고 이들에 특성에 관한 보다 분명한 자료를 제시하고 그 위에 표현 방식의 특성을 확인하기 위하여 문체론 적으로 접근하여 문장의 길이, 사용된 어휘의 종류, 각종 수사법을 망라한 표현방식들에 관하여 살펴보았다. 그 결과 이제까지의 연구에서 밝히지 않았던 몇 가지 특성을 발견하였으며 그것을 토대로 격언과 속담의 개념과 범주적 특성을 분명히 하였다.

문장의 길이는 모두 간결하고 짧으나 격언이 가장 길고(15.5자) 속담이 훨씬 짧으며(11.2자) 관용적 표현은 가장 짧았다(8.9자). 대체로 격언은 관념어 추상어를 많이 쓰고 있으며, 속담과 관용적 표현은 철저하게 구체어를 사용하였다. 또한 격언은 상대적으로 비유를 적게 사용하고 있는 데 비해 속담과 관용적 표현은 비유를 그 어떤 표현 형식보다 많이 사용하고 있었다.

속담과 관용적 표현의 차이는 속담이 비유 중에 주로 풍유를 많이 사용함으로써 교훈적 기능을 극대화하고 있는데 반하여 관용적 표현은 직유를 가장 많이 씀으로서 어떤 사물이나 상태를 묘사하는 기능적 특성을 잘 나타내주었다. 또한 관용적 표현에는 없는 아이러니가 속담에는 아주 많이 있어, 경계, 비판, 풍자의 기능을 잘 하고 있음도 확인하였다. 특히 격언과 속담의 차이는 많은 경우, 교훈적인 특성을 보여주고 있으나 격언은 지시적, 직설적인 표현법을 쓰는 반면 속담은 비유에 의한 보여주기 수법으로 독·청자의 공감을 유도하는 방식을 사용하고 있음을 확인하였다.

이밖에도 속담연구에 남아 있는 과제는 속담의 형성과정에 관한 개별 연구, 의미론적 접근을 통하여 속담과 격언의 의미개념을 체계화하는 일, 속담을 사용하는 방법과 통시적 체계를 세우는 일 등이 있으며, 속담에 대한 새로운 인식과 보다 쉽고 정제된 속담을 발굴 개발하는 문제가 남아 있다.

참고문헌

金宗澤(1967), "俗談의 意味機能에 關한 研究, 국어국문학 34·35 합병호, 국어국학회.
문금현(1996), "국어의 관용표현의 연구", 서울대학교 박사학위 논문.
서 혁(1993), "언어사용으로서의 속담표현의 특성", 선청어문 제 21집, 서울사대 국어교육과.
송현정(1994), "속담의 사용언어로서의 특성연구", 朴甲洙先生 화갑기념논문집, 태학사.
심재기(1986), "국어 의미론" 개문사.
오행자 편(1986), "속담, 격언 수수께끼", 한국토속문화수집회.
李基文 編(1995), "改訂版俗談辭典", 一潮閣,
지윤환(1997), "속담풀이 사전", 한국고전신서편찬회.
조재윤(1998), "한국속담의 구조분석연구", 고려대 대학원 박사학위 논문.
주경희(1999), "속담의 기능" 국어교육 100호, 한국국어교육연구회.
최기호·김미형(1998), 언어와 사회, 한국문화사.
崔根學 編,(1980), "世界格言辭典", 耕學堂.
국어사전: 耘平語文研究所 編, 金敏洙 監修, 금성출판사(1992).
새 우리말 큰 사전 신기철, 신용철 편, 삼성출판사(1974).
새 한글 사전, 한글학회 편, 광명인쇄사(1973).

판매하는 자동사의 낱말밭 연구

김 응 모*

목 차

1. 서론

1) 연구의 목적과 방법

언어내용연구(Sprachinhaltsforchung)[1]는 언어를 에르곤(Ergon)으로 보지 않고, 에

---

* 부산외국어대학교

1) 허 발 엮어 옮김(1997:418)에서 "코세리우는 '낱말밭'을 「하나의 공통의 의미영역을 서로 나누고, 그리하여 서로 직접 대립하고 있는 어휘 단위들로 구성되는 계합적 구조」라고 설명하고 있다. 그 보기로서 j'ai été á Mayence pendant deux····(나는 그동안 마인쯔에 갔다왔다)라는 말하기의 연쇄상의 일정한 위치에서 선택의 대상이 되는 어휘 단위는 seconde(초), minute(분), heure(시간), jour(일·하루), semaine(주), mois(달), an(해·년) 등의 계합에 한정되며, 이러한 낱말의 계열은 '시간'이라는 공통의 의미영역에 속해 있으며, 더욱이 각각의 낱말은 이 의미영역의 내용을 분담해서 서로 대립적인 관계에 있다. 따라서 이러한 낱말들은 하나의 낱말밭을 형성하고 있는 것이다."고 하였다.

네르게이아(Energeia)로[2] 이해한 훔볼트(M.V.Humboldt)의 언어의 동적이론에 토대를 두고 있다. 훔볼트는 언어가 다른 것은 단순히 음운이나 문자가 다른 것이 아니라, 언어공동체(Sprachgemeinschaft)[3]의 세계관(Weltanicht)이 다른 데에 있으며, 언어는 인간들의 의사 교환 수단이라기보다는 오히려 인간의 정신 활동을 통하여 행해지는 그 민족의 세계관을 발견하는 것으로 보았다. 특히 훔볼트는 언어 전체를 통한 지배적 원리를 분절(Artikulation)[4]으로 인식하고, 개개의 낱말들은 그 낱말이 속해 있는 낱말밭 전체의 하위 영역에서 그 존재 가치가 있다고 보았다.

이 연구는 낱말밭이론에 근거하여 현대국어 중 상거래 자동사가 지니고 있는 개개의 낱말들이 하나의 낱말밭 속에서 차지하고 있는 위치가치(Stellenwert)[5]를 우리 언어공동체의 세계관과 관련하여 고찰하려고 시도된 것

---

2) 허 발 엮어 옮김(1997:359-396)에서 에네르게이아에 대하여 "훔볼트는 '언어는 Werk(Ergon : 作品)가 아니라 Tätikeit(Energeia : 活動)이다'라고 하였다. '활동'을 그저 어떤 하나의 행위가 아니라, 어떤 특별한 종류의 활동, 즉 아리스토텔레스가 말하는 에네르게이아, 가능성(dynamis)에 선행하는 것으로서의 활동, 즉 창조적인 활동, 자유라는 말의 철학에 의거한 자유로운 활동으로 이해하고 있음을 분명히 보여주고 있다. 자유로운 활동이란 그 목표가 필연적으로 무한한 활동이다. 따라서 언어를 에네르게이아로 이해한다는 것은 언어를 전적으로 창조적인 활동으로 여긴다는 것을 뜻한다. 일반적인 의미에서 언어는 다 에네르게이아이다. 모든 말하기의 행위는 어느 정도까지는 창조적인 행위이고 개별 언어에도, 그것이 그때그때 역사적으로 한정된 언어인 이상 역시 에네르게이아이다."고 하였다.

3) Leo Weisgerber(1967:21)는 "der Inbegriff der Menschen, die in Wirkungszusammenhang der stehen."이라고 하였다. 언어 공동체를 결속시키는 것은 모국어의 세계상이다. 즉 모국어의 작용을 통해 언어공동체 전구성원들이 공통의 차원에 올라서고, 이러한 차원 위에서 그들의 정신적 만남이 가능하다. 물론 모국어의 세계상은 긴 세월의 흐름 속에서 언어공동체의 노력을 통해 형성된다.

4) 홍승우(1989:271)는 "언어 전체를 통한 지배적 원리는 분절이다(Das durch die ganze Sprache herrchende Prinzip ist Artikulation). 각 언어의 가장 중요한 장점은 확고하고 용이한 분절이다. 그러나 분절은 단순하고, 그 자체 내에서 분리될 수 없는 요소를 전제한다. 언어의 본질은 현상의 재료를(실체) 사유의 형식으로 만드는 데 있다."고 하였다.

5) 홍승우(1988:93)는 "일정한 구성 요소의 수로 이루어진 한 낱말 영역 내에서 그 구성 요소가 차지하는 위치를 말한다. 한 낱말 내용은 그 낱말의 고유가치(Eigenwert)와 위치가치(Stellenwert)에서 생긴다. 이때에 때로는 해·달처럼 고유가치가 우세할 경우도 있고, 위치가치가 결정적일 때가 있다."고 하였다.
Leo Weigerber(1962:97~98)은 "grau는 하나의 가치이다. 그러나 그것만으로 성립되어 있는 독립가치가 아니라, 하나의 분절된 전체 안에서 그 위치로부터 규정되는 것이다. 하나의 물건

이다. 따라서 개별 낱말들의 분절성을 고찰하고 낱말밭 형성의 구조를 고찰
하여 어휘체계를 수립하고, 언어 속에 내재해 있는 민족의 세계상을 고찰하
려 한다. 그리고 상거래 동사의 의미 요소가 우리 민족의 정신적 중간세계
(die geistige Zwischenwelt)[6]에서 어떻게 부절하는가를 밝히게 된다.

낱말밭 연구는 언어 현실에서 사용하는 일상언어이거나, 어느 시대의 문
헌을 대상으로하여 연구하는 것이 에네르게이아적 연구로 바람직하다. 그
런데 어휘 사전에서 어휘를 발췌하여 연구하는 것은 에르곤적 연구에 불과
하다.

이 연구는 국립국어연구원(1999) 『표준국어대사전』, 한글학회 지음(1992)
『우리말큰사전』에서 어휘를 발췌하고, 운평어문연구소(1997) 『국어대사전』,
김광해(1993) 『유의어 반의어사전』에서 어휘를 전검 보충하였다.

논의의 방법은 원어휘소(Archilexem)[7]를 중심으로하여 부분밭(Teilfeld)[8]으로 분
류하고, 낱말밭 전체의 공통특성과 부분밭의 공통특성을 논의한 후 개별 낱
말의 변별적 특성(Unterscheidende Züge)[9]을 추가함으로써 논의의 중복을 줄였다.

도 전체적인 구조(Feld) 안에서 생겨나온 가치인 것이다. 이 가치를 확인하기 위해서는 전체
로서의 구조와 그 안에 차지하는 개개의 구성 요소(낱말)의 위치를 아는 것이 필요하다."고
하였다.

6) 허 발(1985:14)은 "외계의 사상(Sache)은 정신적인 여러 가지 형성과 변형의 과정을 겪은 뒤에
인간의 의식 속에서 하나의 존재적 위치를 획득하게 되는데, 여기에 개입하는 것이 정신적
중간세계이다."고 하였다. 그리고 다음과 같이 도시하였다.

Lautformen	geistige Zwischenwelt Gedankengebilde	Au β enwelt Erscheinungsfülle
Baum ⟶	Baum ⟶	Dinge ⟵
Tisch ⟶	Tisch ⟶	Sachen ⟵

7) Nida,E.A(1979:187)는 "Generic meanings are normally listed at the beginning of a set, either as
constituting a separate domain or as fulfilling the function of a title for a domain. Such generic terms
may be called archilexemes in hierarchical classifications."라고 하였다.

8) 李益煥(1986:66~68)은 "color : red, black, yellow 등에서 color는 포괄적인 단어이며, red는 부분
장이다. 부분장들은 그 단계에서는 하나의 독립된 역할을 하고, 그 장은 다시 자신이 거느리
는 부분장들을 갖게 된다. 이렇게하여 장이론은 계층적(hierachical) 성격을 띠게 된다. 보다 일
반적이고 포괄적인 어휘는 상위어(superordinate)라 하고, 의미적으로 보다 특수한 어휘는 하위
어(subordinate)라 한다."고 하였다.

9) 허 발 엮어 옮김(1997:443)에서 음운의 기능 단위가 변별적 특징으로 분석될 수 있는 것과 같

상거래 자동사의 상위 분절구조는 다음과 같다.

【그림 1】 상거래 자동사의 상위분절 구조

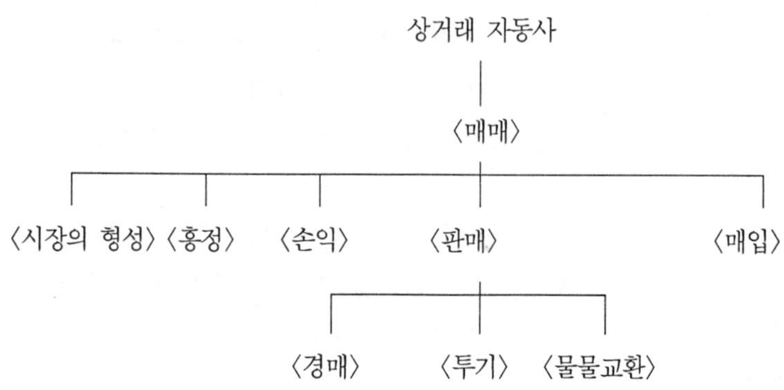

이 연구는 상거래 자동사 중 <판매> 부분만 논의의 대상이다.

2) 상거래의 인지모형

상거래의 인지모형에 대하여 임지룡(1997:129~132)은 다음과 같이 기술하고 있다.

이 어휘적 단위도 변별적 특징으로 분석될 수 있다. 라틴어 나이에 대한 형용사는 다음과 같이 분석된다.

낱말	나이에 대한 형용사	대상	내용
srnex	″	사람	나이든
vetulus	″	동물·식물	나이든
vetus	″	사물	나이든
iuvenis	″	사람	나이들지 않은
novellus	″	동물·식물	나이들지 않은
novus	″	사물	나이들지 않은

우리의 인식은 무질서하게 구성되는 것이 아니라, 구체적인 주제를 중심으로 조작된다. 세상사에 대한 구조화된 지식의 단위를 스키마(schema)라고 한다. 스키마는 프레임과 스크립트로 구성되는데, '프레임'이 정적 형상의 지식인데 반하여 '스크립트'는 본질적으로 동적이다. 프레임이 어떤 상황에 필요한 내용의 틀을 제시하는 것이라면, 스크립트는 이 틀이 구체적 상황에서 어떻게 전개되는가에 초점이 주어지는 동적인 구조이다. 어휘항목은 의미관계에 의해서 관련된다기보다는 동일한 스키마의 연결에 의해서 관련된다

【그림 2】 상거래 스키마

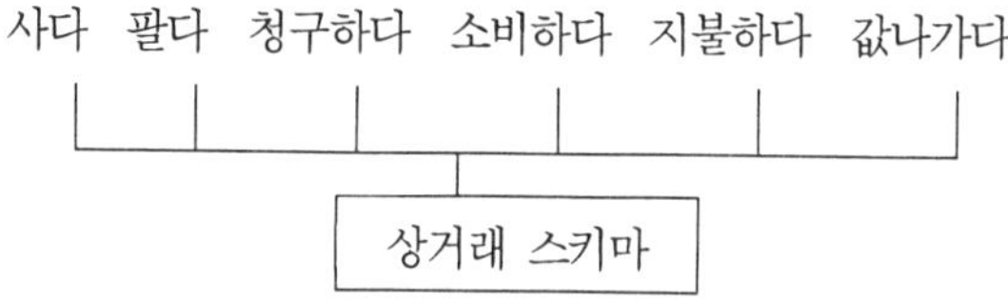

프레임(frames)은 스키마에 포함된 목록의 골격인데, 채워져야 할 많은 빈칸이 있는 응시원서와 같다. 이 빈칸은 다른 종류의 정보를 부여할 수 있는 연결점으로 이용된다. 상거래 프레임을 도식화하면 특정 장면에 의해 채워진다.

【그림 3】 상거래 프레임

상품 – (　　　　) →토마토
사는이 – (　　　　) →갑순
파는이 – (　　　　) →갑돌
돈 – (　　　　) →2천원

장면은 프레임이 실제로 구현된 것을 말한다. 위의 오른쪽은 갑순이가 갑돌이에게 토마토 2천원 어치를 산 경우를 표시한 것이다.
연극에서 보면 '프레임'은 배우와 소품으로 구성되는 반면, '스크립트

(scripts)'는 배우 및 소품 상호간의 작용을 포함한다. 상거래 스크립트는 다음과 같다.

① 사는이는 요구된 금액을 파는이에게 지불한다.
② 파는이는 상품을 사는이에게 준다
③ 상품은 파는이의 소유였다가 사는이의 소유로 된다.

경우에 따라서는 원형적 스키마의 변이형이 존재할 수 있다. 예컨대 물물교환이나 신용카드의 결재, 우편주문 등의 경우에는 상거래 스키마의 원형적인 요인이 모두 나타나지 않는다.

2. 판매하는 자동사의 내용

이 연구는 상거래 자동사 중 물품을 판매하는 내용이므로 <물품을 판매성>이 공통으로 부가되며, 이 부분밭의 원어휘소는 '판매하다, 팔리다'가 자리잡고 있다.

(47) 판매(販賣)하다   (48) 팔리다
(49) 나가다

위의 (47)은 '상품 같은 것을 팔다'의 개념이니, 상품을 파는 행위의 주체는 상인이고, 이익을 위해 상품을 파는 것이 분절성이 되어 <[상인]-이득을 위해 상품을 판매성>이 추가되고, (48)은 '물건이나 노력을 다른 사람이 사가게 되다'의 개념이니, 사는 대상이 물건이나 노력이므로 <물건이 팔리는 상태성>과 <노력이 팔리는 상태성>이 내용에 따라 추가되며, 또 '정신이 한쪽으로 쏠리다'의 개념도 가지고 있어, <정신이 한쪽으로 쏠리는 상태성>을 가지고 인지의 낱말밭에서도 분절한다. 그리고 (49)는 '상품이 팔리다'의 개념이니 <상품이 팔리는 상태성>이 추가된다. 이 낱말은 '안에서 밖으로 가다'의 개

넘일 경우는 <안에서 밖으로 이동성>, '살던 집이나 있던 직장에서 다른 곳으로 가다'의 개념일 경우는 <이사성>과 <이직성>이 내용에 따라 추가되고, 또 '해지어 찢어지다'의 개념일 경우는 <해지어 파열성>, '어떤 목표를 향하여 점점 앞으로 가다'의 개념일 경우는 <목표를 향해 점점 전진성>, '진출하다'의 개념일 경우는 <진출성>, '일정한 범위 안이나 속에서 밖이나 안쪽으로 가다'의 개념일 경우는 <일정한 범위에서 밖으로 이동성>과 <일정한 범위에서 안으로 이동성>이 내용에 따라 추가되며, '소속된 집단에서 물러나다'의 개념일 경우는 <소속된 집단에서 탈퇴성>, '떨어져 있는 두 지점 사이에서 일을 하러 가다'의 개념일 경우는 <일하기 위해 이동성>, '의식이나 정신 등이 없어지다'의 개념일 경우는 <정신·의식을 상실성>, '물건이 이루어져 사회에 퍼지다'의 개념일 경우는 <물건을 제작성→사회에 퍼지는 상태성>, '돈이나 물건의 소모가 생기다'의 개념일 경우는 <돈이 소모되는 상태성>과 <물건이 소모되는 상태성>이 내용에 따라 추가되고, 또 '값이나 무게 따위가 일정한 정도에 도달하다'의 개념일 경우는 <값·무게가 일정한 정도에 도달성>이 내용에 따라 추가되는 다의어이다.

(50) 발매(發賣)되다   (51) 발수(發售)되다
(52) 방매(放賣)되다

위의 (50~51)은 '팔기 시작하다'의 개념이니, 판매의 개시가 분절성이 되어 <판매 개시성>이 추가되고, 또 '상품을 내어서 팔다'의 개념도 가지고 있으므로 <상품을 출하성→판매성>이 더 추가되며, (52)는 '물건을 내놓아 팔다'의 개념이니, 물건을 내놓는 것이 분절성이 되어 <물건을 내놓고 판매성>이 추가되어 분절한다.

(53) 마수걸다   (54) 마수걸이하다
(55) 마수하다   (56) 개시(開市)하다

위의 (53~55)는 '영업을 시작할 때에나 또는 어느 날에 처음으로 물건을 팔다'의 개념을 공유하고 있어 마수걸이하는 것이 분절성이 되어 <영업의

개시 때·영업을 하는 날에 처음으로 판매성>이 공통으로 추가되는 유의어이므로 한 동아리에 묶었다. 그리고 (56)은 '장사를 시작한 뒤 또는 하루 안에 처음으로 물건을 팔다'의 개념이니, 물건을 처음으로 파는 것이 분절성이 되어 <장사할 때·하루의 영업이 시작될 때에 처음으로 판매성>이 추가되고, 또 '시장을 열어 매매를 시작하다'의 개념일 경우는, 시장을 조성함이 분절성이 되어 <시장을 열어 매매를 개시성>이 추가되며, '점포의 영업을 개시하다'의 개념일 경우는, 점포의 영업이 분절성이 되어 <점포의 영업을 개시성>이 추가되어 분절한다. 앞에서 논의한 내용의 낱말밭은 다음과 같다.

【그림 4】 물품을 파는 낱말밭(1)

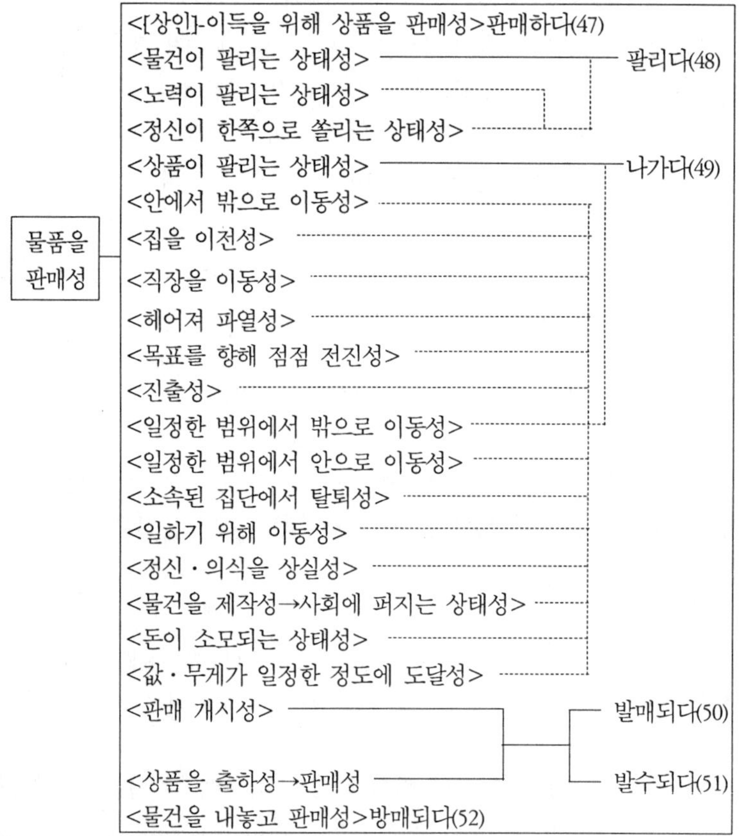

(57) 즉매(卽賣)하다   (58) 직매(直賣)하다

(59) 싼거리하다   (60) 싼거리질하다

(61) 출혈(出血)하다

위의 (57)은 '예매나 예약을 하지 않고 상품이 놓인 그 자리에서 팔다'의
개념이니, 현장에서 직매함이 분절성이 되어 <상품이 놓인 현장에서 직접
판매성>이 추가되고, (58)은 '생산자가 중간 상인을 거치지 않고 소비자에
게 직접 팔다'의 개념이므로, 직접적으로 판매함이 분절성이 되어 <[생산
자]-소비자에게 직접 판매성>이 추가된다. 그리고 (59~60)은 '물건을 싸게
팔다'의 개념을 공유하고 있어, 염가로 판매함이 분절성이 되어 <물건을
염가로 판매성>이 공통으로 추가되며, (61)은 '채산이 맞지 않아 손해인 줄
알면서 희생적으로 상품을 팔거나 수출하다'의 개념이니, 손해를 보면서
부득이 판매함이 분절성이 되어 <손해를 보면서 희생적으로 판매성>이
추가되고, 또 '피가 혈관 밖으로 나오다'의 개념일 경우는 <피가 혈관 밖
으로 출혈성>을 가지고 인체의 낱말밭에서도 분절하며, '전투로 말미암아
인명의 손상이 일어나다'의 개념일 경우는 <전투에서 인명의 손상이 발생
성>이 추가되는 다의어이다.

(62) 전매(轉賣)되다   (63) 분매(分賣)하다

(64) 소매(小賣)하다   (65) 산매(散賣)하다

(66) 소매상(小賣商)하다

위의 (62)는 '샀던 물건을 다시 다른 사람에게 팔다'의 개념이니 <샀던 물
건을 도로 판매성>이 추가되고, (63)은 '한 부분씩 나누어 팔다'의 개념이므
로, 부분 판매함이 분절성이 되어 <한 부분씩 나누어 판매성>이 추가된다.
그리고 (64-65)은 '판매자가 도매상에서 물건을 사들여서 직접 소비자에게
모개로 팔지 않고 낱게로 팔다'의 개념을 공유하고 있어, 소매함이 분절성
이 되어 <도매상에서 물품을 구입성→낱개로 판매성>이 공통으로 추가되
고, (65)는 '소매하는 영업을 하다'의 개념이므로, 소매업에 종사함이 분절성
이 되어 <소매 영업을 경영성>이 추가되어 분절한다.

(67) 중간도매(中間都賣)하다　　　　(68) 도산매(都散賣)하다

(69) 도매(都賣)하다　　　　(70) 도매상(都賣商)하다

위의 (67)은 '생산자와 소규모의 도매상 사이에서 상품을 공급 매매하다'의 개념이니, 생산자와 도매상의 중간에서 장사함이 분절성이 되어 <생산자와 소규모의 도매상 사이에서 상품을 공급 매매성>이 추가되고, (68)은 '도매도하고 산매도 하다'의 개념이므로 <도매성+산매성>이 추가된다. 그리고 (69)는 '물건을 도거리로 팔다'의 개념이니 <물건을 도거리로 판매성>이 추가되고, (70)은 '물건을 도거리로 파는 장사를 하다'의 개념이므로, 도매업에 종사함이 분절성이 되어 <도매 영업을 경영성>이 추가되어 분절한다.

(71) 위탁판매(委託販賣)하다　　　　(72) 공동판매(共同販賣)되다

(73) 개사(開肆)하다

위의 (71)은 '제조업자가 제품이 팔릴 때까지 소유권을 보유한 채로 도매점이나 소매점 등에 제품의 판매를 위탁하다'의 개념이니, 제조업자가 위탁하여 판매함이 분절성이 되어 <[제조업자]-제품이 팔릴 때까지 소유권을 보유성→도매점·소매점에 판매를 위탁성>이 추가되고, (72)는 '기업체가 스스로 판매하지 않고 공동판매장을 통하여 판매하다'의 개념이므로, 공동판매가 분절성이 되어 <[기업체]-공동판매장을 이용성→판매성>이 추가되며, 또 '판매조합을 통하여 공동으로 판매되다'의 개념도 가지고 있으므로 <판매조합을 이용성→공동으로 판매성>이 더 추가된다. 그리고 (73)은 '가게를 열다'의 개념이니 <가게를 개점성>이 추가되어 분절한다. 앞에서 논의한 내용의 낱말밭은 다음과 같다.

【그림 5】 물품을 파는 낱말밭(2)

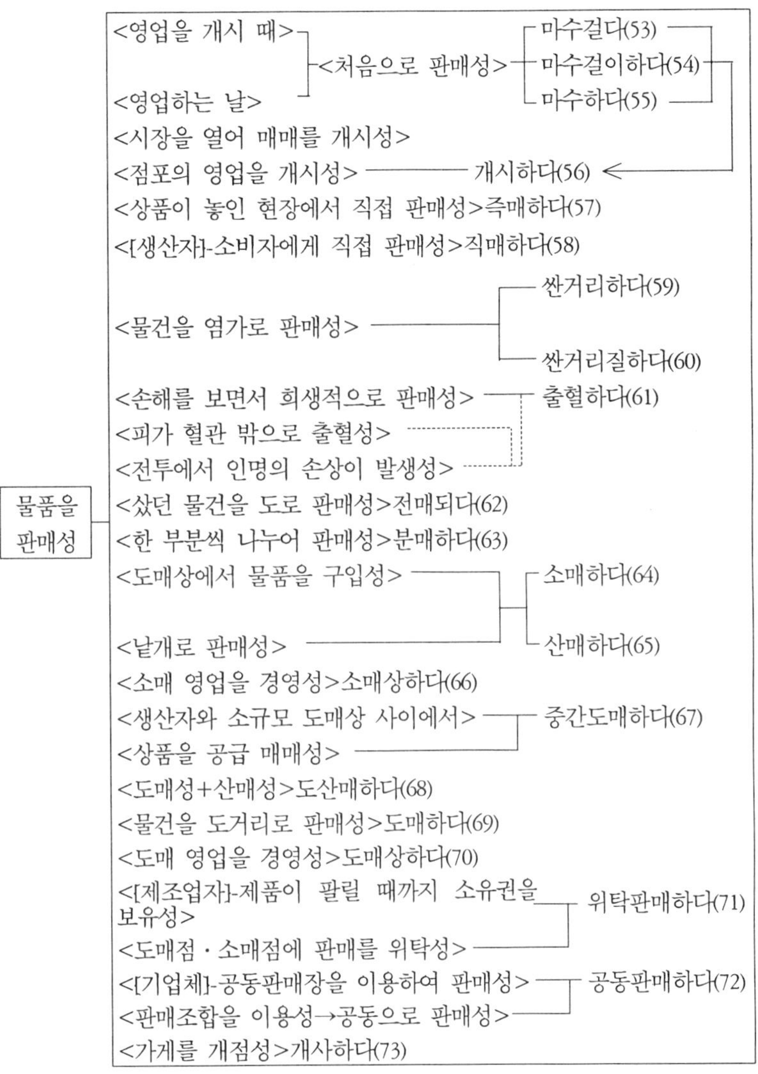

(74) 앉은장사하다

(75) 좌고(坐賈)하다

(76) 좌상(坐商)하다

위의 낱말들은 '일정한 자리에 가게를 차려놓고 작은 규모로 장사하다'의
개념을 공유하고 있어 작은 가게를 열고 장사하는 내용이 분절성이 되어
<가게를 개점성→소규모로 장사성>이 공통으로 추가되는 유의어이므로 한
동아리에 묶었다.

(77) 행상(行商)하다	(78) 도부장사하다(到付)
(79) 도부(到付)하다	(80) 도부치다(到付)
(81) 행매(行賣)하다	(82) 행판(行販)하다
(83) 여상(旅商)하다	

위의 낱말들은 '물건을 가지고 여기저기 다니면서 팔다'의 개념을 공유하
고 있어, 행상함이 분절성이 되어 <행상성>이 공통으로 부가되는 유의어이
므로 한 동아리에 묶었다. 다만 (81~83)은 '팔기 시작하다'라는 개념을 더
가지고 있으므로 <판매 시작성>이 공통으로 더 추가되므로 단계적 대립
(Graduelle Opposition)[10]을 이루고 있다.

(84) 방물장사하다	(85) 왕매(往賣)하다
(86) 행보(行步)하다	(87) 뜨내기장사하다

위의 (84)는 '여자에게 쓰이는 화장품·바느질 제구·패물 따위 여러 가지
물건을 팔러 다니다'의 개념이니, 여자에게 필요한 물건이 분절성이 되어
<여자용 화장품·바느질 제구·패물 등을 행상성>이 추가되고, (85)는 '물
건을 팔 목적지에 가서 팔다'의 개념이므로, 일정 지역에 가서 판매함이 분

---

10) Horst Geckeler.(1973:25)는 "Graduelle Opposition sind solche Glieder durch verschiedene Grade oder
  Abstufungen derselben Eigenschaft gekennzeichnet sind...."라고 하였다.
  허 발(1997:453)은 이탈리아말 온도 형용사의 단계적 대립을 다음과 같이 보여주고 있다.
  gelato----------+   +-bollente(끓는 듯이 뜨거운)
  (언, 대단히 +freddo - fresco -tiepido - caldo------------+-scottante(타는 듯이 뜨거운)
  추운) |(찬, 추운)(서늘한)(포근한 (따뜻한)---+-rovente(불타는 듯이 뜨거운)
  ghiacciato-   +   훈훈한)   +-candente(작열하듯이 뜨거운)
    (언)

절성이 되어 <일정 지역에 가서 판매성>이 추가된다. 그리고 (86)은 '어떤 목적한 곳으로 장사하러 다니다'의 개념이니, 목적지가 분절성이 되어 <목적지로 다니며 장사성>이 추가되고, 또 '어떤 목적지까지 걸어서 가거나 다녀오다'의 개념도 가지고 있어 <목적지까지 도보로 내왕성>, '걸음을 걷다'의 개념일 경우는 <보행성>을 가지고 이동동사의 낱말밭에도 분절한다. (87)은 '늘 하지 않고 어쩌다가 한 번씩 장사하다'의 개념이니, 장사하는 시기나 횟수가 분절성이 되어 <뜨네기 장사성>이 추가되어 분절한다.

(88) 환은(換銀)하다   (89) 현금(現金化)하다

위의 (88)은 '물건을 돈으로 바꾸다'의 개념이니, 결국은 물건을 파는 것이므로 <물건을 돈으로 교환성>이 추가되고, (89)는 '현금으로 바꾸다'의 개념이므로, 현금화하는 객체는 물건이거나 그에 상당한 대상일 것이므로 <현금으로 교환하는 행위성>이 추가되어 분절한다.

(90) 급매(急賣)하다   (91) 특매(特賣)하다
(92) 억매(抑賣)되다   (93) 매약(賣約)하다

위의 (90)은 '물품을 급히 팔다'의 개념이니, 파는 방법이 분절성이 되어 <물품을 급히 판매성>이 추가되고, (91)은 '특별히 싸게 팔다'의 개념이므로, 판매가격이 분절성이 되어 <특별히 염가로 판매성>이 추가되며, 또 '경매나 입찰에 붙이지 않고 수의계약에 의하여 일정한 사람에게 지정하여 팔다'의 개념도 가지고 있어, 판매 대상이 분절성이 되어 <특정인과 수의계약성→ 지정하여 판매성>이 더 추가되는가 하면, '평소에 팔지 않던 물건을 특별히 팔다'의 개념도 가지고 있어, 평소와 다르게 판매함이 분절성이 되어 <평소에 판매하지 않던 물건을 특매성>이 추가되는 다의어이다. 그리고 (92)는 '제 물건을 억지로 팔게 되다'의 개념이니, 자의에 의하여 파는 것이 아니라 어쩔 수 없이 파는 것이 분절성이 되어 <억지로 판매하는 행위성>이 추가되고, (93)은 '팔기로 약속하다'의 개념이므로 판매의 약속이 분절성이 되어 <팔기로 약속성>이 추가되어 분절한다. 앞에서 논의한 내용의 낱말밭은 다음과 같다.

【그림 6】 물품을 파는 낱말밭(3)

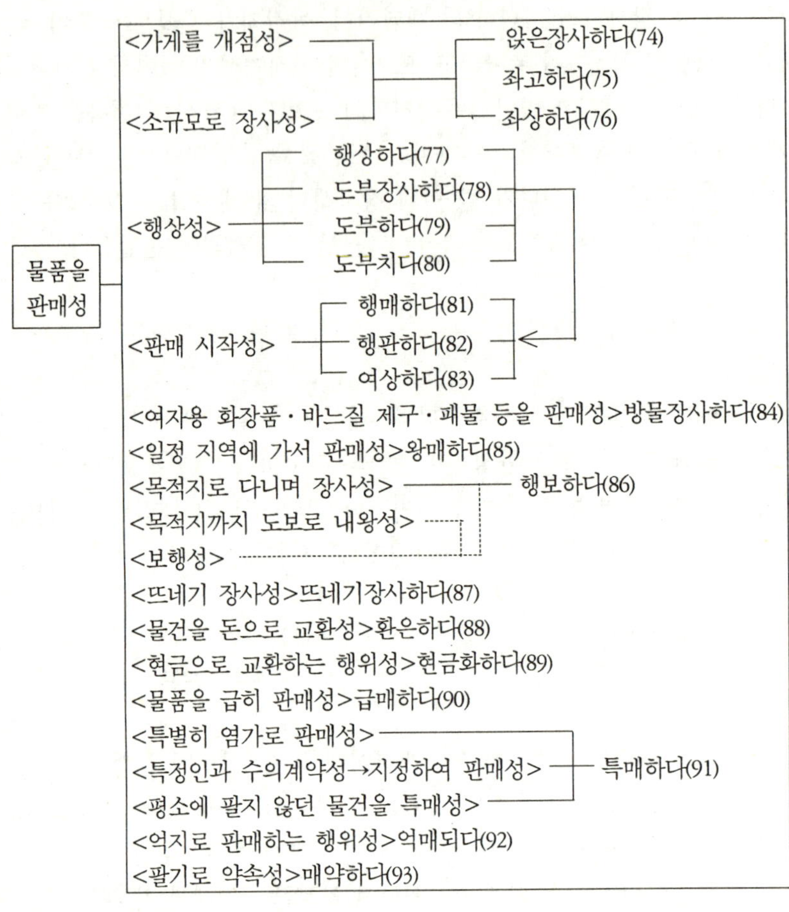

(94) 매진(賣盡)되다

(95) 매각(賣却)되다

(96) 동나다

(97) 절품(切品)되다

(98) 매절(賣切)되다

(99) 품절(品切)되다

위의 낱말들은 물건이 매진되는 내용이므로 <매진성>이 공통으로 부가
된다. 따라서 (94~96)은 '물건이 하나도 남지 아니하고 다 팔리다'의 개념을
공유하고 있어, <물건이 매진성>이 공통으로 추가된다. 다만 (96)은 '늘 쓰

던 물건이 다 떨어져 없어지다'의 개념을 더 가지고 있어 <늘 쓰던 물건이 다 소비된 상태성>을 가지고 상태의 낱말밭에서도 분절한다. 그리고 (97~99)는 '물건이 다 팔리어 없게 되다'의 개념을 공유하고 있어, 물건이 품절됨이 분절성이 되어 <물건이 다 팔린 상태성→품절성>이 공통으로 추가되는 유의어이므로 한 동아리에 묶었다.

    (100) 달리다　　　　　　　　　　　　(101) 체화(滯貨)되다

위의 (100)은 '상품·재물이 계속하여 뒤를 잊지 못하게 부족하다'의 개념이니, 상품이나 재물이 뒤가 달리는 상태가 분절성이 되어 <상품·재물이 뒤를 못이어 부족성>이 추가되고, (101)은 '불황에 의한 수요의 감소나 생산 과잉으로 생산지·유통시장에 상품이 묵혀 있다'의 개념이므로, 상품의 유통이 잘 되지 않는 상태가 분절성이 되어 <불황으로 수요 감소성→생산지·유통시장에 상품이 적체성>과 <과잉생산성→생산지·유통시장에 상품이 적체성>이 내용이 따라 추가되고, 또 '수송이 잘 되지 않아 상품이 밀려 있다'의 개념도 가지고 있어, 수송력이 좋지 않아 상품이 적체되어 있음이 분절성이 되어 <수송 능력의 불량성→상품이 적체성>이 더 추가된다.

    (102) 입하(入荷)되다　　　　　　　(103) 입품(入品)되다
    (104) 출하(出荷)하다　　　　　　　(105) 출화(出貨)하다
    (106) 출회(出廻)하다

위의 (102~103)은 '물품이 들어오다'의 개념을 공유하고 있어 <물품이 입하성>이 공통으로 부가되고, (104~105)는 '상품을 시장으로 내어보내다'의 개념을 공유하고 있어 <상품을 시장으로 출하성>이 추가되며, 또 '화물을 내어보내다'의 개념도 가지고 있어 <화물을 출하성>이 더 첨가된다. 그리고 (106)은 '물품이 시장으로 나오다'의 개념이니 <물품이 시장에 출하성>이 추가되어 분절한다.

(107) 방곡(放穀)하다　　　　　　　　　(108) 집하(集荷)되다
(109) 집화(集貨)하다

　　위의 (107)은 '저장해 둔 곡식을 시장으로 내보내다'의 개념이니, 출하의
대상이 저장해 둔 곡식이므로 <저장해 둔 곡식을 시장에 출하성>이 추가
되고, (108)은 '각지에서 여러 가지 산물이 시장으로 모이다'의 개념이므로,
각지의 산물이 시장에 출하됨이 분절성이 되어 <각지의 여러 가지 산물이
시장에 집화성>이 추가되며, (109)는 '화물이나 상품이 모여들다'의 개념이
니 <화물·상품이 시장에 집화성>이 추가되어 분절한다.

(110) 치먹다　　　　　　　　　　　(111) 치먹히다
(112) 한물넘다　　　　　　　　　　(113) 한물지다

　　위의 (110~111)은 '시골 물건이 서울로 와서 팔리다'의 개념을 공유하고
있어 <시골 물건이 서울에서 팔리는 상태성>이 공통으로 추가되나, (110)은
<능동성>이 더 추가되고, (111)은 <수동성>이 더 추가되어 분절한다. 그리
고 (112~113)은 '채소나 어물 따위가 한창 쏟아져 나오거나 수확되는 때가
지나다'의 개념을 공유하고 있으므로 <채소·어물이 한창 출하성>과 <채
소·어물이 수확기를 경과성>이 내용에 따라 추가되어 분절한다.

(114) 납품(納品)하다　　　　　　　　(115) 군납(軍納)하다
(116) 군납업(軍納業)하다

　　위의 (114)는 '업자가 필요한 물품을 대어주다'의 개념이니, 필수품을 납품
함이 분절성이 되어 <[업자]-필수품을 납품성>이 추가되고, (115)는 '업자가
군에 필요한 물품을 대어주다'의 개념이므로 <[업자]-군인에게 납품성>이
추가되며, (116)은 '군납업을 경영하다'의 개념이니 <군납업을 경영성>이
추가되어 분절한다. 앞에서 논의한 내용의 낱말밭은 다음과 같다.

【그림 7】 물품을 파는 낱말밭(4)

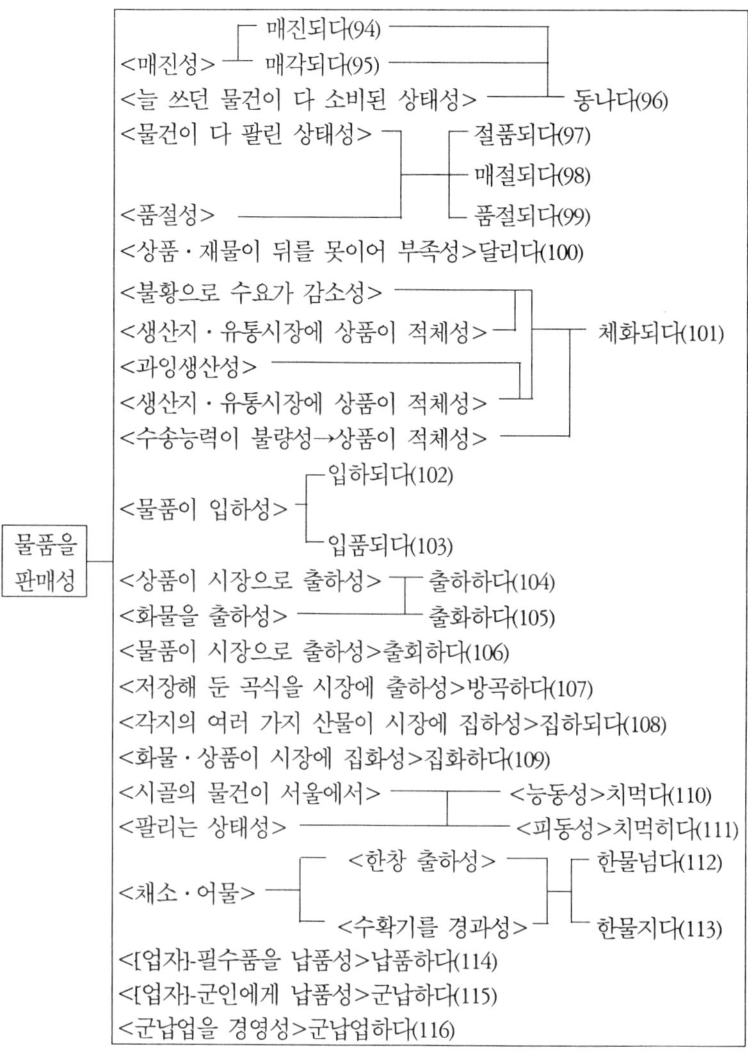

(117) 쌀장사하다   (118) 입도선매(立稻先賣)하다

(119) 입도매매(立稻賣買)하다   (120) 입맥선매(立麥先賣)하다

위의 (117)은 '쌀을 매매하는 영업을 하다'의 개념이니, 장사하는 물품이 쌀이므로 <미곡상을 경영성>이 추가되고, (118~119)는 '아직 논에서 생육중인 벼를 팔다'의 개념을 공유하고 있으므로, 파는 대상이 생육중인 벼이므로 <논에서 생육중인 벼를 매매성>이 공통으로 부가되는 유의어이며, (120)은 '아직 밭에서 생육중인 보리를 팔다'의 개념이니, 파는 대상이 밭에서 생육중인 보리이므로 <밭에서 생육중인 보리를 판매성>이 추가되어 분절한다.

(121) 밥장사하다   (122) 무판(貿販)하다
(123) 매주(賣酒)하다   (124) 주매(酒賣)하다
(125) 술장사하다   (126) 당로(當壚)하다

위의 (121)은 '밥을 해서 파는 영업을 하다'의 개념이니, 밥을 파는 영업이 분절성이 되어 <밥을 파는 영업을 경영성>이 추가되고, (122)는 '육류를 파는 가게를 경영하다'의 개념이므로, 푸주간을 경영함이 분절성이 되어 <푸주간을 경영성>이 추가된다. 그리고 (123~124)는 '술을 팔다'의 개념을 공유하고 있어, 파는 대상이 술이므로 <술을 판매성>이 공통으로 추가되고, (125)는 '술을 파는 영업을 하다'의 개념이므로 <주점을 경영성>이 추가되며, (126)은 '술청에 앉아 술을 팔다'의 개념이니, 파는 자세가 분절성이 되어 <술청에 앉아 술을 판매성>이 추가되어 분절한다.

(127) 매필(賣筆)하다   (128) 매문(賣文)하다
(129) 매문매필(賣文賣筆)하다

위의 (127)은 '돈을 벌기 위하여 글씨를 써서 돈을 받고 팔다'의 개념이니, 돈벌이로 글씨를 쓰는 것이 분절성이 되어 <글씨를 써서 판매성→생계 유지성>이 추가되고, (128)은 '돈을 벌려고 실속 없는 글을 지어서 팔다'의 개념이므로, 글을 지어 팔아서 생계를 유지하는 내용이 분절성이 되어 <실속 없는 글을 지어 판매성→생계 유지성>이 추가되며, (129)는 '돈을 벌려고 실속 없는 글을 짓거나 또는 글씨를 써서 팔다'의 개념이니, (127)과 (128)의 내

용이 중복된 것이므로 <실속 없는 글을 지어 판매성→생계 유지성+글씨를 써서 판매성→생계 유지성>이 추가되어 분절한다.

(130) 괘약(掛藥)하다　　　　　　　　　(131) 매약(賣藥)하다
(132) 매광(賣鑛)하다

위의 (130)은 '약을 걸어 놓는다는 뜻으로 약국의 영업을 하다'의 개념이니 <약국을 경영성>이 추가되고, (131)은 '약을 팔다'의 개념이므로 <약을 판매성>이 추가되며, 또 '약을 조제하여 팔다. 또는 일반질병에 대한 약방문에 의하여 미리 지어 놓고 팔다'의 개념이니, 약을 조제하여 파는 것이 분절성이 되어 <약을 조제하여 판매성>과 <약방문에 따라 약을 미리 조제성→판매성>이 내용에 따라 추가된다. 그리고 (132)는 '광석을 매광회사에 보내어 팔다'의 개념이니, 광석의 판매가 분절성이 되어 <광석을 매광회사에 위탁 판매성>이 추가되어 분절한다.

(133) 출찰(出札)하다　　　　　　　　　(134) 매표(賣票)하다
(135) 발권(發券)하다　　　　　　　　　(136) 발행(發行)하다
(137) 적립판매(積立販賣)하다

위의 (133)은 '차표·선표 등을 팔다'의 개념이니 <차표·배표를 판매성>이 추가되고, (134)는 '입장권·차표 따위의 표를 팔다'의 개념이므로, 표를 판매함이 분절성이 되어 <입장권·차표 등을 판매성>이 추가되며, (135)는 '은행권·공채권·사채권·승차권 등을 발매하다'의 개념이니 <은행권·공채권·사채권·승차권 등을 발매성>이 추가된다. 그리고 (136)은 '사채증권·상품권·주권·어음·수표·화폐 등을 만들어 세상에 내놓고 팔다'의 개념이니 <사채증권·상품권·주권·어음·수표·화폐 등을 발매성>이 추가되고, 또 '도서를 출판하여 세상에 내보내다'의 개념도 가지고 있어 <도서를 출판성→시판성>을 가지고 출판의 낱말밭에서도 분절하며, '길을 떠나다'의 개념일 경우는 <장도에 등정성>을 가지고 이동동사의 낱말밭에서도 분절하는 다의어이다. (137)은 '영세 투자가를 위해 유가증권을 판매하다.

장래 일정한 유가증권을 사는 조건으로 고객에게 정기적으로 일정한 액수
의 매입대금을 불입시켜 매입대금이 상당액에 달했을 때에 비로소 매입이
실현된다'의 개념이므로 <[영세민]-매입대금을 정기적으로 불입성→상당액
에 도달성→[증권사]→유가증권을 판매성>이 추가되어 분절한다.

    (138) 매토(賣土)하다   (139) 매가(賣家)하다
    (140) 매가륙장(賣家鬻田)하다

    위의 낱말들은 부동산을 파는 내용이므로 <부동산을 판매성>이 공통으
로 부가된다. 따라서 (138)은 '땅을 팔다'의 개념이니 <땅을 판매성>이 추가
되고, (139)는 '집을 팔다'의 개념이므로 <집을 판매성>이 추가되며, (140)은
'집과 전장(田莊)을 모두 팔아 없애다'의 개념이니 <집과 전장을 모두 판매
성>이 추가되어 분절한다.

    (141) 매혈(賣血)하다   (142) 피팔기하다
    (143) 엄대질하다

    위의 (141~142)는 '피를 팔다'의 개념을 공유하고 있어 <피를 판매성>이
공통으로 추가되는 유의어이므로 한 동아리에 묶었고, (143)은 '외상으로 물건
을 팔 때에 물건 값을 표하는 길고 짧은 금을 새긴 막대기를 가지고 외상거래
를 하다'의 개념이므로, 외상값의 표시가 분절성이 되어 <엄대에 외상값을 표
시성→판매성>이 추가된다. 앞에서 논의한 내용의 낱말밭은 다음과 같다.

【그림 8】 물품을 파는 낱말밭(5)

<미곡상을 경영성>쌀장사하다(117)
<논에서 생육중인 벼를 매매성> ── 입도선매하다(118)
── 입도매매하다(119)
<밭에서 생육중인 보리를 매매성>입맥선매하다(120)
<밥을 파는 영업을 경영성>밥장사하다(121)

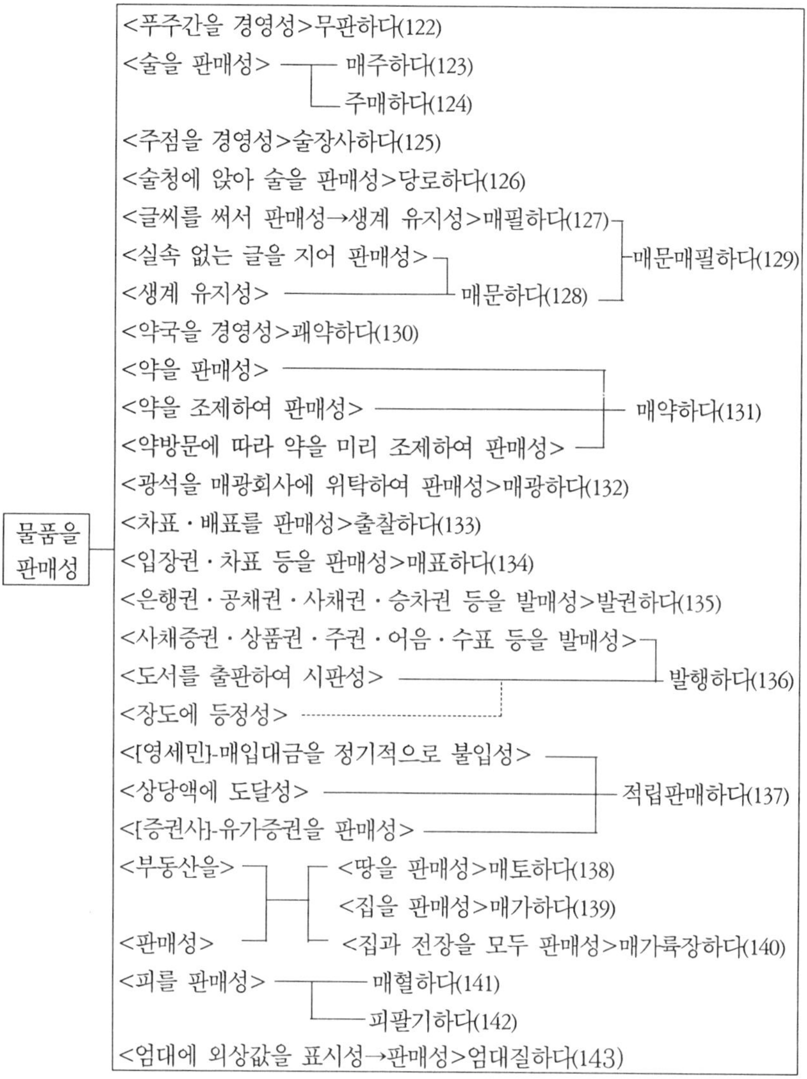

<푸주간을 경영성>무판하다(122)

<술을 판매성> ┬ 매주하다(123)
　　　　　　　└ 주매하다(124)

<주점을 경영성>술장사하다(125)

<술청에 앉아 술을 판매성>당로하다(126)

<글씨를 써서 판매성→생계 유지성>매필하다(127)┐
　　　　　　　　　　　　　　　　　　　　　　├매문매필하다(129)
<실속 없는 글을 지어 판매성>┐
<생계 유지성> ────────┴ 매문하다(128)┘

<약국을 경영성>쾌약하다(130)

<약을 판매성> ─────────────────┐
<약을 조제하여 판매성> ────────────┼ 매약하다(131)
<약방문에 따라 약을 미리 조제하여 판매성> ──┘

물품을 판매성

<광석을 매광회사에 위탁하여 판매성>매광하다(132)

<차표·배표를 판매성>출찰하다(133)

<입장권·차표 등을 판매성>매표하다(134)

<은행권·공채권·사채권·승차권 등을 발매성>발권하다(135)

<사채증권·상품권·주권·어음·수표 등을 발매성>┐
<도서를 출판하여 시판성> ───────────┼ 발행하다(136)
<장도에 등정성> ─────────────┘

<[영세민]-매입대금을 정기적으로 불입성> ──┐
<상당액에 도달성> ─────────────┼ 적립판매하다(137)
<[증권사]-유가증권을 판매성> ────────┘

<부동산을>┬ <땅을 판매성>매토하다(138)
　　　　　├ <집을 판매성>매가하다(139)
<판매성>─┴ <집과 전장을 모두 판매성>매가륙장하다(140)

<피를 판매성> ┬ 매혈하다(141)
　　　　　　　└ 피팔기하다(142)

<엄대에 외상값을 표시성→판매성>엄대질하다(143)

(144) 송종(送終)하다　　　　　　　(145) 전드리다(塵)

(146) 폐점(閉店)하다　　　　　　　(147) 폐시(閉市)하다

(148) 철시(撤市)하다　　　　　　　(149) 철전(撤廛)하다

(150) 철시(轍市)하다　　　　　　　(151) 파장(罷場)되다

　　(152) 철포(撤舖)하다

　　위의 낱말들은 장사를 끝마치는 내용을 함유하고 있어 <장사를 종료성>
이 공통으로 부가된다. 따라서 (144)는 '장사에 관한 모든 일을 끝마치다'의
개념이니 <장사를 모두 종료성>이 추가되고, (145)는 '가게의 물건을 걷어
들이고 문을 닫다'의 개념이므로 <가게의 물건을 수거성→폐문성>이 추가
되며, (146)은 '가계를 닫다'의 개념이니, 장사를 마치고 가게의 문을 닫는 경
우와 아예 폐업하는 내용을 추정할 수 있어 <가게의 문을 닫는 행위성>과
<폐점성>이 추가된다. 그리고 (147)은 '시장의 가게를 닫다'의 개념이니
<시상의 가게를 폐점성>이 추가되고, (148~149)는 '시장·점포 등을 모조
리 거두어 치우다'의 개념을 공유하고 있어 <시장·점포를 모두 철거성>이
공통으로 추가되며, (150)은 '개시를 정지하다'의 개념이니 <시장의 개시를
정지성>이 추가된다. (151)은 '시장을 마치다'의 개념이니 <시장이 파장성>
이 추가되고, 또 '과장이나 백일장을 마치다'의 개념도 가지고 있어 <과
장·백일장이 종료성>이 추가되는가하면 '사람들이 모여서 하는 어떤 일이
거의 끝나다'의 개념도 가지고 있어 <사람들이 모여서 하는 일이 거의 마감
성>이 추가되는 다의어이다. (152)는 '푸주를 걷어 치워 그만두다'의 개념이
니 <푸주간의 경영을 포기성>이 추가되어 분절한다.

　　(153) 판매금지(販賣禁止)하다

　　이는 '어떤 상품에 대하여 법률상 또는 경제상의 이유로 판매를 금지하
다'의 개념이니, 행위의 주체는 국가이고, 판매를 금지시키는 것이 분절성이
되어 <[국가]-법률상·경제상의 이유로 판매를 금지성>이 추가되어 분절한
다. 앞에서 논의한 내용의 낱말밭은 다음과 같다.

【그림 9】 풀품을 파는 낱말밭(6)

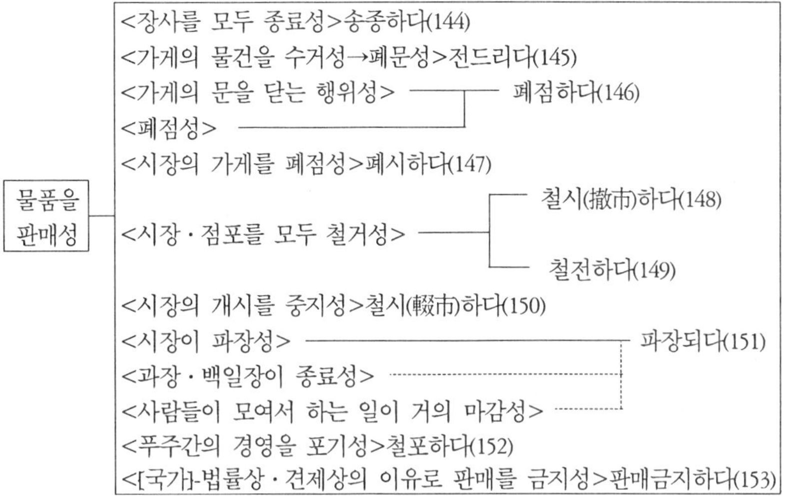

3. 결론

앞에서 <판매> 자동사 107개에 대하여 개별 낱말의 분절성을 논의하였다. 이제 이것을 바탕으로 하여 전체적인 분절성을 고찰하려 한다.

(1) 판매 자동사의 내용은 중복되는 내용이 있어 어휘의 수는 115개로 늘어난다. 이들을 많이 분포된 순으로 살펴보면 다음과 같다.

장사를 끝마치고 가게문을 닫는 내용이 8개(6.96%)이고, 행상하는 내용이 7개(6.09%)이며, 영업을 시작하여 처음으로 물건을 파는 내용이 4개(3.48%)이다. 그리고 가게를 열고 소규모로 장사하는 내용, 판매를 시작하는 내용, 물건이 매진되는 내용, 물건이 다 팔려 품절되는 내용, 상품을 시장으로 출하하는 내용, 술을 파는 내용, 각종 표나 증권을 발매하는 내용이 각각 3개(2.61%)이고, 물건이 팔리는 내용, 판매를 개시하는 내용, 상품을 출하하여 판매하는 내용, 물건을 염가로 판매하는 내용, 소매하는 내용, 도매하는 내용, 일정 지역에 가서 장사하는 내용, 물품이 입하되는 내용, 시골의 물건이 서울에서 팔리는 내용, 채소나 어물이 한창 출하되는 내용, 군인에게 납품하는 내용,

입도선매하는 내용, 약국을 경영하는 내용, 피를 파는 내용이 각각 2개(1.74%)
이다.

그리고 이득을 위해 상품을 파는 내용, 시장을 열러 장사를 시작하는 내
용, 가게를 열어 영업을 시작하는 내용, 상품이 놓인 현장에서 직접 판매하
는 내용, 손해를 보면서 희생적으로 판매하는 내용, 샀던 물건을 도로 파는
내용, 한 부분씩 나누어 파는 내용, 소매상을 경영하는 내용, 중간도매하는
내용, 소매도하고 도매도하는 내용, 위탁판매하는 내용, 공동판매하는 내용,
가게를 열고 영업하는 내용, 방물장사하는 내용, 뜨네기장사하는 내용, 물건
을 주고 돈으로 바꾸는 내용, 현금으로 교환하는 내용, 물건을 급히 파는 내
용, 특별히 염가로 파는 내용, 평소에 팔지 않던 물건을 특매하는 내용, 특정
인과 계약하여 파는 내용, 억지로 파는 내용, 팔기로 약속하는 내용, 상품의
뒤가 달리는 내용, 불황으로 수요가 감소되어 상품이 적체되는 내용, 과잉생
산으로 상품이 적체되는 내용, 수송이 안되어 상품이 적체되는 내용, 저장해
둔 곡식을 시장으로 출하하는 내용, 각지의 산물이 시장으로 집하되는 내용,
화물과 상품이 시장으로 집화되는 내용, 필수품을 납품하는 내용, 쌀장사하
는 내용, 보리를 밭떠기로 파는 내용, 밥장사하는 내용, 푸주간을 경영하는
내용, 글씨를 써서 팔아 생계를 유지하는 내용, 실속 없는 글을 지어 팔아
생활하는 내용, 글씨를 써서 팔거나 실속 없는 글을 지어 팔아 생계를 유지
하는 내용, 광석을 파는 내용, 적립한 영세민에게 유가증권을 파는 내용, 땅
을 파는 내용, 집을 파는 내용, 집과 전장을 다 파는 내용, 외상값을 표시하
고 거래하는 내용, 푸주간의 경영을 포기하는 내용, 국가가 법률상, 경제상
의 이유로 판매를 금지시키는 내용이 각각 1개(0.87%)이다.

따라서 우리 언어공동체(Sprachgemeinschaft)[11]는 철시하거나 장사를 끝마치고
가게의 문을 닫는 내용에 가장 큰 관심을 보이고 있고, 행상하는 내용과 마
수걸이하는 내용에도 깊은 관심이 표현되어 있다.

---

11) Leo Weisgerber(1967:21)는 "der Inbegriff der Menschen, die in Wirkungszusammenhang der stehen."
　　이라고 하였다. 언어 공동체를 결속시키는 것은 모국어의 세계상이다. 즉 모국어의 작용을
　　통해 언어공동체 전구성원들이 공통의 차원에 올라서고, 이러한 차원 위에서 그들의 정신적
　　만남이 가능하다. 물론 모국어의 세계상은 긴 세월의 흐름 속에서 언어공동체의 노력을 통
　　해 형성된다.

(2) 판매하는 행위의 주체는 상인이다. 이들 중 신분이 밝혀진 것은 다음과 같다.

막연히 일반상인으로 간주되는 내용이 66개(61.68%)이고, 일반인과 생산자가 각각 7개(7.48%)이며, 매표원이 5개(4.67%)이다. 그리고 소매상과 농민이 각각 3개(2.8%)이고, 도매상, 미곡상, 푸주간의 경영자, 서예가, 문필가, 약사가 각각 2개(1.87%)이며, 전매자, 중간도매상, 도산매 상인, 뜨네기장수, 음식업자, 광업인, 국가가 각각 1개(0.93%)이다.

(3) 팔리는 객체는 모두 매물이다. 이들 중 구체적인 물건은 다음과 같다.

물건이나 상품이 67개(62.62%)이고, 술이 4개(3.74%)이며, 쌀이 3개(2.8%)이다. 그리고 시골의 물건, 채소, 어물, 글씨, 작문, 약, 사채권, 주식, 차표, 땅, 집, 피가 각각 2개(1.87%)이고, 여자용 화장품, 바느질 제구, 패물, 곡식, 지방의 특산물, 화물, 필수품, 보리, 밥, 육류, 광석, 은행권, 공채권, 상품권, 수표, 배표가 각각 1개(0.87%)이다.

(4) 상거래의 장소는 시장이나 가게일 것이나, 특별히 밝혀진 것은 다음과 같다.

가게가 78개(72.9%)이고, 가정집이나 노점이 8개(7.48%)이며, 시장이 7개(6.45%)이다. 그리고 매표소가 4개(3.74%)이고, 농촌이 3개(2.8%)이며, 직판장, 상업지역, 군영, 약국이 각각 2개(1.87%)이다. 공동판매장, 판매조합, 가정집이나 노점, 생산지, 유통시장, 술청, 매광회사가 각각 1개(0.93%)이다.

(5) 판매하는 내용 중 바람직한 긍정적인 내용은 96개(89.72%)로 절대 우위를 차지하고 있고, 바람직하지 못한 부정적인 내용은 '출혈하다, 억매되다, 절품되다, 매절되다, 품절되다, 달리다, 체화되다, 매문하다, 매문매필하다, 매혈하다, 피팔기하다' 등 11개(10.28%)이다. 따라서 우리 민족은 긍정적인 내용에 더 많은 관심을 보이고 있다.

(6) 우리 국어는 수적으로 한자어가 많은 편이다. 판매하는 자동사에서도 이러한 현상이 드러나 한자어는 93개(86.92%)로 절대 다수이고, 토박이말은 19개(17.76%)에 불과하며, 한자어와 토박이말이 융합된 혼종어는 3개(2.8%)이다. 그런데 서구 외래어가 하나도 없는 것이 특징이다.

참고문헌

강호진(1989), "언어밭의 형식화 가능성 문제에 대하여" 「언어내용연구」, 태종출판사.
高永根(1974), 「現代國語의 接尾辭에 대한 構造的 研究」, 百合出版社
金光海(1993), 「국어어휘론 개설」, 집문당.
金敏洙(1972), 「新國語學」, 一潮閣.
─────(1983), 「國語意味論」, 一潮閣.
金芳漢(1983), 「一般言語學槪要」, 一潮閣.
김봉주(1988), 「개념학·의미론의 기초」, 한신문화사.
金應模(1989), 「國語平行移動自動詞 낱말밭」, 翰信文化社
─────(1993), 「國語移動自動詞 낱말밭(1)-平行移動篇」, 曙光學術資料社
─────(1993), 「國語移動自動詞 낱말밭(2)-垂直移動篇」, 曙光學術資料社
─────(1996), 「韓國語 身體關聯 自動詞 낱말밭」, 도서출판 박이정.
─────(1997a), 「韓國語 運動競技 動詞 낱말밭」, 도서출판 박이정.
─────(1997b), 「韓國語 球技競技 動詞 낱말밭」, 도서출판 박이정.
─────편저(1997), 「한국어학의 이해와 전망」, 도서출판 박이정.
─────(1998), 「韓國語 餘暇善用 自動詞 낱말밭」, 도서출판 박이정.
─────(1999a), 「술어휘의 내용연구」, 세종출판사.
─────(1999b), 「한국어 싸움·국방의무 자동사 낱말밭」, 도서출판 박이정.
─────(2000a), 「일상언어 자동사 낱말밭」, 한국문화사.
─────(2000b), 「언어표현 자동사 내용연구」, 한국문화사.
─────(2000c), 「國語學 特講」, 세종출판사.
김종택(1992), 「어휘의미론」, 탑출판사.
남기심 외 2인(1985), 「언어학개론」, 탑출판사.
리득춘(1996), 「조선어 어휘사」, 도서출판 박이정.
朴炳采(1973), 「古代國語研究」, 高麗大 出版部
박영순(1994), 「한국어 의미론」, 고려대 출판부.
裵禧任(1988), 「國語被動研究」, 高麗大 民族文化研究所.
서정수(1975), 「동사 '하' 문법」, 형설출판사.
宋秉鶴(1974), "'하'에 관한 연구", 忠北大 大學院(박사).

신수종·이병찬(1984), 「독어학개론」, 한신문화사.

신익성(1974), "Weisgerber의 언어이론-해석과 주석적 비판", 「한글」 153호, 한글학회.

신현숙(1986), 「의미분석의 방법과 실제」, 한신문화사.

沈在箕(1983), 「國語語彙論」, 集文堂.

李庸周(1993), 「한국어의 의미와 문법(1)」, 三知院

李益煥(1986), 「意味論槪論」, 翰信文化社.

임지룡(1993), 「국어의미론」, 탑출판사.

──(1997), 「인지의미론」, 탑출판사.

田秀泰(1986), 「國語移動動詞研究」, 翰信文化社.

정시호(1994), 「어휘장이론연구」, 경북대 출판부.

鄭元容(1996), 「隱喩와 換喩」, 新知書院

최창렬(1988), 「우리말 語源研究」, 一志社.

한인희(1976), "국어 어휘의 의미론적 연구-그림씨 어휘를 중심으로-" 「한글」 157호, 한글학회.

허 발(1977), "Coseriu의 의미연구와 낱말밭", 「언어학」 2, 한국언어학연구회.

──(1985a), 「낱날밭이론」, 고려대 출판부.

──(1985b), 「언어내용의 핵심문제」, 고려대 출판부.

──(1996), 「언어내용론」, 고려대 출판부.

──(1997), 「현대 의미론의 이해」, 국학자료원.

허 웅(1989), 「언어학-그 대상과 방법」, 샘문화사.

홍승우(1988), 「의미론입문」, 청록출판사.

金光海(1987), 「類意語·反意語 辭典」, 한샘.

국립국어연구원 편(1999), 「표준국어대사전」, 두산동아.

운평어문연구소 편(1997), 「국어대사전」, 금성출판사.

李家源·張三植(1973), 「詳解漢字大典」, 庚寅出版社

이희승(1985), 「국어대사전」, 민중서관.

한글학회(1992), 「우리말큰사전」, 한글학회.

Coseriu. E.(1973), Probleme der Strukturellen Semantik, Tübingen.

Geckeler, H.(1973), Strukurelle Semantik des Frazösischen, Max Niemyer Verlag, Tübingen.

Kemoson, R. M.(1977), Semantic Theory, London Cambridge Univ, Press.

Martin, S.(1954), Korean Morphophonemics, Baltimore, Linguistic Society of America.

Nida, E. A.(1979), Componental Analysis of meaning(Approches to Semantics), Moution.

Palmer, F. R.(1976), Semantics, London, Cambridge Uive Prees.

Ramstedt, G. I.(1939), A Korea Grammer, Helsink.

Trier, J.(1973), Der deutsche Wortschatz im Sinnbezirk des Verstandes, Heidelberg.

Weisgerber, L.(1962), Grundzüge der inhaltbezogenen Grammatik, Schwann, Düsseldorf.

──────(1964), Das Menchheitsgestz der Sprache, Quelle & Meyer Verlag, Heidelberg.

──────(1967), Sprachgemeinschaft als Gegenstand Sprachwissenhaftlicher Forschung, Westdeucher Verlag.

──────(1971), Die Muttersprache in Aufbau unserer Kultur, Pädagogischer Verlag, Schwann, Düsseldorf.

다의 발생과 언어 기원

이 정 식*

목 차

언어 기원에 관한 논의는 20세기 초에 공식적으로 중단된 것이었지만, 최근 루디 켈러에 의해 논리적인 구성이라는 접근법을 따라 다시 생각해 볼 기회를 얻게 되었다. 언어 기원 논의는 또한 최근 기호학에서 언어의 몸짓 기원론을 주장하고, 인지주의적 관찰법이 부각되면서 조금씩 주목되고 있다. 그렇지만 만일 언어 기원에 관한 재론이 실재하는 통시적 기원을 밝히려는 논의로 진행된다면 그 전망은 밝을 수 없을 것이다.

본고에서는 필자가 제안한 '최초의미' 개념을 언어 기원에 대한 논리적인 접근과 관련하여 그 발전적인 전망을 얻는 한편, 다의 현상에 대한 발생론적 접근이 가져줄 수 있는 언어 기호 본질에 대해 접근해 보고자 한다. 또한, 이를 통하여 언어 기원 논의가 발전적으로 구성되기 위한 주요한 언어학적 주제가 다의 현상임을 밝히게 될 것이다.

---

* 고려대학교 강사

1. 다의 현상

다의어 또는 다의 현상을 발생론적인 과정으로 파악한다면, 다의로 나타난 결과와 그 다의 현상이 있기 이전의 기원적 상태라는 두 가지 연관이 드러난다. 그리하여 발생 이전의 상태인 A-a와 다의 발생 이후의 A-ab 상태가 도출된다. 변화되기 전의 어휘 의미의 상태 A-a(어휘소 A, 의미 a)가 새로이 추가된 다의 의미 b를 포함한 변화된 후의 상태 A-ab로 될 때, 이전의 상태 A-a는 언제나 새로운 다의 발생에 대한 조건이자 이미 구축된 의미 세계로서 존재한다.

새로운 의미로의 확장은 언제나 경험 또는 체험을 거쳐서 진행된다고 가정된다. 그러면 한 어휘소에 대하여 최초로 설정되는 의미는 구체적인 경험 또는 체험에 관련되는 것으로서 나타나야 한다. 경험 또는 체험이란 언어 주체의 인식의 원리가 어떠한 대상에 작용하여 파악해 가는 과정을 포함한다. 만일 새로운 표현 욕구에 의하여 새로운 의미가 생겨난다고 가정해 보면, 이는 새로운 표현 욕구를 기존의 표현이 충족시킬 수 없다는 판단이 개입해 있는 것이다. 그 과정이 비록 무의식적으로 진행되겠지만, 분명한 것은 기존의 표현이 만족시킬 수 없는 의미가치를 만족 시켜주기 위해서 기존의 표현이 불러일으키던 의미를 새롭게 발생, 확대시키는 것이다.

이제 새롭게 발생한 의미는 파롤적인 발화로 실현된 것이며 나중에 언중의 동의를 거쳐 랑그의 일원으로 편입되는 과정을 밟게 될 것이다. 이러한 문제가 일반적으로 '파롤의 랑그화'라고 규정하고 있는 것이다.

이정식(2002:53)에서는 이러한 파악을 위하여 다의 발생 이전의 어휘소가 처음 가지고 있던 의미를 '최초 의미'로 규정하고, 이로부터 다의가 발생되는 과정을 아래와 같이 도식적으로 나타내 보였다.

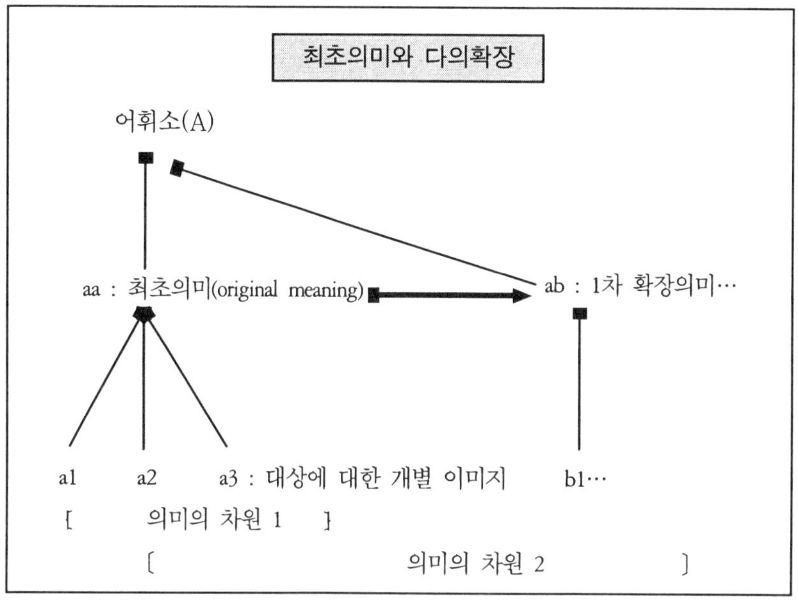

어휘소 A를 최초의미만 가진 상태로 사용하던 언어 사용 주체가 새로운 표현 욕구를 만족시키기 위해 기존의 단어에 새로운 의미를 발생시키는 장면이다. 의미의 차원 1은 발생 전의 상태이며 의미의 차원 2는 다의어가 되는 순간의 상태이다. 최초의미를 구성하고 있는 의미의 요소들 가운데 일부가 부각되거나 은폐되는 과정이, 대상에 대한 개별 이미지들로부터 유도되고 있는 것이다. 따라서, 언어사용주체는 다의어 발생의 실질적인 주체로서 긴밀하게 개입한다.

2. 의미 변화의 논리

다의 발생은 의미 변화와 동일한 논리를 따른다. 다른 점이란 다의 발생이 새로운 의미가 부여되어 풍부해지는 반면, 의미 변화란 하나의 의미가 또 다른 하나의 의미로 전이 대체된다는 점뿐이다. 다의 발생 개념이 적이 생소하므로 의미 변화의 논리를 통해 접근해보기로 한다.

먼저 의미론적 탐구를 시작하기 전에 언어학의 구체적인 분과의 하나인 음운론적 논의를 통해 의미 변화의 원인으로 제공되어야 할 요인이 어떤 것일를 추론해 보기로 한다.

음운론적 논의에서 음운 현상 또는 음운 변화에 수반되는 규칙과 그 규칙의 실현 환경 등에 대한 기술은 음운론 논의를 이루는 주된 특징이다. 그렇지만 그와 같은 현상 또는 변화의 원인에 대하여 구체적으로 언급된 내용은 찾아보기 어렵다. 다만, 발음의 경제성과 전달의 효율성이라는 선언적인 원리가 동화(同化)나 이화(異化) 현상 등에 대하여 기술되고 있을 뿐인 것이다.

음운 현상의 동기 또는 원인으로 제시된 '발음의 경제성'과 '전달의 효율성'이라는 개념이 엄격히 절제된 개념이라는 것을 쉽게 알 수 있다. 이들 개념들에는 화자나 언중의 주관적이고 심리적인 관점이 전혀 포함되지 않았기 때문이다. 이것은 체계 언어학[1]의 특징이다. 체계 언어학이 탄생한 이후, 언어를 하나의 구조와 체계를 가진 독자적인 대상으로 규정함으로써 화자의 주관적이거나 심리적인 특성들이 논의 속에 들어오는 것은 배제되었다.

언어학의 과학성을 보장받기 위하여 체계 언어학이 화자나 언중을 어떻게 배제시키는지를 모음 체계와 모음 추이에 관한 논의를 통해 살펴보자. 중세 국어의 모음 체계는 '체계의 균형'을 지향하는 방향으로 발달하였으며, 이를 위하여 모음들이 자기의 자리를 이탈하여 순서대로 이동하였다. 그러나 체계의 균형을 지향하는 것이 과연 모음추이의 원인에 해당하는지 결과에 해당하는지에 대해 검토해 보아야 한다. 개별 모음들이 어떤 판단할 수 있는 유기체로서의 자격을 갖추지 않고서는 자기 체계의 균형과 불균형을 파악할 수 없다.

뿐만 아니라 일단 추이가 일어난 후에 균형적인 체계가 성립되었으면 균

---

1) 체계 언어학이란 J.Milroy(1991)에서 사용하고 있는 용어인데, 구조주의 언어학을 일컫는 것이며, 다만 구조주의 언어학의 핵심적인 특성으로서의 '체계적'인 성격이 강조된 용어라 하겠다. 논의의 편의를 위해 밀로이의 이 용어를 그대로 사용하기로 한다.

형을 지향한다는 바로 그 논리에 따라 더 이상의 체계적인 모음 추이나 자리 옮김은 진행되지 말아야 한다. 그러나 공시와 통시의 변증법적인 양상은 체계의 안정과 불안정이 공존하는 채로 존재한다는 것을 말해주며, 이것은 모음 체계가 균형을 지향하면서 동시에 불균형을 지향한다는 결론으로 이끌게 한다.

이와 같은 모순적인 귀결은 언어 현상을 일으키고 변화시키는 인자(因子)를 잘못 설정했기 때문에 발생된 것이다. J.Milroy(1991)에서는 벨파스트 지역의 음운 현상을 사회언어학적인 방법으로 연구하면서 언어 변화의 촉발 문제에 관해 언급하였는데, 그에 따르면 지금까지의 대부분의 사회언어학적인 음운 연구는 언어 보존이나 언어 유지의 문제에 초점을 둔 것이었으며, 언어 변화에만 전적으로 중점을 두지는 않았다고 하였다(pp.249~250)[2]. 한편, 언어 변화 자체에 중점을 두게 되면 그 변화의 촉발 문제가 대두되는데, 이때에 '체계'상의 관점이 아니라 '화자에 의한 개신'에 초점을 맞추고 있다. 약한 유대 관계에 있는 사람들 가운데 특정한 사람에게서 개신이 시작되면 '초기 채택자'를 거쳐서 전체적인 변이나 변화를 이룩하게 되는 것이다. 곧 [화자에 의한 개신 → 초기 채택자 → 체계상의 변화]의 도식으로 전개된다는 설명이다.

J.Milroy(1991)의 이와 같은 접근법이 사회언어학적인 관점에서 언어를 바라보는 시각[3]에 의거한 것이라고 하더라도 언어 변화를 일으키는 인자(因

---

2) 페이지는 역서(정영인 외(1997), 「언어 변이와 변화」, 태학사)를 기준으로 한 것이다.
3) J.Milroy(1991)은 사회언어학적인 접근법에서 취하는 세 가지 원리 가운데 첫 번째로 다음을 제시하고 있다

원리1
언어의 사용은 (문학과 실험실에서의 실험을 제외하고는) 사회적 맥락과 상황적 맥락 없이는 이루어질 수가 없다. 우리가 언어의 사용을 관찰하는 경우, 그것은 언제나 이러한 맥락 안에서 관찰되기 때문에, 타당성이 있는 분석을 하려면 사회와 상황, 그리고 화자와 청자를 고려하지 않으면 안 된다(p.29)

우리의 분석 방법이 사회적 맥락과 상황적 맥락, 그리고 구체적인 화자에 대한 고려와는 그 방법을 달리 한다고 하더라도 원칙적으로 언어 사용을 둘러싼 이들 요소들에 대한 고려의 중요성은 받아들일 수 있다.

子)에 대한 관점은 체계 언어학에서도 받아들일 만한 것으로 간주된다. 단지, 구체적으로 언어를 사용한다는 측면이 강한 '화자'의 개념보다는 '언어 사용 주체'라는 개념을 사용함으로써, 좀더 체계 언어학적인 요구를 수용하면서 동시에 '화자' 개념의 구체성이 보장될 수 있는 방향이 올바를 것이다.

3. 언어 기원 논의

다의 발생은 의미 변화의 논리와 그 맥을 같이하는 동시에 언어 기원 논의와도 관련성이 있다. 이미 '최초의미' 개념 자체가 기원적 탐구라는 혐의를 충분히 얻을 수 있음은 몇몇 연구자들에 의해 지적된 바이다. 필자는 이러한 인상을 받아들이면서도 '최초의미'개념의 기초를 다지는 차원에서 언어 기원에 관한 접근을 고려하게 되었다. 이하의 논의에서는 언어기원에 관한 기존의 접근법을 검토하고, 이를 다의 발생이라는 과제 속에 편입할 수 있는 발전적인 전망을 모색해 볼 것이다.

1) 추론적 접근

원시 언어를 생각하는 첫 번째 접근법으로는 추론적 접근을 들 수 있다. 아래에 각기 서로 다른 서적에서 발견한 세 가지 접근법을 소개한다.

① 말리놉스키 "원시 언어에 있어서의 의미의 문제."

일군의 토인(뉴기니아의 Melanesia族)이 이야기하는 언어를 생각하면서 다음의 세 가지 양상을 고려한다. 우선 기본적인 생계유지를 위한 활동과 함께, 일하는 과정에서 의사전달에 사용하는 언어를 묘사한다. 간략히 요약하여 제시하면 다음과 같다.

통나무배를 타고 고기를 잡으러 가서 노련한 사람이 고기를 망보고 잡을 것을 발견

하면 언제나 같은 신호나 소리나 말이 발해진다. 때로는 수로나 수역에 관한 전문어가
필요하다. 고기를 잡을 그물을 던지고 고기가 들어오면 짧고 힘찬 외침이 흩어진다.
'잡아 당겨라' '풀어 놓아라' '좀더 멀리로 옮겨라' '그물을 올려라' 등등.

(「의미의 의미」, pp.296~297)

그리고, 두 번째로는 이야기에 사용되는 언어를 들고 있는데, 가요나 속
담이나 신화나 전설, 그리고 의식이나 마술에 관한 상투어에 있을 법한 고
정된 본문 등이다.

> 일군의 청중 중에 사건이 알려지고 또는 논해질 때에는 우선 거기에 나란히 앉아있
> 는 사람 각자의 사회적, 지능적, 감정적 태도가 구성하는 바의 그때의 장이 존재한다.
> 이야기는 그 場中에의 호소에 의해 새로운 유대와 정서를 창조한다. 한 남자의 자랑
> 스러운 이야기는 자랑이나 분함, 또는 승리나 선망의 정을 자아낸다.(pp.298~299)

마지막으로는 언어가 자유롭게 목적도 없이 단지 사교용으로 쓰여진 경
우나 잡담을 주고 받을 때의 언어를 제시하고 있다.

> 많은 사람이 하루의 일을 마치고 마을의 모닥불을 둘러쌀 때, 일하는 짬짬이 잡담
> 을 주고 받을 때, 또는 무언가 손으로 하는 일을 하면서 그것과는 전혀 무관계한 세상
> 이야기를 할 때, 이 때의 언어는 그 때 일어나고 있는 일에는 의존하지 않으며 場의
> 맥락을 빼앗긴 것처럼 보인다.(p.299)

물론 여기에 지적 반성을 수행하는 반성적 언어가 존재하지 않는다는 이
유만으로 이들은 원시 언어로 대접받게 된다. 또한 이야기의 언어나 사교
용 언어가 모두 첫 번째의 동작으로서의 언어의 직접적 기능에 모두 연결
된다는 점을 강조하고 원시적 기능과 본원적 기능에 있어서의 언어는 본질
로서의 실용적인 성질을 갖고 있고, 행동의 한 양식으로서 협정된 인류활
동에 빼놓을 수 없는 요소라고 하였다(p.303).

말리놉스키가 구성한 토인 언어의 각 단계를 통하여 우리는 언어 기원에
관한 진화적 전개 양상을 쉽게 아래와 같이 정리할 수 있다.

1단계 : 생계유지를 위해 요구되는 언어
↓
2단계 : 이야기에 사용되는 언어
↓
3단계 : 사교용 언어 또는 잡담의 언어
↓
4단계 : 지적, 반성적 언어

이 모델은 첫 단계를 생계유지를 위해 요구되는 언어로 설정하고 있으며, 주체의 능력 자체가 언어발달과 함께 발달한다는 가정은 없다. 사람의 관심 영역이 살아가면서 확대되는 방식에 유추적으로 추론되어 있는 것이다.

② 루디켈러 「언어변화」의 원숭이 인간 동화

언어의 탄생을 그린 것이 아니라, 언어가 있기 위한 전제 즉, 인간 차원에서의 의사소통 능력의 본질과 이의 발생을 일곱 단계로 보여준다.(간략히 요약하여 제시한다).

㉠ 칼하인츠는 **공포의 비명**을 토해내는 능력이 있다. 위험을 감지하면 비명을 지르게 하고, 비명의 지각은 도주를 야기시킨다. 비명은 자연적 기호이자 공포의 징후이다. [위험 감지 - 비명 - 도주]는 생물계 곳곳에서 나타나는 자연적 의사소통과정의 전형이다.

㉡ 칼하인츠는 **실수**를 저질렀다. 위험이 없었는데 실수로 비명을 지른 것이고 동료들은 그 비명 때문에 도주했다. 칼하인츠는 여기서 자연적 위험 때문이 아니라 비명 때문에 도주행위가 일어난다는 체험을 한다. 그래도 아직 경험이라기 보다는 **예감**이다.

㉢ 그는 동료들을 도망가게 한 후 먹이를 독차지하려고 공포의 비명을 지른다. 의도적으로 행위를 한 것이지만 이해받는 것을 목적으로 하지 않으므로 의사소통 행위와는 구별된다. -참새떼를 쫓기 위해 손뼉을 치는 것과 같다.

㉣ 칼하인츠는 속임수의 빈도를 과장함으로써 무감각화라는 과정을 진행시킨다. 무

리 중의 한 녀석이 더 이상 무조건 달아나지 않게 되고 비명의 인지와 도주 사이에 **확인**이라는 요소가 끼어든다. 이때 그 녀석도 칼하인츠의 경험(ⓛ)과 같은 체험을 하게 되고 둘은 같이 행동한다.

ⓜ 확인의 행위와 반응의 지체는 수많은 원숭이인간에게 알려진다. "가짜 공포의 비명은 상대방을 도망시키는 데 이용된다"는 명제를 "p"로 표현해서 X와 Y 두 명이 도달한 지식의 상태를 다음처럼 나타낼 수 있다.

X는 p를 안다.

Y는 p를 안다.

X는 Y가 p를 안다는 것을 안다.

Y는 X가 p를 안다는 것을 안다.

X는 자신 X가 p를 아는 것을 Y가 알고 있다는 것을 안다.

Y는 자신 Y가 p를 아는 것을 X가 알고 있다는 것을 안다.

이로써 공동의 앎, 집단의 앎이 성립한다.

ⓗ 속임수가 무력해질 시점에서 식별이라는 과정이 일어난다. 무리의 대부분이 진짜와 가짜의 비명소리를 구별하는 법을 배운다. 이는 세심한 주의력으로 단순히 듣는 데서 경청으로 한 걸음 발전하게 된 것이다.

ⓢ 가짜는 진짜와 충분히 닮아있어야 하며 또 진짜와는 확실히 달라야 한다. 고참 원숭이의 가짜 비명은 이제 의도를 포함하게 된다. 의도적으로 가짜 비명을 질렀다는 것과 다른 녀석들이 그것을 깨달아야 한다는 두 가지를 알 수 있게 된다. 고참의 의도를 전부 깨달았을 때에만 칼하인츠는 그를 이해했다고 할 수 있다.

루디켈러의 추리는 동물적이며 자연적인 상징이 '실수'라는 경험을 통해서 언어적인 기호로 변화될 수 있는 줄거리로 꾸며져 있어서 상당히 재미있다. 그러나, 바로 그 이유로 문제가 있다. 왜냐하면, 이 논리에는 언어 발생과 함께 주체의 인식 능력 발달도 포함되어 있는데, 이러한 과정의 출발이 '실수'이며, 그 실수를 반복사용하는 '속임수'에 의거해 있다는 것의 정당성을 확보하기 어렵기 때문이다.[4]

또한, 동물적인 본능을 갖고 있던 초기 단계에서 '실수'와 '속임수'라는

---

4) '호기심'에 의해서 인류 문제가 들어왔다는 판도라 상자 신화와 같이, 신화적인 줄거리로는 충분히 재미있는 것이지만 인류 정신의 발달과 언어 발생이 '실수'에 기초해 있다는 것은 당황스러운 추론이다.

추상적이며 고도로 정신적인 개념을 파악할 수 있는 단계를 곧바로 가정한
것은 논리적 모순이다.

③ 그림(Grimm)을 포함하는 19세기 비교문법학자들의 원시언어

암스테르담스카(1989:66)은 그림(Grimm)의 언어 발달에 대한 언급을 다음과
같이 정리 소개하고 있다.

> 언어의 발달은 인류의 문화가 형성되는 방향과는 반대 방향으로 진행한다. 초기의
> 언어는 물질적이며, 감각적이고, 순수함으로 가득찼으나, 후에 보다 정신적이며 덜 직
> 접적인 것이 되고, 그 언어의 낱말에서는 겉모습과 모호성을 보게 될 뿐이다. 낱말과
> 낱말 관계의 진정한 의미를 발견할 수 있는 것은 언어의 초기 단계에서 뿐이다. 초기
> 의 언어는 자연적이고 인간의 직접적인 경험을 반영했지만, 이성이 발달하면서 언어는
> 인위적, 추상적으로 되었고, 초기에 지녔던 세계와의 의미 있는 관계는 파괴되었다.

암스테르담스카는 독일에서 유독 산스크리트어 연구가 널리 행해졌던
근본적 동기의 하나로 낭만주의의 언어 유기체설과 순수한 언어에 대한 동
경이라는 개념적 자원이 있었음을 보여주고 있다. 그리하여 '언어 조직 뒤
에 있는 유기적 생명력을 드러낼 수 있는 것은 현대의 타락한 언어가 아니
라 원래의 조어ancestor에 가장 인접한 언어의 초기 형태들이며', '비교문법
학자들의 목표는 초기 형태론적 형태의 원래 구조, 완전히 투명한 초기 형
태에서 타락한 후손에게는 나타나있지 않은 언어적 유기체의 살아 있는 원
리를 기술하는 것'이었다.(pp.69~70)

또한 언어진화 또는 언어발달과 관련하여 슐라이허가 묘사하고 있는 원
시언어는 언어 창조에 '정신'이 개입하고 있는 단계로 파악되고 있다.

> "오래된 민족일수록 그들의 역사적 발달이 활발할수록, 정신이 언어에서 더욱 물러
> 나게 되고, 정신이 한때 그 안에 홀로 깃들어 있던 소리로부터 더욱 멀어지며, 한때
> 정신의 삶의 목표 그 자체였던 언어는 더욱더 정신의 삶을 위한 수단, 생각을 교환하
> 는 수단으로만 되어 갈 뿐이다."(p.96)

암스테르담스카의 인용과 설명은 [물질적이며 감각적이고 순수한] 언어

에서 [보다 정신적이며 덜 직접적인 것]으로 옮아간 점을 말하고 있다. 이 것은 기호학적인 주제 곧, 자연적인 상징이 사회적인 기호로 변모되는 것 을 그대로 나타내고 있다. 최초 언어 단계를 순수하고 투명한 것, 혹은 정 신과 언어의 합일 단계로 보고, 나중 단계를 인위적이며 모호하며 수단적 인 것으로 되었다고 말하고 있다.

2) 진화론적 접근

추론적 접근법에서도 진화적인 단계를 설정했음을 알 수 있었으나, 구체 적인 진화에 대해서는 언급이 없었다. 아래에서는 「몸짓과 언어본성」의 내 용을 통해 구체적인 진화 과정을 '몸짓에서 언어가 발생하였다'는 관점에 서 파악하려는 경향에 대하여 살펴보기로 한다.

바렐라 Varela등의 구성주의 생물학자들과 래너커 Langacker의 인지 문법, 그리고 수화와 뇌신경학적 이론 등을 진화론적 도식을 통하여 연합함으로 써, 언어의 기원이 몸짓에 있다는 것을 제안하고 있다. 우리가 몸짓이 언어 의 기원이라고 하면 상당히 소박한 관점으로만 들린다. 그러나, 언어가 조 음적 몸짓과 신체적 몸짓을 늘 동반해서 실현되는 점과, 시각적 파악의 중 요성, 그리고 두뇌 구조가 진화론적 재조직화를 진행할 때 바로 이러한 시 각적 파악과 몸짓과의 협응에 의지하여 전개된 점을 볼 때, 앞으로 연구가 지속적으로 전개될 것을 예측할 수 있다.

언어의 두 가지 기능을 사물과 사건을 상징화하고 의미부여하며 의사소 통하는 기능(단어적 기능)과 사물과 사건의 관계를 상징화하고 의미부여하고 의사소통하는 기능(문장적 기능)으로 구분할 때, 후자처럼 관계의 상징화에 의해 문장이 만들어진다(p.34). (…) 우리는 가시적인 몸짓으로 나타나는 단 어 및 문장들이 행위적으로, 신경적으로 둘 다 통사론을 점진적으로 구성 하기 위한 신경 그룹 조직들과 연합된 행위적 생성 단위를 제공할 수 있다 고 제안한다(p.41). (…) 언어 능력, 곧 통사론의 점진적인 발전이 없이는 오 스트랄로피테쿠스들 간에 이미 확실하게 진행되던 뇌의 재조직화를 설명하 기 어렵다(p.42).

문장 곧, 통사론적 발전에 대해서는 아래와 같이 언급하고 있다.

"언어에 관한 일부 연합주의적 이론가들은 경험론적 전통에서 언어 사용자가 단어들에서 생성한 문장들은 개체 바깥세상에서 존재하는 관계들, 그리고 정상적인 인간의 인지 조작에 의해 지각되고 처리되는 관계들을 반영한다고 생각한다. 이런 관점에서 보면 통사론은 언어의 속성이기 이전에 우주의 속성이다(p.226)."

"통사론이 먼저 음성활동으로 나타났는지 아니면 손으로 하는 활동으로부터 나타났는지는 여전히 의문이지만, 근육이 활동하는 것에 대한 신경적 시간 조절이라는 중요한 문제는 두 부류의 행위 모두에 포함되어 있다(p.244)."

"행위 예제를 통해서 시각적 몸짓 행위 속에는 '무언가가 무언가에게 무엇인가를 행하다 혹은 SOV'와 같은 통사론의 씨앗을 소유하고 있다."(p.245)

"우리는 논리적으로나 계통발생론적으로 언어와 관계있는 몸짓이 있었다는 것을 가정하는 다원적인 태도를 취한다. 우리는 언어가 실제적인 선행물이 없이 후 구석기 시대에 발생했다는 입장을 지지하지 않는다(p.271)."

몸짓 기원론에서 수용할 만한 것은 상징이 기호가 되는 추상적 과정을 문제삼기보다는 단어적 기능이 문장적 기능으로 전이되는 과정을 주목했다는 점이다. 말하자면 개별적인 사물만을 대상으로 세계를 파악하던 인류가 어떻게 사물들간의 관계를 파악하는 인류로 발달하게 되었는가 하는 물음을 묻고 있는 것이다. 이들의 노력은 미국 수화를 연구함으로써 훨씬 더 분명한 문제제기가 되고 있다.

그러나, 다양한 부사적, 형용사적 표현의 추가와 섬세한 의미론적 변화를 야기하는 구두 언어 통사론5)의 완성까지를 설명하는 데에는 역부족임을 알

---

5) 인지적으로 동일하다고 할지라도 그 표현과 섬세한 의미면에서 변경을 초래하는 많은 통사론적 장치들이 있음을 아래 예를 통해 알 수 있다. 예문은 인용서 p.255에서 발췌하였고 번역과 통사적 장치 명은 필자의 것이다.
He somehow caught it.(어쨌든 그는 그것을 잡았다 : 부사)
By lucky fluke, he caught it.(요행수로 그는 그것을 잡았다 : 관용적 부사구)

수 있다. 이런 통사론은 언어사용자의 입장에서 볼 때 가장 언어적 본성을 잘 드러내는 것이라고 생각되는 것이며, 따라서 언어 기원을 설명하는 이론들은 이러한 본질적인 특성까지 일관성 있는 해명을 해야 한다. 전게서에서 이를 보충하기 위해 '패턴의 정교화'라는 소절을 별도로 마련하여 언급하고 있지만, 이에 대한 해결의 실마리는 여전히 선언적 수준에 머물고 있다는 것이 필자의 판단이다.

3) 기호학적 접근

기호학적 입장에서 언어 기원을 추적하는 견해를 찾아보기는 극히 어렵다. 이는 기호학을 예견했던 소쉬르의 아래와 같은 언급과도 관계된다.

> "사실 그 어떤 사회에서도 언어는 전 세대로부터 물려받은 산물이며 그대로 취할 수밖에 없는 것으로만 생각되고, 또 생각되어 왔다. 언어의 기원 문제가 일반적으로 으레 생각하듯 그렇게 중요하지 않은 것은 바로 그 때문이다. 그것은 제기될 성질의 문제조차 되지 못한다. 언어학의 진정한 단 하나의 대상은 이미 형성된 고유 언어의 정상적이고 규칙적인 삶 그 자체이다.(「강의」, p90)

기호학적인 논의는 현대에 이르기까지 대부분 기호 본질과 종류에 관한 논의나 기호의 공시적인 작용 현상 등에 관한 것이다. 기호의 본질 문제는 표현과 개념과 대상 사물간의 상호 관계를 다루는 것이며, 기호의 종류 문제란 퍼어스의 도상, 지표, 상징 등을 포함한 분류로 이해될 수 있고, 기호의 공시적인 작용 현상이란 오늘날 응용적인 입장에서 광고 기호학, 음식 기호학 등으로 광범위하게 발산해 가고 있는 연구들에 해당한다.

그러나, '상징'에 관한 논의는 언어 기원 문제와 관련하여 적지 않은 함의를 가진다. 소쉬르가 기호를 완전히 자의적인 것으로 볼 때, 상징은 자연적인 흔적의 개념으로 사용하였다. 언어학을 정립하기 위하여 세계와 대상

The guy with left hands caught it.(어리석은 소년이 그것을 잡았다 : 형용사적 수식구)
After it fell down paralyzed, he caught it.(마비상태가 되고도, 그는 그것을 잡았다·절표현)
Yeah, Klutzy there caught it.(와, 얼간이가 거기서 그것을 잡았다 : 명사)

사물과의 자연적 관련을 차단하고 자의성을 주장하였던 소쉬르는 전설 연구를 통해서 역사적인 사건이 전설로 기호화되는 과정에서 상징의 자연성을 다시 수용하게 된다. 미셸 아리베는 자연적 상징이 자의적 기호로 되는 이 과정을 '소쉬르 사고 속에 기이한 회전문'(p.58)이라고 지적하였다.

[상징이 기호로 변화되는 과정]은 확실히 언어 기원과 관련되어 있는 것이다. 그렇지만, 자의성과 유연성, 상징과 기호간의 관계에 관한 더 깊은 사고는 진행되어 있지 않다.

그런데, 이와 같은 원론적인 측면을 떠나서 언어 기호를 어휘 차원에서 내부적인 표상 영역의 차이만을 놓고 살펴볼 때에 좀더 깊이 있는 고려를 할 수 있다.

어휘를 중심으로 놓고 살펴볼 때에조차도 개별 단어들 내부에는 질적 단계를 구분하여 볼 수 있다. 이정식(1988)에서는 [사물 기호 — 감정 기호 — 추상 기호 — 형식 기호][6] 등의 구분을 행한 뒤에, 가장 고도의 추상성을 띠는 기호로서 형식 기호를 제시하였다. 이는 한국어를 대상으로 할 때 조사나 어미 등의 문법적인 기능을 주로 담당하는 형태들에 해당한다. 이들은 단어를 결합하여 문장 수준 곧, 명제 수준으로 만드는 핵심적인 언어 기호이다.

앞서 진화론적 접근에서 단어가 문장이 되는 과정에 대한 논의를 살펴보았는데, 그와 같은 논의로 곧장 들어가지 이전에 해결해야 할 사항은 사물 표상을 먼저 가정했을 때에조차 가장 언어적 기호라고 볼 수 있는 형식 기호의 탄생을 어떻게 발생적으로 설명할 수 있는가 하는 점이다. 문장의 구성 요소가 먼저 만들어지고 문장이 만들어진다면, 반드시 그에 앞서 탐구되어야 할 것은 내용적 단어가 아니라 형식적 단어의 탄생 과정인 것이다.

오늘날 인지의미론자들은 전치사와 조사 등에 대하여 참여항들이 갖는 시공간적 위치 관계나 시각적 영상의 유연성 등에서 인지적으로 도출될 수

---

6) 사물 기호란 '책상'과 같은 구체적인 사물을 표상한 것을 말하며, 감정 기호란 '슬프다' 등의 감정적 실질을 표상한 것, 추상 기호란 '아름답다'와 같이 추상적인 속성이 강한 관념을 표상한 것, 그리고 형식 기호란 '사람[이/가]'와 같은 내용적 실질이 빈곤한 문법 기능어들을 말한다. 이정식(1998)을 참조

있는 가능성을 열어 주고 있다. 그러나, 이들의 시도가 그 형태들이 발생할 수 있는 유연적 근거의 일부를 제시할 수는 있지만, 해당 형태소가 자의성을 발하기 시작하는 순간부터 더 이상의 추적은 쉽지 않다.[7] 기호학적 접근은 분명한 언어학적 연구대상을 발견하기 전에는 기호 본질에 관한 진척에 상당한 곤란을 겪을 수밖에 없는 것이다.

한편, 우리가 점진적으로 진화적 고찰에 성공한다고 하더라도 근본적인 난점은 '하나의 단어로 하나의 사물 혹은 대상을 지시적으로만 표상하던 인류가 명제적 표상으로 전이되는 과정'을 인간 진화와 언어 발전의 선상에서 상정해야 한다는 점이다.

실제로는 이것이 반대로 진행되는 것이 더욱 타당해 보이기 때문이다. '사자!'라는 소리를 만들어서 특정 동물이 접근해온다는 것을 알리는 경우, 우리는 '(저기에) 사자(가 나타났다)'라는 명제적 발화의 단어적 실현으로 해석하는 것이 올바르다. 문장론적으로 볼 때에도 일어 문장의 성립이 가능한 배후에는 그 일어적 발화(단어 발화)가 이와 같이 암묵적인 명제적 실현을 전제로 한다는 점이 상정되기 때문이다.

4) 철학적 접근

철학은 형이상학의 대표적 관심사로서의 존재론과 인식론 가운데에서 인간이 세계를 어떻게 파악하며 어떻게 파악할 수 있는지, 또는 파악 가능한지에 관한 물음에 답하려고 해왔다. 참된 지식으로 갈 수 있는 올바른 시작점을 얻기 위해서 로크, 흄 등의 철학자들은 감각인상에서 기억으로, 기억에서 정신으로 거슬러 올라가면서 인간 인식의 정당성을 확보하려고 하였다. 아래에서는 럿셀의 설명을 통해서 인류 발달과 언어 발달의 한 국면을 유추해 보기로 한다.

---

7) 코세리우는 토마스 아퀴나스를 검토하면서 자연적 동기부여와 기능적 동기부여의 거리를 언급하고 있다. 아래의 논평은 상징적 유연성과 기호적 자의성간의 단절적인 상황에도 동등하게 적용될 수 있다. "토마스 아퀴나스는 어원적 의미와 기능적 의미를 구별한다. 그 까닭은 어원적 의미의 '자연적' 동기 부여가 기능적 동기 부여에 관하여 아무것도 해명하게 하지 않기 때문이다."(「서양언어철학사 개관」(코세리우), p.160)

"감각소여는 우리가 직접 아는 것에 속한다. 실제로 감각소여는 직접지에 의한 지식의 가장 명백하고 뚜렷한 예이다. 그러나 만약 감각소여만이 유일한 예라면 우리의 지식은 실제보다 훨씬 제한될 것이다. 우리는 현재 우리의 감관에 나타나 있는 것만을 알 수 있을 것이다. 우리는 과거에 대해서는 -심지어 과거가 있다는 것조차도-전혀 알 수 없고, 동시에 감각소여에 대한 어떠한 진리도 알 수 없을 것이다. 왜냐하면, 이제 곧 밝혀지겠지만 진리에 대한 지식은 모두 감각소여와는 근본적으로 다른 속성을 가진 것, 이따금 '추상관념'이라고 불리지만 우리는 보편이라고 부르는 것에 대한 직접지를 요구하기 때문이다."

(럿셀 「철학이란 무엇인가」, p.50)

직접지에는 감각소여에 의한 직접지, 기억에 의한 직접지, 내성에 의한 직접지(곧 자의식) 등이 있다. 감각에 있어서는 외부 감각의 소여를, 내성에 있어서는 소위 내부 감각의 소여-사고, 감정, 욕구 등-을 직접 알고 있다. 그리고 기억에 있어서는 외부 감각이나 내부 감각의 소여였던 것을 직접 알 수 있다(p.53)

앞에서 발전적인 단계를 가정했던 것과는 달리 럿셀은 지식의 종류를 논증하고 있다. 그러나, 이것을 단계적인 과정으로 읽을 수도 있어서, [감각소여에 의한 직접지 → 기억에 의한 직접지 → 내성에 의한 직접지]의 단계를 가정해 볼 수 있다.

흔히 기호학에서 말하는 도상적 기호나 시각적 기호란 지식의 최하위 단계인 감각소여에 의한 직접지에 해당할 뿐이다. 기호학이나 인지의미론적 탐구가 언어기호와 의미의 본질적인 질문에 답하기 위해서는 상위의 지식 유형인 내성에 의한 지식의 대상과 씨름해야 할 것임을 간접 확인할 수 있다. 이는 언어 기호가 본질적으로 세계와는 분리된 추상적이며 관념적인 것이라고 판단되기 때문이며, 따라서 추상적이며 관념적인 언어기호를 설명하지 못한다면 단계론적, 진화론적 파악의 한계가 드러날 수밖에 없는 것이다.

5) 성경적 접근

성경은 서구 학문의 전개 과정에서 가장 중요한 텍스트 가운데 하나라고 해도 과언이 아니다. 특히나 언어와 그 기원에 관해서는 성경 텍스트에 기록된 기술이 상당히 중요한데, 헤리스(1988:36)의 경우 아담의 명명을 유명론의 기원적 근거 중 하나로 보고 인용하여 논술하고 있다. 본고에서는 창세기 1장에서 3장 사이에 기록된 말씀을 중심으로 언어 기원에 관한 문제를 상고해보기로 한다.[8] 창세기 1장에서 3장 사이에 기록된 언어 관련 사항과 그 인용을 아래에 제시해 본다.

> *창조의 언어 : 하나님이 말씀하심 - 그 말씀대로 이루어짐(기호와 대상의 관계)
> *아담의 언어 : 생물의 이름 - 생물명, 속명으로서의 일반명사
> *뱀의 언어 : 사단의 말 - 영적 언어
> *의사소통 : 영적 언어
> 하나님이 말씀하시고 사람은 그 말씀을 듣고 이해함
> 사단이 말하고 사람이 그 말을 듣고 이해함

하나님의 말씀은 창조의 언어이며 따라서 대상을 만들어내는 능력의 언어였고, 아담의 명명은 이미 창조된 대상들을 표상하여 부르는 언어였다. 그러나, 하나님과 사람은 의사소통이 가능한 언어를 사용하였다. 언어의 능력은 달랐지만 소통의 측면에서는 동일했다는 말이 된다.

① 하나님이 가라사대 '빛이 있으라' 하시매 빛이 있었고(Then God said, 'Let there be the light'; and there was light.(창세기 1:3).

태초에 말씀이 계시니라. 이 말씀이 하나님과 함께 계셨으니 이 말씀은 곧 하나님 이시니라. 그가 태초에 하나님과 함께 계셨고 만물이 그로 말미암아 지은바 되었으니 지은 것이 하나도 그가 없이는 된 것이 없느니라(In the beginning was the Word, and the Word was with God, and the Word was God. He was in the beginning with God. All things was made through Him, and without Him nothing was made that was made (요한복음 1:1~3)

---

8) 성경에서 말(언어)와 관련된 언급이나 사항들은 이외에도 많이 있다. 바벨탑 사건이라든지 신약에서 오순절날 성령이 임하여 각종 방언으로 말하게 된 방언 사건 등 순수히 언어에 관련된 사항도 다수 있으며, 성경은 전체적으로 말씀이므로 확대해석할 경우 모두 언어 연구의 보고라 할 수 있겠다. 이에 관한 연구는 추후 과제로 남겨둔다.

② 여호와 하나님이 흙으로 각종 들짐승과 공중의 각종 새를 지으시고 아담이 어떻게 이름을 짓나 보시려고 그것들을 그에게로 이끌어 이르시니 아담이 각 생물을 일컫는 바가 곧 그 이름이라. 아담이 모든 육축과 공중의 새와 들의 모든 짐승에게 이름을 주니라(Out of the ground the Lord God formed every beast of the field and every bird of the air, and brought them to Adam to see what he would call them. And whatever Adam called each living creature, that was its name. So Adam gave names to all cattle, to the birds of the air, and to the every beast of the field(창세기 2:19~20)

'말씀이 계시다'(요한복음)고 함으로써 말씀 자체를 '계시는' 인격으로 묘사하고 있으며, 또한 맨 처음 발화된 것은 단어가 아니라 '빛이 있으라'(창세기)라는 명제였다. 명제가 우선적으로 실현되었다는 말은 명제 구성에 핵심적인 요소로서 문법 기능적인 단위 예를 들면 조사(전치사)나 술어의 활용이 다른 것보다 먼저 완성되어 있음을 말해 준다.

이는 또한 언어가 사람보다 먼저 존재한 것으로 나타난다. 언어는 인류 창조 이전부터 하나님의 주권 아래서 운용되었고, 그 운용으로부터 세계가 창조되며 인간이 창조되었다고 보고 있는 것이다. 언어는 단지 인류에게만 한정된 것이 아니라 만물의 본질을 이루는 핵심으로 존재하며, 언어로 인하여 만물이 만들어졌다. 곧 '빛이 있으라'는 명령의 말씀으로 사물 현상으로서의 '빛'이 생겨난 것이다.

우리는 여기서 많은 함의를 읽어낼 수 있다.

첫째, 일반적으로 언어 표현과 언어 의미(개념), 그리고 그 가리키는 대상과의 관계를 기호학적으로 탐구하고 있는데, 성경에 따르면, 언어 표현과 언어 의미(개념)의 관계는 은폐되어 있고 언어와 대상과의 관계만이 언급되어 있다. 그 관계란 행한 말이 그대로 실현되는 관계이며, 언어와 그 나타내는 대상이 투명한 관계임을 말한다.

둘째, 최초 언술이 명제로 이루어져 있다. 어린 아이들이 말을 배우기 시작할 때 일어문(一語文)에서 시작하여 이어(二語文)으로 나아가는 것, 곧 단어에서 시작하여 좀더 복잡한 문장까지 발달해 가는 것과 비교해보면 정반대인 것이다. 좀 과감하게 말하자면 명제를 먼저 배우고 단어를 나중에 배우는 것이다. 인식론적으로 말해보면 관계를 먼저 배우고 항들 곧, 실체들은 나중에 배운다는 말이 되겠다. 왜냐하면 명제란 항들의 관계이기 때문이다.

셋째, 언어가 대상을 표상한 것이기 이전에 언어는 대상을 만들었다. 대상은 언어에 의해 창조되고 언어에 의해 살고 언어에 따라 죽는다. 언어가 대상을 표상한 것은 아담이 생물들을 일컫는 명명 과정에만 적용된다. 또한 이 명명 과정이 '(이것은) 사과(이다)'와 같은 언어적 사고의 방식이 존재한 것이며, 앞뒤 없는 '사과!'라는 인조로봇의 말과 같은 방식이 아니었을 것이라는 점도 추론된다.

단어(엄밀히 말하면, 생물명)는 말(말씀)로서 세계를 만든 이후 첫 인류 아담에게 주어진 명명권에 따라 후속으로 만들어진 것에 불과하다. 뿐만 아니라 첫 사람 아담이 행한 것은 생물에 한정된 일반명사[9] 이외의 다른 것이 아니었다. 곧 '모든 육축과 공중의 새와 들의 모든 짐승'에 한하여 이름을 지어준 것이며, 생명이 있고 움직이는 동물류(living creature)에게 대한 이름에 한정된 것이었다. 그렇다면 생물류 이외의 일반 명사는 '빛이 있으라'에서 볼 수 있듯이 명제가 존재할 때부터 함께 있었던 것으로 유추해 볼 수 있다. 또한 이 때에 단어의 각 요소를 결합하여 새로운 이름을 만드는 조어력을 갖추고 있었음을 알 수 있다.

성경이 히브리어로 기록된 것이지만, 어떠한 언어이든지 기존 단어를 자신의 구성 요소로 취하여 복합 또는 파생의 과정을 사용하는 것은 보편적이기 때문이다. 우리가 현재 확인할 수 있는 언어는 성경의 기록에 따르면 바벨탑 사건 이후로 서로 상호 교통하지 못하는 언어로 갈라진 이후의 것이지만, 원래의 한 언어 역시 마찬가지의 언어학적 구조를 갖추고 있었음을 상정하는 것은 그리 어려운 일이 아니다. 한편, 새로운 어휘를 만드는 능력과 주권이 현재도 사람에게 있고, 그것이 주로 명사성의 단어가 많다는 점도 아담이 행한 최초 명명 행위와 동일한 맥락에서 파악할 수 있는

---

9) 이를 고유명사로 오인하기 쉽지만 '아담이 각 생물을 일컫는 바가 곧 그 이름이라'고 하였으므로, '개, 고양이, 개미' 따위의 속명을 말하는 것이지 '복실이' 등의 고유명사를 말하는 것이 아니다. 다만, 일반적인 명명의 과정을 보여주는 것이다.

것이다.

6) 발달심리학적 접근

　발달심리학은 인간 인지 능력과 언어 능력을 탐구하는 현대적인 연구에 포함된다. 언어 습득 연구와 마찬가지로 유아시기에 세계를 인식하는 능력이 발달해 가는지를 연구하기 때문이다. 원숭이가 인류가 된다는 극단적인 진화론적 입장을 배제한다면, '개체 발생이 계통 발생을 반복한다'는 명제를 통해 볼 때 신생아의 인지와 언어 능력에 대한 연구는 언어 기원에 관한 탐구에 좋은 참고가 될 수 있을 것이다.

　신생아의 인식력 발달에 있어서 가장 우선적인 범주는 사물이 아니라 인간의 '감정과 감정판단'에 있다. 발달심리학적 연구에 의하면, 어린 아기들은 보아주는 사람들의 얼굴 표정과 음성 및 신체 동작의 변화를 통하여 돌보아주는 사람들의 정서적 태도를 살핀다. 한 연구에 의하면 신생아들은 번쩍이는 물체보다 사람의 얼굴을 더 추적하며, 얼굴과 음성이 동반될 때에는 더 많이 추적하게 된다고 한다. 또한 얼굴 표정에 나타난 정서와 감정을 해득하는 능력은 상당히 일찍 발달하는 것으로 보인다(황응연·이기돈(1992:90~91 재인용)).

　또한 정서 발달이 신생아의 초기부터 진행된다는 점을 브리지(Bridges)의 정서분화과정 도식을 통해 알 수 있다. 아래 표는 유아기 때의 발달 단계를 운동기능과 정서기능을 통합적으로 고려하여 표를 만든 것이다.

시기	운동기능발달	정서발달	
출생	안구기능 발휘시작(생후 4주)	흥분	
3개월	머리를 가누는 시기(생후 16주)	불쾌(출생후 시작)	쾌(출생 2개월후)
6개월	동체 확대, 앉고 기는 시기(40주)	분노→혐오→공포	
12개월	혼자서 설 수 있는 시기		득의→애정
18개월	걷고 몇 마디 말을 하는 시기	질투	대성인, 대아동
24개월	용변이 가능해지는 시기		기쁨

위의 도표를 살펴보면 출생할 때 상정되는 '흥분' 정서가 6개월만에 '분노, 혐오, 공포'와 같은 추상적인 정서 분화까지 가져오게 되는 것을 알 수 있다. 유아기 때의 언어 이해와 정서 해득 능력을 동물적인 본능과 같은 것이라고 치부하기는 어려울 것이다.

언어 기원 논의가 그 추상성을 벗기 위해서는 이와 같이 발달심리학적 연구와 같은 구체적인 실험 결과와 만나야 한다.

4. 결론

이상의 논의에서 우리는 언어 기원 논의가 안고 있는 몇 가지 질문을 얻을 수 있다.

1) 상징이 기호가 되는 과정
2) 단어가 문장이 되는 과정
3) 사물 표상이 형식 표상이 되는 과정
4) 감각 소여에 관한 지식이 관념적 지식이 되는 과정
5) 몸짓 언어가 구두 언어가 되는 과정
6) 원숭이가 인간이 되는 과정

여기에 별도로 검토하지 않았지만 개인어가 사회어가 되는 과정이라든지, 파롤적 발화가 랑그적 체계로 편입되는 과정 등이 추가적으로 포함될 수 있다.

최초의미에서 다의로 발생되는 과정을 분석할 때에 가장 적절히 설명될 수 있는 주제는 1)이다. 왜냐하면 언어 사용 주체가 표현의 욕구를 일으켰을 때 기존 표현이 나타내는 개념과 그 개념의 실질적인 대상에 대한 이미지들이 유연적으로 고려됨으로써 새로운 의미가 창출되기 때문이다.

새로운 표현 욕구를 유의어를 탄생시키지 않고 기존의 어휘 표현을 통해서 발생시키고 하는 과정에는 상징적 유연성이 필수적으로 고려된다. 한편,

이러한 상징적 유연성을 포착한다고 하더라도 모든 유연성이 언어적으로 공인되는 의미로 확정되지 않는다는 의미에서 어떻게 기호적인 안정성을 획득하게 되는가 하는 문제가 뒤따라 나오는 것이다.

언어 기원에 관한 논의가 중단되었던 이유 중의 하나는 그것이 구체적으로 검증되기 어려운 논리에 속한다는 점이었다. 오늘날 새롭게 제기되는 언어 기원에 관한 논의도 19세기적 연구에 방향을 맞춘다면 동일한 결과만을 낳을 것이다. 위의 3)~6)의 질문은 이러한 퇴행을 가져올 만한 것이다.

언어 기원에 관한 논의가 시나리오적 수준을 벗어나기 위해서는 추론을 행하되 학제간의 상호 검토를 지향하고, 구체적인 언어 단위를 대상으로 접근하는 방안이 필요하다. 이런 의미에서 다의 현상은 적실한 탐구의 대상이 될 수 있다.

다의 현상을 최초의미에서 의미가 발생하였다고 파악하는 관점은 첫째, 구체적인 언어 단위와 언어 자료를 갖추고 있다는 점(다의 의미는 사전에서 기록되어 있다), 둘째, 전통적으로 파생, 확장의 개념을 사용한 것에서 알 수 있듯이 동일한 뿌리에서 출발하여 변화·확장된 대상이라는 점, 셋째, 인류의 정신적 발달과 언어의 진화적 시원을 밝히는 것이 아니라, 그 모든 정신 능력이 갖추어진 상태와, 대부분의 의미 영역이 마련되어 있는 상태에서 출발한다[10]는 점을 볼 때, 언어 기원 논의에도 상당한 발전적 전망이 될 수 있을 것이다.

주체의 구성요소와 능력을 인정하고 모든 영역이 갖추어진 상태에서 시작하는 논리적 근거를 제시해 보자. 우리가 역사성과 논리성을 통합하여 언어성립의 메카니즘을 고찰한다고 할 때, 우리는 언어를 잘 사용한다는 사실과 언어의 내적 메카니즘에 관하여 잘 모른다는 사실이 공존한다는 사실로부터㉠, 그리고, 주체와 언어와 인식이 어느 한 쪽에서 다른 쪽을 환원적으로 설명할 수 없는 관계에 있기 때문에 인식이 언어를 발전시켰다든가

---

10) 다의어로 실현된 어휘소들의 수는 한국어의 경우 약 4만여 개에 이른다. 각각의 다의어들은 이미 자신으로 대표되는 의미영역을 나타내고 있는 것이다. 그렇기 때문에 존재하지 않던 의미 영역에서 새로운 의미 영역을 탄생시키기 위해 인류의 정신능력과 언어 능력을 동시에 진화적으로 설명해야 하는 부담을 피하면서도 정신 능력과 언어 능력을 구체적으로 추리할 수 있는 가장 적당한 대상이라고 하겠다.

언어가 인식을 발전시켰다는 것을 밝힐 수는 없기 때문이다ⓛ.

한편, 필자가 ‘최초의미’ 개념으로서 함께 구상하는 원시 언어는 실제로 존재했을 원시 언어의 전모를 체계화하고 구체화하는 작업과는 거리가 멀다. 그러한 작업은 이미 언어 기원론의 파산을 통해서도 알 수 있듯이 이미 접근할 수 없는 부분으로 공인되었을 뿐만 아니라, 현재로서는 그런 목적을 추구해야할 동기조차 소멸하였다. 오히려 우리는 19세기 소장문법학자들이 음 변화를 설명하면서 ‘원래의 형태가 무엇이며 어떻게 쇠퇴했는가?’를 묻는 물음에서 ‘재구성할 수 있는 가장 오래된 형태가 무엇이며 그것은 어떻게 변화했는가?’[11]라는 물음으로 질문의 중심축을 변화시켰던 것처럼 의미창조의 과정을 정합적으로 확인할 수 있게 하는 가설적 체계로서의 원시 언어에 관심이 있는 것이다.

---

11) 암스테르담스카, 「언어학파의 형성과 발달」, p.157 참조

참고문헌

권오석 역(1989), 「철학이란 무엇인가」(럿셀), 홍신문화사.

김성도(1999), 「로고스에서 뮈토스까지-소쉬르 사상의 새로운 지평-」, 한길사.

김현권·장재성·최용호 공역(2002), 「비판과 수용-언어학사적 관점」(페르디낭 드 소쉬르 연구 1권), 도서출판 역락.

대한성서공회(1993), 「한·영 성경전서(개역한글판)」(the New King James Version).

박여성 역(1995), 「구성주의」(지크프리트 J. 슈미트 편저), 도서출판 까치.

안정오(2001), 「기호학의 전통과 경향」, 인간사랑.

이기우 역(1995), 「상징의 이론」(또도로프 저작집), 한국문화사.

이정식(1998), "표상과 의미", 「한국어의미학」(한국어 의미학회) 2.

이정식(2002), "국어 다의 발생의 양상과 원인", 고려대 박사학위논문.

정영인 외(1997), 「언어 변이와 변화」, 태학사.

최용호 역(1992), 「언어학과 정신분석학」(미셀 아리베), 인간사랑.

황응연·이기돈 저(1992), 「신강 발달심리학」, 배영사.

Armstrong. D.F. & Stokoe, W.C. & Wilcox. S.E.(1995), *Gesture and the Nature of Language*, Cambridge Univ. Press. 김영순·백혜정·이준석(2001), 「몸짓과 언어 본성」, 한국문화사.

Coseriu, E.(1975), *Die Geschichlte der Sprachphilosophie von der Antike bis zur Gegenwart.* 신익성 역(1997), 「서양언어철학사 개관-고대부터 현대까지」, 한국문화사.

Hartmann, N.(1968), *Neue Wege der Ontologie*, Kohlhammer : Stuttgart. 손동현 역(1997), 「존재론의 새로운 길」, 서광사.

Harris. R.(1988), *Language, Saussure and Wittgenstien-How to play games with words*, Routledge. 고석주 역(1999), 「소쉬르와 비트겐쉬타인의 언어」, 보고사.

Ogden, C.K. & Richards, I.A.(1923), *The Meaning of Meaning*, A Harvest//HBJ Book. 이봉주 역(1986), 「의미의 의미」, 한신문화사.

Piguet, J.C.(1960), *L'oeuvre de philosophie*, Edition de la Baconniere. 강대석 역(1993), 「논리적 언어 철학적 대화」, 신원문화사.

Saussure, F.D.(1972), *Cours de Linguistique Générale*, Edited by Charles Bally & Albert Sechehaye. 최승언 역(1990) 「일반언어학강의」, 민음사.

Ullmann, S.(1962), *Semantics : An Introduction to the science of Meaning.* Oxford 남성우 역(1988), 「의미론-의미과학입문」, 탑출판사.

'가장(最)'의 의미에 관한 통시적 고찰

신 은 경*

목 차

1. 서언

현대국어 '가장'은 "일정한 영역 내에서의 최상(最上) 또는 최대(最大)"를 뜻하고 대개 형용사와 부사를 수식하는 기능을 하여 흔히 정도 부사로 분류하는데, 사전[1]에서는 '가장'을 "여럿 가운데 어느 것보다 정도가 높거나 세게"라고 기술하고 있다. 이러한 풀이는 현대국어 '가장'의 의미에 비교 대상이 전제되어 있고 절대적인 비교가 아닌 상대적인 비교라는 것을 암시하는 것이라 할 수 있다.

현대국어 '가장'에 상응하는 중세국어[2]의 어형은 'ㄱ장'인데 형태가 유

---

* 단국대학교 강사

1) 국립국어연구원 엮음(2000), 『표준국어대사전』(서울: 두산동아).

사함에도 불구하고 그 의미 영역에 있어서는 상당한 차이가 있었음이 문헌 자료를 통해 확인된다. 이러한 의미의 변화는 단순히 개별어휘만의 변화가 아니라 '극한개념(極限槪念)'3)을 표현하는 어휘 체계의 변화로 볼 수 있으며 따라서 이에 속하는 어휘들의 의미를 철저하게 규명하여 이들 의미 관계를 분명하게 설명할 수 있어야 한다.

지금까지 개별어휘에 대한 연구는 해당 어휘가 지니는 문법적 특성을 고려한 공시적인 연구이거나 유사 관계를 가지는 어휘들 또는 대립성을 띠고 있는 어휘들간의 비교 연구가 상당한 부분을 차지하였다. 그러나 개별어휘의 의미를 철저하게 규명하기 위해서는 개별어휘의 의미가 역사적으로 어떻게 변화되어 왔는지를 문헌자료를 통하여 꼼꼼하게 분석해야 한다. 이러한 의미 분석이 이루어진 다음에야 관련 어휘들과의 비교 연구가 이루어질 수 있으며 총체적인 개별어휘의 의미가 파악될 수 있는 것이다.

중세국어 'ᄀ장'에 대한 연구는 강성일(1965), 홍사만(1976, 1985), 남성우(1986), 이광호(1991), 박선우(1998) 등의 연구가 있는데 강성일(1965)를 제외하고는 중세국어 시기로 한정한 후 유의 관계에 있는 '뭇'과 비교하며 논의를 전개하고 있는 점이 특징적이다. 현대국어 '가장'에 대한 단독적인 연구는 아직 이루어진 바가 없고 대개 부사에 관해 논의하는 과정 중 해당하는 용례로 제시한 후 간략하게 설명하는 방식을 취하는데, 최근의 논의 중 손춘섭(2001)은 현대국어 '가장'을 정도부사가 아닌 다른 부사로 명명해야 한다고 기존의 논의와는 다른 방식으로 설명하고 있어 주목된다.

홍사만(1985)에서는 '뭇'과 'ᄀ장'을 문헌자료를 중심으로 분석하며 비교하고 있는데, '뭇'은 상태동사를 한정하고 비교대상이 있을 때 사용되며 'ᄀ장'은 상태동사와 동작동사 둘다 한정하고 비교의 대상이 없을 때 쓰인다고 하였다. 남성우(1986)에서는 15세기의 유의어들을 검토하는 과정에서

---

2) 국어사의 시대 구분에 대하여 다양한 논의가 전개되고 있지만 본고의 주된 목적이 아니므로 중세국어(15~16세기), 근대국어(17~19세기), 현대국어(20세기 이후)로 구분하여 논의를 전개하고자 한다.

3) 극한개념(極限槪念)은 어떠한 한계의 끝을 지칭하는 어휘들, 다시 말해 '뭇, ᄀ장, 안직, 민' 등을 통틀어 설명하기 위하여 새롭게 설정한 용어이다. 용어의 타당성 검증과 여기에 속하는 어휘들의 의미 변천 과정에 관한 논의는 후고에서 이루어질 것이다.

'뭇'과 'ᄀ장'을 유의 관계로 규정한 후 이들과 다른 품사와의 공기 관계에 대하여 논의하고 있다.

이광호(1991)에서는 '뭇'과 'ᄀ장'이 유의성(類意性)을 지니면서 동시대에 공존할 수 있었던 근거를 문헌자료를 바탕으로 하여 추적해 나가고 있으며, '뭇'은 비교의 대상이 객관적이고 구체적으로 드러나는 반면 'ᄀ장'은 비교의 대상이 심리적으로 주어지고 주관적 표현에서 사용된다고 설명한 후 후대로 오면서 '뭇'의 주된 의미는 'ᄀ장'에 흡수되어 그 역할이 축소되어져 접사로서의 기능만을 가지게 된 것으로 보고 있다.

박선우(1998)은 중세국어 부사 '안직, 아직, 뭇, ᄀ장'을 대상으로 이들의 의미를 규정하고 있는데, 중세국어 부사 'ᄀ장'은 현대국어의 그것과 달리 폭넓은 용언들과 공기하면서 다양한 의미를 가지고 있으며 현대국어에서와 같은 '가장'[最]의 용법은 15세기 말엽부터 나타나기 시작했다고 기술하고 있다.

본고는 국어 어휘 '가장'에 대한 연구가 중세국어 시기로 국한되어 있거나 '뭇'과의 유의 관계 규명에 초점이 맞추어 있는 등 그 연구 범위가 매우 제한적이었다는 점을 반성하고, 중세국어 'ᄀ장'의 의미가 후대로 오면서 어떠한 변천 과정을 겪어왔는가에 대해 문헌자료를 통해 면밀히 살펴보고자 한다. 이러한 연구가 이루어진다면 'ᄀ장'을 포함하는 일련의 극한개념(極限槪念) 어휘들이 이러한 어휘 체계 내에서 어떻게 변화하게 되었는지를 조망할 수 있을 것이다.

본고에서 인용한 문헌자료는 다음과 같다.

문헌	연도	약호	문헌	연도	약호
釋譜詳節	1447	석상	小學諺解	1586	소언
月印千江之曲	1448	월곡	救急簡易方 諺解	15??	구간
月印釋譜	1459	월석	東國新續三綱行實圖 忠臣圖	1617	동삼충
楞嚴經諺解	1461	능엄	千字文 七長寺板	1661	천자칠
妙法蓮華經諺解	1463	법화	痘瘡經驗方	1663	두창
圓覺經諺解	1465	원각	老乞大諺解	1670	노언
救急方諺解	1466	구방	捷解新語 初刊本	1676	첩해초
蒙山和尙法語略錄諺解	1467	몽산	朴通事諺解	1677	박언

문헌	연도	약호	문헌	연도	약호
三綱行實圖	1471	삼강	譯語類解	1690	역어
杜詩諺解(初刊本)	1481	두초	痘창經驗方 일사문고본	1711	두창 일사
南明集諺解	1482	남명	千字文 松廣寺板	1730	천자송
金剛經三家解 諺解	1482	금강	女四書諺解	1736	여사서
觀音經諺解	1485	관음	改修捷解新語	1748	개첩해
六祖法寶壇經諺解	1496	육조	闡義昭鑑諺解	1756	천의
續三綱行實圖	1514	속삼	明義錄諺解	1777	명의
飜譯老乞大	1517	번노	太上感應篇圖說諺解	1852	태상
飜譯朴通事	1517	번박	韓佛字典	1880	한불
蒙山法語諺解	1517	몽산법 고	유옥역전	1885	유옥
고운사판	1518	번소	예수셩교젼서	1887	예수셩
飜譯小學	1527	훈몽	텬로력뎡	1894	천로
訓蒙字會	1575	광주천	국한회어	1895	국한
光州千字文					

2. 'ᄀᆞ장'의 의미 변천

현대국어의 '가장'은 품사적으로 부사로 쓰여 정도성을 띠는 어휘들을
수식하는데, 이에 상응하는 중세국어의 'ᄀᆞ장'은 명사, 부사, 조사 등 다양
한 품사로 사용되고 있어 주목된다. 'ᄀᆞ장'은 15세기에 이미 자립명사가 아
닌 의존명사로 사용되었으며 형식형태인 조사로 문법화가 이루어지기 시작
한 점을 고려한다면 이보다 이전 시기부터 'ᄀᆞ장'의 의미 변화가 일어났음
을 짐작할 수 있다. 'ᄀᆞ장'은 본래 "끝"이라는 기본 의미를 지니고 있었는
데 차츰 그 외연이 넓어지면서 의미 영역이 확장되었고 다양한 품사로 사
용할 수 있게 된 것으로 보인다.4)

---

4) 이숭녕(1961:158), 유창돈(1964:203, 246), 강성일(1975:197~207) 등에 따르면 'ᄀᆞ장'은 'ᄀᆞᆮ(ᄀᆞ,
ᄀᆞ, ᄀᆞᆽ)'[邊, 極]에 '-앙'이 결합하여 형성된 것으로 이에 따라 극성적(極性的) 의미를 지니
게 된 것이라 한다. 특히 강성일(1975:229)에서는 'ᄀᆞ장'의 기본 의미는 "범위의 한계 표시"이

중세국어 'ᄀᆞ장'의 의미는 문헌자료를 통해 살펴볼 때 「극진(極盡)」, 「도달(到達)」, 「최승(最勝)」[5]과 같이 크게 세 가지로 나누어볼 수 있으며, 이러한 의미를 바탕으로 하여 문맥 내에서 다양한 의미가 도출되고 있는 것이다.

1) 「극진(極盡)」 의미

「극진(極盡)」은 "어떠한 한계의 끝이나 그 한계의 끝까지 다하다"의 뜻으로 'ᄀᆞ장'의 일차적인 의미라 할 수 있으며 이 의미를 근간으로 하여 「도달(到達)」과 「최승(最勝)」의 의미가 파생되어 나왔다고 할 수 있다.

(1)은 중세국어 'ᄀᆞ장'이 의존명사로 사용된 예들로 대체로 "끝"이라는 의미로 쓰이며 선행 체언이 관형형을 이루고 뒤에 조사와 결합하는 의존 구성을 취하고 있다.

> (1) ㄱ. 如意珠寶ᄂᆞᆫ 둘 업슨 바민 虛空애 둘면 그 나랏 ᄀᆞ자ᄋᆞᆫ 낫 ᄀᆞ티 붉ᄂᆞ니라
> <월석 1:26>
> ㄴ. 이 여슷 하ᄂᆞᆳ ᄀᆞ자이 慾心을 몯 여흰 ᄒᆞᆫ 궐비니 <월석 1:32>
> ㄷ. 無煩天브터 잇 ᄀᆞ자ᄋᆞᆯ 不還天이라 ᄒᆞᄂᆞ니 <월석 1:34>
> ㄹ. 눈 ᄀᆞ자이 가시라(極目荊榛) <금강 5:31>

(1)에 쓰인 'ᄀᆞ장'의 의미를 살펴보면 "어떤 것의 끝"을 뜻한다. 특히 (1ㄷ)은 현대국어에서 흔히 발견되는 '-브터 ~ -ᄀᆞ장' 구문을 취하고 있어 중세국어에 이미 조사로 기능하기 위한 과도기적인 모습을 보여준다고 할 수 있다. (1)의 'ᄀᆞ장'이 구체적인 체언 뒤에서 쓰인 것에 반해 (2)의 'ᄀᆞ장'은 추상적인 체언 뒤에서 사용되어 "끝에 도달하다, 끝에 이르다"를 뜻하게 되는데 이는 「극진(極盡)」에서 도출될 수 있는 '완수(完遂)' 또는 '완전성(完全性)'의 의미가 반영된 것으로 보인다.

있는데 점차로 "정도의 극한 표시"로 그 의미가 변하게 되었다고 기술하고 있다.
5) 「극진(極盡)」, 「도달(到達)」, 「최승(最勝)」은 필자가 'ᄀᆞ장'의 의미를 분석하기 위해 설정한 것인데 이들의 적합성에 대해서는 좀 더 검증이 필요하다.

(2) 苦惱滅ㅅ ㄱ장은 滅道諦라 <월석 2:22>

다음의 (3)의 예들은 의존명사로 사용되고 있지만 (1), (2)의 예들과 다른 의미적 특성을 가지고 있다.

(3) ㄱ. 님금 셤기ᅀᆞᄫᅩ몰 힚 ㄱ장 홀씨 忠이라 <월석 2:63>
    ㄴ. 五欲올 ᄆᆞᅀᆞᆷ ㄱ장 편 後에ᅀᅡ 出家ᄒᆞ져 <월석 7:2>

(3ㄱ, ㄴ)의 '힚 ㄱ장'과 'ᄆᆞᅀᆞᆷ ㄱ장'은 중세국어 당시에도 사용빈도가 높아 후대로 오면서 하나의 어휘로 굳어지는 양상이 관찰된다. 허웅(1975:284)에서는 의존 구성을 취한다는 점에서 의존명사로 다루고 있지만 'ㄱ장'이 조사와 결합하지 않는다는 점과 "끝"의 의미가 추상개념과 결합하여 "그것이 닿는 데까지" 또는 "그것을 소모할 때까지"라는 의미는 갖는다는 점을 고려하면 (1), (2)의 의존명사 'ㄱ장'의 의미와 차이가 있음을 알 수 있다. 이때의 'ㄱ장'은 두 개의 부류로 나누어져 발달하게 되는데 하나는 조사 '-까지'의 형태로, 다른 하나는 접미사 '-껏'의 형태이며 의미적으로는 "그것이 닿는 데까지"라는 극단적인 표현으로 사용된다.

이같이 의존명사 'ㄱ장'이 선행하는 체언과 긴밀한 구조를 이루며 생산적으로 쓰이거나 체언에 직접 붙게 되면 의미적 기능이나 문법적 성격이 조사와 비슷하게 되어 그 구분을 명확하게 하기 어려울 때가 종종 있다.6)

(4)의 'ㄱ장'은 일부 논의에서는 조사로 취급하기도 하지만 앞선 형태로 관형형을 취하는 의존 구성을 이루고 있다는 점에서 의존명사로 보는 것이 타당하다고 여겨지는데 여기에 대응하는 한자로는 '盡', '大', '止' 등이 있다.

---

6) 현행 맞춤법에서는 의존명사와 조사의 양용 형태를 인정하여 앞선 형태가 용언의 관형형일 때에는 의존명사로, 체언일 경우에는 조사로 구분한다. 그러나 'ㄱ장'의 경우 후대로 오면 '-ᄭᆞ장 > -ᄭᆞ지 > -까지' 형태로 문법화가 일어나고 체언에 직접 결합하여 쓰이므로 15세기 당시에는 아직 조사로서의 기능을 완전하게 수행한다고 보기는 어려울 것 같다.

(4) ㄱ. ᄆᆞᅀᆞᆷ 다봇몰 닐웛 ᄀᆞ장 긔지ᄒᆞ야(期致盡心) <월석 서:20>

　　ㄴ. 열히 ᄃᆞ욇 ᄀᆞ장 조료몰 減이라 ᄒᆞ고 <월석 1:47>[7]

　　ㄷ. 시혹 기브로 브토더 됴홀 ᄀᆞ장 ᄒᆞ라(或以絹帛傳之 以差爲度)

　　　　<구방 상:59>

　　ㄹ. 처섬 이에셔 사던 저그로 오ᄂᆞᆳ낤 ᄀᆞ장 혜면 아호 호 劫이로소니

　　　　<석상 6:37>

　　ㅁ. 알ᄑᆡᆺ 經이 잇 ᄀᆞ장 ᄒᆞ시고(前經止此) <능엄 4:75>

(4ㄱ)~(4ㄷ)의 경우 관형사형이 선행하는 점에 따라 의존명사로 볼 수 있는데 "일정한 범위의 끝이 닿는 데까지"라는 문맥상의 의미를 고려한다면 앞의 (1), (2)의 예들과는 차이가 있음을 알 수 있다. (4ㄹ)과 (4ㅁ)은 각각 시간명사와 장소명사에 관형형 '-ㅅ'이 붙고 'ᄀᆞ장'이 연결된 것으로 선행명사와의 관계가 긴밀해지면서 현대국어에서는 '체언+조사'의 결합으로 이어지는 형태들이다.

이상에서 살펴본 의존명사 'ᄀᆞ장'의 의미는 "끝" 또는 "일정한 범위의 끝이 닿는 데까지"로 정리할 수 있고 이러한 의미는 문맥에 따라 구체화된 "끝"과 추상화된 개념으로서의 "끝"으로 구별할 수 있다. 이같이 문맥에 따라 보다 세분화되어 쓰이는 'ᄀᆞ장'의 의미는 "어떠한 한계의 끝이나 그 한계의 끝까지 다하다"로 요약할 수 있으며 이는 「극진(極盡)」이라는 의미로 압축하여 표현할 수 있는 것이다. 중세국어에서 의존명사로 쓰이던 'ᄀᆞ장'은 의존 구성을 형성하면서 부차적으로 결합되었던 관형형 '-ㅅ'이 어두 위치로 옮겨져 'ᄭᆞ장'이라는 어형이 형성되고 이것이 하나의 형태로 굳어지면서 차츰 체언 뒤에 직접 결합하게 되어 근대국어 시기로 오면 의존명사로의 기능을 잃고 조사로서의 기능을 수행하게 된다.

한편 중세국어 'ᄀᆞ장'의 「극진(極盡)」이라는 의미는 의존명사로서의 기능

---

7) 여기에 쓰인 'ᄀᆞ장'에 대해서 고영근(1997:82)에서는 관형사형 아래에 쓰인 점에 주목하여 부사성 의존명사로 다루고 있다. 의존명사와 조사를 명확히 구분하는 것은 쉽지 않지만 의존 구성을 취하는 점에서 의존명사의 성격이 어느 정도 남아 있는 것으로 보아야 할 것이다. 그러나 문맥 의미가 상당히 달라져서 사용되고 있다는 점에 주의해야 하며 이러한 의미 변화는 조사 '-ᄭᆞ지'로 품사 전환을 유도하는 계기가 된다.

뿐만 아니라 부사로도 매우 생산적으로 사용되었는데 그 의미가 현대국어와 상당히 달랐음을 확인할 수 있다.

(5) ㄱ. ㄱ른치샨 힝뎌기 便安ᄒ며 ᄀ장 됴ᄒ이다 <석상 21:47>
    ㄴ. 龍이 부텨 보ᅀᆞᆸ고 ᄀ장 깃그며 金剛神 보고 ᄀ장 두리여 <월석 7:36>
    ㄷ. ᄀ장 어려우며 ᄀ장 어렵도다(大難 大難이로다) <육조 상:14>
    ㄹ. 무ᅀᅳ매 ᄀ장 셜워 이 念을 호디 <법화 5:158> 이현희(1994:284)
    ㅁ. ᄒ물며 ᄀ숤 後에 ᄀ장 ᄑ리 하도다(況乃秋後轉多蠅) <두초 10:28>

(5)의 예들은 현대국어의 "아주, 매우"의 의미에 해당하는 것들로 이러한 'ᄀ장'에 대해 이현희(1994:193~194)에서는 평가자에 의해 좋음의 정도가 한층 더 강하게 표현된 것이라고 기술하고 있으며, 홍사만(1976)에서도 유사하게 설명하면서 '강의사(强意辭, intensifier)'로 명명한 후 논의를 전개하고 있다. (5)에서 쓰인 'ᄀ장'의 의미는 앞서 살펴본 의존명사로서의 'ᄀ장'의 의미과 연관지어 생각해 본다면 「극진(極盡)」의 의미로 사용된 것이라 할 수 있으며 이러한 의미가 부사로 사용되면서 현대국어의 '아주, 매우' 등에 대응되는 것이라 할 수 있다.

(6) ㄱ. 極樂온 ᄀ장 즐거볼씨라 <월석 7:63>
    ㄴ. 旋嵐風온 ᄀ장 미본 ᄇᆞᄅ미라 <석상 6:30>
    ㄷ. 가지 노푸니 듣디 ᄀ장 새롭도다(枝高聽轉新) <두초 17:18>
    ㄹ. ᄀ장 져거야(至少) <노언 하:49>
    ㅁ. 이 삼이 ᄀ장 됴ᄒ니(這蔘絶高) <번노 하:52>

(6)은 중세국어에 'ᄀ장'이 현대국어 '매우, 무척'으로 대치하여 쓰일 수 있는 예들로 후행하는 용언에 [정도성]을 부가시켜 강조하는 기능을 하며, 문맥적으로 비교 대상이 존재하지 않는 특징이 있다. 이에 반해 다음의 예들을 현대국어의 그것과는 다른 양상을 보여준다.

(7) ㄱ. 本末은 밑과 귿괘니 처섬과 乃終괘 本末이오 ㄱ장 다올씨 究竟이라
　　　　　<석상 13:41>
　　ㄴ. 戒嚴ᄒᆞᄂᆞᆫ 城을 ㄱ장 닫디 아니ᄒᆞ야셔(嚴城殊未淹) <두초 14:27>
　　ㄷ. ㄱ장 졈글어든 잣 안해 드러가져(儘晚至了京城) <번노 59>
　　ㄹ. 臨濟 나지 도ᄌᆞᆨ 자봄 ㄱ장 곧도다 <남명 하:16>

　(7)의 'ㄱ장'은 '다ᄋᆞ다, 닫다, 졈글다, 곧다' 등의 용언과 공기할 수 있지만 현대국어의 '가장'은 이들 용언과 공기할 수 없어 그 의미가 사뭇 달랐음을 알 수 있다. 그런데 여기에서 사용한 용언들은 모두 상호동사에 해당하는 것이며 문맥상으로 비교대상이 구체적으로 드러나지 않는다고 하더라도 그것을 짐작할 수 있는 것들이다. 이에 대해 이석규(1987:45)에서는 [완전성]을 나타내는 것으로 현대국어의 '아주'에 해당하는 의미를 갖는다고 하였다. 중세국어 'ㄱ장'의 「극진(極盡)」이라는 의미는 이러한 예들을 설명하는 데 매우 유용한데 여기서 말하는 [완전성]이라는 것도 「극진(極盡)」이라는 의미에서 도출할 수 있기 때문이다.[8]

　(8)[9] ㄱ. 부톄 一切 大衆을 ㄱ장 모도아 니른샨 經이라 <석상 6:46>
　　　ㄴ. 너희 大衆이 ㄱ장 보아 後에 뉘읏봄 업게 ᄒᆞ라 <석상 23:11>
　　　ㄷ. 부텻 世界 다 ㄱ장 드리치며 갓갓 소리를 내야 <석상 23:18>
　　　ㄹ. ᄯᅡ히 ㄱ장 뮈면 열여듧가짓 이리 잇ᄂᆞ니 <월석 2:13>
　　　ㅁ. 하ᄂᆞᆯ ᄯᅡ히 ㄱ장 震動ᄒᆞ니 <월석 2:35>
　　　ㅂ. 프롬도 셜ᄫᆞ시며 뎌 말도 슬프실씨 兩分이 ㄱ장 우르시니 <월석 8:81>
　　　　　이현희(1994:272)

　(8)의 예들은 'ㄱ장'이 후행 용언으로 동작동사를 취하고 있는 것들인데 (7)의 예들과 마찬가지로 현대국어에서는 '가장'이 동작동사와 공기할 수 없어 특기할 만하다. (8)과 같이 중세국어에서 'ㄱ장'이 동작동사와 공기하는 예들이 다수 발견된다는 사실은 'ㄱ장'의 의미에 [정도성]이 내재되어

---

8) 이러한 '완전성'은 앞서 'ㄱ장'의 의존명사로서의 용법에서도 확인한 바 있다.
9) 홍사만(1985:32)에서 제시된 예들의 일부를 취해 옮겨온 것들이다.

있음을 뒷받침해 주는 근거라고 할 수 있다. (8)의 예들을 현대국어에서의 용법에 맞게 표현한다면 'ㄱ장'과 동작동사 사이에 정도가 높음을 강조하는 부사를 첨가해야만 문맥의 의미가 이해될 수 있다.[10] 이는 중세국어 시기의 'ㄱ장'은 정도가 높음을 굳이 밝히지 않아도 문맥 내에서 그 의미가 파악되었음을 말하는 것이며 이는 「극진(極盡)」 의미에 내재되어 있는 [정도성]이 반영된 것이라 할 수 있다.

이에 대하여 홍사만(1985:39~40)에서는 현대국어에서 '가장'이 일반 동작동사 바로 앞에는 올 수 없으며 그 사이에 어떤 상태부사가 개재될 경우에만 동작동사를 한정할 수 있는데 중세국어에서 상태부사의 교량적 중재가 없어도 직접 한정이 가능하다는 것은 정도부사가 아닌 상태부사였음을 나타내는 하나의 근거가 될 수 있다고 지적하고 있다.

여기서 우리는 'ㄱ장'이 중세국어에는 동사를 수식하다가 현대국어에서는 형용사를 수식하고 때로는 동사를 수식하기도 한다는 홍사만(1976, 1985) 등의 논의를 달리 생각해 볼 필요가 있다. 단순히 통시적으로 문법적인 품사를 다르게 한정하는 것으로 파악하기보다는 'ㄱ장'의 의미의 변화에 따라 선택되는 용언이나 구문구조가 달라지게 된 것으로 볼 수 있다는 것이다. 다시 말해 중세국어 'ㄱ장'의 일차적인 의미인 「극진(極盡)」에는 [정도성]의 자질이 내재되어 있어 굳이 정도의 강도를 밝히지 않아도 후행하는 용언의 수식이 가능했지만 현대국어로 오면서 「극진(極盡)」 의미를 상실함에 따라 [정도성] 자질도 소멸하게 되며 이에 따라 동작동사를 한정함에 있어서는 정도의 강도를 나타내는 별도의 표현이 필요하게 된 것이다.

다음의 예들은 이러한 생각을 더욱 확실하게 증명해 주는 근거가 된다.

---

10) 홍사만(1985:33)에서는 다음과 같이 제시하고 있다.

　(8) ㄱ. ㄱ장 모도아 → 매우 많이 모두어

　　　ㄴ. ㄱ장 보아 → 퍽 잘 봐서

　　　ㄷ. ㄱ장 드리치며 → 몹시 심히 드리치며

　　　ㄹ. ㄱ장 뮈면 → 매우 크게 움직이면

　　　ㅁ. ㄱ장 震動ᄒ니 → 몹시 대단히 진동하니

(9) ㄱ. 目蓮의 神通力이 눈 알픠 뵈숩고 永世快樂올 ᄀ장 숧바도
　　　 <월곡 13:9>

　　 ㄴ. 正性을 ᄀ장 비취여 믿과 근과롤 술펴실씨 <월석 8:16>

　　 ㄷ. 菩薩이 바다다가 ᄭ르시니 ᄯ히 ᄀ장 드리치더라 <석상 3:43>

　　 ㄹ. 一切世間앳 ᄆᅀᆞ몰 ᄀ장 ᄇ리고(捨盡一切世間心) <몽산 23>

　　 ㅁ. 보비와 ᄯᅩ 집과 一切 쳔량 ᄀ장 얻고 ᄀ장 깃거(大獲珍寶幷及舍宅一
　　　　切財物 甚大歡喜) <법화 2:245>

(10) ㄱ. 拘鞞陁羅ᄂᆞᆫ ᄀ장 노니ᄂ다 ᄒᆞᄂᆞᆫ 마리니 地樹香이라 <석상 19:18>

　　 ㄴ. 믈이 흐디위 ᄀ장 쉬믈 기들워 날회여 머기라 <노언 상:24>

　　 ㄷ. 네 가마의 불디더 ᄀ장 글커든 콩 너허두고(你燒的鍋裏時下上豆子但
　　　　滾的一霎兒) <번노 상:19~30>

　(9)와 (10)의 예들은 [정도성]의 최대를 의미하는 것으로 (9)의 'ᄀ장'은 현
대국어의 '다, 모두'에, (10)의 그것은 현대국어의 '한껏, 충분히'에 대응하
는 것이다. [정도성]이 최대를 뜻한다는 것은 앞에서 살펴본 [완전성]과도
관련이 있다고 할 수 있다.
　한편 이러한 「극진(極盡)」의 의미는 문맥 내에서 [정도성]의 지나침을 나
타낼 때 사용되기도 한다.

(11) ㄱ. 훈근 고기를 사디 ᄀ장 술지니란 말오(你十分休小看休要十分肥的)
　　　　　<번노 상:21>

　　 ㄴ. 아라웃 고리 다 없다 ᄀ장 늙도다(上下衙都沒有十分老了) <번노 하:8>

　　 ㄷ. 네 ᄀ장 사ᄅ몰 小看티 말라(你十分休小看) <박언 하:36>

　(11)의 'ᄀ장'은 현대국어 '너무'에 해당하는 뜻을 지니는 것으로 "어떤
기준을 지나친 나머지 바람직하지 못함"을 드러내고 있는데,[11] 이러한 의
미도 「극진(極盡)」에서 도출할 수 있다.

---

11) 이석규(1987:86) 참조

2)「도달(到達)」의미

(12)과 (13)의 예들은 '꾸장'의 어형이 쓰인 것들인데 (12)은 관형 구성을 선행한다는 점에서 의존명사로 볼 수 있으며, (13)은 체언 '이, 三十, ᄀᆞ술'에 직접 결합한다는 점에서 조사로 쓰이는 것으로 파악할 수 있지만 다른 한편으로는 각각 '잇 ᄀᆞ장', '三十ㅅ ᄀᆞ장'으로 분석할 수 있어 표기상의 차이로도 볼 수 있는 여지가 있으므로 조사로 문법화되기 이전의 과도기적인 모습으로 파악하는 것이 좋을 것이다. 더군다나 이들 예들은 '꾸장'에 대응하는 한자를 찾을 수 없는 경우도 있어 점차 실사적인 의미를 잃고 허사화 또는 문법화가 이루어지고 있음을 보여주는 단적인 예라 할 수 있다.

(12) ㄱ. 쏘 馬牙硝를 ᄀᆞᄂᆞ리 ᄀᆞ라 半 돈을 소오매 ᄲᆞ려 머구머 노가춤 솜 꾜더
　　　 됴홀 _꾸장_ ᄒᆞ라 <구방 상:46>

　　 ㄴ. 굼벙의 부리 ᄆᆞᆯ _꾸장_ ᄲᅮ미 됴ᄒᆞ니라(虫口內乾爲効) <구간 6:80>

(13) ㄱ. 이_꾸자_ᄋᆞᆫ 序品이니 <석보 13:37>

　　 ㄴ. 數ㅣ 三十_꾸장_이오 <월석 17:16>

　　 ㄷ. ᄒᆞᆫ ᄀᆞ술_꾸장_ 사라 잇ᄂᆞ니(生一秋) <번박 상:1>

'꾸장'의 어형은 중세국어 시기에 이미 현대국어 접미사 '-껏'에 대응되는 의미로 보이는 예들이 등장하기 시작하는데 (14)에서 확인할 수 있다.

(14) ㄱ. 이제 져믄 저그란 안쪽 _모含꾸장_ 노다가 ᄌᆞ라면 <석보 6:11>

　　 ㄴ. _힘꾸장_ 子細히 보게 ᄒᆞ시니라(令窮力諦觀) <능엄 2:34>

　　 ㄷ. 너희들히 人道 中에 이셔 _情꾸장_ 뜨데 耶見을 자ᄇᆞ며 앗겨 貪着ᄒᆞ며
　　　　 <몽산 8>

　　 ㄹ. 샹 나라히 패망컨마ᄂᆞᆫ 비이슉졔 쥰 나랏 곡식을 먹디 아니ᄒᆞ니 신해 각각
　　　　 모含꾸장 ᄒᆞ 디위 쓰며 아니믈 의론ᄒᆞ링잇고 <삼강 충:24>

　　 ㅁ. 이 陁羅尼經 三卷을 써 _모含꾸장_ 供養케 ᄒᆞ시니 <관음 9>

'ᄀᆞ장'의 조사로서의 용법은 17세기 문헌에서 생산적으로 등장하는 '-꾸지'의 어형으로 굳어지면서 완전한 조사로서의 기능을 발휘하게 되며 의미

적으로도 세분화되어 쓰이게 된다.

(15) ㄱ. 츌두 죵일ᄭᆞ지는 다 방해롭디 아니ᄒᆞ니라 <두창 16>
　　　ㄴ. 路次의 ᄀᆞᆺ브매 이제야 문ᄭᆞ지 왔습니 <첩해초 1:1>
　　　ㄷ. 儘舡裝 비ᄭᆞ지 싯다 <역어 하:21>
　　　ㄹ. 乾透心 속ᄭᆞ지 몰으다 <역어 58>
　　　ㅁ. 새볘붓터 아ᄎᆞᆷᄭᆞ지 닐곱번을 누니 <두창 일사 43>

(15)의 예들은 "관련되는 범위의 끝임"을 나타내며 체언에 직접 조사 '-ᄭᆞ지'가 결합하는 구성을 취하며, 특히 (15ㅁ)은 '-붓터'와 함께 쓰여 시간적인 범위를 규정하고 있다.

(16) ㄱ. 일 잡음애 조심ᄒᆞ며 사름 덥을어 ᄆᆞ음ᄭᆞ지 홈올 비록 되게 가도 <소언 3:4>
　　　ㄴ. 쥰이 ᄆᆞ춤내 ᄣᅥ나디 아니ᄒᆞ고 힘ᄭᆞ지 막즈ᄅᆞ더니 <동삼츙 1:85>
　　　ㄷ. 이제ᄭᆞ지 니롤 시 後生이 맛당이 비홀찌니 <여사서 이:37>
　　　ㄹ. 이번은 膳數器皿ᄭᆞ지 조츌ᄒᆞ고 과즐과 먹글 거슬 다 먹엄즉이 쟝만ᄒᆞ엳ᄉᆞ오니 <개첩해 2:11>
　　　ㅁ. 말ᄭᆞ지 힘뼈 홈은 그 ᄯᅩᄒᆞᆫ 김치묵으로 더브러 결혼ᄒᆞᆫ 후로 혼야의 샹죵ᄒᆞ야 <명의 상:39>

(16)의 예들은 16세기말부터 등장하지만 18세기에 와서 본격적으로 사용되는 것으로 "어떤 것에 더함"의 의미를 가지는 '-ᄭᆞ지'로 현대국어에서의 용법과 비슷하게 사용되는 것이다.

(17) ㄱ. 흉도의 말이 이의 닐으러 아모 궁관이 입더ᄒᆞ야 이 슈작이 잇다ᄭᆞ지 ᄒᆞ니 엇지 위험ᄒᆞ기 심치 아니ᄒᆞ리오 <명의 상:17>
　　　ㄴ. 셩휘 강녕ᄒᆞ시니 스스로 평복ᄒᆞ시기의 니ᄅᆞ리라ᄭᆞ지 ᄒᆞ니 <명의 상:42>
　　　ㄷ. 샹휘 슈응이 적이 오래신 즉 담휘 응톄ᄒᆞ샤 셤어ᄭᆞ지 ᄒᆞ시는 줄을 보나 <명의 하:11>
　　　ㄹ. ᄯᅩ 대보와 겟즈ᄭᆞ지 대보는 젼 국보요 겟즈는 입계문셔의 치는 거시니 <명의 하:27>

(17)의 예들은 극단적인 의미를 갖는 조사 '-꾸지'가 쓰인 것들이며 18세기 후반 문헌인 <명의록언해>에서 다수 사용되고 있음을 확인할 수 있다.

이상의 논의를 정리하면 중세국어 시기에 「극진(極盡)」의 의미를 가지고 의존명사로 사용되던 'ᄀᆞ장'은 후대로 오면서 그 의미를 상실하게 되고 이에 따라 조사로 사용되게 되며 그 어형도 'ᄀᆞ장 > 꾸장 > 꾸지'로 바뀌게 되는데, 조사로 쓰인 일부 '-꾸장'의 경우는 현대국어 접사 '-껏'에 대응되는 의미로 중세국어 시기에 이미 사용되고 있음을 확인할 수 있었다. 이같은 'ᄀᆞ장'이 조사와 접사로 그 기능이 확대되어 사용될 수 있었던 것은 「극진(極盡)」이라는 의미가 「도달(到達)」의 의미로 파생되었기 때문에 가능한 것이었다. 한편 '-껏'의 이전 형태인 '-썻'의 어형은 (18)의 예들에서 볼 수 있듯이 18세기에 와서야 문헌에 등장하게 된다.

(18) ㄱ. 장찬ᄒᆞ기롤 <u>ᄆᆞ음썻</u> ᄒᆞ니 <천의 1:64>

　　 ㄴ. 젼일의 지은 허물을 <u>ᄆᆞ음썻</u> 드러니여 낫낫치 고치며<태상 2:52>

　　 ㄷ. <u>ᄆᆞ음썻</u> 쥬롤 셤기는 것도 귀히 녁이지 안코 <천로 상:84>

　　 ㄹ. 놉흔 산 위로 올너가 자긔 <u>마음썻</u> 통곡하고 나려와서 위험한 언사와 격렬한 리론을 긔탄업시 토한다 <생륙신젼 44>

　　 ㅂ. 울냐거든 네 <u>맘썻</u> 울고 그 울음을 말엇거든 다시 우서라 ᄒᆞ는 者엿다 <靑春>

(19) ㄱ. 힘썻ᄒᆞ다 盡力 <한불 99>

　　 ㄴ. 썻 卒 <한불 149>

　　 ㄷ. 긔썻 氣盡 <한불 160>

　　 ㄹ. 평원 광야 상에 <u>긔력썻</u> 노닐다가 <천로 하:160>

　　 ㅁ. 지팡이로 <u>힘썻</u> 무슈이 난타ᄒᆞ여 살이 헤여지고 뼈가 드러나 유혈이 임니ᄒᆞ니 <유옥역>

　　 ㅂ. 그는 화ㅅ김에 바를 뒤로 잡아 낙구며 <u>긔운썻</u> 매질한다 <豚>

(20) ㄱ. 희썻 盡日 窮日之力 <국한 346>

　　 ㄴ. 소리와 풍악도 <u>진조썻</u> ᄒᆞ고 슐도 양디로 먹ᄌ ᄒᆞ고 셔로 권ᄒᆞ야 진취ᄒᆞ니 밤이 이믜 오경이라 <삼션긔>

　　 ㄷ. <u>소리썻</u> 高聲이나 질러 보앗스면 <빈처>

　　 ㄹ. 그 별을 ᄭᅵ어 안을 듯이 두 팔을 벌녀 <u>한썻</u> 내밀엇다가 다시 ᄭᅳ어디리며 <靑春>

(18)~(20)의 예들은 "그것이 닿는 데까지"의 뜻을 더하고 부사를 만드는 접미사 '-쩟'이 사용된 것이다.

> (21) ㄱ. 우리 조샹 다빗이 죽어 쏘 장사ᄒ여 <u>지금쩟</u> 그 무덤이 디경에 이스니
>   <예수셩 사도행전2:29>
> ㄴ. <u>여태쩟</u> 수오 츠나 학싱들이 학교에 디ᄒ야 반항ᄒ 것도 다 로형의 슈단인
>   줄을 내가<이광수 무정>
> ㄷ. 영치는 가만히 안져서 <u>의 ᄭᅵ쩟</u> 졀ᄒ야 오던 여러 남즈를 싱각ᄒ여본다
>   <이광수 무정>

(21)은 시간을 나타내는 부사 뒤에 붙어 "그때까지 내내"의 의미를 갖는 것이다.

이같이 조사와 접사로 쓰이는 '-ᄭᅡ장'의 의미는 「도달(到達)」로 압축하여 표현할 수 있는데 구체적이고 가시적인 도달의 의미를 가리킬 때에는 조사로 사용되고, 추상적이고 비가시적인 의미를 나타낼 때에는 접사로 사용되다가 근대국어 시기 이후 '-ᄭᅡ지'는 조사, '-쩟'은 접사의 형태로 굳어지게 된 후 현대국어의 모습으로 이어지고 있다고 할 수 있다.

3) 「최승(最勝)」 의미

중세국어의 부사 'ᄀᆞ장'이 현대국어와 마찬가지로 '최고성[最]'의 의미로 쓰인 예들은 15세기 말엽부터 등장하기 시작한다.

> (22) ㄱ. 將ᄎᆞᆺ 늘구메 이어긔 노로미 <u>ᄀᆞ쟝</u> 됴토다(將老斯遊最) <두초 13:18>
> ㄴ. 亂ᄋᆞᆯ 맛나러 머리 다 셰니 <u>ᄀᆞ쟝</u> 衰老ᄒ야 病이 서르 버므렛도다 <두초
>   25:33>

김정아(1998:253~254)에서는 15세기 국어에서 일반적으로 주로 한자 '大, 極'에 대응하는 '매우, 극히'의 의미를 가지나 '大, 極'의 의미의 정도가 강화되면서 최고성의 의미('最')로 쓰이는 경우가 나타나기 시작한다고 하였

다. 홍사만(1976, 1985)과 이광호(1991)에서도 중세국어 'ᄀ장'이 '뭇'과 유의
관계를 형성하다가 점차로 '뭇'이 접사화됨에 따라 'ᄀ장'이 '뭇'의 의미인
'최고성'을 뜻하게 되었다고 설명하고 있다.

중세국어 'ᄀ장'의 일차적인 의미였던 「극진(極盡)」은 그 의미가 [극단성]
을 더욱 강조하게 되면서 「도달(到達)」이라는 의미로 파생할 수 있게 되는
데 이러한 의미는 '-ᄭᆞ지'라는 어형과 같이 어형이 변하여 굳어지게 된다.
그리고 중세국어 'ᄀ장'이 지녔던 [정도성]을 내재하는 「극진(極盡)」 의미는
차차 「최승(最勝)」 의미로 바뀌어 가는데 이때 [비교성]이라는 자질을 내재
하게 된다.

> (23) ㄱ. 이 ᄃ리는 곧 내 어제 니ᄅ던 ᄃ리니 아러두곤 <u>ᄀ장</u> 됴타(橋便是我夜來設
>   的橋此在前十分好) <번노 상:38>
>   ㄴ. 져근 제브터 비혼 性이 게을오니 늘근 時節에 게을오미 <u>ᄀ장</u> 甚ᄒ라(小
>   來翟性嬾晚節慵轉劇) <두초 8:20>

(23)은 'ᄀ장'이 비교구문에서 사용된 것으로 (23ㄱ)의 비교를 나타내
는 '-두곤'과 함께 쓰인 것으로도 알 수 있으며 그 구체적인 의미는 "더"
라 할 수 있다.

> (24) ㄱ. 므ᅀᅢ매 깃거 훤히 <u>ᄀ장</u> 아라 無生忍을 미츠며 <월석 8:76>
>   ㄴ. 너희 大衆이 <u>ᄀ장</u> 보아 後에 뉘읏붐 업게 하라 <석상 23:11>
>   ㄷ. 내 일즉 <u>ᄀ장</u> 보디 아니호니 이 무리 본더 병이 잇고니 <번노 하:18>
>   ㄹ. 네 나라해 니거든 <u>ᄀ장</u> 나롤 보ᄉ피쇼셔(你到本國 好生照虛見我)
>   <번박 9>
> (25) ㄱ. 目蓮이 <u>ᄀ장</u> 소리ᄒᆞ야 슬피 우러 눉믈 흘려 ᄃ라 도라와 <월석 23:92>
>   ㄴ. 一切諸佛土ㅣ 卽時에 <u>ᄀ장</u> 震動코늘(一切諸佛土ㅣ 卽時大震動)
>   <법화 1:117>

(25)에 쓰인 'ᄀ장'은 "잘"의 의미를 갖는 것으로 대응 한자 '好'를 통해
서도 확인할 수 있으며, (26)의 'ᄀ장'은 "크게"의 뜻으로 쓰였으며 한자

"大"에 대응하고 있다.

한편 16세기부터 'ᄀ재'의 어형이 보이기 시작하는데 부사로서의 기능만 하며 현대국어의 '제일, 최고' 등에 해당하는 의미를 갖는다.

(26) ㄱ. 昏沈과 散亂애 <u>ᄀ재</u> 힘뻐 더ᄒ야 ᄀ장 굴며 ᄀ장 ᄀ다ᄃ므면 더욱 더욱 새ᄅ외오 <몽산 고:11>

ㄴ. 極 ᄀ재 극 <훈몽 하:15>

ㄷ. 極 ᄀ재 극, 抗 ᄀ재 항 <광주천 30>

ㄹ. ᄀ재 극 極 <천자칠 23>

ㅁ. 極 ᄀ재 극 <천자송 23>

(26)은 부사 'ᄀ재'가 쓰인 예인데 <광주천자문>의 '抗'을 제외하고는 주로 한자 '極'에 대응되는 것을 볼 수 있다. 특히 (26ㄱ)은 'ᄀ재'와 'ᄀ장' 어형이 한 문장에 사용되었는데 'ᄀ재'가 현대국어 부사로서의 '가장'의 의미와 더 가깝다.

지금까지의 논의를 표로 정리하면 다음과 같다.

		의　미	시　기		
			중세국어	근대국어	현대국어
邊極大	極盡	① 사물이나 추상개념의 끝	ᄀ장, ᄀ쟝, ᄭᆞ장	×	×
		② 정도가 높음	ᄀ장	ᄀ장	×
		③ 정도가 지나침	ᄀ장	ᄀ장	×
		④ 정도의 최대	ᄀ장	ᄀ장	×
	到達	⑤ 구체적인 범위	ᄭᆞ장	ᄭᆞ지, ᄭᆞ지	까지
		⑥ 추상적인 범위	ᄭᆞ장	ᄭᅥᆺ	껏
	最勝	⑦ 비교 우위	ᄀ장, ᄀ재	ᄀ장, ᄀ재	가장
		⑧ 상대비교 최상위	ᄀ장	ᄀ장	가장

3. 결어

본고는 현대국어 부사 '가장'이 중세국어의 'ㄱ장'과 다른 모습을 보이고 있는 사실에 착안하여 이러한 차이가 'ㄱ장'의 의미 변화와 관련이 있음을 밝히기 위해 진행된 것이었다.

중세국어에서 'ㄱ장'은 일차적으로 「극진(極盡)」의 의미를 가지고 사물이나 추상개념을 한정하는 데에 사용되었는데, 이 의미에 [정도성]이라는 자질이 내재되어 있어 현대국어와 다른 양상을 띠게 된 것이다. 중세국어에서의 'ㄱ장'은 '묻다, 보다, 뛰다' 등과 같은 동작동사와 '살지다, 늙다' 등과 같은 상태동사를 직접 한정할 수 있지만 현대국어에서의 '가장'은 이들의 용언들을 한정하기 위해서는 '가장'과 용언 사이에 정도의 등급을 나타낼 수 있는 다른 부사가 개입되어야만 가능하다. 이러한 점은 현대국어의 '가장'이 중세국어의 그것과 달리 [정도성] 자질을 상실하여 [정도성] 자질을 보완해 줄 수 있는 다른 부사가 필요하게 되었음을 말해는 주는 것이라 할 수 있다.

중세국어의 'ㄱ장'은 「극진(極盡)」과 여기에서 파생된 「도달(到達)」과 「최승(最勝)」이라는 의미를 모두 가지고 있지만 후대로 오면서 「극진(極盡)」 의미를 상실하게 되고, 「도달(到達)」 의미는 어형과 기능이 변화된 '-까지'와 '-껏'에 넘겨주게 되어 현대국어 '가장'에는 「최승(最勝)」 의미만 존재하게 된 것이다. 중세국어 'ㄱ장'은 이와 같은 의미 변화를 거치면서 현대국어에서 [정도성]의 자질을 상실하게 된 것이다.

중세국어의 'ㄱ장'이 의미 변화를 겪게 된 계기는 개별 어휘가 가지는 내재적인 특성과 아울러 '뭇', '안직' 등과 같은 동일 범주에 속하는 어휘들과의 의미 경쟁 과정에서 발생한 것으로 어휘 체계상의 변화로 보아야 할 것이다. 또한 이같은 의미의 변화로 인해 통사적인 기능도 달라지게 되어 중세국어 'ㄱ장'이 명사, 부사, 조사 등 다양한 기능으로 쓰였지만 현대국어 '가장'은 부사로서의 기능만 보인다. 「최승(最勝)」 의미는 비교개념을 내재하고 있어 비교의 등급을 한정시켜 주는 역할을 하는 것이다.

본고와 같은 개별 어휘의 통시적인 연구는 개별 어휘의 본질적인 의미를 밝히는 데에 도움이 될 수 있을 뿐만 아니라 관련성을 맺고 있는 일련의 어휘들의 체계상의 변화를 설명하는 데에도 유용하다.

참고문헌

강성일(1962), 'kačaŋ' 발달고 어문학 8, 한국어문학회.

──(1975), 『국어학논고』 서울: 형설출판사.

김경훈(1996), 현대국어 부사어 연구, 서울대학교 대학원 박사학위논문.

김정아(1998), 『중세국어의 비교구문 연구』, 서울: 태학사.

남성우(1986), 『15세기 국어의 동의어 연구』, 서울: 탑출판사.

박선우(1998), 중세어 부사 '안직, 아직, 못, ᄀ장'의 의미연구, 한국어학 7, 한국어학회.

손춘섭(2001), 정도부사의 의미와 기능에 대한 고찰, 한국어 의미학 9, 한국어 의미학회.

유창돈(1964), 『이조국어사연구』 서울: 선명문화사,

이광호(1991), 15~16세기어 「못」, 「ᄀ장」의 유의구조분석, 어문론총 25, 경북어문학회.

이득춘(1988), 『조선어 어휘사』, 길림: 연변대학출판사.

이석규(1987), 현대국어 정도 어찌씨의 의미 연구, 건국대 박사학위논문.

이숭녕(1961), 『중세국어문법』, 서울: 을유문화사.

이현희(1994), 『중세국어 구문연구』, 서울: 신구문화사.

허 웅(1975), 『우리 옛말본 -15세기 국어 형태론-』, 서울: 샘문화사.

홍사만(1976), 15세기 어사 「못」과 「ᄀ장」의 비교, 『조선전기의 언어와 문학』, 서울: 형
        설출판사.

홍사만(1985), 『국어어휘의미연구』 서울: 학문사.

사전
남광우(1997), 『고어사전』, 서울: 교학사.

박재연(2002), 『중조대사전』, 아산: 선문대학교출판부.

유창돈(1985), 『이조어사전』, 서울: 연세대출판부.

한글학회(1992), 『우리말 큰사전 4(옛말과 이두)』 서울: 어문각.

홍윤표·송기중·정 광·송철의(1995), 『17세기 국어사전』 서울: 태학사.

논술 텍스트에 나타난
결속성 저해 요인의 유형적 분석

조 영 돈[*]

목 차

---

1. 서론

우리는 언어생활을 하면서 어법이나 문법에 어긋나는 표현을 자주 하는 편이다. 이러한 오류는 텍스트 생산자의 무관심에 의해 나타날 수가 있다.

모든 유형의 텍스트가 결속성의 원리에 의해 구성되어 있지만, 특히 논술문은 결속성의 원리를 상당히 중요한 요소로 요구하고 있다. 그런데 이 결속성은 결속구조에 의해 저해를 받게 된다. 잘못된 텍스트의 결속구조가 텍스트의 결속성에 어떠한 영향을 미치는가를 유형별로 분석해 보겠다.

본고의 목적은 독자로 하여금 텍스트 이해에 어려움을 겪게 하는 '결속성 저해 요인'을 유형별로 살피어, 정리 분석함으로써 논술문 평가 기준 및 지도 방안의 시사점을 찾아보는 데에 있다.

---

[*] 경원대학교 강사

종래에는 비문(非文)의 유형으로 분석되어 오던 문장상의 결함[1]을 독자로 하여금 텍스트 이해에 곤란을 일으키게 하는 '결속성 저해 요인'의 개념으로 파악하고 이를 유형화하였다.

2. 논술 텍스트의 개념과 특성

논술이란 현대사회에서 발생하는 여러 문제를 파악하고 그 원인을 분석하여 해결하려는 노력과 밀접한 관련성을 지니고 있다.[2] 그래서 논술을 우리 주변에서 흔히 발생하는 문제에 대하여 일정한 근거를 바탕으로 자기 나름대로 문제 해결 방안을 제시하는 글쓰기라고 한다. 따라서 어떤 문제에 대하여 자기의 의견이나 주장을 내세우고 텍스트 수용자에게 자신의 의견과 주장을 합리적으로 납득시키기 위해서는 정확하고 타당하게 논리를 제시해야만 한다.

논술은 작문과 구별된다. 자기의 생각이나 주관적 정서를 표현하는 것이 작문이라면, 논술은 필자의 논지가 분명해야 하고 주장에 대한 근거도 타당성을 가져야 하며 글의 전개가 논리성을 지녀야 한다. 때문에 무엇보다도 객관적으로 진술해야 한다.

또한 논술과 논문은 성격상으로 보아 같은 개념으로 보아도 좋지만 논제 설정의 주체가 다르다. 논술은 출제자가 제시한 자료와 요구에 따라 일정한 시간 안에 주어진 문제를 해결해야 하지만, 논문은 필자 자신이 논제를

---

1) 박갑수, 송기중, 이광호, 이민우(1985), 김은전(1986), 박영순(1987), 김동언(1992) 등은 非文으로 처리하였고, 원진숙(1995)은 결속성 저해 요인으로 처리하였다.
2) 최영환(1998 : 18)에서는 논술의 성격을 다음과 같이 말하고 있다. 논술은 기본적으로 의사소통의 수단이 된다는 실용적인 측면에서의 중요성 이외에, 학생들의 논리적 사고력과 창의적 사고력을 신장시키고 촉진시킨다는 점에서도 중요하다. 논술은 학생들로 하여금 사물의 관계를 바르게 인식하게 하고, 사물에 대한 이해를 깊게 하며, 여러 가지 다양한 경험들에 대하여 질서를 부여할 수 있도록 한다. 또한 비판적이면서도 창의적으로 사고할 수 있는 힘을 길러 정보화 사회에서 직면하게 될 여러 가지 문제 상황에 대처하여 창의적으로 문제를 해결할 수 있는 능력을 획득하게 된다.

설정하여 자신의 방법에 따라 생산해 내는 텍스트이다. 그러나 논술과 논문은 결속구조와 결속성에 있어서는 서로 다를 바가 전혀 없다. 즉 필자가 객관적 자료에 따라 자기의 독창적 견해를 일정한 형식에 따라 논리적이며 체계적으로 진술하는 글쓰기이므로 다른 어떠한 텍스트보다도 결속구조와 결속성의 객관성을 요구하게 된다.

3. 결속성 저해 요인의 유형별 분류

논술 텍스트는 텍스트 생산자와 수용자간의 대화 구조를 전제로 하는 의사 소통적 상호작용 모델 안에서 이해되어야 한다. 결속성이란 결속구조를 통하여 내용적 일관성을 이루게 하는, 즉 텍스트를 텍스트로서 기능하게 하는 구성원리뿐만 아니라 텍스트 수용자로 하여금 텍스트를 해석할 수 있게 하는 기제3)로써의 기능을 하고 있다. 이러한 결속성 개념을 바탕으로 본고에서는 학생들이 쓴 논술 텍스트를 바탕으로 그 속에 나타난 결속성 저해 요인들을 살펴보겠다.

(1) 어법상의 문제

어법상 문제에 의한 결속성 저해 요인의 범주는 띄어쓰기, 맞춤법, 표준어를 제대로 사용하지 못함으로써 나타나는 현상과 번역투의 문장이나 은어, 속어, 비어, 구어체 표현 등을 사용함으로써 나타나는 현상으로 요약할 수 있다.

① 띄어쓰기

띄어쓰기는 '낱말은 각각 띄어쓰되 조사는 윗말에 붙여쓰는' 원칙에 따라

---

3) 노은희(1997)에서는 담화는 저마다의 주제를 갖고 있으며 그 주제를 실현하기 위해 담화를 구성하는 요소들간의 의미연쇄를 위한 몇 가지 언어적 기제를 갖는다. 이러한 것을 결속기제(cohesive device)라 한다.

이루어져야 한다. 그러나 학생들이 낱말의 개념을 확실히 모르고 있기 때문에 아주 쉽게 오류에 빠진다. 또한 의존 명사나 보조 용언에 대한 기초적인 문법지식이 결여되어 오류가 발생한다.

② 맞춤법

국어의 맞춤법이 어렵다고 말하는 사람들이 많다. 그러나 그것은 우리말에 대한 관심이 부족해서이지 결코 어려운 것이 아니다. 맞춤법 상의 오류는 평소 언어생활이 잘못 되어 있거나 우리말에 대한 관심이 부족하여 발생하는 경우와 한자어에 대한 부정확한 이해, 문법 형태소에 대한 의식이 결여되었거나 지역적 특성에 따른 발음상의 불분명 때문에 나타나는 경우가 대부분이다. 텍스트를 생산하면서 흔히 틀리기 쉬운 몇 가지를 정리해 보겠다.

(가) <ㅚ, ㅙ, ㅞ>의 혼동

‘되어, 되면’을 ‘돼어, 돼면’으로, 반면 ‘돼, 됐다’를 ‘되, 됬다’로 잘못 표기하는 일이 종종 있다. 이는 ‘ㅚ’를 단모음으로 발음하지 못하는 지역적 특성에 따르는 언어현상이다. 이는 ‘ㅚ’음과 ‘ㅙ’음을 구별하지 못하는 데서 나타나는 오류인데 ‘돼, 됐다’는 ‘되어→돼, 되었다→됐다’의 과정을 거쳐 축약된 상태이므로 어간 ‘되-’에 어미 ‘어’가 결합된 상태인지 아닌지를 따져보면 쉽게 구별할 수 있다.

‘꽤 어렵다.’ ‘괴가 많다’에서도 역시 ‘ㅚ’와 ‘ㅙ’의 발음을 구별하지 못하여 오류가 발생할 수 있다.

(나) < ㅐ, ㅔ>의 오류

‘ㅐ’, ‘ㅔ’의 발음은 점차 그 차이가 적어지는 경향이 있어 두 발음을 혼동하여 표기하는 일도 자주 발생한다. ‘도대체→도데체, 도데채, 도대채’로, ‘현재→현제’로, ‘제일→재일’로, 혼동하여 표기하는 경우가 빈번하다. 의존 명사 ‘체, 채’의 구별이 잘 안 된다. ‘체’는 ‘그럴 듯하게 꾸미는 거짓 태도’라는 뜻으로 어미「-ㄴ, -은, -는」아래 쓰인다. ‘채’는 ‘어떤 상태가 계속된 대로 그냥'의 뜻으로 사용된다. 예를 들어 '본 체하다, 있는 체하다, 죽은 체하다', '벗은 채로, 산 채로' 등이 있다.

(다) <는지 / 런지(른지)>의 오류

    (1) 내가 <u>갈런지</u> 모르겠다
    (2) 그 일이 잘 <u>될른지</u> 모르겠다.

우리말에 '-런지(른지)'는 없다. 따라서 예문 (1)~(2)에서 '-런지'와 '-른지'는 '-는지'로 바꾸어야 한다. 이러한 현상은 '-는지'가 / ㄹ / 아래에 쓰일 때 '-런지'와 '-른지'로 잘못 발음되어 나타나게 되는 것이다.

(라) <안 / 않>의 오류

    (1) 나는 생명이 없는 학교에 안 가겠다.
    (2) 나는 적성에 관계없이 점수에 맞추어 대학에 진학하는 일은 하지 <u>않겠다</u>.

'안'과 '않'의 사용에 오류를 많이 저지른다. '안'은 '아니'의 준말로서, '않-'은 '아니하-'의 준말로서 사용된다. 따라서 '아니'의 준말인지, 아니면 '아니하-'의 준말인지를 살펴보면 오류에 빠지지 않을 것이다.

(마) 무관심에 의한 오류

    (1) 경주하면 <u>의례</u> 신라 문화를 떠올린다. →으레(의례, 의레, 으레히는 모두 틀림)
    (2) <u>시행하고저</u> 하는 →시행하고자
    (3) 그렇게 <u>되어진</u> 원인을 생각하고 →된
    (4) 우리 <u>바램</u>은 통일이라 →바람
    (5) 지식인은 우리사회의 <u>지도자로써</u> →지도자로서

③ 구어체, 속어의 사용

논술에서는 일상어, 구어보다는 문장에 걸맞는 어휘와 표현이 바람직하다. 또한 일상에서 자주 쓰이는 말이라 해도 은어, 속어, 비속어의 사용도 자제해야 한다

(1) 하지만 가장 중요한 건 국민의 지지와 동의를 구현한다는 점이다.

(2) 다르게 말하면, 어설픈 민족주의 보다는 냉철한 현실주의의가 필요하단 말이다.

(3) 한마디로 말해 인간이 되려면 멀었다는 사실이다. 참다운 언론이란 도덕과 양심으로 진실을 전달해야 한다. 그러나 오늘날 우리 언론은 그런 태도를 잃어버린 채 거짓 보도와 사실의 조작, 축소에만 열을 내고 있다. 웃기는 것은 그러면서도 반성은커녕 도리어 잘났다고 사회의 목탁인 척 하고 있다는 것이다.

예문 (1)~(2)에서는 구어체가 사용되었다. '건'은 '것은'으로, '필요하단 말이다'는 필요하다는 말이다'로 고치는 것이 좋다. 또한 (3)은 비속어의 사용, 부정적인 태도가 문제가 된다. 비속어의 사용, 인신공격과 같은 공격적인 태도도 객관적 자세가 중요시되는 논술에서 적절하지 못한 표현들이다.

(2) 정확성의 문제

① 어휘 선택의 부적절성

(1) 같은 현상을 보는데도 이처럼 젊은이와 기성세대의 시각이 크게 다르다는 점에서 우리 사회의 세대 차별을 실감할 수 있다.

(2) 돈은 사람이 세상을 살아가는 데에 반드시 있어야할 불가피한 요소이지만

(3) 원만함과 우매함을 혼동해서는 안 된다.

(4) 국민의 복지 환경이 선진국 수준으로 발달되어야 된다.

문맥에 부적절한 어휘를 선택함으로써 결속성을 저해하는 요소이다. 이러한 유형의 문제는 낱말의 뜻이나 사용 방법을 정확히 몰라 생기는 현상이다. 위 예시에서 '세대 차별'은 '세대 차이'로, '불가피한'은 '불가결한'으

로, '혼돈'은 '혼동'으로, '발달'은 '발전'으로 표현해야 옳다.

② 부정확한 문장의 사용

이것은 단순히 비문법적인 문장을 사용하는 것과는 다르다. 결속구조 상 문법적으로 오류는 없다할지라도 내용 자체가 분명하지 않거나, 아주 틀린 경우의 문장이 나타나므로 더욱 더 문제가 된다.

> (1) 기존의 권력의 성격이나 집권 배경이 <u>비민주적인 권력이었다면</u> 그에 대한 저항은 혁명이라고 부를 수 있을 것이다. → **비민주적인 것이었다면**
> (2) 도시에서는 바로 옆집의 사람과도 간단한 인사조차도 하지 않는 경우가 많다. 얼마전 한 혼자 사는 할머니가 죽은 지 한 달이 지난 후에 이웃에게 발견되는 일이 있는데, 오늘날 우리의 <u>인간관계를 극명하게 보여주고 있다</u>. → **인간관계가 얼마나 단절되어 있는가를 극명하게 보여주고 있다**

예문 (1)에서 집권 배경이 '비민주적이었다'는 표현은 자연스럽지만, '집권 배경이 비민주적인 권력이었다'는 잘못된 표현일 뿐 아니라 잘못된 내용을 담고 있는 것이다. '집권 배경'과 '비민주적 권력'은 서로 호응할 수 없기 때문이다. (2)에서는 오늘날 우리의 인간관계가 '어떠한지'가 분명하게 밝혀지지 않아 의미가 구체적으로 전달되고 있지 않다.

(1)은 정확한 사고가 바탕이 되지 않아 나올 수 있는 오류이고, (2)는 밝혀야 하는 내용을 구체적으로 밝혀주지 못했기 때문에 나오는 오류이다.

③ 모호문의 경우

> (1) <u>사람들이 많은 도시를 다녀보면</u> 재미있는 일이 많을 것이다.
> (2) <u>끝까지</u> 신문사에 남아 언론 자유를 지키겠다.
> (3) <u>키가</u> 큰 주한 미대사의 친구가 말씀하셨다.
> (4) <u>늙은</u> 남자와 여자가 토론을 할 경우
> (5) 이것은 우리 <u>아버지의 그림</u>이다.

문장의 모호성은 수식어와 피수식어 사이의 거리가 멀거나 피수식어가
둘일 수 있을 경우에 흔히 발생한다. 이런 경우 어순을 바꾸거나, 쉼표(,)를
붙이거나, 말을 첨가하면 해결할 수 있다. 이러한 모호문은 발화 현장이 구
체적으로 드러나는 대화에서는 모호성을 쉽게 해결할 수 있지만 발화 현장
이 구체적으로 드러나지 않은 글말 텍스트에서는 얼마든지 발생할 수 있다.
(1)에서는 '사람들이 많이 사는 도시를 우리가 다녀보면'인지, '사람들이 여
러 도시를 다녀보면'인지 알 수 없다. 이 경우는 '사람들이, 많은 ~'형태로
쉼표(,)를 사용함으로써 모호성을 없앨 수 있다. (2)에서는 '끝까지'가 한정
하는 것이 '신문사에 남아'인지 '자유를 지키겠다'인지 분명하지 않다. 이
경우에는 수식과 피수식의 거리를 좁혀, 즉 어순을 바꾸어(신문사에 남아 언
론 자유를 끝까지 지키겠다.) 모호성을 없앨 수 있다. (3)에서는 '키가 큰'의 주
체가 '대사'인지 '대사의 친구'인지가 분명하지 않다. (4)의 경우도 '늙은'의
주체가 남자만인지 아니면 남자 여자 모두인지가 분명하지 않다. (5)에서는
세 가지의 중의성을 지니고 있다. '그림'에 대해서 ①아버지가 그린 그림
②아버지를 그린 그림 ③아버지가 소유한 그림 등의 중의성을 지니고 있다.

④ 명제 내용에 대한 진술 태도의 오류

발화는 맥락과 문으로 구성된다[4]. 이성영(1994)에서, 특정의 맥락과 결합
된 문은 하나의 발화를 구성하는데, 이때의 문은 F(m<p>)[5]의 구조를 갖는
다. 여기서 m은 명제 내용에 대한 화자의 심적 태도인 양태와 관련되는 표
현방식을 말한다.

명제 내용이 객관적 사실이거나 텍스트 생산자의 체험이 지극히 일반화
될 수 있는 사실일 때의 명제를 '객관적 양태'라 한다. 이를 표현하는 방식
은 일반적으로 단정적 서술어로 나타내거나 혹은 '…은 사실이다.'로 나타

---

4) Gazdar(1981 : 66)는 E = D×M으로 표시하고 있다.여기서 E는 발화, D는 문, M은 맥락을 나
   타낸다.

5) 이는 발화가 수행하는 의미기능을 말한다. F = Force, m = modality, p = proposition의 약자로
   서 사용되었다.Gazdar(1981 : 67~68)도 화행을 F(p)로 설정하고 있는데, 여기서 F(m<p>)는
   F(p)와 본질적 차이는 없다. F(p)의 p는 양태를 포함하는 명제적 내용이며, F(m<p>)의 p는 양
   태를 제외한 명제이다.

낸다. 물론 텍스트의 유형에 따라 '객관적 양태'를 표현하는 방식이 다를 수 있겠으나[6] 논술 텍스트는 단정적이어야 한다. 그러나 단정적 표현을 해야할 표현에 추측하는 표현이나 자신 없는 어정쩡한 표현을 사용함으로써 텍스트의 결속성을 저해하는 경우가 있다.

> (1) 소수의 선동과 다수의 시기심에 의해 희생된 아리스티데스나, 다른 사람들의 이기심을 충족시키기 위해 무언의 협박과 설득 아래 희생된 비계덩어리의 경우와 같은 강요된 희생은 <u>정당하지 않은 것 같다.</u>
>
> (2) 인류의 큰 재앙으로 다가오고 있는 환경 문제에 대하여 온 세계가 <u>노력해야 하지 않을까?</u>

예문 (1)에서는 소설의 내용을 평가하고 있다. 이 내용은 누구나 그렇게 생각하는 일반적 사실이므로 단정적인 표현을 사용해야 한다. 즉, '정당하지 않은 것 같다'를 '정당하지 않다'로 표현해야 한다. (2)에서도 마찬가지이다. 환경문제에 대해서 온 세계가 관심을 가져야 하는 것은 필연적 사실이며 일반적 사실이다. 이런 문제에 대해서 텍스트 생산자의 주관적인 생각이 들어가서는 안 된다. '노력해야 하지 않을까?'라고 표현해도 잘못된 것은 아니지만, 논술은 자기의 주장을 상대방에게 설득시키는 글이므로 보다 설득력이 있는 표현, 즉 '노력해야 한다.'로 기술해야 한다.

---

6) '객관적 양태'에 대하여 직접적(단정적)인 방식을 사용하지 않고 인식양태를 나타내는 방식으로 표현될 수도 있다.
  (1) a. (수업 시간 중 눈이 내리는 것을 발견한 선생님께서)
       창 밖을 보아라. 뭐가 내리는가?
    b. (눈이 내리고 있는 것을 확인한 학생이)
       눈이 내리는 것 같애요

위 예문에서 b의 대답은 불확실한 표현이다. 사실을 확인한 학생이 대답할 수 있는 것은 '눈이 내리고 있습니다.'라고 해야 한다. 그러나 자기보다 손위 사람에게 단정적인 표현을 하는 것은 불손하게 보일 경우가 있으므로 그것을 피하려는 과정에서 자연스럽게 표현한 것이라 볼 수 있다.(이성영, 1994)

(3) 결속구조의 문제

앞에서 언급했듯이 김용도(1996)는 Beaugrande & Dressler(1981)의 결속구조의 유형을 국어 현실에 알맞게 수정 보완하여 반복, 유변화 반복, 병행, 대용, 생략, 시제/상, 접속, 환언, 반의, 인용부호 등 10가지로 유형화하였다. 이중 논술문에서 흔히 저지르기 쉬운 오류 몇 가지를 정리해 보겠다.

① 대용형의 오류

일상적인 통화에서 높은 정도의 확실성이 항상 요구되는 것은 아니다. 텍스트의 명확성은 어느 정도 잃더라도 표층 텍스트를 짧고 간결하게 만드는 결속구조의 수법이 사용되는 수가 많다. 이는 텍스트를 간결하게 함으로써 발화체의 개념을 보다 잘 전달하고 기억장치 속에 명확히 저장하려는 인간의 심리적 현상에서 나타난다. 이러한 일을 가능하게 해주는 텍스트의 결속기제가 바로 대용형이다. Karttunen(1969), Dressler(1972a)에서는 대용형이란 자체의 특정한 의미 내용은 없는 경제적이고 짧은 단어로써, 표층 텍스트에서 보다 명확하고, 의미내용을 활성화하는 표현들 자리에 들어가 대신 사용되는 것이라고 말한다. 이들 대용형을 사용함으로써 텍스트 생산자는 동일한 표현을 반복하지 않고서도 경제적으로 표현할 수 있고 또한 그 의미 내용을 활동기억장치 안에 진행중인 상태로 유지할 수 있다. 그런데 대용형, 즉 지시어를 잘못 사용함으로써 텍스트의 결속성을 떨어뜨리는 경우가 있는데 이를 살펴보면 다음과 같다.

(1) 인간은 사회적 동물이고 그 속에서 자신의 성격과 능력을 키워갈 수 있다.
(2) 한글 전용의 문제는 장기적으로 볼 때 우리 나라의 미래가 달려있는 문제이다. 한 나라의 언어는 그 나라의 사상을 담고 있으며, 그 사상은 <u>어떤</u> 나라의 방향성을 제시해 주기 때문이다.
(3) 인간은 사회적 동물이다. 사회가 복잡해짐에 따라 인간의 삶은 더욱 복잡해질 수밖에 없다. <u>그러한</u> 인간은 불행해지기 마련이다.

예문 (1), (2)는 '그'와 '어떤'이 구체적으로 무엇을 지시하고 있는지가 분명히 드러나지 않아서 의미 해석상 어려움을 겪고 있으며, (3)에서는 '그러한'이 가리키는 지시대상이 구체적으로 제시되어 있지 않다.

② 문 접속어의 오류

접속결속은 전 후 두 부분을 연결해주는 접속사와 같은 접속표현을 사용하는 결속방법이다. 이는 사건이나 상황사이의 관계를 명확하게 표시하는 기능을 하면서 논리적 관계를 주로 나타낸다. 문 접속으로써의 접속결속은 이접적 접속[7]을 제외하면, 반드시 접속표현을 해야만 하는 것이 아니다. 왜냐하면 텍스트 사용자들은 세계지식을 사용해서 부가, 대립, 인과관계 등을 복원해 낼 수 있기 때문이다. 따라서 구두점만 찍고 접속표현들을 빼도 이해에 지장이 없다. 그러나 접속표현을 사용함으로써 생산자는 수용자가 어떻게 이들 관계를 복원하고 설정할 것인가를 제어할 수 있다. 이런 관점에서 볼 때, 김태옥·이현호(1991)는 통화자들이 어떤 통사형식을 사용할 것인가를 결정하는 것은 단순한 문법적 필수 규칙이 아니라 통화상의 상호 작용이라는 것을 접속표현들은 제시한다. 접속표현은 텍스트가 효율적으로 수용되게 하기 위한 단순한 친절의 표시일 수도 있다. 이들은 또한 텍스트 세계를 구성하고 제시하는 동안에 텍스트 생산자를 돕기도 한다.

긴 텍스트를 이어가다 보면 접속표현의 오류에 의해 문맥적으로 의의(意義)의 연속성이 이루어지지 않을 때가 있다. 이를 살펴보면 다음과 같다.

> (1) 한글 전용론자의 의견처럼 한문 사용에서 오는 경제적 손실이 너무 <u>크고</u>, 우리의 주체성을 살리기 위해 한글 전용은 반드시 필요한 일이다.
>
> (2) <u>밥을 먹을</u> 때 소리를 내며 <u>밥을 먹으면</u>, 보기에 상스럽지만, 밥을 맛있게 먹는 것 같아 보이기도 한다.

---

7) 접속결속의 하위유형에는 학자에 따라서 각각 차이가 있다. Halliday & Hasan(1976)은 하위유형에 대해 유일하게 정확한 구분은 없다고 말하면서 부가적, 역, 원인적, 시간적 접속으로, Gutwinski(1976)는 하위유형으로 구분하지 않고 있으며, Cha(1985)는 접속표현의 유/무 및 등위/종위의 관점에서 구분하고 있다. Beaugrande & Dressler(1981)와 Kim(1993)은 연결되는 사건 또는 상태에 따라 등위, 이, 역, 종속 접속결속으로 구분한다. 여기서 이접적 접속(disjunction)이란 or, either, whether or not 등에 해당하는 접속사이다.

(2)′ 밥을 먹을 때 소리를 내는 것은 보기에는 상스럽다. <u>그러나</u> 때로는 맛있게 먹
    는 것 같아 보이기도 한다.

(3) 이제까지 말한 것을 요약해 보면, 바람직한 교우관계는 상대방을 존중하며, 이
    기적인 생각을 배제하고, 서로 도움을 주고받을 수 있고, 믿음을 가져야 한다는
    것이다.

(3)′ 이제까지 말한 것을 요약해 보면 다음과 같다. 바람직한 교우관계는 상대방을
    존중하며, 이기적인 생각을 버려야 이루어질 수 있는 것이다. 또한 서로 도움
    을 주고받으면서도 믿음을 가져야 한다는 것이다.

이은희(1993)에서는, 일반적으로 접속어의 역할은 글의 주제가 독자에게 생소할수록, 글에서 사용되는 언어구조가 복잡할수록, 텍스트 수용자의 독해능력이 낮을수록 보다 큰 역할을 한다.

그러나 이러한 접속표현이 예문 (1)과 같이 문장의 논리적 관계를 뒷받침할 수 없도록 부적절하게 사용된 경우이다. 예문 (2)는 의의의 연속성은 있으나 같은 말이 반복되고, 조건을 나타내는 접속표현이 사용되어 다소 어색한 결속구조를 나타내고 있다. 이를 (2)′ 처럼 결속구조를 나타내면 아주 자연스럽게 된다.[8] 예문 (3)도 (2)와 마찬가지로 의의의 연결은 된다. 그러나 등위접속이 네 번이나 반복됨으로써 자연스럽지가 못하다. 이를 (3)′ 처럼 표현하면 더욱 자연스럽게 된다.

③ 필수 성분의 생략

생략결속[9]은 하나의 구조와 그 의미내용을 반복하되 표층표현의 일부를 빼는 결속방법이다. 이 생략결속은 표층 텍스트의 간결성과 효율성에 기여

---

8) 예문 (2)를 (2)′ 처럼 반드시 고쳐 써야만 하는 것은 아니다. 텍스트 언어학은 과거 전통문법
   에서 요구했던 것과 같은 결정론적 결과를 요구하는 것이 아니라 개연론적 결과를 요구하기
   때문이다.

9) 생략결속은 결속체계에서 다루는 학자마다 의견이 다소 다르다. Gutwinski(1976)는 생략결속
   자체를 언급하지 않았으나, Beaugrande & Dressler(1981)는 주어와 동사생략만을 말하고 있고,
   Halliday & Hasan(1976)은 명사군내 생략, 동사군내 생략, 동사군내 생략, 절 생략으로 구분하
   고 있다. Kim(1993)은 주어, 동사, 보어, 목적어, 부사어, 서술어, 서술부, 주어+술부동사, 절
   전체(not을 제외한)로 구분하고 있다. 김용도(1996)는 생략요소의 문법적 기능에 따라 주어생
   략, 술어생략, 보어생략, 절생략(not을 제외한), 기타로 구분하고 있다.

하는 특성을 지니고 있다. 상황의존도가 높은 한국어는 다른 언어에 비해 생략현상이 비교적 빈번하게 나타나는 개별언어로서의 특성을 지닌다.(원진숙 1995) 텍스트상의 무리한 생략이 텍스트 의의를 활성화하는 어려움을 겪게 한다면 문제가 있는 문장이 아닐 수 없다.

    (1) 행복은 얼마나 <u>어려운 일인가</u>. 많은 사람들은 <u>포기하고</u> 만다.
    (2) 인류는 자연을 지배하기도 하고 <u>복종하기도</u> 하면서 살아왔다.
    (3) 어린이의 텔레비젼 시청률은 어른의 시청률보다 낮<u>으므로</u> 텔레비젼은 어린이보다 어른에게 더 <u>해롭다</u>.
    (3)′ 어른의 텔레비젼 시청률은 어린이의 시청률은 보다 높다. <u>그런데 과도한 텔레비젼 시청은 시력을 저하시키므로</u> 텔레비젼은 어린이보다 어른에게 더 해롭다.
    (4) 국한문 혼용이라는 것은 어떻게 보면 우리 나라의 하나의 전통이라고 할 수 있다. 그런데 인위적으로 단시일 내에 <u>바꾸려면</u> 많은 혼란이 야기될 수밖에 없을 것이다.

위의 예문 (1)에서는 주어와 목적어가 생략됨으로써 '무엇이' '어려운 일인가', '무엇을' '포기하는가'가 나타나 있지 않다. (2)에서는 '복종하다'에 해당하는 부사어가 생략되었고, (3)에서는 '해롭다'에 대한 '무엇이 왜'가 생략되어 있다. 따라서 (3)′처럼 표현해야 자연스러운 문장이 된다. (4)는 타동사인 서술어가 요구하는 필수 성분으로써의 목적어가 생략되어 있는 문장이다.

④ 병행결속의 오류

병행결속은 구조를 반복하여 그 구조에 새 요소를 채우는 방법 즉, 패턴 반복이다. 병행결속은 유사한 행위 등 일련의 관련성이 있는 의미들이 나타나게 하는 특성을 지닌다[10] 병행결속의 실현범주는 가장 간단한 관사+명사의 형태에서부터 길고 복잡한 문 구조에 이르기까지 다양하다. 절/문

[10) 김용도(1996)는 병행결 속의 하위개념으로 절/문 구성요소의 병행과 절/문 병행으로 구분하고, 절/문 구성요소의 병행의 하위 유형을 다시 주어병행, 술어병행, 보어병행, 수식어병행으로 분류하였다.

구성요소의 병행에는 간단하기 때문에 오류를 별로 저지르지 않으나 절/문
병행처럼 문장이 길어짐에 따라 오류도 많이 발생한다.

> (1) <u>한글 전용이다. 한자 병용이 옳다</u>라는 의견 대립은 오래 전부터 있어 왔다.
> (2) <u>한글만 쓰기, 한자 병용</u> 양쪽 모두 어느 정도의 문제점이 있다.
> (3) 입시 위주 학교 교육의 부당함을 <u>알리려고</u>, 부모님의 <u>불화 때문에</u> 그리고 사회
>   에 대한 불만을 <u>토로하기 위해</u> 자살을 한다.
> (3)′ 입시 위주 학교 교육의 부당함을 <u>알리기 위해</u>, 부모님의 <u>불화에 항거하기 위</u>
>   <u>해</u>, 사회에 대한 불만을 <u>토로하기 위해</u> 자살을 한다.

　하나의 문장 안에 의미 내용이 대응하거나 대조를 이룰 때 두 요소가 통
사적으로 평행구조를 이루어야하는데 (1)~(3)은 그렇지 못하다. (1)의 밑줄
친 부분의 문장에서는 서술어의 병행이 오류를 저지르고 있다. 즉, ‘한글
전용이 옳다, 한자 병용이 옳다’로, 예문 (2)는 ‘한글 전용, 한자 병용’으로
각각 표현되어야 병행구조를 이룰 수 있다. 예문 (3)에서는 자살의 동기가
세 가지로 병행되고 있다. 즉 ‘알리려고’, ‘불화 때문에’, ‘토로하기 위해’인
데 이들의 표기가 각각 다르기 때문에 의의 연속성이 다소 떨어진다. 하나
의 표기로 통일되어야 한다. (3)′ 처럼 바꿔 쓰면 좋다.

⑤ 부적절한 시제 사용의 오류

> (1) 한국은 <u>바야흐로</u> 세계화를 <u>지향했다</u>.
> (2) 최근에 와서야 우리 나라는 오랜 경기 침체의 늪에서 조금씩 빠져 나올 수 <u>있다</u>.
> (3) 우리는 <u>아직도</u> 그 교훈을 <u>믿는 중이다</u>.
> (4) 사람은 만물의 <u>영장이었다</u>.

　(1)은 ‘지향하고 있다’로, (2)는 ‘있었다’로, (3)은 ‘믿는다, 믿고 있다’로,
(4)는 ‘영장이다’로 바꾸어 표현해야 한다.

(4) 간결성의 문제

문장은 필요한 단어를 필요한 만큼만 써서 경제적으로 표현해야 한다. 공연히 불필요한 말을 장황하게 늘어놓으면 글의 뜻만 모호하게 되고, 지저분한 글이 되고 만다. 문장에서뿐만 아니라 하나의 단락 안에서도 주제문에 맞지 않는 불필요한 내용이 들어감에 따라 의의 연속성을 상실해버리는 경우가 있다. 이러한 오류를 방지하기 위해서는 문장이든 단락이든 하나의 문장, 하나의 단락 안에는 반드시 하나의 생각만 들어가야 한다. 특히 논술 텍스트는 객관적 성격을 지니고 있는 글이기 때문에 군더더기의 표현을 사용하지 말아야 한다.

① 불필요하게 중복되는 의미의 표현

한 문장 안에 똑 같은 단어나 유사한 의미와 기능을 가진 어휘들이 중복되어 사용됨으로써 텍스트의 결속성을 떨어뜨리는 경우가 아주 많다.

(1) 사람과 동물의 <u>차이</u>는 구조상의 <u>차이</u>가 있으며 생물학적으로 많은 <u>차이</u>가 있다.

(1)´ 사람과 동물은 구조상으로, 생물학적으로 많은 차이가 있다.

(2) <u>같은 동족</u>끼리 마음의 문을 열고 → 동족끼리, 같은 민족(겨레)끼리

(3) <u>새로 들어온 신입생</u> → 신입생

(4) <u>왼쪽으로 좌회전하면</u> → 왼쪽으로 돌면, 좌회전하면

(5) 학교 주변의 <u>시끄러운 소음</u> 때문에 → 소음(소음 : 시끄러운 소리)

(6) <u>주지하다시피</u> 통일을 위해서는 막대한 경제적 비용이 든다는 것이 <u>널리 알려진</u> 사실이다.

(6)´ 주지하다시피 통일을 위해서는 막대한 경제적 비용이 든다는 것은 사실이다

(7) <u>쓰이는 용도</u>에 따라 → 쓰임에 따라, 용도에 따라

Ochs(1979)는 비형식적 언어와 형식적 언어[11]의 차이점을 설명하면서 병

---

11) Hatch(1992 : 235~258)는 텍스트 양식에 대한 기존 연구들을 조망하고, '음성언어와 문자언어'라는 텍스트 양식을 '비형식적 언어'와 '형식적 언어'로 분류, 정리하고 있다. 비형식성은 음성언어의 특징인 비계획성과 상황 의존성, 비문법성의 특징을 통칭하는 것이며, 형식성은 문자언어의 특징인 계획성과 문맥 의존성, 문법성의 특징을 통칭하는 것이다.(申明善, 1998 :

행 현상에 대해 언급하였다. 비형식적으로 작성된 언어에는 병행 현상이 많은데 비해 형식적으로 작성된 언어에는 그러한 현상이 없다. 병행 현상은 음운, 어휘, 통사의 반복 현상을 가리킨다. 형식적으로 작성된 언어는 표현을 풍부하고 정확하게 하기 위해서 되도록 같은 단어를 반복해서 사용하지 않는다.(신명선, 1998. 재인용)

예문 (1)에서는 '차이'라는 단어가 반복되고 있는데 이는 비경제적 문장이다. (1)처럼 표현했다고 해서 의미 전달이 안 되는 것은 아니지만, 보다 더 자연스런 문장이 되기 위해서는 (1)′처럼 표현해야 한다. (6)에서는 '주지(周知)'라는 한자어가 고유어인 '널리 알려진'으로 표현됨에 따라 유사한 의미가 반복적으로 표현되었다. 이를 (6)′처럼 표현해야 자연스럽다.

② 문과 단락이 복잡한 경우

(1) '사회가 먼저인가 개인이 먼저인가'라는 문제는 암탉과 달걀의 문제와 마찬가지여서 이문제를 논리적인 문제로 취급하건 역사적인 문제로 취급하건 여러분의 의견은 어차피 이에 반대되는 똑같이 일방적인 또 하나의 의견에 의하여 수정받기 마련이다.

(2) 인간은 사회적 동물이다.(s1) <u>인간이 사회적 동물이기</u> 때문에 혼자서 살 수 없고 더불어 살아가야 한다.(s2) 특히 현대사회에서처럼 사회 구조가 복잡한 상태에서는 혼자서 생활에 필요한 모든 문제를 해결할 수 없다.(s3) 즉, 의식주문제, 자녀의 교육문제, 재산의 보호 문제 등 이 모두를 혼자서 해결할 수 없다.(s4) 사회를 이루고 있는 구성 요소로서의 개개인은 자신이 혼자서 해결할 수 없는 문제를 이웃과 더불어 해결할 수밖에 없다.(s5)

(1)의 문장에는 다음과 같은 세 가지의 생각이 들어있다. ①사회가 먼저인가, 개인이 먼저인가. ②이 문제를 논리적인 문제로 볼 것인가, 역사적인 문제로 볼 것인가. ③여러분의 의견은 어차피 수정받게 될 것이다. 이렇게 세 가지의 생각이 하나의 문장 안에 연결되어 있기 때문에 의미를 파악하는데 상당히 어려움을 느낀다. 예문 (2)는 5개의 문장이 연결된 하나의 단

18~19. 재인용)

락이다. (s1)이 주제문이고 나머지 (s2)~(s5)는 뒷받침하는 문들이다. 예문 (2)가 결속성을 지니기 위해서는 뒷받침하는 문들은 주제문에 밀접한 응집성을 지니고 있어야 한다. (s1)에 대한 결속관계를 보면, (s2)는 이유, (s3)는 부연, (s4)는 예시, (s5)는 (s4)의 일반화로서 (s3)에 대한 반복된 표현이다. 따라서 (s1)과 (s2)의 연결에서는 불필요한 절(인간은 사회적 동물이기)이 반복됨에 따라 글의 경제성이 떨어지게 되었고, (s5)는 (s3)의 반복으로 경제성이 떨어지게 되었다.

긴 텍스트에 대한 이러한 분석은 텍스트의 필수적 사항이 아니라 텍스트의 효율성을 높일 수 있다.

(5) 문법상의 문제

문법상의 문제 유형에는 호응관계가 부적절한 경우[12], 조사의 오용, 존칭을 잘못 사용한 경우 등이 있다.

① 호응 관계가 부적절한 경우

호응 관계가 부적절한 경우에 대한 분류에는 다시 다섯 개의 하위 항목을 들 수 있다. 주술(主述)의 호응 관계가 부적절한 경우, 부사어와 서술어의 호응 관계가 부적절한 경우, 목적어와 서술어의 호응 관계가 부적절한 경우, 문법요소의 호응 관계가 부적절한 경우, 구조어의 호응 관계가 부적절한 경우로 유형화할 수 있다.

(가) 주술의 호응 관계가 부적절한 경우

(1) 선생님께서 수업시간에 <u>주장했던 것은</u> 통일과 민주화를 가로막고 있는 모든 가식을 벗어 버리고 허심탄회하게 북한 사람들과 만나자는 <u>의미를 담고 있다.</u>

---

12) 호응관계가 부적절한 경우의 하위 개념에는 다시 다섯 가지로 분류해 볼 수 있다. 김동언(1992)에서는 주술의 부적절한 호응, 목적어와 서술어의 부적절한 호응, 문법요소의 부적절한 호응을 들고 있다. 여기에 부사어와 서술어의 부적절한 호응, 구조어의 부적절한 호응을 더 첨가할 수 있다.

(2) <u>신문은</u> 정치, 경제, 사회, 문화 등 우리 주변의 일들이 모두 기사의 <u>대상이다</u>.
(3) 개의 일반적인 <u>습성은</u> 냄새를 잘 <u>맡는다</u>.
(4) 전기료, 수도료, 시내버스 요금 등 <u>공공요금이</u> 올랐다.

예문 (1)에서처럼 '것은'이 주어로 사용될 때에 서술어는 '-이다'가 와야 한다. 그러므로 서술어는 '것이다'로 바꾸어야 한다. 문장 (2)의 서술어는 '대상으로 삼는다.'로, 문장 (3)의 서술어는 '맡는다는 것이다.'로 바꾸어야 한다. (4)의 예문은 우리가 흔히 쓰는 표현이다. 그러나 공공요금 자체가 스스로 오를 수 없다. 공공요금은 사람이 올리는 것이다. 따라서 주어가 생략되었다고 인정하고 '공공요금을 올렸다'로 바꾸어야 한다.

(나) 부사어와 서술어의 호응이 이루어지지 못한 경우
부사어는 서술어를 수식한다. 수식어와 피수식어는 가까울수록 의미 전달이 더 잘 된다. 수식어와 피수식어가 서로 떨어져 멀리 배치됨에 따라 결속성이 떨어지는 경우가 있다. 또한 어떤 부사어는 선택적 서술어를 취하는 경우가 있다. 이럴 경우 특정한 부사어에 알맞은 서술어를 잘못 선택하여 텍스트의 결속성을 깨는 경우가 있다.

(1) <u>단적으로</u> 감정의 움직임을 표현했다.
(2) <u>민중의 것으로</u> 우리의 문화가 발전했다.
(3) 학생은 <u>모름지기</u> 학업에 전념하는 것이 마땅하다.
(4) 우리 학생들의 주장은 <u>확실히</u> 논리적으로 모순이 있을 수도 있다.
(5) 3년 동안 고등학교 생활을 열심히 한 <u>것 치고</u> 결과가 아주 좋다.

예문 (1)~(2)는 부사어의 위치가 피수식어인 서술어와 멀리 떨어져 있음으로 해서 결속성이 떨어진다. 이들을 서술어 바로 앞에다 놓으면 그 의미가 명확히 살아나게 된다. (3)~(5)의 예문에서는 부사어의 성격에 따라 특수한 서술어를 선택하게 된다. 즉, '모름지기'는 '-해야한다'와 선택적으로 호응한다. '확실히'는 단정을 의미하는 부사어이므로 서술어의 표현이 단정적이어야 한다. '-치고'는 부정 서술어와 호응을 한다.

(다) 목적어와 서술어의 호응이 이루어지지 못한 경우

> (1) 통일이 돼도 그만 안 돼도 그만이라는 사고 방식을 가진 이들의 생각을 통일이
>   란 꼭 필요하다는 <u>인식을 심어주어야</u> 한다고 생각한다.
> (2) 엄청난 환경오염으로 인제는 <u>지구가</u> 위태로울 지경으로 <u>만들었다.</u>

예문 (1)에서는 '심어주다'라는 동사가 여격과 목적어가 필요함에도 불구하고, 목적어만을 두 개 가져서 잘못 되었다. 따라서 '생각을' 대신에 '생각에' 정도가 쓰여야 한다. (2)에서 '만들다'라는 서술어가 목적어를 취하는 타동사이기에 '지구가' 대신에 '지구를'로 바꾸어 표기해야 한다.

(라) 문법요소의 호응이 잘못 된 경우

김동언(1992)은 이를 비교적 자세히 다루고 있다. 그 중 일부를 정리해 보겠다.

> (1) 그 영향에 대해서는 장점과 단점, 두 가지로 <u>나뉘어서 설명해야 한다.</u>
> (2) <u>이</u> 원자력을 강대국가에서 나쁜 목적으로 인류 평화를 해칠 목적으로 <u>쓰여진다</u>
>   면 큰 일이다.
> (3) <u>그것이</u> 소수의 잘못된 의식을 가진 이에 의하여 <u>사용하였을</u> 경우 얼마나 위험
>   스러운 결과를 가져오는지 우리는 명확히 기억하고 명심하여야 한다.

예문 (1)~(3)은 피동이나 능동 표현에서 서로 일치하지 않아서 어색해진 경우이다.

(1)은 서술부의 두 용언의 태가 일치되지 않고, (2)는 목적어와 서술어의 태가 호응되지 않으며, (3)은 주어 서술어의 태가 호응되지 않은 예이다. 이들은 각각 피동이든지 능동이든지 어느 하나를 택하여 표현해야만이 자연스러운 문장이 될 수 있다. '나뉘어서'는 '나누어서'로, '쓰여진다면'을 '쓴다면'으로, '그것이'는 '그것을'로 바꾸어 능동표현으로 일치하게 하든가, 아니면 '설명해야 한다'는 '설명되어야 한다'로, '원자력을'은 '원자력이'로, '사용하였을'은 '사용되었을'로 바꾸어 피동표현으로 일치하게 해야 한다.

(마) 구조어의 호응이 이루어지지 못한 경우

구조어[13])란 문장이나 단어 사이의 관계를 맺어주는 기능을 가진 단어들인데, 조사, 접속 어미, 접속 부사 같은 것들을 들 수 있다. 구조어에 의해 홑문장은 겹문장으로 연장되고, 짧은 문장은 긴 문장으로 구성된다.[14]) 이 구조어들 가운데는 서로 호응 관계에 있는 단어들이 있다.[15]) 이러한 구조어가 호응을 이루지 못할 때 결속성이 떨어지게 된다.

   (1) 어떤 무료한 시간에 그런 회상의 유혹을 물리치기란 <u>좀체로</u> 어려운 일이었다.

   (2) <u>비단</u> 수질오염도 우리가 당면한 문제이지만 대기 오염도 심각한 문제이다.

   (3) 일제의 협박에도 뜻을 굽히지 않았는데 <u>하물며</u> 독재자의 회유에 넘어가지 않는다.

예문 (1)에서 '좀체로'는 부정어와 호응해야 하고, (2)에서 '비단'은 '-뿐만 아니라'와 호응관계가 있고, (3)에서 '하물며'는 '-ㄴ 가'와 호응을 해야 한다.

② 조사의 오용

국어에서의 조사는 독립성이 약하여 혼자 쓰이지는 못하지만, 많은 문법 사항이 이들에 의하여 결정된다.[16]) 그런데 조사를 잘못 사용하거나 부당하

---

13) 문장을 이루는 단어를 사물이나 개념을 나타내는 단어와 이들을 통합된 한 덩어리로 엮는 데 쓰이는 단어로 나눌 때, 전자를 내용어 후자를 구조어라 한다.

14) 우리 나라에서, 제 4차 교육과정(1981~1987)까지는 각 문법 교과서마다 문법 용어가 달랐다. 이에 문교부에서는 1982년에 통일 문법 제정을 위한 준비 작업을 거쳐 1985년에 통일된 문법교과서를 편찬하게 되었다. 전통문법에서는 문장의 종류를 短文, 重文, 複文, 混成文으로 분류하였으나 통일문법(학교문법)에서는 문장의 종류를 홑문장과 겹문장, 다시 겹문장을 안은문과 이어진문, 다시 이어진문을 대등하게 이어진문과 종속적으로 이어진문으로 나누고 있다.(고등학교문법 교사용 지도서, 1991)

15) 구조어의 예를 살펴보면, '비록 -일지라도, -라도, -지만, -어도', '결코 -지 않겠다, 아니다', '하물며 -랴, -ㄴ가', '왜냐하면 -때문, -까닭이다', '아무리 -해도 -할 수 없다', '만약 -이라면', '그다지 -하지 않은' '전혀, 결코, 별로, 차마, 여간'은 '-아니다, -지 못하다, -지 않다' 등 부정어와 호응한다.

16) 申明善(1998 : 32~33)은 텍스트의 구조를 이루는 구성요소를 '문법 형태소, 대명사, 접속표현'으로 규정하고 있다. 여기서 '문법 형태소'란 그 자신은 구체적 의미가 없고 문법적 의미만 갖고 있는, 문법적 관계를 나타내는 문법 요소이다. 즉 조사를 말한다. 조사는 비형식적 텍스트에서는 생략이 가능하다 그러나 형식적 텍스트에서는 조사의 오용이나 무리한 생

게 생략하게 됨에 따라 텍스트의 결속성을 떨어뜨리는 경우가 있다.

> (1) 정부는 이 문제를 <u>일본에게</u> 강력히 항의하였다.
> (2) 인내력이 부족한 <u>청소년들에</u> 이 교육을 시켜야 한다.
> (3) 그는 <u>술이</u> 취하자 끝내 울었다.
> (4) 신기록 <u>제조기다라는</u> 평을 받고 있습니다.
> (5) 사람들은, 그것은 선수들보다 관중의 <u>책임이다라고</u> 지적하였다.
> (6) 비루스와 같은 미생물은 <u>보통 현미경</u>으로 볼 수 없다.

원진숙(1995)에서는, 교착어로서의 특성을 지닌 한국어에서 조사의 정확한 사용은 의미를 구성하고 해석하는데 있어 매우 큰 의미를 지닌다. 한국어의 경우 모든 NP는 어떤 조사와 통합 관계를 갖느냐에 따라 NP의 통사적 기능이 결정되기 때문에, 조사의 사용은 문장의 문법성이나 문장 전체의 의미를 결정하는데 크게 작용하고 있다.

예문 (1)~(2)에서 '-에게'와 '-에'는 쓰임이 다르다. 조사 '에게'는 사람이나 동물 등 유정물(有情物)에만 쓸 수 있고, '에'는 무정물(無情物)에 쓰이는 조사이다. 따라서 '일본에', '청소년들에게'로 바꾸어 써야 한다. (3)에서 '취하다'의 주체는 '술'이 아니라 '나'이다. 여기서 '술'은 '취하다'의 대상이기 때문에 '술에'로 바꾸어 써야 한다. (4)~(5)는 남의 말을 인용할 때 사용되는 조사이다. 인용에는 직접 인용과 간접 인용이 있는데 간접인용일 때는 '-는, -고'라 써야하고, 직접 인용일 때는 '-라는, 라고'라 써야 한다. 따라서 (4)~(5)는 간접 인용이기에 '-는, -고'라 써야한다. (6)의 예문에서는 조사가 무리하게 생략된 경우이다. '보통의'로 바꾸어야 한다.

③ 존칭을 잘못 사용한 경우

> (1) 지난번 텔레비젼 출연시 대통령의 말씀 중에 이런 말씀이 <u>계셨다.</u>
> (2) <u>선생님이</u> 가르쳐 주신 그 문제는 아주 어려웠습니다. → 선생님께서

락이 텍스트의 비결속성을 증가시킨다.

(3) 저 학생의 부모님이 서울에 <u>있으신가</u>? → 계신가?

(4) 우리 할아버지께서는 귀가 참 <u>밝아요</u> → 밝으셔요

(5) 할머니께서는 <u>의빨</u>이 좋으시다. → 치아

예문 (1)의 '계시다'는 '웃어른이 ~에 있다'는 한정된 의미의 어휘이다. 아무리 '말씀'이라는 어휘가 쓰였어도 '계셨다'는 쓸 수 없다. '계시다'는 주체를 직접 높이는 높임말이다. 따라서 '있으셨다'로 바꾸어야 한다. 예문 (4)는 높여야할 대상이 신체 부분, 소유물의 경우이기에 간접 높임을 써야 한다.

4. 결론

논술 텍스트는 텍스트 생산자와 수용자간의 대화 구조를 전제로 하는 의사 소통적 상호작용 모델 안에서 이해되어야 한다. 원활한 의사소통을 위해서 논술 텍스트는 객관적 사실을 논리적으로 기술해야 하고 외적 표현인 결속구조가 적확해야 한다.

논술 텍스트는 결속성의 원리를 상당히 중요한 요소로 요구하고 있다. 그런데 이 결속성은 결속구조에 의해 저해를 받게 되는데, 본고에서는 잘못된 텍스트의 결속구조가 결속성에 어떠한 영향을 미치는가를 유형별로 분석해 보았다. 이러한 연구가 논술 텍스트를 기술하고 평가하는 데 도움 줄 수 있으리라 생각한다.

참고문헌

김동언(1992), "대학생 문장의 非文에 대하여", 「江南語文」7.

김용도(1996), 「텍스트 결속이론」, 부산외국어 대학교 출판부

김태옥·이현호(1991), 「담화·텍스트 언어학 입문」, 양영각

신명선(1998), 「독립신문의 텍스트 구조적 특성에 대한 연구」, 서울대학교 교육학 석사 논문

원진숙(1995), 「論述 敎育論」, 박이정.

이성영(1994), 「표현 의도의 표현 방식에 관한 화용론적 연구」, 서울대학교 교육학 박사 논문

이은희(1993), 「접속관계 텍스트 언어학적 연구」, 서울대학교 교육학 박사 논문

Beaugrande & Dressler(1981), Introduction to Text Linguistics. Longman

Halliday & Hasan(1976), "Cohesion in English" Longman

언어 사용과 어휘적 강도

이 봉 원*

1. 도입

음운론적 설명의 대상이 되었던 많은 현상이 실제로는 형태론적 문제나 어휘 선택의 문제로 재해석되어야 한다는 제안(강창석 1989)은 공시적 음운론의 한계를 잘 지적하고 있다. 체언과 조사의 결합이나 용언 활용에서 나타나는 여러 현상은 음운론적으로 설명되기보다는 통시적 흔적의 실현으로 해석되어야 한다는 것이다. 엄격한 공시성과 통시성의 구별은 형식주의적 언어 연구의 기반이 되어 왔지만, 어휘부의 중요성이 강조되면서 이런 구분도 회의의 대상이 되고 있다. 최근에는 종래 공시적 음운 현상으로 파악되었던 현상의 실재를 의심하고, 이들의 소멸 과정을 고찰한 연구(이동석 2002)도 등장하고 있다.

---

* 중앙대학교 강사

체언과 조사의 결합, 용언과 어미의 결합에 따른 곡용형과 활용형[1]의 특성은 이런 점에서 주요 관심 대상이 되어 왔다. 곡용과 활용에서 나타나는 여러 음운 현상은 순수한 음운론적 정보만을 요구하는 것이 아니라 다양한 비음운론적 제약의 대상이 된다고 해석되기도 했고, 이들은 공시적 음운론의 연구 대상이 될 수 없으며 형태론적 문제로 규정되어야 한다는 주장도 제기되어 왔다.

이 논문은 체언과 조사의 결합, 용언과 어미의 결합에서 나타나는 비대칭적 특성의 원인을 언어 사용에 따른 언어 구조의 형성이라는 측면에서 찾으려 한 것이다. 곡용과 활용에서는 음운 현상으로 간주하기에는 어려운 여러 가지 불규칙성, 또는 비대칭성이 발견된다. 이들은 어휘적 선택의 문제로 파악되어야 하며, 여기서 발견되는 불규칙성은 언어 사용에 의해 강화된 어휘 표상에서 그 원인을 찾아야 한다는 것이 본고의 제안이다. 곡용형과 활용형 패러다임[2]의 관찰을 통해 언어 사용 빈도와 어휘적 강도의 관계를 살펴보도록 한다.

2. 어휘적 강도의 개념

어휘적 강도(lexical strength)는 반복적인 언어 사용의 여러 영향[3] 중 하나이

---

1) 체언에 격조사가 결합하여 문법적 관계를 실현하는 현상은 흔히 곡용이라고 불린다. 곡용이라는 용어가 정당화되려면 먼저 조사의 지위에 대한 검토가 필요한 것이 사실이다. 그러나 본고에서는 이런 부담은 잠시 피하고, 체언-조사 결합형을 지칭하는 용어로 '곡용형'을 사용하도록 하겠다.

2) 패러다임(paradigm)은 하나의 어간으로부터 형성된 곡용형들이나 활용형들의 집합이다(송철의 1995). 곡용형, 활용형과 패러다임에 대한 상세한 논의는 송철의(1995) 참조.

3) Bybee(2001:8)는 반복에 의해 형성되는 언어의 몇 가지 양상을 다음과 같이 정리하고 있다.

  ※ 반복의 효과
    가. 반복은 어휘 강도를 부여한다.
    나. 반복은 언어 형식을 약화시킨다.
    다. 반복은 언어 의미를 약화시킨다.
    라. 반복은 이탈을 이끈다.

다. 반복적 사용의 효과는 어휘적 강도와 음성적 약화 두 측면으로 정리할 수 있는데, 어휘적 강도는 잦은 사용에 따라 어휘의 표상이 강화되어서 접근과 인출이 쉬워지는 것을 말한다. 일상적인 인사말과 같이 자주 쓰이는 표현이 정형적 양상을 띠게 되는 것도 한 예가 될 수 있다.

어휘적 강도는 변화에 저항하는 힘이 되기도 한다. 잦은 사용으로 강화된 어휘는 변화를 잘 겪지 않게 된다. 빈번한 반복 사용은 강한 기억으로 남게 되며, 따라서 쉽게 접근할 수 있고, 체계적 변화에 대한 저항력이 강하다는 것이다. 이는 형태론적 증거에서 확인할 수 있는데, Bybee(1997)에 의하면, kept와 같은 불규칙 과거형은 매우 자주 쓰이므로 keeped와 같은 정규화의 영향을 잘 받지 않는다. 반면에 상대적으로 저빈도인 wept와 같은 경우에는 weeped로 정규화된다. 즉, 낮은 빈도수의 어형들은 고빈도 어형보다 정규화를 더 잘 겪는다. 저빈도 동사의 경우 그 불규칙 과거형은 고빈도 동사에 비해서 접하기가 어려우므로, 새롭게 정규화된 과거형이 만들어지기가 쉽다. 그렇다면, 고빈도 사용의 효과는 약화와 탈락 등의 음운 현상은 촉진하면서, 동시에 형태론적으로는 유추적 변화를 겪지 않게 하는 역할을 한다고 볼 수 있다. 어휘 사용 빈도의 영향은 언어 사용이 문법과 어휘부를 형성한다는 사용 기반 이론의 주된 근거이다. 요컨대, 단어와 구의 잦은 사용은 음운론적 축약뿐만 아니라 개별 항목의 어휘적 저항력을 이끌고, 이는 더 일반적인 유형을 따르게 되는 변화를 저지한다(Bybee 2001).

언어 사용이 언어의 표상에 영향을 주는 과정은 다음과 같이 추정된다. 뇌신경은 자극을 반복해서 받아야 기억을 위한 장소를 제공한다고 한다. 중요한 것은, 발화 산출과 지각에서 사용되는 형태와 패턴이 반복될수록 그 표상이 달라질 수 있다는 것이다. 고빈도 단어와 구는 더 쉽게 접근 가능하고 유추적 변화를 덜 겪게 되는데, 이들이 저빈도 단어에 비해 더 강한 표상을 갖고 있다고 해석될 수 있다. 저빈도 단어는 접근하기 어렵고, 따라서 기억의 표시가 강할 수 없으며 쉽게 잊혀진다. 이런 모형은 표시와 규칙 또는 제약이 모두 정적이고 고정되어 있는 모듈적 접근과는 대조적인데, 모듈적 접근에서는 같은 부문에 있는 규칙과 표시는 같은 지위를 갖게 된다(Bybee 2001). 반면 이 모형에서는 언어 사용이 표상에 영향을 줄 수 있고,

언어 구조를 결정할 수도 있다는 것이다.

반복적 언어 사용의 영향을 구체적으로 확인할 수 있는 것은 '빈도 효과'[4]로 불리는 일련의 경향이다. 심리언어학자들은 고빈도 단어가 저빈도 단어에 비해서 더 빨리 지각된다는 빈도 효과를 일찍부터 언급해 왔으며, 어휘의 출현 빈도와 어휘의 특성 사이에 일련의 관련성이 있다는 계량언어학적 연구도 다양하게 볼 수 있다. 빈도 효과는 언어 변화의 과정에서도 수시로 관찰된다.[5] 이런 빈도 효과는 음 변화에 대한 설명에도 유용하게 이용되어 왔다. 빈도수 가설에 따르면, 음성 변화는 조음상의 편이나 의사 전달을 분명하게 하기 위한 물리적 요인에 의한 것과, 음소배열상의 제약이나 유추적 평준화와 같은 비물리적 요인에 의한 것으로 구분되는데, 첫 번째 유형의 변화에서는 사용 빈도가 높은 어휘들이 먼저 변화의 영향을 받게 되고, 두 번째 유형의 변화에서는 빈도수가 낮은 어휘들이 먼저 영향을 받게 된다고 한다(강희숙 1998:14).

그러나 모든 언어 단위의 빈도가 다 의미 있는 것은 아니다. 빈도는 언어 처리에서 매우 중요한 역할을 하지만, 빈도 효과는 어휘 항목과 관련될 경우에만 두드러지며, 비어휘적 통사 구조의 확률적 역할은 심리학적 증거를 별로 보여주지 않는다(Jurafsky 2001)는 연구 결과는, 빈도 정보는 어휘부에 수록되는 단위와 관련해서만 의의를 가지고 있음을 알려준다.

---

4) 빈도는 '한 언어 체계를 구성하고 있는 여러 요소들의 통계적인 특성과 언어 사용에서 출현하는 언어 현상의 확률적인 특성을 구체적인 숫자로 나타내는 것'(서상규·한영균 1999:112)으로 정의된다. 즉, 빈도는 언어 요소나 언어 특성의 출현을 구체적인 수로 표현한 것이다.

5) 고빈도와 일반성, 문법화는 필연적인 관계에 있다는 것이 많은 학자들의 주장이다. 어떤 단어가 문법화를 겪으려면, 문법화되지 않는 단어보다 상대적으로 빈도가 높아야 한다. 문법화 과정에서는, 어원어에서 분화가 일어나서 어떤 한 항목이 어휘어로 남고, 다른 새로운 항목이 문법소로 분화, 발전했을 때는 문법소가 어원어보다 더 높은 사용 빈도를 보인다는 경향도 관찰된다(이성하 1998:215~216).

3. 곡용형과 어휘적 강도

체언과 조사가 결합할 때 나타나는 다양한 현상 중 음운론적 관심의 대상이 되어 온 것은 구개음화이다. (1)의 예에서, 한국어의 음절말 자음 'ㄷ, ㅌ'는 조사와 결합할 때 구개음화 되어 나타나기도 하지만, 이미 재구조화된 형태가 출현하기도 하는 것으로 관찰되어 왔다.

(1) ㄱ. 밭 + -이 → 바치~바시
    ㄴ. 밭 + -을 → 바틀~바츨~바슬
    ㄷ. 밭 + -에 → 바테~바체~바세

ㄱ)의 예는 구개음화로 해석할 수도 있으나, 그 밖의 예들은 음운론적인 설명이 불가능하다. 우선 동일한 화자가 교체형을 수의적으로 선택해서 사용하는 경우가 있다는 것은 이 현상이 음운론의 영역을 벗어났음을 보여주는 것이다. '바틀~바츨'의 경우에는 비록 구개음화의 환경은 아니지만, 후행 모음이 고설성을 갖고 있다는 점에서 음운론적 설명의 실마리를 찾을 수도 있을 것 같다. 그러나 역시 설명이 명쾌한 것은 아니다. 따라서 많은 연구들은 이들의 교체 원인을 유추에서 찾고 있다.

이동석(2001)은 이들 교체를 기저형의 재구조화로 설명하고 있다. '바치~바츨'과 같은 발음을 하는 화자의 경우에는 이 화자의 '밭'의 기저형은 /밫/이라고 생각하는 것이 바람직하다는 것이다. 실제로 /밧/으로의 재구조화의 예는 우리에게도 친숙한 것이며, 만약 곡용형의 패러다임에 뚜렷한 규칙성이 나타난다면 이런 해결 방법이 가장 간명한 것이다. 그러나, 이런 교체에서는 (2)의 예처럼 일부 비대칭성이 발견된다.

(2) 끝이 [끄치] 끝을 [끄츨] 끝에 [?끄체]

'끄츨'과 같이 대격조사와 결합한 곡용형은 구개음으로의 실현이 적지 않게 보이나, 처격조사가 후행할 때는 구개음으로 실현된 형을 쉽게 볼 수 없다. 현실 발음을 통해 이런 경향을 확인할 수 있다. 아래에 제시한 예는 방송 언어에 나타난 발음의 오용 사례를 분석한 자료에서 얻은 것이다. 이 자료에서도 [끄츨, 겨츨]과 같은 오용 사례는 쉽게 찾아볼 수 있으나, 처격 조사와의 결합형에서 이런 사례를 찾기는 어렵다. [끄츨, 겨츨]이라고 발음 하는 화자가 항상 [끄체, 겨체]와 같은 발음을 한다고 보기는 힘들다.

(3) 1위 쟁탈 한 번씩 하고 끝을[끄츨] 내겠습니다. <KBS2 서세원 쇼>
    발끝을[발끄츨] 쭉 펴고 <EBS 딩동댕 유치원>
    좋아! 저 무지개의 끝을[끄츨] 쫓아가는 거야. <SBS 마법의 섬 띠또띠또>
    한번 먹으면 끝을[끄츨] 봐야 되거든요 <KBS2 행복 채널>
    (국립국어연구원. 2000. 방송 언어 오용 실태 조사)

    서울시가 요청한 군 의장대의 조총 발사를 마지막으로 영결식은 끝을[끄츨] 맺었
    습니다. <SBS 8시 뉴스>
    한 점을 에스비에스(SBS)가 앞선 가운데 끝을[끄츨] 냅니다. <SBS 스포츠 2001
    프로농구>
    (국립국어연구원. 2001. 방송 언어 오용 사례)

방송 언어에 나타난 발음 오용 사례에서도 대격조사와의 결합에서는 자 주 나타나는 구개음이 처격조사와의 결합에서는 전혀 보이지 않는다. 이와 같이 조사의 종류에 따라 달라지는 교체의 양상은 이병근(1975)에서도 확인 된다. 이병근(1975)은 (4)의 예를 든다.

(4) 낮 : 낮이(~?밤낮이), 밤낮으로, 낮이나, 낮에

'낮'은 수의적으로 '낫'으로 선택되기도 하지만, '-이나, -에' 앞에서는 이 런 선택의 적용을 잘 받으려 하지 않고 있다. 같은 모음으로 시작되는 조사 가 결합하더라도 음운규칙의 적용에 차이를 보이는 예인데, 이병근(1975)은 이를 '-이나, -에'는 주격이나 대격과는 달리 수의적으로 탈락하는 경우가 없으므로 체언어간에 밀착되어 있기 때문이라고 추측하고 있지만, 더 자세 한 설명은 보류하고 있다.

배주채(1996:57)의 충청방언의 예에서도 이런 현상이 관찰된다. (5)의 예에서는 체언과 조사의 결합형이 주격과 대격조사에 따라 달리 실현되고 있다. 그렇다면, 이를 형태론적 조건으로 볼 수 있는지의 문제가 제기된다. 형태론적 조건은 주격, 대격과 처격에서 서로 다른 형태의 실현이 일어나므로 이 현상의 기술로는 적절하나, 현상의 원인을 설명해 주지는 못한다.

    (5) pat + i > pathi 처격
        pat + i > pasi 주격

그런 점에서 최전승(1986:281)의 해석은 이 현상의 설명에 많은 시사점을 준다. 최전승(1986)에 따르면, 19세기에 전라방언의 체언어간말 'ㅌ' 자음은 주격형에서 구개음화와 마찰음화의 적용을 받은 형태를 보이고 있었다. 그런데 대격형과 처격형 사이에는 비대칭성이 드러난다. 대격형들은 다른 격에 비해 가장 충실하게 주격형태의 지배를 받고 있었다. 즉, 구개음화와 마찰음화의 적용을 받은 형태가 잘 드러나고 있다는 것인데, 이는 유추변화가 가장 먼저 대격형들로 확대되었다는 것을 의미한다고 한다. 반면에 처격형들은 주격에서 야기된 유추적 확대의 적용을 받지 않고 있는 것이다.

    (6) 귀밋치, 밧치
       귀밋츨, 밧츨
       귀밋틱, 밧틱

이는 현대국어에 나타나고 있는 대격과 처격조사에 따른 어간 교체형 차이와 같은 양상을 보이고 있는 것이다. 곡용체계에서 높은 빈도수와 폭넓은 사용을 보이는 주격형이 유추의 방향을 결정하고, 출현빈도가 낮은 어휘부터 유추변화가 적용된다는 가설6)을 수용하면, 처격형은 출현빈도가 상대적으로 높으므로, 유추적 정규화의 적용을 거부했다는 것이다.

---

6) Hooper(1976:99~100)는 유추적 정규화에서 출현빈도가 높은 어휘들은 어휘적으로 강화되어 변화를 잘 겪지 않고, 출현빈도가 낮은 어휘들은 유추변화의 적용을 제일 먼저 받을 수 있다고 하였다.

실제로 한국어 격조사의 사용 빈도를 살펴보면, 주격조사와 대격조사, 처격조사의 빈도는 다른 조사에 비해 매우 높다는 것을 알 수 있다.

(7) 격조사의 빈도(김흥규·강범모 2000)

품사	타입(TYPE)	토큰(TOKEN)
JKB(부사격조사)	47	148216
JKC(보격조사)	2	10372
JKG(관형격조사)	2	82613
JKO(목적격조사)	4	114040
JKQ(인용격조사)	6	2224
JKS(주격조사)	4	79868
JKV(호격조사)	7	469
계	72	437802

순위	형태	품사	빈도	백분율	누적백분율
1	의	JKG	82611	18.869	18.869
2	을	JKO	71989	16.443	35.313
3	에	JKB	60201	13.751	49.064
4	이	JKS	48286	11.029	60.093
5	를	JKO	40963	9.357	69.449
6	가	JKS	31365	7.164	76.613
7	으로	JKB	23331	5.329	81.943
8	에서	JKB	21135	4.828	86.770
9	로	JKB	17284	3.948	90.718
10	이	JKC	7312	1.670	92.388
11	에게	JKB	5242	1.197	93.585
12	과	JKB	4319	0.987	94.572
13	와	JKB	3278	0.749	95.321
14	가	JKC	3060	0.699	96.020
15	보다	JKB	2585	0.590	96.610
16	처럼	JKB	2362	0.540	97.150
17	서	JKB	1857	0.424	97.574
18	로서	JKB	1270	0.290	97.864
19	대로	JKB	1155	0.264	98.128
20	고	JKQ	1110	0.254	98.381

문어에 많이 나타나는 관형격조사 '-의'가 1위로 나타나지만, 이형태를 고려하면 국어에서 가장 많이 쓰이는 조사는 대격조사이다. 어휘 강도 가설에 따르면, 격조사에 따라 달라지는 어간말 자음의 변화는 대격조사와 결합할 때 저지될 가능성이 높다. 이는 현상과는 다른 양상이다.

그러나 구체적인 결합형의 사용 빈도는 어휘 강도 가설이 이 문제를 설명해 주고 있다는 것을 보여준다. '끝'이 조사와 결합한 곡용형 어절의 빈도를 조사하면, (8)과 같다.[7]

(8) 끝이	1771	곁을	705	밭을	580
끝을	1066	곁에	2430	밭에	369
끝에	4560	곁에는	130	밭에는	48
		곁에서	809	밭에서	284

(8)에서 알 수 있듯이 처격형들이 실제 사용에서는 훨씬 더 높은 빈도를 보이고 있다. 이들 체언(끝, 곁, 밭)은 대개 공간을 나타내는 의미를 갖고 있으므로 처격조사와 결합하기 쉽다. 주격조사와 결합한 어형은 구개음화를 겪게 되고(바치, 끄치), 이런 형태를 반복적으로 사용하면 어간의 재구조화에 이를 정도로 강화될 것이다. 따라서 다른 조사와의 결합에서도 구개음화의 적용을 받은 형태를 사용하게 되는 유추적 정규화를 겪게 되는데(바츨, 끄츨), 만약 구개음화와 같은 변이를 겪지 않은 형태가 매우 빈번히 사용되는 경우에는 이러한 어간말 자음의 변동이 쉽게 전이되지 못할 것이다. 빈번히 사용되는 어휘가 음성적인 약화를 겪는 경우와는 달리, 이런 예들은 형태적으로는 잦은 사용이 변화에 저항하는 원인이 된다는 사실을 보여준다.

곡용에서의 불규칙적 양상은 송철의(1995)에서도 지적되었다. 송철의(1995)는 국어 용언의 활용에서만 다루어졌던 불규칙 현상을 체언의 곡용에까지 확장시켰는데, 곡용과 활용에서의 규칙적, 불규칙적 양상을 파악하기 위해 패러다임을 검토하였다. (9)의 패러다임은 송철의(1995)에서 불규칙 곡용형

---

7) 한국과학기술원의 용례검색 프로그램인 KAIST Concordance Program를 이용한 것이다(http://morph.kaist.ac.kr/kcp/). 이 빈도는 단순한 어절통계이며, 어절과 어절 사이에 띄어쓰기가 되지 않은 것 등의 오류는 모두 배제한 것이다.

의 예로 든 것인데, 불규칙 곡용형은 공시적 교체로 설명할 수 없는 형태들을 의미한다. 예를 들어, 어간의 기본형 '이거'의 주격형은 규칙적이라면 '이거가'가 되어야 하겠지만, 실제 주격형은 '이게'이다. '이거'는 어간에 주격의 '-이'가 결합된 다음 통시적 모음축약을 겪은 것인데, 이를 공시적 교체의 예로 들기는 어려운 것이다. 각 곡용형 옆에 붙은 숫자는 KAIST 말뭉치에서의 빈도를 필자가 더한 것이다.

(9)

이거		누구	
이게	3150	누가	11233
이거를	6	누구를	1299
이거의	4	누구의	1152
이거에	2	누구에게	626
이거와	1	누구와	232
이거로	0	누구로	37
이거는	22	누구는	268

(9)의 두 예는 곡용 패러다임 중에서 주격형만 불규칙한 경우이다. 즉, 어간이 겪은 재구조화[8] 중에서 특정한 조사와의 결합에서만 거부되고 있는 것이다. 송철의(1995)는 이들의 예에서 언어변화가 모든 예에서 일률적으로 일어나는 것은 아니라는 경향을 찾을 수는 있지만, 일반화된 설명은 가능하지 않다고 하고 있다. 그러나 이들은 역시 사용 빈도에 의한 어휘적 강화의 예로 해석할 수 있다. 사물이나 사람을 지시하는 위의 대명사들은 주격형으로 쓰이는 빈도가 다른 곡용형에 비해 월등히 높다. 사용 빈도가 압도적으로 높은 이들 곡용형은 그 자체가 하나의 단위로 인식될 수 있게 되었고, 따라서 다른 조사와의 결합에서 나타난 변화에 저항할 수 있었던 것이다.

---

8) '누구'는 의문대명사 '누'에 의문첨사 '-고'가 결합된 형식이 어간으로 굳어져 재구조화된 다음 '오>우'의 변화를 겪은 것이다. 그러나 주격에서는 재구조화되기 이전의 형식이 남아 있다(송철의 1995).

‘밭에’와 같은 처격형은 물론 ‘이거, 누가’와 같은 주격형에서도 이런 불규칙한 곡용형이 발견되는 것은, 불규칙성이 특정한 격형에만 한정되는 것은 아니라는 사실을 말해준다. 이들 불규칙성의 발생은 어휘 개별적일 수 있지만, 다른 곡용형들에서 발견되는 일반적 형태를 거부하고 그 불규칙성을 유지할 수 있었던 것은 반복적 사용을 전제하지 않고서는 불가능한 일이다. 대명사 주격형의 예처럼 압도적인 사용의 편재를 보이는 것은 아니지만, 위의 예에서 보듯 어떤 곡용형이 패러다임 내에서 스스로의 존재를 지키기 위해서는 일정한 빈도, 즉 잦은 사용을 통한 어휘적 강화 과정이 필요한 것이다.

인칭대명사 ‘나, 너, 저’도 패러다임 내에서 특별한 양상을 보여준다. 주격조사와 결합하는 ‘내, 네, 제’ 형태는 패러다임 내에서 확고한 위치를 점유하고 있다. 속격이나 부사격 조사와의 결합에서 ‘나, 너, 저’ 형태가 복원되는 정규화 과정이 부분적으로나마 드러나는 것과는 대조적인 현상이다. 이들 패러다임 내 비대칭성은 한국어에서 이들이 차지하는 사용률과 분리해서 생각할 수 없을 것이다. 주격은 가장 빈번하게 사용되고, 따라서 예외적인 형태가 변화에 잘 저항하고 있다.

(10)[9]

내가	1991-1488	(나가)		0-2	
나를	680-507	(날)		89-48	
내	1743-1369	(나의)		1149-710	
나에게	308-170	(내게)		197-146	
나는	5473-3284	(난)		410-259	
네가	188-97	(니가)	31-12	(너가)	9-1
너를	81-33	(널)		46-17	

---

9) 이 빈도는 21세기 세종 계획의 결과인 형태 분석 말뭉치에서 추출한 것이다. 하이픈 앞의 빈도는 2000년도에 구축된 200만 어절 규모의 분석 말뭉치에서, 하이픈 뒤의 빈도는 1999년도에 구축된 150만 어절 규모의 분석 말뭉치에서 각각 뽑은 것이다. KAIST 말뭉치는 어절형을 찾을 때는 이용할 수 있으나, 형태 분석이 되어 있지 않으므로 ‘내’와 같이 융합된 속격형을 찾을 때는 이용하기 힘들다.

네	148-83	(너의)	85-50
너에게	19-11	(네게)	7-4
너는	112-69	(넌)	144-66
제가	212-185	저가	0-1
저를	25-25	(절)	15-10
제	14-310	(저의)	37-30
저에게	9-7	(제게)	30-12
저는	108-139	(전)	101-23

이에 비해 속격형인 '내, 네, 제'는 '나, 너, 저' 형과 같이 다른 패러다임 내 요소의 형태로 통일되는 경향을 보인다.

4. 활용형과 어휘적 강도

우리는 곡용 패러다임에서 조사에 따른 비대칭적 교체 양상을 확인하였다. 체언과 조사의 결합에 비해 용언의 어간과 어미는 더 긴밀하게 결합한다. 용언 어간은 어미의 결합 없이는 사용될 수 없는 것이다. 따라서 용언 패러다임은 어미에 특정적인 교체를 더 자주 보인다. 용언의 어간이 어미에 따라 다른 형태로 실현되는 경우 이를 불규칙 현상으로 부르고, 이런 활용 패러다임을 보이는 용언은 '불규칙 용언' 또는 '변칙 용언'으로 다루어져 왔다. 변칙 용언의 활용은 추상적 기저형과 규칙 적용을 통해 생성음운론의 해결 대상으로 간주된 적도 있었으나, 이런 음운론적 해결 방식은 많은 비판을 받아 왔다. 형태음운론이라는 부문을 설정하거나, 형태론적 정보의 기저적 명시와 같은 조작으로, 때로는 두 개의 기저형을 설정하는 방식으로 해결되어 왔다.

불규칙 현상을 보이는 용언 중에는 일상 발화에서 다음과 같은 자음 첨가 현상이 발견되는 것이 있다. 우선 '르 불규칙'으로 지칭되어 온 용언 어간들이 (11)과 같이 실현되는 예가 있다.

(11)

가르다/갈르다	거르다/걸르다	구르다/굴르다
기르다/길르다	벼르다/별르다	모르다/몰르다
부르다/불르다	오르다/올르다	흐르다/흘르다
이르다/일르다	조르다/졸르다	서두르다/서둘르다
머무르다/머물르다		

(박선우 2001:47)

이들은 음운론적 환경과 관계없이 두 활용형의 수의적 교체를 보인다. 엄밀히 말하면 후자의 활용형들은 구어에서 주로 발견되는 형태이지만, 인터넷과 같은 매체에서도 이런 활용형이 문자화되어 관찰된다. 이 현상의 동인은 유추에 의한 패러다임 정규화라고 알려져 있다. 즉, '흘러-'와 같은 활용형의 존재에 영향을 입어 자음으로 시작하는 어미 앞에서도 어간형이 단일화된 현상이라는 것이다.

그렇다면, 어간의 단일화는 왜 '흘르-' 쪽으로 이루어지는가? 많은 통시적 연구는 '흐르-'와 같은 단일 어간에서 어간의 재구조화가 일어났다는 데에는 이견을 보이지 않으나, 왜 두 어간형 중 '흘르-'형을 택하게 되었는지를 설명하지는 못하고 있다. 박선우(2001)는 이런 단일화의 방향은 공시적으로 다른 용언들과의 동음충돌을 피하기 위한 것이라고 해석하고 있다. 예를 들어, '가르다'와 같은 용언이 어미와 결합했을 때 '갈라'로 변하지 않고, '가라'와 같이 활용한다면, '갈다'의 활용형과 동음 충돌을 일으키게 된다는 것이다.

이와 비슷한 해석은 김성규(2001)에서도 'ㄹ'말음 용언을 대상으로 이루어졌어. 'ㄹ'말음 용언의 활용은 더 복잡한 변이를 보여준다. '날다'의 표준어는 ㄱ)과 같은 활용 패러다임을 보이지만, 실제로 일상 대화에서는 ㄴ)이나 ㄷ)의 활용형이 더 많이 보인다.

(12)

ㄱ. 나는/나라/나니까

ㄴ. 나르는/나라/나르니까

ㄷ. 날르는/날라/날르니까

'나는'은 체언과 조사의 결합일 수도 있고, 용언의 활용형일 수도 있다. 음장의 변별력이 사라지면서 이들의 구별이 어려워지게 되자, '나르는'의 활용형이 의미 구별에 유리하기 때문에 발생했다는 것이다. 의미 구별에 유리한 쪽으로 어형의 변화가 이루어졌다는 것은 언어의 기능적 측면을 생각할 때 타당한 해석이지만, 다른 용언과의 의미 변별이라는 관계적 조건 외에도, 해당 용언의 사용 양상이 요인으로 작용했을 가능성을 조심스럽게 생각해 볼 수 있다. 즉, 용언의 활용형 중에 더 많이 사용되는 어형의 영향을 받았을 가능성이 있다.

(13) 연결어미의 빈도(김흥규·강범모 2000)

품사	타입(TYPE)	토큰(TOKEN)
EC(연결어미)	579	232163
계	579	232163

순위	형태	품사	빈도	백분율	누적백분율
1	고	EC	45303	19.513	19.513
2	어	EC	32271	13.900	33.414
3	아	EC	29431	12.677	46.090
4	게	EC	16973	7.311	53.401
5	지	EC	12629	5.440	58.841
6	아서	EC	6714	2.892	61.733
7	면	EC	6676	2.876	64.608
8	며	EC	5804	2.500	67.108
9	지만	EC	3934	1.694	68.803
10	어서	EC	3887	1.674	70.477
11	다고	EC	3735	1.609	72.086
12	면서	EC	3720	1.602	73.688
13	라고	EC	3662	1.577	75.266
14	라	EC	3380	1.456	76.722

15	는데	EC	3147	1.356	78.077
16	아야	EC	3055	1.316	79.393
17	어야	EC	2736	1.178	80.571
18	다	EC	2446	1.054	81.625
19	으며	EC	2291	0.987	82.612
20	도록	EC	1542	0.664	83.276
21	으면	EC	1414	0.609	83.885
22	ㄴ가	EC	1377	0.593	84.478
23	다가	EC	1364	0.588	85.066
24	자	EC	1350	0.581	85.647
25	거나	EC	1344	0.579	86.226
26	으나	EC	1339	0.577	86.803
27	니	EC	1237	0.533	87.336
28	아도	EC	1221	0.526	87.862
29	ㄴ다고	EC	1199	0.516	88.378
30	는지	EC	1086	0.468	88.846

　　연결어미 '-아/어-'의 빈도는 한국어 연결어미 중에서도 상위 순위를 점하고 있다. 이형태를 고려하면, 연결어미 '-아/어-'는 가장 많이 쓰이는 어미이다. 즉, 용언의 활용형에서 어간이 연결어미 '-아/어-'와 결합할 확률이 매우 높은 것이다. '르' 변칙 용언들의 자음 첨가의 예들은 '걸러-, 흘러-'와 같은 활용형이 자주 쓰이면서 용언의 심리적 어휘 표상에서도 우위를 점하게 되고, 이런 조건은 '걸르다, 흘르다'와 같은 자음 첨가형으로 실현될 가능성을 높였을 것이다. '나는'이 '나르는'으로 바뀐 것도 '나라-'와 같은 활용형의 빈도가 높아서 재구조화의 조건을 제공한 데 기인한다고 본다.

　　'여' 불규칙으로 지칭되어 온 현상에 대한 해석에서도 이런 영향을 짐작할 수 있다. 정광(1986)에서는 '하-' 동사활용의 특이성을 통시적으로 고찰하여 기저형의 차이로 설명하고 있는데, 어휘형태소 'ㅎ-'는 동사어간을 형성하는 파생접사로서 기능하는 등 그 사용률이 매우 높았으므로 'ㅎ+-아/어'의 연결에서 'ㅎ야'와 같은 모음충돌 회피형이 일반화되었고, 그 기저형이 '히-'로 굳어질 수 있었다고 지적하였다. 정광(1986)에서 주목한 것은 어간의 사용 빈도였으나, 이와 함께 '-아/어-' 어미의 높은 사용 빈도도 이 활용형의 일반화에 기여했을 것이라고 추정할 수 있는 것이다.

(14)

하다

하여	19802	해	16340
하여라	1121	해라	1044
하였다	19245	했다	63020

곡용형에서와 같이 활용형에서도 빈도가 높은 어형은 변화를 잘 겪지 않음을 볼 수 있다. 김성규(2001)는 이 패러다임 내에서 (15)와 같은 비대칭성을 발견하는데, 음성 언어에서는 '아르는'은 발견되지 않지만, '아르니까'는 발견되는 경우도 있다고 한다.

(15)

알다

아는	7616
아니까	65
알아	2199

'아는'과 같은 특정 활용형이 이런 변이에서 배제되는 것은 이 활용형이 높은 사용 빈도에 의해 어휘적으로 강화되고, 변화에 저항하게 되었기 때문으로 보인다. 패러다임 내 불규칙성은 음성적인 약화와는 달리 빈도가 높을수록 잘 보존되는 효과를 보여주고 있다.

5. 결론

지금까지 곡용형과 활용형에서 보이는 여러 불규칙성이 어휘 사용 양상과 일련의 관계를 맺고 있음을 확인하였다. 어휘적 강도는 어휘부에 수록되는 정보가 강화되어 변화에 저항하는 일련의 양상으로 규정될 수 있는데, 곡용형이나 활용형의 패러다임에서 발견되는 불규칙한 형태들이 이를 보여준다. 특정한 곡용형, 활용형이 다른 곡용형, 활용형에서 발견되는 일반적 형태를 거부하고 불규칙성을 유지할 수 있는 것은 반복적 사용을 전제하지 않고서는 불가능한 일이다. 우리는 곡용 패러다임에서 조사에 따라 교체 양상이 달라지는 예와, '르 불규칙' 용언 어간의 수의적 자음 첨가와 같은 예에서 이런 양상을 확인하였다. 어떤 곡용형이나 활용형이 패러다임 내에서 유추적 정규화의 대상이 되지 않으려면 일정한 빈도, 즉 잦은 사용을 통한 어휘적 강화 과정이 필요한 것이다.

　언어 사용이 언어 단위의 표상을 강화하고, 나아가서는 언어 구조를 결정한다는 이런 가설은 더 많은 증거를 통해 입증될 필요가 있다. 음운론이나 형태론의 많은 문제가 상호 관련을 맺고 있으며, 공시적 현상과 통시적 정보의 분리도 쉽지 않다는 것은 주지의 사실이지만, 언어 사용의 중요성과, 어휘부의 역동적인 특성에 대한 규명이 이 문제에 대한 해결의 실마리를 제공할 수 있으리라고 본다.

참고문헌

강창석(1985), "활용과 곡용에서의 형태론과 음운론", 「울산어문논집」 2.

──(1989), "현대국어 음운론의 허와 실", 「국어학」(국어학회) 19.

강희숙(1998), "'오 > 우' 변화와 언어적 화석 - 전남방언을 중심으로 -", 「국어문학」(국어문학회) 33.

김성규(2001), "음성 언어 층위와 문자 언어 층위의 위상에 대한 연구", 「언어학」(한국언어학회) 30.

김흥규·강범모(2000), 「한국어 형태소 및 어휘 사용 빈도의 분석 1」, 서울:고려대학교 민족문화연구원.

박선우(2001), "현대국어 '르'불규칙에 대한 음운론적 고찰", 「민족어문학회 2001, 정기학술대회 발표논문집」.

배주채(1996), 「국어음운론 개설」, 서울: 신구문화사.

서상규·한영균(1999), 「국어정보학 입문」, 서울: 태학사.

송철의(1995), "곡용과 활용의 불규칙에 대하여", 「진단학보」(진단학회) 80.

이동석(2002), 「국어 음운 현상의 소멸과 변화에 대한 연구」, 고려대학교 박사학위논문.

이봉원(2002), 「현대국어 음성·음운 현상에 대한 사용 기반적 연구」, 고려대학교 박사학위논문.

이병근(1975), "音韻規則과 非音韻論的 制約", 「국어학」(국어학회) 3.

이성하(1998), 「문법화의 이해」, 서울: 한국문화사.

정　광(1986), "'하'동사어간의 음운론적 해석", 「국어학신연구」(약천김민수교수화갑기념) 서울: 탑출판사.

최전승(1986), 「19세기 후기 전라방언의 음운현상과 그 역사성」, 서울: 한신문화사.

Bybee. J.(1997), "Usage-based Phonology." *Functionalism and Formalism in Linguistics*. Vol. Ⅰ. John Benjamis.

Bybee. J.(2001), *Phonology and Language Use*. Cambridge:Cambridge University Press.

Hooper, J.B.(1976), *Introduction to Natural Generative Phonology*. New York:Academic Press.

Jurafsky, Daniel, Alan Bell, Michelle Gregory, and William D. Raymond.(2001), "Probablistic relations between words: evidence from reduction in lexical production." *Frequency and the Emergenge of Linguistic Structure*. 229~53. Amsterdam: Benjamins.

웃음 유발의 책략으로서의 중의성 연구
─ 유머 텍스트[1]를 중심으로 ─

한 성 일*

목 차

---

1. 머리말

웃음은 기쁨과 즐거움에 대한 육체의 감각적 반응으로 프로이트(S, Freud,

---

[1] 본고에서는 유머를 '남을 웃기는 말이나 그 말과 함께 이루어지는 행동의 통칭'이라고 정의하고자 한다. 그리고 유머 텍스트는 '남을 웃기게 하기 위해 의도적으로 만든 일정한 구조를 갖춘 이야기'를 의미한다.

* 경원대학교 강사

1960)는 웃음이 걱정, 공포, 분노와 다른 부정적인 감정을 극복하는 방어기제가 된다고 하였다.[2] 또한 웃음은 정신과 육체의 건강 증진뿐만 아니라 인간 관계의 부조화를 균형 있게 조화시켜 밝고 건강한 사회를 구현하는 데 중요한 역할을 담당한다. 이는 "웃음은 경직성을 유연성으로 교정하고 각 개인을 다른 모든 사람과 조화할 수 있도록 재적응 시키며, 결국 날카로운 모서리들을 둥글게 한다."는 베르그송(H, Bergson, 1924)의 말을 통해서도 잘 알 수 있다.

이렇듯 인간 생활에 긍정적인 영향을 미치는 웃음은 유머에서 무한히 생성되고, 따라서 유머에 대한 연구는 인간 연구에 있어 중요한 분야의 하나이다. 그러나 그 중요성에도 불구하고 유머는 우스갯소리로 치부되고 있으며, 이에 대한 연구가 아직 미진한 형편이다. 그나마 진행된 연구들도 유머를 문화 현상의 측면에서 다루고 있을 뿐 웃음 유발을 목적으로 하는 유머의 책략을 종합적이고 구체적인 분석한 연구 성과는 매우 부족한 실정이다.

이에 필자는 유머 텍스트를 대상으로 하여 웃음 유발의 다양한 책략을 분석하고자 한다. 본고는 유머 텍스트의 웃음 유발의 원리를 '비예측성'이라고 전제하고, 이러한 비예측성을 유발하는 여러 책략 중의 하나인 중의성에 대해 분석하고자 한다. 임지룡(1993:237) 의하면 일반적으로 중의성을 점검하는 일차적인 목표는 의사 소통의 장애를 해소하는 데 있다고 한다. 그러나 유머 텍스트에서 중의성 표현을 고찰하는 목적은 중의성이 웃음 유발의 책략 중 가장 기본적이면서 중요한 기법[3]의 하나이기 때문이다.

---

2) 이러한 지적에 따라 정신과 의사들은 환자들을 치료하는 일에 웃음을 폭넓게 이용해 왔고, 유머가 환자들의 불안을 감소시키고 간호사와 환자간의 효과적인 관계성(partnership)을 만들어 내는 긍정적 효과를 가져온다는 데에 초점을 맞춘 연구가 많이 진행되고 있다. 이 분야의 보다 구체적인 연구 동향에 대해서는 한성일(2002a:10~11)을 보라.

3) 베르그송(1924, 정연복 역 1992:101)은 같은 문장에서 "중복"이 가장 익살스러운 효과를 낼 수 있는 원천이라고 지적하고 있다. 여기서 "중복"은 '중의성'을 의미한다.

2. 웃음 유발의 원리와 중의성

1) 유머 텍스트의 웃음 유발의 원리

먼저 기존에 제시된 일반적인 웃음의 발생 원인을 살펴보자. 벌린(Berlyne, 1977:800~802)은 웃음의 발생 원인을 '갈등 이론', '우월 이론', '완화 이론' 등 세 가지 측면에서 설명하였다. 이를 체계적으로 정리하면 다음과 같다.

    (1) 웃음의 발생 이론
       ㄱ. 갈등 이론(葛藤理論) : '부조화(incogruity)론'이라고 할 수 있는데 긴장된 기대가 아무 것도 아닌 것으로 갑자기 전이 될 때 웃게 된다는 것이다.
       ㄴ. 우월 이론(優越理論) : 웃음의 대상이 무엇인가 못나 보이고, 부적합하고, 어리석고 잘못된 것으로 보이기 때문에 웃게 된다는 것이다.
       ㄷ. 완화 이론(緩和理論) : 긴장이 완화되었을 때 웃게 된다는 것이다.

위의 세 가지 웃음 발생 요인은 유머 텍스트의 웃음 발생 원리에도 적용할 수 있다. 그런데 '갈등 이론'과 '완화 이론'은 수용자의 예측을 벗어나는 것이 웃음을 유발한다는 것으로 결국 '비예측성'으로 귀결된다고 할 수 있다. 비예측성이란 수용자가 생산자가 의도한 결과를 예측하지 못함을 뜻한다. 한성일(2001:167~168)에 의하면 생산자는 이야기의 흐름을 통해 일정한 방향으로 수용자의 예측을 유도한다. 이러한 생산자의 책략에 말려 수용자는 일정한 결과를 예측하게 되는데 그 예측은 대개 결과와 일치하지 못하게 된다. 이 때 수용자는 무의미 속의 의미를 깨달으면서 웃음이 발생한다.

수용자의 우월감도 유머 텍스트에서는 비예측성과 결합될 때만이 웃음을 유발할 수 있다. 바보나, 못생기고 뚱뚱한 여자를 보았을 때 우리는 우월감에 웃을 수 있다. 그러나 유머 텍스트에서 이런 유형의 인물을 제시했다고 해서 무조건 우월감과 함께 웃음이 발생하는 것은 아니다.

구현정(2000:369)에서는 대화 전제[4]의 위배와 함께 우월감을 유머 텍스트의 웃음 발생의 원인으로 파악하고 있다. 그에 의하면 유머의 유형 가운데 풍자나 조소, 야유, 적대감, 인종, 지방색 등은 모두 이런 요소를 가지고 있다고 한다. 또한 종교나 성, 질병이나 배설물 등과 같은 금기어를 말하면서 유머를 사용하는 것도 다른 사람들이 일반적으로 말하기 꺼리는 것을 발설한다는 동기에서부터 우월감에 의한 것이라고 하였다.

> (2) 후보자 : 제가 당선되면 도로와 다리를 놓겠습니다.
> 유권자 : 우리 지역에는 강이 없는데 무슨 다리요?
> 후보자 : 걱정 마세요. 강도 만들어 드릴 테니까요

구현정(2000)에서는 (2)를 예로 들어 정치적 우월 집단을 웃음거리로 만드는 데서 오는 우월감[5]이 웃음을 유발시킨다고 하였다. 그러나 (2)의 웃음 유발의 원인은 우월감이 아니라 예측을 벗어나는 후보자의 엉뚱한 대답에 있다. '당선만 되면 강도 만들겠다'는 후보자의 헛된 공약을 통해 정치인의 위선을 비판할 수는 있겠지만 커다란 웃음을 유발하기는 어렵다.

프로이트(1960, 정연복 역 1997:75)에서는 농담은 바로 말하려는 것을 말하지 않음으로써 말하고 있는 것이라고 하였다. 그는 '무의미 속의 의미[6]', '당혹함과 깨달음'이 농담의 근본적 원리라고 하면서 다음의 예를 제시하였다.

> (3) 이찌히가 포병대로 징집되었다. 분명 그는 영리한 사내이다. 그렇지만 고분고분
> 하지 않고 업무에도 아무런 관심이 없다. 그의 상관 중 그에게 우호적인 한 사
> 람이 그를 열외로 불러내 말한다. "이찌히, 자네는 우리에게 쓸모가 없네. 충고
> 하겠는데, 자네 대포 하나 사서 자립하도록 하지."

---

4) 대화 전제(conversational presupposition)는 대화에서 당연하다고 여기는 사실들을 말한다. 대화 전제를 구성하는 것은 배경지식이나 세상사에 대한 지식, 문법이나 표현의 특징으로부터 분명하게 드러나는 고정 전제, 동일한 민족이나 문화 공동체에서 공유되는 문화적 전제 등이 포함된다.
5) 손세모돌(1999:21∼23)에서도 '대상 희화하기'를 유머 형성 방법의 하나로 설정하고 있다.
6) 베르거(Berger, 1976:113∼114)에 의하면 유머는 다른 정보와 차이점을 지닌다. 유머는 의미상 부조화의 관계를 형성하고, 시간적으로 갑자기 제시됨으로써 사람들을 웃게 한다.

(3)에서 상관의 충고는 명백한 무의미이다. 대포를 살수도 없을 뿐더러, 개인이 군인으로서 독립하는 일은 있을 수 없는 일이기 때문이다. 그러나 이 충고는 단순한 무의미가 아니라 재미있는 무의미, 즉 탁월한 유머가 되는 것이다. 그것은 재치 있는 무의미에는 의미가 담겨 있으며 이러한 무의미 속의 의미가 무의미를 유머로 만드는 것이다. 이찌히에게 바보 같은 충고를 하는 장교는 이찌히에게 이찌히 자신이 얼마나 어리석게 처신하고 있는지를 보여 주기 위해서 바보인 척한다. 그는 이찌히를 모방함으로써 그를 깨우쳐 주려는 것이다. 이때 수용자는 상관의 무의미한 말에 당혹감을 느끼게 되지만, 곧 무의미 속의 의미를 깨달음으로서 웃을 수 있는 것이다.

프로이트의 이러한 견해는 유머 텍스트의 웃음 유발의 근본 원리가 "비예측성"에 있다는 필자의 주장을 뒷받침하고 있다.

2) 중의성의 개념 및 유형

(1) 중의성의 개념

중의성(重義性, ambiguity)은 글자 그대로 한가지 형식의 문장이 두 가지 이상의 의미를 전달하고, 해석되는 경우를 말한다. 즉 하나의 문장은 이상적으로 하나의 의미로만 전달되고, 해석되어야 하지만, 여러 가지 요인으로 하여 두 가지 이상으로 해석되는 문장들이 발생할 수 있다.

> (4) 키가 큰 철수의 아버지
> ㄱ. 철수가 키가 크다.
> ㄴ. 철수의 아버지가 키가 크다.
> ㄷ. 철수의 키가 큰 아버지

(4)의 문장은 통사적 요인, 즉 수식 범위에 의해 (4ㄱ)과 (4ㄴ)의 두 가지 의미로 해석이 가능하다. 이렇게 통사적 요인에 의한 중의성을 구조적 중의성이라고 한다. 이러한 중의성은 어순을 바꿈으로써 해결할 수 있는데, (4ㄷ)과 같이 어순을 바꾸면 중의성이 해소[7]된다.

중의성은 모호성(vagueness)과 혼동되는 경우가 많다. 곽재용(1988:8)에 의하면 "모호성은 낱말이나 문장의 뜻이 분명하지 않은 것을 말하는데 비해 중의성은 분명한 뜻이 두 가지 이상인 것을 말한다. 그런데 후자의 경우에도 뜻이 단일하지 않다는 점에서 전자와 혼동되는 경우가 생긴다."라고 하면서 모호성과 중의성의 개념을 명확히 구분해야 함을 강조하고 있다.

    (5) 전씨가 발표한 것이 물의를 일으켰다.
       ㄱ. 발표한 내용
       ㄴ. 발표하였다는 사실

(5)의 경우 의존명사 '것, 바, 줄, 수' 등은 대명사적 성격을 띠고 있고, 이때 대명사가 지시하는 선행어는 유일한 것이 아니기 때문에 이러한 모호성이 발생하게 된다는 것이다.

반면에 임지룡(1993:237)에서는 중의성을 "청자가 해석하는 데 곤란을 느끼는 복합적 의미관계"라고 하면서 중의성을 애매성(모호성)과 같은 측면에서 수용하고 있다. 특히 그는 중의성이라고 할 때는 의사 소통에서 청자의 반응이 중요한 변수가 된다고 하였다. 유머 텍스트의 경우도 의사 소통에서 청자의 반응이 중요함으로 본고에서도 중의성과 모호성을 구분하지 않고 다루기로 하겠다.

(2) 중의성의 유형

중의성은 그 원인에 따라 다양한 유형으로 분류할 수 있다. 임지룡(1993: 237~242)에서는 다의어, 동음어, 방언에 의한 중의성[8]을 살피고 있는데, 이

---

7) 어순을 바꾸는 것 이외에도 중의성을 해소하는 방법에는 여러 가지가 있는데 문맥에 의한 방법, 수식언이나 삭제된 성분을 삽입하는 방법, 비분절 음소를 사용하는 방법 등이 있다.
8) 임지룡(1993:241)에 의하면 서로 다른 방언의 어휘가 만나는 경우 형태는 동일하지만 그 속에 담긴 의미가 다름으로써 혼란과 오해를 불러일으키는 경우가 많다. 시차성이 큰 경우에는 동음어, 다소간의 시차성이 나타나면 다의어에 의한 중의성과 유사한 성질을 지닌다. 예를 들면, 중앙방언의 '사다'와 '팔다'는 대립어의 자격을 갖는데, 경상도 방언에서 곡물을 거래하는 경우는 '팔다'가 '사다'의 용법까지 포괄하고 있다. 따라서 '쌀 팔러 간다.'라는 표현은

는 어휘적 중의성에 해당한다. 라이온스(John Lyons, 1995:54~60)에서도 동음어, 다의어에 의한 어휘적 중의성과 구조적 중의성만을 다루고 있다. 이에 박영순(1998:497)에서는 중의성에 대한 전반적이고 종합적인 견해를 제시하면서 중의문을 7가지로 분류하고 있다.

> (6) 중의성의 종류
> ① 어휘적 중의성
> ② 구조적 중의성
> ③ 논리적 중의성
> ④ 모호성에 의한 중의성
> ⑤ 화용론적 중의성
> ⑥ 관용적 중의성
> ⑦ 은유적 중의성

'어휘적 중의성'은 주로 동음어와 다의어에 의해 발생하고, '구조적 중의성'은 수식 범위의 차이9)로 인해 주로 발생한다. '논리적 중의성'은 부정문에서 부정소의 적용 범위에 따라 발생한다. 예를 들면 '나는 밥을 안 먹었다.'라는 문장은 '안'이라는 부정소의 적용 범위에 따라 첫째, '나는 밥을 안 먹고, 빵을 먹었다.' 둘째, '나는 밥을 안 먹고, 밥을 버렸다.' 셋째, '나는 밥을 안 먹고, 철수가 밥을 먹었다.'라는 의미로 해석된다. 즉 첫째는 목적어가, 둘째는 서술어가, 셋째는 주어가 부정되어 중의성이 나타난다. '모호성에 의한 중의성'은 낱말이나 문장의 뜻이 분명하지 않음으로 인해 발생한다. 예를 들어 '그저께 그 일은 잘 되었다.'라는 문장에서 '그 일'이 정확하게 어떤 일인지 알 수 없을 뿐더러 '잘 되었다'도 구체적으로 무슨 일이 어떻게 되었다는 건지 그 의미를 정확하게 알 수 없다. '화용론적 중의성'은 하나의 문장이 어떤 상황에서 발화되었느냐에 따라 달리 해석됨으로써

경상도 방언 화자들에게는 '팔다'인지 '사다'인지 애매하며, 중앙방언의 화자들에게는 '팔다'로만 해석된다.

9) 곽재용(1988:39~45)에 의하면 구조적 중의성은 수식 범위의 차이 이외에도 접속 구문, 재귀 대명사, 비교 구문 등에서도 발생한다.

발생한다. '날씨가 덥다'라는 발화는 상황에 따라 '창문을 열어라', '에어컨을 틀어라', '옷을 벗어라' 등의 여러 의미로 해석될 수 있다, '관용적 중의성'은 문장을 직설적인 의미와 관용적인 의미로 해석하느냐에 따라 발생한다. 예를 들어 '그들은 손을 잡았다'라는 문장은 '그들은 서로의 손을 잡았다.'라는 직설적 의미로 이해될 수도 있고, '손을 잡았다'가 관용적으로 굳어져서 '그들을 동업을 하기로 하였다.' 또는 '그들을 협력하기로 하였다' 등의 의미로 이해될 수도 있다. 끝으로 '은유적 중의성'은 직설적인 의미와 은유적 의미의 두 가지 해석이 중의성을 유발한다.

이상의 중의성의 유형들 중에 웃음 유발의 책략으로 주로 사용되는 것은 어휘적 중의성과 화용론적 중의성 그리고 은유적 중의성이다. 따라서 본고에서는 어휘적 중의성과 화용적 중의성 그리고 은유적 중의성이 유머 텍스트의 웃음 유발 책략에 어떻게 기여하는 지를 살펴보도록 하겠다.

3) 웃음 유발과 중의성의 관계

웃음 유발의 가장 근본적인 원인은 비예측성이다. 따라서 수용자의 예측을 벗어나기 위한 여러 기법들이 유머 텍스트의 책략으로 활용된다. 프로이트(1965, 임인주 역 1997:55)에서는 유머의 다양한 기술을 다음과 같이 요약하고 있다.

(7) 농담의 기술
  ㄱ. 압축
    ① 합성어 만들기
    ② 변형
  ㄴ. 동일한 소재의 다양한 사용
    ① 전체와 부분
    ② 순서 바꾸기
    ③ 가벼운 변형
    ④ 동일한 단어를 곧이곧대로의 의미와 허사로서 사용하기

ㄷ. 이중적 의미
① 이름과 사물로서의 의미
② 은유적 의미와 실제적 의미
③ 본래의 이중적 의미(말 놀이)
④ 불확실성
⑤ 암시 효과를 갖는 이중적 의미

위의 분류에서 (7ㄷ)의 이중적 의미는 중의성을 의미하며, 유머의 기술에서 가장 중요한 역할을 담당하고 있다.

그라이스(Grice, 1975)의 대화의 원리에서도 중의성은 중요한 위치를 차지하고 있다. 그는 대화에서의 '협력의 원리'를 제시하고, '격률(maxims)'이라고 불리는 네 개의 소 원리들을 다음과 같이 제시했다.

(8) 협력 원리
ㄱ. 협력 원리 : 대화가 진행되는 단계에서, 당신이 참가하고 있는 대화교환의
방향으로 필요 되어지는 만큼 대화하라
ㄴ. 대화 격률
① 양(quantity)의 격률 - 필요한 양만큼의 정보를 제공하라.
② 질(quality)의 격률 - 진실된 사실만을 말하라.
③ 관련성(relevance)의 격률 - 적합성이 있는 말을 하라.
④ 방법(manner)의 격률 - 명쾌하라, 표현의 애매함을 피하라, 중의성을 피
하라, 간결해라, 순서대로 말하라.

이러한 격률은 반드시 지켜야하는 '규칙'은 아니지만 '책략'과 '지시 사항'이기 때문에 격률을 지키는 것이 가장 이상적 텍스트라고 할 수 있다. 그런데 구현정(1999)에서는 이러한 대화 격률을 위배하는 데서 유머 텍스트의 불일치가 일어난다고 보았다.

(9) 여자 : 이봐요, 나이 값 좀 하세요
남자 : 나이 한 살에 얼마지요?

위에서는 '적합성이 있는 말을 하라'고 하는 관련성의 격률을 위배하고 있고, 이러한 위배가 웃음 유발의 원리가 되고 있다. 마찬가지로 중의성은 '방법의 격률'을 위배하고 있는 것이다. 이렇게 일반적인 대화의 격률을 위배하는 것이 오히려 이상적인 유머를 실현할 수 있다는 것은 유머의 책략을 이해하는 데 있어 시사하는 바가 매우 크다.[10]

이도영(1999)의 분류에서도 '단어나 어구의 중의성 활용하기'가 웃음 유발의 주요 기법으로 활용되고 있음을 알 수 있다. 그는 유머 텍스트의 웃음 유발 장치를 언어적 장치와 비언어적 장치로 구분하여 제시하고 있다. 그에 의하면 언어의 성질을 이용하여 웃음을 유발하는 장치에는 '발음활용하기, 단어나 어구의 중의성 활용하기, 단어나 어구 파괴하기, 사투리 활용하기, 받침 활용하기, 음성 연상 활용하기, 대구 활용하기' 등이 있다. 그리고 비언어적 웃음 유발 장치에는 '동문서답하기, 되받아치기, 고정 관념 이용하기, 특징 찾아 핵심 찌르기, 정곡 찌르기, 우스운 상황 연출하기, 함정 만들기, 배경 지식 충돌시키기, 패러디하기, 과장하기, 형태에 의미부여 하기' 등이 있다.

이러한 중의성의 활용은 유머와 밀접한 관계를 갖는 수수께끼에서도 중요한 기법으로 사용되어 왔다. 전통적 의미의 수수께끼는 수용자가 그 문제를 풀 수 없도록 방해하는 요소를 가지고 있는데, 이는 중의성이라는 개념과 직접적으로 연관이 있다. 수수께끼는 첫째, 언어적 중의성, 즉 문법적 형태 안에서의 중의성을 지니고 있다. 둘째, 수수께끼 행위 자체에 맥락적 중의성, 즉 사회적 예법을 의식적으로 조작함으로써 수수께끼를 푸는 사람을 어리둥절하게 하거나 혼란스럽게 하는 중의성을 지니고 있다. 그러므로 수수께끼를 내는 사람은 상대방이 풀 수 없는 중의성을 제시함으로써 상대방의 허를 찌르려고 한다. 이 때 "재치 있다"거나 "허를 찌른다"는 개념은

---

10) 보그란데와 드레슬러(1981)에 의하면 7가지 텍스트성(textuality)을 유지하지 못하는 텍스트는 비텍스트가 된다. 특히 응집성(coherence)의 유지가 가장 중요하다. 그런데 유머 텍스트의 경우에는 응집성이 파괴되어 의의의 불연속성이 나타나는 것이 일반적이다. 이 때 중요한 것은 이러한 의도적인 응집성의 파괴가 유머라는 텍스트의 새로운 응집성을 만들어 내고 유머 텍스트의 웃음 유발의 목적을 실현시키는 데 기여하고 있다는 것이다. 더욱 구체적인 것은 한성일(2002a:88~100)을 보라.

곧 이러한 중의성을 풀지 못하는 상대방의 무능력과 일치될 수 있다. (페피셀로와 그린 1984, 남기탁 외 역 1993:23)

이상에서 중의성이 웃음 유발의 책략에서 차지하는 비중이 매우 크다는 것을 알 수 있었다. 그러면 이러한 중의성이 실제 유머 텍스트에서 어떻게 구현되고 있는 지를 살펴보자.

3. 유머 텍스트의 책략으로서의 중의성

1) 어휘적 중의성을 이용한 책략

'어휘적 중의성'은 주로 동음어와 다의어[11]에 의해 주로 발생한다.

    (10) ㄱ. 그는 <u>다리</u>를 고쳤다.
        ㄴ. <u>손</u>이 크다.

(10ㄱ)은 '다리'라는 어휘가 '脚'과 '橋' 중 어느 것으로 해석되느냐에 따라 그 의미가 달라진다. (10ㄴ)에서는 '손'의 용법이 중심 의미인 신체의 일부분인 '손'(手)인가, 적용의 전이에 따른 주변 의미인 '씀씀이, 손버릇, 관계' 인가에 의해 중의성이 일어난다.

이러한 중의성은 의사 소통에 커다란 장애 요소가 된다. 그러나 이러한 장애가 유머 텍스트에서는 수용자의 예측을 혼란스럽게 하고 나아가 웃음을 유발하는 데 기여한다.

    (11) 금슬 좋던 말 중 암말이 죽었다. 숫말이 암말의 무덤 앞에서 이렇게 탄식했다.
        "이젠 <u>할 말</u>이 없네."

---

11) 동음어(hononym)와 다의어(polysemy)는 둘 다 형태는 하나인데 그 의미가 둘 이상이라는 공통점을 지니고 있어서 구별하기 어려운 경우가 있다. 동음어와 다의어의 가장 큰 차이점은 동음어는 그 의미에 있어서 관련성이 전혀 없는데 비해서 다의어는 그 의미 상호간의 관계가 밀접하다는 점이다.

> 숫말은 결국 새 장가를 들었다. 얼마 후 이번엔 숫말이 죽었고, 남편을 잃은
> 암말이 한숨을 쉬며 중얼거린다. "야! 이젠 <u>해 줄 말</u>이 없네."

(11)의 경우 '말'이 갖는 중의성으로 수용자에 따라 반응이 달라진다. '말'을 '言'으로 해석하느냐 '馬'로 해석하느냐에 따라 의미가 달라진다. 그런데 물론 생산자는 '말'을 '馬'로 해석하기를 바란다. '말'을 '馬'로 해석해야만이 수용자에게 성(性)적인 행위가 연상되고 이로 인해 웃음이 유발될 수 있기 때문이다.

생산자는 수용자의 이러한 연상을 위해 또 하나의 중의적 장치를 마련했는데, 그것은 '하다'이다. '하다'는 모든 행위를 나타내는 가장 포괄적인 어휘임에도 불구하고 성행위를 연상하게 한다. '하다'는 주로 여러 동사를 대신해서 쓰이는 것이 일반적이다. 따라서 목적어를 앞에 두고 쓰이게 마련인데, 요즘은 '성 관계를 맺다'라는 구체적 행위를 나타내는 것으로 그 의미가 확장되었다. 즉 일반적 의미를 갖는 단어가 구체적 의미를 가리키게 된 것이다. 다의어는 일반적으로 구체적인 것에서 추상적인 것으로 의미가 확장되어 나간다.12) 그런데 '하다'의 경우는 추상적인 것이 구체적 행위를 가리키는 것으로 의미가 한정된 것이다. 이러한 확장은 '목적어'의 생략으로 이루어지는데 그 목적어는 '섹스' 즉 금기어이기 때문에 생략되는 것이다. 이는 <일반성→비유성→관용성>의 확장으로 해석할 수 있다. '하다'가 '섹스를 하다'라는 비유성을 획득하는데 이러한 비유가 한층 굳어져서 관용성으로 진행된 것이다. 따라서 '남녀가 하다'라든지 남녀간의 대화에서 '하다'는 '섹스를 하다'라는 관용적 표현으로 쓰이게 된 것이다.

다의어를 이용한 경우를 좀 더 살펴보자. 다의 관계란 하나의 '어휘항목'(lexica item)이 둘 이상의 관련된 '의의(sense)'를 지닌 것이며 다의 관계에 있는 낱말을 다의어라고 한다. 임지룡(1997:217)에 의하면 다의 관계는 머리속 사전이 작용할 수 있는 범위 안에서 명칭의 무한한 확장을 방지해 주는

---

12) 임지룡(1997:240~241)에서는 다의어에 의한 의미확장 양상을 여섯 가지로 나누어 설명하고 있다. ① <사람→짐승→생물→무생물>의 확장, ② <구체성→추상성>의 확장, ③ <공간→시간→추상>의 확장, ④ <물리적→사회적→심리적>확장, ⑤ <일반성→비유성→관용성>의 확장, ⑥ <내용어→기능어>의 확장.

효율적인 인지 장치라고 할 수 있다. 이것은 곧 다의어가 갖는 경제성과 다의어를 부려쓸 수 있는 인간 인지의 유연성을 뜻한다.

> (12) 루이 15세가 재담으로 익히 소문이 난 한 신하의 재치를 시험하려고 했다. 먼저 그는 신하에게 자신에 대해 농담을 하도록 명령을 내렸다. 왕 자기 자신이 농담의 주제sujet가 되고자 했던 것이다. 그 신하는 능숙한 농담으로 대답했다. "왕은 결코 주제sujet가 아니다."
>
> (프로이트/임인주 역, 1997:49)

> (13) 공공 장소의 기념비 앞에서 한 외지인이 베를린 토박이에게 물었다. "이 동상들은 무엇을 나타냅니까 vorstellen?" 베를린 토박이가 대답했다. "오른쪽 다리나 왼쪽 다리."
>
> (프로이트/임인주 역, 1997:51)

(12)의 'sujet'는 '주제' 이외에도 '신하'라는 의미를 지니고 있고, (13)의 독일어 동사 'vorstellen' 역시 '나타내다, 뜻하다'라는 의미 외에도 '~을 잃다, 손해를 보다'를 의미한다. 결국 이러한 단어의 다의성이 중의성을 유발시키고, 나아가 웃음 유발에 기여하고 있다.

손세모돌(2000:12)에 의하면 음성 유사도 동음어와 마찬가지로 모호성을 이용하여 웃음을 유발한다. 그는 음성 유사는 유머에서 아주 폭넓게 사용되는 언어학적 기재로 동음어보다 그 범위가 훨씬 넓기 때문에 다양하게 활용할 가능성이 더 크다고 보았다.

> (14) 유인촌이 새 양복을 입고 속옷 CF를 찍고 있었다. 유인촌이 분위기 있는 목소리로 대사를 시작했다. "입어도 입은 것 같지 않은 속옷의 혁명! 정말 편안…." 그때 갑자기 하늘에서 장대비가 쏟아져 눈 깜짝할 사이에 새 양복이 다 젖자 화가 난 유인촌. 얼굴이 시뻘겋게 달아오르며 소리쳤다. "비! 와이! 씨!"
>
> (이영규 편, 1997: 50)

(14)는 속옷의 상표인 'BYC'와 '비 와이 씨(비가 온다. 씨)'의 음성 유사를

절묘하게 활용한 유머이다.

띄어쓰기를 교묘히 활용해서 중의성을 유발하는 유머도 있다. 수수께끼에서는 단어의 연접(連接-즉 休止현상)이 중의성을 창출하기 위한 책략의 하나로 사용된다. 다음의 예를 보자.

> (15) Why is a man clearing a hedge in a single bound like a man snoring?
> (어떤 사람이 잠자는 듯하면 단번에 울타리를 뛰어넘는 까닭은 무엇인가?)
> He does it in <u>his sleep(his leap)</u>
>
> (페피셀로 외/ 남기탁 역, 1993:38)

(15)의 경우 중의성은 /hizliyp/이라는 발화에 연접을 배치하는 데에서 발생한다. 'his sleep'는 기술적으로 /hiz/와 /sliyp/로 각기 발음되는 두 개의 독립된 어휘 항목으로 이루어져 있다. 그러나 발화에 있어 치경 마찰음인 끝의 /z/와 치음의 /s/는 끝의 자음과 처음의 자음으로서 동시에 작용하는 /z/음을 뚜렷하게 발음함으로써 생략된다. 이러한 생략의 과정에서 his leap과 동음이의인 /hizliyp/이 창출된다. 다시 말해 이러한 발화는 연접의 배치에 따라서 달리 해석되는 것이다. 그런데 'his sleep'로 발음될 때는 "그는 꿈속에서 뛰어넘기 때문이다"로 'his leap'로 발음될 때는 "그는 뛰어넘으면서 졸기 때문이다"로 해석되기 때문에 두 가지가 모두 답으로 가능하다.

이러한 연접에 의한 중의성 창출은 유머 텍스트, 특히 수수께끼형[13]에서 많이 활용되고 있다. 수수께끼형은 전통적인 수수께끼의 형식을 빌려서 웃음을 주는 유형으로, 흔히 말하는 난센스 퀴즈가 이에 속한다.

> (16) 우리나라에서 가장 잠이 많은 가수는?
> 이미자

'이미자'를 붙여 발음하는 경우에는 '이미자'라는 특정 가수를 지칭하게 되고, '이미'와 '자' 사이에 휴지를 두는 경우에는 '이미 잔다'라는 의미를

---

13) 한성일(2002a)에서는 유머 텍스트를 서술형과 문답형으로 분류하고, 문답형을 다시 '수수께끼형', '삼행시형', '단어·문장 재분석형'으로 분류하고 있다.

갖게 되어 잠을 많이 잔다는 의미를 나타내게 된다. 따라서 휴지가 있는 경우와 없는 경우의 의미를 합할 때 문제가 요구하는 답이 되는 것이다.

조금 다른 경우로 붙여서 한 단어로 이해하느냐 띄어서 구나 절로 이해하느냐에 따라 의미가 달라지도록 의도적인 배열을 한 유형이 있다.

(17) 덩달이가 학생 운동을 하다 안기부에 끌려갔다. 무섭게 생긴 사나이가 덩달이에게 주동자 이름을 대라며 주먹으로 마구 때렸다. 열 받은 덩달이가 그 사나이를 노려보자 사나이가 물었다. "왜 기분 나쁘냐?" 그러자 덩달이가 하는 말. <u>"안기분 나빠요"</u>

위의 경우는 '안'과 '기분'을 붙여서 한 단어로 인식할 경우는 "안기부는 나쁘다"라는 의미로 이해되고 '안'과 '기분'을 띄어서 인식할 경우에는 "기분이 나쁘지 않다"라는 의미로 이해된다.

임지룡(1992:240)에서는 발화에서 전혀 다른 두 낱말이 연음으로 인해 중의성이 일어나는 경우도 매우 흥미롭다고 하였다.

(18) 그 <u>소년은/소녀는</u> 그 소녀를 그리워했다.

(18)에서 소녀를 그리워한 주체가 '소년'인지 '소녀'인지 애매하다. '소년은'과 '소녀는'이 연음으로 인해 발음이 같아지기 때문이다. 이러한 연음 현상에 의한 동음성은 유머 텍스트에서도 간혹 발견된다.

(19) 한 남자가 여자에게 물어보았다.
　　　남자 : <u>사내 가는</u> 게 좋아?
　　　여자 : <u>산에 가는</u> 게 좋지.
　　　남자 : 진짜 사내 가는 게 좋다구?
　　　여지 : 그럼, 너무 좋아.

(김진배, 2000:268)

(19)에서는 우선 '사내'와 '산에'가 연음으로 인해 발음이 같아지게 된다.

실제 많은 언중들은 '애'와 '에'의 발음을 잘 구별하지 못하기 때문이다. 또 하나는 '가는'이라는 단어의 중의성이다. 남자는 '(남성의 성기)가 가늘다(작다)'라는 의미로 질문을 던진 것이다. 그런데 여자는 '산에 가다'라는 의미로 이해하였고, 이러한 중의성이 웃음 유발에 기여하고 있다.

이상에서 살핀 동음어와 다의어 그리고 발음의 유사성 등에 의한 중의성은 고전 유머와 해학적인 문학 작품에서 흔히 '언어유희'라는 이름으로 많이 활용되는 전통적인 웃음 유발의 기법이다.

> (20) 어느 날 세조가 구치관이라는 사람을 새로운 정승으로 임명했다. 그런데 구치관은 전임자였던 신숙주와 매우 불편한 관계에 있는 사람이었다. 그것을 눈치 챈 세조는 전임자와 후임자를 어전에 불러놓고 임금의 물음에 틀리게 대답하면 벌주를 내리겠노라고 말한 다음 두 사람을 번갈아 불렀다.
>
> 세 조 : 신 정승!
>
> 신숙지 : 예, 전하.
>
> 세 조 : 내가 언제 산(申) 정승을 불렀소? 신(新) 정승을 불렀지. 자 벌주를 드시오.(신숙주가 벌주를 마신 후) 구정승!
>
> 구치관 : 예.
>
> 세 조 : 허허, 난 구(具) 정승이 아니라 구(舊) 정승을 불렀오. 벌주!(구치관이 벌주를 마신 후) 신 정승!
>
> 구치관 : 예
>
> 세 조 : 또 틀렸군. 이번에는 산(新) 정승이 아니라 산(申) 정승을 불렀는데 …….

> (21) ㄱ. "올라간 이 도령인지 삼 도령인지, 그 놈의 자식은 일거후(一擧後) 무소식하니, 인사가 그렇고는 벼슬은 커니와 사람 구실도 못하제." (춘향전)
>
> ㄴ. "마구간에 들어가 노새 원님을 끌어다가 말뚝이님 내가 타고"(봉산탈춤)
>
> ㄷ. 어사또 들은 척 아니 허고, 부채를 거꾸로 쥐고 부채 꼭지로 운봉 옆구리를 쿡 찌르며, "여보, 운봉 영감! 거 갈비 한 대 주." 운봉이 깜짝 놀래며, "허어, 그분이 갈비를 달래면 익은 소갈비를 달래지. 사람의 생갈비를 달랜단 말이오?"

(20)의 경우 '신(申)'과 '신(新)'의 중의성, '구(具)'와 '구(舊)'의 중의성을 교

묘히 활용하여 자연스러운 웃음과 함께 두 사람을 화해하게 하는 고도의 책략을 사용하고 있다. (21ㄱ)은 이도령의 '이(李)'를 '이(二)'로 해석해서 삼(三)도령을 이끌어 내고 있다. (21ㄴ)은 '노 생원님'과 발음이 유사한 '노새 원님'을 활용하여 양반을 풍자하고 있다. (21ㄷ)은 '갈비'가 '소의 갈비'와 '사람의 갈비'라는 이중적 의미로 이해되면서 웃음을 유발하고 있다.

2) 화용론적 중의성14)을 이용한 책략

화용론적 중의성은 하나의 발화가 상황에 따라 의미가 달리 해석됨으로써 발생하게 된다. 예를 들어 "비가 올 것 같다"라는 문장은 날씨에 대한 단순한 표현일 수도 있고, 비가 오니 외출을 포기하자는 의미일 수도 있고, 비가 오니 창문을 닫으라는 의미일 수도 있다.

이러한 상황과 문맥에 따른 중의성은 유머 텍스트에서도 발생하는데 유머 텍스트의 생산자는 텍스트 내부에 이러한 중의성을 의도적으로 발생시켜 수용자의 혼동을 유발시키는 책략을 구사하는 것이다.

> (22) 영구네 옆집에 <u>개조심</u>이라는 팻말이 붙어 있었다. 영구는 무서워서 항상 뒤로 돌아 다녔다. 엥? 그런데 이렇게 억울할 수가. 어느 날 그 집에서 나오는 개를 보니 주먹만한 강아지가 아닌가 그 개를 따라나온 맹숙이 하는 말. "야, 밟지 않게 조심해!"
>
> (이영규 편, 1997:302)

(22)는 '개조심'이라는 구절의 상반된 해석이 중의성을 가져온다. 일반적으로 '개조심'은 "개가 무서우니 물리지 않도록 조심해라"라는 의미로 이해된다. 더구나 대문 앞에 붙여있는 팻말은 어떤 수용자에게도 무서운 개를 조심해라라는 의미로 받아들여지게 마련이다. 그런데 (22)에서는 '개가 작

---

14) 율(G. Yule, 서재석 외 역 2001:3)에 의하면 화용론은 어떤 발화에서 단어나 구가 그 자체로서 의미하는 것보다 사람들이 그 발화로서 의미하는 것과 더 많은 연관을 지닌 학문으로 문맥상의 의미에 대한 연구이다. 또한 화용론은 말한 것보다 더 많은 것을 의사 소통하는 방식에 대한 연구이다.

고 연약하니 개를 밟지 않도록 조심해라'라는 의미로 해석됨으로써 중의성
이 표출되고 이러한 중의성에 의한 의외성이 웃음을 유발시킨다.

> (23) A man Walking down the street sees another man with a very big dog.
> One man says to the other: 'Does your dog bite?' The man replies: 'No,
> my dog doesn't'. The man pats the dog and has his hand bitten off. 'I
> thought you said your dog didn't bite,' said the injured man. 'That's not
> my dog,' replied the other. (『LaughLAB』[15], 2002:39)
> 한 남자가 거리에서 커다란 개와 함께 걸어가는 사람을 보았다. 남자는 그 사람
> 에게 "당신의 개는 뭅니까?" 하고 물었다. 그 사람은 "내 개는 물지 않습니다"
> 라고 대답했다. 이에 남자는 그 개를 쓰다듬었는데 그 순간 개가 손을 물었다.
> 손을 다친 남자는 "당신의 개는 물지 않는다면서요!" 라고 소리를 질렀다. 그러
> 자 그 사람이 하는 말, "그 개는 내 개가 아니에요"

(23)의 유머 역시 상황적 문맥에 따른 중의성을 이용한 유머이다. "당신의
개는 뭅니까?"라는 질문을 던진 남자의 입장에서는 '내 개는 물지 않습니
다'라는 답변을 듣고 당연히 그 사람 옆에 있는 개를 그 사람의 개로 인식
할 수밖에 없다. 그런데 그 남자는 '내 개는 물지 않지만 이 개는 내 개가
아니다'라고 항변하고 있다. 즉 상황적인 문맥에서 그 의미가 달리 해석될
수 있었고 이것이 웃음을 유발하게 되는 것이다.

> (24) The funniest joke in the word[16]

---

15) 『LaughLAB』은 영국 하트퍼드셔대학 심리학과 리처드 와이즈만(Richard Wiseman) 교수 연구
팀의 프로젝트로 그들은 1년여에 걸쳐 미국과 유럽의 200만 명을 설문 조사하여 70개국의
4만여 유머 중 세계 최고를 선정했다. 그러나 섬나라와 문화적 특성 때문에 우스갯소리에
대한 선호도는 차이가 나는 것으로 나타났다. 이 연구에 의하면 많은 사람들의 공감을 일
으키는 유머는 우월감을 느끼게 하고, 걱정을 없애주고 위안을 주거나, 극적인 반전(反轉)
을 보여주는 공통점이 있다.

16) 이 유머는 『LaughLAB』에서 가장 재미있는 유머로 선정되었다. 이 보고서는 선정이유를 다
음과 같이 밝혔다. "이 유머는 세 가지 웃음의 원리를 지니고 있다. 첫째, 우리는 어리석은
사냥꾼에게 우월감을 느낀다. 둘째, 상담자와 사냥꾼의 오해로 인한 불일치를 깨닫게 되고,
그것이 우리의 죽음에 대한 걱정을 떨쳐버리고 웃음을 준다. 셋째, 이 유머는 105개의 단어
로 이루어져 가장 적당한 길이를 갖추고 있다."(『LaughLAB』, 2002:183)

A couple of New jersey hunters are out in the woods when one of them falls to the ground. He doesn't seem to be breathing, his eyes are rolled back in his head. The other guy whips out his cell phone and calls the emergency services. He gasps to the operator: 'My friend is dead! What can I do?' The operator in a calm soothing voice say: 'Just take it easy. I can help. First, <u>let's make sure he's dead</u>' There is a silence, then a shot is heard. The guy's voice comes back on the line. He says: 'OK, now What?'

(『LaughLAB』, 2002:183)

사냥꾼 두 명이 숲 속에서 사냥을 하다가 한 명이 정신을 잃고 쓰러졌다. 그는 숨을 쉬지 않는 것처럼 보였다. 당황한 동료는 휴대전화로 긴급구조를 요청했다. 그는 "내 친구가 죽었어요. 내가 어떻게 해야하죠?"라고 소리쳤다. 상담원은 침착하게 말했다. "자 침착하세요. 내가 도와드릴게요. 먼저, <u>그가 죽었는지 확실히 해야 돼요.</u>" 잠시 침묵이 흐른 후 총소리가 들렸다. 그 사내의 목소리가 다시 들렸다. "이제 됐어요. 다음엔 어떻게 해야 하나요?"

(24)는 'let's make sure he's head'(그가 죽었는지 확실히 해야 돼요)라는 상담원의 말이 중의적인 의미로 해석됨으로써 오해를 불러일으켰고, 그 오해로 인한 비예측적인 행동이 웃음을 유발하고 있다. 동료가 분명히 죽었는지를 확인하라는 상담원의 말을 "확실히 죽여라"라는 의미로 해석한 사냥꾼의 행동은 이 문장이 상황 문맥적으로 중의적으로 해석 가능하기 때문이다. 결국 이 유머 텍스트의 생산자는 중의적 해석을 가장해서 비예측적인 행동을 유발시키고 있고, 이를 통해 수용자의 웃음을 유발시키는 책략을 사용하고 있는 것이다.

(25) 어떤 부인의 병상을 떠나면서 의사가 자신을 따라오는 남편에게 고개를 흔들면서 말했다. "이 부인은 <u>내 맘에 들지 않아요.</u>" 그러자 남편은 "그녀가 <u>내 마음에 들지 않은</u> 지는 이미 오래지요"라고 서둘러 맞장구를 쳤다.

(프로이트/임인주 역, 1997:49)

(25)의 경우에도 "내 맘에 들지 않는다"라는 의사와 남편의 주장이 중의

성을 유발하고 있다. 의사가 언급하고 있는 것은 당연히 상황적으로 부인의 건강 상태에 대한 불만족이다. 그런데 남편은 이것을 결혼 생활에 대한 불만으로 연결시킴으로써 중의성에 의한 불일치가 발생하게 된다.

3) 은유적 중의성을 이용한 책략

전통적으로 은유는 비유의 일종이다. 비유란 어떤 사물이나 관념을 그와 비슷한 다른 것을 끌어내어 설명하는 것으로 우리의 언어 생활에서 흔히 쓰이는 표현법이다. 눈치가 더딘 사람을 '형광등'이라고 하고 행동이 굼뜬 사람을 '굼벵이'라고 하는 것 등이 좋은 예이다. 이러한 비유는 유머 텍스트에서 가장 많이 활용되는 웃음 유발의 책략이다.

> (26) 어느 중년부부가 오랜만에 신혼시절의 앨범을 보고 있었다. 한동안 아내의 젊은 시절의 모습을 들여다보던 남편이 말한다. "이 때만 해도 당신 얼굴이 달덩이 같았는데……." "지금은 아니란 말인가요?" "글세, 지금도 달은 달이지." "정말 그렇게 보여요?" "물론이지. 달 표면으로 변한 것이 좀 아쉽긴 하지만 말이야."
>
> (김진배, 1997:106)

(26)에서는 아내의 얼굴을 달덩이와 달 표면에 비유했다. 달덩이의 어감이 복스럽고 환한 반면에 달 표면의 어감은 울퉁불퉁하다. 곱던 얼굴이 나이가 들어 거칠게 변한 것을 단어의 어감을 활용해서 표현한 것이다. '달은 달이로되 달 표면이다'라는 식의 표현은 은근하면서도 유머러스한 느낌을 준다. 이러한 남편의 대응에 아내는 불쾌감을 느끼지 않고 슬쩍 눈을 흘기는 정도로 넘어가게 될 것이다.

이처럼 비유는 특수한 현상이 아니라 의미를 부여하는 인간의 매우 기본적인 책략의 하나라고 할 수 있고, 마찬가지로 은유도 언어 보편적인 현상[17]으로, 한 개념을 더 구체적이고 인간에게 가까운 개념을 통해 이해하

---

17) 레이코프와 존슨(Lakoff & Johnson, 1980)에 의하면 우리가 생각하고 행동하는 데 있어서 우

고자 하는 인간의 인지 과정을 반영한다.

은유적 표현은 이중적 의미로 해석됨으로서 웃음 유발의 책략으로 활용되곤 한다. 베르그송(정연복 역 1992:101)에서는 중의성을 이용한 다양한 수법 가운데 '동음어'를 가장 시시한 것으로 지적한 반면에 '은유'를 더 고급스러운 것으로 보고 있다. '은유적 중의성'은 직설적인 의미와 은유적 의미의 두 가지 해석이 중의성을 유발한다. 예를 들어 "저기 있는 햇병아리들이 귀엽지 않니?"라는 문장은 "저기 있는 병아리들이 귀엽지 않니?"라는 직설적 의미와 "저기 있는 신입생은 귀엽지 않니?"라는 은유적 의미로 해석될 수 있다.

> (27) 아내는 남편의 카드 대금 청구서를 받아 보고는 바가지를 긁기 시작했다. "당신 돈을 이렇게 펑펑 쓰면 어떡해요! 옆집 순돌이 아빠 본 좀 받아요 순돌이 아빠 <u>돈 천 원에도 벌벌 떤대요</u>" 얘기를 듣고 난 남편. "원 저런! 그 친구 돈 몇 푼 벌려고 열 올리더니 <u>결국 중풍에 걸렸군</u>. 쯧쯧, 안됐어."
>
> (이영규 편, 1997:286)

(27)에서 "돈 천 원에도 벌벌 떤대요"라는 발화는 '절약한다. 구두쇠다'라는 은유적 의미로 이해되어져야 한다. 그런데 남편은 그것을 '중풍에 걸렸다'라는 의미로 해석하고 있다. 이러한 중의성은 수용자로 하여금 비예측성을 유발시키고 나아가 웃음을 일으키게 하는 요인으로 작용하고 있다.

> (28) 시골의 어떤 종점에서 버스가 출발을 기다리고 있었다. 시골 종점이니까 시골 아저씨, 아지매들이 한 대여섯 타 있었고 운전사는 운전석에 앉아서 시동을 걸어 놓은 채 손님들을 기다리고 있었다. 그런데 날도 더운 시골 여름에 시동만 걸어 놓은 버스가 곧 갈 것처럼 부르릉거리면서도 도대체 출발을 안 하는 것이었다. 이제나 저제나 출발만을 기다리고 있던 사람들 중 어떤 성질 급한 아지매가 참다못해 운전사한테 큰 소리로 불평을 했다. "아저씨, 이 <u>똥차</u> 안 가요?" 그러자 자기가 운전하는 차를 '똥차'라고 부르는데 열이 받은 운전사가 소리 치는 말 "똥이 차야 <u>똥차</u>가 가지!"
>
> (이도영, 1999:428)

리의 일상적 개념체계는 그 본질에 있어 근본적으로 은유적이다.

(28)은 자신의 차를 고물차로 몰아붙이는 손님의 공격에 대해 손님을 '똥'으로 만들어 버리는 운전사의 재치가 돋보이는 유머로, '똥차'를 '고물차'라는 의미와 '똥을 실은 차'라는 이중적 의미로 해석함으로써 웃음을 유발하고 있다

성(性)과 관련된 유머 텍스트에서는 성기나 성행위 등을 우회적으로 표현하거나 성적인 연상을 불러일으키게 하기 위해서 은유적 표현을 주로 활용하는데 이 때에도 중의성을 많이 활용한다.

> (30) 평소에 일밖에 모르는 전기 기사 전씨가 결혼을 하게 되었다. 일에만 몰두하다보니 여자에 대한 지식은 전무. 신혼 방에서 신부와 일을 시작하기 위해 옷을 벗었다. 전씨는 처음 보는 여체에 대해 호기심을 갖게 되었다. 신부에게 달려든 전씨는 몸의 이곳저곳을 만져본 후 말했다. "별로 재미없구먼. 불 들어오는 곳도 없고" 이 때 신부가 불을 끄며 나지막한 소리로 말했다. "<u>플러그가 빠져 있잖아요</u>"

(30)의 경우 '플러그'는 남성 성기의 은유적 표현이다. 수용자는 '플러그'를 지시적 의미 그대로 이해할 수도 있지만 그럴 경우는 유머가 성립되지 않는다. 생산자는 남성의 성기를 직접적으로 표현하는 것을 피해서 '플러그'를 선택했고, 이 과정에서 은유적 중의성이 성립된다. 이러한 은유적 중의성은 쉽게 표현하기 어려운 성적인 이야기를 우회적으로 표현할 수 있게 함으로써 유머의 형상화에 크게 기여하고 있다. 또 다른 예들을 보자.

> (31) 어느 날 바보가 장가를 가게 되었다. 어머니는 바보 아들에게 첫날밤을 지내는 요령을 일러주었는데 '너의 소중한 것을 여자의 소중한 것에 넣어라' 했다. 첫날밤 어머니가 하도 궁금해서 문구멍으로 훔쳐보니, 바보 아들이 손가락을 여자의 콧구멍에 집어넣고 있었다.

> (32) 야구 선수들이 결혼 뒤 성적이 향상되는 이유는?
> 「방망이 사용법을 터득했기 때문에」

(31), (32)에서도 손가락, 콧구멍, 방망이 등이 성기를 은유적으로 표현함

으로써 중의성이 발생한다. 물론 수용자는 이것들을 지시적 의미대로 이해할 수도 있다. 그러나 그럴 경우 유머는 성립되지 않는다. 손가락과 콧구멍의 관계에서 수용자가 남성의 성기와 여성의 성기를 자연스럽게 연상해야만이 웃음이 발생하게 된다.

성(性)과 관련된 유머 텍스트에서 성행위는 '먹다', '하다', '(올라)타다', '넣다'(찌르다, 박다, 꽂다)' 등으로 표현된다. 이 가운데 '(올라)탄다', '넣다'(찌르다, 박다, 꽂다) 등은 제법 구체적 행위로 의미를 한정한다고 할 수 있다. 즉 성행위를 하는 동작이나 모습을 통해 성행위를 표현한다고 하는 것을 쉽게 인지할 수 있다. 문제는 '먹다'와 '하다'가 어떻게 '성행위'라는 개념을 나타내고 수용자가 그것을 인지하는가 하느냐 하는 것이다. '하다'의 경우는 앞서 대략 살폈고, 여기서는 '먹다'의 경우를 살펴보도록 하겠다. 먼저 '먹다'의 사전적 의미는 다음과 같다.

> (33) '먹다'의 사전적 의미
>   원형 의미 : ① {음식}을 먹다
>   확장 의미 : ② 약을 먹다 ③ 담배를 먹다
>   ④ {연기/가스}를 먹다 ⑤ {돈/뇌물/녹}을 먹다
>   ⑥ {백점/벌점}을 먹다 ⑦ 골을 먹다 ⑧ 나이를 먹다
>   ⑨ 더위를 먹다 ⑩ {사기/꿈}을 먹다 ⑪ 앙심을 먹다
>   ⑫ 욕을 먹다 ⑬ 겁을 먹다 ⑭ 마음을 먹다

'먹다'의 기본 의미 즉 원형 의미는 '음식물을 섭취하다'이다. 이러한 원형 의미에서 '담배와 같은 기체의 흡입', 나아가 '물질적인 것이 아닌 추상적인 것을 먹는 것'으로 의미가 확장되어 가고 있다.[18] 그런데 이러한 의미가 성(性)과 관련된 유머 텍스트에서는 '성 관계를 맺다'라는 은유적 의미로 확장된다.

---

18) 임지룡(1997:238~239)에 의하면 다의어는 원형 의미와 확장 의미를 중심으로 방사형의 범주를 이루게 된다. '원형 의미'(prototype meaning)란 다의적 범주를 대표할 수 있는 기본적이고 전형적인 의미를 말하며, '확장 의미'(extended meaning)란 파생적이고 전이된 의미를 말한다.

> (34) 여대생과 과일의 공통점
>   1학년 : 파인애플 - 먹기에는 힘들지만 먹으면 맛있다.
>   2학년 : 귤 - 먹기도 쉽고 먹어도 맛있다.
>   3학년 : 바나나 - 먹기는 쉽지만 먹으면 텁텁하다.
>   4학년 : 토마토 - 과일도 아니면서 과일인척 한다.

(34)에서 수용자는 '먹다'를 '(음식물을) 섭취하다'라는 의미와 '성 관계를 맺다'라는 이중적 의미로 해석할 수 있는데 과일의 경우에는 전자의 의미로, 여대생의 경우에는 후자의 의미로 해석할 때 이 유머가 주는 비교의 즐거움을 느낄 수 있다.

'음식물'을 목적어로 하는 '먹다'라는 동사의 의미가 '(음식물을) 섭취하다'라는 원형 의미에서 '(이성과) 성 관계를 하다'라는 의미로 확장된 것은 음식물을 섭취함으로써 본능적 욕구를 충족시키듯이 성 관계를 맺음으로써 본능적 욕구를 충족할 수 있다는 신체적 경험[19]에서 비롯된 것이다.

4. 맺음말

칸트가 "무엇인가 중대한 것을 기대하고 바짝 긴장해 있을 때, 예상 밖의 결과가 나타나 긴장이 풀려 우스꽝스럽게 느껴지는 감정의 표현"을 웃음이라고 정의하고 있는 데서 알 수 있듯이 웃음은 비예측적 표현에 의해 발생한다. 이러한 비예측적 표현을 만들기 위해서는 다양한 유형의 책략들이 사용되는데, 그 중 가장 기본적이면서도 커다란 비중을 차지하고 있는 것이 중의적 표현이다.

---

19) 레이콥(1987)에서는 인간의 이성 및 범주화에 대한 전통적인 견해를 '객관주의'라 하고, 이에 대응되는 새로운 견해를 '체험주의'라고 하였다. 객관주의에서는 '이성'과 '개념의 범주화'가 추상적이고 인간의 신체로부터 분리된 것으로 파악했다. 반면에 체험주의에서는 이성은 신체적 근거를 갖는 것이고, 이성의 상상적인 측면이라고 할 수 있는 은유, 환유, 심상 등은 이성의 중심적인 것으로 보고 있다. 즉 신체적 경험과 상상의 작용기제 사용이 경험을 범주화하는 데 있어서 중심이 된다고 본다.

중의성은 하나의 문장이 두 가지 이상의 의미로 해석됨으로써 의사 소통에 장애를 일으키게 되는 데, 이러한 장애가 수용자의 혼동을 유발시키고 나아가 웃음 유발에 기여하게 되는 것이다.

중의성은 대략 7가지 유형으로 분류할 수 있는데 이 중 유머 텍스트의 웃음 유발의 책략으로 주로 활용되는 것은 '어휘적 중의성', '화용론적 중의성', '은유적 중의성' 등이다. 어휘적 중의성은 동음어, 다의어, 음성의 유사, 휴지, 연음 등을 활용하여 이루어지는데, 수수께끼나 해학적 문학 작품에서도 많이 활용되었던 전통적이면서 가장 기본적인 웃음 유발의 책략이다. 화용론적 중의성은 상황이나 문맥에 따른 해석의 차이에 의해 발생하는 중의성으로 어휘적 중의성 보다는 한 차원 높은 수준의 유머를 만드는 데 기여한다. 은유적 중의성은 직설적인 의미와 은유적 의미의 이중적 해석에 의해 만들어지는데, 우회적이라는 특성 때문에 섹스와 관련된 유머 텍스트에서 가장 많이 활용되고 있다.

이상에서 웃음 유발 책략으로서의 중의적 표현을 살펴보았다. 일반적으로 중의성은 의사 소통에 장애 요인으로 취급되고 있으며, 따라서 대화의 원리에서도 중의성을 배제할 것을 강조하고 있다. 그런데 유머 텍스트에서는 중의성이 생산자의 의도된 책략으로 웃음 유발에 기여하고 있다. 이를 통해 우리는 웃음, 그리고 웃음을 목적으로 하는 유머 텍스트의 가장 중요한 책략을 이해할 수 있게 되었고 유머 텍스트의 원리를 종합적으로 규명하는 한 밑거름을 마련할 수 있게 되었다.

참고문헌

곽재용(1988), "국어의 중의성 연구", 영남대학교 대학원 석사학위 논문.

구현정(1999), "대화와 유머", 「한글사랑」 봄호, 한글사.

______(2000), 「개정 대화의 기법」, 경진문화사.

김진배(1997), 「성공하는 리더를 위한 유머기법 7가지」, 뜨인돌.

______(2000), 「유머화술 119」, 무한.

나익주(1995), "은유의 신체적 근거", 「담화와 인지」 1, 담화·인지언어학회.

박영순(1998), "중의문의 의미에 대하여", 「추상과 의미의 실재」, 박이정.

______(2000), 「한국어 은유 연구」, 고려대학교 출판부.

손세모돌(1999), "유머 형성의 원리와 방법", 「한양어문」 17, 한양어문학회.

______(2000), "토크쇼에서의 웃음 유발 장치", 「한국언어문화」 18, 한국언어문화학회.

이도영(1999), "유머 텍스트의 웃음 유발 장치", 「텍스트언어학」 7, 한국텍스트언어학회.

이석규 외(2001), 「텍스트 언어학의 이론과 실제」, 박이정.

이영규 편(1997), 「유머」, 예림당.

임지룡(1993), 「국어 의미론」, 탑출판사.

______(1997), 「인지 의미론」, 탑 출판사.

임혜원(2001), "한국어 '말'의 은유", 「한말연구」8, 한말연구학회.

한성일(2001), "유머 텍스트의 구조와 원리", 「국어화법과 담화전략」, 화법연구 3, 한국화법학회.

______(2002a) "유머 텍스트의 원리와 언어학적 분석", 경원대학교 박사학위 논문.

______(2002b), "유머 텍스트의 사회 언어학적 연구", 「사회언어학」 10-2, 한국사회언어학회.

Beaugrande, R. de & Dresser Wolfgang.(1981), *Introduction to Text Linguistics*, 김태옥·이현호 공역(1991), 「담화·텍스트 언어학 입문」, 양영각.

Berger, A. A.(1976), Anatomy of the joke, *Journal of Communication* 26.

Bergson, H..(1924), Le Rire, *Essai sur la signification du comique*, 정연복 역(1992), 웃음-희극성의 의미에 관한 시론, 세계사.

Berlyne, D. E.(1977), Laughter, Humor and Play, in G. Lindzey and E. Aronson(ed.), *Handbook of Social Psychology*, 2nd ed, Vol.3, New York : Addison-Wesley.

Freud, S.(1960), *Jokes and their Relation to the Unconscious* (J. Strachey, Trans), New York : W. W. Norton. (Original work published 1905), 임인주 역(1997), 「농담과 무의식의 관계」, 프로이트 전집 8권, 열린 책들.

Grice, P.(1975), Logic and conversation, in P. Cole and J. Morgan(eds.): *Syntax and Semantics Vol. 3: Speech Acts*.

Lakoff, G.(1987), *Women, Fire and Dangerous Thing*, The university of Chicago. 이기우 역(1994), 「인지의미론」, 한국문화사.

Lakoff, G. & M. Johnson.(1980), *Metaphors we live by*, Chicago, London: University of Chicago Press.

Lyons, J.(1995), Linguistic Semantics. Cambridge University Press.

Peppicello, W. J. & T. A. Green.(1984), *The Language of Riddle: New perspectives*, Ohio State University Press. 남기탁·김문태 공역(1993), 「수수께끼의 언어」, 강원대 출판부.

The British Association for the Advancement of Science (2002), *LaughLAB*, London: Arrow Books.

Yule, G.(1996), *Pragmatics*, Oxford University Press. 서재석 외 역(2001), 박이정.

제 **2** 부
문법과 음운

국어의 자립형식과 의존형식에 대하여

김 상 대*

목 차

---

1. 서언

국어는 형태론적 측면에서 첨가어적 특성을 강하게 지니는 언어라는 사실이 오래 전부터 인정되어 왔다. 그러나 이 첨가어적 특성이 국어에서 어떻게 작용하고 얼마나 중요한지는 깊이 논의되지 못한 채 개략적인 이해에 그치고 있는 것이 사실이다. 그리하여 여러 문법 현상의 기술에서 첨가어적 관점은 서구 이론의 그늘에 가린 채 거의 무시되고 있는 실정이다.

본고는 국어의 첨가어적 특성 가운데 특히 자립형식과 의존형식이 대립적으로 발달하여 중요한 문법 기제로 관여하는 사실에 주목해 보고자 한다. 자립형식과 의존형식의 구분과 이런 구분의 비중은 굴절어에서보다 첨가어

---

* 아주대학교

에서 훨씬 중요하게 작용하고 있음에도 불구하고 이제까지 인구어에서의 이들의 구분 정도로 간과해 온 태도는 지양되어야 할 것이다. 여기서는 국어의 구조 기술에서 자립형식과 의존형식의 대립이 관여하는 몇 가지 대표적 현상을 살펴봄으로써 국어에서 이들의 상관적 구조가 갖는 의의에 대한 이해를 높이고자 한다.

2. 조사와 어미의 상보적 분포

국어에서 통사적 단위는 어휘적 의미를 나타내는 실사와 문법적 기능을 나타내는 허사로 이루어지는 것이 원칙이다. 이는 작게는 어절에서부터 크게는 문장에 이르기까지 모든 통사적 단위의 직접성분이 실사와 허사로 분석되는 것을 의미한다. 허사는 다시 조사와 어미의 두 계열로 나뉜다. 그리고 이들 허사 각각의 특성에 대해서 많은 연구가 이루어진 것이 사실이다. 그러나 이들의 상호 관계에 대해서는 상대적으로 논의가 충분히 이루어지지 못하거나 기술이 치밀하지 못한 것도 없지 않은 듯하다.

조사와 어미는 여러 면에서 대조적 특성을 지니는 것으로 이해된다. 우선 기능 면에서 조사는 논항의 특성을 나타내고 어미는 서술의 형식을 부여하는 것으로 이해되며, 교차적으로 조사가 서술 구조에 쓰이거나 어미가 논항 구조에 쓰일 수 없는 점에서 이는 절대적이라 할 수 있다. 이런 대조적 그리고 상보적 관계에서 조사와 어미는 조화롭게 잘 발달한 것으로 보인다. 국어는 이런 방식 외에는 달리 논항을 이루거나 서술의 형식을 부여할 수 없는 사실에서 첨가어로서의 전형을 이룬다고 할 수 있으며, 이런 구조에서 허사의 기능적 가치는 절대적인 것으로 이해된다. 그래서 허사의 특성에 대해서는 특히 정확하게 이해하고 정교하게 기술할 필요가 있다. 여기서는 허사의 분포에 한하여 보다 정교한 기술을 시도해 본다.

허사의 분포적 구분에서 조사는 체언에 첨가되고 어미는 용언(어간)에 연결되는 것으로 기술되어 온 것은 이론적으로나 실제에서나 여러 문제를 제기한다고 볼 수 있다. 먼저 조사의 분포에 관하여 살펴보자.

　(1) 사람들이 신문을 읽는다.
　(2) 요즘은 신문을 읽기가 싫다.

　(1)의 '이, 을' 같은 용례를 통하여 조사가 체언에 첨가될 수 있음은 쉽게 수긍이 간다. 그러나 이는 조사의 용례의 일부일 뿐이며, 조사가 반드시 체언에 첨가되는 것도 아니며, 조사가 체언에 첨가되는 것이 조사의 대표적 예라 할 근거도 별로 없을 듯하다. (2)에서 '가'는 동사에 첨가된 것으로, 동사의 명사형은 엄밀히는 명사와 구분된다. 다만 명사형이 다른 어미보다는 체언과 긴밀히 관련되는 것으로 볼 수 있을 것이다.

　(3) 누가 가는가가 문제가 아니라 언제 가는가가 문제다.

　(3)의 밑줄 친 '가'는 체언이나 용언의 명사형과는 무관히 문장 형식에 첨가되었다. 그러나 이는 조사가 체언이나 용언의 명사형 이외에 아무 데나 첨가되는 것을 의미하지는 않으며, 문장의 경우에도 아무 문장에나 첨가되는 것이 아니며, (4a~c)를 통하여 의문문에 첨가될 때도 아무 의문문에나 첨가되는 것은 아님을 알 수 있다.

　(4) a. *누가 가니-가 문제가 아니라 언제 가니-가 문제다.
　　　 b. *누가 가오-가 문제가 아니라 언제 가오-가 문제다.
　　　 c. *누가 갑니까-가 문제가 아니라 언제 갑니까-가 문제다.

　(3)은 (1, 2)에 비하여 그 쓰임이 조금도 부자연스럽지 않으며, 어느 면에서나 특수한 용례라 볼 근거를 찾을 수 없다. 구조 문법에서는 (3)에서 조사의 선행어를 명사 상당어구(noun equivalent)로 다루기도 하나, 이는 결과론적으로 처리하는 것일 뿐이며 구조적인 문제는 그대로 남는다. 이보다는 조사와 결합되는 일련의 의문문인 '누가 가는가, 누가 가느냐' 등을 중립적 의문문으로 이해하고 조사가 이와 결합하는 것으로 기술하는 것이 나아 보이기도 한다. 그러나 어쨌든 이들은 분명히 명사나 명사구는 아니며, 따라서 우리는 조사가 이들과 자연스럽게 결합하는 것을 기술할 수 있는 방안

을 강구해야 할 것이다.

 (5) 사람들이 많이도 모였다.
 (6) 신문을 읽게도 되었다.
 (7) 교수는 인습적인 사람들 중에서도 첫째로 꼽힌다.

 (5)에서는 조사가 부사에 첨가되고, (6)에서는 용언의 부사형 그리고 (7)에서는 체언의 부사어에 첨가되는 것으로 기술된다. 이들은 일관되게 부사어구와 관련되는 것으로 생각되나, 조사의 이런 용례는 명사 상당어에 연결되는 것과는 분명히 구분되는 것이다.

 (8) <u>누가 가는가 하는 것</u>이 문제가 아니라 <u>언제 가는가 하는 것</u>이 문제다.

 (3)을 (8)로 바꿔 쓸 수 있는 것으로 미루어, 조사의 선행어는 근원적으로 명사 상당어구가 될 확률이 높다고 할 법하나, (9)로 미루어 볼 때 그렇지만도 않다. (9)는 어떤 명사 상당어로도 전환될 수 없으며, 그 자체를 명사 상당어로 간주하는 것도 구조를 무시한 결과론에 불과하다.

 (9) 누군가가 다녀갔다.

 조사가 체언 이외의 말에 첨가되는 예는 이 외에도 일일이 매거할 수 없을 정도로 많다. 그러면 체언 이외의 말에 첨가되는 것들은 선행어의 조건을 어떻게 규정할 수 있는가? 우선 소극적인 관점에서 조사는 체언을 선행어로 취한다는 전통적 규정은 옳지 않다고 할 수 있다. 선행어를 체언이나 명사구로 기술할 수 없을 뿐만 아니라 다른 어떤 문법 범주로 대안을 제시해도 마찬가지로 합당한 것이 발견되지 않는 점에 착안하여 우리는 범주의 방식으로 기술하는 것을 포기할 수밖에 없을 듯하다. 여기서 우리는 관점을 바꾸어 첨가어에서 여러 경우에 중요한 기제로 작용하는 자립형식을 그 대안으로 상정하여 타당성 여부를 살펴보려 한다. 아닌게 아니라 (1~9)의 예를 두루 적용해 볼 때 조사는 자립형식에 첨가되는 것으로 이해되며, 절대로 의존형식에는 첨가되지 않는 것을 알 수 있다. 종래 조사의 결합 조건으로 제시된 체언이란 것도 따지고 보면 자립형식의 일부 혹은 일종에 불과한 것이다. (10, 11)로 미루어 이는 새로운 사실도 아니며, 오래 전부터 이런 이해가 있었던 것으로 생각된다. 그렇지 않다면 (10, 11)에서 '그려, 요'를 조사로 기술했을 리가 없다. 이들은 서술어에 결합되어 서술의 형식 혹은 서술의 내용과 관련됨에도 불구하고 군이 조사로 간주하는 근거는 선행어가 자립형식이라는 것밖에는 달리 없을 듯하다.

(10) 그가 영영 떠나갔습니다-그려.
(11) 그가 영영 떠나갔습니다-요

조사가 자립형식에 첨가된다는 것은 어미의 결합 조건과 좋은 대조를 이루는 점에서도 바람직한 대안이 될 수 있다. 조사와 함께 허사의 양대 체계를 이루는 어미는 기능 면에서 조사와 대조를 이룰 뿐만 아니라 분포에서도 대조를 이루는 것이 주목된다. 조사가 자립형식에 첨가되는 것과 대조적으로 어미는 의존형식에 첨가되며 이런 선행어적 조건은 절대적이어서 전연 예외가 발견되지 않는다.

(12) 가-며 오-며 얘기를 많이 나누-시-었-다.

(12)에서 어미 '며, 시, 었, 다' 등은 각각 '가-, 오-, 나누-, 나누시-, 나누시었-' 등의 의존형식에 첨가되었다. '었, 다'는 이렇게 외형적으로 분석하지 않고 모두 '나누-'에 첨가되는 것으로 이해하는 방식도 있을 수 있다. 그러나 어떤 경우든 이들이 의존형식에 첨가된다고 하는 사실에는 하등 문제가 되지 않는다. 전통적인 기술처럼 어미가 동사(어간)에 연결되는 것으로 기술한다면 이론적으로 여러 문제가 제기될 수 있다. 어미가 동사에 연결된다고 간주하는 입장에서 (12)의 어미들을 살펴보면, '며'의 경우에는 선행의 동사가 순수하게 어휘적 의미만을 나타내며, '다'의 경우에는 동사가 어휘적 의미와 존대, 시제 등 문법적 의미도 아우르는 것으로 되어 일관성이

없을 뿐만 아니라 동사의 의미적 특성을 규정하는 데도 혼란이 일어난다. '시, 었'의 정체에 대해서는 최현배의 어간설에 대하여 오늘날은 어미로 간주하는 것과도 충돌된다. 동사란 사전에 표제어로 등재되는 단위로도 이해되는데, 이들이 모두 사전에 등재될 수는 없으며 현실적으로 어떤 사전에도 그렇게 되어 있지도 않다. 동사의 의미를 순수하게 어휘적 의미만으로 한정할 경우, 어미는 표제어에서 제외되는 것이 마땅하며 그러면 동사의 기본형 어미로 어떤 것을 상정할 것인가 하는 문제도 자연히 해소될 것이다.

이는 동사 내부에서만 문제되는 것이 아니라 허사 범주에서 어미와 대칭적 위치에 있는 조사와의 관계에서도 균형이 깨지는 문제가 발생한다. 명사는 그 자체로는 어휘적 의미만 나타낼 뿐이며 여기에 문법적 기능을 가진 조사가 첨가됨으로써 전체적으로 통사적 단위를 이루면서 문법적으로 작용하게 됨으로써 첨가어적 특성을 발휘하는 것과 균형을 이루기 위해서는 동사 또한 그 자체로는 어휘적 의미만 나타내어야 하며 여기에 문법적 기능을 띠는 어미가 별개의 어사로 첨가되어 서술적인 기능을 수행하는 것으로 기술함으로써 첨가어적 특성에 부합하도록 하는 것이 바람직하다. 이는 체언의 곡용 현상뿐만 아니라 용언의 활용 현상도 첨가어의 기술에서는 배제되어야 함을 의미한다. 이들은 공히 정태적 실사로서의 체언과 용언에 별도의 허사적 어사로서의 조사와 어미가 첨가됨으로써 이들을 문법적으로 활성화시키는 것으로 이해하는 것이다. 이때 체언과 용언이 대등하게 정태적이듯이 조사와 어미도 대등하게 별도의 문법적 어사로 다루는 것이 체계적으로 균형을 이루며 첨가어적 특성에 충실한 것이다. 조사란 명칭에 대하여 어미란 명칭이 암시하는 것은 그것이 자체로 하나의 어사가 못되며 단지 한 어사의 일부분에 불과하다는 것이다. 이에 대하여 조사는 그것이 비록 보조적이기는 하지만 하나의 독립적인 어사로 간주될 수도 있음을 암시한다. 이런 불균형은 명사가 자립적인 데 비하여 동사는 의존적인 데 근거하는 것으로 생각된다. 이를 통하여 우리는 그간의 논의에서도 형식의 자립성 여부가 어떤 형식으로든 영향을 미친 사실을 볼 수 있다.

첨가어에서 어사를 분류할 때는 일차적으로 어휘적 의미를 나타내는 실사와 문법적 의미를 나타내는 허사로 나뉘게 되며, 이들의 관계와 구분은 여러 각도에서 절대적이라 할 수 있다. 그리하여 국어의 통사 단위에서 이들의 결합은 필수적이며 그 결합 방식은 예외 없이 후치적 특성을 유지한다. 국어의 자유어순의 특성도 이 구조에는 해당되지 않는다. 그리고 어사의 자립성 여부와 관련하여 생각해 보면, 허사가 의존형식인 것은 지극히 당연한 일이며, 실사는 각 품사의 특성에 따라 자립성의 정도가 다양하게 구분되는 것 또한 당연한 것이다. 이 가운데서 명사와 동사를 비교해보면, 명사는 단독으로 제시어로 쓰이는 경우가 허다하므로 자립형식으로 발달하고, 동사는 독자적으로 제시어로는 결코 쓰이지 않으며 항상 구체적으로 서술하는 경우에 쓰이므로 자립형식으로 발달할 필요가 그만큼 적다고 할 수 있다. 게다가 서술에 필수적으로 수반되는 여러 문법적 요소와 어울려 쓰이기 위해서는 견고한 결합에 적합한 의존형식으로 발달하는 것이 오히려 유리할 듯도 하다. 이런 사실을 무시하고 그동안 동사의 형태적 의존성 때문에 여러 오해가 있었던 것은 극복되어야 할 것이다. 그러기 위해서는 동사와 어미 사이의 긴밀한 관계를 인정함과 동시에 또한 이들 사이의 엄연한 구분에 대한 이해에도 흔들림이 없어야 할 것이다.

    (13) a. 연구-하-며
        b. 스터디-하-며
    (14) a. 학자-답-게
        b. 영광-스럽-게
        c. 정직-하-게

  (13)은 (12)보다 어미가 의존형식에 첨가되는 것을 더 투명하게 드러냄을 추리해볼 수 있다. '연구하며'는 흔히 '연구'란 어근에 '하며'란 접미사가 연결된 것으로 간주하나, 동사를 그 어간만으로 이해하는 방식을 적용하여 이 접사에서도 어미를 제외하면 접사로는 '하'만 남게 된다. 그러면 '하'의 정체는 무엇인가 생각해 보자. 의미적 측면에서 보면 '연구하다'의 의미는 '연구'가 담당하는 것으로 볼 수 있으니, '연구'는 비실체성 명사로서 동작을 나타내기 때문이다. '연구'가 이처럼 동작을 나타낸다면 '하'의 역할은

어떻게 보아야 할지 문제다. 만일 '하'도 동작을 나타낸다면 이는 동작이 중복되는 결과가 될 것이다. 이렇게 의미적으로 접근해볼 수 없다면 각도를 달리하여 형태적 측면에서 생각해 보자. '연구'가 동사로 쓰이기 위해서는 어미와 결합할 수 있는 형태를 갖추어야 하며, 어미는 자립형식과는 결합할 수 없으므로 '연구'는 부득불 의존형식으로 조정되어야 한다. 이런 과정에서 개입된 것이 '하'일 것으로 추정해 볼 수 있다. 즉 '하'는 의미와는 무관히 자립형식을 의존형식으로 전환하기 위해 개입된 소위 調形素[1]로 보고자 한다. 서정수(1994:392)에서는 '하다' 전체를 고유한 의미는 없고 그 앞의 비실체성 명사에 동사적 형식을 마련해 주는 구실을 하는 형식 동사로 기술하고 있다. 그러나 그 위치로 미루어 기능동사나 대동사 등 형식동사가 올 자리로 볼 수는 없을 것이다. '가-다, 오-다, 먹-다' 등 본래 동사의 쓰임을 통하여 동사의 서술적 형식을 마련해 주는 구실을 하는 것은 어미로 족할 뿐 아니라 어미만으로 이루어지는 것을 알 수 있다. 그러면 본래 동사에 관여하지 않는 '하'는 (13)에서 무엇 때문에 개입되었는지 밝혀야 한다. 우선 이는 적어도 본래 동사의 형식으로 미루어 동사의 형식에 일반적으로 혹은 필히 관여되는 것은 아님을 알 수 있다. 여기서 우리는 동사 '가-'와 명사 '연구' 사이의 차이에 주목해야 할 것이다. 이들은 의미상으로는 똑같이 동작을 나타내나 품사 면에서 동사와 명사로 구분된다. 그리고 형태적 측면에서는 의존형식과 자립형식이란 차이가 지적될 수 있다. 여기서 품사는 의미보다 형식에서 큰 비중으로 구분되는 사실을 이해할 수 있다. 그리고 형식상으로 구분된다는 것은 구체적으로 어사의 형식이 어미와 연결될 조건을 갖추고 있느냐 여부에 달려 있는 것이다. 그리하여 어미와 연결될 수 있는 것은 동사에 해당하고 그렇지 않은 것은 비록 의미는 동작을 나타내더라도 동사는 아닌 것이다. 그리고 어미가 연결될 조건이란 어사가 의존형식임을 의미한다. 이렇게 추론해 보면 '연구'가 왜 동사가 되지

---

1) 조형소란 조음소와 대조가 되게 지어본 것이다. 필자는 '이다' 문제를 해결하는 과정에서 처음으로 이 용어를 사용해 보았다. 조형소란 개념이나 용어가 일찍이 학계에 소개된 적이 없기 때문에 생소하기는 하나, 이런 기능은 국어에서 여러 경우에 산견되며, 이를 활용하여 국어를 좀더 합리적으로 기술할 수 있을 것으로 이해된다. 졸고(2001) 참조

못하며 이를 어떻게 형식적으로 조정해야 동사가 되는지는 자명하다. '연구' 등 비실체성 명사는 자립형식을 의존형식으로 전환해 주는 조형소를 취함으로써 동사로 바뀔 수 있는 것이다. 이 조형소는 동작의 의미를 나타내지도 않으며 그 외 어떤 의미도 나타내지 않고 다만 자립형식과 의존형식간에 전환의 역할만 할 뿐이다. 혹 그러면 여기서 왜 조형소로 하필 '하'가 선택되었느냐 의아해할지도 모르나, 이런 질문은 언어의 본질상 성립하지 않는다. 언어에서 의미와 형식의 관계는 원래 자의적이어서 결과론적으로 긴밀하게 이루어진 관계를 기정사실로 인정하는 것일 뿐이다. 마찬가지로 아무런 의미도 없는 조형소의 형식을 가지고 왈가왈부할 것은 아니라고 생각한다. 이런 논의를 통하여 '연구'는 '연구-하-'로 형태 변화를 거침으로써 의존형식으로 전화하여 자유롭게 어미가 첨가될 수 있는 동사로 바뀌는 것으로 이해한다. (13b)도 마찬가지로 '스터디'가 '스터디-하-'로 형태 변화를 거침으로써 동사로 전환한다. 이를 통하여 우리는 이런 현상은 한자어뿐만 아니라 외래어에도 널리 적용됨을 알 수 있다. 이런 현상은 (14)처럼 형용사에서도 발견된다. 형용사에서는 조형소가 '하' 이외에 '답, 스럽' 등 여러 가지가 다양하게 쓰이는 것을 본다.

(15) a. 내가 이해-하-기-로 / 내가 이해-하-기-에
　　　b. 내가 이해하기-로-는/ 내가 이해하기-에-는

(15a)에서는 어미와 조사가 어울려 쓰이나, 그 선행어의 조건은 엄밀히 따르고 있음을 본다. 즉 어미 '기'는 의존형식인 동사 '이해하-'에 첨가되었으며, 조사 '로, 에'는 자립형식인 명사형 '이해하기'에 첨가되었다. (15b)는 조사가 연이어 쓰인 예를 보인다. 전통적으로는 '로는'이나 '에는'은 복합조사로 기술되었다. 그러나 이는 다음과 같은 이유로 복합조사로 보기 어렵다. 첫째 '는'이 '로, 에'에 첨가되었다고 보는 것은 조사가 다른 조사에 첨가되었다는 의미인데, 이는 조사가 자립형식에, 혹은 허사가 실사에 첨가된다고 하는 선행어 조건에 정면으로 위배되는 것이다. 만일 달리 자립형식이나 실사에 첨가된 것으로 해석할 방도가 찾아진다면 그것이 바람직할 것이다. 그래서 우리는 '는'이 '이해하기로, 이해하기에'에 첨가된 것으로 이

해한다.[2] 둘째, 의미적 측면에서 보아도 두 요소가 관용적 의미로 변하거나 통합되지 못하고 각각 본래의 의미를 그대로 유지하고 있다. '는'을 가령 '도'로 대치해도 마찬가지로 자연스럽게 쓰임을 본다. (12)의 '나누-시-었-다'에서 어미가 연속적으로 쓰인 것과 같이 조사에서도 연속적인 사용을 볼 수 있으며, 이처럼 허사가 실사에 첨가되는 방식은 일회적으로 제한되지 않고 필요에 따라 얼마든지 連添될 수 있으며, 이를 통하여 더욱 다양하고 섬세한 표현이 가능한 것이다.

    (16) a. 그것은 상상할 수조차 없다.
        b. 그것은 상상조차 할 수 없다.

  (16)에서는 조사가 자립형식의 여기저기에 융통성 있게 첨가되는 것을 보여 준다. 그리고 이런 사실을 통하여 역으로 '상상'이 자립형식임이 입증되기도 한다. 즉 (16a)에서 '상상'에 조형소가 첨가된 것도 그것이 자립형식이기 때문이며, (16b)에서 '상상'에 조사가 첨가된 것도 그것이 자립형식이기 때문이란 것이다. 그리고 이렇게 상이한 구조에서 '하'는 각각 조형소와 동사로 구분하여 기술할 수 있다. 이런 사실은 '하'의 다양한 용법을 보여줄 뿐만 아니라, 조형소의 형식 중 하나가 '하'로 된 사정을 이해하는 데 시사하는 바가 있을 듯하다.

3. 품사 분류의 기준

  우리는 문법을 기술하기 위해서 품사라고 하는 기제를 활용하고 있다. 이는 서양 언어학이 일찍이 개발한 가장 중요한 개념 가운데 하나다. 국어 문법도 초기부터 이 방법을 받아들여 국어를 기술하고 있다. 그리고 이를 통하여 많은 것을 이루었을지언정 이를 탓할 필요는 없다. 굳이 문제를 삼

---

2) 졸고(1993) 참조

자면 서구 이론을 기계적으로 받아들여 창의적으로 활용하지 못한 흠이 있다고 할 수 있다. 언어는 제각각 독특한 구조를 가지고 있어서 품사의 기제를 적용할 경우에도 제 특성에 맞게 조정할 것이 요구된다. 특히 국어는 인구어와는 달리 첨가어적 특성을 지니고 있어서 인구어의 이론과는 여러 가지로 맞지 않는 일이 생길 수 있다. 가령 앞에서 언급한 동사의 활용 문제는 그 대표적 예라 할 만하다. 인구어에서 설정한 동사가 국어에서는 설정될 수 없다는 것이 아니라, 국어 동사의 특성은 인구어의 그것과는 여러 면에서 사뭇 다르기 때문에 그 이론을 기계적으로 적용해서는 안 될 것이라는 것이다.

이런 관점에서 여기서는 품사가 분류되는 근거와 관련한 국어의 특성에 대하여 살펴보려 한다. 품사 분류의 근거로는 보통 어사의 기능과 형태 그리고 의미 등의 특성이 고려된다. 그리고 형태의 특성은 어형 변화 여부와 변화 방식 등에 착안하여 논의되었다. 이런 접근이 서구 이론을 모방하여 이루어진 것임은 앞에서 말한 바와 같다. 우리는 이런 형태적 특성과 관련하여 첨가어적 관점에서 새롭게 접근해 보려 한다.

국어의 어사는 첫째로 실사와 허사로 나눌 수 있다. 이는 품사 체계의 최상위층에서 2품사로 나눌 수 있음을 의미한다. 실사와 허사는 오래 전부터 언중 사이에 '말'과 '토'라는 것으로 무의식중에 구분되어 온 터이다. 남의 말에 토를 달지 말라는 익은 표현도 여기서 유래한 것이라 할 수 있다. 고려 말 이래 발달한 구결문3)의 전통도 국어의 2품사 의식과 긴밀히 관련되어 성립했던 것으로 이해된다. 그리고 오늘날 외래어가 범람하는 상황에서 국어 문장의 최소 조건을 어떻게 규정할 것인가 하는 문제도 이와 관련하여 논의할 수 있다.4) 인구어는 어떤 방식으로든 결코 두 품사로 나누어 볼 수 없다. 촘스키가 4품사로 정리한 것이 최선의 통합으로 간주된다. 그러나 국어는 첨가어적 관점에서 자연스럽게 두 품사로 나누어 볼 수 있으며, 또

---

3) 졸고(1985, 1987, 1993a) 참조.
4) 어떤 문장이 국어가 되기 위해서는 고유 성분이 하나라도 쓰이는 것이 필수적이다. 그래서 한 문장에서 외래어는 아무리 많이 쓰여도 상관없으나, 적어도 허사가 하나 이상 쓰여야 국어라 할 수 있다. 허사는 모두 고유어이기 때문이다.

이렇게 나누지 않으면 체계적인 기술이 어려울 것이다. 이는 후치언어적 특성과도 직결되는 것으로 허사는 반드시 실사의 뒤에 위치하며, 이 기본 구조에서는 절대로 자유어순일 수 없다. 그리고 나머지 품사들의 설정도 이 두 어사간의 결합 관계를 근거로 정연하게 기술될 수 있다. 이는 인구어에서는 상상도 할 수 없는 국어 고유의 방법이다.

실사와 허사가 결합하는 양상은 여러 가지로 구분된다. 첫째 실사에 허사가 첨가되어 쓰이는 것이 원칙이나 실제로는 허사가 첨가되지 않고도 쓰일 수 있는 어사들이 있다. 체언이 여기 해당한다. '밥을 먹는다'와 '밥 먹는다'의 두 표현은 통사론적으로는 같으며 화용론적으로만 구분되는 것으로 이해되며, 체언만이 이런 특성을 지닌다. 첨가어는 실사에 허사가 결합하여 쓰이는 것이 원칙이나 체언은 이런 원칙에 대하여 폭넓게 융통성을 발휘하고 있음을 본다. 이런 어사와 대조적으로 실사에 반드시 허사가 첨가되어 쓰이며, 허사가 첨가되지 않고는 절대로 쓰이지 못하는 어사들이 있다. 용언이 이에 해당한다. '밥을 먹-는다, *밥을 먹- '의 예를 통하여 동사는 허사가 첨가되지 않으면 절대로 쓰일 수 없는 점에서 첨가어적 특성을 극명하게 드러낸다. 용언이 이런 특성을 지니는 것은 그 서술적 용법과 관련되는 것으로 이해된다. 체언이 논항으로서 부여받는 자격은 서술어에 의해 투영되는 것이므로 어찌 보면 허사의 첨가는 보조적이며 어느 면에서는 이중적이라고도 할 수 있으며, 게다가 체언 자체도 자립형식이기 때문에 허사의 생략은 충분히 예견된다고 할 수 있다. 그러나 용언은 오직 허사의 첨가를 통해서만 서술의 구체적 형식이 결정되기 때문에 허사의 생략은 곧 서술 형식의 포기를 의미하는 것이나 다름없으며, 그 위에 용언은 그 자체로는 의존형식이기 때문에 허사의 첨가가 절대적으로 필요한 처지다. 국어는 이런 어사들에 의하여 그 첨가어적 특성이 강력하게 유지된다고 할 수 있다. 국어의 첨가어적 특성에서 어미의 비중은 막대하다고 할 수 있으며, 이를 활용으로 처리한 전통적 방식은 국어의 첨가어적 특성을 무시한 처사라 아니할 수 없다.

　　(17) a. 비행기가 안개 때문에 날 수 없었다.
　　　　　 b. 먹도 보도 못했다.

　혹자는 (17)을 통하여 어미도 생략될 수 있으며, 이는 앞의 논의와 모순된 것처럼 곡해할 수도 있다. (17a)의 '날'은 동사 '날-(飛)'에 어미 '-ㄹ-'이 첨가된 것으로, 음운론적으로 동음 중 하나가 탈락한 경우인데, 우리는 동사의 'ㄹ'이 탈락하는 것으로 기술하는 입장을 취한다. '하늘을 나는 새, 우는 아이 젖 준다'는 식으로 ㄹ 말음 동사의 쓰임에서 ㄹ이 탈락하는 경우는 흔히 볼 수 있으며, 반면 어미가 생략되는 예는 좀처럼 발견되지 않기 때문이다. (17b)는 확실히 어미가 생략된 것으로 인정할 만한 예일 듯하다. 그러나 여기서 중요한 것은 어미가 외현되지 않았는데도 우리는 생략된 어미를 쉽게 그리고 정확히 복원할 수 있다는 사실이다. 뒤에 부정사 '못하다'가 오고 이에 호응하는 부정의 어미는 '지' 하나밖에 없기 때문이다. 여기서 어미가 희귀하게 생략된 듯이 쓰인 까닭은 문법적이기보다 수사적인 것으로 이해된다. '책을 읽지도 못한다'를 '책을 읽도 못한다'고 할 수 없는 것은 아니지만, 어느 편이냐 하면 그래도 전자가 일반적인 표현이라고 할 수 있다. 이에 대하여 (17b)로 말하면 이는 어미가 생략되지 않은 원형보다 생략형이 익숙한 표현이라 생각된다. 여기서 어미가 생략되도록 유인한 것은 '먹다'와 '보다' 등 두 어사의 반복 표현과 관련되는 것으로 이해된다. 바로 인근에서 동형의 두 말이 장황하게 반복되는 것은 표현 효과면에서 바람직하지 않기 때문이다. 그러면 어미 '지'도 반복되고, 조사 '도'도 반복될 때 어떤 것이 생략되는 것이 좋은가? 어미 '지'는 후행 부정사를 통해 그 존재가 투명하게 이해되지만, 추가로 첨가된 조사 '도'는 이것이 생략될 경우 그 의미는 전달될 방도가 없다. 그러므로 '지'는 생략될 소지가 있지만 '도'는 생략될 여지가 없다고 할 수 있다. 여기서 조사의 결합 조건과 관련하여 한 가지 더 언급할 것은, '도'의 선행어는 자립형식이어야 하는데 실제로는 '먹-, 보-' 등 의존형식에 첨가되었다는 사실이다. 이것을 조사가 의존형식에 예외적으로 첨가된 것으로 보는 것은 지나친 단견이며, 어떤 계기에 생략된 것은 빈칸으로나마 그 자리를 계속 확보하고 있는 것으로 이해하는 것이 바람직한 것이다. 그리하여 여기서 '도'도 실제의 동사와 빈 자리의 어미가 첨가되어 이루어진 자립형식에 첨가된 것으로 기술할 수 있다. 그리하여 결과적으로는 '먹-도 보-도'도 실사와 허사가 결합한 어절의 전형적인 형식을 갖추고 있으며, 역으로 이런 전형의 모양이 임시로나마 어미를 숨기게 한 근거로 작용했을 것이란 추론도 해 볼 수 있을 듯하다.

그 다음으로 생각해 볼 수 있는 것은 체언과 대조적으로 허사가 첨가되지 않는 것이 원칙이나 첨가될 수도 있는 어사들이다. 부사가 이에 해당한다. 이 어사들은 모두 자립형식으로 이루어지고 또 서술어와 필연적인 관계에 놓이지도 않기 때문이다. 그러나 첨가어적인 특성의 여파로 허사가 부수적으로 첨가되는 것까지 배제하지는 않는다. 그러므로 이들은 기본적 구조와는 무관히 한정하는 의미를 덧붙임으로써 느낌의 음영을 조정하는 수준에 머문다.

마지막으로 용언과 대조적으로 허사가 절대로 첨가되지 못하는 어사들도 있다. 관형사와 감탄사가 이에 해당한다. 감탄사는 자립성이 높은 정도를 넘어서 문장의 구조와 독립적이기 때문에 허사가 첨가되지 않는 것은 오히려 당연하다고 할 수 있다. 그러나 관형사는 그 통사적 특성으로 미루어 완벽하게 자립적이지는 않은 데도 불구하고 허사가 첨가되지 못하는 것은 달리 설명할 방도가 없으며, 이는 첨가어의 영역에서 벗어나는 것으로 간주할 수밖에 없다. 그러나 역으로 이런 것이 자연언어의 특성이기도 하다. 자연언어에서는 예외 없는 법칙은 없다는 것이 진리일 듯하다. 그리하여 굴절어에도 첨가어적인 요소가 섞여있듯이, 이는 첨가어에서의 고립어적인 요소로 이해해 볼 수 있다. 관형사는 여타 문장 성분과 달리 고립어적인 특성에 맞게 자유 어순을 배격하고 유독 고정 어순을 따르는 것도 이런 사실을 뒷받침하는 것으로 이해된다. 그러나 하필 관형사가 이런 예외적 존재가 된 데는 논항들과 달리 관형사는 서술어의 영향에서 벗어나 피수식 명사하고만 연관되는 존재이기 때문일 것이다.

이렇게 체언과 용언을 비롯하여 부사와 관형사 감탄사 등 모든 품사가 허사와의 첨가 여부의 방식으로 구분되고, 이런 구분 또한 그 형식의 자립성 여하와 긴밀히 관계되는 것으로 기술할 수 있는 것은 확실히 국어의 특징이라 할 만하다. 이런 각도에서의 논의를 더욱 발전시켜감으로써 국어의 기술에 보탬이 될 것으로 기대한다.

4. 띄어쓰기의 기준

국어 생활에서 자립형식과 의존형식의 구분이 중요하게 작용하는 것으로 띄어쓰기 문제를 들 수 있다. 여기서는 첨가어의 이런 형태적 특성과 관련하여 띄어쓰기 문제에 어떻게 접근할 수 있는지 살펴본다. 국어의 띄어쓰기 문제야말로 근본적으로는 첨가어적 특성에서 야기된 것이며, 첨가어적 관점에서 쉽게 해결될 수 있을 것으로 이해된다. 첨가어적 시각으로 접근하기 위해서는 먼저 굴절어적 관점에서 벗어나야 하며 나아가 관점의 일대 전환이 이루어져야 할 것이다.

첫째, 띄어쓰기의 기준을 단어로 규정한 것에 대하여 재고할 필요가 있다. 띄어쓰기의 대원칙인 '문장의 각 단어는 띄어 씀을 원칙으로 한다'는 한글 맞춤법 제2장은 우리말 표기에 잘 맞지 않을 뿐 아니라 혼란을 야기할 소지도 있다. 이는 오늘날 띄어쓰기의 실상이 단적으로 증명한다. 현재 띄어쓰기의 혼란상은 이익섭(2002)이 지적한 것처럼 '원고지 10매쯤의 글에서 맞춤법 교정을 본다면 띄어쓰기에서 틀린 것이 나머지 맞춤법 전부에서 틀린 것보다 더 많다'고 할 정도다. 그러나 띄어쓰기는 원래 그렇게 어려운 것이 아니며 다른 맞춤법보다 훨씬 쉬워야 한다. 띄어쓰기는 띄느냐 붙이느냐는 양단간의 문제이기 때문에 객관식 문제에 비유될 수 있다면 다른 맞춤법은 주관식 문제에 해당한다고 할 수 있다. 그래서 영어에서도 스펠링은 틀릴 수 있어도 띄어쓰기는 좀처럼 틀릴 수 없는 것이다. 유독 국어에서만 띄어쓰기가 심각하게 문제되는 것은 참으로 희한한 일로 그 책임은 전적으로 잘못된 규정에 있다고 할 수 있다. 띄어쓰기 규정 가운데서도 단어를 기준으로 한 데 적잖이 문제가 있을 듯하다. 단어는 굴절어에서는 그 정체나 경계가 분명하며 띄어쓰기의 기준이 되기에 충분할 뿐만 아니라 그보다 나은 대안은 없어 보인다. 그러나 국어에서는 사정이 이와 전연 다른 데 문제가 있다. 우선 동사나 형용사 등 용언의 경우 어간만을 단어로 보느냐 어미까지를 포함하여 보느냐는 문제가 있다. 우리는 앞에서 어간만을 용언으로 보는 입장을 취하였지만, 첨가어적 관점에서는 이렇게 보는 것이 타당하다. 활용은 굴절어에서만 보이는 현상이며, 이것이 첨가어와 굴절어를 구분하는 근본 요인이기도 한 것이다. 국어 단어는 품사에 따라 체언처럼 자립형식인 것도 있고 용언처럼 의존형식인 것도 있다. 그리고 이들은 공히 조사나 어미 같은 허사와 결합하여 쓰인다. 이런 현상과 관련하여 그간 어디까지 단어로 보느냐는 문제를 놓고 입장이 첨예하게 갈렸던 것이다. 이런 논의는 국어에서 단어란 학자에 따라 다르게 규정될 여지가 있는 주관적이고 부수적인 것임을 의미한다. 여기서 우리는 학설에 따라 좌우되지 않으면서 띄어쓰는 여부에 결정적으로 관련되는 단위로 자립형식과 의존형식을 대안으로 제의하고자 한다. 용언(어간)은 의존형식이고 체언은 자립형식이며, 어미와 조사는 의존형식이라는 사실에 대하여 이의를 제기할 사람은 아무도 없을 것이다. 그리고 자립형식은 단독으로 쓰이는 것이므로 띄어쓸 수 있고, 의존형식은 반드시 다른 말에 의지하여 쓰이는 것이므로 의지가 되는 말에 붙여쓰게 되는 것은 지극히 자연스러운 이치다. 여기에는 주관적인 해석이 개입할 여지도 예외가 존재할 소지도 없다.

여기에 첨가어에서의 兩品詞에 해당하는 실사와 허사의 개념을 가미하여, 문장에서 실사는 띄어쓸 수 있고 허사는 반드시 붙여쓴다고 하면 더 이상적으로 정리될 듯하다. 이런 접근은 조사의 처리 문제를 해결하는 열쇠가 될 수도 있다. '조사는 그 앞말에 붙여 쓴다'는 맞춤법 제41항은 조사를 단어로 인정하면서도 띄어쓸 수는 없다는 모순을 내포하고 있다. 이런 문제를 극복하기 위하여 시정곤(2002)은 '문장의 각 단어는 띄어씀을 원칙으로 한다'는 맞춤법 제2항을 '독립적인 단어는 띄어쓴다'로 명시할 것을 제의하기도 하였다. 그러나 여기서 문제가 되는 것은 독립성 여부만이 아니다. 더 근본적인 문제는 단어는 어휘적 의미를 나타내는 말로만 한정하느냐 문법적 기능을 나타내는 말도 포함될 수 있느냐 하는 것이다. 이런 문제를 안고 있는 '단어'란 개념은 띄어쓰기의 기준으로 적당하지 않다고 할 수밖에 없다. 그리하여 우리는 첨가어적 관점에서 중요한 개념인 자립형식과 의존형

식, 실사와 허사의 대립쌍을 통하여 띄어쓰기 문제를 해결할 것을 제의한
다. 이는 결코 새로운 것도 아니고 심오한 것도 아니며, 첨가어의 기본 구
조로 지극히 상식적인 것이다. 다만 이런 평범한 그러나 핵심적 구조 원리
로 국어의 띄어쓰기 문제를 해결할 수 있는 것을 간과한 사실에 놀랄 뿐이
다.

> (18) 글은 말을 담는 그릇이니 이지러짐이 없고 자리를 반듯하게 잡아 굳게 선 뒤
> 에야 그 말을 잘 지키나니라. (주시경의 어록비 중에서)

  '이 문장에서 띄어쓴 곳이 열다섯 군데가 있어서, 열여섯 도막으로 씌어
져 있는데, 이 문장을 이 열여섯 도막으로 띄어쓴 이유는, 각 도막 안의 소
리들은 긴밀하게 이어져 있어서, 그 연결체 안에서는 어디에서나 소리를
띄어 말할 수가 없도록 되어 있기 때문이다. 곧 '글은'에 있어서 '글'은 따
로 떨어져 나올 수가 있지마는, 그 밑에 붙어 있는 '-은'이 그 앞의 말과 따
로 떨어질 수가 없기 때문에 '글은' 안에서는 그 어디서나 소리를 떼어 말
할 수가 없다. 따로 홀로 설 수 있는 앞의 말을 자립형태라 하고, 그렇지 못
한 뒤의 말을 구속형태라 한다.'[5]고 한 대목은 띄어쓰기의 기준을 우리와
같이 자립형식으로 이해한 좋은 예라 할 수 있다.

  둘째, 띄어쓰기 문제는 이제는 '붙여쓰기' 문제로 관점을 전환하여 접근
할 때가 되지 않았나 한다. 한문의 영향을 받아 한글도 줄글로 붙여썼던 데
서 처음 벗어날 때는 당연히 띄어쓰기 문제로 이해되었을 것이다. 그래서
초기의 맞춤법 통일안에서 띄어쓰기로 접근한 것은 지극히 자연스러운 일
이라 할 수 있다. 그런데 시대의 추세에 따라 한문의 자리에 대신 들어선
영어에서는 반대로 모든 단어를 띄어쓰고 있다. 우리가 문장의 각 단어를
띄어 쓰도록 규정한 것은 어쩌면 영어의 영향이거나 모방이었을 것이란 생
각이 들기도 한다. 그러나 단순히 '문장의 각 단어는 띄어쓴다'고 하지 않
고 '띄어씀을 원칙으로 한다'고 한 것에서 영어와 국어 사이의 차이에 대한
고민을 읽을 수 있다. 영어에서는 이런 제약 규정이 전연 필요 없을 정도로

---

5) 허웅(1995:26) 참조

모든 단어는 띄어쓴다. 영어에서는 문자그대로 띄어쓰기가 철저히 이루어지고 있고 붙여쓰기의 문제는 발붙일 곳이 없어 보인다. 이는 굴절어에서는 당연한 것이다. 그러나 굴절어와 대립적인 첨가어에서는 표기 방식에서도 큰 차이가 날 수밖에 없는 것이다.

국어의 첨가어적 특성은 문법적 기능을 나타내는 허사가 별도의 어사로 발달하여 생산적으로 쓰이는 것이다. 그러나 이들은 모두 의존형식이므로 단독으로는 쓰일 수 없고 또 기능면에서도 관련된 실사와 긴밀히 어울려 쓰일 필요가 있다. 그리하여 국어의 띄어쓰기에서는 이들 허사를 실사에 붙여쓰는 것이 핵심적이고 또 절대적인 것으로 이해된다. 실사는 훈민정음 반포 당시처럼 붙여쓸 수도 있고 오늘날처럼 띄어쓸 수도 있으며 시대에 따라 편리하게 수의적으로 어느 한 쪽을 선택할 수 있지만, 허사는 어느 시대나 필히 붙여쓸 수밖에 없는 것이다. 그래서 전연 띄어쓰지 않는 줄글에서 문제를 삼을 소지가 있는 것은 실사들을 붙여쓴 것이며 허사들을 붙여쓴 데는 아무런 문제도 없는 것이다. 그래서 초기의 맞춤법 통일안에서는 실사들을 띄어쓰게 하는 데 초점이 맞추어졌다. 그러나 오랜 붙여쓰기 관행에서 벗어나려다 보면 자칫 지나치게 반대 방향으로 나가게 되기 쉬운 법이다. 그리하여 오늘날까지도 과도하게 띄어쓰도록 규정된 것이 문제로 남아 있을 정도다. 이제 우리의 표기 관행에서 띄어쓰는 일은 더 이상 강조하거나 어떤 논급도 할 필요가 없는 상황에 놓여 있다. 반대로 어떻게 지금보다는 좀더 붙여쓸 수 없는가에 대하여, 그리고 한 걸음 더 나아가서 붙여써야 할 것을 아직까지 잘못 띄어쓰고 있는 것은 없는가에 대하여 살펴보아야 할 것이다. 대전제로 혹은 상징적으로 띄어쓰기를 제시할 수는 있을지 모르나, 실제로 필요한 것은 붙여쓰기 문제며 더구나 구체적 논의의 대상이 되는 것은 붙여쓰기와 관련된 것일 듯하다.

이런 시각의 전환과 관련하여 띄어쓰기의 허용 규정도 짚어볼 만하다. 맞춤법 제47항은 '보조용언은 띄어 씀을 원칙으로 하되, 경우에 따라 붙여 씀도 허용한다'고 되어 있다. 이는 붙여쓰는 것이 원칙이되 띄어쓰는 것도 허용하는 쪽으로 고쳐 규정하는 것이 좋을 듯하다. 첨가어에서 표기의 대원칙은 의존형식은 붙여쓰는 것이며, 보조용언은 의존형식에 속하기 때문이다. 그러나 같은 의존형식이라도 조사나 어미와 달리 보조용언은 실사에서 전용된 것도 있고 아직 실사적 의미가 다소라도 남아 있을 수도 있으며, 또는 '들어간다~꺼져 간다'와 같이 본용언끼리 어울려 하나의 용언이 된 말에 대하여 보조용언의 쓰임이 확실한 말을 구분하기 위하여 띄어쓰고 싶을 경우 등에는 띄어쓰는 것을 허용할 수는 있되, 이는 첨가어적 관점에서는 어디까지나 원칙에서는 벗어난 것이라 할 수 있다. 다른 허용 규정도 다 마찬가지다.

각도를 달리하여 현대인의 발달한 언어 의식이나 주위에서 쓰이는 외국어의 관행 등을 통하여 언어 표기는 으레 구성 단위별로 띄어쓰는 것임은 알고도 남는다. 반대로 간혹 한문이나 기타 붙여쓴 글을 보면 이상하고 답답하게 느낄 정도가 되었다. 이런 상황에서 국어의 표기는 새삼스럽게 모든 단어를 띄어쓰는 것이라고 역설하는 것은 시의에 맞지 않는 구시대의 유물 같이 보인다. 맞춤법 규정의 특성은 사실을 개관적으로 다루는 문법적 기술과는 달리 어떤 현상에 대하여 주의를 환기하거나 제약을 가함으로써 기대하는 방향으로 유도하려는 일종의 전술적인 속성을 띠고 있다. 그리하여 규정의 진술 방식은 상황에 맞게 조정될 필요가 있는 것이다.

셋째, 띄어쓰기 문제는 띄어쓰기 관행 자체보다 그에 대한 학자들의 문제 의식에 혹 문제가 있지 않나 새삼 돌아보게 된다. 현재 우리 사회에서 띄어쓰기의 실상은 여러 학자들이 지적하는 것처럼 같은 말을 사람에 따라 띄어쓰기도 하고 붙여쓰기도 하여 통일된 모습을 보이지 못하는 경우가 허다한 것이 사실이다. 그러나 이런 혼란상의 주류를 이루는 것은 (21)과 같은 구조적 문제가 아니라 (19)처럼 언중의 의식과 관련된 것이라는 데 문제가 있다.

(19) a. 나는 올 <u>여름 방학</u>에 고향에 다녀 오려 한다.

    b. 나는 올 <u>여름방학</u>에 고향에 <u>다녀오려</u> 한다.

(20) a. 딸은 아버지를 사랑하고 아들은 어머니를 사랑한다.

    b. 딸은 아버지를사랑하고 아들은 어머니를사랑한다.

(21) 나 는 원칙 을 반대하 는 것 이 아니 다.

즉, 우리가 으레 문제 삼는 것은 (19ab)류가 혼용되는 데 있으며, (20ab)와 같은 혼란이 일어나는 것은 결코 아니라는 사실에 유념할 필요가 있다. 이는 자립형식 연결체의 혼용에는 한계가 있어서 이런 혼용은 그 한계 밖의 혼란과는 엄연히 구분되는 일종의 재량으로 이해될 만하다. 그런데 이런 재량이 일반인의 관행뿐만 아니라 사전에서도 적잖이 발견되는 사실6)을 통해

서 이것이 단순히 언중의 책임이기보다 언어의 특성과 관련된 현상으로 이해할 수 있다. 여기서 우리는 띄어쓰기 규범이 언어의 자연스러운 통일을 지향하는 취지를 왜곡해서 기계적인 획일주의로 나가는 것을 우려한다. 언어 형식의 통일은 언어의 특성과 언중의 의식에 따라 자연스럽게 그 수준과 속도의 정도가 좌우되기 마련이다. 그래서 가령 영어에서는 classroom, blackboard, gentleman처럼 구성 요소를 붙여쓰는 것도 있지만, 'ice cream, middle school, vowel harmony'처럼 구성 요소 위주로 띄어쓰는 것도 발견되며, 국어에서도 유사한 구성 요소로 이루어지면서도 '여러분'처럼 구성 요소를 붙여쓰는 경우와 '여러 가지/여러가지'처럼 사람에 따라 혹은 사전에 따라 붙여쓰기도 하고 띄어쓰기도 하는 경우 그리고 '여러 사람'처럼 반드시 띄어쓰는 경우 등의 구분이 있다. 한 언어의 수많은 표현에서 이런 구분을 인위적으로 통일하는 것은 어려운 일일 뿐 아니라 무모한 일로 생각되기도 하며, 설사 이런 작업이 성공할 경우를 가정하더라도 일반 대중이 이를 학습하여 일사분란하게 쓰기 위해서 져야 할 부담 또한 여간 크지 않을 것이다. 가령 국가의 이름으로 낸 유사이래 최초의 국어사전인 「표준국어대사전」을 보면 '문학잡지, 문학청년'은 붙여쓰고, '장편 소설, 문예 사조'는 띄어썼는데, 이러한 구분의 기준이 애매한 터에 이런 표준을 기계적으로 따르라고 강요하는 것은 문제가 아닐 수 없다. 이런 자립형식의 연결체들은 (21)과 달리 첨가어의 구조적 특성과는 무관한 것으로, 당분간은 발달 과정에 따른 다양한 표기를 허용하면서 점진적으로 자연스럽게 통일되도록 하는 것이 바람직할 것이다. 띄어쓰기가 의미 이해에 편리하도록 인위적으로 언어 형식의 통일을 기하기 위한 조처이기는 하나, 통일의 정도에는 스

---

6) 이익섭(2002 : 7) 참조

스로 한계가 있게 마련이다. 그래서 맞춤법의 다른 영역에서와 마찬가지로 여기서도 예외가 존재하는 것은 극히 자연스러운 것이다.

5. 결어

언어형식을 독립성 유무에 따라 자립형식(free form)과 의존형식(bound form)으로 구분하는 것은 Bloomfield 이래 언어학의 일반화된 방식이다. 그러나 국어문법에서는 이런 구분이 어느 언어보다도 큰 비중으로 작용함에도 불구하고, 이제까지는 단지 서구적 편견에 의해 그 가치가 충분히 인정되지 못한 것이 사실이다. 본 연구에서는 이런 전통적 관행에 대한 반성의 차원에서 몇 개 분야에 걸쳐 자립형식과 의존형식의 구분이 중요하게 작용하는 것을 부각시켜 보고자 하였다.

첫째 조사와 어미의 분포 문제를 자립형식과 의존형식의 관계로 이해하는 방식을 검토해 보았다. 그간의 문법 기술에서 조사는 체언에 첨가되고 어미는 용언(어간)에 첨가되는 것으로 기술한 것이 일반적 입장이었다. 그러나 이에 대한 허다한 예외가 발견되어, 그 대안으로 우리는 자립형식과 의존형식을 제시하는 입장에 대하여 논의하였다. 이 새로운 기술 방식은 예외가 전연 없는 완전한 것임을 알 수 있다.

둘째 단어들은 기능, 형태, 의미의 특성에 따라 품사 분류하는 것이 일반 언어학의 입장이다. 국어 문법에서도 이런 방식에 따라 품사 분류가 이루어졌고, 그런 대로 합리성이 인정되었다. 그러나 여기서는 보편적 방식이 아닌 국어 고유의 방식으로 품사 분류에 접근해 보는 방안을 강구해 보았다. 이는 국어의 첨가어적 특성을 부각하여 자립형식에 의존형식이 첨가되는 여부와 그 방식에 따라 품사를 분류하는 것이다. 국어의 구조에 맞는 고유 방식과 언어학의 보편적 방식이 상호 보완적으로 작용할 것을 기대한다.

셋째 우리 사회가 직면한 띄어쓰기의 문제를 극복하는 방안으로 자립형식과 의존형식의 개념을 적용하는 문제를 검토해 보았다. 그 핵심은 띄어쓰기의 기준을 단어에서 자립형식 혹은 실사로 대치하는 것이다. 국어에서는 단어의 개념이 모호하고 그 경계가 뚜렷하지 못하기 때문이다. 여러 언어에서의 띄어쓰기 문제는 첨가어에서는 구조적으로 붙여쓰기 문제로 이해해야 할 것에 관해서도 논의하였다.

첫째와 둘째가 이론적인 영역이라면, 셋째는 다분히 실용적인 측면에서의 접근이라고 할 수 있다. 자립형식과 의존형식의 대립쌍과 관련한 논의는 이 외에도 여러 분야에서 다양한 방식으로 이루어질 수 있을 듯하며, 앞으로 이런 논의가 활발히 이루어지기를 기대한다.

참고문헌

서정수(1994), 국어문법, 뿌리깊은나무.

시정곤(2002), 명사 연결체의 띄어쓰기 실상과 처리 방향, 새국어생활 제12권 제1호, 국립국어연구원.

이익섭(2002), 띄어쓰기의 현황과 전망, 새국어생활 제12권 제1호, 국립국어연구원.

이희승·안병희(1994), 고친판 한글맞춤법 강의, 신구문화사.

최현배(1961), 우리말본, 정음사.

허 웅(1995), 20세기 우리말의 형태론, 샘문화사.

홍기문(1947), 조선문법연구, 서울신문사.

졸 고(1993a), 구결문의 연구, 한신문화사.

───(1993b), 복합조사에 대하여, 인문논총 4, 아주대학교 인문과학연구소

───(2001), 국어문법의 대안적 접근, 국학자료원.

───(2001), '이다'와 '아니다'에 대한 대안적 접근, 국어국문학 129, 국어국문학회.

한국어 표준문법과 학교문법

이 관 규*

목 차

---

1. 머리말

국력 신장과 함께 국어, 즉 한국어를 배우는 외국인들이 늘어나고 있다. 1959년 연세대 한국어학당이 한국어 학교 문을 연 이래 국내·외적으로 한국어를 가르치는 기관이 기하급수적으로 늘어나고 있다. 각 기관에서는 한국어 교재를 개발하면서 그 속에서 사용되는 한국어 문법도 다양하게 아니

---

* 홍익대학교

본 논문은 2002년 10월 19일 국립국어연구원 대강당에서 있었던 국제한국어교육학회의 추계 학술대회에서 토론문으로 발표된 내용을 깁고 고친 것이다. '한국어 문법 교육의 체계와 방법론'이라는 전체 주제 하에 각각 다른 세 사람의 토론자가 자신의 견해를 토론문 형식으로 준비하여 토론을 진행하였다. 이 때 김정숙(고려대)은 외국인용 문법과 학교문법은 차이가 있어야 한다는 입장, 이관규(홍익대)는 본질적으로 둘은 차이가 없어야 한다는 입장, 우형식(부산외대)은 중도적인 입장을 견지했다.

혼란스럽게까지 제시되고 있다(민현식 2000, 김정은 2002 참조).

이에 국립국어연구원에서는 동일한 한국어를 대상으로 하는 문법이 표준적으로 제시되어야 한다는 입장에서 소위 한국어 표준문법을 제정하기 위한 연구를 2000년부터 해 오고 있다.[1] 과연 이 외국인용 표준문법에는 어떤 내용이 들어가야 하며, 또한 기존의 국내용 국정 학교문법과는 어떤 관계를 유지해야 하는지 심도 있는 연구가 필요한 시점이다.

본 연구에서 필자는 외국인용 한국어 표준문법의 성격이 어떠해야 하는지를 학교문법과의 관련성 속에서 논의해 보고자 한다. 더불어 일본에서의 외국인용 일본어 문법의 현황은 어떤지도 살펴보고자 한다. 이 연구를 통해서 한국어 표준문법이 지향해야 할 방향이 무엇인지 되새길 수 있기를 기대해 본다.

2. 규범문법, 학교문법, 표준문법의 개념과 관련성

2.1 규범문법은 한 사회에서 약속된 문법이고 학교문법은 학교에서 정규 교육 과정을 통해서 공식적으로 교수·학습되는 문법이다. 전자가 특정한 집단에 한정되는 것임에 비해서 후자는 모든 집단을 대상으로 한다는 점에서 차이가 있다. 전자는 강제성이 없고 단지 해당 집단에서 약속으로 존재할 뿐이며, 후자는 학생들에게 교수되어 실제 생활에서 사용될 수 있다. 이 둘은 국내용 문법이라는 공통점이 있으나, 실제 국어 생활에서는 분리 사용되지 않고 있다. 즉, 학교라고 하는 교육기관을 통해서 공식적으로

---

1) 참고로, 국립국어연구원 '외국인을 위한 한국어 표준 문법' 개발 사업에 참여한 사람들을 제시하면 다음과 같다.
　　2000년 : 권재일(서울대), 한재영(한신대), 구현정(상명대), 이관규(홍익대), 임동훈·정희창(연구원)
　　2001년 : 허용(한국외대), 박동호(서울대), 김정숙(고려대), 정희정(연세대), 최정순(서강대), 이해영(이화여대), 임동훈(연구원)
　　2002년 : 허용(한국외대), 박동호(서울대), 김정숙(고려대), 정희정(연세대), 최정순(서강대), 이해영(이화여대), 이운영·이병규(연구원)

교수·학습되는 학교문법만이 존재할 뿐이다. 일제 시대부터 해방 초창기까지 최현배(1937)이 규범문법의 역할을 담당했었다고 하기는 하지만 학교문법으로서 역할을 했다고는 하지 않는다는 것이다. 1985년 국정 문법이 나온 이후 현재는 규범문법이라는 용어는 거의 사용되지 않는다. 이 때 나온『고등 학교문법』(1985, 2002) 한 권만이 학교문법으로서 공식적으로 인정받고 있다.

이에 비해 표준문법은 국어를 L2로 배우는 외국인을 위한 문법이라는 점에서 차별성이 있다. '표준'이라는 말이 내국인·외국인 할 것 없이 모두에게 적용된다는 의미로 해석될 수도 있겠으나, 대개 '외국인을 위한 표준문법'이라는 의미로 사용되곤 한다. 따라서 내국인을 위한 학교문법과 외국인을 위한 표준문법의 관련성은 어떠해야 하는지가 중요한 문제로 떠오르게 된다. 해결 방안은 세 가지 가능성을 상정해 볼 수 있다. 첫째, 둘을 동일한 것으로 보는 견해, 둘째, 서로 이질적인 것으로 보는 견해, 셋째, 동일하면서도 이질적인 것으로 보는 견해이다.

학교문법과 표준문법의 관련성에 대해서 필자는 이 세 가지 가운데 첫째 견해를 지지하고자 한다. 먼저 이 둘이 갖고 있는 공통점을 몇 가지 생각해 보기로 한다. 먼저 학교문법이나 표준문법이나 기술 대상이 동일하다는 것이다. 즉 한 민족인 한민족(韓民族)이 사용하는 언어, 즉 국어(한국어)에 대한 약속된 법칙이 바로 학교문법이고 표준문법이라는 것이다. 또 한 가지는 학교문법이든 표준문법이든 이런 메타적 한국어 문법을 완전히 이해하고 사용할 줄 아는 것을 언어 교육에 있어서는 최고의 목표로 삼는다는 것이다. 학교문법의 존재 이유도 우리말에 대한 학습자의 올바른 이해·사용이고, 표준문법의 존재 이유도 동일한 대상인 한국어에 대한 올바른 이해·사용인 것이다. 그렇다면 학교문법과 표준문법은 구분할 필요가 없다는 결론에 이른다.

2.2 그런데, 왜 많은 한국어 교육을 실제로 하는 사람들은 둘의 이질성을 주장하는가. 그것은 바로 한국어를 배우는 외국인들이 갖고 있는 나름대로의 모국어 L1이 L2인 한국어와 차이가 나기 때문이다. 즉 한국어를 배

우는 학습자들의 배경 지식에 맞추어, 다시 말하면 그들이 쉽게 이해할 수 있는 방법으로 외국인을 위한 한국어 표준문법이 필요하다는 논리로, 곧 학습자 중심의 한국어 표준문법이 필요하다는 것이다. 물론 교육에 있어서 학습자의 눈높이를 기준으로 하는 것은 매우 중요하고도 필요한 일이다. 그러나 문제는 그들의 문법으로 학습의 대상 언어(target language)인 한국어의 문법을 제대로 이해할 수는 없다는 것이다. 어느 정도는 이해에 도움이 될지 몰라도, 한국어 문법에 대한 온전한 이해에는 한계가 있을 수밖에 없다.

학교문법과 표준문법이 차이가 나야 한다고 주장하는 또 하나의 이유는 실제 한국어 학습자의 학습 시에 나타나는 한국어 능력의 차이 때문이다. 즉 한국어 수업에 있어서 최고 높은 급수의 학습자들에게 있어서는 국내용 문법을 설명한다고 해도 큰 문제가 없겠으나 한국어를 잘 못하고 잘 모르는 중급이나 초급의 학습자들에게는 국내용 문법이 이해하기 어렵다는 것이다. 그러나 이것은 궁극적으로 학습자의 한국어 능력 문제이지 학교문법과 표준문법이 차이가 있어야 한다는 근거는 되기 어렵다. 사실 이에 대한 문제 해결은 교사가 어떻게 교수하느냐 하는 교수법에서 찾는 게 나을 것이다. 즉 학습자의 L1과, L2인 한국어 능력을 고려하여 교사가 어떤 방법으로 한국어 내지 한국어 문법을 가르칠 것인가가 중요하다는 것이다.

또 한가지 외국인에게 한국어를 가르칠 때 학습자 눈높이에 맞추어 가르쳐야 효과가 있다는 점을 들어 표준문법의 차별성을 주장하기도 한다. 예를 들면, '_'나 'ㄹ' 탈락 규칙을 설명할 때 어간이 변하면 불규칙 활용이라는 식의 설명은 학습자에게는 매우 간결한 설명 방식이 될 수 있다는 것이다. 물론 교육의 수월성이라는 점에서 보면 수긍이 가기도 하지만 교육의 정확성이라는 점에서 보면 돌아가더라도 확실하게 가르쳐야 할 필요가 있는 것이다. 처음 용언의 '_', 'ㄹ' 탈락 현상을 경험하는 학습자에게 불규칙이라고 머리 속에 심어 주면 그것은 평생 갈 수 있기 때문이다. 설명이 어렵다면, 그냥 '_', 'ㄹ' 탈락 현상 정도로 실제 교수·학습 시에 필요할지는 모르겠다.

여하튼, 결론적으로 말하면 학교문법과 표준문법은 근본적으로 차이 날 필요는 없다고 본다. 학습자가 한국어를 단순한 의사소통 차원이 아니라 전문적으로 연구하려 한다고 할 때, 즉 한국어 고급 단계를 이수하고 본격적으로 한국어를 연구한다고 할 때를 생각해 본다면 이런 주장은 당연하다고 볼 수밖에 없을 것이다. 그렇다고 현재 국정 학교문법이 있으니까, 무조건 거기에 맞추어야 한다는 것은 아니다. 학교문법이나 표준문법이나 모두 교육의 수월성을 염두에 두어야 하기 때문에, 보다 나은 문법 정립을 위해서 깁고 고치고 해야 할 것이기 때문이다. 그렇다면 앞으로는 학교문법 정립 시에 한국어 교육학자의 참여도 필요할 것이다.

2.3 그렇다고 해서 학교문법과 표준문법이 기본 원리부터 시작하여 모든 내용, 나아가 모든 문법 내용·세부 기술 방법까지 동일해야 한다는 것은 아니다. 사실 언어에 따라 품사 설정 방식이 다를 수 있고 문장 유형 설정 방식도 다를 수 있다. 예컨대, 국내 문법에서는 용언으로서의 동사와 형용사를 변별하고 있으나 어떤 언어에서는 굳이 용언으로서의 형용사를 따로 설정할 수 없는 경우가 있다. 실제로 국어에서의 형용사와 영어에서의 형용사는 분명히 차이가 있다. 그렇다고 영어권 한국어 학습자를 위해서 표준문법에 형용사를 관형사라고 기술할 수는 없는 일이다. 어디까지나 주체는 국어 문법이 되고, 구체적인 학습자의 L1에 따라서 설명 방식이 달라질 수 있는 것이다. 이 말은 곧 표준문법은 틀거리로서는 학교문법과 동일해야 하지만, 구체적인 기술 항목이나 그 깊이에 있어서는 차이가 있을 수 있다는 것을 뜻한다. 즉 표준문법은 국어의 전반적인 성격을 잘 드러낼 수 있는 내용들을 기본적으로 담고 있어야 할 뿐만 아니라, 더불어 국어의 특징적인 성격을 잘 드러낼 수 있는 구체적인 문법 항목 및 자료가 풍부하게 들어 있어야 한다는 것을 뜻한다.

한 가지 더 짚고 넘어가야 할 것은, 표준문법은 분명히 교사를 위한 것이지 학생용이 아니라는 사실이다. 학생이 직접 표준문법책을 보고 한국어를 배우는 게 아니라 교사가 학생의 모어나 한국어 능력을 고려하여 한국어 교육을 해야 한다는 것이다. 물론 학생 중에도 직접 표준문법을 접할 수도 있다. 그럴 경우는 학생의 한국어 능력이 매우 높은 수준이 된다는 것이 전제되어야 할 것이다.

3. 한국어 표준문법의 특성과 내용 체계

3.1. 특성과 제시 방법

3.1.1 그렇다면 표준문법에는 국어의 어떤 특성을 담아야 할까? ① 기본적으로는 국어가 갖고 있는 어순 특성이 들어가야 할 것이다. 주어-목적어-서술어라는 기본적인 어순을 언급하면서, 서술어 중심 언어로서 서술어가 목적어나 보어의 출현을 좌지우지하는 성격도 보여야 할 것이다. 이것은 언어 유형론적 차원에서 국어가 다른 언어와 차이를 보이는 대표적인 특성이라고 할 수 있다. ② 피수식어가 수식어 뒤에 오는 특성도 기술되어야 할 것이다. 짧은 수식어는 물론이고 아무리 긴 표현이라고 하더라도 국어에서는 수식하는 말이 수식 받는 말 앞에 와야 한다. 국어 토박이에게는 당연한 말일지 모르나 긴 표현(예: 관형사절)의 경우 수식어가 피수식어 뒤에 오는 영어와 같은 언어를 모어(L1)로 하고 있는 화자들에게는 반드시 필요할 것이다. ③ 국어에 높임법이 발달되어 있다는 것도 기술될 필요가 있다. 특히 무조건적인 화자 중심 체계를 갖고 있는 영어 등에 비해서 청자를 고려하는 경우가 많은 국어의 높임 표현은 중요한 특성으로 제시될 수 있을 것이다.

④ 또한 국어 단어에 파생어와 합성어가 많다는 사실도 표준문법 속에 담아야 할 것이다. 접두사·접미사 용법 및 용례는 물론이고, 통사적 합성어·비통사적 합성어 같은 것도 풍부한 용례를 통해서 제시해야 할 것이다. ⑤ 단어·문장 차원은 아니지만 국어 자음 체계와 모음 체계도 기술되어야 할 것이다. 특히 성대의 진동이 음운 자질이 되지 못한다는 점도 기술될 필요가 있다. ⑥ 문자로서의 한글에 대해서 기술될 필요가 있다. 한글이 갖는 과학성은 물론이고, 자음·모음 글자의 명칭도 기술될 필요가 있을 것이다. ⑦ 국어가 교착어에 속한다는 사실, 그리하여 조사와 어미 같은 허사가 매우 발달되어 있어야 한다는 것도 반드시 들어가야 한다. 조사와 어미는 매우 다양한 양상을 보이기 때문에 구체적인 용법과 함께 세부적인 용례를 들어 줄 필요가 있다. 어떤 의미에서는 학습자가 한국어를 완벽하게 구사한다는 기준으로 바로 이 조사와 어미 사용을 들 수도 있을 것이다. ⑧ 더

불어 국어에서, 특히 문장 표현에서 특이하게 사용되는 관용 표현이 제시될 필요가 있다. 예컨대, '-기 때문에, -어야 할 텐데, -할 것이야' 등과 같은 관용 구문 표현은 물론이고, '새 발의 피'와 같은 관용어나 '호랑이에게 잡혀가도 정신만 차리면 산다'와 같은 속담 등 관용 표현들이 제시될 수 있을 것이다.

　3.1.2 국어가 갖고 있는 이런 여러 특성들은 표준문법책의 해당 본문에 들어가야 하는 것은 당연하다. 그러나 이런 특성들은 다시 한번 제시될 필요가 있다. 전반적인 한국어 특성은 단어나 문장을 다루기 전에 일괄적으로 간략한 용례와 함께 제시될 필요가 있을 것이다. 그래야만 해당 본문이 나올 때 미리 인지가 되어 있어서 보다 효율적인 학습이 가능할 것이다. 한편, 조사나 어미는 해당 용례가 매우 많기 때문에 부록으로 해서 따로 처리되는 것이 나을 것이다. 모든 조사와 어미에 대하여 그것이 쓰이는 용법에 따라 살아있는 국어 자료를 용례로 제시할 필요가 있다는 것이다. 더불어 일반적인 규칙으로 설명하기 어려운 관용 표현도 부록으로 제시되면 금상첨화일 것이다.

3.2. 내용 체계

　3.2.1 제7차 교육 과정 시기에 맞추어 2002년 3월에 국정 문법 교과서로 『고등 학교 문법』이 나왔다. 대단원으로 '언어와 국어, 말소리, 단어, 어휘, 문장, 의미, 이야기, 국어의 규범' 이렇게 여덟 개 제시되어 있으며 '부록'으로 '국어의 옛 모습, 국어의 변화'를 담고 있다. 특히 탐구 활동 중심의 교수·학습 방법을 제시하고 있으며, 실제 생활 속에서 사용되는 언어를 자료로 하여 학습자 활동이 이루어지도록 하고 있다.

　교재 구성이라는 점에서 보면 매 대단원마다 '단원의 길잡이 — 단원 학습 목표 — 단원을 배우기 전에 —; 소단원(1) — 학습 목표 — 본문 — 탐구(문제) — 가꾸기 —; 소단원(2) — 소단원(3) —; 단원의 마무리'로 되어 있다. 이는 단순히 문법 항목을 제시하고 설명하는 방식이 아니라, '성격-목표-내용-

방법-평가'라는 일련의 교육의 과정을 염두에 둔 구성이라 할 수 있다. 특히 탐구 활동이나 가꾸기 활동을 통해서 배운 내용을 직접 적용 및 응용하여 사고력을 신장하도록 하는 의도로 구성된 것이라 할 수 있다.

3.2.2 학교문법과 표준문법은 기본적으로 동일성을 유지해야 한다고 하는 것은 외적인 교재(또는 교과서)가 그래야 한다는 것은 아니다. 내적인 문법 내용이 동일해야 한다는 것인데, 구체적으로 말하면 국어(한국어)라는 하나의 언어는 기본적으로 성격이 동일하다는 것을 의미한다. 물론 학문적 연구 차원에서는 다양한 문법 논의가 가능하겠지만, 최소한 교육용, 그것도 한국어를 L2로 학습하는 외국인들에게는 내국인용 학교문법과 외국인용 표준문법이 차이가 있다는 것이 바람직하지는 않다는 것이다.

표준문법에는 구체적으로 어떤 문법 내용이 들어가야 할까? 일반적으로 국어 및 국어 문법을 안다고 하면, 그것은 문법 단위로 말하면 음운, 단어, 문장, 담화에 대하여 안다는 것을 뜻한다. 흔히 국어학의 하위 영역으로 음운론, 형태론, 문장론, 의미론, 화용론을 들곤 하는데, 이는 바로 이에 근거한 것이다. 그렇다면 표준문법에서도 이런 다섯 가지 하위 분류 내용을 모두 다, 또 똑같은 정도로 담아야 하는가? 이상적인 표준문법이라 하면 모든 문법 내용을 빠짐 없이 자세하고 완벽하게 담고 있어야 할 것이다. 그러나 표준문법이 모든 단어나 문장의 의미를 담아야 하는 사전이 아닌 이상, 의미론 부분은 굳이 담지 않아도 될 것이다. 어휘 의미론은 단어를 다루는 형태론에서, 문장 의미론은 통사론에서 추가해서 다룰 수 있을 것이다. 사실 화용론 부분도 넓게 보면 의미론(화용 의미론)에 포함할 수 있다. 표준문법에서 구체적으로 다루어야 할 것은 음운론·형태론·문장론이라고 할 수 있다.

한국어 학습에 있어서 외국인들이 음운론에서의 미시적이고 추상적인 음운 이론을 모두 배울 필요는 없기 때문에, 결국 표준문법의 주류를 이루는 것은 형태론과 문장론이 되어야 할 것이다. 물론 음운론에서 국어의 기본적인 자음·모음을 비롯하여 전세계적으로 공통적인 억양 내용을 담을 수는 있을 것이고, 국어의 특징적인 장단음 현상을 간략히 언급해 줄 수는 있을 것이다. 문자론 차원이긴 하지만 한글의 기본적인 형상 구조 및 형성 방법도 담을 필요가 있을 것이다. 결국 음운과 문자라는 차원에서 음운론 내용은 간략히 다룰 수 있을 것이다. 그러면 형태론과 문장론 내용이 표준 문법의 중심으로 있어야 할 것인데, 국어의 단어는 무엇이며 어떻게 구성 되어 있으며 특성은 무엇이며 등등 내용이 들어갈 터이고, 국어의 문장은 무엇이며 어떻게 구성되어 있으며 특성은 무엇이며 등등 내용도 들어가야 할 것이다.

　3.2.3 현행 학교문법을 고려하여 본다면, 표준문법에는 음운·문자에 대한 개략적인 소개를 시작으로 하여, 국어의 기본적인 유형론적 특성이 먼저 제시될 필요가 있다. 그 다음으로 단어와 문장에 대한 기본적 개념 및 설명이 용례와 더불어 들어가야 할 것이다. 단어는 특히 품사를 중심으로 하여 하나하나 설명되어야 할 것이다. 물론 단어의 종류도 제시되어 단어 파생법이나 합성법도 나타나야 할 것이다. 조사나 어미는 단어 차원보다는 교착어로서 국어의 특성을 잘 드러내는 일종의 '토'라는 차원에서 사용 양 상이 구체적으로 제시될 필요가 있다. 물론 전술한 바, 보다 풍부한 조사· 어미의 자료는 부록으로 제시되는 게 좋을 것이다. 한편 국어 어휘에 대한 특성이나 많은 자료도 제공될 수 있을 것이며, 이 경우는 단어 하나하나에 대한 맞춤법과 같은 것이 오용 예를 중심으로 제시될 수 있을 것이다.
　문장은 홑문장과 겹문장의 기본 개념부터 시작하여 문장이 확대되는 현 상을 설명할 수 있을 것이다. 또한 문장에서 중요한 각종 문법 요소에 대한 설명과 구체적인 용례가 제시될 수 있어야 할 것이다. 문법 요소를 설명하 는 곳에서는 이론적 설명에 그치지 않고 구체적인 생활 국어 차원에서 용 례들이 다양하게 제시될 필요가 있을 것이다. 문장론 마지막에서는 담화 차원의 화용론 내용도 의사 전달 표현이라는 차원에서 간략히 제시되는 게 좋을 것이다. 가능하다면 국어 생활에서 자주 사용되는 생활 표현들도 많 이 제시되는 게 좋다. 때로는 서신이나 일기 등도 여기에 포함될 수 있을 것이다. 한편 문법적 설명이 쉽지 않은 관용 표현들도 국어 생활에서 자주 사용되는 것을 중심으로 제시될 수가 있을 것이다.

한편 언어 계통론적 차원에서 국어가 어떻게 형성되었고 이웃 언어들과 어떤 관계에 있는지 제시될 수도 있을 것이다. 그러다 보면 국어의 역사에 대해서도 언급될 것이고, 나아가 한글의 특성에 대해서도 다루어지게 될 것이다. 사실 한국어를 학문적으로 접근하고자 하는 외국인들에게 있어서 이런 역사적 접근도 필요할 것이다.

3.2.4 역사적으로 볼 때 언어 교수법은 다양한 변천을 겪어 왔다. 문법 번역식부터 시작하여 직접 교수법·의사소통식 교수법·사회구성주의 교수법 등, 언어 학습의 목적에 따라 다양한 교수법이 있어 왔다. 현재는 의사소통식 교수법이나 사회구성주의 교수법이 외국어 교수법에서 널리 사용되고 있는 실정이다. 물론 전문적으로 한국어를 연구하고자 하는 학습자들이나 보다 유창한 고급의 한국어를 구사하고자 하는 학습자들에게는 문법 번역식 교수법도 유용하다(이관규 1995 참조).

하나의 단행본을 염두에 둔다면, 표준문법책 속에는 외국어 교수법이 하나하나 제시될 필요가 있다고 본다. 한국어 교수·학습에 있어서 개별 문법 내용에 맞추어 개별 교수법이 시범적으로 제시될 수도 있을 것이다. 물론 학습자의 한국어 능력 등급에 따라서 거기에 적합한 교수법이 시범적으로 몇 개씩 제시되면 좋을 것이다. 교사가 표준문법을 교수하려고 연구·준비할 때, 이런 여러 실제적인 교수법은 유용할 것이다.

4. 다른 나라에서의 외국인을 위한 문법
― 일본어 문법을 중심으로 ―

4.1 일본에서는 학교문법도 그렇고 외국인을 위한 표준문법도 따로 공식적으로 정해져 있는 것이 없다. 그러나 몇몇 유명한 원로 학자들의 견해를 학교문법이나 표준문법에서 유용하게 사용하고 있다. 국정이든 검인정이든 문법 교과서가 독립적으로 존재하지 않는다는 것이다. 단지 학교문법의 경우, 아래 (1)에서 보는 바와 같이 종합 교과서인 검인정 『國語』책의 일

부에 제시된 문법 설명이 그 역할을 하고 있다. (1ㄱ)에서는 문법 내용이 12쪽, (1ㄴ)에서는 7쪽 정도밖에 소개되어 있지 않은 실정이다. 근래에는 (1ㄷ)의 2001년에 나온 『日本語文法大辭典』이 학교문법의 일부 역할을 하기도 하는데, 교과서가 아닌 사전일 뿐이다. 또한 (1ㄱ, ㄴ)에서는 11개 품사가 설정되어 있으나, (1ㄷ)에서는 10개만 설정되어 있어 차이를 보이기도 한다.

(1) 일본어의 학교문법 예

ㄱ. 『國語 二』(文部省檢定濟教科書). (石森延男. 光村圖書. 昭和五十六年, 1982)

단어 ┬ 자립어 - 동사, 형용사, 형용동사 ; 명사, 대명사 ; 부사, 연체사, 접속사, 감동사
     └ 부속어 - 조동사, 조사

ㄴ. 『高等學校 國語 Ⅰ』(文部省檢定濟教科書). (馬淵和夫, 佐伯彰一, 田辺正男, 辻村敏樹, 鎌田 正. 大修館書店. 昭和五十七年, 1983)

단어 ┬ 자립어 - 명사, 대명사(체언) ; 연체사, 부사, 접속사, 감동사 ; 동사, 형용사, 형용동사(용언)
     └ 부속어 - 조동사, 조사

ㄷ. 『日本語文法大辭典』(山口明穗·秋本守英 編. 明治書院. 平成 13. 2001)

㉠ 言語言語理論 / 文法 / 品詞 / 体言 / 用言 / 活用 / 副用言 / 付屬語 / 意味範疇 / 文·文章·表現 / 修辭法 / 文字 / 語彙 / 敬語

㉡ 품사(10개)
名詞, 動詞, 形容詞, 形容動詞, 副詞, 連体詞, 接續詞, 感動詞, 助動詞, 助詞

4.2 국내용 학교문법이 그러하니, 외국인용 표준문법은 더더욱 공식적으로 존재하지 않는다. 그렇지만 외국어로서의 일본어 표준문법은 비공식적이긴 하지만 어느 정도는 정해져 있다고 말할 수는 있다. 일본어교육학회에서 250여 명이나 되는 집필진을 동원하여 1983년에 낸 『日本語教育事

典』(小川芳男·林大 외 10인 편집)이 그 역할을 하고 있으며, 1990년에 역시 일본어교육학회에서 『日本語教育ハンドブック』(林大 代表編輯)을 내었는데, 이 책이 현재 많이 사용되고 있다. 그러나 이 두 권의 책은 그 내용에 있어서 완전히 동일하지도 않을뿐더러, 책 한 권 내에서 하나의 견해만을 제시하고 있지도 않은 실정이다. 예를 들어, 『日本語教育事典』에서는 품사 분류 항목에서 山田(10개), 橋本(11개), 時枝(10개), 松下(5개)의 품사 분류를 제시하고 있으며, 『日本語教育ハンドブック』에서는 橋本進吉과 山田孝雄의 품사 분류 방법을 제시하고 있는 차이가 있다.

(2) 일본어의 표준문법 역할을 하는 事典 및 품사 분류

ㄱ. 『日本語教育事典』(日本語教育學會編. 小川芳男·林大·他編集. 大修館書店. 昭和五十七年, 1983)
<목차> 1. 音聲·音韻 2. 文法·表現 3. 語彙·意味 4. 語法各設 5. 文字·表記 6. 言語技能 7. 教授法·學習段階 8. 視聽覺教育 9. 機關と人
【付錄】日本語教育參考文獻一覽 / 日本語教科書?教材一覽 / 日本語教育年表

ㄴ. 『日本語教育事典』에 제시된 품사 분류
ㄱ) 山田

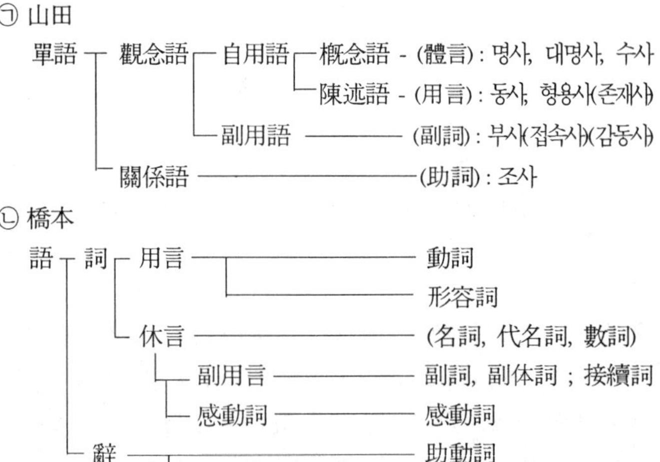

㉢ 時枝

㉣ 松下

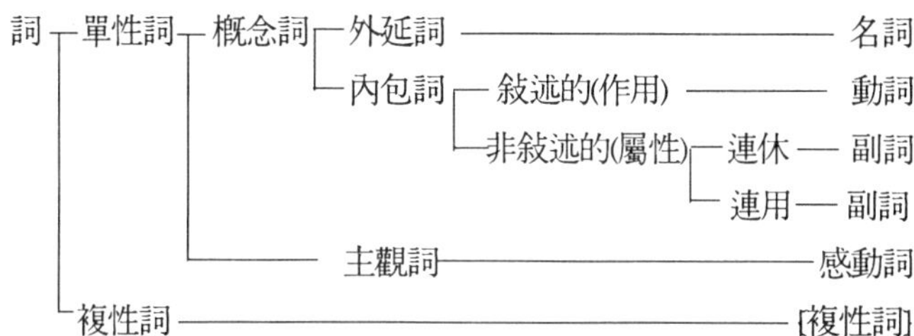

(3) 『日本語敎育ハンドブック』(日本語敎育學會 編, 編輯代表 林大. 大修
館書店. 1990)

<목차>

第1章 はじめに	第2章 外國語敎育としての日本語敎育
第3章 敎授法	第4章 コミュニケ?ション
第5章 音聲	第6章 文字?表記
第7章 語彙	第8章 文法

[付錄] 日本語敎育の關係機關 / 日本語敎員檢定制度について / 活用
表 / 日本史年表

4.3 외국인을 위한 일본어 표준문법의 역할을 하는『日本語敎育ハンド
ブック』((1990, 전체 561쪽(목차 10쪽 및 부록 57쪽 제외))에는 다양한 내용을 담고
있다. 그 가운데 외국인 교수용 문법 관련 내용과 교수법 내용을 검토해 보
면 (4)와 같다.

(4ㄱ)에 제시된 교수법을 보면 '입문기・초급, 중급・상급' 단계에 따른
교수법을 제시하고 있고, 듣기・말하기・읽기・쓰기・복합기능(聞・話・讀・
書・複合技能)을 지도하는 방법을 제시하고 있다. 교수 활동 부분에서는 교
수 활동의 조건・교안 작성・제시 순서・연습 순서・숙제・학습 평가 내용
들을 제시하고 있다. 시청각 교육을 위해서도 시청각 교재 및 사용 방법도

보이고 있으며, 교수법 변천 부분에서는 문법 번역식 교수법부터 시작하여
최근의 의사소통식 교수법까지를 제시하고 있다.

    (4)『日本語教育ハンドブック』(1990) 중 세부 목차

      ㄱ. 第3章 教授法

      學習段階別教授法 / 言語技能別の指導方法 / 教授活動の手順 /
視聽覺教育 / 教授法の變遷

      ㄴ. 第5章 音聲

      日本語の母音と教育上の留意点 / 日本語の子音と教育上の留意点
/ 日本語の半母音と教育上の留意点 / 日本語の音節と教育上の留
意点 / 日本語の特殊音節と教育上の留意点 / 日本語のアクセントと
教育上の留意点 / 日本語の語構成による音の變遷 / 日本語の文音
調と教育上の留意点 / 音聲學と音韻論 / 發音と聽音

      ㄷ. 第6章 文字・表記

      文字のあらまし / 漢字と仮名 / 表記法 / 表記の問題點 / 文字生活
/ 文字・表記の學習と教授法 / 文字・表記の教授上の問題點

      ㄹ. 第7章 語彙

      語彙教育の基本 / 各種の語彙 / 語の姿 / 中上級の語彙教育 / 語
彙と言語生活 / 語彙教育の技術

      ㅁ. 第8章 文法

      文法と文法教育 / 語をめぐって / 文法をめぐって / 文章と談話

    (5) 日本語教育參考書 (政府刊行物. 國立國語研究所. 昭和58年 현재)
音聲と音聲教育 / 待遇表現 / 日本語教授法の諸問題 / 日本語の文
法(上) / 日本語の文法(下) / 日本語教育の平價法 / 中・上級の教授
法 / 日本語の指示詞 / 日本語教育基本語彙七種 / 日本語教育文獻
索引 / 談話の研究と教育Ⅰ

    (4ㄴ~ㅁ)은 전체 8개 대단원 중반을 차지하는 문법 관련 내용의 목차를
제시한 것이다. 특히 눈에 띠는 것은 음성, 문자・표기가 각각 대단원을 차
지하고 있다는 것이다(각각 77쪽, 82쪽). 이는 언어 사용이라는 기능 차원의
발음과 표기를 중요시한 때문으로 파악된다. 물론 단순히 이론적으로 제시

한 것이 아니라 실제 언어 생활 속에서의 사용을 고려한 제시라는 점에서 특이성을 보인다. 어휘(80쪽)도 하나의 대단원으로 설정되고 있는데, 이는 언어 생활에서 가지는 어휘 부분의 가치를 높이 샀기 때문으로 보인다.

한편 문법 영역은 대단원 한 개만을 차지하고 있긴 하지만 실제적인 질이나 양에 있어서는 다른 영역보다 중요시되고 있다. 형태론(81쪽)은 품사를 중심으로 하여 자세히 제시되고 있다. 품사는 橋本進吉과 山田孝雄의 분류 방식이 소개되고 있다. 문장론(48쪽)은 문(文)의 정의부터 시작하여 문장 구성 및 문법 요소에 대한 내용이 주를 이루고 있다. 특이한 것으로 문장담화(文章談話)라 하여 화용론(7쪽) 내용도 담화 구성이라는 차원에서 다루고 있다는 점이다. 또한 교육이라는 차원에서 문법 교육이라는 절을 설정하고 있는 것도 눈에 띤다.

(5)는 일본 국립국어연구소에서 일본어교육을 위한 참고도서라 하여 각 권 약 160쪽 내외 분량으로 간행한 책들이다. 문법 관계 책들뿐만이 아니라 교수법 등 일본어 교사들이 참고할 수 있는 다양한 내용의 책들을 간행하여 전세계에 보급하고 있다. 물론 각 권의 저자도 명기가 되어 있어 국정 교재라고 말하기는 어려울 것이다.

5. 맺음말

지금까지 학교문법과의 관련성 속에서 외국인을 위한 한국어 표준문법이 어떤 성격을 갖고 있고 어떤 문법 내용을 담아야 하는지, 그리고 더불어 일본에서의 외국인을 위한 문법이 어떤 상태에 있는지도 알아보았다.

① 외국인용 표준문법과 학교문법은 그 문법 내용에 있어서 동일해야 한다. 왜냐하면 문법의 대상인 언어가 동일하기 때문이다. 단지, 한국어를 배우는 학습자의 L1이 다르고 L2로서의 한국어 능력이 다르고, 그 배경 문화가 다르기 때문에 한국어 교재와 교수법은 달라야 할 것이다.

② 표준문법에 들어가야 할 국어의 특징적인 내용들로는 다음과 같은 것들을 제시해 볼 수 있다. 어순, 수식 구조, 높임법, 단어 형성법, 자음·모음

체계, 한글, 조사·어미, 관용 표현 등이 한국어의 특성으로 들어갈 수 있을 것이고, 특히 교착어로서의 조사나 어미 같은 허사는 그 용례와 더불어 목록이 부록으로 제시될 수 있을 것이다.

③ 표준문법에는 문법 하위 영역에 있어서 형태론과 문장론이 중심을 이루어야 한다. 음운론도 기본적인 음운과 문자라는 차원에서 필요하기는 하다. 이외 의미론이나 화용론은 구체적이지는 아니더라도 생활 표현 속에서 들어갈 수는 있을 것이다.

④ 가능하다면 표준문법책 속에 다양한 언어 교수법이 소개되는 것도 좋다. 문법 번역식이든 의사소통식이든 각각의 특징과 함께 교수법의 실례가 제시되면 표준문법책을 보는 교사들이 유용하게 응용할 수 있을 것이다.

⑤ 일본어를 교육하기 위한 학교문법이나 표준문법은 공식적으로 존재하지 않으나 저명한 학자들의 문법이 교과서의 부록이나 사전 차원에서 소개되고 있다. 학교문법 내용으로는 대개『日本語文法大辭典』(2001)이 그 역할을 하고 있으며, 외국인용 일본어 문법 내용으로는『日本語教育事典』(1983), 『日本語教育ハンドブック』(1990)이 그 역할을 담당하고 있다.

⑥ 과연 외국인용 문법이 반드시 '표준'이어야 하는지 근본적으로 문제점을 제기해 볼 수 있다. 내국인용 학교문법도 국정 하나로만 정해 놓는 것이 반드시 최선의 방법인지도 문제점을 제기해 볼 수 있다. 본고에서는 이런 근본적인 문제점을 깊이 다루지 못했다. 그에 대한 좀더 심도 있는 논의가 필요하다.

참고문헌

교육부(1996), 『고등 학교문법』, 대한교과서주식회사.

교육인적자원부(2002), 『고등 학교문법』, 두산.

권재일(2000), "한국어 교육을 위한 표준문법의 개발 방향", 『새국어생활』 10-2.

김광해(2000), "21세기의 문법", 『새국어생활』 10-2.

김재욱(2002), "외국어로서의 한국어 문법 교육", 제3차 한국어세계화 국제학술대회 발표 자료집.

김정은(2002), "'한국어 교재와 문법서에 나타난 문법 용어와 문법 내용 비교", 국제한국 어교육학회 2002년도 추계(제18차)학술대회 발표자료집.

김정은·이소영(2001), "제2 언어로서의 한국어 표준문법", 『이중언어학』

김유정(1998), "외국어로서의 한국어 문법 교육", 『한국어교육』 9-1.

남기심(2001), "한국어 표준문법의 필요성과 개발 방향", 제2차 한국어세계화 제학술대 회 발표자료집.

남기심·고영근(1993), 『표준국어문법론(개정판)』, 탑출판사.

남기심 외(1999), 『외국인을 위한 한국어 교육의 방법과 실제』, 한국방송대학교 부.

민현식(2000), "제2 언어로서의 한국어 문법 교육의 현황과 과제", 『새국어생활 10-2.

────(2002), "국어 문법과 한국어 문법의 상관성", 국제한국어교육학회 차 국제학 술대회 발표자료집.

박영순(2000), 『외국 의 한국어 교육론』, 월인.

박창원(2002), "외국인을 ", 국제한국어교육학회 2002년도 추계(제18차)학술대회 발표자료집.

백봉자(1999), 『외국어로서의 한국어 문법 사전』, 연세대 출판부.

성기철(2002), "외국어로서의 한국어 문법 교육", 『국어교육』 107.

이관규(1995), "한국어 교재의 구성 원리와 내용", 『이중언어학회지』 12.

────(2000), "학교문법 교육의 현황", 『새국어생활』 10-2.

────(2001), "외국인을 위한 한국어 표준문법의 내용 체계", 『우리어문연구』 17.

────(2002), 『(개정판)학교문법론』, 월인.

이상억(1998), "외국인용 한국어 교재에 포함된 문법 사항의 비교 평가", 『한국어교육』 9-2.

이익섭·채완(1999), 『국어문법론강의』, 학연사.

이정화(2002), "한국어 표준문법과 문법 사전", 국제한국어교육학회 2002년도 추계(제18
    차)학술대회 발표자료집.

임홍빈(2000), "학교문법, 표준문법, 규범문법의 개념과 정의", 『새국어생활』 10-2.

Crystal David(1987), *The Cambridge Encyclopedia of Language*. Cambridge University Press.

문법관계와 동사분류

고 광 주*

목 차

---

1. 서론

문법관계(grammatical relation)란 문장 내의 어떤 성분이 다른 성분에 대하여 가지는 문법상의 관계를 나타내는 개념이다. 이러한 문법관계는 생성문법에서 본원적 개념(primitive notion)은 아니며 통사구조의 기초 하에서 규정된다. 예를 들어, 아래의 통사구조가 주어졌다고 하자.

(1)

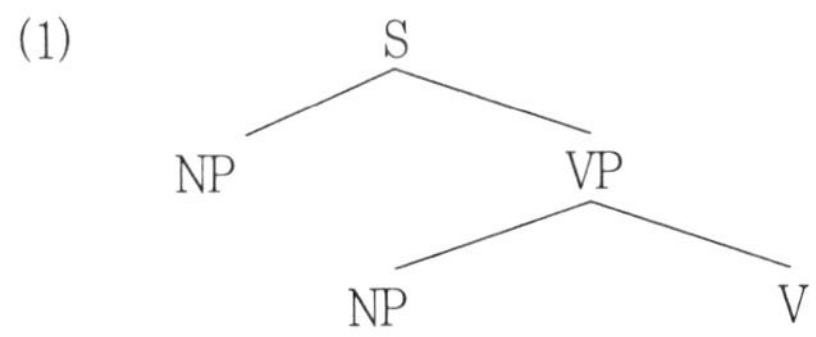

---

* 홍익대학교 강사

이때 "X에 직접 관할되는 Y"를 "[Y, X]"로 표시한다면, 주어나 목적어와 같은 문법관계는 아래와 같이 표시할 수 있을 것이다. 그리고 이는 주어가 "S에 직접 관할되는 NP"이며, 목적어가 "VP에 직접 관할되는 NP"임을 뜻한다.

(2) 가. 주어 : [NP, S]
    나. 목적어 : [NP, VP]

이러한 문법관계를 기초로 하여, 우리는 목적어가 없이 주어를 취하는 동사를 자동사로, 주어와 함께 목적어도 취하는 동사를 타동사로 구분할 수 있다. 이와 같은 동사분류는 표면 문장에는 반드시 주어가 반드시 있어야 한다는 원리에 따라 이루어진 것이다. 따라서 이러한 자·타동사의 구분은 표면구조를 바탕으로 하는 것이다.

그런데 과거 생성문법의 전통과 같이 통사구조는 표면구조와 기저구조로 구분된다고 가정을 한다면, 우리는 기저구조에 따른 문법관계를 따로 갖게 될 것이다. 물론 이는 기저구조가 반드시 표면구조와 일치하지는 않다는 가정 하에서 그러하다고 할 수 있다. 예를 들어 아래와 같은 통사구조가 주어졌다고 해 보자.

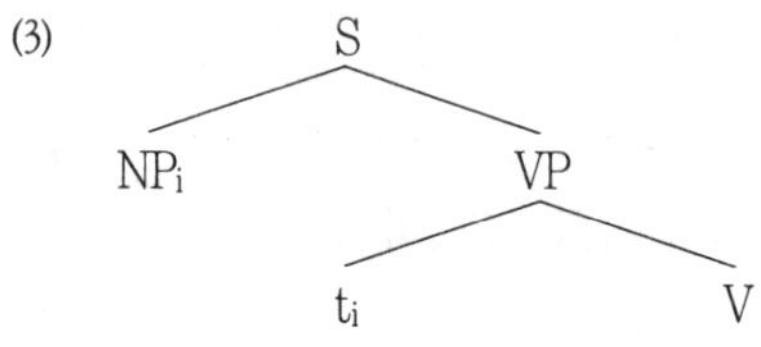

위의 형상에서 명사구(NP)는 표면구조의 문법관계상 문장 절점 'S'에 직접 관할되므로 주어일 것이다. 반면에 기저구조를 바탕으로 하여 그 흔적의 문법관계를 따진다면, 그 명사구는 동사구 절점 'VP'에 직접 관할되므로 목적어가 될 것이다. 그러면 위의 형상에 나타난 명사구는 표면구조상으론 주어이지만 기저구조상으로는 목적어가 된다. 이때 표면구조를 기준으로 할 때, (3)에 쓰인 동사는 주어만을 가지므로 자동사로 분류될 것이다. 그런데 (3)에 쓰인 동사는 기저구조를 기준으로 하면 목적어만을 가진다.

이렇게 기저구조를 기초로 할 때 동사의 분류는 어떻게 달라질까? 또한 기저구조를 기초로 한 동사의 분류는 문법현상을 기술하는 데 유의미한 것이 될 수 있을까?

이 논문에서는 이와 같이 기저구조의 문법관계에 따른 동사의 분류를 시도하고, 이러한 동사분류가 문법현상의 설명에 유의미한지를 밝히는 데에 목적이 있다. 이와 같은 논의를 위하여, 2절에서는 기저구조의 문법관계를 바탕으로 동사의 체계를 재구성해 볼 것이다. 이를 바탕으로 3절에서는 일련의 문법현상들이 표면적인 문법관계로는 설명되기가 어려우며, 따라서 기저구조에 따른 문법관계가 형식화되고 활용되어야 함을 보일 것이다.

2. 기저구조에 따른 동사분류

그 간의 국어 연구에서는 대체로 표면에 나타나는 격표지를 단서로 하여 그 문법관계를 일률적으로 처리하여 왔다. 이를테면 주어란 "무엇이 어찌한다"나 "무엇이 어떠하다", "무엇이 무엇이다"에서 "무엇이"에 해당하는 성분이라는 것이다. 이러한 문법관계는 단순히 "이/가"와 같은 표면의 격표지에 의존하여 결정된다.

그런데 문제는 이와 같은 문법관계가 표면구조상의 범주일 뿐임에도 불구하고, 기저구조상의 범주로도 그대로 적용되어 왔다는 것이다. 이를테면 "무엇이 어찌한다"에서 "무엇"은 표면구조상의 주어이며 또한 기저구조상의 주어도 된다는 것인데, 표면구조의 문법관계는 격표지로 결정할 수 있다고 하더라도 기저구조의 문법관계는 우리가 어떻게 알 수 있다는 말인가?

이에 대하여 우리는 우선 기존의 동사분류 체계에 대하여 반성을 함으로써 논의를 시작해 보자.

(4)

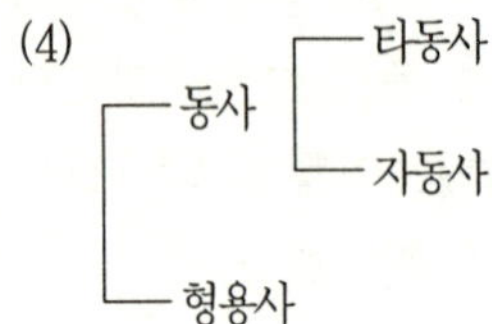

먼저 'verb'란 형태상으로 현재, 과거 등의 활용어미를 취할 수 있으며, 통사상으로는 주어 또는 주어·목적어와 공기하고, 의미상으로는 동작·상태·존재를 나타내는 범주이다. 그런데 이렇게 보면 국어의 경우 'verb'에는 동사뿐만 아니라 형용사도 포함되어야 한다. 국어학계에서는 대체로 현재 시제 표지인 '-는-'이 연결될 수 있으면 '동사'로, 그렇지 않으면 '형용사'라고 하지만, 이것은 절대적인 기준이 되지 못한다. 이러한 이유로 여러 선행 연구에서는 동사를 동작동사로, 형용사를 상태동사라고 하여, 동사와 형용사를 하나의 품사로 묶기도 한다.

'verb'는 'transitive verb'와 'intransitive verb'로 하위분류 된다. 여기서 'transitive verb'가 목적어를 취하는 동사로서 '타동사(他動詞)'라고 한다면, 'intransitive verb'는 그렇지 않은 동사로서 '비타동사(非他動詞)'라고 하여야 한다. 그럼에도 불구하고 국어학계에서는 'intransitive verb'를 '자동사(自動詞)'라고 명명하고 있다. '자동사'라는 명칭은 '자동(自動)'이 "제 힘으로 움직임"을 뜻한다는 측면에서 '행위자성 비타동사'만을 지칭하기가 쉽다. 한편, 'intransitive verb'를 '비타동사'라고 한다면, 여기에는 사실 국어의 '형용사'도 포함할 수 있게 된다.

이와 같이 기존의 동사분류 체계가 명칭이나 범위에 있어 다소 문제가 있다고 하더라도, 표면구조의 문법관계를 지칭하는 데에는 별 무리가 없기는 하다. 이를테면 기존의 동사부류들은 필수논항을 아래와 같은 표면구조상의 문법기능으로 가지게 될 것이다. 이는 물론 표면의 격표지에 크게 의존한 것이다.

(5) 동사부류별 표면구조의 문법관계
    가. 타동사 : 주어, 목적어
    나. 자동사 : 주어
    다. 형용사 : 주어

그러면 이제 기저구조의 문법관계에 대하여 생각을 해 보도록 하자. 기저구조의 문법관계를 결정하는 기준은 무엇일까? 표면에 나타나는 격표지에 의존하지 않는다면, 우리는 무엇으로 기저구조의 문법관계를 규정할 수 있을까?

Chomsky(1981)에 따르면, 기저구조(D-structure)란 "순수하게 그리고 직접적으로 의미역구조를 표시해 주는 구조(a pure and direct representation of θ-structure)"라고 한다. 이는 기저구조가 동사의 의미역구조를 그대로 반영하여야 한다는 것이다. 그러나 여기서 우리는 또 "의미역구조는 어떻게 기저구조에 반영되는가?" 하는 의문을 갖게 된다. 이에 대하여 생성문법 내에서 일정하게 정해진 바는 없지만, 대체로 다음과 같은 일반화를 상정하는 것으로 보인다.

(6) 의미역과 문법관계에 대한 일반화(Marantz, 1984:33)
    가. 행위자역 — 논리적 주어(logical subject)
    나. 대상역/피위자역 — 논리적 목적어(logical object)[1]

위의 일반화는 어떤 동사의 의미역구조에 행위자역(agent role)이 존재한다면, 이 의미역이 서술어에 대한 논리적 주어에 부여되는 경향이 있다는 사실을 반영하고 있다. 역으로 동사와 관련된 고유한 의미역 가운데 대상역(theme role)이나 피위자역(patient role)이 있다면, 그것은 서술어에 대한 논리적

---

1) 여기서 '논리적 주어'나 '논리적 목적어'란 기저구조의 문법기능을 말하는 것이다. 즉, '논리적 주어'란 기저구조의 주어를, '논리적 목적어'란 기저구조의 목적어를 뜻한다. 이렇게 기저구조의 문법관계를 '논리적 주어/목적어'라고 말한다면, 표면구조의 문법관계는 '문법적 주어(grammatical subject)', '문법적 목적어(grammatical object)'라고 구분할 수도 있다. 이때 주어나 목적어는 모두 통사구조상에서 결정되는 도출적 개념임은 물론이다.

목적어가 되는 경향이 있다는 사실도 물론 반영하고 있다. 이는 언어에서 일반적으로 행위자가 주어가 된다는 사실을 형식화한 것이라고 볼 수 있다[2].

이러한 의미역과 문법기능 사이에 나타나는 사상관계(寫像關係, mapping relation)는 Baker(1988)에 의해 체계화된 바 있다. Baker(1988)에서는 언어 보편적인 기저통사형상(deep syntactic configuration)에 대한 원리로서 '의미역 배당 일률성 가설(Uniformity of Theta Assignment Hypothesis)'을 제안하고 있다.

> (7) 의미역 배당 일률성 가설
> : 어휘항목들 사이의 동일한 의미역 관계는 기저구조에서 어휘항목들 사이의 동일한 구조관계로 표시된다.

이러한 가설은 동일한 의미역을 담당하는 논항이 기저구조에서 동일한 통사구조를 가져야 함을 말해 주고 있다. 이는 문장의 기저구조가 표면적인 문법기능에 의존하지 않고 의미역에 따라 일관성 있게 표시되어야 함을 뜻하는 것이다.

(6)의 일반화 및 (7)의 가설에 따라 기저구조를 상정한다면, 동사부류들은 기저구조의 문법관계와 아래와 같이 연결될 것이다.

> (8) 동사부류별 기저구조의 문법관계(I)
> 가. 타동사(agent, theme) : 주어, 목적어

---

2) Marantz(1982)에서는 3세에서 5세까지의 어린아이들을 대상으로 실험한 결과를 보고하고 있다. 이 실험은 의미역이 표면구조의 표현으로 직접 연결된다는 가설을 증명해 준다. 이를테면 영어를 모국어로 하는 아이들은 행위자역이 동사의 앞에 위치하고 대상역/피위자역이 동사의 뒤에 위치한다는 것을 알고 있다. 따라서 의미역과 표면 위치 사이의 연결에 대하여 이러한 일반화를 어기는 동사를 습득하는 데 매우 큰 어려움을 겪는다고 한다. 예를 들어 "팔꿈치로 세게 치다"를 뜻하는 동사 'moak'과 같은 신조어가 아래와 같이 표현된다면, 어린 아이들은 이러한 동사를 습득하는 데 매우 큰 어려움을 겪는다는 것이다. 이는 결국 (6)의 일반화가 언어의 문법 내에 적절하게 형식화될 필요가 있음을 보이는 증거라고 할 수 있다.

(가) 'moak'의 의미역구조 : (피위자역 (행위자역))
(나) The book is moaking Larry.

　　나. 자동사 Ⅰ부류(agent) : 주어
　　다. 자동사 Ⅱ부류(theme) : 목적어3)
　　라. 형용사(theme) : 목적어

　위에 제시된 동사부류별 기저구조의 문법관계에 따르면, 자동사는 두 가지의 부류로 나뉘게 된다. 그런데 이러한 두 가지의 자동사 부류는 대격언어(對格言語 accusative language)와 능격언어(能格言語, ergative language)의 구분을 생각나게 해 준다. 왜냐하면 격의 실현이나 문법현상에 있어서 'intransitive'의 논항이 'transitive'의 주어와 동일한 양상을 보이면 대격언어로, 'intransitive'의 논항이 'transitive'의 목적어와 동일한 양상을 나타내면 능격언어로 분류되기 때문이다4).

　이러한 측면에서 (8나)의 자동사 Ⅰ부류는 대격언어의 특성을, (8다)의 자동사 Ⅱ부류 및 (8라)의 형용사는 능격언어의 특성을 보인다고 할 수 있다. 이에 따라 자동사 Ⅱ부류 및 형용사를 '능격동사(ergative verb)'라고 부른다면, 자동사 Ⅰ부류는 '비능격동사(unergative verb)'라고 할 수 있을 것이다5). 이와 같이 기저구조의 문법관계와 어떻게 연결되느냐에 따라 동사의 체계를 다시 분류한다면, 이는 아래와 같이 될 것이다.

　　(9) 동사부류별 기저구조의 문법관계(Ⅱ)
　　　가. 타동사(agent, theme) : 주어, 목적어

---

3) 자동사 Ⅰ부류는 '자동사(自動詞)'라는 본래 개념에 해당하는 것으로 행위자를 주어로 취하는 동사를 말한다. 이를테면, "뛰다, 눕다, 놀다, 서다, 일어나다" 등은 행위자성 자동사로서 자동사 Ⅰ부류에 속하는 것이다.
　반면에 자동사 Ⅱ부류는 행위자를 주어로 취하지 않는 동사를 말한다. 이를테면 "곪다, 줄다, 피다, 흐르다, 넘어지다, 지치다" 등은 비행위자성 자동사로서 자동사 Ⅱ부류에 속하는 것이다.
4) 대격언어와 능격언어의 특성 및 차이에 대하여 더욱 자세한 것은 고광주(1999) 및 고광주(2001)을 참고
5) 여기서 능격동사라고 한 것은 선행연구에 따라 '비대격동사(非對格動詞, unaccusative verb)'나 '비행위자성 동사(非行爲者性 動詞, unagentive verb)'로 불리기도 한다. '비대격동사'란 논리적 목적어를 취하지만 대격을 부여하지 못하는 동사의 부류를 일컫는 말로, '비행위자성 동사'란 의미상 표면의 주어로 행위자의 논항을 허용하지 않는 동사를 말한다. 이러한 개념 및 용어의 문제에 대하여 자세한 것은 고광주(2001)을 참고

<blockquote>
나. 비능격동사(agent) : 주어
다. 능격동사(theme) : 목적어
</blockquote>

그렇다면 이제 문제는 (9)와 같은 체계가 언어의 문법현상을 설명하는 데에 얼마나 유의미한 것이 될 수 있는가이다. 기저구조의 문법관계에 따라 동사를 분류하는 것이 과연 언어의 문법현상을 설명하는 데에 필요하고 충분한 것인가?

3. 기저구조의 문법관계와 문법현상

언어에는 주어, 목적어와 같은 문법관계가 중요하게 작용하는 문법현상들이 존재한다. 대표적인 예가 피동사의 형성 규칙이다. 이를테면 피동사 형성 규칙은 타동사에 적용되어, 그 목적어 논항을 주어 논항으로 바꾸며 주어 논항은 부가어 논항으로 전환하는 효과를 가져온다. 이는 피동사 형성 규칙이 주어, 목적어와 같은 문법관계에 민감하게 작용하는 규칙임을 뜻하는 것이다.

그렇다면 기저구조의 문법관계에 민감하게 작용하는 문법현상이 있을까?

먼저 용언형 관용어에 대하여 살펴보도록 하자[6]. 용언형 관용어란 동사구라는 통사적 구성이 고정되어 쓰이면서 언중들에 의해 제3의 단일 의미를 얻어 어휘부에 하나의 단위로서 등재된 것이다. 이러한 관용어의 형성 과정에는 심리적 배경, 역사적 배경, 사회·문화적 배경 등 여러 언어외적인 요인이 작용하는 것으로 알려져 있다(문금현 1996)[7].

---

6) 관용어는 그 기능에 따라 크게 체언형과 용언형, 수식언형으로 구분할 수 있다. 예를 들어 "그림의 떡"은 체언의 역할을 하는 체언형 관용어이며, "비행기를 태우다"는 용언형 관용어, "입에서 입으로"는 수식언형 관용어라고 할 수 있다.

7) 문금현(1996)에서는 통시적인 연구를 통하여 관용어의 형성 배경을 여러 각도에서 살펴본 바 있다.

심리적 배경 : 강조적인 표현 효과("간장을 녹이다"), 완곡한 표현 효과("뒤를 보다") 등

역사적 배경 : "바가지를 차다" → "쪽박을 차다" → "깡통을 차다" 등

그러나 관용어의 형성 과정이 일반적인 통사 구성들로부터 언어외적인
이유에 따라 무조건적으로 이루어질 수 있는 것은 아니며, 그 형성 과정에
는 일정한 통사적 형성 제약이 작용하고 있음을 간과해서는 안 된다. 이를
테면, '먹다'가 관용어를 이루는 예는 아래와 같다.

> (10) 가. '먹다' : (A (T))
> 나. 목적어(T)-'먹다' : 미역국을 먹다(관용어)
> 다. 주어(A)-'먹다' : *경찰이 먹다(관용어)

(10가)에는 '먹다'의 논항구조가 제시되어 있는데, '먹다'와 같은 동사는
논항구조상 내재논항, 즉 목적어 논항과만 관용어를 형성할 수 있다. 반면
에 '먹다'는 논항구조상 외재논항, 즉 주어 논항과는 관용어를 형성할 가능
성이 거의 없다[8]. 이러한 사항은 동사 '먹다'가 그 목적어 논항과 함께 이
루는 관용어의 예가 아래에서 보는 것처럼 매우 많음에도 불구하고, '먹다'
가 주어 논항과 함께 이루는 관용어의 예는 전혀 발견할 수 없다는 점에서
확인할 수 있다.

> (11) 골탕을 먹다, 관물을 먹다, 국수를 먹다, 기름밥을 먹다, 까마귀고기를 먹다,
> 남의 나이를 먹다, 눈칫밥을 먹다, 더위를 먹다, 돈을 먹다, 두레를 먹다, 떡국
> 을 먹다, 먹물을 먹다, 물을 먹다, 밥술이나 먹다, 밥을 먹다, 분필가루를 먹
> 다, 애를 먹다, 약을 먹다, 얼을 먹다, 엿을 먹다, 외국물을 먹다, 짬밥을 먹다,
> 콩밥을 먹다, 큰 마음을 먹다, 한솥밥을 먹다 등

또한 '먹다' 이외에도 타동사가 용언형 관용어를 이루는 예들을 일부 살
펴보면 아래와 같이 된다.

사회·문화적 배경 : "감투를 쓰다", "산통이 깨지다" 등
8) '주어-타동사' 관계의 관용어는 존재하지 않으며 '목적어-타동사' 관계의 관용어만이 허용된
  다는 사실은 최현숙(1985)와 임홍빈(1987)에서 관찰된 바 있다.

(12) 벽을 넘다, 몸을 더럽히다, 복병을 만나다, 죽을 쑤다, 가면을 벗다, 담을 쌓다,
손을 벌리다, 미역국을 먹다, 빛을 보다, 나발을 불다 등

결국 우리는 이러한 측면에서 용언형 관용어에는 '주어-타동사' 관계의
관용어는 존재하지 않으며, '목적어-타동사' 관계의 관용어만이 허용된다는
사실에 주목하게 된다. 이러한 사실은 용언형 관용어의 형성 과정에 일정
한 문법관계에 따른 제약이 존재함을 말해 주는 것이다. 이에 따라 관용어
의 형성 과정에는 아래와 같은 제약이 설정될 수 있다.

(13) 관용어의 형성 제약(I)
: 통사구조상에서 목적어와 동사는 관용어를 형성할 수 있지만, 주어와 동사는
관용어를 형성할 수 없다9).

그런데 이러한 용언형 관용어 형성에 관한 일반화는 타동사만을 고려하
였을 때는 충분히 의의가 있지만, 아래와 같이 형용사나 자동사까지 고려
하면 다소 문제를 야기할 수 있다.

(14) 가. 선이 가늘다, 밑이 가볍다, 입이 궁금하다, 가슴이 넓다, 주머니가 두둑하
다, 손이 부끄럽다, 발이 빠르다, 팔자가 사납다 등
나. 발이 묶이다, 말문이 트이다, 속이 가라앉다, 하늘이 무너지다, 눈이 부시
다, 열이 식다, 찬바람이 일다, 목이 잠기다 등

---

9) 여기서는 논의의 편의상 관용어 형성의 제약을 간략하게 제시하였지만, 더욱 정확하게 말하
면 아래와 같이 표현할 수 있다.

관용어 형성의 제약
: 동사구(VP)만이 용언형 관용어를 형성할 수 있으며, 절(S)은 용언형 관용어를 형성할 수 없다.

이는 용언형 관용어에 '목적어-동사' 관계의 관용어뿐만 아니라, '부사어-동사(계산에 넣다)'
나 '부사어-목적어-동사(목에 거미줄을 치다)' 관계의 관용어도 있기 때문이다. 그러나 동사구
의 바깥에 있는 주어는 결코 용언형 관용어를 이룰 수 없다. 관용어 형성에 관한 통사적 원
리 및 제약에 대하여 자세한 것은 고광주(2000ㄱ)을 참고

(14가)에는 형용사가 관용어를 이루는 예들이 제시되어 있으며, (14나)에는 자동사가 관용어를 이루는 예들이 제시되어 있다. 그런데 이들 예를 고려하면 앞서 제시한 (13)의 일반화를 유지할 수가 없다. 왜냐하면 일반적으로 형용사나 자동사가 요구하는 필수 논항은 주어라고 분석되기가 쉽기 때문이다.

하지만 '목적어-타동사' 관계의 관용어는 생산적으로 만들어지지만, '주어-타동사' 관계의 관용어는 결코 형성될 수 없다는 점이 우연이 아니라면, 우리는 (14)의 관용어들을 단순히 '주어-형용사' 관계나 '주어-자동사' 관계로 볼 수만은 없다.

또한 (14)에 제시된 관용어들은 행위자역(agent)이 주어로 나타나지 않고, 모두 대상역(theme)이 주어로 나타나고 있다는 점이 주목되어야 한다. 이를테면 행위자역 논항과 자동사는 용언형 관용어를 형성하는 예가 없다. 즉, "달리다"와 같이 행위자역의 논항을 취하는 자동사는 용언형 관용어를 형성하는 경우가 없다는 것이다. 말하자면, "도둑이 달리다"와 같은 관용어는 존재하지 않기 때문이다.

이런 점에서 우리가 2절에서 기저구조를 바탕으로 제시한 동사분류 체계를 활용한다면, 관용어 형성에 관한 통사적 제약을 설명하고 일반화할 수 있게 된다. 즉, (14가)와 (14나)는 모두 기저구조상 '목적어-능격동사' 관계의 구성이 된다는 것이다.

(15) 관용어의 형성 제약(II)
: <u>기저구조상에서</u> 목적어와 동사는 관용어를 형성할 수 있지만, 주어와 동사는 관용어를 형성할 수 없다

이러한 일반화에 따르면, 우리는 왜 타동사가 주어와는 관용어를 형성하지 못하며 목적어와는 관용어를 형성할 수 있는지, 그리고 형용사와 일부 자동사가 표면의 주어와 관용어를 형성할 수 있는지 설명할 수 있게 된다. 즉, 관용어를 형성할 수 있는 '목적어-타동사'와 '주어-형용사', '주어-자동사'의 구성은 기저구조상 '목적어-동사'의 형상에 있으며, 관용어를 형성할 수 없는 '주어-타동사'와 '주어-자동사'의 구성은 기저구조상 '주어-동사'의

형상에 있다는 것이다[10].

이제 '명사+동사'형의 합성동사로 주의를 돌려보자. '명사+동사'형 합성 동사란 "춤추다"와 같이 선행하는 요소가 명사이고 후행하는 요소가 동사로 되어 있는 합성어를 말한다.

> (16) '명사+동사'형 합성동사의 유형 Ⅰ
> 겁내다, 공들이다, 노래부르다, 눈뜨다, 눈물짓다, 더위먹다, 도착하다, 등지다,
> 맛들이다, 맛보다, 매맞다, 머리없다, 목매다, 본받다, 불때다, 빛내다, 손떼다,
> 액떼우다, 오줌싸다, 이름짓다, 입맞추다, 주름잡다, 춤추다, 코골다, 편짜다,
> 헤엄치다, 흠잡다 등

위에 제시된 합성동사의 예들을 살펴보면, 우리는 명사와 동사의 통합관계상 '목적어-타동사'의 유형만이 존재함을 알 수 있다. 여기서 주목해야 하는 사실은 '주어-타동사' 관계의 합성동사가 존재하지 않는다는 것이다. 이는 '명사+동사'형 합성동사의 형성 과정을 설명하거나 일반화하는 데에 문법관계가 중요하게 작용함을 보여준다. 즉, 여기서도 '목적어-동사' 관계의 통사구성만이 합성동사를 형성할 수 있으며, '주어-동사' 관계의 통사구성은 합성동사를 형성할 수 없다는 것이다.

그런데 비타동사(非他動詞)로 이루어진 합성동사의 예도 있는데, 이들을 제시하면 아래와 같다.

---

10) 기저구조상 '주어-동사'의 구성이 관용어를 형성할 수 없는 이유는 무엇일까? 그것은 아마도 관용어 자체의 특성과 관련이 있는 듯하다. 즉, 관용어란 통사적 구성이 하나의 서술어로 재구조화된 것이어서, 관용어는 하나의 서술어로서 주어를 필요로 하게 된다. 이를테면 "미역국을 먹다"라는 동사구가 하나의 서술어로 재구조화된다면, 이 관용어는 행위자 논항을 주어로 필요로 하게 될 것이다("[누가] 미역국을 먹다").

그런데 '주어-동사'의 구성이 하나의 서술어로서 재구조화된다면, 주어 자리가 이미 채워져 있기 때문에 또 다른 주어를 취하기가 어렵게 된다. 이를테면 "경찰이 먹다"라는 '주어-동사' 구성이 하나의 서술어로 재구조화된다면, 우리는 이 관용어의 주어를 상정하기 어렵게 된다("*[누가] 경찰이 먹다"). 이러한 측면에서 능격동사가 관용어를 형성할 수 있다는 것은 능격동사의 논항이 기저구조상 주어보다는 목적어에 해당한다는 것을 알 수 있다("싹이 노랗다"→"[누가] 싹이 노랗다").

(17) '명사+동사'형 합성동사의 유형 Ⅱ
  가. 값싸다, 귀아프다, 낯설다, 눈부시다, 낯익다, 뜻있다, 멋없다, 배다르다, 손
    부끄럽다, 손크다, 입바르다, 힘세다 등
  나. 겁나다, 공들다, 정들다, 풀죽다, 금가다, 기막히다, 눈맞다, 눈물지다,
    동트다, 살찌다, 샘솟다, 얼빠지다 등

(17가)에는 형용사가 포함된 합성동사의 예가, (17나)에는 자동사가 포함된 합성동사의 예가 제시되어 있다. (16)으로부터 우리는 '주어-동사' 관계의 통사구성은 합성동사를 형성할 수 없고 '목적어-동사' 관계의 통사구성만이 합성동사를 형성할 수 있다고 하였는데, (17)의 예들은 어떠한가? (17)의 예들을 표면구조상의 문법관계로만 설명하려 든다면, 이는 (16)에 대한 반례가 될 것이다.

그러나 (17)에 제시된 비타동사들은 모두 능격동사에 해당하는 것이다. 즉, (17가)의 형용사나 (17나)의 비행위자성 자동사는 기저구조에서 목적어를 갖는 능격동사라는 것이다. 따라서 기저구조의 문법관계를 고려하면, (17)의 예들은 (16)에 대한 반례가 되지 않고 오히려 긍정적인 증거가 된다. 왜냐하면 (17)은 기저구조상 '목적어-동사' 관계의 구성으로 볼 수 있기 때문이다.

결국 우리는 기저구조의 문법관계를 고려하였을 때, 국어의 '명사+동사'형 합성동사가 '목적어-동사'의 관계로부터 형성될 수 있으며, '주어-동사' 관계로부터는 형성될 수 없음을 알 수 있다. 이는 (17나)에서 행위자를 주어로 취하는 비능격동사의 예를 찾아볼 수 없다는 데에서도 확인된다[11].

사실 '명사+동사'형 합성동사는 매우 생산성이 높은 단어부류로서 (16~

---

11) 기저구조를 기초로 하여 '주어-동사' 관계의 합성동사는 존재하지 않는다는 사실은 아래의 예에서도 확인된다.

(가) ㄱ. 아이가 헤엄을 치다.
    ㄴ. *아이치다
    ㄷ. 헤엄치다
(나) ㄱ. 아이가 놀다.
    ㄴ. *아이놀다

17)에 제시된 유형 이외에도 그 숫자가 대단히 많다. 즉, '명사+동사'형 합성동사는 일정한 통사적 환경이 주어지면 매우 생산적으로 만들어질 수 있다[12]. 그리고 우리는 여기에서도 기저구조상 '목적어-동사'의 통합관계만이 합성동사를 형성할 수 있음을 확인하게 된다[13].

> (18) 가. 밥을 먹고 가자.
>
> 나. <u>밥먹</u>고 가자.
>
> (19) 가. 눈이 내리면 운전을 하기가 겁이 난다.
>
> 나. <u>눈내리</u>면 운전하기가 겁난다.
>
> (20) 가. 철수가 가는 게 좋겠다.
>
> 나. *<u>철수가</u>는 게 좋겠다.

이번엔 '명사+동사+접사'형 복합어를 살펴보자.

> (21) '명사+동사+접사'형 복합어의 유형
>
> 가. '목적어-타동사' 관계
>
> 고기잡이, 구두닦이, 글짓기, 꽃꽂이, 끝내기, 등밀이, 딱지치기, 땅파기, 떡볶이, 마당밟이, 말더듬이, 말막음, 먼지떨이, 모내기, 못뽑이, 물갈이, 물받이, 밑씻개, 바람막이, 벼훑이, 봄맞이, 빗물이, 뼈뜯이, 소몰이, 손톱깎이, 술래잡기, 얼음지치기, 오줌싸개, 옷걸이, 이쑤시개, 이앓이, 장보기, 젖떼기,

---

12) 이러한 측면에서 '명사+동사'형 합성동사는 대응하는 통사적 구성으로부터 도출된 통사적 단어라고 보는 게 좋을 것 같다. '명사+동사'형 합성동사의 형성 과정에 대하여 자세한 것은 고광주(2001)을 참고

13) '명사+동사'형 합성동사는 기저구조상 '목적어-동사' 관계만이 허용된다고 하였는데, 이런 측면에서 앞서 살펴본 용언형 관용어도 매우 생산적으로 합성동사화할 수 있다. 이는 용언형 관용어도 '목적어-동사'의 구성만이 허용되기 때문이다.

> 가. 꼬리를 치다(꼬리치다), 나팔을 불다(나팔불다), 눈을 감다(눈감다), 더위를 먹다(더위먹다), 등을 지다(등지다), 맛을 들이다(맛들이다), 목을 매다(목메다), 문을 닫다(문닫다), 물을 먹이다(물먹이다), 배를 불리다(배불리다), 벼락을 맞다(벼락맞다) 등
>
> 나. 금이 가다(금가다), 기가 막히다(기막히다), 김이 빠지다(김빠지다), 낯이 설다(낯설다), 눈이 부시다(눈부시다), 바람이 나다(바람나다), 배가 부르다(배부르다), 손이 크다(손크다), 입맛이 쓰다(입맛쓰다), 좀이 먹다(좀먹다), 풀이 죽다(풀죽다) 등

줄넘기, 쥐불놓이, 창던지기, 코흘리개, 품갚음, 품앗이, 품팔이, 한팔접이,
헌집고치기, 화풀이 등
　나. '주어-능격동사' 관계
　길갈림, 동트기, 산울림, 씨나기, 움돋이, 피돌기, 해돋이 등

'명사＋동사＋접사'형 복합어의 대다수는 명사와 동사 사이의 통합관계
가 위에서와 같이 '목적어-타동사' 관계에 있다. 그런데 이러한 복합어의
유형을 살펴보면서 우리는 또 한번 다음과 같은 사실에 주목하게 된다. 즉,
명사와 동사 사이에 일정한 문법적 관계가 존재하는데, 이를 기초로 할 때
'주어-타동사' 관계의 복합어나 '주어-비능격동사' 관계의 복합어는 찾아볼
수 없다는 것이다. 이는 '목적어-타동사' 관계의 복합어나 '주어-능격동사'
관계의 복합어가 생산적으로 만들어진다는 사실과 비교할 때 유의미한 관
찰임을 알 수 있다.

(22) 가. 경찰이 도둑을 잡다.
　　나. *경찰잡이(경찰이 잡으려고 하는 사람, 또는 경찰이 잡는 일)
　　다. ?도둑잡이(도둑을 잡으려고 하는 사람, 또는 도둑을 잡는 일)

이를테면 '고기잡이'와 같은 복합어는 존재하지만 '경찰잡이'와 같은 복
합어는 존재할 수 없다. 이는 명사 '경찰'이 동사 '잡다'에 대하여 행위자의
역할을 하는 경우를 말한다. 다만 이때 '경찰'이 동사 '잡다'에 대하여 대상
역을 충족시키는 경우라면 가능한 단어가 될 수도 있다. 예를 들어 '도둑잡
이'와 같은 복합어는 충분히 만들어질 수 있는 가능한 단어로 보인다는 것
이다.
　결국 '명사＋동사＋접사'형 복합어가 어떠한 과정을 거쳐 형성되는지에
대한 구체적 논의는 차치하고라도, 그 형성 과정에 기저구조의 문법관계가
중요하게 작용함은 분명하다[14]. 말하자면, 기저구조상 '목적어-동사' 관계
는 '명사＋동사＋접사'형 복합어를 형성할 수 있지만, '주어-동사' 관계는

---

[14] '명사＋동사＋접사'형 복합어의 단어형성 원리 및 제약에 대하여 자세한 것은 고광주(2000
ㄴ)을 참고

그럴 수 없다는 것이다. 왜냐하면 '주어-능격동사' 관계란 표면구조의 문법관계일 뿐이고, 이는 기저구조상에서 '목적어-능격동사'의 문법관계에 있을 것이기 때문이다.

　지금까지 논의한 바대로 기저구조의 문법관계는 표면구조의 문법관계와 같이 문법현상을 설명하는 데 필요한 범주라고 할 수 있다. 기저구조의 문법관계에 따라 '목적어-동사' 구성은 용언형 관용어나 '명사+동사'형 합성동사, '명사+동사+접사'형 복합어 등을 형성할 수 있지만, 기저구조상 '주어-동사' 관계의 구성은 그럴 수 없다. 이러한 현상들은 표면구조의 문법관계와는 별도로 기저구조의 문법관계가 문법에 필요한 범주임을 확인하게 해 준다.

4. 결론

　지금까지 우리는 표면구조의 문법관계 및 동사분류 이외에도 기저구조에 기초한 문법관계 및 동사분류가 필요함을 논의하여 왔다. 그리고 이러한 사실을 확인하기 위하여 용언형 관용어 및 '명사+동사'형 합성동사, '명사+동사+접사'형 복합어의 통합관계를 살펴보았다.

(23)　기저구조의 문법관계와 동사분류 체계

논항 동사부류	의미역	문법관계
타동사	행위자역/대상역	논리적 주어/논리적 목적어
비능격동사	행위자역	논리적 주어
능격동사	대상역	논리적 목적어

　이를테면 기저구조의 문법관계와 그것에 기초한 동사분류 체계는 위와 같이 정리할 수 있다. 용언형 관용어 및 '명사+동사'형 합성동사, '명사+동사+접사'형 복합어는 기저구조에서 '목적어-동사' 관계에 있는 구성만이

이룰 수 있으므로, '(논리적)목적어-타동사'와 '(논리적)목적어-능격동사'만이
여기에 해당하게 된다.

　한편 타동사나 비능격동사, 능격동사는 각각 아래와 같이 표면구조의 문
법관계와 연결될 수 있을 것이다.

(24)　문법관계와 동사분류 체계

문법관계 동사분류	기저구조의 문법관계	표면구조의 문법관계
타동사	논리적 주어/논리적 목적어	문법적 주어/문법적 목적어
비능격동사	논리적 주어	문법적 주어
능격동사	논리적 목적어	문법적 주어

　이 논문에서는 주로 (23)의 체계를 밝히려고 하였기 때문에, 표면구조의
문법관계에 대하여는 크게 논의를 하지 않았다. 그렇다고 하여 표면구조의
문법관계가 중요하지 않은 것은 아니며, (23)의 체계로 완전히 대체될 수
있는 것도 아니다. 문법현상은 기저구조의 문법관계를 활용하여야 설명될
수 있는 것이 있고, 표면구조의 문법관계를 활용하여야 설명될 수 있는 것
도 있다. 이러한 관계에 대하여는 자리를 달리하여 후고에서 다시 다룰 것
이다.

참고문헌

강명윤 옮김(1998), 촘스키 언어학 사전, 한신문화사.

강선영(1997), "Unaccusative Verbs in Korean: With a Special Reference to the Verb *ci-* and *toy-*." 생성문법연구 7-2.

고광주(1994), "국어의 논항구조와 그 유형", 한국어문교육 7(고려대).

──(1999), "국어의 능격성에 대한 검토", 국어의 격과 조사, 도서출판 월인.

──(2000ㄱ), "관용어의 논항구조와 형성제약", 어문논집 42(안암어문학회).

──(2000ㄴ), "'명사+동사+접사'형 파생명사의 형성과정", 한국어학 12(한국어학회).

──(2001), 국어의 능격성 연구, 도서출판 월인.

고영근(1986), "능격성과 통사구조", 한글 192.

고재설(1992), "'구두닦이'형 합성명사에 대하여", 서강어문 8(서강대 국문과).

김귀화(1994), 국어의 격 연구, 한국문화사.

김영주(1990), The Syntax and Semantics of Korean Case: the Interpretation between Lexical and Syntactic Levels of Representation. Doctoral dissertation, Harvard University.

김진형(1993), "우리말의 동사성 합성어", 음성·음운·형태론 연구, 한국문화사.

김창섭(1983), "'줄넘기'와 '갈림길'형 합성명사에 대하여", 국어학 12.

문금현(1996), "관용 표현의 생성과 소멸", 국어학 28.

박영준·최경봉 편저(1996), 관용어 사전, 태학사.

시정곤(1998). 수정판 국어의 단어형성 원리, 한국문화사.

시정곤·고광주·유혜원·김미령(2000), 논항구조란 무엇인가, 도서출판 월인.

양정석(1995), 국어 동사의 의미 분석과 연결이론, 도서출판 박이정.

유현경(1998), 국어 형용사 연구, 한국문화사.

이관규(1992), "서술어와 서술관계", 주시경학보 10(탑출판사).

임홍빈(1987), 국어의 재귀사 연구, 서울대 박사학위논문.

최동주(1989), "국어 '능격성' 논의의 문제점", 주시경학보 3(탑출판사).

홍용철(1994), "융합이론과 격조사 분포" 생성문법연구 4-1.

후지사와 후미또(1996), 현대 한국어의 형태론 연구, 계명대 출판부.

Baker, M.(1988), *Incorporation: A Theory of Grammatical Function Changing*. The University of Chicago Press.

Burzio, L.(1986), *Italian Syntax: A Government-binding Approach*. Reidel Publishing Company.

Chomsky, N.(1981), *Lectures on Government and Binding*. Dordrecht: Foris.

Chomsky, N.(1986), *Barriers*. The MIT Press.

Grimshaw, J.(1990), *Argument Structure*. The MIT Press.

Levin, B. and M. Rappaport Hovav(1995), *Unaccusativity*: At the *Syntax-Lexical Semantics Interface*. The MIT Press.

Marantz, A.(1982), "On the Acquisition of Grammatical Relations." *Linguistische Berichte* 80-82.

Marantz, A.(1984), *On the Nature of Grammatical Relations*. The MIT Press.

Spencer, A.(1991), *Morphological Theory: An Intorduction to Word Structure in Generative Grammar*. Cambridge University Press.

'‘NP-에게’ 구문의 통사적 특징
— 수여, 사동, 피동문을 중심으로 —

김 진 호*

목 차

---

1. 머리말

국어에는 표면적으로 동일한 모습의 형태를 띠면서 나타나는 여러 문법 현상이 있다.1) 그럼에도 불구하고 문장에서의 통사 기능에 차이가 나타난

---

* 경원대학교 강사

1) 본고에서 다루고자 하는 ‘NP-에게’ 현상 외에 다양한 문법 현상이 있지만 그 가운데 대표적인 것으로는 변형생성문법의 도입 이후 가장 활발하게 연구가 진행되었던 주제화 문제를 들 수 있다. 즉 여러 환경에 나타나는 특수조사 ‘-은/-는’의 기능은 어느 일정한 한 가지의 역할로 규정하기가 어려울 정도로 다양하다.

다. 이러한 문법 범주 중에 전통적으로 부사격조사 '-에게'가 결합하여 이루어진 'NP-에게' 구문이 있다. 이들 구문은 어느 특정한 문장 구조에서만 나타나는 것이 아니고, 다양한 문장 구조에 나타난다. 그러나 표면상으로는 'NP-에게'라는 동일한 형태를 띠고 있지만, 문장에서 이들의 기능은 단일하지 않다.

본고는 'NP-에게' 구문의 다양한 통사적 및 문법적 기능에 따르는 차이를 밝힘을 궁극적인 목적으로 한다. 먼저 2장에서는 'NP-에게' 명사구의 성격 차이를 드러내기 위해 논항에 대한 개념 정의로부터 출발하여, 본고에서 다루고자 하는 구체적인 문제점을 지적하고자 한다. 3장에서는 'NP-에게' 명사구의 구체적 문법 차이를 밝히고, 그것이 주제화의 통사 구조에서 어떠한 차이가 나타나는지에 대해 살필 것이다.

2. 이론적 근거

1) 논항 구조와 의미역 관계

논항 구조에 대한 연구는 Fillmore(1971)에서 제시되었다. 이 시기에는 논항의 수에 관심이 모아져 서술어를 그것이 취하는 논항의 수에 따라 기술하였다. 논항이란 어떤 최대 투사의 핵(head)에 의해 주어나 보어 등에 배당되는 행위자(Agent), 대상(Theme), 도달점(Goal) 등과 같은 의미 자질을 요구하는 요소라 할 수 있다. 영어와 국어의 예를 한가지씩 보이면 다음과 같다.

> (1) ㄱ. give : 범주자질 : [+V, -N]
>
>   　　　　논항구조 : [동작주(Actor), 대상(Theme), 도달점(Goal)]
>
>   ㄴ. 주다 : 논항구조 : [동작주(Actor), 도달점(Goal), 대상(Theme)]

예문 (1)과 같은 논항 구조에서 국어의 서술어 '주다'의 의미역은 모두 서술어 자체의 의미로부터 분리될 수 없는 고유 논항이다. 이들은 항상 문법

기능과 관련을 맺고 있다. 한편 문법 기능과 관련이 없는 논항은 부가논항으로 어휘 항목에 등재되지 않는다. 국어의 논항 구조의 경우, 3가지 유형의 구조가 상정된다. 이는 문장이 성립하기 위해 서술어가 요구하는 최소한의 요소와 같다.

(2) ㄱ. 1항구조 : [동작주(Actor)]
　　　　　　　[대상(Theme)]
　　ㄴ. 2항구조 : [동작주(Actor), 대상(Theme)]
　　ㄷ. 3항구조 : [동작주(Actor), 도달점(Goal), 대상(Theme)]

래드포드(1981)에서도 과거 수많은 연구에서 어떤 서술어의 각 논항(즉, 주어나 보어)은 일정한 '의미역(thematic role)'2)(달리는, 그 서술어에 대한 theta-역할 또는 θ-역할)을 가지는 것으로, 그리고 논항이 수행하는 '의미역 기능(thematic function)'의 집합은 고도로 제약되고 한정된, 보편적인 집합에서 도출하게 되는 것으로 논의되어 왔다고 하였다. Chomsky(1981)에서도 우리는 전통적으로 '행위의 주체', '행위의 목표' 등과 같은 개념이 의미 기술(意味記述 : semantic description)에서 중요한 역할을 하는 것으로 생각해 왔으며, 최근에 와서 이러한 개념에 대한 중요한 연구가 이루어지고 있다. 이는 실제로 의미 기술을 위한 여러 이론에서 널리 사용되고 있다. 이러한 개념에는 Jerrold Katz의 의미 관계(意味關係 : semantic relation), Jeffrey Gruber와 Ray Jackendoff의 의미역 관계(意味役關係 : thematic relation), Charles Fillmore의 격 관계(格關係 : Case relation), 그리고 John ran quickly(존이 빨리 뛰었다)와 같은 문장을 "John이

---

2) 그가 제시하고 있는 의미역은 다음과 같다.
　Theme(Patient) : 어떤 행동의 영향을 입는 개체.
　Agent(Actor) : 어떤 행동의 시발자.
　Experiencer : 어떤 심리적인 상태를 경험하는 개체.
　Benefactive : 어떤 행동에서 혜택을 입는 개체.
　Instrument : 그것으로 어떤 것이 생겨나게 되는 수단.
　Locative : 어떤 것이 위치해 있거나 (사건이) 일어나는 위치.
　Goal : 어떤 것이 그리로 이동해 가는 실재.
　Source : 어떤 것이 그곳으로부터 이동하는 실재.

행위자인 달리는 사건 e가 있고 e가 빠르다"로 분석하는 Donald Davidson의 사건논리학(事件論理學 : event logics)의 원초적 개념(原初的 概念 : primitive notion) 이 있다. the man, John, he와 같은 표현은 논리 형식에서 의미역이 부여된 다고 즉, 의미역 관계에서 명사(名辭 : term) 자격을 부여받는다고 가정하자. 우리는 이러한 표현을 "논항"(論項 : argument)이라고 부르겠다(이홍배 옮김 1987:54).

Chomsky에서는 Aoun의 제안에 따라 의미역을 받기 위해서 격(Case)이 반 드시 있어야 하는 것으로 가정한다. 즉 격을 할당받는 요소만이 의미역 표 시에 가시적(Visible)이게 된다는 것인데, 가시 조건은 다음과 같다.

(3) 가시 조건
의미역 표시를 위하여는 격이 할당되어 있어야 한다.

위의 가시 조건을 만족시키기 위해 격을 할당받을 수 있는 것은 무엇인 가? 다음을 보자.

(4) a. It is likely that John is here.
   b.*Bill is likely that John is here.
   c.*She is likely that John is here.

(4)의 예 a, b, c에서 오직 차이를 드러내고 있는 것은 주어 위치의 성분이 다. 즉 (4a)에서는 It, (4b)는 Bill, (4c)는 She가 나타나고 있다. 그런데 이들 중 4a)만 정문이 되고, 나머지는 비문이 된다. 동사구 'is likely'가 주어 위치에 아무런 의미역도 부여하지 않기 때문이다. 이는 Bill과 She와 같이 의미역을 받아야 하는 명사류가 나와서는 안됨을 의미하는 것이다. 그러나 이와 동 일한 의미적 문장으로 생각해볼 수 있는 것은 다음의 문장이다.

(5) John is likely to be here.

이 경우, (4a)와 (5)의 문장의 심층 구조는 다음과 같다.

(6) a. △ is likely that John is here.

　　b. △ is likely John to be here.

(6b)에서는 △의 자리에 (4a)처럼 'it'을 사용하여 "It is likely John to be here."로 표현하면 비문이 되는데, 이를 해결하기 위해서 격을 할당받을 수 있는 위치로 움직여야 한다. 그리고 (6a)에서 John이 문두로 이동하게 되면 두 개의 격을 받는 자리가 되므로 역시 비문이 된다. 따라서 다음의 격여과 조건이 필요하게 된다.

(7) 격조건(Case Filter)

　　모든 어휘적 명사구는(Lexical NP) 격을 그것도 단 하나의 격을 할당받아야 한다.

이와 같이 가시 조건(Visibility Condition)을 가정할 경우 어휘적 NP가 격조건에 의해 격을 받아야 하는 이유는 그 NP가 의미역(θ-role)을 받기 위해서이다. 즉 각 논항은 반드시 단 하나의 의미역을 할당받아야 하며 각 의미역은 반드시 단 하나의 논항에 할당되어야 한다.

한학성(1995)에서도 가시성 조건의 타당성을 살피기 위해 '격은 없지만 의미역이 있는 경우'와 '격은 있지만 의미역이 없는 경우'의 예를 살피고 있다. 먼저 격을 할당받지 않고서도 의미역을 할당받을 수 있음을 보여주는 다음의 예를 들고 있다.

(8) a. John is believed [ti to be intelligent]

　　b. John's attempt [PRO to finish on time]

　　c. John is proud [that he succeeded]

예문 (8)에서 [ ] 안의 구성소는 모두 의미역을 할당받아야 하는 요소들이다. 그러나 이들에게는 격할당 능력이 없을뿐더러 격양도도 불가능하다. 따라서 가시성 조건에 따르면 이들이 비문법적이라는 오류를 범하게 된다. 다음은 그 반대, 즉 의미역을 받을 수 없는 요소로 격을 반드시 받아야 하는 경우이다.

(9) It was raining.

(9)의 'it'은 격위치를 차지하고 있다. 만약 격조건이 가시 조건으로부터 도출된다는 조건을 인정한다면 이의 문법성을 설명할 길이 없게 된다. 왜냐하면 의미역 할당을 받지 못하는 비논항인 'it'이 격을 할당받았기 때문이다. 이와 같이 의미역을 할당받지 못하는 NP에는 be 동사의 보어, 주제 위치의 NP, 강조의 대명사 등이 있는데, 이들 요소들은 격이 필요치 않다고 하였다(Chomsky, 1986:95).[3]

2) 논항과 부가어

논항 구조에서 살펴보았던 것처럼 서술어의 의미역 선택에 따라 결정되는 것은 논항의 자격을 충분히 지닌다. 즉 주어는 서술어의 주체란 의미역을, 목적어는 서술어의 대상이란 의미역이 그것이다. 그리고 이에 한 가지 첨가되는 것이 세 자리 서술어가 반드시 요구하게 되는 성분으로서의 부사어가 있다. 다음의 예문을 보기로 하자.

(10) ㄱ. 철수가 갔다.
　　 ㄴ. 철수가 밥을 먹다.
　　 ㄷ. 철수가 영희에게 편지를 주다.
　　 ㄹ. 철수가 식은 밥을 빨리 먹다.

(10ㄱ)의 '갔다'는 자동사로서 주어만을 요구하는 한 자리 서술어이고, (10ㄴ)의 '먹다'란 서술어는 반드시 주체와 대상을 필수적으로 요구하는 두 자리 서술어의 타동사이다. (10ㄷ)의 '주다'는 주체, 대상 외에 'NP-에게'를 필수적 성분으로 요구하는 세 자리 서술어이다. 한편, (10ㄹ)의 문장에서는 '먹다'란 서술어와 의미역 관계에 따라 논항의 자격을 지니는 것은 주체로

---

3) a. John is [a fine mathematician]

　 b. [John] , I consider [a fine mathematician]

　 c. John did it [himself]

서의 ‘철수’와 대상인 ‘밥’이 해당한다. 이 경우 밑줄 친 성분들은 서술어의 의미역 관계와 상관없는 부가어의 역할을 할 뿐이다.

본고의 중심 연구 대상은 예문 (10ㄷ)의 ‘NP-에게’ 구조의 문장인데, 분명 이는 서술어의 의미역 선택 관계에 놓인 논항임에 틀림없다. 한편 본고에서 다룰 이와 관련한 유사 문장을 몇 들면 다음과 같다.

> (11) ㄱ. 어머니가 철수에게 사과를 주었다.
>
> ㄴ. 철수가 동생에게 밥을 먹였다.
>
> ㄷ. 도둑이 경찰에게 잡혔다.

위의 문장들은 각각 수여동사 구문(ㄱ), 사동 구문(ㄴ), 피동 구문(ㄷ)이라는 다른 문장 구조를 띠고 있지만 표면적으로는 모두 ‘NP-에게’ 구성을 취하고 있다는 공통점을 지닌다. 그러나 각 문장 구조의 ‘NP-에게’ 구성이 동일한 문법적 기능을 보이는 것은 아니다. 따라서 이들 구문에 나타나는 ‘NP-에게’ 구성의 문법적 특징에 대해 살펴보고자 하는 것이다.

3. ‘NP＋에게’의 통사적 차이

1) 논항의 점검

본 절에서는 ‘NP-에게’ 구성의 논항 자격에 초점을 두고자 한다. 먼저 이들 문장에 표면적으로 나타난 ‘-에게’ 명사구와 서술어의 의미 선택 관계에 대해 살피기로 한다. 먼저 (11ㄱ)의 여러 변형 문장을 보자.

> (12) ㄱ. *철수에게 사과를 주었다.
>
> ㄴ. *어머니가 사과를 주었다.
>
> ㄷ. *어머니가 철수에게 주었다.

상식적으로 서술어의 논항 자격을 지니는 문장의 주성분의 경우 생략이 자유롭지 않다. 그런 것이 (12ㄱ)과 (12ㄷ)에서 확인할 수 있다. 그런데 (12ㄴ)의 예문처럼 'NP-에게'의 성분이 생략되어도 비문이 되는 것을 확인할 수 있다. 그렇다면 이에도 하나의 논항 자격을 부여할 수 있을 것 같다. 이러한 성질은 사동 구문의 'NP-에게'도 동일하게 적용된다.

> (13) ㄱ. *동생에게 밥을 먹였다.
> ㄴ. *철수가 밥을 먹였다.
> ㄷ. *철수가 동생에게 먹였다.

예문 (12)와 (13)을 통해 이들 구문에서의 'NP-에게' 성분이 모두 동일한 통사적 성격을 지닌 것이라 예상할 수 있다. 즉 수여동사 구문과 사동 구문에서의 'NP-에게' 구성은 하나의 논항 자격을 가지고 있다는 점이다. 다음 피동 구문에서는 어떠한 지 살피기로 하자.

> (14) ㄱ.*경찰에게 잡혔다.
> ㄴ. 도둑이 잡혔다.

(14ㄱ)의 예문은 서술어 '잡혔다'의 주체인 '누가'에 해당하는 성분이 생략되어 비문이 되었다. 반면 (14ㄴ)은 'NP-에게'의 성분인 '경찰에게'가 생략되었지만 문법적인 하자를 발견할 수 없다. 즉 '경찰에게'란 성분은 도둑이 붙잡히기는 했는데 그것이 누구에 의해 붙잡혔다는 부가적인 의미 요소에 불과하다 할 것이다.

피동 구문의 'NP-에게' 구성의 부가어적인 특징을 명확히 알아보기 위해 부가어가 사용된 아래의 수여동사 구문과 비교해 보기로 하자.

> (15) ㄱ. 어머니가 시장에서 철수에게 사과를 주셨다.
> ㄴ. *시장에서 철수에게 사과를 주셨다.
> ㄷ. 어머니가 철수에게 사과를 주셨다.
> ㄹ. *어머니가 시장에서 사과를 주셨다.
> ㅁ. *어머니가 시장에서 철수에게 주셨다.

(15ㄱ)의 문장에서 서술어 '주셨다'와 의미 선택관계에 있는 성분인 '어머니', '철수', '사과'를 제외하고 '시장에서'는 부가어로 쓰였다. 이 경우 서술어와의 논항 자격을 지니는 성분들이 생략된 문장 (15ㄴ)과 (15ㄹ~ㅁ)은 비문법적임에 반해 부가어가 생략된 (15ㄷ)은 문법적임을 나타내고 있다. 따라서 피동 구문의 'NP-에게'는 부가어적인 성질을 지니고 있다는 것이다.

다음은 'NP-에게' 구성에서의 '-에게' 조사의 생략에 있어서 이들 구문의 통사적 차이에 대해 살피기로 하자. 먼저 아래의 예문을 보자.

(16) ㄱ. 어머니가 철수에게 사과를 주었다.
　　ㄴ. 어머니 철수에게 사과를 주었다.
　　ㄷ. 어머니가 철수 사과를 주었다.
　　ㄹ. 어머니가 철수에게 사과 주었다.

위의 예문은 사동 구문에서의 조사 생략 현상을 보여주고 있다. 원래의 문장 구조인 (16ㄱ)과 그 이하의 문장 (16ㄴ)부터 (16ㄹ)까지의 의미 해석에 뚜렷한 차이가 나타나지 않는다. 이는 다음의 사동 구문에서의 생략에서도 동일한 현상으로 나타난다.

(17) ㄱ. 철수가 동생에게 밥을 먹였다.
　　ㄴ. 철수 동생에게 밥을 먹였다.
　　ㄷ. 철수가 동생 밥을 먹였다.
　　ㄹ. 철수가 동생에게 밥 먹였다.

이상의 (16)과 (17)의 수여동사 구문과 사동 구문을 통해 'NP-에게' 구성에서의 조사 '-에게'는 그 생략 현상에 있어 동일한 성격을 지니고 있다. 즉 기타의 격조사와 마찬가지로 생략에 있어서 자연스럽다.

그러나 이들 구문과 달리 피동 구문에서의 '-에게'의 생략은 부자연스러움을 나타낸다. 아래의 예문을 보자.

(18) ㄱ. 도둑이 경찰에게 잡혔다.
　　 ㄴ. 도둑 경찰에게 잡혔다.
　　 ㄷ. *도둑이 경찰 잡혔다.

피동 구문의 (18ㄷ)에서 '경찰'은 서술어 '잡히다'의 목적어로 해석되어 문장 전체가 사동 구문의 의미로 해석될 수 있다. 따라서 원 피동의 의미와 달라지게 되어 생략될 수 없게 된다. 부가어에 결합한 조사가 생략되었을 때 어떤 결과가 나타나는지 한 번 비교해보기로 하자. 앞서 들었던 (15ㄱ)을 들고, 몇 가지 변형해보자.

(19) ㄱ. 어머니 시장에서 철수에게 사과를 주었다.
　　 ㄴ. *어머니가 시장 철수에게 사과를 주었다.
　　 ㄷ. 어머니가 시장에서 철수 사과를 주었다.
　　 ㄹ. 어머니가 시장에서 철수에게 사과 주었다.

예문의 '시장에서'는 부가어로 쓰이고 있다. 따라서 생략 현상에서도 기타 논항의 문장 성분과 다른 역할을 담당하였으며, 위의 예문에서도 살필 수 있듯이 부가어의 조사 생략은 (19ㄴ)의 경우처럼 본래의 문장 의미와는 다르게 해석될 소지가 있다. 이러한 조사의 생략으로 인한 의미 차이가 피동 구문과 일치하고 있는 것이다. 그렇다면 피동 구문의 'NP-에게'는 부가어의 성질을 지닌 것으로 볼 수 있다.

이상으로 수여동사 구문, 사동 구문, 피동 구문의 표면에 나타난 'NP-에게' 구성을 중심으로 서술어와의 의미 선택 관계와 생략의 여부를 알아보았다. 그 결과 수여동사 구문과 사동 구문의 'NP-에게'는 문법적 공통성을 지니고 있음에 반해 피동 구문의 'NP-에게'와는 차이가 드러남을 알았다.

2) 'NP-에게'의 주제화 점검

주제라는 개념은 본시 談話 分析과 관련하여 도입된 개념이었다. 그 후, 이 주제가 의미론적 관점이나 통사론적 관점에서도 다루어짐으로써 오늘날

문법 연구의 한 과제로 여겨지게 되었다. 그래서 어떤 이는 이를 담화론적 관점에서 다루기도 하며, 어떤 이는 基底的인 의미표시와 관련된 것으로도 보고 있다. 한편, 주제와 관련해 주제화란 본시 주제가 아닌 성분이 변형의 과정을 거쳐 주제의 자격을 지니는 것을 의미한다. 'NP-에게' 구성의 주제화 점검에 앞서 주어, 목적어, 부사어에 따르는 주제화의 가능성에 대해 살피기로 하자.

국어의 문장 성분 가운데 주제화의 가능성이 가장 높은 요소는 주어이다. Givon(1979:58)에서도 주어가 위치하는 자리가 주제가 실현되는 자리이며, 주제 자리에는 행위자(agent)가 많이 실현된다 하였다. 주어의 주제화인 아래의 예문을 보자.

(20) ㄱ. 철수가 축구공을 찬다.
　　　ㄴ. 축구공을 차는 철수
　　　ㄷ. 철수는 축구공을 찬다.

(20ㄱ)의 첫 번째 명사구 '철수'는 통사상의 표면 구조에서 주어의 역할을 담당하고 있고, (20ㄴ)의 관형 구조 변형시에 표제 명사로도 사용이 문법적이다. 따라서 (20ㄷ)의 주제화도 가능한 모습을 띠게 된다. 그리고 주제가 된 주어는 주제 문장에서 서술어가 부여하는 하나의 논항(arguement)의 자격을 지니게 되며, 의미적으로도 둘간의 선택 관계를 벗어날 수 없다.4) 다음은 목적어의 주제화에 대해 알아보자.

한 문장의 논항 구조에서 목적어 성분은 주어와 마찬가지로 서술어에 대한 행동의 대상으로서 하나의 논항을 갖게 된다. 따라서 목적어 역시 관계 변형의 표제 명사 뿐 아니라 주제화에서도 아래 예문에서처럼 자연스럽다.

---

4) 임규홍(1993:99~104)에서는 주제말과 설명말이 사로 의존 관계에 있음을 밝혔다. 그는 이들이 독립적인 관계라고 주장하는 문장 역시 통사·의미론적으로 호응 관계에 있던 것이 화용 요소에 의해 통사 정보가 빠진 것으로 해석하였다. 즉 "철수는 짜파게티이다."란 문장은 우리의 언어 현실에서 일반적이지 않다. 이 문장을 표면 구조에 드러난 그대로 해석한다면 '철수=짜파게티'라는 이상한 관계가 형성된다. 따라서 이 경우, '철수'와 '짜파게티'는 행위자와 먹을 수 있는 대상의 관계에 있는 것으로 다음과 같이 서술어 '선택했다(주문했다)'가 생략된 것으로 볼 수 있다 하였다.

    (21) ㄱ. 철수가 소설을 좋아한다.
         ㄴ. 철수가 좋아하는 소설
         ㄷ. 소설은 철수가 좋아한다.

한편, 부사어의 주제화는 앞에서 살핀 주어나 목적어 성분보다는 주제화의 가능성에 있어 좀 떨어지지만, 불가능한 것은 아니다.

    (22) ㄱ. 사람이 서울에 많다.
         ㄴ. 사람이 많은 서울
         ㄷ. 서울에는 사람이 많다.
         ㄹ. 서울은 사람이 많다.

(22ㄱ)의 '서울'은 장소의 의미를 지니는 부사이다. 이들은 관계 변형시 표제 명사로 기능할 수 있고 (22ㄴ), 주제로의 쓰임이 자연스럽다. 다만 주어와 목적어의 주제화에서는 주격 표지나 목적격 표지가 반드시 탈락하는 반면, 부사어의 주제화에서는 그것의 생략이 수의적이라는 차이가 나타난다.

수여동사 구문과 사동 구문 그리고 피동 구문에서의 주제화 과정에 나타난 'NP-에게' 구성의 모습에서 우리는 피동 구문의 'NP-에게' 구성이 부가어의 주제화 과정에서 나타나는 현상과 일치함을 확인할 수 있다. 아래의 예문을 보자.

    (23) ㄱ. 어머니가 시장에서 철수에게 사과를 주셨다.
         ㄴ. *시장은 어머니가 철수에게 사과를 주셨다.
         ㄷ. 시장에서는 어머니가 철수에게 사과를 주셨다.

주제화의 일반적인 현상에서 볼 수 있었던 것처럼 주어나 목적어 등의 논항과 마찬가지로 수여동사 구문의 부가어인 '시장에서'도 주제화 될 수 있다. 물론 이 때는 대조의 의미만 나타날 뿐이다. 그러나 이와는 달리 조사가 생략되고서는 그러한 대조의 의미조차 나타나지 않는 비문이 되고 만다. 다음은 본고에서 살피고 있는 'NP-에게'의 주제화 예문은 다음과 같다.

(24) ㄱ. 철수는 어머니가 시장에서 사과를 주셨다.
    ㄴ. 철수에게는 어머니가 시장에서 사과를 주셨다.

(24)의 예를 통해 수여동사 구문의 'NP-에게' 주제화는 '-에게' 조사가 생략되고서도 충분히 주제화될 수 있음을 확인할 수 있다. 다음은 사동 구문과 피동 구문에서 'NP-에게' 구성의 주제화 현상에 대해 알아보기로 하자.

(25) ㄱ. 철수가 동생에게 밥을 먹였다.
    ㄴ. 동생은 철수가 밥을 먹였다.
    ㄷ. 동생에게는 철수가 밥을 먹였다.

(25)의 사동 구문의 'NP-에게' 주제화에서는 수여동사 구문의 주제화에서 보이는 동일한 모습을 확인할 수 있다. 즉 '-에게'를 생략하든 그렇지 않든 간에 문법적인 문장을 형성하고 있다. 반면 부가어의 주제화 현상과는 차이가 나타나고 있다.

(26) ㄱ. 도둑이 경찰에게 잡혔다.
    ㄴ. *경찰은 도둑이 잡혔다.
    ㄷ. 경찰에게는 도둑이 잡혔다.

수여동사 구문과 사동 구문의 'NP-에게' 성분에 주제화를 적용한 것과 피동 구문의 'NP-에게'에 주제화 한 (26)에서는 차이가 나타난다. 즉 이 경우 '-에게'가 생략되고서는 주제화 쓰임에 제약이 따르는데, 이러한 모습이 수여동사 구문의 부가어의 주제화와 일치하는 모습을 드러낸다.

4. 맺음말

이상으로 국어에 동일하게 나타나는 수여동사 구문과 사동 구문 그리고 피동 구문의 'NP-에게' 구성의 통사적 차이에 대해 살펴보았다. 간략히 요약하면 다음과 같다.

첫째, 논항이란 서술어에 의해 의미역을 가지는 문장 구성의 필수적 성분임에 반해 부가어는 생략되어도 문법성에 아무런 영향을 끼치지 않는 성분이다.

둘째, 논항 구조에 따라 수여동사 구문과 사동 구문의 'NP-에게'에서는 이 성분의 생략에 따르는 문장의 문법성과 '-에게'의 생략에 따르는 공통성에 근거해 동일한 문법적 지위에 있음을 확인할 수 있었다. 반면 피동 구문의 'NP-에게' 요소는 위 두 구문의 'NP-에게'와는 다른 특징을 보였다.

셋째, 주제화에 나타나는 이들 세 구문에서의 'NP-에게' 성분 또한 수여동사 구문과 사동 구문은 동일한 성격을 가짐에 반해 피동 구문의 'NP-에게'는 부가어와 유사한 성격을 보이고 있다.

참고문헌

강명윤(1992), 「한국어 통사론의 諸問題」, 서울: 한신문화사.

김기혁(1995), 「국어 문법 연구-형태·통어론-」, 서울: 박이정.

김동석(1983), "화제의 기능과 통어 현상", 경북대 박사학위논문.

김영선(1988), "우리말 주제화 연구", 부산대 석사학위논문.

김일웅(1980), "국어의 '주제-설명' 구조", 「언어연구」(부산대 어학연구소) 3.

金鎭浩(1999), "특수조사 '-은/-는'의 통사·의미 연구-", 暻園大 博士學位論文.

————(1998), "현대국어의 주어와 주제- '-이/-가'와 '-은/-는'을 중심으로-", 「경원어문
          논집」 2.

남기심(1972), "주제어와 주어", 「어문학」 26.

————(1996), 「국어문법의 탐구」, 서울: 탑출판사.

박기덕(1976), "변형문법 적용시에 나타나는 '-은'의 문제점", 「연세어문학」 7-8.

박양규(1972), "국어 처격에 대한 연구", 「국어연구」(국어연구회) 27.

서정수(1991), 「현대 한국어 문법 연구의 개관」, 서울: 한국문화사.

송석중(1993), 「한국어 문법의 새조명」(통사구조와 의미해석), 서울: (주)지식산업사.

시정곤(1992), "국어 논항구조의 성격에 대하여", 「한국어문교육」(고려대 사범대) 6.

염선모(1978), "한정사 연구", 「배달말」(경상대) 3.

李秉根·徐泰龍·李南淳 編(1991), 「文法」, 서울: 太學社.

李翊燮·任洪彬 共著(1983), 「國語文法論」, 서울: 學研社.

이홍배(1987), 「지배·결속이론」, 서울: 한신문화사.(Noam Chomsky. *Lectures on Government
          and Binding: The Pisa Lectures*.)

임규홍(1990), "국어 '주제'에 대하여", 「배달말」(경상대) 15.

任洪彬(1972), "國語의 主題化 研究", 「國語研究」 28.

————(1974), "主格重出文을 찾아서", 「문법연구」(문법연구회) 1.

————(1986), "國語의 再歸詞 研究", 서울대 박사학위논문.(신구문화사, 1987).

蔡 琬(1976), "助詞 '-는'의 意味.", 「國語學」 4.

최규수(1990), "우리말 주제어 연구", 부산대 박사학위논문.

Chafe(1976), "Givenness, Contrastiveness, Definiteness, Subjects, Topics, and Point of
          View." Subject and Topic, Li(ed.), Academic Press.

Fillmore, C.J(1968), "The Case for Case," *Universals in Linguistic Theory* (ed. by Emmon W. Bach & Robert T. Harms)

―――(1971), "Some Problem for Case Grammar." *Monograph Series on Language and Linguistics* 24.

Givon, T(1979), *On Understanding Grammar*. Academic Press.

―――(1984), *Syntax* Vol. 1. John Benjamins Publishing Company.

Halliday, M. A. K(1976), Cohesion in English. London, Longman.

John Whitman.(1989), "Topic, Modality, and IP Structure," *Harvard Studies in Korean Linguistics* III. Seoul: Hanshin Publishing Company.

Kim, Han Kon.(1967), "A Semantic Analysis of the Topic Particles in Korean and Japanese." *Language Research*(Seoul Univ) 3-2.

Oh, Choon Kyu.(1971), *Aspects of Korean Syntax*. Univ. of Hawaii.

―――(1972), "Topicalization in Korean," Working Papers in Linguistics(U. of Hawaii.) 4.

Radford, A.(1981), Transformational Syntax, Cambridge University Press.(서정목·이광호·임홍빈 (역)(1984), 「변형문법이란 무엇인가?」, 서울: 을유문화사.)

'과 + 어찌말' 구문 연구

김 준 희*

목 차
---

1. 머리말

이 글은 '과'와 긴밀한 결합 관계를 보이는 어찌말 구문에 관한 연구이다. '함께'나 '같이' 그리고 '딴판으로'나 '달리'와 같은 어찌씨들은 이들이 독립적으로 어찌말 기능을 하는 경우도 있지만, 토씨 '과'와 결합하여 '과 함께, 과 같이, 과 딴판으로, 과 달리'의 구조로 어찌말 기능을 하는 경우가 많다. 이들은 '과+어찌씨'라는 하나의 통어론적 구성이 서로 긴밀한 관계를 맺고 있는 것인데, 이때 관계의 긴밀함도 어찌씨마다 다른 모습을 보인다.

---

* 건국대학교 강사

따라서 '과'와 결합하는 어찌말들의 사전적인 의미를 먼저 살펴보고, '과 어찌말' 구문들의 용례를 통하여 이들의 통사 특성을 살펴보도록 한다.

'과' 구문에 대한 현대 국어의 예들은 주로 고려대학교 민족문화 연구원 전자텍스트 연구소 용례 추출기를 통해 뽑았다. 이 자료는 21세기 세종 계획 형태소 분석 말뭉치 550만 어절을 기반으로 한 문장 단위 용례 검색기로 방대하면서도 다양한 분야의 자료를 얻을 수 있고 완성된 문장으로 예들을 찾을 수 있기 때문이다. 아울러 규범문법에서의 '과'의 쓰임을 알아보기 위해 중·고등학교 국어 교과서를 대상으로 직접 '과' 구문을 조사하였다. 그리고 낱말들의 사전적인 의미는『연세한국어사전』과『표준국어대사전』, 그리고『우리말큰사전』에서 도움을 받았다.

그러나 '과' 구문 중 일부의 예는 이들 자료들을 바탕으로 논지에 영향을 미치지 않는 범위 내에서 좀더 간단한 예들을 언어 직관의 도움을 받아 직접 만들어 쓴 것도 있고, 자료에서 얻은 예들을 논의에 영향을 미치지 않는 범위 내에서 수식어 등의 성분을 줄여서 보인 것도 있다.

2. 몸말

1) 들어가기

다음은 '과'와 긴밀한 결합관계를 보이는 '과+어찌말' 구문이다.

(1) ㄱ. <u>의와 함께</u> 꽹과리는 사물놀이를 위한 민속악기로 빼놓을 수 없는 것이다.
　　ㄴ. 그는 지금도 <u>예전과 같이</u> 생계를 위해 일을 하는, 여전히 순박한 사람이었다.
　　ㄷ. <u>전막과는 딴판으로</u> 깨끗하게 차렸다.

(1)의 예들은 '과'가 풀이말에 이끌리는 것이 아니라 '함께'나 '같이', '딴판으로'와 같은 어찌말들과 관계를 맺고 있는 문장이다. 이처럼 '과'는 다른 토씨들과는 달리 몇몇의 어찌말과 결합하여 독특한 어찌말 구문을 이루고 있다. 이렇게 '과'를 동반하는 어찌말 구문을 '과 어찌말 구문(부사 구문)'

이라 정의한다.

어찌말의 특성상 이들이 독립적으로 쓰이기도 하지만 ‘과’와 결합관계를 보이는 어찌말은 문장의 꾸밈 기능을 하는 수의적인 요소임에도 불구하고 (2), (3)에서처럼 때로는 문장의 문법성을 결정하는 중요한 기능을 한다.[1]

 (2) ㄱ.*동수는 연수와 예쁘다.

   ㄴ. 동수는 연수와 마찬가지로 예쁘다.

 (3) ㄱ.*동수는 연수와 개구쟁이다.

   ㄴ. 동수는 연수와 같이 개구쟁이다.

다음 (4~7)은 이들의 어찌말 기능과 아울러 또 하나의 새로운 기능을 보이고 있는 예들이다. 이들은 먼저 기능적인 측면에서 ‘과’ 없이 문장에서 어찌말로 기능하는 경우와 ‘과’와 결합하여 ‘과’ 어찌말 구문 전체가 어찌말의 기능을 하는 경우 그리고 ‘과’와 결합하여 이음의 기능을 하는 경우로 나눌 수 있다.

 (4) ㄱ. 아울러 명칭에도 변화가 있었음을 알 수 있다.

   ㄴ. 그리고 찬성한 사람들이 마을 총회에 꼭 참석해 줄 것도 아울러 부탁하였다.

 (5) ㄱ. 가난한 사람들과 아울러 살아가면서 얻은 것이 있다면 작은 일에도 감사할 줄 아는 마음이다.

   ㄴ. 우리는 법의 유용성과 아울러 그 한계를 분명하게 알아야 한다.

 (6) ㄱ. 더불어 자신의 삶에 대한 비판도 할 수 있었구요

   ㄴ. 신이 더불어 있고 신의 돌봄 속에 놓였던 오이디푸스 왕이 위험했을 이유가 없다.

 (7) ㄱ. 그러나 복식은 인간의 심리적인 의식의 문제와 더불어 찾아야 한다.

   ㄴ. 그러나 협업과 분업의 출현과 더불어 인간의 노동은 사회적 성격을 지니게 되었다.

(4)의 예들은 모두 ‘과’ 없이 ‘아울러’가 문장의 앞에서 어찌말로 기능하

---

1) 김준희(2003)에서는 ‘과’의 통사적 특성을 설명하면서 ‘과 어찌말’ 구문에 관한 설명을 하였다.

는 경우와 풀이씨 '부탁하였다'를 꾸며주는, 전형적인 어찌말의 기능을 하는 경우이다. 그러나 (5ㄱ)의 예는 '과'와 결합하여 뒤따르는 풀이말을 꾸며주는 어찌말의 역할을 하는 것이고 (5ㄴ)의 예는 '과'와 결합하여 어찌말의 기능보다는 오히려 뒤따르는 '그 한계'를 연결하는 이음의 기능을 하고 있다.

(6)의 예도 역시 '더불어'라는 어찌말이 '과'와 결합하지 않고 문장의 첫머리에서 문장 전체를 꾸며 주는 기능을 하는 경우와 풀이말을 꾸며 주는 기능을 하는 경우이다. 그러나 (7ㄱ)의 예는 '과'와 결합하면서 '찾아야 한다'라는 풀이말을 꾸며주는 어찌말의 기능을 하는 경우이고 (7ㄴ)은 '과'와 결합하여 뒤따르는 '인간의 노동'을 연결하는 이음의 기능을 하고 있다.

그리고 '과'와 결합하는 어찌말들이 '과' 이외의 토씨들과 결합할 때는 대개 어찌말의 꾸밈 기능을 하는데 반해서 '과'와 결합하게 되면 그 어찌말은 꾸밈 기능과 함께 이음의 기능을 할 수 있게 된다.

> (8) ㄱ. 그는 네 마리 토끼를 <u>동시에</u> 잡아야 한다는 중압감에 걱정을 하였다.
> ㄴ. 정부는 국내 보완대책도 <u>동시에</u> 강구할 것이라고 밝혔다.
> ㄷ. <u>뉴욕과 동시에</u> 열리는 대회 전에 기자 회견을 가졌다.
> ㄹ. 그 정신은 바로 통일을 위한 <u>수단과 동시에</u> 목적이 될 수 있는 것이다.

(8ㄱ, ㄴ)은 '동시에'가 모두 '잡아야 한다', '강구하다', '안겨주다' 등의 풀이말을 꾸며주는 기능을 하고 있으며, (8ㄷ)은 '과'와 결합한 어찌말이 '열리는'을 꾸며주는 기능을 하고 있는 예이다. 그런데 (8ㄹ)은 '과'와 결합한 '동시에'가 (8ㄷ)과 달리 이음의 기능을 하고 있다.

이러한 기능들의 차이로 '과'나 어찌말들이 문장에서 생략될 때 나타나는 다양한 문법성의 차이들은 '과'의 의미 기능을 설명할 수 있는 근거가 될 것이다.[2]

---

2) 다음의 예는 '과'나 어찌말의 생략에 따라 문장의 문법성에 차이를 만든 경우이다.(참고로 'ø' 표시는 그 낱말의 생략을 의미한다.)

다음은 비교적 규범적인 문장을 사용하고 있는 중·고등학교 국어 교과
서에 나타난 '과 + 어찌말' 구문의 예이다.

> (9) 와 동시에, 와 함께, 와는 달리, 와 같이, 과 마찬가지로, 와 다름없이, 와 더불
> 어, 과는 딴판으로, 와는 별도로, 과는 상관없이, 와 한가지로, 와 아울러, 와 동
> 시에

앞에서 보인 '과 + 어찌말' 구문의 예들을 다시 용례추출기를 통해 검색
한 결과 빈도수에 있어서 높은 수치를 보이는 어찌말 구문은 다음 7개다.[3]
여기에는 '과 + 어찌말' 구문에서의 대상이 되는 어찌말 '더불어, 아울러,
마찬가지로, 다름없이' 들은 사전마다 올림말 처리에 있어서 다른 결과를

---

(1) ㄱ. 남과 더불어 살아야 한다.
  ㄴ.*남ø 더불어 살아야 한다.
  ㄷ.?남과 ø 살아야 한다.
(2) ㄱ. 철수와 함께 먹었다.
  ㄴ.*철수ø 함께 먹었다.
  ㄷ. 철수와 ø   먹었다.
(3) ㄱ. 청와대 대변인은 이와 같이 말했다.
  ㄴ. 청와대 대변인은 이ø 같이 말했다.
  ㄷ.*청와대 대변인은 이와 ø   말했다.

3) 용례추출기를 통해 '과'와 결합하는 어찌말들을 조사했는데, 이 때 '과'에 다른 토씨들의 결
 합된 형태는 제외하고 단지 '과'와만 결합하는 형태를 기본형으로 잡았다. 왜냐하면 '과'와
 다른 토씨들이 결합된 형태는 대개 '다름없이, 상관없이, 별도로, 딴판으로' 등의 [+다름]의
 의미 자질을 가진 어찌말들에 국한되고, 이 때 결합하는 토씨들은 대개 도움토씨들로 이렇
 게 결합된 형태가 논의에 어떤 영향을 미치는 것은 아니기 때문이다. 따라서 편의상 가장
 기본적인 형태를 조사 대상으로 정하고 이들의 빈도수를 보이면 다음과 같다. 괄호 안의 '/'
 표시는 앞의 숫자는 '과'와 결합하는 빈도수이고, 뒤의 숫자는 '과는'이라는 도움토씨가 결합
 된 형태로 나타나는 빈도수를 나타낸 것이다.

  함께(5686개), 같이(3385개), 더불어(947개), 마찬가지로(776개), 달리(404개), 동시에(403개),
  아울러(201개), 다름없이(34개), 상관없이(30/45개), 별도로(26/81개), 한가지로(7개), 딴판으
  로(1/20개)

위에 보인 빈도수에서 100개 이상의 예를 보이는 상위 7개를 '과 + 어찌말' 구문의 대상으
로 삼았다.

보이지만 이미 어찌말로 기능하므로 (10)의 예가 '과 + 어찌말' 구문의 대상이 된다.

(10) 과 같이, 과 달리, 과 더불어, 과 동시에, 과 마찬가지로, 과 아울러, 과 함께

그리고 이들 어찌말의 의미 특성을 살피면 (11ㄱ)은 어찌말의 의미 특성상 [둘 이상의 대상]과 관계의 개념을 기본으로 하고 그 하위로 [+함께], [+같이]라는 의미를 가진 것들이고 (11ㄴ)은 [+둘 이상의 대상]과 관계의 개념을 가지고 여기에 그 하위 분류로 [+견줌], [+다름]의 의미를 갖는 어찌말이다.

(11) ㄱ. 과 같이, 과 더불어, 과 아울러, 와 함께
    ㄴ. 과 달리, 과 동시에, 과 마찬가지로

(11ㄱ)의 '같이'는 앞에서 설명했던 것처럼 그 의미 특성상 [+함께]의 의미도 지닐 수 있고, [+견줌]의 의미도 지닐 수 있다.

이제 (11)에서 보인 '과'와 결합하는 어찌말들의 사전적인 의미를 살펴보고, '과 어찌말' 구문들의 용례를 통하여 이들의 통사 특성을 살펴보도록 한다.

2) '과 같이' 구문

'같이'4)는 주로 자리토씨 '과' 뒤에 쓰이는 경우와 체언 뒤에 붙어 토씨

---

4) 『연세한국어사전』에 의하면 '같이'는 '함께' 그리고 '~(과) 같이'로 쓰여 '~와 함께'의 뜻을 나타낸다. 그리고 '와 같이' 형태로 쓰여 '서로 다름이 없이'라는 '처럼'의 의미도 나타낸다고 설명한다.

　ㄱ. 신과 인간은 부자와 같이, 친구와 같이 서로 친근히 교제할 수 있다고 하는 그리스도교에서는 신을 아버지라고 부르고 자기는 아들딸이라고 생각한다.

그 밖에 '바로 그대로'의 의미도 갖는다.

로 쓰여 자리토씨로 기능하는 경우5)가 있다. 이 글의 대상은 '과' 뒤에 쓰이는 경우인데 (12)에 그 예를 보인다.

> (12) ㄱ. 그는 친구와 <u>같이</u> 사업을 하였다. [함께]
>   ㄴ. 여러분은 선생님이 하는 것과 <u>같이</u> 따라 하세요 [처럼]
>   ㄷ. 너와 <u>같이</u> 가고 싶어. [함께]

(12ㄱ)은 '둘 이상의 사람이나 사물이 함께'라는 의미로 '그'가 '친구'라는 관계 개념을 가진 NP와 결합하고 있으며 (12ㄴ)은 '어떤 상황이나 행동 따위와 다름이 없이'의 의미로 '여러분'과 '선생님'이라는 두 개의 NP와 결합하고 있다. 이 때 (12ㄷ)처럼 주어가 생략된 형태가 있을 수 있는데 속구조를 돌이켜 본다면 '(나는) 너와 같이 가고 싶어'처럼 '너와' 관계를 맺는 또 하나의 NP가 존재하고 있음을 알 수 있다.

따라서 '같이'는 문장의 구성 상 '둘 이상의 대상'이 필요하며 이들 간의 관계 개념을 통해 (12ㄱ, ㄷ)의 [+함께]의 의미와 (12ㄴ)의 [+처럼], 곧 [+견줌]의 의미를 나타낸다.6)

조사된 '같이' 구문 438개의 예들을 조사한 결과 '과'와 결합하지 않고 나타나는 경우는 90개(25%)이고 '과'와 결합하여 나타나는 경우는 348개(75%)이다. 그 중 (13ㄱ)처럼 '과' 없이 '같이'가 문장에서 [+함께]의 의미로 어찌말의 기능을 하는 경우는 75개(83%)이고, (13ㄹ)의 '과' 없이 '같이'가 토씨로 기능하는 경우는 15개(17%)로 이 때는 [+견줌]의 의미를 가진다.

'과'와 결합하여 [+함께]의 의미 기능을 하는 (13ㄴ)의 경우는 50개(14%), '과'와 결합하여 [+견줌]의 의미 기능을 하는 (13ㄷ)의 예는 298개(86%)로

ㄴ. 우리가 아는 바와 같이 우리나라 현금에 가장 급하고 가장 중대한 문제 중의 하나는 남북 통일이요, 또 하나는 경제 안정책이다.

5) '같이'가 토씨로 쓰이는 경우는 '앞말이 보이는 전형적인 어떤 특징처럼'의 뜻을 나타내는 의미로 '얼음장같이 차가운 방바닥/눈같이 흰 박꽃/소같이 일만 하다.'의 예를 들 수 있다. 그리고 때를 나타내는 일부 명사 뒤에 붙어 '앞말이 나타내는 그 때를 강조'하는 자리토씨로 '새벽같이 떠나다/매일같이 지각하다.'의 예를 들 수 있다.

6) '함께'와 '처럼'의 의미를 구별하는 것은 직관에 의해서이다. 그러나 '같이'의 위치에 '함께'나 '처럼'을 대입시켜서 이들의 문법성 정도를 가지고 구별할 수도 있다.

나타났다.7)

> (13) ㄱ. 동수와 연수는 공원에 <u>같이</u> 갔다.
>   ㄴ. 동수는 연수<u>와 같이</u> 먹었다.
>   ㄷ. 선생님은 다음<u>과 같이</u> 말했다.
>   ㄹ. 동수<u>같이</u> 뛰어 다니면 안돼!

따라서 '같이'가 '과' 없는 어찌말로 쓰일 때는 주로 [+함께]의 기능을 하고 '과' 없이 토씨로 쓰일 때는 [+견줌]의 기능을 하는데 '과'와 결합하여 어찌말 구문을 만들면 [+함께]의 의미보다 오히려 [+견줌]의 의미로 더 많이 쓰이고 있다.8)

이들 '과'나 '어찌말'의 생략관계를 살펴보면 다음과 같다.

> (14) 동수는 연수**와** <u>같이</u> 먹었다.
>   [둘 이상의 대상], [함께]
>   ㄱ. 동수는 연수와 ∅ 먹었다.
>   ㄴ.*동수는 연수∅ 함께 먹었다.
> (15) 이**와** <u>같이</u> 말했다.
>   [둘 이상의 대상], [견줌]
>   ㄱ.*이와 ∅ 말했다.
>   ㄴ. 이∅ 같이 말했다.

(14)의 예는 '같이'가 [+함께]의 의미로 기능하는 예로 이 경우 '같이'는 생략되어도 비문법적인 문장이 되지 않는다. 그러나 '과 같이'가 '견줌'의 의미로 쓰인 (15)의 예는 (14)의 예와 달리 '같이'가 생략되면 문법성을 잃고 비문법적인 문장이 된다.

따라서 '함께'의 의미로 기능하는 경우는 '같이'의 생략으로도 문법적이

---

7) '가다, 근무하다, 누워 있다, 동승하다, 일하다, 있다, 지내다' 정도로 대개 움직씨가 풀이말로 올 때 [+함께]의 의미를 나타낸다.
8) '같이'의 일반적인 인식이 '함께'의 의미라는 사실에 비추어 보면 이색적인 결과이다.

며 '견줌'의 의미로 쓰인 경우 '같이'의 생략은 비문법적인 문장을 만든다고 할 수 있다.

(16~18)은 (14)의 예처럼 '같이'의 생략으로도 문법적인 문장을 이루는 예들이다.

(16) ㄱ. 그는 부임하는 길로 부인과 <u>같이</u> 동승하였다.

ㄴ. 그는 부임하는 길로 부인과 ϕ 동승하였다.

(17) ㄱ. 그는 나와 <u>같이</u> 근무하였다.

ㄴ. 그는 나와 ϕ 근무하였다.

(18) ㄱ. 이 어른과 <u>같이</u> 가겠느냐?

ㄴ. 이 어른과 ϕ 가겠느냐?

(16~18)은 '같이'가 생략되어도 문법적인 예들인데 모두 '같이'가 '함께'의 의미 기능을 하는 구문이다. 이들은 각각의 (ㄴ)의 예에서 '같이'의 생략으로 만들어진 NP2와 풀이말의 관계가 '부인과 동승하였다'와, '나와 근무하였다', '어른과 가겠느냐'로 충분히 자연스러운 연결구조를 갖고 있으며 '같이'가 담당하였던 [+함께]의 의미도 이들 NP2와 풀이말의 연결로 충분히 만들 수 있는 것이다.9)

그리고 이 때 연결되는 풀이말이 두 개의 논항을 포함할 수 있는 의미적 특성, 곧 [+함께]를 포함한다. 따라서 어찌마디에서 어찌말 생략으로 남는 NP2를 취할 수 있게 된다.

그리고 (19~21)은 '견줌'의 의미로 쓰인 '같이' 구문에서 '같이'의 생략으로 비문법적인 문장이 되는 경우이다.

(19) ㄱ. 그는 다음과 <u>같이</u> 제안하였다.

ㄴ.*그는 다음과 ϕ 제안하였다

(20) ㄱ. 사람이 오면 혈속과 <u>같이</u> 반가와 한다.

ㄴ.*사람이 오면 혈속과 ϕ 반가와 한다.

---

9) '과'가 움직씨와 결합하면 대개 '함께'의 의미를 갖고, 그림씨와 결합하면 '처럼'의 의미를 갖는다.

    (21) ㄱ. 너희는 뱀과 <u>같이</u> 슬기롭다.
         ㄴ.*너희는 뱀과 ∅ 슬기롭다.

 (19ㄴ~21ㄴ)은 '같이'의 생략으로 NP2와 풀이말의 연결 관계가 자연스럽지 못하고 비문법적인 문장이다. 즉, '*다음과 제안하다', '*혈속과 반가와 한다', '*뱀과 슬기롭다'라는 연결 구조가 '과 같이'의 의미를 만들지 못하는데 이런 특성을 보이는 구문은 모두 '과 같이'가 '~처럼'의 의미 특성을 지닌 경우이다. 이들 구문의 풀이말은 대개 그림씨이거나 부림말을 필요로 하는 풀이말이 대부분으로 이들은 '같이'의 생략으로 남게 된 'NP2과'를 취할 수 없는 것이다.

 또한 '과'가 없는 어찌말 '같이'는 [+함께]의 의미를 갖는데 '과' 없이 '같이'가 토씨로 기능할 때는 [+처럼]의 의미를 갖는다. 이들이 어찌말인지 토씨인지에 대한 구별10)은 전적으로 띄어쓰기에 의한 것이다.

    (22) [?]동수와 연수는 <u>같이</u> 먹었다.   [함께]
    (23) 동수<u>같이</u> 먹었다.   [견줌]
        ㄱ.*동수 함께 먹었다.   [함께]
        ㄴ. 동수 처럼 먹었다.   [처럼]

 그러나 '과 같이'가 줄어서 '같이'로 된 것11)이라면 이 때의 '같이'는 어

---

10) 서정수(1994;772)에서는 '같이'를 조사 곧 후치사로 보는 것은 타당성이 모자란다고 하였다. 그것은 무엇보다도 '과 같이'에서 유래되었을 뿐 아니라 의미 기능상으로나 구문론적 관계로나 지장없이 그 원형으로 회복될 수 있기 때문이다. 만일 '같이'가 '과 같이'로 회복될 수 없을 정도로 굳어졌다면 모르지만 오늘날까지도 그 원형으로 바로 회복될 수 있기 때문에 이렇게 회복 가능성이 있는 생략형을 딴 범주로 처리하여 소속 범주를 필요 없이 늘리는 것은 문법 기술의 타당성이 모자란다고 설명하였다.
11) '이와 같이'가 '이 같이 > 이같이'라는 구조의 변화를 보인다고 했을 때 이는 통어론적 구성에서 형태론적 구성으로 변화되어 가는 광의의 문법화 과정이라 할 수 있다.
    현대 문법화론에서 가장 많이 인용되는 문법화의 정의는 Jerzy Kurylowicz(1975:52)의 것인데 "문법화란 한 형태소가 어휘적 지위에서 문법적 지위로, 혹은 파생형에서 굴절형으로의 변화처럼 덜 문법적인 것으로부터 더 문법적인 것으로 범위가 증가되는 현상이다."라고 하였다.(Jerzy Kurylowicz(1975), The evolution of grammatical categories. In Coseriu. 1975. *Esquisses*

찌말이라는 것인데 이렇게 축약된 이후의 형태와 토씨로서의 '같이'의 구별은 간단하지 않다. 그리고 (24)와 (25)에서 보인 것처럼 토씨로서의 '같이'가 항상 [+견줌]의 의미를 가진다거나 어찌말로서의 '같이'가 항상 [+함께]의 의미를 가진다고 할 수도 없다.

(24) **다 같이** 울었다 < *다와 같이 울었다.
　　　[함께]　　　　　　[함께]
　　ㄱ. **다 함께** 울었다.
(25) **이 같이** 말했다. < 이와 같이 말했다.
　　　[처럼]　　　　　　[*함께]
　　ㄱ. **이처럼** 말했다.　[처럼]
　　ㄴ.***이함께** 말했다.　[함께]

(24)는 표면 구조상 '같이'가 어찌말로서 기능하여 [+함께]의 기능을 갖게 된다고 했을 때 (25)의 예에서 '같이'가 어찌말로 기능하는 것임에도 불구하고 '처럼'의 의미 기능을 하게 된다. 그리고 이들을 '과'가 결합된 형태로 되돌리면 (24)는 비문법적인 문장이 되지만 [+함께]의 의미를 갖게 되고, (25)는 (15)의 예에서 보인 것처럼 충분히 가능한 속구조로 돌이킬 수 있으나 그 의미는 어찌말 '같이'가 갖는 [+함께]의 의미를 가질 수 없다.

따라서 '과'가 결합하지 않는 '같이' 구문의 의미를 띄어쓰기에 의한다는 것은 복잡한 '같이'의 문법 형식을 만든 셈이다.[12]

Linguistiques II. Munich: Fink.) 또한 Hooper & Traugott(1993)는 내용어(content word or lexical words)가 기능어(function words or grammatical words)의 문법적 특징을 떠맡을 때 그것을 광의의 문법화로 정의하고 있다.(Hooper & Traugott(1993), *Grammaticalization*, Cambridge: Cambridge University Press.)
문법화의 가장 큰 특징으로는 통사론적 구성이 형태론적 구성으로 바뀐다는 것을 들 수 있다.(고영진, 1997 참고).
12) 시정곤(1994)에서는 '같다1'은 '서로 한 모양이나 한 성질로 되어있는 뜻'으로 선행 명사구와 사이에 '이/가'가 삽입될 수 있는 1항 술어이고, '같다2'는 '…와 한 모양이나 한 성질'을 나타내는 2항 술어로 '와/과'를 동반한다고 하였다. 그리고 '같이'라는 어찌씨는 '같다2'의 성격에서 다섯 가지로 파생된 모습 즉, 'ㄱ. 서로 한 모양으로, ㄴ. 서로 함께, ㄷ. 다르지 않고 바로 그대로, ㄹ. 명사 다음에 쓰여 그것과 비슷하게 또는 토씨 -처럼-의 뜻을 나타냄,

3) '과 더불어' 구문

'더불어'[13]는 '과'와 함께 '더불어' 꼴로만 쓰여 '둘 이상의 사람이 함께 하다'나 '무엇과 같이하다', 그리고 '어떤 일이 동시에 일어나다'라는 의미를 나타낸다.

(26) ㄱ. 덕배는 친구들과 <u>더불어</u> 산에 올랐다.
ㄴ. 내일은 혹한과 <u>더불어</u> 폭설이 예상된다.

(26ㄱ)은 '친구들'과 '덕배'라는 두 대상이 '함께' 산에 올랐다를 의미하고 (26ㄴ)은 '혹한'과 '폭설'이 '함께' 일어남을 의미한다. 따라서 '과 더불어' 구문은 '두 개의 대상'이 [+함께] 어떠하다는 의미를 나타낸다.

조사된 '더불어' 구문 196개의 문장을 살펴보면 '더불어'가 '과'와 결합하지 않는 경우는 23개(12%)로 이중 어찌말의 기능을 하는 경우가 12개(52%), 그리고 '과'와 결합하지 않고 문장의 첫머리에서 이음 어찌씨(접속부사) 구실을 하는 경우가 11개(48%)로 조사되었다. '과'와 결합하는 경우는 173개(88%)로 이 가운데 어찌말 기능을 하는 경우는 99개(56%) 그리고 '과'와 결합하여 이음의 기능을 하는 경우는 72개(41%)로 조사되었다. 그리고 '과' 이외의 토씨와 결합한 '더불어' 구문이 2개(3%) 있었다.[14]

(27) ㄱ. 나는 30여 년간 현대 서양 의학을 공부해 왔고 실제로 26년 동안이나 임상에서 환자와 <u>더불어</u> 생활해 왔다.

ㅁ. 때를 나타내는 몇몇 명사에 붙여 그 때를 강조하는 것'을 보이는데, 이 때 ㄹ, ㅁ의 예에서 '와/과'를 삽입하면 어색하게 되는 것은 실사로서의 본래의 의미 '같다 2'의 의미가 상실되어 접사화되었기 때문이라고 하였다.

13) 『연세한국어사전』에는 '더불어'를 어찌씨로 올렸는데 이 때의 쓰임으로 '과' 결합형을 언급하지 않고 '더불다'라는 움직씨의 설명에 '과 더불어'의 형태로만 나타난다고 하였다. 『표준국어대사전』에서는 '더불어'라는 어찌말은 없고 '더불다'라는 움직씨만 올림말로 처리되었다.

14) ㄱ. 이 지극한 설움의 순간의 통정을 <u>너로 더불어</u> 한 가지 못하는 영원한 유한(遺恨)이여
ㄴ. 인세(人世)의 풍상(風霜)에 아랑곳없는 것이 아니라, <u>그 풍상을 사람으로 더불어 같이 열력(閱歷)하면서</u> 변하지 않은 데에 바위의 엄위(嚴威)와 정다움이 함께 있는 것은 아닐까.

ㄴ. 그 때 비로소 남성과 여성은 <u>더불어</u> 평등한 세계에서 살아가게 될 것이다.

ㄷ. 술과 <u>더불어</u> 안주거리는 충분했다.

ㄹ. 이 세계는 그러기에 함께 있음의 터전이며, <u>더불어</u> 삶의 둥지입니다.

(27ㄱ)은 '과'와 결합된 '더불어' 구문으로 [+함께]의 의미를 지닌 어찌말의 기능을 하고 있으며 (27ㄴ)은 '과' 없이 '더불어'가 [+함께]의 의미를 가진 어찌말의 기능을 한다. (27ㄷ)의 예는 '과'와 결합한 '더불어'가 [+이음]의 의미를 갖는 경우이며 (27ㄹ)의 예는 '과' 없이 '더불어'가 월이음어찌씨(문장접속부사)로 쓰인 것으로 [+이음]의 의미 기능을 하고 있다.[15)]

이들 문장에 '더불어'의 생략관계를 보이면 다음과 같다.

(28) ㄱ. 나는 30여 년간 현대 서양 의학을 공부해 왔고 실제로 26년 동안이나 임상에서 환자와 ∅ 생활해 왔다.

ㄴ. 그 때 비로소 남성과 여성은 ∅ 평등한 세계에서 살아가게 될 것이다.

ㄷ. 술과 ∅ 안주거리는 충분했다.

ㄹ. 이 세계는 그러기에 함께 있음의 터전이며, ∅ 삶의 둥지입니다.

(28)의 예들은 모두 '더불어'가 생략되어도 문장의 문법성에 영향을 받지 않는 예들이다. 이는 앞서 보였던 '과 어찌말 구문'과 같이 [+이음]의 기능을 하는 (28ㄷ, ㄹ)이 어찌말의 생략이 가능하고 '과 더불어'가 [+함께]의 의미를 만들고 있는 (28ㄱ, ㄴ)의 경우에도 생략은 문법성에 영향을 미치지 않고 있다.

다음의 예들도 '더불어'의 생략으로도 문법성이나 의미면에 있어서 별다른 차이가 없는 경우이다.

---

15) 『표준국어대사전』에서는 '더불어'를 어찌씨의 올림말로 처리하지 않았으나 『연세한국어사전』과 『우리말큰사전』에서는 어찌씨로 처리되었다. 이는 '더불어'가 어찌씨로 문법화되는 과정에 있는 낱말이기 때문에 사전마다 일치되지 않는 모습을 보인다고 할 수 있다.

(29) ㄱ. 우리는 남과 더불어 살고 있다.

　　 ㄴ. 우리는 남과　　∅　　살고 있다.

(30) ㄱ. 인류의 의복생활은 인간의 역사와 더불어 시작되었다.

　　 ㄴ. 인류의 의복생활은 인간의 역사와　　∅　　시작되었다.

(29~30)은 '더불어'의 생략이 NP2와 풀이말의 거리를 가깝게 하므로써 이들이 서로 이끌고 이끌리는 관계를 만들게 되는데 (ㄱ)과 (ㄴ)이 문법적으로나 의미상으로 차이가 없다. 즉, (29)의 '남과 살고 있다', (30)의 '역사와 시작되었다' 모두 문법적이며 '더불어'의 의미 또한 각각의 원 문장에서 잉여적인 것이므로 이를 생략한 후에도 NP2와 풀이말의 관계로 생기는 [+함께]의 의미 자질로 '더불어'의 의미를 나타내고 있다.

그러나 (31)은 '더불어'의 생략이 제약적인 경우이다.

(31) ㄱ. 오늘의 역사가들이 훌륭한 역사를 쓸 수 있는 것은 사실의 의미가 시간과 더불어 발전해 왔기 때문이다.

　　 ㄴ. 박쥐에 고성능 소이탄(燒夷彈)을 시한장치와 더불어 부착시켜 수백마리씩 적진에 날려보내기도 했다.

　　 ㄷ. 이와 더불어 색이 아름답고 형이 아름다운 것과 함께 사람의 마음을 즐겁게 하는 행위도 아름다움으로 간주하였다.

(31)은 '과 더불어'가 [+함께]의 기능을 하고 있는 예인데 이 때 '더불어'가 생략하면 (30)의 예들보다 의미상 더 어색한 문장이 된다.

(32) ㄱ. ?오늘의 역사가들이 훌륭한 역사를 쓸 수 있는 것은 사실의 의미가 시간과 ∅ 발전해 왔기 때문이다.

　　 ㄴ. ?박쥐에 고성능 소이탄(燒夷彈)을 시한장치와　∅　부착시켜 수백 마리씩 적진에 날려보내기도 했다.

　　 ㄷ. 이와 ∅ 색이 아름답고 형이 아름다운 것과 함께 사람의 마음을 즐겁게 하는 행위도 아름다움으로 간주하였다.

(32ㄱ)은 '더불어'가 생략되어 '시간과'와 '발전해 왔기 때문이다'라는 풀

이말이 호응을 이루지 못하며 (32ㄴ)은 '부착시키다'라는 풀이말이 '더불어'가 생략된 후 '시한장치와'라는 낱말과 직접적인 관계를 맺게 되므로 이들이 서로 어울리지 않는다. (32ㄷ)은 '이와 더불어'가 문장의 이음어찌말로 기능하고 있으면 이는 '이와 함께, 이와 같이, …' 등과 같이 긴밀한 통어적 구성을 보이기 때문에 '더불어'의 생략으로 비문법적인 문장이 되는 것이다.

4) '과 아울러' 구문

'아울러'[16)는 '동시에 함께'라는 의미를 가진 어찌말이다.

> (33) ㄱ. 그는 날이 지나가는 데 따라 자신이 고아나 다름이 없는 사실과 <u>아울러</u> 부친의 죽음의 뜻을 알기 시작했다.
> ㄴ. 학급 생활이 정상으로 돌아감과 <u>아울러</u> 굴절되었던 내 의식도 차츰 원래대로 회복되어 갔다.

(33ㄱ)은 '고아나 다름없는 사실'과 '부친의 죽음의 뜻'이라는 두 개의 대상을 '함께' 알게 되었다는 것이고 (33ㄴ)은 '학급 생활이 정상으로 돌아감'과 '의식이 회복되어 가는' 두 개의 대상이 '함께' 이루어짐을 의미하고 있다. 따라서 '과 아울러' 구문은 '두 개의 대상'이 [+함께] 어떠하다는 의미를 나타낸다.

114개의 '아울러' 구문에서 '과' 없이 문두에 나타나는 경우는 75개(66%)로 나타났고 이 때 '아울러'는 이음 어찌말로 기능을 하는 경우와 풀이씨를 꾸미는 어찌말의 기능을 하는 경우가 대부분이다. 그 나머지 39개(34%)의 예들이 '과'와 함께 나타나면서 '과 아울러' 구문을 만드는데 이 중 '과 아

---

16) 흔히 '과 아울러'의 꼴로 쓰이어 '(앞의 것에)더하거나 덧붙여서' 또는 '여럿이 함께, 여럿을 한데 합하여'의 뜻을 나타낸다.

학급 생활이 정상으로 돌아감과 아울러 굴절되었던 내 의식도 차츰 원래대로 회복되어 갔다.

울러'가 어찌말 기능을 하는 경우는 20개(51%), 이음의 기능을 하는 경우는 19개(49%)로 나타났다.

> (34) ㄱ. <u>아울러</u> 명칭에 있어서도 약간의 변화가 있었음을 알 수 있다.
> ㄴ. 자연주의 정신과 기법에 <u>아울러</u> 충실하면서 상당한 수준에 이른 작품을 꼽자면 몇이나 될까?
> ㄷ. 우리는 법의 유용성과 <u>아울러</u> 그 한계를 분명하게 알아야 한다.
> ㄹ. <u>이와 아울러</u> 우리는 완전히 직접적이고 특수한 대상 앞에서는 침묵할 수밖에 없다.

(34ㄱ)은 '아울러'가 '과' 없이 문두에 나타나 이음어찌말로 기능하는 경우이고 (34ㄴ)은 역시 '과' 없이 '아울러'가 뒤의 '충실하면서'를 꾸미는 어찌말의 기능을 하는 예이다. 그리고 (34ㄷ)은 '과'와 결합하는 '아울러' 구문으로 이때는 '아울러'가 어찌말의 기능보다는 이음의 기능을 하는 예이고 (34ㄹ)은 '과'와 결합하여 앞서의 '이와 같이' 구문들처럼 통어적 구성으로 연결되어 하나의 이음어찌말 기능을 하는 경우라고 할 수 있다.

이러한 '과 아울러' 구문에서도 '아울러'가 생략이 될 수 있는 구문과 생략할 수 없는 구문으로 나누어지는데 (35)의 예로 보이면 다음과 같다.

> (35) ㄱ. ∅ 명칭에 있어서도 약간의 변화가 있었음을 알 수 있다.
> ㄴ. 자연주의 정신과 기법에 ∅ 충실하면서 상당한 수준에 이른 작품을 꼽자면 몇이나 될까?
> ㄷ. 우리는 법의 유용성과 ∅ 그 한계를 분명하게 알아야 한다.
> ㄹ.*이와 ∅ 우리는 완전히 직접적이고 특수한 대상 앞에서는 침묵할 수밖에 없다.

위에서 보인 것처럼 이음어찌말로 기능하는 (35ㄱ)의 예와 어찌말의 기능을 하는 (35ㄴ)의 예 그리고 다른 '과' 어찌말구문과는 달리 이음의 기능을 하는 (35ㄷ)의 예 모두 '아울러'가 생략되어도 비문법적인 문장을 만들지 않는다. 이와는 달리 (35ㄹ)의 예는 '아울러'가 생략되면 비문법적인 문장을 만든다.

물론 (35ㄱ)의 예는 성분상 독립적이므로 뒤따르는 문장의 문법성에 관여하지 않는 것이지 '아울러'의 생략 여부에 따른 결과는 아니라고 할 수 있다. 그리고 의미론적인 측면에서 위의 문장들의 문법성을 비교한다면 물론 어찌말의 기능을 하는 (35ㄴ)의 예도 (34ㄴ)과는 의미상의 차이가 있을 수 있다.

그러나 여기서 논의의 초점은 (35ㄷ)의 예와 (35ㄹ)의 예에서의 통사 구조상의 문법성 차이에 있다. (35ㄷ)의 예는 '아울러'의 생략으로 문법적인 문장이 될 수 있지만 (35ㄹ)의 예는 '아울러'가 생략되면 비문법적인 문장이 된다는 것이다.

다음은 '아울러'의 생략으로 비문법적인 문장이 되는 경우이다.

(36) ㄱ. 동양의 세계, 구라파의 세계가 오늘날에 있어서는 과학의 발달<u>과 아울러</u> 자꾸만 하나의 세계로 되어가는 것 같다.

ㄴ. <u>이와 아울러</u> 우리는 완전히 직접적이고 특수한 대상 앞에서는 침묵할 수밖에 없다.

(37) ㄱ.*동양의 세계, 구라파의 세계가 오늘날에 있어서는 과학의 발달과 ϕ 자꾸만 하나의 세계로 되어가는 것 같다.

ㄴ.*이와 ϕ 우리는 완전히 직접적이고 특수한 대상 앞에서는 침묵할 수밖에 없다.

(36)은 '과 아울러' 구문이 [+함께]의 기능으로 어찌말의 기능을 하는 예인데 이 때 '아울러'가 생략되면 (37)처럼 비문법적인 문장이 된다. 이것은 '과'가 후속 성분인 어찌말과 [+이음]의 관계를 갖고 이후 이들의 관계를 통해 나타나는 [+함께]라는 의미로 어찌말 기능을 하고 있는 것이기 때문에 의미의 중심 기능을 하는 '아울러'가 생략되면 비문법적인 문장이 되는 것이라 할 수 있다.[17)]

---

17) 물론 '이와 아울러'라는 긴밀한 통어 구조에서 이들의 분리로 생기는 비문법성이라고도 볼 수 있다.

5) '과 함께' 구문

'함께'는 주로 '…과 함께' 구성으로 쓰여 '한꺼번에 같이, 또는 서로 더불어'의 의미를 갖는다.[18)

> (38) ㄱ. 온 가족이 <u>함께</u> 여행을 간다.
> ㄴ. 형과 동생이 <u>함께</u> 놀고 함께 공부한다.
> ㄷ. 어머니는 선생님과 <u>함께</u> 이야기를 나누었다.
> ㄹ. 과자와 <u>함께</u> 음료수도 사 오너라.

(38ㄱ)은 '함께'가 어찌말로 쓰인 예인데 이 때 '온 가족'이라는 NP는 '둘 이상'의 복수 개념을 가진다. (38ㄴ)의 '함께'는 '형과 동생'이라는 두 개의 낱말이 결합된 NP를 주어로 하고 있으며 (38ㄷ) 역시 '어머니'라는 주어가 '선생님'이라는 대상과 관계의 개념을 가지고 '함께'와 연결되고 있다. (38ㄹ)도 '과자'와 '음료수'라는 두 개의 대상이 '함께' 나타난다. 따라서 '함께' 는 문장의 구성상 두 개 이상의 대상을 필요로 하며 이들과 [+같이] 또는 [+함께(공동)] 무엇을 하거나 어떠하다거나 하는 관계를 맺는다. 그러므로 '함께'는 [+함께(공동)]의 의미 기능을 가진 어찌말이라 할 수 있다.

이러한 '함께' 구문의 양상을 보면 220개의 문장 가운데 '과' 없이 나타난 함께 구문이 70개(32%)로 이 때는 말 그대로 [+함께]의 의미를 가진 어찌말의 기능으로 즉, '한꺼번에 같이'이거나 '서로 더불어'의 의미로 작용한다고 할 수 있다. 나머지 150개(68%)의 문장이 '과'와 같이 나타나는 '함께' 구문인데 이 경우에 '함께'의 기능을 살펴보면 여전히 [+함께]의 의미를 가진 어찌말로 기능하는 경우는 109개(73%)로 나타났고, [+이음]의 기능을 하는 경우는 41개(27%)로 조사되었다.

---

18) 『연세한국어사전』에는 이외에도 '한꺼번에 같이, 동시에'의 의미를 갖는다고 하였다. 그리고 이와 비슷한 말로 '같이, 더불어, 아울러' 등을 들었다.

우리의 영혼은 과연 죽음과 함께 완전히 사라지는 것일까?

(39) ㄱ. 사랑하는 여인과 일생을 <u>함께</u> 보냈다.

　　ㄴ. 둘이 <u>함께</u> 도망을 쳤어요

　　ㄷ. 검찰은 이<u>와 함께</u> 정씨의 주변 인물 중에서 수험생이 있는지를 수사하였다.

　　ㄹ. 공동 미디어는 역기능<u>과 함께</u> 순기능도 있는 것이다.

(39ㄱ)과 (39ㄴ)의 예들은 '함께'가 '과'와 결합하지 않고 [+함께]의 의미로 어찌말의 기능을 하는 경우이다. 그리고 (39ㄷ)의 예는 '과'와 결합하면서 [+함께]의 의미로 어찌말의 기능을 하는 경우이고 (39ㄹ)의 예는 '과'와 결합하면서 '함께'가 [+이음]의 기능을 하는 경우이다.

　그런데 이들 경우 중 '과'의 결합 없이 [+함께]의 의미 기능을 하는 (39ㄱ)과 (39ㄴ)은 '함께'가 생략되어도 문법적인 문장을 이룬다. 그러나 (39ㄷ)은 '과'가 결합된 '함께' 구문이 [+함께]의 의미 기능을 하는 예이며 또한 '이와 함께'가 하나의 월 이음 어찌말(문장접속부사)로 문법화19)되어 가는 예라 할 수 있으므로 이 경우 '함께'의 생략은 불가능하다.

　그리고 (39ㄹ)의 예는 '과'와 결합하는 '함께' 구문이 [+이음]의 기능을 하는 경우로 이 때 '함께'를 생략해도 문법적인 문장을 이룬다.

(40) ㄱ. 그는 사랑하는 여인과 일생을 ∅ 보냈다.

　　ㄴ. 둘이 ∅ 도망을 쳤어요

　　ㄷ.*검찰은 이와 ∅ 정씨의 주변 인물 중에서 수험생이 있는지를 수사하였다.

　　ㄹ. 공동 미디어는 역기능과 ∅ 순기능도 있는 것이다.

(40ㄱ, ㄴ)은 전형적인 [+함께]의 어찌말 기능으로 물론 이들의 생략이 의미상의 차이를 가져오지 않는 것은 아니지만 통사 구조상 비문법적인 문장을 만들지는 않고 있다. 이러한 관계에 있는 어찌말의 꾸밈기능이라는

---

19) 한 문장에서 독립적으로 어찌말의 기능을 하는 '함께'는 문장의 첫머리에 '이와 + 함께'라는 구조로 나타나 이음의 기능을 가진 월 이음어찌말로 자리잡게 되는데 이러한 과정을 광의의 문법화라고 볼 수 있다. 아울러 '과 어찌말 구문'에서 언급된 어찌말들이 문장 이음어찌말로 쓰이는 경우, 그들이 대부분 어찌씨로 올라 있지 않다고 했을 때, 특히 '더불어'의 쓰임은, 이들은 모두 문법화의 과정에 있는 낱말들로 볼 수 있을 것이다.

수의적인 문법적 특성을 반영하는 듯하다.[20] 그리고 '함께' 구문에서 풀이
말이 움직씨일 때 '함께'의 생략이 통사 구조상 문법성을 제약하는 경우가
드물고, 또 의미의 측면에서 [+함께]의 의미가 두 개의 대상과의 관계 개념
을 통해 생기는 것이라고 한다면 이러한 관계 개념과 동떨어진 '따로, 혼자,
달리' 등과 같은 낱말이 아니라면 문장의 의미에 큰 영향을 미치지 않는 것
같다.

(40ㄷ)은 '함께'의 생략이 비문법적인 문장을 만들고 있는데 이는 '함께'
가 뒤따르는 성분과의 관계를 맺으면서 월 이음 어찌말을 만들고 있기 때
문이다. 또 '함께'의 생략이 비문법적인 문장을 만드는 경우는 NP2의 성
분이 [-유정물]일 경우가 주로 그러하다.[21]

(40ㄹ)의 '과 함께'처럼 [+이음]의 기능을 할 때는 '함께'의 생략이 문법
성을 제약하지는 않는다. 왜냐하면 '과'로 연결된 NP1과 NP2의 층위가 동
일하기 때문에 문법적인 이음 구조를 만들 수 있는 것이다. 그러나 NP1과
NP2의 층위가 동일하지 않다면 다음의 예처럼 이음 구조가 아닌 함께의
기능을 한다거나 의미상 다른 문장을 의미하는 경우가 될 수 있다.

(41) ㄱ. 윤재는 승재와 함께 바닷가로 나갔다.

　　 ㄴ. 윤재는 승재와　ø　바닷가로 나갔다.

(42) ㄱ. 소년을 빼고는 모두 배와 함께 바다에 목숨을 묻는다.

　　 ㄴ.?소년을 빼고는 모두 배와　ø　바다에 목숨을 묻는다.

---

20) 물론 어찌말이 필수적인 문장의 성분으로 기능하는 경우도 있다.

21) 아래의 예들은 '무, 나이, 의견서' 등이 모두 [-유정물]로 '함께'를 생략하면 비문법적이거나
　　 의미상 문법성이 떨어지는 문장이 되는 경우다.

(1) ㄱ. 큰 냄비에서 고기를 무와 함께 건졌다.

　　 ㄴ.?큰 냄비에서 고기를 무와　ø　건졌다.

(2) ㄱ. 동맥은 나이와 함께 늙어 간다.

　　 ㄴ.?동맥은 나이와　ø　늙어 간다.

(3) ㄱ. 그 사건은 의견서와 함께 넘겨졌다.

　　 ㄴ.*그 사건은 의견서와　ø　넘겨졌다.

(41ㄴ~42ㄴ)은 '과 함께' 구문에서 '함께'가 생략되어도 문장의 문법성에는 크게 영향을 미치지 않은 경우다. (41)은 통사적으로나 의미적으로도 충분히 문법적이며 (41ㄱ)과 (41ㄴ)이 동일한 의미를 가진다. 따라서 이 경우의 '함께'는 잉여적이다.

(42ㄴ)은 '함께'의 생략으로 문법성을 잃는 것은 아니지만 의미상 분석해 보면 '배' 역시 바다에 목숨을 잃는 대상이 되는 것인데 이것이 '함께'가 생략되면서 '와 부사 구문'이 표면상 접속의 구조로 나타나게 되고 따라서 '배'는 '바다'와 동일한 '장소'의 의미를 갖게 된다. 따라서 (42)의 (ㄱ, ㄴ)은 의미상 다른 문장으로 받아들여지는 것이다 .

따라서 '과 함께'의 어찌말 '함께'의 생략으로 비문법적인 문장을 만드는 경우는 '과'의 선행 요소가 [-유정물]인 경우이고 대부분 어찌말의 생략으로 '과'의 구조가 NP1과 NP2의 접속의 형태로 바뀌게 되면서 이 때 각 이름씨의 의미 자질이 문법성이나 의미상에 영향을 미친 것이다.

6) '과 달리' 구문

'달리'는 '달리하다'라는 그림씨에 어찌말을 만드는 가지가 붙어 생긴 것으로 '사정이나 조건 따위가 서로 같지 않게'라는 의미[22]를 지닌 어찌말이다.

    (43) ㄱ. 그 사람은 지난 번과 달리 말하고 있다.
         ㄴ. 영희의 목소리는 아침과는 달리 밝고 들떠 있었다.

(43ㄱ)은 '과'와 결합하여 '지난번'과 의미상 설정할 수 있는 '이번'을 비교하여 NP들 간의 [+다름]의 관계를 보이고 있으며 (43ㄴ)도 역시 '과'와 결합하여 '아침'과 '지금'을 비교한 결과 [+다름]의 의미를 나타내고 있다.

---

22) 『연세한국어사전』에 의하면 '다르게, (행동이나 생각을) 바꾸어서, 색다르게, 별다르게, 두드러지게'의 의미를 가지며 '과(는) 달리'의 형태로 쓰여 '과 다르게'의 의미를 갖는다고 하였다.

    그는 나갈 때와는 달리 확 펴진 얼굴이었다.

그러므로 '과 달리' 구문은 '둘 이상의 대상'의 관계를 비교하여 이들의 [+다름]을 나타낸다.

조사된 183개의 예 중 '달리'가 '과' 없이 어찌말로 기능하여 뒤따르는 풀이말을 꾸미는 경우는 50개(27%)로 나타났고 '과, 과는'과 결합하는 경우는 133개(73%)로 조사되었다. 133개 중 '과'와 결합하는 '달리' 구문은 36개(27%)로 나머지 97개(73%)는 '과는'이 결합한 경우로 '과'보다 더 많은 예를 보이고 있다. '과(는) 달리' 구문의 특성을 살펴보면 '달리'가 '과'와 결합한다기보다 뒤에 오는 풀이말과 1차적인 관계를 보이는 경우가 133개의 예 가운데 5개(3%)의 예를 보이고 나머지(97%)는 '달리'가 '과'와 먼저 1차적인 관계를 맺고 있는 경우이다. 따라서 이들 '과 달리' 구문이 독립적인 하나의 구(또는 절)로 기능하고 있다고 할 수 있다.

(44) ㄱ. 일기만 꾸준히 쓰면 <u>달리</u> 글쓰기를 안해도 훌륭한 글쓰기 공부가 됩니다.
　　 ㄴ. 그렇다고 그들의 용모에서 그들의 직업이 <u>달리</u> 느껴지는 것도 아니었다.
　　 ㄷ. 여느 날<u>과 달리</u> 내 가슴은 기쁨과 자랑스러움으로 가득 차 있었다.
　　 ㄹ. 고등학교 때<u>와는 달리</u> 대학에서는 스스로 선택해야 할 일이 많다.

(44ㄱ)은 '달리'가 월 이음 어찌말(문장 접속 부사)로서 기능하는 예이고 (44ㄴ)은 '달리'가 '과' 없이 어찌말의 기능을 하는 문장으로 이들은 풀이말의 의미를 꾸며주고 있다. (44ㄷ)은 '과'와 연결되어 '과 달리'가 [+견줌], [+다름]의 의미 기능을 하고 있으며 (44ㄹ)은 '과는'의 형태로 역시 [+견줌]과 [+다름]의 의미 기능을 하고 있다. 이 때 '과 달리'는 독립적인 마디를 형성하여 오히려 월 이음 어찌말과 같은 특성을 보인다.

그리고 (45)는 '달리'가 '과'와 1차적인 관계를 보이는 것이 아니라 뒤따르는 풀이말과 먼저 관계를 맺고, 이후 어찌말의 꾸밈을 받은 풀이마디와 '과'가 2차적으로 결합하는 문장이다.

(45) ㄱ. 그 내용<u>과 달리 해석될 수 있는</u> 신임 주일 대사의 사건이 거듭 나오는 것
　　　　은 성급한 의사 표명으로 보지 않을 수 없다.
　　 ㄴ. 우리들이 학생들<u>과 달리 움직인다고</u> 해서 기층 민중인 우리를 이렇게 대접

　　할 수 있는가?

　ㄷ. 대기업이 은행 대출금을 용도와 <u>달리 쓴</u> 사례들을 감독원이 집요하게 추적
　　하여 잡아냈다.

　ㄹ. 복어는 오징어와 <u>달리 판매되므로</u> 하룻밤 작업을 마치면 반드시 저울질 하
　　게 되어 있다.

　'과'와 결합하는 '달리' 구문에서 '달리'의 생략은 다른 '과 어찌말 구문'
과 마찬가지로 이들이 하나의 절을 이루게 되므로 생략이 불가능함이 일반
적이다. 그러나 (46)의 예를 보면 '달리'의 생략이 통사 구조상으로 문법적
인 경우도 있다.

　(46) ㄱ.*그 내용과 ∅ 해석될 수 있는 신임 주일 대사의 사건이 거듭 나오는 것은
　　　　성급한 의사 표명으로 보지 않을 수 없다.

　　ㄴ.[?]우리들이 학생들과 ∅ 움직인다고 해서 기층 민중인 우리를 이렇게 대접할
　　　수 있는가?

　　ㄷ. 대기업이 은행 대출금을 용도와 ∅ 쓴 사례들을 감독원이 집요하게 추적하
　　　여 잡아냈다.

　　ㄹ.[?]복어는 오징어와 ∅ 판매되므로 하룻밤 작업을 마치면 반드시 저울질하게
　　　되어 있다.

　이제 이들의 의미 구조를 살펴보면 먼저 (46ㄱ)은 앞에서 설명한 것처럼
'달리'가 '과'와 1차적인 관계를 맺는 구문으로 이 때 '달리'는 '과'와 결합
하여 [+견줌], [+다름]의 의미 기능을 만들고 있다. 그리고 '달리'의 생략
은 통사 구조상으로도 비문법적인 문장이 된다.

　그러나 (46ㄴ~ㄹ)은 '달리'가 뒤따르는 풀이말과 1차적인 관계를 맺고
이후 '과'와 관계를 맺는 경우인데 이 경우 '달리'가 생략되어도 통사 구조
상 문법적인 문장이 된다. 다만 '달리'의 의미 특성상 두 개의 대상을 비교
하여 이들이 하나의 기준 대상과 의미상의 다름을 보여 주는 것이므로 통
사 구조의 문법성에는 영향을 미치지 않지만 이는 의미 해석상 중요한 부
분이라 할 수 있다. 따라서 (46)의 '달리'의 생략은 의미의 큰 차이를 만들

기 때문에 생략될 수 없는 것이다.23)

그리고 아래의 예들도 모두 '달리'의 생략으로 비문법적인 문장을 만드는 경우이다.

> (47) ㄱ. 그의 손은 [무게의 힘과 달리] 떨고 있었다.
> ㄴ.*그의 손은 무게의 힘과　∮　떨고 있었다.
> (48) ㄱ. 이제는 아버지를 [예전과 달리] 이해하게 되었다.
> ㄴ.*이제는 아버지를 예전과　∮　이해하게 되었다.
> (49) ㄱ. 명정전의 좌향은 [경복궁의 근정전이 남향인 것과는 달리] 동향이다.
> ㄴ.*명정전의 좌향은 경복궁의 근정전이 남향인 것과는　∮　동향이다.

(47~49)는 모두 '무게의 힘과 다르다'와 '예전과 다르다', 그리고 '경복궁의 근정전이 남향인 것과는 다르다'라는 하나의 절이 안긴 문장으로 이들이 없어도 문법적인 문장인데 안긴 절에서 풀이말의 기능을 하는 '달리'의 생략은 비문법적인 문장이 되는 것이다.

7) '과 동시에' 구문

'동시(同時)'24)라는 이름씨에 역시 어찌말을 만드는 토씨가 붙어서 생긴

---

23) 물론 그 어떠한 의미도 중요하지 않은 것은 아니지만 의미의 층위를 생각해 볼 때 의미의 포함관계에 있어서 좀더 구체적이고 개별적인 의미가 생략될 수 없을 것 같다. 즉, '과'의 [함께]라는 의미로 '강조'하는 것도 문장에 영향을 미치지만 그보다는 [견줌]의 하위 분류로 생기는 [+다름]의 의미가 문장에서 차지하는 의미의 비중이 더 크다고 할 수 있기 때문이다. 따라서 '과'와 결합하는 어찌말들의 의미 특성을 고려할 때 '과'의 [이음]이라는 기능적인 부분을 강조한다 하여도 '과'가 가진 어떤 근원적인 의미 특성-[공동]이든 [같음]이든-이 있는 것은 아닌지 통시적인 연구를 해 볼 필요가 있다.

24) 『연세한국어사전』에 의하면 '(무슨 일이 일어나는) 바로 그 시간', 그리고 '와 동시에'의 꼴로 쓰여 '함께, 아울러'의 뜻을 나타낸다.

> ㄱ. 분업이 발달함과 동시에 교환이 생기게 되었다.

또한 '-ㄴ 동시에'의 꼴로 쓰여 '이며 또한'의 뜻을 나타낸다.

것으로 '같은 때나 시기'를 나타내며, 주로 '동시에' 꼴로 쓰여 '어떤 사실을 겸함'의 의미를 나타낸다.

> (50) ㄱ. 문을 엶과 <u>동시에</u> 파리가 날아들었다.
>   ㄴ. 사람은 태어나면서 누구나 한 가정의 가족이 되는 것과 <u>동시에</u> 한 국가의
>   국민이 된다.

(50ㄱ)은 '동시에'가 '과'와 결합하여 나타나는 것으로 '문을 엶'과 '파리가 날아들었다'는 두 개의 사건의 관계가 [+같은 때]에 일어난 것을 의미한다. (50ㄴ)도 '가족이 되는 것'과 '국민이 되는 것'이라는 사실의 관계가 [+같이] 또는 [+같은 때]에 이루어지는 것을 의미한다. 따라서 '과 동시에' 구문은 '두 개의 대상'과의 관계가 이를 견주어 보았을 때 [+견줌]의 의미와 [+같은 때]의 의미를 나타낸다.

'동시에' 구문 300개 가운데 '과'와 결합하는 경우는 38개(13%)[25]로 이 가운데 [+이음]의 기능을 하는 경우는 5개(13%), 어찌말의 기능을 하는 경우는 33개(87%)로 조사되었다. 그리고 '과'와 결합하지 않는 나머지 262개(87%) 중 문장의 첫머리에서 이음 어찌말을 하는 경우는 37개(14%)로 나타났고 225개(86%)가 문장 가운데서 어찌말로 기능하고 있었다.

> (51) ㄱ. 네 마리 토끼를 <u>동시에</u> 잡아야 한다니 걱정이다.
>   ㄴ. <u>동시에</u> 그것은 당대 최고의 사상과 정서를 대변하는 것이었다.
>   ㄷ. 그의 부인은 뉴욕과 <u>동시에</u> 열리는 대회전에서 기자 회견을 가졌다.
>   ㄹ. 점이 원의 중심에 있는 경우 안정감과 <u>동시에</u> 중량감을 느끼게 된다.

(51ㄱ)은 '동시에'가 '과'와 결합하지 않고 어찌말 기능을 하고 있는 경우

ㄴ. 사람은 태어나면서부터 누구나 한 가정의 가족이 되는 것과 동시에 한 국가의 국민
   이 된다.

25) '과 동시에' 구문은 앞서 보였던 다른 '과 어찌말' 구문보다 '과'와 결합하는 경우가 적다. 그러나 '동시에'가 '같은 때나 같은 시기'를 의미하거나 '어떤 사실을 겸함'의 뜻을 가진 것으로, 이 역시 의미상 두 개의 대상이 필요한 어찌말이다.

이고, (51ㄴ)은 '동시에'가 문장의 첫머리에서 이음 어찌말로 기능하는 예이다. (51ㄷ)은 '과'와 결합하여 어찌말 기능을 하고 있으며, (51ㄹ)은 '과 동시에' 구문이 이음의 기능을 하는 예이다.

'과'와 결합하는 '동시에' 구문에서 어찌말이 생략 가능한 경우를 살펴보면 다음과 같다.

> (52) ㄱ. 그 속옷을 착용해 봄으로써 자기의 체형 관찰과 동시에 원형 보정을 할 수 있다.
> ㄴ. 그 속옷을 착용해 봄으로써 자기의 체형 관찰과   ∅   원형 보정을 할 수 있다.
> (53) ㄱ. 그 정신은 바로 통일을 향한 수단과 동시에 목적이 될 수 있음을 깨달았다.
> ㄴ. 그 정신은 바로 통일을 향한 수단과   ∅   목적이 될 수 있음을 깨달았다.

(52)는 '과 동시에' 구문이 이음의 기능을 하는 것으로 이 때 '동시에'가 생략되어도 (53)처럼 문법적인 문장이 된다. 이들이 이음 구조로 해석되어도 의미상 비문법적인 면이 없으며 통어적으로도 이들 NP1과 NP2의 층위가 동일하므로 문법적인 이음구조가 될 수 있기 때문이다.

다음의 예들도 '동시에'의 생략으로 문법적인 문장이 되는 예이다.

> (54) ㄱ. 이 기법들이 심리학적 행동 연구와 동시에 이루어졌다.
> ㄴ. 이 기법들이 심리학적 행동 연구와   ∅   이루어졌다.
> (55) ㄱ. 그것은 새로운 기구 창설 문제와 동시에 진행될 것이다.
> ㄴ. 그것은 새로운 기구 창설 문제와   ∅   진행될 것이다

(54)는 N2의 '심리학적 행동 연구와' '이루어졌다'가 서로 자연스러운 연결관계를 보이고 있는데 다만 의미상의 차이가 보이는 것은 (54ㄱ)은 '과 동시에'로 [+공동, +같은 때]의 의미 특성을 가지는데 반해 (54ㄴ)은 [+공동]의 의미 자질만을 보일뿐 [+같은 때]의 의미는 생략되어 있다.

(55ㄴ)도 N2의 '새로운 기구 창설 문제'와 풀이말 '진행될 것이다'가 '동시에'의 생략으로도 문법적인 구문을 만든다. '진행되다'라는 풀이말이 (54)

의 풀이말 '이루어졌다'와 함께 '과'와 연결 가능한 어휘적 특성이 있으므
로 '동시에'의 생략도 문법성에 영향을 미치지 못하는 것이다. 다만 '과
동시에'로 갖는 [＋공동, ＋같은 때]라는 의미 특성이 '동시에'의 생략으로
[＋공동]만을 갖게 된다는 점이 다를 뿐이다.

　　그러나 '과 동시에' 구문이 어찌말의 기능을 하는 경우는 '동시에'의 생
략으로 비문법적인 문장이 되는 경우가 있다.

　　(56) ㄱ. 졸업과 동시에 교사가 되다보니 본인도 자부심을 가진다.
　　　　 ㄴ.*졸업과　　φ　　교사가 되다보니 본인도 자부심을 가진다.
　　(57) ㄱ. 그와 동시에 시가사는 새로운 단계로 접어든다.
　　　　 ㄴ.*그와　　φ　　시가사는 새로운 단계로 접어든다.

　　(56)은 '동시에'의 생략으로 '졸업'과 '교사'가 이음구조가 되어 풀이말
'되다보니'와 호응을 하게 되는데, '과'로 연결된 이음구조가 되므로 이들
낱말의 층위도 동일하지 않고, '졸업'과 '되다'와 호응을 이룰 수 없으므로
'동시에'의 생략은 비문법적인 문장이 되게 한다. (57)도 마찬가지로 '동시
에'의 생략으로 '그와 시가사'라는 새로운 이음 구조가 되는데 이 역시
NP1과 NP2의 층위도 동일하지 않고 풀이말과의 호응도 문법적이지 않다.

　　아래의 예들도 통사 구조에 영향을 미치는 어찌말 '동시에' 구문이다.

　　(58) ㄱ. 이 선교운동이 서구 세계의 식민지 확장주의와 동시에 일어났다.
　　　　 ㄴ.*이 선교운동이 서구 세계의 식민지 확장주의와　　φ　　일어났다.
　　(59) ㄱ. 신문 원본은 전국의 인쇄분 공장에 전송하여 본사와 동시에 인쇄하였다.
　　　　 ㄴ.*신문 원본은 전국의 인쇄분 공장에 전송하여 본사와　　φ　　인쇄하였다.

　　(58ㄴ~59ㄴ)는 '동시에'의 생략으로 N2와 풀이말의 관계가 긴밀해지면
서 이들의 연결관계가 어울리지 않아 비문법적인 경우이다. 따라서 (58)의
'*확장주의와 일어나다' 그리고 (59)의 '*본사와 인쇄하다'는 서로 호응이
되지 않는 문장으로 비문법적이다.

8) '과 마찬가지로' 구문

'마찬가지로'[26]는 '사물의 모양이나 일의 형편이 서로 같음'을 의미하는 이름씨로 여기에 어찌말을 만드는 토씨가 결합하여 '과 마찬가지로' 구문을 만든다.

> (60) ㄱ. 공원들은 여느 때와 <u>마찬가지로</u> 좁은 마당에 나와 공을 찼다.
>
> ㄴ. 그녀도 다른 여자와 <u>마찬가지로</u> 바가지를 긁고, 앙탈을 부리곤 하였다.

(60ㄱ)은 '여느 때'와 '지금'이라는 두 개의 대상을 견주어 보았을 때 이들의 관계가 [+같음]을 의미하고 있다. (60ㄴ)도 '그녀'와 '다른 여자'라는 두 대상을 견주어 보았을 때 이들의 관계는 [+같음]을 의미하고 있다. 따라서 '과 마찬가지로' 구문은 '두 개의 대상'을 [+견줌]으로써 [+같음]의 의미를 나타낸다.

'마찬가지로'라는 어찌말의 쓰임을 보면 480개의 예 가운데 '과'와 결합하는 경우는 366개(77%)이고 '과'와 결합하지 않는 경우는 114개(23%)이다. 이 중 '과'와의 결합 없이 문장의 첫머리나 중간에 나타나 어찌말 기능을 하는 경우는 60개(52%)로 나타났고, '과' 대신 '나, 도'[27] 등이 주로 결합하여 나타나는 경우는 54개(48%)로 조사되었다. 이들은 '꼭, 역시' 등이 선행

---

26) (비교의 대상이 되는 둘 이상의 사물의 성격이나 중요성이)서로 같음을 의미한다. 주로 '의, 로, 이다'와 함께 쓰인다.

    계란도 우유와 마찬가지로 많이 이용되는 식품이다.

27) '나'는 견줌의 뜻을 나타내는 도움토씨로, 뒤 절에는 결국 같다는 뜻을 가진 말이 온다.

    아들에게서 직접 전화를 받았으니 만나는 거나 다름없다.

    '도'는 체언류나 부사어, 연결어미 '-아, -게, -지, -고'의 합성 동사의 선행요소에 붙어 이미 어떤 것이 포함되고 그 뒤에 더함의 뜻을 나타내거나 주로 '…도 …도' 구성으로 쓰여 둘 이상의 대상이나 사태를 똑같이 아우름을 나타내는 도움토씨.

    ㄱ. 나도 늙었나 보다.
    ㄴ. 아기가 눈도 코도 다 예쁘다.

되는 경우가 있는데 의미상으로 모두 [+동일]의 의미를 가지므로 어찌말 '마찬가지로'의 의미와 중복되는 현상을 보인다.

> (61) ㄱ. <u>마찬가지로</u> 내 앞에서는 그도 행복했다.
> ㄴ. <u>마찬가지로</u> 우리의 소유를 팔아 구제하라고 하셨다.
> ㄷ. 너도 <u>마찬가지로</u> 행복의 나라로 올거야.
> ㄹ. 그들도 꼭 <u>마찬가지로</u> 주의 은혜로 구원을 얻는다고 믿습니다.

그리고 '과'와 결합하는 '마찬가지로'의 구문은 366개(77%)로 나타나는데 '과 마찬가지로'의 구문은 [NP1도 NP2과 마찬가지로] 구조와 [NP2과 마찬가지로 NP1도] 구조 그리고 [NP1는/이/가 NP2과 마찬가지로] 구조로 나타난다.

> (62) ㄱ. 내 자식들과 마찬가지로 너를 키우겠다고 남편에게 맹세했어.
> ㄴ. 그와 마찬가지로 나는 처녀와 분명히 약속을 했다네.
> ㄷ. 두 명은 다릴 포격하는 것과 마찬가지로 쉽게 일본병에게 포격할 수 있다.
> ㄹ. 아내가 언제나와 마찬가지로 거기에 있는 것처럼 생각하고 싶었다.

'과 마찬가지로'의 구문에 나타난 '과'의 의미 기능은 앞에서 설명한 것처럼 '마찬가지로'라는 어찌말의 의미 특성에 영향을 받는다. 따라서 '과'는 [+견줌]의 의미 특성과 그 하위 개념으로 [+같음]의 의미 특성을 가진다.

'과'와 결합하는 어찌말의 생략 현상을 살펴보면 다음과 같다. 먼저 예문 (59ㄱ)과 (60ㄴ) 문두에 '과' 없이 나타나는 '마찬가지로'는 문장의 이음을 담당하므로 독립적이다. 따라서 (61ㄱ)과 (61ㄴ)의 예처럼 이것이 생략되어도 실질적인 뒤 문장의 의미에는 별반 영향을 미치지 않는다고 볼 수 있다. 물론 엄밀히 따져서 이음어찌씨(접속부사)의 의미 기능도 고려해야 할 부분이나 뒤 문장의 통어 구조에 미치는 영향을 고려할 때 생략되어도 가능한 것으로 보인다. 그리고 예문 (60ㄷ)과 (60ㄹ)의 '도, 역시, 꼭'이 선행하는 '마찬가지로' 구문은 앞에서 이미 '마찬가지로'의 의미를 실현하고 있으므로 생략이 가능하다.

그러나 ‘과’와 결합한 ‘마찬가지로’ 구문인 예문 (62)은 ‘마찬가지로’의
생략으로 비문법적인 문장이 되기도 한다.

(61)‘ ㄱ. ∅ 내 앞에서는 그도 행복했다
    ㄴ. ∅ 우리의 소유를 팔아 구제하라고 하셨다.
    ㄷ. 너도 ∅ 행복의 나라로 올거야.
    ㄹ. 그들도 ∅ 주의 은혜로 구원을 얻는다고 믿습니다.
(62)‘ ㄱ. 내 자식들과 ∅ 너를 키우겠다고 남편에게 맹세했어.
    ㄴ. 그와 ∅ 나는 처녀와 분명히 약속을 했다네.
    ㄷ.*두명은 다릴 포격하는 것과 ∅ 쉽게 일본병에게 포격할 수 있다.
    ㄹ.*아내가 언제나와 ∅ 거기에 있는 것처럼 생각하고 싶었다.

(61)는 ‘도, 역시, 꼭 + 마찬가지로’ 구문에선 ‘마찬가지로’가 생략되어도
문장의 [같음(견줌의 하위개념)]이라는 의미 기능을 실현하는데 부족함이 없
으므로 생략이 가능하다. 그러나 (62ㄷ, ㄹ)의 예는 ‘마찬가지로’가 생략하
면 통사 구조상 비문법적인 문장이 된다. 물론 ‘과 마찬가지로’의 구문이
하나의 절을 이루기 때문에 풀이말의 기능을 하던 ‘마찬가지로’가 생략되
는 것은 불가능한 일이다. 그러나 (62ㄱ, ㄴ)은 ’마찬가지로‘가 생략되어도
문법적이다. 다만 의미상의 차이는 (60ㄱ)은 ‘내 자식처럼 너를 키우겠다’는
방법상의 [+같음]을 의미한다면 (62ㄱ)은 ‘내 자식과 너를 함께 키우겠다’
는 [+이음]구조와 [+함께]의 의미를 갖는다.
  그리고 ‘마찬가지로’가 생략될 수 있는 이유는 무엇보다 ‘마찬가지로’의
생략으로 남게 된 NP1과 NP2가 이음의 구조를 만들 수 있는 같은 층위의
낱말들이기 때문이다. 따라서 ‘내 자식’과 ‘너’, 그리고 ‘그’와 ‘나’라는 같
은 층위의 낱말이 자연스럽게 ‘과’ 이음구조로 만들어지기 때문에 생략이
되어도 통어 구조상의 비문법성이 생기지 않는 것이다.
  다음의 예들도 모두 통사 구조에 영향을 미치는 어찌말 ‘마찬가지로’ 구
문이다.

(63) ㄱ. 말은 이스라엘 사람의 운명과 마찬가지로 굶어 죽고야 말 것이다.

　　ㄴ.*말은 이스라엘 사람의 운명과　　　∅　　　굶어 죽고야 말 것이다.

(64) ㄱ. 그녀는 전과 마찬가지로 미소지었다.

　　ㄴ.*그녀는 전과　　　∅　　　미소지었다.

(65) ㄱ. 그 개는 처음 이곳에 나타났을 때와 마찬가지로 순했다.

　　ㄴ.*그 개는 처음 이곳에 나타났을 때와　　　∅　　　순했다.

(63～65)의 (ㄴ)은 ‘마찬가지로’의 생략이 비문법적인 문장이 되는 경우이다. (63ㄴ)은 ‘마찬가지로’의 생략으로 만들어진 ‘운명’과 풀이말 ‘굶어죽고야 말 것이다’의 새로운 관계가 호응을 이루지 못하기 때문이다. (64)와 (65) 역시 ‘과 마찬가지로’ 구문이 부사구로 의미를 더해주는 역할을 하다가 ‘마찬가지로’의 생략으로 각각의 (ㄴ)은 이들이 뒤따르는 풀이말과의 호응을 이루지 못하고 비문법적인 문장이 된다.

3. 맺음말

지금까지 ‘과’와 결합하는 ‘과 어찌말 구문’의 통사 의미 특성들을 간단히 살펴보았다. ‘과’와 결합하는 어찌말의 의미 특성을 살펴보면, 이들 모두 ‘두 개의 대상’을 가지고 이들의 관계가 ‘함께’ 어떠하다는 의미를 나타내거나 이들의 관계를 견주어 보았을 때 ‘같음’ 또는 ‘다름’의 의미를 나타내고 있었다.

(66) [＋함께]의 의미 특성을 가진 어찌말 : 함께, 더불어, 아울러

　　[＋견줌]의 의미 특성을 가진 어찌말 : 같이 마찬가지로, 한가지로, 다름없이,

　　　　　　　　　　　　　　　　　동시에, 달리, 딴판으로, 상관없이

따라서 ‘과’는 [＋함께]의 의미 특성을 가진 어찌말과 결합하면 [＋함께]의 의미 기능을 나타내고 [＋견줌]의 의미 특성을 가진 어찌말과 결합하면

[+견줌]의 의미 기능을 나타낸다.

또한 '과 어찌말' 구문을 이루는 어찌말들이 필수적으로 '과'와 결합하는 것은 아니므로 이들이 '과'와 결합하는 경우와 결합하지 않는 경우의 빈도수를 살펴보면 '같이, 마찬가지로, 달리, 함께, 더불어'는 '과'와 결합하는 경우가 더 많고 '아울러, 동시에'는 '과'와 결합하지 않는 경우가 더 많았다. 따라서 '같이, 마찬가지로, 달리, 함께, 더불어'가 '과'와 더 긴밀한 구조를 이루고 있음을 알 수 있다. 이러한 결과를 한눈에 보이면 다음과 같다.

【표 1】

	'과'와 결합하는 경우	'과'와 결합하지 않는 경우
같이	75%	25%
마찬가지로	77%	23%
달리	73%	27%
함께	68%	32%
더불어	88%	12%
아울러	34%	66%
동시에	13%	87%

그리고 '과' 어찌말 구문에서 '과'와 결합한 이들의 어찌씨화 정도를 살펴보면[28) '함께, 달리, 같이, 아울러'만이 세 사전 모두 어찌씨로 올라있었으며, 이 때 '과'를 동반한 형태를 갖는다고 설명하였다. 그리고 '더불어'와 '다름없이'는 『연세한국어사전』과 『우리말큰사전』에만 어찌씨로 올라있었고, '동시에'는 『연세한국어사전』에서만, 그리고 '상관없이'는 『우리말큰사전』에서만 어찌씨로 올라있었다.

『연세한국어사전』에서는 '동시에'와 달리 '더불어'는 '과'를 동반한 형태를 어찌씨에서 보인 것이 아니라 '더불다'라는 움직씨에서 '과 + 더불어' 형태로 보인 점이 특이하다. 물론 이들 낱말에 대한 『표준국어대사전』의 처리는 '동시(이름씨), 더불다(움직씨), 다름없다(그림씨)'의 낱말에 '과'와의 결합

---

28) 여기서는 예문 (11)에서 보인 어찌말 구문 모두를 조사 대상으로 하였다.

형을 보이고 있다. '딴판으로, 한가지로, 마찬가지로'는 세 사전 모두 어찌씨로 올라있지 않았으나 '상관없이'를 제외한 나머지 낱말들에는 이들이 '과'와 결합한 형태를 보이고 있는 반면 '다름없이'와 비슷한 파생형태를 보이는 '상관없이'는 '과'의 결합형을 보이지 않았다. 이러한 결과를 통해 이들의 어찌씨화의 정도를 살펴보면, 즉 이미 어찌씨로 기능하는 '함께, 달리, 같이, 아울러'와 어찌씨화할 가능성이 높은 정도에 따라 다음과 같이 나타낼 수 있다.

(67) '함께, 달리, 같이, 아울러>더불어, 다름없이, >동시에, 상관없이>마찬가지로, 한가지로, 딴판으로'

『표준국어대사전』과 『연세한국어사전』, 그리고 『우리말큰사전』에 나타난 어찌씨의 올림말 현황 및 '과'와의 공기 형태를 간단히 표로 보이면 다음과 같다.

【표 2】

	표준	연세	우리말	'과'와 공기 (어찌말로)	'과'와 공기 (어찌말 이외의 것)
함께	○	○	○	○	
동시에	-	○	-	○	○(표준)
달리	○	○	○	○	
같이	○	○	○	○	
딴판으로	-	-	-		○
마찬가지로	-	-	-		○
한가지로	-	-	-		○, -(표준)
상관없이	-	-	○		-
다름없이	-	○	○	○	-(표준)
아울러	○	○	○	○	
더불어	-	○	○	-	○

참고문헌

1. 논저

고영진(1997), 『한국어의 문법화 과정-풀이씨의 경우-』, 국학 자료원.

권재일(1992), 『한국어 통사론』, 민음사.

김봉모(1990), 국어 견줌말 연구, 「한글」 209, 한글학회.

김병진(1986), '와/과'의 통사 기능 연구, 국민대학교 석사학위논문.

김승곤(1992), 『국어 토씨연구』, 서광학술자료사.

─────(1995), 『현대나라말본』, 도서출판 박이정.

김영희(1974ㄱ), '와'의 양상, 「국어국문학」 65·66 합집, 국어국문학회.

─────(1974ㄴ), 대칭관계와 접속조사 '와', 「한글」 154, 한글학회.

─────(2001), 여동 구문의 '와', 「국어학」 28, 국어학회.

─────(2002), 여동 구문의 기저적 양상, 「애산학보」 27, 애산학회.

김완진(1970), 문접 속의 '와'와 구접 속의 '와', 「어학연구」 6-2, 서울대학교 어학연구소

김준희(1995), 현대국어 '-의'의 문법적 특성 연구, 「한말연구」 1, 한말연구모임.

─────(1997), '와' 구문의 의미 해석, 「한말연구」 3, 한말연구학회.

─────(1999), 토씨 '와/과'와 '의' 구문의 중의성 연구, 「건국어문학」 23·24합집.

─────(2000), 토씨 '와'의 기능 변화 연구, 「겨레어문학」 25집, 겨레어문학회.

─────(2003), 토씨 '과'의 통사·의미적 특성 연구, 건국대학교 박사학위논문.

김진수(1987), 『국어 접속조사와 어미 연구』, 탑출판사.

남기심(1990), 토씨 '와/과'의 쓰임에 대하여, 「동방학지」 66, 연대국학연구원.

─────(1996), 『국어 조사의 용법』, 도서출판 박이정

남윤진(1997), 현대국어의 조사에 대한 계량학적 연구, 서울대학교 박사학위논문.

노황진(1990), 국어의 '와'에 대한 연구, 동국대학교 석사학위논문.

박선자(1996), 『한국어 어찌말의 통어의미론』, 세종출판사.

성광수(1999), 『격표현과 조사의 의미』, 도서출판 월인.

손남익(1995), 『국어 부사 연구』, 박이정.

송석중(1982), 조사 '과, 를, 에'의 의미분석, 「말」 7, 연세대학교 한국어학당.

신경철(1980), 공동격 '와/과'에 대하여, 『장암 지헌영 선생 고회 기념 논총』.

신창순(1980), 조사 '와'의 문제, 「조선학보」 86, 조선학회.

양정석(1996), '-와/과' 문장의 통사구조, 『국어문법의 탐구 Ⅲ』, 태학사.

왕문용(1993), '와/과'의 사이부동에 대하여, 『국어사자료와 국어학의 연구』, 안병희선생 회갑기념논총.

이관규(1990), '와'의 연결과 공동, 『한국어학신연구-우운박병채교수정년퇴임기념』, 한국어 학연구회.

이광정(1999), 전통문법에서의 격 연구, 『국어의 격과 조사』, 한국언어학회, 도서출판 월인.

이동석(1999), '-와/-과'의 성격과 기능 분화에 대하여, 『국어의 격과 조사』, 도서출판 월인.

이석규(1992), 현대국어 도움토씨의 의미 연구, 『한국어의 토씨와 씨끝』, 서광학술자료사.

이성하(1999), 『국어의 문법화의 이해』, 한국문화사.

이은경(1992), 중세국어의 접속조사와 접속부사, 「국어학 논문집」 1, 서울대학교 국어국문 학과 편.

이필영(1989), '와'의 접속기능과 격표시기능에 관하여, 「수련어문논집」 16, 부산여자대학교

임유종(1999), 『한국어 부사 연구』, 한국문화사.

임홍빈(1972), NP병렬의 와/과에 대하여, 「논문집」 4, 서울대학교 교양과정부.

전정례(1989), 국어 문법의 '듬'과 격범주, 「주시경학보」 4, 탑출판사

조용상(1987), 국어 공동격 조사에 대한 연구, 「홍익어문」 6, 홍익어문학회.

최현배(1975), 『우리말본- 네 번째 고침판』, 정음사.

하길종(1999), 비교격에 관하여, 『국어의 격과 조사』, 한국언어학회, 도서출판 월인.

허　웅(1999), 『20세기 우리말의 통어론』, 샘문화사.

2. 사전류

한글학회(1992), 『우리말큰사전』, 어문각.

국립국어연구원(1999), 『표준국어대사전』, 두산동아.

연세대학교 언어정보개발원(1998), 『연세한국어사전』, 두산동아.

3. 자료

고려대학교 민족문화 연구원 전자텍스트 연구소 용례 추출기.

21세기 세종 계획 형태소 분석 말뭉치 1000만 어절.

교육부(1997), 중학교 국어 1-1, 1-2, 2-1, 2-2, 3-1, 3-2, 대한교과서 주식회사.

교육부(1990), 고등학교 국어-상·하-, 대한교과서 주식회사.

국어 복합어의 형태 구조와 접사 삽입

황 화 상*

목 차

---

1. 서론

　단어 형성에 대한 연구는 모국어 화자들이 해당 언어의 복합어(complex word)에 대해 알고 있는 언어적 직관(linguistic intuition)을 적절하게 설명하는 데 궁극적인 목적이 있다. 그런데 단어는 형태와 의미의 복합체이므로, 단어가 갖는 이 두 측면의 속성을 동시에 고려할 때 모국어 화자들의 언어적 직관에 대한 체계적 접근이 가능하다.

---

* 고려대학교 강사

(1) 복합어의 형태와 의미 1
　　가. 신문팔이, 지게꾼
　　나. 옹기장수, 흙보리는 사람(=미장이, 보리다=바르다, <경남>)

(1)은 <사람>을 의미하는 복합 명사를 파생 명사와 합성 명사로 나누어 보인 것인데, <Y를 Z하는 X(=사람)>라는 개략적 의미를 공유하지만 형태 혹은 형태 구조에는 일정한 차이가 있으며, 더욱이 이러한 차이가 합성어와 파생어의 차이를 반영하는 것은 아니다. 예를 들어 '신문팔이'와 '지게꾼'은 모두 파생어이지만, '신문팔이'는 합성어 '흙보리는 사람'과 같이 '[N+V+ N]'의 복합 구조를 가지며, '지게꾼'은 합성어 '옹기장수'와 같이 '[N+N]'의 단순 구조를 갖는다.

여기에서 문제가 되는 것은 유사한 의미를 갖는 복합어들이 왜 그 형태적 속성에서 차이를 보이는가 하는 것이다.[1] 본 연구에서는 단어 형태와 단어 의미 사이에서 성립하는, 다음과 같은 대응의 문제를 중심으로 이에 대해 살펴보기로 한다.

(2) 대응의 문제(황화상 2001:11)
　　각각의 의미 요소는 어떻게 형태 요소에 대응되는가?

한편 국어의 접사는 여러 가지 방식으로 단어 형성의 과정에 참여하는데, 다양한 형태와 의미의 접사 가운데에서 특히 관심을 끄는 것은 다음과 같이 두 단어 형성 요소 사이에 개재하는 접사들이다.[2]

---

1) 선행 연구에서는 대체로 복합어를 합성어(compound word)와 파생어(derived word)로 구분하는 것을 연구의 출발점으로 삼았으므로, 합성어와 파생어의 의미적 관계나 형태적 관계에 대해서는 별다른 관심을 갖지 못했다. 최현배(1937), 이희승(1955) 등을 거치면서 체계화된 합성어와 파생어의 분류 방식은 구조 문법 시기는 물론 최근의 생성 형태론 시기에 이르기까지 고전 이상의 의미를 가지면서 단어 연구에 막대한 영향력을 끼쳐 왔다. 직소 분석의 문제가 이와 관련된 대표적 논쟁 가운데 하나이다.
2) 본 연구에서는 접사의 개념을 넓게 보고 파생 접사는 물론 조사, 어미 등을 포괄하는 개념으로 사용하기로 한다.

(3) 단어 형성에서의 접사 개재
    가. 작은집, 감는목, 쥘부채, 참을성, …
    나. 갈림길, 붙임성, 지짐이, …
    다. 접이문, 보기신경, 훔치개질, …
    라. 올라가다, 뛰어가다, 밀어뜨리다, …

  (2)에서 알 수 있듯이 접사는 합성어 형성 과정에서는 물론 파생어 형성 과정에서도 두 단어 형성 요소 사이에 삽입된다. 뿐만 아니라 관형사화 접사 '-은, -는, -을', 명사화 접사 '-음, -이, -기, -개', 부사화 접사 '-어' 등 다양한 형태 유형의 접사가 단어 형성 과정에서 삽입된다.

  이들 삽입 접사에 대한 처리는 단어 형성을 형식화하는 데 있어서 걸림돌이 되어 왔는데, 특히 문제가 되는 것은 이들 접사의 형태 범주이다. 즉 김창섭(1996) 등에서와 같이 어휘부 단어 형성을 가정할 경우 굴절 접사(혹은 통사적 접사)가 단어 형성의 과정에서 삽입되는 이유를 설명하기 어려우며, 시정곤(1994) 등에서와 같이 통사부 단어 형성을 가정할 경우 후행 요소가 접사인 복합어는 물론 '갈림길'과 같이 결합형 '갈림'이 통사 단위가 되지 못하는 복합어를 설명하기 어렵다.

  복합어 내부에 삽입되는 접사와 관련하여 본 연구에서는 단어 형성의 과정에 참여하는 형태 요소들 사이에서 성립하는, 다음과 같은 형태의 문제를 중심으로 이에 대해 살펴보기로 한다.3)

(4) 형태의 문제(황화상 2001:11)
    새로운 형태의 단어를 형성하기 위해 둘 이상의 형태 요소가 어떻게 결합하는가?

---

3) 촘스키(1957:108)에서 제시한 '통사론과 의미론, 그리고 이 둘의 연결점들을 연구 대상으로 하는 더 일반적인 언어 이론'에 대해, 자켄도프(1990)에서는 이러한 이론으로의 발전을 위해 부딪히게 되는 두 가지 근본적인 문제로 '의미의 문제'와 '대응의 문제'를 제시했다(고석주 양정석 옮김 1999 참조). 이 두 문제는 본 연구에서 다루려고 하는, 단어 형성에 대한 논의에서 발생하는 중심적인 문제와 본질적으로 동일하므로, 본 연구에서는 '형태의 문제'를 추가하여 이를 수용하기로 한다.

2. 대응의 문제와 형태 구조

본 장에서는 각 복합어들 사이에서 관찰되는 형태의 차이를 어떻게 설명할 수 있는지에 대해 대응의 문제를 중심으로 살펴볼 것이다.

1) 형태와 의미의 관계 양상

(1)에서 살펴보았듯이 합성어와 파생어는 형태의 측면에서 보면 일정 속성을 달리 갖지만, 의미의 측면에서 보면 일정 속성을 공유한다. 즉 (1)의 네 복합 명사는 모두 <Y를 Z하는 X>의 개략적 의미를 가지므로, 다음과 같은 의미 구조를 공유한다.

(5) 복합 명사의 의미 구조

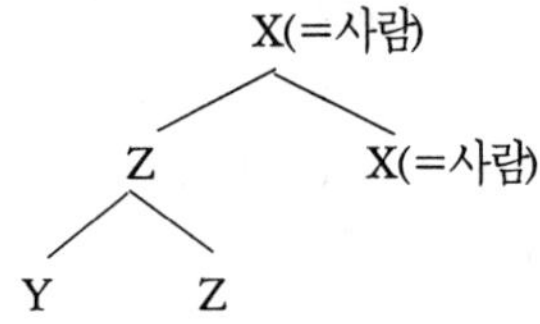

더욱이 형태의 측면에서도 합성어와 파생어의 구분이 언제나 유용한 것만은 아니다.[4]

(6) 복합 명사의 형태 구조

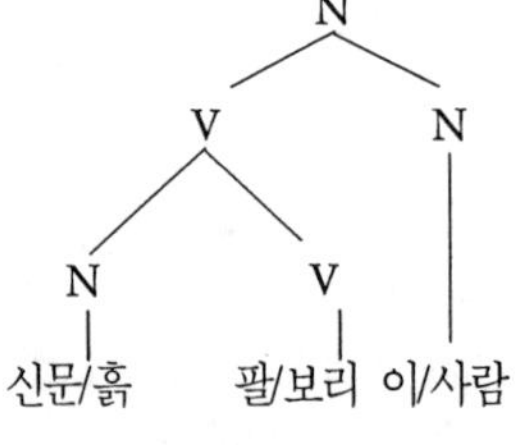

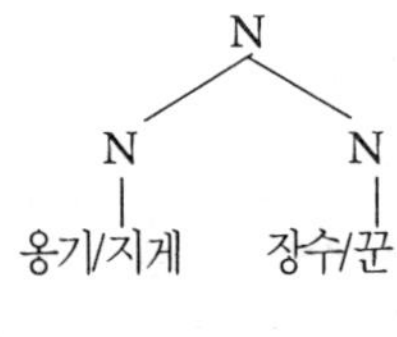

---

4) '흙보리는 사람'에서 삽입 접사 '-는'의 처리에 대해서는 후술하기로 한다.

(5)에서 알 수 있듯이 파생 명사 '신문팔이'와 합성 명사 '흙보리는 사람', 합성 명사 '옹기장수'와 파생 명사 '지게꾼'은 합성어와 파생어로 구분되지만, 각각의 대응 쌍은 동일한 형태 구조를 갖는다.

이상에서 살펴본 내용을 토대로 각 복합 명사들 사이에서 성립하는 형태와 의미의 관계 양상을 다음과 같이 요약할 수 있다.

  (7) 복합어의 형태와 의미 2
      가. 형성 요소의 형태 범주 차이
          ① 파생 명사 : 신문팔이, 지게꾼, …
          ② 합성 명사 : 옹기장수, 흙보리는 사람, …
      나. 의미의 유사성 : <Y를 Z하는 X>
          복합 명사 : 신문팔이, 지게꾼, 옹기장수, 흙보리는 사람, …
      다. 형태 구조의 차이
          ① 단순 구조 : 지게꾼, 옹기장수, …
          ② 복합 구조 : 신문팔이, 흙보리는 사람, …

결국 의미의 유사성과 차이, 형태의 유사성과 차이라는 두 측면에서 보면 복합어를 일률적으로 합성어와 파생어로 구분하기는 어려워 보인다. 따라서 본 연구에서는 합성어와 파생어를 형식적으로 구분하지 않고,[5] 그것을 복합어로 묶어 각각의 형태적 속성과 의미적 속성에 대해 살펴볼 것이다.

2) 형태 대응과 형태 구조

단어는 형태와 의미의 복합체이므로 단어 형성 연구는 두 가지 방향에서 가능하다. 첫 번째는 단어의 형태에서 출발하여 단어의 의미를 설명하는 것(형태 중심의 연구)이며, 두 번째는 단어의 의미에서 출발하여 단어의 형태

---

5) 이것이 합성어와 파생어의 구분이 원칙적으로 무의미함을 의미하는 것은 아니다. 합성어와 파생어, 그리고 어근과 접사의 형식적 구분이 본 연구에서는 큰 의미를 갖지는 못함을 의미할 뿐이다.

를 설명하는 것(의미 중심의 연구)이다. 그런데 단어는 형태가 먼저 만들어지고 의미가 나중에 만들어지는 것이 아니라, 의미가 먼저 만들어지고 이를 표현할 형태가 나중에 만들어진다. 따라서 단어 형성에 대한 연구는 형태 중심의 연구가 아니라 의미 중심의 연구를 지향해야 한다고 보는 것이 자연스럽다.

의미 중심의 연구를 지향할 때 복합어의 형태 구조는 그것의 의미 구조를 토대로 형성된다고 볼 수 있다. 즉 의미 구조를 구성하는 각 의미 요소에 형태 요소가 대응함으로써 형태 구조가 만들어진다고 볼 수 있다. 본 연구에서는 의미 구조(혹은 의미 요소)와 형태 구조(혹은 형태 요소) 사이의 이러한 관계를 다음과 같은 형태 대응 원리로 설명하기로 한다.

> (8) 형태 대응 원리(황화상 2001:79)
>   각 의미 요소에 각 형태 요소가 적절하게 연결되어야 한다.

이를 토대로 (1)의 각 복합 명사 사이에서 성립하는 의미의 유사성과 형태의 차이에 대해 다시 살펴보자. (1)의 각 복합 명사는 의미 구조 (4)에 형태 대응 원리 (7)에 따라 형태 요소가 대응하여 형성되므로, 형태 구조의 유사성과 차이 (5)는 이 과정에서 비롯되는 것이라고 볼 수 있다.

먼저 [[N+V]+N]의 복합 형태 구조를 갖는 파생 명사 '신문팔이'와 합성 명사 '흙보리는 사람'은 의미 요소의 수와 형태 요소의 수가 동일하므로, 다음과 같이 의미 구조와 대칭적인 형태 구조를 갖는다.6)

---

6) 가로 선(─) 위는 의미 구조를 나타내며, 가로 선 아래는 형태 구조를 나타내는데, 각 단어의 형태적 속성과 의미적 속성을 적절하게 형식화한다. 따라서 본 연구에서는 단어 구조를 위와 같이 의미 구조와 형태 구조로 구분하여 나타내기로 한다.

(9) 복합 명사의 구조 1 : 대칭 구조
　　가. '신문팔이'　　　　　　　　나. '흙보리는 사람'

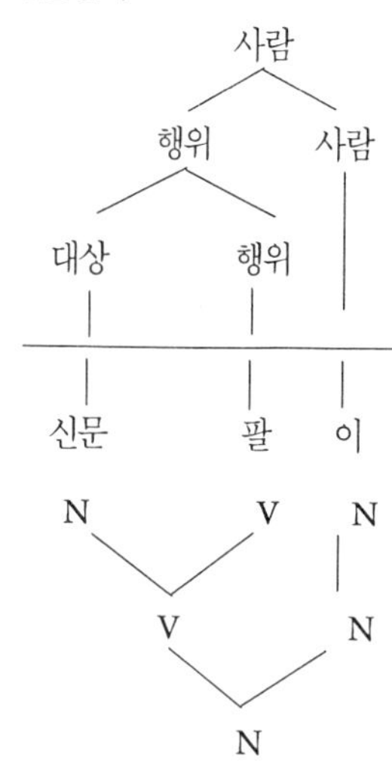 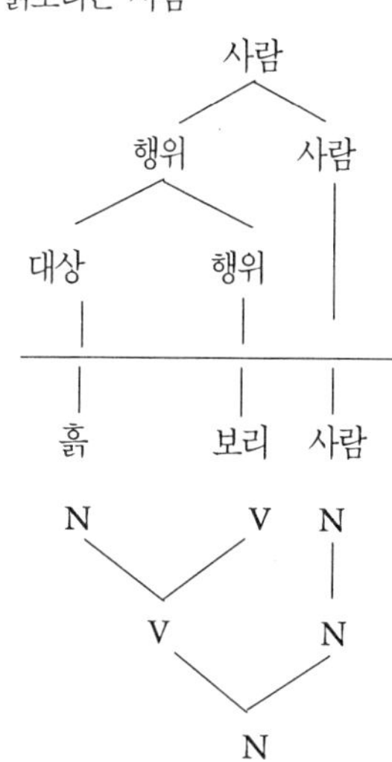

　　다음으로 [N+N]의 단순 형태 구조를 갖는 합성 명사 '옹기장수'와 파생 명사 '지게꾼'은 의미 요소의 수와 형태 요소의 수가 다르므로, 의미 구조와 비대칭적인 형태구조를 갖는다고 보아야 한다. 그런데 후행 형태 요소 '장수'와 '-꾼'이 각각 <파는 사람>, <Z하는 사람>의 의미를 가지므로,[7] 다음과 같은 구조를 갖는다고 볼 수 있다.

---

7) 『금성판 국어대사전』(김민수 외 3인 편, 1992)에 따르면 파생 접사로서의 '-꾼'은 '①부정적인 뜻을 갖거나 그것으로 부정적 결과가 빚어지는 명사에 붙어, 그런 일이나 그와 관련된 행동을 습관적으로 자주 하는 사람임을 홀하게 나타내는 말(노름꾼, 술꾼, 난봉꾼), ②주로 몸으로 직접 하는 일을 벌이 수단으로 하거나 주된 일로 삼는 사람임을 나타내는 말(나무꾼, 짐꾼, 장사꾼), …'의 의미를 갖는다. 따라서 어근 '장수'와 같이 '-꾼'도 <행위>의 의미를 갖는 것으로 볼 수 있다. 그렇다고 해서 '장수'와 같이 '-꾼'이 <(지게를) 지다>와 같은 구체적인 의미를 갖는다고 보기는 물론 어렵다. '-꾼'은 단지 추상적 <행위>의 의미를 가질 뿐이며, 그 구체적인 의미는 선행 요소에 의해 추론된다고 보는 것이 자연스럽다.

(10) 복합 명사의 구조 2 : 비대칭 구조

  가. '엿장수'   나. '지게꾼'

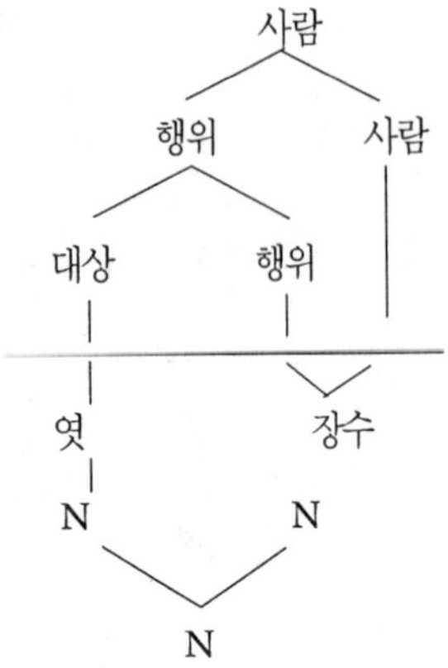

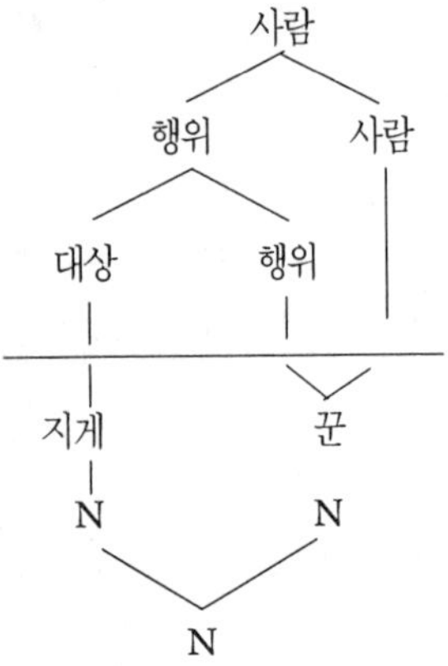

```
        사람                          사람
       /    \                        /    \
    행위     사람                  행위     사람
    /  \                          /  \
  대상   행위                    대상   행위
   |      |                       |      |
   |      |                       |      |
   엿     장수                   지게    꾼
   |      |                       |      |
   N      N                       N      N
    \    /                         \    /
      N                              N
```

결국 형태 대응 양상의 차이를 통해 유사한 의미(혹은 의미 구조)를 갖는 복합어들이 형태(혹은 형태 구조)를 달리하는 것을 설명할 수 있다. 그런데 위에서 살펴보았듯이 형태 대응의 차이는 각 형태 요소가 갖는 형태적 속성(어근 혹은 접사)의 차이를 반영하는 것이 아니라 의미적 속성의 차이를 반영하는 것이다. 즉 형태 요소와 의미 요소가 일대일 대응 관계를 보이는 복합어와 어느 하나의 형태 요소가 두 의미 요소에 대응하는 복합어가 형태적으로 구별된다.[8] 이렇게 형태 요소의 의미적 속성을 토대로 복합어의 형태적 속성을 설명할 때 단어 형성 이론은 합성어와 파생어를 복합어로 묶어 다룰 수 있게 된다.

3) 의미 추론과 형태 구조

복합 명사 가운데에는 합성 명사 '옹기장수'나 파생 명사 '지게꾼' 등과 달리 핵이 되는 형태 요소가 뚜렷하게 <행위>의 의미를 갖지는 않지만, 동사 어근의 개재 없이 두 명사 어근만으로 복합 명사를 형성하는 예를 흔

---

[8] 이 밖에도 '-장이(톱장이), -쟁이(거짓말쟁이), -꾸러기(욕심꾸러기), -보(밥보), -질(가위질)' 등 특정 의미 기능을 갖는 접사가 핵인 파생 명사는 모두 의미 구조와 비대칭적인 형태 구조를 갖는다.

히 찾아볼 수 있다.

    (11) 가. 산사람, 섬사람, 뭍사람, 바닷사람, …
         나. 신발장, 유리구두, 궐련상자, 물접시, 술통, 쌀밥, 벽돌집, …

이를 설명하기 위해 존재하는 합성 명사 '산사람(<산에 사는 사람>)'과 존재 가능성이 의심스러운 합성 명사 '?때사람(<때를 미는 사람>)'을 비교해 보자.

단어의 형태가 단어의 의미를 충분하게 반영하는 것은 아니지만, 단어의 형태를 통해 단어의 의미를 어느 정도 추론할 수 있음에는 틀림이 없다. 이런 관점에서 보면 '?때사람'이 불가능한 것은 그 형태로부터 <미는>의 의미를 추론하기 어렵기 때문이라고 볼 수 있다. 물론 '산사람'은 존재하는 단어이므로 <사는>의 의미가 적절하게 추론된다고 가정해야 한다. 이러한 가정의 타당성을 증명하기 위해 다음과 같은 상황을 가정해 보자.

    "낯선 두 사람이 옆자리에 앉아 기차 여행을 하고 있다. 한참 동안 말이 없이 앉아 있다가 한 사람이 다른 사람에게 말을 붙였다."

    (12) 가. A : 어디 사세요?
           B : 서울 살아요
        나. A : 무엇을 미세요?
           B : ???

두 대화 상황의 비교를 통해 알 수 있는 것은 사람은 누구나 어떤 특정한 곳에 살지만, 사람이 모두 무엇을 미는 일을 하지는 않는다는 당연한 사실이다. 이는 다시 말하면 <살다>는 <사람>에 의해 직접적으로 추론되지만, <밀다>는 그렇지 않다는 것을 의미한다. 이에 따라 두 합성 명사의 차이를 다음과 같이 형식화할 수 있다.9)

---

9) 특정 의미를 후행 요소가 갖는다는 것과 그것이 특정 환경에서 추론된다는 것은 본질적으로는 다른 것이다. 그러나 추론된다고 하더라도 그것은 후행 요소의 어떤 의미 속성에 토대를

(13) 복합 명사의 구조 3

가. '산사람'   나. '?때사람'

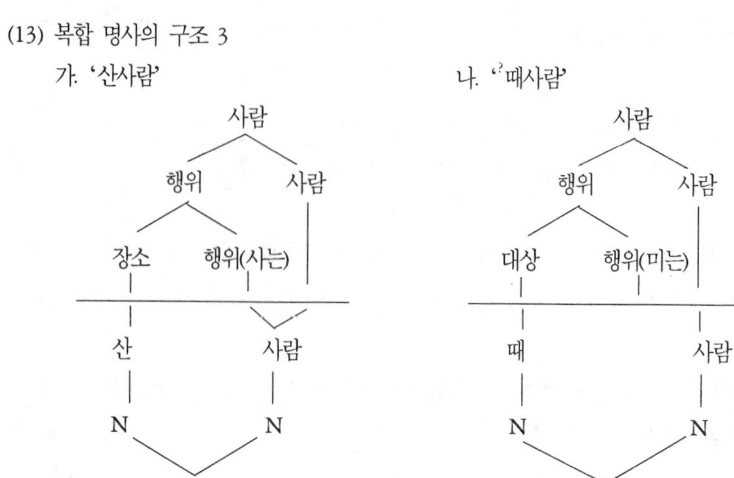

위에서 알 수 있듯이 '산사람'에서는 각 의미 요소가 형태 요소에 적절하게 연결되어 형태 대응 원리 (7)을 준수하지만, '?때사람'에서는 의미 요소 <행위>가 형태 요소에 연결되어 있지 않으므로 형태 대응 원리를 위배한다.

(10나)에서 제시한 사물 명사 '신발장, 유리구두, 궐련상자, 물접시, 술통, 쌀밥, 벽돌집, …' 등에 대해서도 동일한 설명이 가능하다. 예를 들어 모든 '장'은 '무엇을 보관할 수 있는' 용도를 가지며, 모든 '구두'는 '무엇으로 만든' 속성을 가지며, 모든 '상자'는 '무엇을 담는' 속성을 갖는다. 따라서 각각 선행 요소 '신발, 유리, 궐련'이 주어질 때 <보관하다>, <만들다>, <담다>의 의미를 추론할 수 있으므로, 각 합성 명사는 핵 요소가 두 의미 요소에 대응되는 '명사+명사'의 단순 구조를 갖게 된다.10)

두는 것이므로, 본 연구에서는 '갖는다'는 것의 의미를 넓게 보아 이를 구분하지 않고 모두 후행 요소가 갖는 것으로 가정하기로 한다. 한편 고유하게 갖는 의미라고 하더라도 특정 환경에서는 의미의 추론 과정을 거칠 수밖에 없다. 예를 들어 '가죽옷'에서 '옷'은 <제작물> (혹은 인공물)'로서의 의미를 갖는 반면에, '비옷'에서 '옷'은 <용도물>로서의 의미를 갖는다. 그렇다고 해서 '옷'의 의미가 서로 다른 것은 물론 아니다. 단지 '가죽옷'에서는 <제작물>로서의 의미가, '비옷'에서는 <용도물>로서의 의미가 형식적으로 드러난 것이라고 볼 수 있다.

10) 정동환(1993)에서는 '술집, 싸전, 쌀가게, 쌀장수, …' 등의 선후행 요소 사이에 '종사하는 대상 관계'가 성립한다고 보았다. 그러나 예를 들어 '쌀장수'의 경우에도 '대상 관계'는 형태

3. 형태의 문제와 접사 삽입

본 장에서는 두 단어 형성 요소 사이에 접사가 삽입되는 이유, 삽입 접사의 기능과 유형, 삽입 접사의 형태 범주 등에 대해 형태의 문제를 중심으로 살펴볼 것이다.[11]

1) 접사 삽입의 양상

복합 명사의 형성 과정에서 두 형성 요소 사이에 삽입되는 접사는 '-은, -는, -을' 등의 관형사화 접사, '-음, -기, -개, -이' 등의 명사화 접사, '-의, -에(엣)' 등 다양하다. 이를 토대로 단어 형성 과정에서 접사가 삽입되는 복합 명사를 선행 요소와 후행 요소의 범주에 따라 유형화하면 다음과 같다.

> (14) 접사 삽입 복합 명사의 유형
>
>   가. 동사 어근 + 접사 + 명사 어근
>
>   ① 작은집, 흰밥, 검은깨, 감는목, 쥘부채, 땔나무, …
>
>   ② 갈림길, 볶음밥, 구름판, 거름종이, …
>
>   ③ 보기신경, 감이상투, 접이문, 덮개눈, 돌개물, …
>
>   나. 동사 어근 + 접사 + 명사화 접사
>
>   ① 노는꾼, 참을성, 멜꾼, …
>
>   ② 지짐질, 붙임성, 느림보, 돈떼미, 도우미, 지짐이, 다리미, 지킴이, 알림이, 보오미(＝거울), …

요소 '쌀'과 '장수' 사이에서 직접 성립하는 것이 아니라, '장수'의 두 의미 요소 가운데에서 의미 비핵인 <팔다>와 <쌀> 사이에서 성립한다고 보는 것이 자연스럽다. 한편 김창섭(1996)에서는 '집오리, 집돼지, …' 등에서 선행 요소 '집'을 <집에서 기르는>의 의미를 갖는 단어 형성 전용 요소라고 봄으로써, 결국 선행 형태 요소가 두 의미 요소에 대응되는 것으로 보았다. 그러나 <기르는>의 의미는 '오리, 돼지'가 <가축>이라는 사실에 의해 드러나는 것이므로, 본 연구에서는 이들 복합 명사 또한 후행 형태 요소 '오리, 돼지'가 두 의미 요소에 대응되는 비대칭 구조를 갖는다고 본다.

11) 고영근(1989:544~546/1999)에서는 어근과 접미사의 통합과 관련하여 ① '-(으)ㄴ' 관형사형을 매개하는 경우(앉은뱅이), ② '-(으)ㄹ' 관형사형을 매개하는 경우(앉을깨), ③ '-어/-아' 부사형을 매개로 하는 경우의 셋을 간접적 통합이라고 하여 직접적 통합(사랑-스럽다)과 구별했다.

        ③ 싸개질, 훔치개질, 닦이장이, …
    다. 명사 어근 + 접사 + 명사 어근
        ① 사랑의 전화, 진실의 문, 스승의 날, 철도의 날, 과학의 날, …
        ② 귀엣고리, 귀엣말, 눈엣가시, 몸엣것, 배안엣니, 손엣것, 입엣말, 코
          엣피, 한솥엣밥, …

복합 동사의 형성 과정에서 두 형성 요소 사이에 삽입되는 접사로는 '-어, -고'가 대표적인데, 흔하지는 않지만 파생 명사의 내부에서 선행 어근이 명사일 경우 '-로, -에' 등이 삽입되기도 한다. 삽입 접사에 따라 각 복합 동사를 유형화하면 다음과 같다.

    (15) 접사 삽입 복합 동사의 유형
        가. 동사 어근 + 접사 + 동사 어근
            ① 가져가다, 건너가다, 굴러가다, 따라오다, 몰려오다, …
            ② 걸고들다, 놀고먹다, 먹고살다, 싸고돌다, 주고받다, …
        나. 동사 어근 + 접사 + 접사
            넘어뜨리다, 엎어뜨리다, 깨뜨리다, 밀어뜨리다, …
        다. 명사 어근 + 접사 + 동사 어근
            ① [볕에말리]기(=일광건조법), [물에된]바위(=수성암), [불에된]바위(=화성암), …
            ② [뒤로훑]기(줄타기에서), [뒤로차]기, [앞으로가]기(줄타기에서), …

위와 같이 복합어를 형성하는 과정에 다양한 유형의 접사가 삽입된다. 본 연구에서는 복합 명사의 경우에는 단순히 형태적 필요성에 의해 접사가 삽입된 것으로 보이는 (13가, 나)에 대해서만, 그리고 복합 동사의 경우에는 접사 '-어'가 삽입되는 두 유형의 복합 동사(14가-①, 14나)에 대해서만 살펴보기로 한다.[12]

---

12) 여기에서 다루지 않은 삽입 접사는 대체로 의미적 필요성에 의해 삽입된다고 볼 수 있는데, 이에 대해서는 황화상(2001)을 참조할 수 있다.

2) 접사 삽입의 이유와 접사 선택

먼저 '돈꿰미, 도우미, 지짐이, 다리미, …' 등의 파생 명사를 중심으로 복합 명사의 형성 과정에서 접사가 삽입되는 이유와 접사가 선택되는 양상에 대해 살펴보자.[13)]

예를 들어 '다리미'는 계층을 고려하지 않을 때 '다리+음+이'의 내부 구조를 갖는데, 접사 '-음'의 의미적 역할과 형태론적 지위가 명확하지 않다. 이와 관련하여 파생 접사 '-이'의 속성에 대해 살펴보자. 동사 어근에 결합하여 명사를 파생하는 접사 '-이'는 모음으로 끝나는 동사 어근에는 결합하지 못한다는 음운론적 제약을 갖는데(송철의 1977:28, 1992:116, 김창섭 1983:86, 시정곤 1994:230~31 등), 이것이 옳다면 동사 어근 '다리'는 접사 '-이'에 직접 결합할 수 없다. 그런데 그 사이에 특정 자음이 삽입된다면 음운론적 제약을 어기지 않으므로 결합이 가능해진다. 이러한 사실에 근거하여 접사 '-음'이 음운론적인 이유에서 삽입된 것이라고 가정해 볼 수 있는데, 이러한 가정이 타당성을 얻기 위해서는 다음과 같은 두 가지의 문제를 적절하게 설명해야 한다.

> (16) 가. 동사 어근 '다리'는 '-이'와 비슷한 의미 기능을 갖는 '-개'와 결합하여 '다리개'를 형성하지 않고, '-음'을 개입시켜 음운론적 제약을 회피하는 방식으로 형성되었는가?[14)]
>
> 　　나. 음운론적 이유에서라면 왜 다른 접사가 아닌 '-음'이 선택되었는가?

(15가)의 문제에 대해 먼저 살펴보자. 접사 '-이'는 적어도 현대 국어에서는 명사를 파생하는 접미사 가운데에서 생산성이 가장 높으며, 또한 다양

---

13) '돈꿰미, 도우미, 지짐이, 다리미, …' 등을 중심으로 살펴보는 것은 다른 복합 명사와는 달리 이들 파생 명사의 경우 접사 삽입에 음운론적 조건이 우선적으로 개입하며, 또한 'X+음+이'의 형태적 일관성을 보이기 때문이다.

14) 이와 관련하여 송철의(1992:140~141)에서는 '지지미, 다리미, 꿰미' 등에서 '지지, 다리, 꿰' 등은 '-이'와 의미 기능을 공유하는 '-음, -개'와 결합하여 각각 '지짐, 다리개, 꿰개'라고 하는 것이 자연스러운 단어 형성 방법이었을 것이지만, 이런 방법을 취하지 않고 '-음'을 개입시키고, '-이'를 덧붙여 파생어를 형성시킨 이유에 대해서는 현재로선 설명이 어렵다고 보았다.

한 의미의 파생 명사를 형성한다.15) 이러한 사실에 근거하여 모음으로 끝나는 동사 어근의 경우 접사로서 '-이'를 취하지 못하는 음운론적 제약이 있으므로, 비슷한 의미 혹은 기능을 갖는 다른 접사와 결합해야 하지만, 그 생산성으로 인해 '-이'를 선택하고 음운론적 제약을 회피하는 방식을 선택한 것이라고 가정해 볼 수 있다.16)

이러한 가정은 다음과 같은 두 가지 사실을 고려할 때 어느 정도 타당성을 확보할 수 있을 것으로 보인다. 첫 번째 근기는 최근에 만들어진 단어들의 경우 음운론적 제약에도 불구하고 '-음'을 개입시켜 접사 '-이'를 결합하는 강한 경향을 보인다는 사실이다. 예를 들어 '(청소년)지킴이, 도우미, 보오미' 등은 모두 모음으로 끝나는 어근에 '-음'을 결합하고, 여기에 다시 '-이'를 결합하는 방식으로 형성된 단어들이다. 두 번째 근거는 접사 '-이'는 점점 그 기능을 확대해 가는 경향을 보인다는 것이다. 이와 관련하여 심재기(1982:310)에서는 파생 접사 '-이'는 원래 동작 명사나 척도 명사와 같은 '추상성'을 가진 명사를 만드는 수단으로 사용되었으나, 점차 그 기능을 구체적 사물 명사를 만드는 것으로 확대하여 적용의 범위를 넓혀 가고 있다고 보았다.

다음으로 (15나)의 문제에 대해 살펴보자. '다리'가 동사 어근이며 '-이'가 명사의 통사 범주를 갖는다는 점에서 보면 개입할 수 있는 형태가 그리 많지 않다. 이는 특정 언어 단위가 결합하는 데에는 일정한 제약이 따르기 때문인데, 이런 관점에서 접사가 삽입되는 복합 명사의 유형 (13)을 다시 살펴보자. 통사 범주의 측면에서 볼 때 이를 통해 알 수 있는 한 가지 중요한 사실은 각 형태 유형의 복합 명사가 갖는 내부 구조가 통사 구조의 그것과 정확히 일치한다는 것이다.17) 즉 각 형태 유형의 복합 명사는 '관형어

---

15) 하치근(1989:198)에서는 명사 파생 접사로서의 '-이'가 인칭(각설이), 사물(대뚫이), 상태(수구막이), 장소(윗막이), 인체(잔등이), 시간(해넘이), 척도(길이), 행위(놀이)의 여덟 가지 의미 기능을 갖는다고 보았다.

16) 이러한 가정은 단어 형성의 제약 조건을 특정 단어가 형성되지 못하도록 한다는 부정적 관점에서가 아니라, 특정한 방식으로 가능하게 한다는 긍정적 관점에서 파악할 때 가능하다. 이에 대해서는 황화상(2001)을 참조할 수 있다.

17) 물론 통사 범주가 같다는 것이 이들 형태가 그대로 통사 구성을 이룰 수 있음을 의미하는 것은 아니다. 예를 들어 '갈림길, 참을성, 멜꾼, …' 등은 통사 구조에서 구를 이룰 수 없다.

＋명사’나 ‘명사＋명사’ 가운데 하나의 내부 구조를 갖는데, 이는 명사구의 내부 구조와 같다. 본 연구에서는 이러한 관찰적 사실을 토대로 하여 다음과 같은 형태 연결 원리를 설정하기로 한다.

(17) 형태 연결 원리(황화상 2001:79)
    각 형태 요소는 적절하게 연결되어야 한다.

형태 구조와 통사 구조 사이에서 관찰할 수 있는 내부 구조의 유사성이 위의 형태 연결 원리에서 ‘적절하게 연결되어야 한다’는 것과 관계가 있다고 가정해 볼 수 있다. 이는 형태 구조와 통사 구조는 모두 둘 이상의 형태(형태 구조에서의 단어 형성 요소, 통사 구조에서의 단어)가 결합하여 형성되며, 의미 관계의 측면에서는 형태 구조와 통사 구조가 크게 다르지 않다는 두 가지 사실을 고려할 때 타당성이 있다고 볼 수 있다. 본 연구에서는 이러한 가정을 토대로 다음과 같은 형태 연결 규칙을 설정하기로 한다.

(18) 형태 연결 규칙 1(황화상 2001:173)
    가. [동사＋명사] → [동사의 관형사형＋명사] 혹은
    나. [동사＋명사] → [동사의 명사형＋명사]

형태 연결 규칙은 형태 연결 원리가 단어 형성에 적용되어 나타나는 구체적 결과로서, 국어에서 동사와 명사의 결합은 선행 동사가 관형사형이나 명사형이 됨으로써만 가능함을 의미한다.[18]

파생 명사 ‘다리미’에서 명사화 접사 ‘-음’의 삽입이 형태 연결 규칙에 의한 것이라고 가정해 보자. 그러면 동사 어근 ‘다리’와 명사화 접사 ‘-이’ 사이에 삽입될 수 있는 접사는 관형사화 접사 ‘-은, -는, -을’과 명사화 접사 ‘-음’의 네 가지 형태로 한정된다. 문제는 관형사화 접사가 아닌 명사화 접사가 선택된 이유를 설명하는 것인데, ‘흰밥, 볶음밥’, ‘참을성, 붙임성’, ‘노는꾼,

---

18) 형태 연결 규칙은 단어 형성은 물론 문장 형성의 과정에서도 적용되는데, 문장 형성의 경우와는 달리 단어 형성에서는 일반 규칙일 뿐 모든 경우에 꼭 지켜지는 것은 아닌 듯하다. 이는 ‘묵밥＝묵은밥, 늦가을, 늦은가락’ 등 접사 삽입이 선택적인 복합어가 존재하기 때문이다.

멜꾼’ 등의 다른 예에서 알 수 있듯이 핵 혹은 비핵의 형태 유형에 따라 삽입 접사가 달리 선택되지는 않는다.

이 네 가지 가능한 접사 가운데에서 ‘-은’과 ‘-을’을 선택하지 않은 이유는 그것이 갖는 시제성과 관련이 있는 듯하다.[19] 즉 기원적으로나 현대 국어에서의 쓰임에서나 동사 어근에 결합할 때 ‘-은’과 ‘-을’은 각각 과거성과 미래성을 갖는데, 단어의 경우 일반적으로 시제성을 갖지 않으므로, ‘-은’과 ‘-을’의 삽입은 그만큼 제약된다.

형태 구조에서 시제성을 갖지 않는, 가능한 두 접사 ‘-는, -음’ 가운데에서 ‘-는’을 선택하지 않고 ‘-음’을 선택한 이유는, 명확하지는 않지만, 명사화 접사 ‘-이’와 명사 어근 ‘이’의 형태가 동일하다는 데에서 그 이유를 찾을 수 있는 가능성이 있다. 즉 관형사화 접사 ‘-는’을 삽입하여 ‘관형사형+이’ 형태의 단어를 형성할 경우, 형성된 단어(’다리는이’)는 통사 범주의 측면에서는 물론 형태적으로도 통사 구조(예를 들어 ‘밥을 먹는 이’에서 ‘먹는 이’)와 동일하므로, ‘-이’를 접사가 아니라 명사 어근으로 볼 가능성이 많다. 따라서 명사화 접사 ‘-음’을 삽입하여 통사 구조와는 다른, ‘명사형+이’의 형태 구조를 만든 것이라고 가정하는 것이다. 이는 ‘관형사형+이’는 형태 구조에서는 물론, 통사 구조에서도 <사람>만을 의미하기 때문이다.

    (19) 가. 생선을 <u>지지는 이</u>(≒지짐이)가 우리 큰어머니이시다.

        나. 거울을 <u>보는 이</u>(≒보오미)가 우리 둘째 작은어머니이시다.

        다. 옷을 <u>다리는 이</u>(≒다리미)가 우리 셋째 작은어머니이시다.

그러나 ‘X+음+이’가 아닌 다른 형태 구조를 갖는 파생 명사에서 관형사화 접사와 명사화 접사가 달리 선택되는 이유를 설명하기는 어렵다. 다만 핵인 접사가 어근적 성격이 강한 경우(-꾼)에는 관형사화 접사(노는꾼, 멜군)와

---

19) 홍종선(1986나/1990:55~56)에 따르면 국어는 그 기원 단계에서부터 {-r(l), -m, -n}형과 {-i, -ki, -ti}라는 두 큰 계열이 체언화 어미의 주류를 이루어 왔으며, 이 가운데에서 ‘-r(l), -m, -n’은 알타이 제어에서 중요한 체언화형이며, 특히 국어에서는 ‘-r(l)’ 형은 미래, ‘-m’ 형은 현재, ‘-n’ 형은 과거를 나타냈다. 한편 람스테트(1952), 이기문(1974) 등에 의하면, ‘-r(l), -m, -n’은 알타이 제어에서 각기 ‘미래, 현재, 과거’의 시제성을 보여준다.

명사화 접사(모베름꾼)가 모두 선택되지만,[20] 그렇지 않은 경우(-질, -보) 명사화접사 '-음'이 선택(지짐질, 느림보, 옮보)되는 일반적 경향을 보인다.

복합 동사의 경우에도 이와 동일한 설명이 가능하다. 통사 범주의 관점에서 볼 때 접사 '-어'가 삽입된 복합 동사의 내부 구조 또한 통사 구조의 그것과 정확히 일치한다. 즉 각 복합 동사는 '부사어+동사'의 내부 구조를 갖는데, 이는 동사 연결 구성의 내부 구조와 같다. 이에 따라 형태 연결 규칙 (17)에 다음의 규칙을 추가할 수 있다.

(20) 형태 연결 규칙 2(황화상 2001:180)
     다. [동사+동사] → [부사형+동사]

문제는 왜 '-게, -고' 등 다른 부사화 접사가 아닌 '-어'가 대부분의 복합 동사에서 두 어근 사이에 삽입되는가 하는 것이다. 사실 '달아매다, 깨물다' 등의 경우에는 <늘어지게 매다>, <깨지게 물다> 등의 개략적 의미를 가지므로, 의미 측면에서만 보면 '-어'보다는 오히려 '-게'가 자연스럽다. 그런데 본 연구에서는 의미 관계가 접사 '-어'와 관계없이 두 동사 어근 사이에 직접적으로 성립하며, '-어'는 단지 형태 연결 원리 혹은 규칙을 준수하도록 하기 위해 삽입된 것이라고 가정한다. 이에 따라 '-게, -고'는 선행 어근과 후행 어근 사이에 특별한 의미를 덧붙여 주는 데 비해 '-어'는 그렇지 않다고 가정해 볼 수 있다.

이와 관련하여 홍종선(1986가, 나)를 주목할 수 있다. 홍종선(1986가:449~50)에서는 합성 동사 안에서 '-어'가 가장 활발하게 쓰이는 이유에 대해 " '동사1+동사2'의 구성에서는 동사1이 동사2에 얹히는 부사어가 되기 쉬운데, 이때 동사1이 해내는 부사어적인 기능은, 너무 두드러진 의미 영역이라기보다 자연스러운 연결 정도일 것이다. 따라서 앞의 동사1에서 행동이나 상태가 제기되어 이것이 다음에 오는 동사2에 이어진다면 가장 부담이 적은 복합어 형성 작용이 되며, 이와 같은 의미역으로는 '-게'나 '-고'가 아닌 '-어'가 가장 적격이다."고 설명했다.

---

20) '(-)꾼'의 경우 어근으로서의 '꾼'과 접사로서의 '-꾼'이 각 사전에 표제어로 올라 있다.

또한 임홍빈(1975, 1976), 심재기(1982) 등에서도 이와 비슷한 견해를 제시했다. 심재기(1982:413~14)에 따르면 '-어'는 어간 형성의 유지 수단 이상의 것으로는 볼 수 없으며, 따라서 '-어'를 이끄는 선행 동사 어간이 후행 동사와 결합했을 때, 통사적 관점에서 부사의 기능을 하는 것은 틀림이 없으나, 그것은 '-어'라는 형태에 의존하여서가 아니라 선행 동사 어간 자체가 '-어'의 존재와 관계없이 통사적 위치에 의해 자동적으로 수행하는 것이라고 보았다. 이에 따라 임홍빈(1975, 1976), 심재기(1982)에서는 '-어'를 어간 형태를 온전하게 보전하기 위하여 결합하는 부정형 접미 형태소라고 규정했다.

위에서 살펴본 두 논의는 얼마간 차이가 있는 것은 사실이지만, '-어'가 부사화 접사 가운데에서 특별한 의미 기능을 하지 않고 삽입될 수 있는, 의미 면에서 가장 무표적인 형태라는 데에는 견해가 일치한다. 본 연구에서도 이와 같은 입장에서 '-어'는 수식 관계가 성립하는 복합 동사의 두 어근 사이에 특별한 의미 기능을 하지 않고도 삽입되어 연결 기능만을 할 수 있는 형태라고 본다.

한편 '넘어뜨리다, 엎어뜨리다, 밀어뜨리다, …' 등의 복합 동사는 후행 요소가 접사이지만, 두 형성 요소 사이에 접사 '-어'가 삽입된다는 특이성을 보인다. 접사 '-뜨리다'가 결합하여 형성된 복합 동사 가운데 '곱뜨리다(=고부라뜨리다), 맞닥뜨리다' 등의 일부 예외가 있기는 하지만, 대부분 'V-어-뜨리다'의 형태를 갖는다. 이를 통해 '-뜨리다'는 형성되어 이미 굳어진 단어 내부에서 형태론적으로 보조 동사 혹은 동사 어근의 지위를 유지하고 있는 것으로 볼 수 있다.[21]

3) 삽입 접사의 형태 범주

앞에서 살펴보았듯이 복합 명사와 복합 동사는 다양한 형태 유형을 가지

---

[21] 이는 '-뜨리다'가 기원적으로는 어근이었음을 의미한다. '-뜨리다'의 형성에 대해서는 이승재(1992)와 곽충구(1994)를 주목할 수 있는데, 이승재(1992)에서는 이것이 '떨(拂)'에 사동 접사 '-으-'가 결합하여 형성된 것이라고 보았으며, 곽충구(1994)에서는 이것이 '쁘리다(破)'로부터 문법화한 것이라고 보았다. 한편 고영근(1989/1999)에서는 '-뜨리다'의 이러한 속성에 주목하여 이를 준접미사로 처리했으며, 김창섭(1996)에서는 어근으로서의 '뜨리다'를 설정했다.

며, 기존의 설명 방식으로는 이들 복합어가 어휘부나 통사부에서 일률적으로 형성된다고 가정하기 힘들다. 그런데 기존의 설명 방식은 어휘부에서 형성된다는 가정과 통사부에서 형성된다는 가정이 크게 다르기는 하지만, 모두 두 형성 요소 사이에 삽입되는 접사의 처리에서 본질적인 한계를 갖는다는 공통점을 갖는다.

삽입 접사의 처리에서 직접적으로 드러나는, 기존 연구의 한계는 '하나의 형태는 하나의 (구체적이며 세부적인) 기능 혹은 의미를 갖는다.'는 접사 설정의 엄격한 기준에서 비롯된다.22) 합성어와 파생어를 엄격하게 구분하는, 기존의 형태 중심의 연구는 단어 형성 요소의 명확한 구분을 전제로 할 수밖에 없으며, 따라서 각각의 접사는 어휘적 접사(혹은 파생 접사)이거나 통사적 접사(굴절 접사) 가운데 어느 하나이어야 한다.

사실 어휘적 접사와 통사적 접사로 설정된 형태는 그 의미 기능이 전적으로 동일하지도 않으며, 또한 전적으로 다르지도 않다. 그런데 기존의 형태 중심의 연구에서는 의미 기능의 유사성이라기보다는 의미 기능의 차이를 토대로 접사를 분류했으므로, 각 접사가 갖는 유사성을 포착할 수 있는 문법적 장치를 결여한다. 이는 좁은 관점에서 의미 기능의 차이가 아니라 넓은 관점에서 의미 기능의 유사성에서 접근할 때 가능한 것이며, 본 연구에서는 이러한 관점에서 등재소(listeme)로서의 접사는 단지 접사일 뿐이며, 그것이 어떤 단어 형성의 절차에 쓰였는지에 따라 (임시적 개념으로서) 어휘적 접사와 통사적 접사로 구분된다고 가정한다.23) 복합 명사의 두 형성 요소 사이에 삽입되는 접사 '-은'과 복합 동사의 두 형성 요소 사이에 삽입되는 접사 '-어'를 예로 하여, 이를 보이면 다음과 같다.

---

22) 선행 연구에서는 '-이(먹이/높이), -답(꽃답다/학생답다), -이-(아니다/학생이다), …' 등 선행 어근의 성격이 다르거나 파생된 단어의 의미(혹은 기능)가 다른 경우 이를 '-이1, -이2, -답1-, -답2-, -이1-, -이2-, …' 등으로 구분하는 일반적인 경향(송철의 1992, 김원경 1993, 시정곤 1994, 김창섭 1984, 1996 등)을 보인다. 이를 통해 '하나의 형태는 하나의 기능(혹은 의미)만을 갖는다.'라는 것이 전제되어 있음을 미루어 짐작할 수 있다.
23) 동일 형태의 접사를 둘로 구분하지 않았다는 점에서는 동일하지만, 황화상(1996, 1997)에서는 어휘적 접사와 통사적 접사는 본질적으로 구분되는 것으로 보았다.

(21) 접사의 형태 범주

가. 나는 이번 방학 때 <u>작은집</u>에 다녀올 생각이다.

<사전>　　　→　<어휘적 단어 형성부>　→ <사전>

작(어근)　　　　작(어기)+　　　　　　　작은집

은(접사)　　　　은(어휘적 접사)+　　(어휘적 단어=어근)

집(어근)　　　　집(어기)

나. 나는 제일 <u>작은</u> 집 안으로 들어갔다.

<사전>　　　→　<통사적 단어 형성부>　→ <통사부>

작(어근)　　　　작(어기)+　　　　　　　작은

은(접사)　　　　은(통사적 접사)　　　(통사적 단어)

다. 저기 <u>뛰어가</u>는 사람이 철수다.

<사전>　　　→　<어휘적 단어 형성부>　→ <사전>

뛰(어근)　　　　뛰(어기)+　　　　　　　뛰어가

어(접사)　　　　어(어휘적 접사)+　　(어휘적 단어)

가(어근)　　　　가(어기)

라. 철수는 <u>뛰어</u>(서) 가고, 영희는 걸어(서) 갔다.

<사전>　　　→　<통사적 단어 형성부>　→ <통사부>

뛰(어근)　　　　뛰(어기)+　　　　　　　뛰어

어(접사)　　　　어(통사적 접사)　　　(통사적 단어)

　동일한 하나의 접사가 통사적 단어 형성과 어휘적 단어 형성의 과정에 동시에 참여한다는 것은 앞에서 살펴본 예를 통해 경험적으로 관찰 가능하며, 또한 어근의 경우에도 동일하므로 개념적으로도 타당하다고 볼 수 있다.

4. 결론

　단어(복합어)는 형태와 의미의 복합체이므로 단어 형성 요소로서의 형태 단위들 사이에는 세 가지 측면의 관계, 즉 의미와 의미의 관계, 의미와 형태의 관계, 형태와 형태의 관계가 성립한다. 따라서 단어 형성에 대한 연구는 이 세 가지 측면의 관계에 대해 균형적으로 접근할 때 설명력을 갖는다.

의미와 형태의 관계에서 주목할 수 있는 것은 의미적 유사성을 갖지만 형태적 차이를 보이는 복합어들이다. 예를 들어 복합 명사 '신문팔이'와 '옹기장수'는 모두 <Y를 Z하는 X(=사람)>의 의미를 갖지만, 각각 파생 명사와 합성 명사로서 형태적 속성을 달리한다. 이러한 유사성과 차이는 파생어와 합성어의 차이를 반영하는 것이 아니라, 형태 요소와 의미 요소 사이의 대응 관계의 차이를 반영한다. 즉 각 형태 요소가 각 의미 요소에 대응하는 복합어(파생 명사 '신문팔이', 합성 명사 '흙보리는 사람')와 둘 이상의 형태 요소가 하나의 형태 요소에 대응하는 복합어(파생 명사 '지게꾼', 합성 명사 '옹기장수')가 구분된다.

형태 요소와 의미 요소 사이의 비대칭적 대응은 어느 하나의 형태 요소('-꾼, 장수')가 둘 이상의 의미를 동시에 갖거나('지게꾼, 옹기장수'), 두 단어 형성 요소('산'과 '사람', '유리'와 '구두') 사이에서 특정 의미를 추론할 수 있는 경우('산사람, 유리구두')로 제한된다. 따라서 두 단어 형성 요소('때'와 '사람') 사이에서 특정 의미의 추론이 불가능한 경우(<때밀이>로서의 '*때사람')에는 단어 형성이 제약된다.

한편 단어를 형성하는 두 요소 사이에는 다양한 형태 유형의 접사가 삽입되는데, 이들 접사는 의미(혹은 의미 관계)와는 관계없이 형태적 필요성('각 형태 요소는 적절하게 연결되어야 한다.'는 '형태 연결 원리')에 의해 삽입된다. 접사의 삽입은 단어 형성의 음운론적 제약에 의해 촉발되기도 하는데('다리미, 지짐이, 도우미' 등), 삽입 접사는 형태 연결 규칙에 의해 선택된다. 즉 선행 요소의 통사 범주가 [V]이고 후행 요소의 통사 범주가 [N]일 경우 명사화 접사나 관형사화 접사가 삽입('갈림길, 작은집')되며, 선후행 요소가 모두 [V]일 경우 부사화 접사가 삽입('걸어가다, 밀어뜨리다')된다.

참고문헌

고영근(1989/1999), 국어형태론연구(증보판), 서울대 출판부.

곽충구(1994), "강세 접미사의 방언형과 그 문법화 과정에 대하여", 선청어문(서울대 국어
교육과) 22, 1~26.

김민수 외 3인 편(1992), 금성판 국어대사전, 금성출판사.

김원경(1993), "국어 접사피동의 생성론적 연구", 고려대 석사학위논문.

김창섭(1983), "'줄넘기'와 '갈림길'형 합성명사에 대하여", 국어학 12, 73~99.

――(1984), "형용사 파생 접미사들의 기능과 의미- '-답-', -스럽-, '-롭-, 하-'와 '-적'
의   경우", 진단학보 58, 145~161.

――(1996), 국어의 단어형성과 단어구조 연구, 태학사.

람스테트(G. J. Ramstedt)(1952)/김동소역(1985), 알타이어 형태론 개설(Einführung in die
Altaische Sprachwissenschaft II), 민음사.

송철의(1977), 파생어형성과 음운현상, 국어연구 38.

송철의(1992), 국어의 파생어형성 연구, 태학사.

시정곤(1994), 국어의 단어형성 원리, 국학자료원.

심재기(1982), 국어어휘론, 집문당.

이기문(1974), 국어사개설, 민중서관.

이승재(1992), "융합형의 형태분석과 형태의 화석", 주시경학보 10, 59~80.

이희승(1955), 국어학개설. 민중서관.

임홍빈(1975), "부정법 {어}와 상태진술의 {고}", 논문집(국민대) 8, 13~36.

――(1976), "부사화와 대상성", 국어학 4, 39~60.

자켄도프(R. Jackendoff)(1990)/고석주 · 양정석 옮김(1999), 의미구조론(Semantic Structures),
한신문화사.

정동환(1993), 국어 복합어의 의미연구, 서광학술자료사.

촘스키(N. Chomsky)(1957), *Syntactic Structures*, The Hague:Mouton.

최현배(1937), 우리말본(온책 초판), 경성: 연희전문학교출판부, 김민수 · 하동호 · 고영근
편(1979), 역대한국문법대계 1~47 재록, 탑출판사.

하치근(1989, 국어 파생형태론, 남명문화사.

홍종선(1986가), "체언화어미 '-어, -게, -고'의 의미역", 어문논집(고려대) 26, 433~453.

――(1986나, 1990), 국어체언화구문의 연구, 고려대 민족문화연구소
황화상(1996), "국어 체언서술어의 연구", 고려대 석사학위논문.
――(1997), "국어의 접사 체계", 한국어학 5, 267~288
――(2001), 국어 형태 단위의 의미와 단어 형성, 도서출판 월인
――(2002), "국어 접사의 기능과 형태 범주-복합어 내부의 개재 접사를 중심으로-",
        언어 27~4.

대우법의 감추어진 몇 가지 특징에 관하여

김 의 수*

목 차

---

1. 서론

대우법은 한국어 문법의 매우 중요한 특징 가운데 하나로 여겨지면서, 중세국어로부터 현대국어에 이르기까지 방대한 시기와 자료를 대상으로 폭넓고 깊이 있게 다루어져 왔다. 그 과정에서 대우법의 하위 범주에 대한 규

---

* 고려대학교 강사

명과 그 전반에 관한 체계적인 연구, 시간의 흐름에 따른 변화 양상에 대한 논의 등 실로 많은 연구가 이루어져 왔다.

그러나 대우법은 아직도 많은 부분이 베일에 가려진 채 더 깊이 있는 연구를 기다리고 있다. 중세국어에 비해 상대적으로 취약한 근대국어 및 현대국어의 대우법에 관한 실증적인 접근이 시급하다. 문법의 변화는 음운이나 어휘의 변화에 비해 그 변화의 폭이 작다고는 하나, 신구의 변화가 잘 드러나는 것이 또한 대우법의 특징이다. 특히 현대국어는 근 100년에 달하는 시기를 그 기반으로 하고 있다. 기존의 논의가 현대국어 100년을 균질적인 것으로 전제하고 공시적 체계를 세우는 데에만 몰두했다면, 이제는 현대국어 내부에서의 대우법의 체계적인 변화 양상에도 초점을 맞추어 논의할 때이다.[1] 또한 대우법만을 기준으로 한 국어사의 시기 구분도 의미 있는 작업이 될 것이다.[2]

현대국어 자료를 주대상으로 하는 본고는 대우법을 형태 층위, 통사 층위, 담화 층위의 세 가지 차원으로 구별하여, 이들 각각의 층위에서 아직까지 학계의 주목을 별로 받지 못하고 있는 몇 가지 특징적 사항들을 논의하고자 한다. 형태 층위의 대우법에서는 주체 하대와 객체 하대법, 그리고 시간의 흐름에 따른 현대국어 대명사의 등급 변화 양상을 고찰한다. 통사 층위의 대우법에서는 주체 존대 '-시-'의 실현을 결정하는 통사론적 원리를 살펴본다. 끝으로 담화 층위의 대우법에서는 동일 화자가 행한 일회분의 발화에서 발견되는 청자 대우법 문말어미들 간의 교체 양상을 통제하는 담화상의 원리를 논의한다.

---

[1] 이러한 측면에서 홍종선 외(2000)가 시사하는 바는 크다. 이 저작은 총3권으로 나뉘는데, 근 100년에 달하는 현대국어의 음운·형태(제1권), 통사(제2권), 문체·어휘·표기법(제3권)의 체계적인 변화 양상을 고찰하고자 하였다. 본고 역시 이와 같은 작업에 밑바탕을 두고 있다.

[2] 한편, 국어사의 연구가 전망적 방법과 회고적 방법으로 대별될 수 있다고 할 때(박병채, 1989), 기존의 국어사 연구는 주로 전자의 방식에 의거하여 이루어졌다고 해도 과언이 아니다. 그러나 구체적인 자료 관찰과 직관 사용에 제약이 거의 없는 현대국어를 바탕으로 한 회고적인 국어 대우법의 연구도 좋은 연구 방식이 될 것이다. 이 같은 관점에서도 현대국어 자체에 대한 통시적인 연구는 매우 중요한 의미를 갖는다.

2. 형태 층위에서의 대우법

형태 층위에서 언급할 수 있는 것은 어휘나 조사, 어미 등으로 실현된 대우법의 양상이다. 즉, 명사나 대명사, 호칭어나 지칭어와 같은 체언이나 용언 어간이 본유적으로 대우법 자질을 가지고 있는 경우와, 조사나 어미가 그 자체로서 대우 표시 자질을 갖는 경우를 생각해 볼 수 있다.

본 절에서는 용언 어간에 의해 실현되는 대우법 양상과 대명사에 의해 실현되는 대우법의 특징적인 사항들만을 논의하고자 한다.

1) 주체 하대법과 객체 하대법

용언 어간에 의한 대우 표시는 그간 '주무시-'나 '여쭙-' 등과 같은 주체 높임이나 객체 높임만이 주로 주목받아 왔다. 그러나 이 외에도 주체나 객체에 대한 하대법이 존재함을 분명히 알 수 있다.[3]

(1) 가. 어름어름ᄒ다가는 당장에 <u>되여질나</u> <「치악산(상)」(1908), 55면>

　　나. 술을 <u>쳐먹엇스면</u> 잡바져 자기나 홀 것이지 <"顯微鏡 3" 대한민보(1909.

　　　　6. 17) 5호 1면 4단>

　　다. 뭐라구 <u>씨브렁대는거야</u> <"生命은 合唱처럼" 「現代文學」 4권 5호(1958.

　　　　5), 15면>

　　라. 도대체 무슨 말을 횡설수설 <u>지껄이고</u> 있나? <"不幸한 幸運兒(上)" 「現

　　　　代文學」 19권 2호(1973. 2), 240면>

(2) 가. <u>구지드며</u> 비우ᄉ면 <「월인석보」(1459) 17:78>

　　나. <u>稱讚ᄒ리</u> ᄌ 업스며 <「금강경언해」(1464) 序5>

(3) 가. 정상부인이 …옥년이를 <u>귀의하고</u> <「혈의루」(1908), 41면>

　　가'. *옥년이가 정상부인을 귀애하다.

　　나. 할아버지가 손자를 <u>타일렀다</u>.

---

3) 이와 같이 측면에서 '존대법'이나 '높임법'보다 '대우법'이 좀더 적절한 용어임을 알 수 있다. 즉, '존대법, 높임법'이라는 용어는 누군가를 '높이는' 경우에만 사용 가능한 것처럼 보인다. 낮추는 경우까지를 포괄하는 것으로 '대우법'이 적합하다.

　　나'. *손자가 할아버지를 타일렀다.

　　다. 아버지가 아들에게 <u>훈계하였다</u>.

　　다'. *아들이 아버지에게 훈계하였다.

즉, (1)에 나와 있는 '돼지-, 처먹-, 씨부렁대-, 지껄이-' 등은 주체를 낮추어 대하는 표현이다. 반면에 (2)와 (3)의 '꾸짖-, 칭찬하-, 귀애하-, 타이르-, 훈계하-' 등은 객체를 낮추어 대하는 표현이다.

이와 같은 사실에 특별히 주목해야 하는 이유는, 조사나 어미와 같은 문법소를 통해서는 결코 이와 같은 주체 하대법이나 객체 하대법이 실현되지 않는다는 점 때문이다. 그동안의 대우법 논의들은 조사나 어미에 의한 대우법 실현에만 치중한 까닭에 어휘에 의해서만 실현되는 주체나 객체의 하대법에 관해 소홀할 수밖에 없었다. 대우법이 다양한 방법에 의해 드러난다는 점을 유념한다면, 문법 형태소뿐만 아니라 어휘 형태소에 의해 실현되는 대우법의 양상까지도 포괄적으로 기술해 주어야 할 것이다. 그리고 이 모든 경우를 체계적으로 담아 내려면 주체 대우법과 객체 대우법은 최소한4) 다음과 같이 하위구분 되어야 할 것이다.5)

　　(4) 가. 주체 대우법: 주체 높임법, 주체 하대법

　　　　나. 객체 대우법: 객체 높임법, 객체 하대법

2) 2인칭 대명사 '당신'의 호응역 변화6)

---

4) '최소한'이라는 말을 사용한 것은, 예컨대 주체 대우법에서는 '높임'이나 '낮춤'만이 아니라 '평대'까지도 가능하기 때문이다. 객체 대우법 역시 비슷해 보인다. 한편, 청자 대우법은 '높임, 낮춤'으로 생각해 볼 수 있다. 따라서 세 가지 대우법의 하위 범주 모두 적어도 '높임'과 '낮춤'을 가진다고 결론지을 수 있다.

5) 이와 같은 하위 구분은 용언의 어간뿐만 아니라 명사나 대명사, 그리고 호칭어나 지칭어, 응답어 등에 대해서도 동일하게 적용된다. 이에 관해서는 김의수(2000가)를 참고하기 바란다.

6) 김의수(2000나)에 따르면, 대우법의 관점에서 현대국어는 크게 전기와 후기와 나뉘며 그 분기점은 1930년대 말이다. 각 시기의 특징을 간략히 서술하면 다음과 같다. 전기 현대국어에서는 호격에서의 존칭대립이 회복되고 존칭주격이 간소화되며 합쇼체와 하오체, 하게체, 해요체, 해체의 발달이 두드러진다. 격식체 종결어미의 발달은 1930년대 말에 일단락된다. 후기

1장에서 잠시 언급한 것처럼 현대국어 시기 내부에서도 대우법의 양상은 그 변화가 비교적 뚜렷하게 나타난다. 이 가운데 2인칭 대명사 '당신'의 호응역 변화는 특히 관심을 끈다.

'당신'은 3인칭 극존칭만으로 쓰여 오다가 현대국어 초기부터 2인칭 대명사로도 사용되는데[7], 부부지간인가의 여부와 현대국어의 전기냐 후기냐에 따라 그 쓰임에서 차이가 보인다. 먼저 부부지간에서의 쓰임은 다음과 같다.

> (5) 가. <u>당신</u>은 …돈과 名譽가 업단 말이요? <"婆娑"「開闢」42호(1923. 12), 214면>
>
> 나. 뭐 <u>당신</u>헌테 안될 거 있어? <"爆音"「現代文學」 3권 12호(1957. 12), 112면>
>
> 다. <u>당신</u>은 또 무슨 댓가야 <"慰藉料"「現代文學」 19권 2호(1973. 2), 225면>
>
> 라. <u>당신</u>이 칠면조를 면하게 되는 날은 언제일까요 <"七面鳥"「現代文學」 31권 9호(1985. 9), 363면>

현대국어 전기에는 (5가)처럼, 남편과 아내 모두 서로에게 '하오체'를 사용하는 것이 보통이었다. 그러나 비격식체가 만연되면서 남편이 부인에게 (5나)처럼 반말을 사용하기도 하였다. 특히 후기 현대국어에 접어들면서 남편 쪽에서는 (5다)처럼 아예 '아주낮춤'을 사용하기도 한다. 그러나 아내 쪽에서는 남편에게 대개 (5라)처럼 '해요체'를 쓰거나 적어도 '해체'를 사용하지 '해라체'를 쓰지는 않는 것으로 보인다. 물론 후기에서도 여전히 '하오체'가 사용되기는 한다. 그러나 전반기에 비해서는 그 쓰임이 많이 약화된 것이 사실이다.

한편, 부부지간이 아닌 사이에 사용되는 '당신'의 양상은 다음과 같다.

현대국어에서는 지칭어와 호칭어가 새로이 등장하고 대명사의 호응역이 바뀐다. '드리다'의 쓰임으로 인해 객체 대우법이 보강되고 비격식체 어미들이 계속적으로 발달하는 것도 후기 현대국어의 특징이다.

7) 김종훈(1984:111)에서도 '당신'이 현대국어 이전엔 모두 3인칭 대명사로만 쓰였다고 언급한 바 있다.

(6) 가. <u>당신</u>도 나를 생각해 주심닛가 <"할미꽃" 「如是」 1호(1928. 6), 29면>

　　나. <u>당신</u>은 다리가 부러져 病院에 온 거샤요 <"할미꽃" 「如是」 1호(1928. 6), 42면>

　　다. <u>당신</u>은 앨써 天堂이 안이라고 무서운 苦痛을 깨우처 줫소 <"할미꽃" 「如是」 1호(1928. 6), 44면>

(7) 가. <u>당신</u>들은 누구나 특별한 존재입니다 <"도요새와 들오리" 「現代文學」 34권 3호(1988. 3), 290면>

　　나. <u>당신</u>들은 왜 막지 못해? <"도요새와 들오리" 「現代文學」 34권 3호 (1988. 3), 306면>

전기 현대국어에서 '당신'은 (6)과 같이 '합쇼체, 해요체, 하오체'와 주로 어울린다. 한편 '당신'은 후기에서도 (7가)처럼 여전히 높은 등급을 유지하는 것처럼 보이지만 (7나)에서처럼 비격식체인 두루낮춤과도 잘 어울리는 것으로 보아 그 등급이 하향화되고 있는 듯하다. 이와 같은 양상을 표로 정리하여 보이면 다음과 같다.[8]

(8) 현대국어 2인칭 대명사 '당신'의 호응역 변화 양상[9]

	당신(부부지간)		당신(부부 아닌 사이)	
	전기	후기	전기	후기
합쇼체			■	■
해요체		▨	■	
하오체	■	▨	▨	
하게체				
해체		▨		■
해라체		▨		

---

8) 어휘에 의해 실현되는 대우법의 체계적인 양상에 관해서는 김의수(2000가, 나)를 참고하기 바란다.

9) 아래의 칸 중에서 좀더 진한 부분이 전형적인 경우이다.

3. 통사 층위에서의 대우법

1) 문제 제기

본 장에서는 주체 대우법을 표시하는 '-시-'의 실현과 관련하여 그것을 통제하는 원리가 의미역 위계성과 관련하여 찾아질 수 있음을 논의하고자 한다.[10)]

'-시-'에 의한 주체 대우법은 통사적으로 흔히 주어나 '주어 지향성(Subject orientation)'으로 설명되기 일쑤였지만 다음과 같이 그것으로 설명하기 힘든 예가 존재한다.

> (9) 가. 선생님이 학생을 때리시었다.
>　　나. 선생님에게는 아이들의 성적이 늘 걱정스러우시었다.
>　　다. 선생님이 코가 크시다. / 다' 선생님의 수중에 돈이 생기시었다.
>　　라. *개가 선생님의 품에서 죽으시었다.

(9가)는 전형적인 예로서 '선생님'이 문법적 주어이자 존대의 대상이 되고 있다. 그러나 (9나)와 (9다, 다')에서 '선생님'은 결코 문법적 주어가 아니지만 존대의 대상이 되고 있다. 따라서 주어나 주어 지향성만으로는 '-시-'의 실현 양상을 제대로 밝힐 수 없다. (9라)는 주어 지향성으로 설명할 수 있지만 (9다')와의 유사성으로 인해 그 비문법성을 설명하기가 쉽지 않다.

김수원(1991)은 이 문제를 해결하기 위해 다음과 같이 주장하였다.

> (10) 가. '-시-'는 국부적으로 선행사를 요구하는 비논항 조응사(A'-anaphor)이다.
>　　나. 유형-변화(type-shift)를 통해 존대의 대상이 확장될 수 있다.
>　　다. 선행사는 '-시-'가 접미된 용언 어간이 취하는 논항들 가운데 다음 (11)에
>　　　서 제시된 '의미역 위계성'(thematic hierarchy)에서 가장 우위를 점하는

---

10) 본 장에서 다루는 내용은 필자가 2001년 8월에 한국생성문법학회에서 주관한 제3회 생성문법여름학교(건국대)에서 구두로 발표했던 것이다. 좀더 본격적인 논의를 위해서는 더욱 많은 복잡한 논의들이 필요하지만 여기에서는 그 기본적인 아이디어만을 밝혀 보기로 한다. 이와 관련된 좀더 체계적인 논의는 추후 별도의 논문을 통해 이루어질 것이다.

것이 된다.
(11) Agent > Experiencer > Goal/Location/Source > Theme
　　-김수원(1991: 308), 그림쇼우(1990: 24)

그의 제안에 따르면 (9)는 다음과 같이 설명된다. (9가)에서 두 논항 '선생님, 학생'의 의미역은 각각 'Agent, Theme'이며, (11)에 의거하여 'Agent'인 '선생님'이 '-시-'의 선행사가 되어야 하고, '선생님'은 존대의 대상이 될 자격이 충분하므로 이 문장은 적법한 것이 된다. 심리동사 구문 (9나)에서 두 논항 '선생님, 아이들의 성적'은 각각 'Experiencer, Theme'이 되며 의미역 위계성에 따라 '선생님'이 높임의 대상이 된다. (9다)에서는 1항 술어인 '크다'의 주어가 '코'인데, 그것의 지정어 자리에 있는 공범주(pro 혹은 PRO)가 주제어(Topic) '선생님'과 공지시(coreference)되어 높임의 대상이 될 만한 것으로 유형-변화(type-shift)를 겪어 '-시-'의 선행사가 된다. (9다')의 경우에서도 유형-변화를 겪어 존대 자질을 지닌 '수중'은 'Location'으로서 'Theme'인 '돈'을 제치고 높임의 대상이 된다. (9라)는 '죽다'가 1항 술어이므로 비록 '품'이 유형-변화를 겪어 존대 자질을 지니게 되지만 그것은 논항이 아니므로 '-시-'의 선행사가 될 수 없어 비문인 것이다.

　그러나, 이와 같은 설명력에도 불구하고 그의 제안은 다음과 같은 예들을 설명할 수가 없다.

　(12) *선생님에게 꽃이 드려지시었다.
　(13) 가. 학생들에게(로) 선생님이 소개되시었다.
　　　　나. *선생님에게(로) 학생들이 소개되시었다.

(12)는 김수원(1991:307)이 문법적인 예로 제시한 것이지만 필자가 보기엔 비문이며, (13)은 필자가 새로 든 예이다. 그의 제안 (10)과 (11)에 따르면 'Goal'이 'Theme'보다 위계상 우위를 점하므로 (12)와 (13나)에서 'Goal'인 '선생님에게'는 모두 '-시-'의 선행사가 될 수 있다. 그러나 예측과 달리 비문이다. 반면, (13가)는 'Theme'인 '선생님'이 'Goal'인 '학생들에게'를 제치고 존대의 대상이 되고 있다. 이 역시 예측과는 정반대의 문법성이다. 이와

같은 잘못된 문법성 예측은 김수원(1991)이 제안한 의미역 위계성 (11)이 한국어의 의미역 위계성을 올바로 반영하는 것이 아니라는 사실로부터 기인한다. (11)은 그림쇼우(1990:24)가 제시한 것을 그대로 가져온 것이다.

2) 한국어의 의미역 위계성과 주체 대우법 '-사-'의 실현

김의수(1997: 88~90, 2002나)에서는 한국어는 영어와 다른 의미역 위계성을 가지며, 그 근거로 격중출 구문과 관련된 현상을 들고 있다. 즉, 한국어에서는 구조격 표지 '이'나 '을'은 의미역과 상관없이 주어지는 표지인 반면, 그밖의 격조사들, 예컨대 '에서, 에게, 에, 로' 등은 어휘격 조사로서 의미역과 매우 밀접한 관계에서 주어지는 내재격(inherent Case) 표지라고 전제하고, 만일 논항들이 어휘격 표지 대신에 모두 구조격 표지로만 실현되었을 경우 어순 제약이 보인다면 그것은 의미역 위계성을 반영하는 것이라고 주장했다.

(14) 가. 내가 철수에게 책을 주었다.
    ⇒ 내가 철수를 책을 주었다. (Agent-Recipient-Theme)
    ⇒ 내가 책을 철수를 주었다. (Agent-Theme-Recipient)
  나. 그가 벽에 페인트를 칠했다.
    ⇒ 그가 벽을 페인트를 칠했다. (Agent-Location-Theme)
    ⇒ *그가 페인트를 벽을 칠했다. (Agent-Theme-Location)
  다. 야곱이 돌을 베개로 삼았다.
    ⇒ 야곱이 돌을 베개를 삼았다. (Agent-Theme-Goal)
    ⇒ *야곱이 베개를 돌을 삼았다. (Agent-Goal-Theme)
  라. 벽에 흙이 묻었다.
    ⇒ 벽이 흙이 묻었다. (Location-Theme)
    ⇒ *흙이 벽이 묻었다. (Theme-Location)
  마. 나에게 영희가 무섭다.
    ⇒ 내가 영희가 무섭다. (Experiencer-Theme)
    ⇒ *영희가 내가 무섭다. (Theme-Experiencer)
  바. 나무에서 꽃이 피었다.

　　　⇒ 나무가 꽃이 피었다. (Source-Theme)
　　　⇒ *꽃이 나무가 피었다. (Theme-Source)
　사. 야곱이 돌을 베개로 삼았다. (Agent-Theme-Goal)
　　　⇒ *야곱이 베개로 돌을 삼았다. (Agent-Goal-Theme)
(15) Agent > Experiencer/Location/Source > Recipient/Theme > Goal
　-김의수(1997: 89, 2002나: 58~59)

(14가)~(14사)는 어휘격 표지를 구조격 표지로 바꾸이 놓았을 때 나타나는 어순 제약을 보인 것이며, (15)는 그것을 귀납한 국어의 의미역 위계성이다. (14사)는 비록 '로'라는 어휘격 표지가 실현되었지만 그러한 경우에서조차 'Theme'과 'Goal'의 위계성만은 바뀔 수 없음을 보여 준다. 그 밖의 예들은 어휘격 표지를 가질 경우 모두 자유로운 어순을 보인다.11)

　또한 김수원(1991)이 그림쇼우(1990)에 따라 'Recipient'와 'Goal'을 구별하지 않은 것과 달리, 한국어에서는 그 둘의 구별이 필요한 것으로 보인다.

　　(16) 가. 나는 영희에게 책을 주었다.
　　　　나. *?나는 영희에게로 책을 주었다.
　　　　다. 나는 책을 영희를 주었다.
　　(17) 가. 나는 영희에게 철수를 소개했다.
　　　　나. 나는 영희에게로 철수를 소개했다.
　　　　다. *나는 철수를 영희를 소개했다.

(16)과 (17)에서 '주다'와 '소개하다'는 모두 '에게' 성분과 '를' 성분을 취할 수 있지만, (16)의 경우는 착점(Goal)을 나타내는 표지 '로'가 붙을 수 없는 반면, (17)에서는 그것이 가능하다. 따라서 '영희에게'는 (16)에서는 'Recipient'로, (17)에서는 'Goal'로 간주될 수 있다. 이러한 사실은 목적격 중출 구문 가능 여부의 차이로 이어진다. (15)에서처럼 'Recipient'와 'Theme'은 그 의미역 위계가 같기 때문에 (16)에서는 어순 도치된 상황에서 모두 '를' 성분으로

---

11) Agent인 논항은 (14)의 경우에서 다른 성분들과 어순 도치될 수 있다. 따라서 엄격히 말한다면 (14)나 (15)에서 보인 의미역 위계성은 Agent를 제외한 내재 의미역(internal θ-role)들 간의 위계성으로 보아야 할 것이다. 이는 그림쇼우(1990)가 제시한 (11)에서도 마찬가지이다.

바뀌어도 문제가 없지만, (17)에서처럼 'Goal'과 'Theme'이 있는 경우 어순 도치된 상황에서 그것들이 모두 '를' 성분으로 바뀌면 의미역 위계성을 위반하여 비문법적인 것이 된다. 그리고 이러한 맥락에서 예문 (12)에서의 동사 '드리다'는 '주다'와 같은 범주에 속하는 동사이므로 'Recipient'를 취한다고 볼 수 있으며, 예문 (13)의 '소개되다'는 (17)의 '소개하다'와 그 맥을 같이 하는 것으로서 'Recipient'가 아닌 'Goal'을 취한다고 생각할 수 있다.

이를 토대로 하여 좀 전에 문제가 되었던 (12)와 (13)을 고려해 보자.

(12) *선생님에게 꽃이 드려지시었다.
(13) 가. 학생들에게(로) 선생님이 소개되시었다.
　　　 나. *선생님에게(로) 학생들이 소개되시었다.

먼저 (12)의 경우, 김수원(1991:307)에서는 단순히 'Goal'로 보았지만, 앞서 살편 대로 한국어에서는 'Goal'과 'Recipient'가 구분되어야 하고 그러한 견지에서 (12)의 '선생님에게'는 'Recipient'이다. (15)의 관점에서 'Recipient'와 'Theme'은 위계가 같으므로 동시에 '-시-'의 선행사가 되는데, '선생님에게'는 존대 대상이 될 수 있지만 '꽃'은 그렇지 않아 결국 비문이 되었다. 반면 (13가)와 (13나)에서의 '학생들에게(로)'와 '선생님에게(로)'는 'Recipient'가 아닌 'Goal'로서 (15)에 의하면 'Theme'은 'Goal'보다 위계성이 높으므로 당연히 'Theme'인 논항이 '-시-'의 선행사가 되어야 하므로 (13가)는 정문이고 (13나)는 비문이다. 앞서 보인 예문 (9)도 (15)로 모두 설명 가능하다.

이상으로 '-시-'에 의한 주체 대우법의 실현이 의미역 위계성에 의거하여 설명될 수 있음을 살펴보았다. 논의의 과정에서 한국어는 영어와 다른 의미역 위계성을 갖는다는 사실이 밝혀지기도 하였는데, 이를 통해서 알 수 있는 것은 의미역들 간에 위계성이 존재하는 것은 언어보편적인 것이지만 의미역들 간의 위계성의 순서에는 차이가 존재할 수 있다는 것이다.[12]

---

12) 이것이 갖는 보편문법적 함의에 관해서는 김의수(2002나)를 참고하기 바란다.

4. 담화 층위에서의 대우법

1) 문제 제기

본 장에서는 한 화자가 한 청자에게 1회에 걸쳐 행한 2개 이상의 문장에서 발생하는 청자 대우법 문말어미의 교체 양상과 그것을 제약하는 원리에 대해서 논의하고자 한다. 우선 다음과 같은 예를 살펴보자.

(18) 가. 여보게, 말을 좀 <u>하게나</u>. 그렇게 잠자코 있으면 내가 <u>답답하잖아</u>.
　　　 나. 선생님, 제가 <u>잘못했습니다</u>. 용서해 <u>주세요</u>.

위의 예들은 동일 화자가 동일 청자에게 행한 1회분의 발화인데, 그 가운데 등장한 두 개의 문장에서 문말어미들의 청자 대우 등급이 교체되고 있다. 즉, (18가)에서는 '예사낮춤'과 '두루낮춤'이, (18나)에서는 '아주높임'과 '두루높임'이 교체되고 있다.

이와 같은 현상에 대해 종전의 연구들에서는 그 발생의 원인에 대해서만 주로 관심을 가져 왔다. 예컨대, 유송영(1996)에서는 화자가 자신과 청자와의 유대의 정도를 가늠하며, 화자의 의도에 따라 그 정도의 결정이 달라질 수 있다고 하였으며, 이정복(1999)에서는 이러한 말 단계 변동의 원인을 화자의 전략에 따른 것이라고 풀이하고 있다.

그러나 이와 같은 지적은 청자 대우법 문말 어미 교체 양상이 발생하는 원인이나 대략적인 기제는 될 수 있어도 이를 제어해 주는 명확한 기제가 되지는 못한다. 이러한 문제 의식을 바탕으로 이루어진 연구가 김의수(2001가, 2002가)이다. 이 연구는 위 현상의 저변에 명확한 형식적 제약이나 원리가 존재함을 밝혀 내고자 하였다.

이러한 연구 결과는 매우 흥미로운 것이지만, 아직 학계에 널리 알려져 있지는 않다. 이에 본 장에서는 김의수(2001가, 2002가)에서 이루어진 연구 결과에 대하여 간략히 소개하고 다소 미진하게 다루어졌다고 생각되는 부분을 보완하고자 한다. 이를 계기로 하여 이 문제가 좀더 활발히 논의되었으면 한다.

2) 청자 대우법 등급 간의 교체 양상과 그 원리

청자 대우법 등급의 교체는 다양한 측면에서 살필 수 있으나 본고에서 문제 삼는 것은 동일 화자가 동일 청자에게 행하는 1회분의 발화이다. 그리고 그에 대응하는 언어 자료는 철저히 문헌에서 실제로 사용된 예들이다.[13] 대우법에 관한 연구는 연구자의 직관에 따라 그 결과가 심각하게 달라질 수 있으므로 연구의 객관성을 확보하기 위해 이것은 필수적인 조건이다. 그리고 논의의 편의상 다음과 같이 등급을 약호화하여 사용할 것이다.

　(19) 가. 격 식 체 : 아주높임(1), 예사높임(2), 예사낮춤(3), 아주낮춤(4)
　　　　나. 비격식체 : 두루높임(A), 두루낮춤(B)

청자 대우법 등급은 문장에서 주로 문말어미를 통해 나타나게 되며, 이에 따라 청자 대우 등급의 교체 역시 문장 간의 문말어미들의 비교를 통해 드러나게 된다. 다음은 등급 교체 유형에 따른 관찰 결과를 보인 것이다.[14][15]

　(20) 두 등급 간의 교체 양상
　　　가. 격식체 간의 교체
　　　　　a. 가능한 경우 : 1-2, 2-3, 3-4

---

13) 김의수(2002가)에서 직접 예시한 문헌과 문장은 각기 19편과 40여 개이지만 실제로는 시기별로 안배된 총 65개 문헌에서 200여 개의 예문들을 뽑아 연구한 것이다. 이들 가운데 중복된 것들을 제하고 현대국어 '전기-후기의 짝'이 될 만한 것들로 하나씩 뽑아 예시한 것이 19편의 문헌과 40여 개의 자료이다. 이 문헌들은 대화체로 된 소설이나 희곡이며 서울 지역 중심으로 이루어졌고 주로 대중 잡지에 실린 것들이다.

14) 구체적인 사례들에 관해서는 김의수(2002가)를 직접 참고하기 바라며, 본 장에서는 꼭 필요한 경우에만 국한하여 실례들을 들기로 한다.

15) 이때 한가지 유의할 점이 있다. 그것은, 가령 두 등급 간의 교체는 반드시 두 등급끼리만의 교체의 예이어야 하지 그것이 그보다 복잡한 교체의 예(세 등급 간 이상의 교체) 속에 포함된 일부이어서는 안 된다는 것이다. 그렇게 되면 순환론에 빠질 수 있기 때문이다. 따라서, 김의수(2002가)는 두 등급 간의 교체 양상을 살필 때 '동일 화자의 동일 청자를 대상으로 한 일회분의 발화' 가운데 오로지 두 등급끼리만 교체를 보이는 예를 취했다. 세 등급 간의 교체에서도 마찬가지이다. 그것 역시 네 등급 간의 교체 예의 일부를 가져 온 것이어서는 안 된다.

   b. 불가능한 경우 : 1-3, 1-4, 2-4
  나. 비격식체와 (비)격식체 간의 교체
   a. 가능한 경우 : A-1, A-2, A-B, B-1, B-2, B-3, B-4
   b. 불가능한 경우 : A-3, A-4
  다. 종합: 두 등급 간의 교체 가능 여부
   a. 가능한 경우 : 1-2, 2-3, 3-4, A-1, A-2, A-B, B-1, B-2, B-3, B-4
   b. 불가능한 경우 : 1-3, 1-4, 2-4, A-3, A-4
(21) 세 등급 간의 교체 양상16)
  a. 가능한 경우 : A-1-2, A-1-B, A-2-B, B-1-2, B-2-3, B-3-4
  b. 불가능한 경우 : A-1-3, A-1-4, A-2-3, A-2-4, A-3-4, A-3-B, A-4-B,
         B-1-3, B-1-4, B-2-4

 그리고 세 등급 간의 교체 양상 가운데 가능한 경우를 조합 가능한 두 등급으로 분해하면 다음과 같다.

(22) 가. A-1, A-2, 1-2
  나. A-1, A-B, B-1
  다. A-2, A-B, B-2
  라. B-1, B-2, 1-2
  마. B-2, B-3, 2-3
  바. B-3, B-4, 3-4

(22)의 (가~바)는 각각 (21a)를 조합 가능한 두 등급으로 분해한 것이다. 예컨대, (21a) 가운데 'A-1-2'는 조합 가능한 두 등급끼리로 해체하면 (22가)와 같이 'A-1, A-2, 1-2'가 된다. 이런 식으로 (22)의 (가~바)가 얻어진다. 이때 흥미로운 것은 (22)의 (가~바)의 조합들이 (20)에서 교체 가능한 쌍 가운데 어느 하나에 모두 해당한다는 것이다. 즉, (22가)의 '1-2, A-1, A-2'는 (20다a)에서 모두 확인된다.

____

16) 논리적으로는 격식체만으로 구성된 3등급 교체의 유형도 가능할 듯 보인다. 그러나 두 등급 간의 격식체끼리만의 호응은 비격식체끼리와의 호응보다 훨씬 더 제약적이었고 빈도수도 매우 낮았을 뿐만 아니라, 실제로 필자는 그러한 3등분 교체 예를 단 하나도 발견하지 못했다. 성기철(1970:53)도 그러한 가능성을 완전히 배제하고 있기는 마찬가지이다.

반면 세 등급 간의 교체가 불가능 예들은 그것을 두 등급 간의 조합들로 해체시켜 놓았을 경우, 그 조합들 가운데 반드시 최소한 어느 하나라도 (20다a)에 포함되지 않는 것이 있다.[17)]

   (23) 가. *A-1-3 : *A-3, *1-3
       나. *A-1-4 : *A-4, *1-4
       다. *A-2-3 : *A-3
       라. *A-2-4 : *A-4, *2-4
       마. *A-3-4 : *A-3, *A-4
       바. *A-3-B : *A-3
       사. *A-4-B : *A-4
       아. *B-1-3 : *1-3
       자. *B-1-4 : *1-4

이러한 관찰을 바탕으로 우선 세 등급 간의 교체를 통제하는 조건을 다음과 같이 제시할 수 있다.

   (24) 청자 대우법 문말어미의 세 등급 간의 교체 조건
      관련된 등급들 간에는 예외 없이 1대 1 호응이 가능해야 한다.
      (단, 허용 가능한 1대 1 호응의 짝은 (16다a)로 국한된다.)

(24)는 (20다a)를 전제로 해서 정의된 것인데, (21)과 같은 세 등급 간의 교체 가능성을 잘 설명해 준다. 예컨대, 교체 가능한 'A-1-2'의 경우, 그것은 'A-1'과 'A-2', '1-2'와 같은 두 등급 간의 조합으로 분해되며, 그 세 가지 구성원 모두 (20다a)에 속하므로 (24)를 만족시킨다. 반면에, 교체 가능하지 않은 'B-1-4'의 경우, 그것은 'B-1'와 'B-4', '1-4'로 구성되는데, 그 세 가지 구성원 가운데 '1-4'가 (20다a)에 속하지 않는다. 따라서 'B-1-4'와 같은 서로 다른 세 가지 등급의 조합은 (24)에 의해 배제된다.

그렇다면 (24)가 네 등급 간의 교체에 대해서도 유효한가가 궁금해진다.

---

17) 달리 말하면 (20다b)에 속하는 것이 반드시 하나라도 있다.

(24)의 정의에 따른다면 네 등급 간의 교체에서도 그것을 구성하는 모든 1
대 1의 짝(두 등급으로 인수분해된 조합)이 (20다a)에 속해야 한다. 그런데 따져
보면 그러한 조건을 만족시키는 네 등급 간의 교체란 오직 'A, B, 1, 2'로
구성된 것뿐이다. 즉, 네 등급 간의 교체는 오직 'A-1-2-B'만이 가능하다는
예측이다. 실제로 과연 그러할까? 다음의 예들을 보자.

(25) 가. 아버지가 그거슨 죽어도 못하리라고 <u>하십니다</u>. 그려고 改嫁하야 또 <u>그러</u>
<u>치오</u> 이전 사나히란 당초에 밋업지를 <u>안어요</u> 옵바는 <u>내놋코</u> <"惠善의
死"「創造」 1호(1919. 2.), 47면>

나. 여기 사람들은 정말 무엇을 해도 어색하지 <u>않어</u>. 사람들은 살려면 이런 곳
에서 살아야 하지 <u>않겠소</u>. 물론 이 집은 더럽고 초라하지만 저 파커 아베
뉴의 코넷티캇에 있는 부자집들 같은 데 가 <u>봐요</u> 꽹장합니다. <"漂流
島"「現代文學」 10권 11호(1964. 11), 288면>

다. 여보, 이제 그만, 돈에 <u>집착하오</u> 돈을 사랑하는 사람치고 돈으로 만족하는
사람이 <u>없습니다</u>. …당신이 한참 돈 잘 벌 때 우리 집은 객식구로 <u>들끓었</u>
<u>지</u>. 여보, 내 설득을 소홀히 하지 <u>말아요</u> <"넋이라도 거두어주리"「現代
文學」 32권 5호(1986. 5), 303면>

라. 오시느라고 <u>애쓰셨오</u>. 여러가지로 <u>고맙습니다</u>. 장모님 모시고 오시느라 고
생하셨는데 앞으로 종종 문안드리길 <u>부탁해요</u> 잘 되도록 내가 거두어 드
리지. <"넋이라도 거두어주리"「現代文學」 32권 5호(1986. 5), 316면>

필자는 네 등급 간의 교체 예로 오직 (25)만을 관찰할 수 있었다. 관찰의
한계일 수도 있지만 현대국어 전반기에서부터 후반기에 이르도록 오로지
이러한 유형의 교체만이 일관되게 발견된다는 것은 우연일 수만은 없다고
생각한다. 필자는 그것이 우연이 아니라 (24)에 의해 유발된 결과라고 생각
한다. 즉, (24)의 관점에서 볼 때, 가능한 네 등급 간의 교체는 오로지 'A, B,
1, 2'만을 그 구성원으로 해야 한다. 왜냐하면 'A'는 오직 '1'과 '2'와만 호
응 가능하므로 아무리 'B'가 '1~4'까지 호응 가능하더라도 그 가능성은 '1'
과 '2'로 제약될 수밖에 없기 때문이다. 따라서 네 등급 간의 교체는 오직
'A-1-2-B'만으로 제한된다. 그렇다면 다섯 등급 이상 간의 교체는 가능할까?
(24)는 그것은 불가능하다고 말한다. 호응 가능한 서로 다른 등급 다섯 개

를 (20다a)로부터 도출해 낼 수가 없기 때문이다.

결국, (24)는 세 등급 간의 교체뿐만 아니라 네 등급 간의 교체 양상까지도 훌륭히 예측해 주며, 청자 대우법 문말어미의 교체가 최고 네 등급 간의 교체까지만으로 제한될 수밖에 없는 데에 대한 논리적인 이유를 제공해 준다. 따라서 (24)는 한국어의 청자 대우법 문말어미의 교체를 제약해 주는 원리로서 다음과 같이 일반화될 수 있다.

(26) 청자 대우법 문말어미들 간의 교체(switching) 허가 원리 (임시)
동일 화자가 동일 청자에게 행하는 1회분의 발화에서, 그 발화를 구성하는 문말어미들이 가지는 청자 대우 등급들 간에는 예외 없이 1대 1 호응이 가능해야 한다.
(전제조건: 단, 허용 가능한 1대 1 호응의 짝은 다음과 같은 경우로 국한된다.
1-2, 2-3, 3-4; A-1, A-2; A-B; B-1, B-2, B-3, B-4)

이때 한 가지 주의해야 할 것은 (26)이 두 등급 간의 교체에 대해서만큼은 그것을 설명해 주거나 예측해 준다고 말할 수 없다는 점이다. 왜냐하면 (26)은 두 등급 간 교체의 관찰 결과를 그 '전제조건'으로 가지기 때문이다.

그러나, (26)의 '전제조건'에 대해 원리적인 설명이 가능하고 그것이 (26)의 본문과 모순 없이 부합하는 것임을 보인다면, (26)은 명실상부하게 두 등급 간의 교체를 포함한 모든 등급 교체에 대한 일반 원리로 탈바꿈하게 될 것이다.

설명의 편의상 (26)의 '전제조건'에서의 호응 가능한 짝들을 아래와 같이 표시해 보자.

(27) 가. 1-2, 2-3, 3-4
　　나. A-1, A-2
　　다. A-B
　　라. B-1, B-2, B-3, B-4

그리고 이와 함께 다음과 같은 가정을 취해 보자.

(28) 가. A는 그 기본 화계가 격식체 1과 대응하고,
     나. B는 그 기본 화계가 격식체 2, 3과 대응한다.

이러한 가정과 (27가)를 전제로 하여 다음과 같은 추론이 가능하다.

(29) (28가)에 의하면 A는 1과 대응하므로 1과 교체 가능하다. (27가)에 의하면 1
     과 2가 교체 가능하다. 따라서 A는 2와 교체가 가능하다.

(30) (28나)에 의히면 B는 2, 3과 대응하므로 그 둘과 교체 가능하다. (27가)에 의
     하면 2는 1과, 3은 4와 교체 가능하다. 따라서 B는 1, 4와 교체가 가능하다.

그리고 같은 방식으로 A와 B가 교체될 수 있음도 설명된다.

(31) (28가)와 (28나)에 의해 A는 1과 대응하며 B는 2, 3과 대응한다. (27가)에 의
     하면 1과 2는 교체 가능하다. 따라서 A는 B와 교체 가능하다.

이로부터 우리는 (27가)와 (28)만을 가지고 삼단논법의 형식논리에 의해 교
체 현상 (27나)~(27라)를 연역해 낼 수 있음을 알 수 있다. 또한 (27가)도

(32) 격식체 등급 간의 교체에서는 등급간의 인접성 조건(adjacency condition)이 요구
     된다.

와 같이 환원할 수 있다. 인접성 조건은 격식체 등급들 간의 엄격한 서열성
에 기인한다.
   한편, A가 격식체 3이나 4와 교체가 불가능하다는 것 역시 (32)와 (28)로
부터 귀류법에 의해 증명 가능하다.

(33) A가 격식체 3이나 4와 교체 가능하다고 가정하며 이를 <가정 α>라 부르자.
     <가정 α>에 의해 A는 3이나 4와 교체 가능하다. 또한 (28가)에 의해 A는 1
     과도 교체 가능하다. 그렇다면 1은 3이나 4와 교체 가능해야 할 것이다. 그러
     나 이는 (32)와 배치된다. 따라서 <가정 α>는 잘못된 것이며 A는 격식체 3
     이나 4와 교체가 가능하지 않다.

결국 (32)와 같은 인접성 조건과 (28)과 같은 비격식체 등급의 화계 규정을 통해 (27), 즉 (26)의 '전제조건'을 원리적으로 설명해 낼 수 있음을 볼 수 있다. 그리고 이를 토대로 (26)을 다음과 같이 재형식화 해 볼 수 있다.

> (34) 청자 대우법 문말어미들 간의 교체(switching) 허가 원리 (최종)
>> 가. 동일 화자가 동일 청자에게 행하는 1회분의 발화에서, 그 발화를 구성하는 문말어미들이 가지는 청자 대우 등급들 간에는 예외 없이 1대 1 호응이 가능해야 한다.
>> 나. 허용 가능한 1대 1 호응의 짝은 다음 두 사항에 의해 결정된다.
>>> a. 격식체는 엄격한 서열성으로 인해 인접한 등급들만이 호응 가능하다.
>>> b. 비격식체에서 A는 그 기본 화계가 격식체 1과 대응하고, B는 2, 3과 대응한다.

(34)에서 (가)는 두 등급 간의 교체를 포함하여 그 이상의 경우까지를 모두 포괄하는 진술이다. (나)는 허용 가능한 1대 1 호응의 짝이 어떻게 해서 결정되는가를 설명해 주고 있다.

5. 결론

이상으로 우리는 대우법에 관하여 그동안 별로 주목받아 오지 못했던 점들을 형태 층위, 통사 층위, 담화 층위로 나누어 논의해 보았다.

형태 층위에서는 조사나 어미와 같은 문법적 형태소에 의해 실현되지 못하는 주체와 객체의 하대법에 관하여 논의하였다. 이를 통해 대우법의 올바른 체계화를 위해서는 어휘적 형태소에 의한 대우법 실현 양상에 관해서도 충분히 살펴야 함을 주장하였다. 아울러 현대국어에 들어와 2인칭 대명사로 쓰이게 된 '당신'의 등급 변화 양상을 고찰하면서 현대국어 내부에서도 통시적인 연구가 충분히 가능하며 또 절실히 필요함을 논의하였다.

통사 층위에서는 주체 대우법을 표시한다고 여겨 왔던 '-시-'가 의미역 위계성에 의거하여 위계가 높은 문장 성분과 호응해야 한다는 것을 보였다. 이를 통해 대우법이 의미역 위계성이라는 기제와 맞물려 정의될 수 있는 부분을 가진다는 것에 대해 알 수 있었다.

마지막으로, 담화 층위에서는 동일 화자가 동일 청자에게 행한 1회분의 발화에서 그 발화를 구성하고 있는 문말어미들은 그 청자 대우 등급 간에 1대 1 호응이 가능해야만 한다는 것을 논의하였다. 이와 같은 점은 하나의 원리로 제시되었으며, 이 원리는 문장을 기본 단위로 하는 담화 층위에서 정의되는 형식적인 허가 원리임을 알 수 있다. 이때 그것이 형식적인 허가 원리라 함은 그것이 여타 문맥을 고려하지 않는 일종의 문맥자유규칙임을 의미한다. 결국, 발화를 구성하고 있는 문말어미들에 의해 나타나는 청자 대우 등급들 간의 교체 현상을 통해 담화 층위에서도 이러한 형식적인 허가 원리가 존재한다고 하는 것이 드러난 셈이다.

이와 같은 연구를 통해서 알 수 있는 것은 대우법의 체계적인 구명을 위해서는 다양한 차원에서 접근해 가야 한다는 점이다. 형태 층위, 통사 층위, 담화 층위로 구획된 레벨에서는 위에서 언급된 것만이 아닌 더욱 다양한 대우법의 양상들이 다채롭게 펼쳐져 있다.[18] 이에 대한 종합적인 연구만이 한국어 대우법의 전체적인 모습을 제대로 그려낼 수 있도록 해 줄 것이다.

---

18) 김의수(2000나)에서는 이러한 관점에서 현대국어 대우법의 전체적인 모습을 그려 보고자 하였다. 그러나 이 연구는 완성된 것이 아니며 개선·보완해야 할 점들을 매우 많이 가지고 있다. 그 전후의 필자의 연구들은 모두 이와 같은 생각에 뿌리를 두고 이루어진 것이며, 앞으로도 이와 같은 작업은 계속될 것이다.

참고문헌

강규선(1989), 20세기 초기 국어의 경어법 연구, 성균관대 박사학위논문.

강신항(1986), 근래의 호칭사용에 대하여, 「국어생활」 7.

고영근(1987), 「표준 중세국어문법론」, 탑출판사.

구본관(1996), 중세 국어 형태, 「국어의 시대별 변천·실태 연구 1 : 중세국어」, 국립국어연구원.

그림쇼우(Grimshow. J.)(1990), *Argument Structure*. The MIT Press.

김동언(1999), 개화기 국어 형태, 「국어의 시대별 변천·실태 연구 4 : 개화기 국어」, 국립 국어연구원.

김민수 외(1991), 「금성판 국어대사전」, 금성출판사.

김석득(1977) 국어의 존대의 같은 주고 받음(Reciprocal Use)과 다른 주고 받음(Non-Reciprocal Use)에 대하여, 「언어」 2-1.

김수원(1991), Chain scope and quantification structure. Brandeis대학 박사학위논문.

김완진(1980), 「향가해독법연구」, 서울대학교출판부.

김의수(1997), 국어 격중출 구문 연구, 고려대 석사학위논문.

______(1998), 근대국어의 대우법, 「근대국어 문법의 이해」(홍종선 엮음), 박이정.

______(2000가), 대우 표시 어휘의 史的인 연구, 「한국어학」 11.

______(2000나), 현대 국어 대우법의 형성과 변천, 「현대 국어의 형성과 변천 2」(홍종선 외), 박이정.

______(2001가), 청자 대우 어미의 교체 사용 원리에 관하여, 2001년도 한국언어학회 여름학술대회 발표논문(충북 수안보 상록호텔, 2001. 6.).

______(2001나), 의미역 위계성과 주체 대우법 실현 양상, 생성문법학회 제3회 생성문법 여름학교 발표논문(건국대 문과대학, 2001. 8.)

______(2002가), 청자 대우법 문말어미 교체의 허가 원리 연구, 「언어학」 31.

______(2002나), 국어의 격 허가 기제 연구, 「국어학」 39.

김정수(1984), 「17세기 한국말의 높임법과 그 15세기로부터의 변천」, 정음사.

______(1996), 높임법의 등분, 「말」 21.

김종훈(1984), 높임말 "당신"攷, 「국어경어법연구」(김종훈 편저), 집문당.

남광우(1997), 「교학 고어사전」, 교학사.

류성기(1997), 근대 국어 형태, 「국어의 시대별 변천·실태 연구 2 : 근대국어」, 국립국어
　　　　연구원.

민현식(1999), 개화기 국어 문법, 「국어의 시대별 변천·실태 연구 4 : 개화기 국어」. 국
　　　　립국어연구원.

박병채(1989), 「국어발달사」, 세영사.

박성종(1998), 고대 국어 어휘, 「국어의 시대별 변천·실태 연구 3 : 고대 국어」, 국립국
　　　　어연구원.

박양규(1991), 국어 경어법의 변천, 「새국어생활」 1-3.

박영순(1976), 국어경어법의 사회언어학적 연구, 「국어국문학」 72·73 합집.

＿＿＿(1995), 상대높임법의 사회언어학, 「어문논집」 34.

박진욱(1985), 현대국어의 대명사에 대한 연구, 고려대 석사학위논문.

배양서(1973), 현대 한국어 스타일, 「국어국문학」 62·63합집.

서정수(1984), 「존대법의 연구」, 한신문화사.

성기철(1970), 국어대우법연구, 「충북대학논문집」 4.

＿＿＿(1985), 「현대 국어 대우법 연구」, 서울대 박사학위논문.

손호민(1983), Power and Solidarity in Korean Language, *Korean Linguistics* 3.

안병희(1963), "'ᄌᆞ갸'어고"「국어국문학」 26.

유송영(1996), 국어 청자 대우 어미의 교체 사용(switching)과 청자 대우법 체계: 힘(power)
　　　　과 유대(solidarity)의 정도성에 의한 담화 분석적 접근, 고려대 박사학위논문.

유창돈(1964), 「이조어사전」, 연세대학교출판부.

＿＿＿(1980), 「어휘사연구」, 이우출판사.

이윤표(1985), 「국어친족용어의 연구」, 고려대 석사학위논문.

이익섭·임홍빈(1983), 「국어문법론」, 학연사.

이정복(1996), 국어 경어법의 말 단계 변동 현상, 「사회언어학」 4-1.

＿＿＿(1999), 국어 경어법의 전략적 용법에 대하여, 「어학연구」 35-1.

임홍빈(1990), 어휘적 대우와 대우법 체계의 문제, 「국어학논문집」(강신항교수회갑기념).
　　　　태학사.

정길남(1992), 「19세기 성서의 우리말 연구」, 서광학술자료사.

＿＿＿(1997), 「개화기 교과서의 우리말 연구」, 도서출판 박이정.

한　길(1986), 들을이높임법에서의 반말의 위치에 관하여, 「국어학신연구」(유목상 외), 탑
　　　　출판사.

허　웅(1975), 「우리 옛말본 : 15세기 국어형태론」, 샘문화사.

홍윤표 외(1995), 「17세기 국어사전」, 태학사.

홍종선(1997), 근대 국어 문법, 「국어의 시대별 변천·실태 연구 2 : 근대국어」, 국립국어
연구원.

＿＿＿(1998), 근대국어의 형태와 통사, 「근대국어 문법의 이해」(홍종선 엮음), 박이정.

홍종선 외(2000), 「현대 국어의 형성과 변천」, 박이정.

홍종선·고창수·시정곤(1993), 「장벽 이후의 생성문법」, 집문당.

자질계층이론과 국어의 음운현상

김 유 범*

목 차

1. 머리말

변별적 자질(辨別的 資質 distinctive feature)이란 음운을 변별하는 데 관여하는 음성적 자질로, 음운이 화학에서 말하는 분자(分子)에 비유된다면 변별적 자질은 원자(原子)에 비유될 수 있다. 전통적인 관점에서 분자에 해당하는 음

---

* 동의대학교

　이 논문은 2001년 4월 14일 이화여대 인문관(204호)에서 열었던 음운론 연구모임에서 발표되었던 원고를 수정·보완한 것이다.

운은 다양한 음성적 자질들을 표현하는 원자인 변별적 자질들의 묶음으로 정의될 수 있다.

변별적 자질은 (i)그것이 모든 언어에 있어서 보편적이라는 점, (ii)전형적으로 양분적(兩分的 binary)이거나 단일한 자질가(資質價)만을 가지므로 말소리가 인간의 기억 속에서 범주적인 양상으로 지각되거나 저장된다는 사실을 설명한다는 점, (iii)음운규칙의 적용 대상이 되어 음운규칙들이 음성의 자연류(自然類 natural classes)와 관련된다는 것을 설명한다는 점, (iv)언어습득, 언어장애, 언어의 역사적인 변화 등과 같은 영역에서 나타나는 많은 일반화에 대한 설명을 제공한다는 점에서 매우 유용한 언어학적 개념으로 자리잡았다.

변별적 자질에 대한 언급은 이미 구조주의 음운론 시대에서부터 있어 왔으나 이것이 음운을 대치하여 음운론 기술의 기본적 단위가 된 것은 생성음운론에 들어와서의 일이다. 즉 Jakobson · Fant · Halle(1952)에 의해 최초로 음운론 기술의 기본단위로서 등장한 이후, Jakobson · Halle(1956)을 거쳐 Chomsky & Halle(1968: *The Sound Pattern of English*. 이후로는 SPE로 지칭하기로 함)에 와서는 생성음운론의 초석으로 자리잡게 되었다.

그 후로도 변별적 자질에 대한 연구는 음향·조음 음성학과 순수음운론적인 측면에서 다양하게 이루어지고 있다. 이러한 연구 중의 하나는 자질들 사이의 계층성(階層性 hierarchy)을 논하게 된 것인데, 이는 Goldsmith(1976)의 자립분절음운론(自立分節音韻論 non-linear phonology)으로부터 그 상상력을 얻었다고 할 수 있겠다. 자립분절음운론이 등장한 이후, 음운론의 이론은 그전 SPE식의 단선적(單線的) 접근법이 아닌, 기제(機制 mechanism)의 층위를 여러 개 마련하는 복선적(複線的) 방법을 통해 많은 진전을 보아왔다. 자질계층이론(Feature Geometry)도 이러한 연속선상에서 나온 이론으로 자질들도 그들 나름대로의 층위를 형성하고 있다는 것이 이 이론의 기본적인 생각이다. 하나의 분절음을 구성하고 있는 여러 자질들을 각각의 기능과 상관관계를 고려하여 그 계층적 구조를 기저표시함으로써, 개개 음운의 실제적인 모습에 보다 접근하고 음운현상을 기술하는 데 있어서 설명력을 높이고자 하는 것이 이 이론의 목표라고 할 수 있겠다.

본고에서는 자질계층이론이 전개되어 온 역사를 간략히 소개하고, 국어의 여러 음운현상들을 자질계층이론을 통해 설명해 보고자 한다. 자질의 확산(spreading)과 절단(delinking)을 통한 국어 음운현상의 해명은 음운을 구성하고 있는 자질들의 구조를 계층적으로 파악함으로써 높은 설명력을 보여주는데, 특히 조음위치의 변화와 관련된 음운현상들에 대해서는 어느 음운이론보다도 음운현상의 원인과 양상을 명시적으로 설명해 준다는 점에서 이 이론의 매력을 찾아볼 수 있다.

2. 배경론

SPE 이후 음운론적 표기(representation)의 기본 단위가 된 자질(feature)은 그것이 갖는 많은 장점에도 불구하고 그 체계 및 운용에 있어서 다음과 같은 문제점들을 노출하게 되었다.[1]

첫째, SPE에서 제안된 자질 체계는 파찰음과 같은 연쇄복합분절음(contour segment)의 특성을 정확히 포착하지 못한다. 예를 들어, 파찰음 /t?/는 [contiunant] 자질의 관점에서 볼 때, [-contiunant]와 [+contiunant]를 모두 가지고 있어 이를 하나의 자질묶음(feature bundle) 속에 표시할 경우 서로 모순된 두 자질이 공존하게 된다. 그러므로 SPE에서는 파찰음을 [+delayed release] 자질로 명시하였는데, 이러한 처리는 파찰음이 음운현상에 있어서 폐쇄음 또는 마찰음과 자연류를 형성할 경우에 대해 설명하지 못한다.

(1) 파찰음(affricate) cf. /t?/

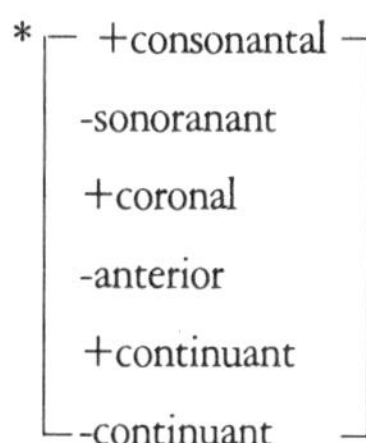

---

1) 자질계층이론의 배경론에 대한 기술은 Clements & Hume(1995)를 많이 참조하였음을 밝혀둔다.

둘째, 서로 다른 두 개의 조음점을 갖는 동시복합분절음(complex segment)에 대해 설명하지 못한다. /k͡p/와 같은 분절음의 경우 연구개와 양순(兩脣)이라는 두 조음점이 동시에 작용하는 것으로 파악되는데, SPE에서는 하나의 분절음 안에 서로 다른 두 조음위치 자질들이 함께 명시되는 것은 허용되지 않는다.2)

(2) 양순-연구개음(labiovelar) cf. /k͡p/

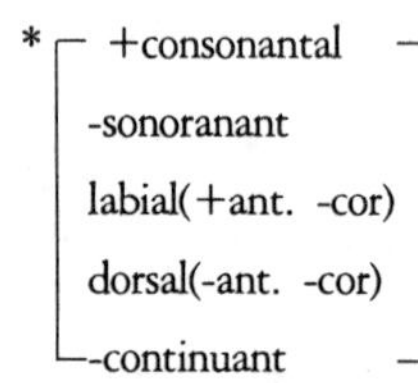

셋째, 기본적으로 음운현상이 자질교체(feature changing) 과정으로 설명됨으로써 음운과정의 자연성을 확보하지 못한다. SPE에서는 동화나 이화와 같은 음운현상이 '[-F, +G] → [+F, -G]'와 같이 자질가(資質價)를 교체하거나 '[±F] → [±G]'와 같이 자질 자체를 교체하는 것으로 설명되는데, 이는 빈 자리에 관련 자질을 채워 넣는 자질채우기(feature filling) 과정과 비교해 볼 때 음운과정의 내용을 투명하게 보여주지 못한다.

Goldsmith의 자립분절음운론은 초분절음적인 요소인 성조를 분절음과는 독립적으로 실현되는 것으로 파악함으로써 SPE식의 체계로는 설명할 수 없었던 굴곡성조(contour tone)의 문제를 해결하였다. 초분절음적인 요소가 분절음과는 별도로, 독립적으로 존재한다는 자립분절음운론의 이러한 생각은 그 후에 전개되는 여러 음운이론들에 기본적인 착상을 제공하게 되었다. 이는 위와 같은 SPE 자질 체계와 그 운용에 대한 문제점을 극복하는 데 있어서도 해결의 실마리를 제공했다. 그것은 하나의 분절음을 구성하고 있는 자질들이 구조화되지 않은 자질들의 묶음(bundle) 또는 행렬(matrix)로 이루어져 있는 것이 아니라, 서로 관련이 있는 몇 개의 자질들끼리 하나의 단위를 형

---

2) 자질채우기(featuere filling)에 대한 구체적인 설명은 1)에서 볼 수 있다.

성하고 다시 각각의 단위가 계층적으로 구조화되어 있다고 파악하는 것이다. 이것은 분절음 내부의 자질들도 각각 독자적인 층렬(tier)을 형성하고 있는 것으로 본다는 측면에서 자립분절음운론을 극대화시킨 것이라고 할 수 있다.

서로 관련이 있는 몇 개의 자질들끼리 하나의 단위를 형성한다는 것과 관련하여, 음운자질들을 유형론(類型論)적인 범주로 분류할 것을 제안했던 연구들이 있었다. Trubetzkoy(1939)는 그러한 연구들 중 선구적인 것이라고 할 수 있는데, 그는 음성적·음운론적인 원리에 바탕을 두고서 자질들의 '연관된 부류(related classes)'라는 개념을 제시했다. 예를 들어, 유성자질(voicing feature)과 기식자질(aspiration feature)은 음성학적 배경에 있어서 구강의 조음위치와는 독립적으로 후두의 작용에 의해 실현된다는 점, 그리고 음운론적으로는 자주 하나의 단위로서 중화(neutralization)를 겪는다는 점에서 서로 연관된 부류가 된다는 것이다. 이 연관된 부류라는 개념은 생성음운론에서 이야기하는 자연류(自然類 natural classes)의 개념과 상통하는 것으로 자질계층이론의 전개에 중요한 역할을 수행하게 된다. Jakobson & Halle(1956)도 엄밀한 음향적 배경하에 자질들을 공명성(sonority) 자질과 음조성(tonality) 자질로 분류하고 이들이 언어습득에 있어서 독립적인 두 축을 형성한다는 사실을 제안했다. 또한 생성음운론의 출발점인 SPE에서도 자질들을 주요분류자질(Major class features), 구강자질(Cavity features), 조음방법자질(Manner of articulation features), 근원자질(Source features), 그리고 운율자질(Prosodic features) 등으로 분류하고 이렇게 분류된 자질들이 계층적인 구조(hierarchical structure)로 조직되어 있을 것이라고 암시한 바 있다.3)

자연류를 형성하는 자질들이 상위의 기능적 단위들로 묶일 수 있는 많은 증거들이 존재한다. (ⅰ)유성음들 사이에서 무성음이 유성음으로 변화하는 유성음화(voicing assimilation) 현상, (ⅱ)그 반대의 무성음화(devoicing assimilation) 현상, (ⅲ)구강 마찰음 /s/가 특정한 환경에서 후두 자질만이 남아 /h/로 변화하

---

3) This subdivision of features is made primarily for purposes of exposition and has little theoretical basis at present. It seems likely, however, that ultimately the features themselves will be seen to be organized in a hierarchical structure which may resemble the structure that we have imposed on them for purely expository reasons.(Chomsky & Halle 1968:300)

는 현상(cf. 스페인의 방언), (iv)'[p] → [p¬] → [?]'나 '[p] → [?] → φ'와 같은 폐쇄음의 약화(cf. 영어)와 탈락(cf. 중국어) 현상. 이러한 현상들은 후두자질들(laryngeal features)이 독자적인 영역을 구성하며 하나의 기능적 단위로 행동하고 있다는 사실을 보여준다. 또한 많은 언어들에서 '/N/ → [+nasal, αplace] / ___ [αplace]'의 양상으로 표현되는 조음위치 동화현상과 같은 경우는 조음위치와 관련된 자질들이 하나의 단위로서 기능하고 있다는 것을 말해준다. 이들은 모두 확산(spreading)과 절단(delinking)이라는 음운론적 작용(phonological operation)의 측면에서 설명될 수 있는 것들이다.

자질들의 계층적인 구성에 대한 증거는 필수굴곡원리, 즉 OCP(Obligatory Contour Principle)와 같은 음운론적 제약(constraints)을 통해서도 확보된다. 겹자음(geminates)이나 동일 조음점의 자음군(homorganic clusters)의 경우, 이들은 OCP에 의해 각각 두 음절 위치(slot)에 연결된 하나의 root 마디와 두 개의 root 마디에 연결된 하나의 place 마디로 표기될 수 있다. 이는 root 마디와 place 마디의 존재에 대한 증거를 제공한다.

마디 내포성(node implication) 역시 자질들의 계층적인 구성에 대한 증거를 제공한다. 이는 자질과 마디의 의존관계(dependency relation)에 의한 것으로 어떤 특정 마디에 종속된 또다른 하위 마디나 그에 딸린 자질들의 명시는 항상 그것이 연결된 상위 마디의 존재를 내포하게 된다. 예를 들어, [+anterior]와 [+distributed] 자질은 혀끝(tongue tip)에 의해 수행되므로 이들 자질의 명시는 항상 Coronal 마디의 존재를 내포한다.

이렇듯 다양한 범언어적인 증거들은 연관된 자질들을 하나의 기능적 단위로 묶고 이를 계층적으로 조직화하는 데 있어서 강력한 지지자로 작용하고 있다. 한편, 자질들을 기능적 단위로 조직화하는 것은 조직의 형태와 음운규칙의 운용에 대한 제약을 요구하게 된다. 그것은 자질들과 그것의 기능적 단위에 대한 자의적인 조직화나 운용이 이러한 시도 자체의 설명력과 타당성을 떨어뜨릴 수 있기 때문이다. 이에 대해 Clements & Hume(1995)은 다음과 같은 두 개의 기본적인 원리를 제안했다.

(3) 가. 자질의 조직화는 보편적으로(universally) 결정된다.

　　나. 음운규칙은 단일한 작용(single operation)에 의해서만 이행된다.

이 중 (3-나)는 SPE 이후 문제가 되었던 추상적인 기저형의 설정과 외재적인 규칙순의 문제를 표기(representation)의 차원에서 해결하되, 그러한 체제의 운용은 극도로 단순화되어야 한다는 기본 정신이 잘 반영된 원리라고 할 수 있다.

3. 자질계층이론의 전개

1) 조음위치 이론(Place of Articulation Theory)

자질들의 계층적인 구조를 본격적으로 논의하게 된 것은 Mohanan(1983), Clements(1985) 등에 의해서이다. 전자가 발성(phonation), 공명도(sonority), 그리고 조음위치(place)에 따라 자질들을 기능적으로 묶어 분류했다면, 후자는 음운과정에서 함께 기능하는 자질들을 동일한 마디(node)에 묶어 이들이 음운과정에서 하나의 단위로 행동한다는 사실을 보여주었다.4)

(4) Mohanan(1983)

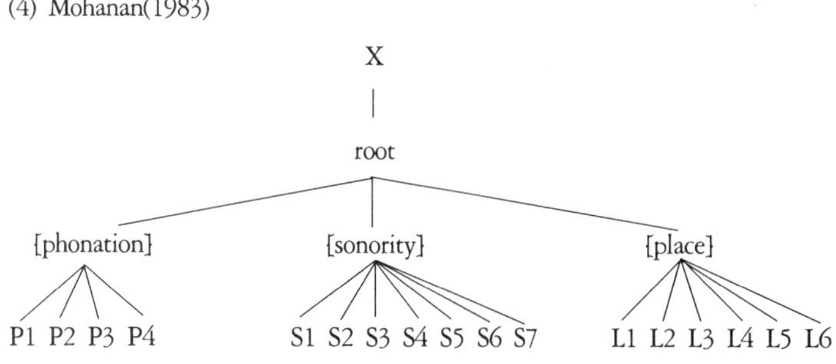

---

4) 이들을 '조음위치이론'이라 부르는 것은 조음체에 대한 인식이 없이 위치마디에 자질들을 묶어 놓았기 때문이다.

<table>
<tr><td>P1={constricted glottis}</td><td>S1={sonorant}</td><td>L1={anterior}</td></tr>
<tr><td>P2={spread glottis}</td><td>S2={consonant}</td><td>L2={coronal}</td></tr>
<tr><td>P3={tense}</td><td>S3={continuant}</td><td>L3={back}</td></tr>
<tr><td>P4={lax}</td><td>S4={nasal}</td><td>L4={distributed}</td></tr>
<tr><td></td><td>S5={lateral}</td><td>L5={round}</td></tr>
<tr><td></td><td>S6={high}</td><td>L6={ATR} etc.</td></tr>
<tr><td></td><td>S7={low} etc.</td><td></td></tr>
</table>

(5) Clements(1985)

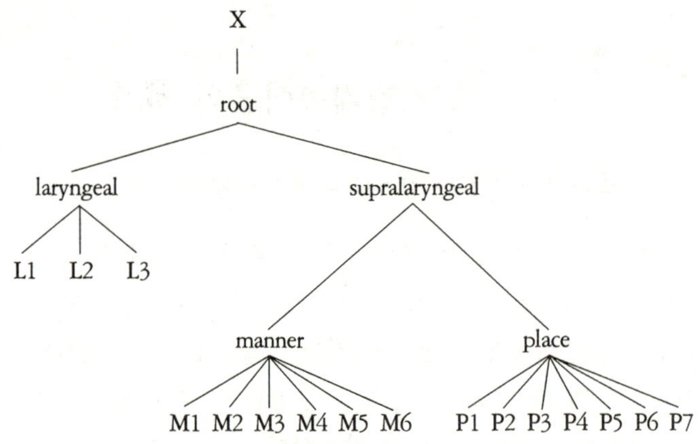

<table>
<tr><td>L1={constricted glottis}</td><td>M1={nasal}</td><td>P1={coronal}</td></tr>
<tr><td>L2={spread glottis}</td><td>M2={sonorant}</td><td>P2={anterior}</td></tr>
<tr><td>L3={voice}</td><td>M3={continuant}</td><td>P3={distributed}</td></tr>
<tr><td></td><td>M4={consonant}</td><td>P4={high}</td></tr>
<tr><td></td><td>M5={lateral}</td><td>P5={back}</td></tr>
<tr><td></td><td>M6={strident}</td><td>P6={round}</td></tr>
<tr><td></td><td></td><td>P7={labial}</td></tr>
</table>

2) 조음체-기반 자질이론(Articulator-based Feature Theory)

자질들에 관한 이러한 관찰은 좀더 본격화되어 Sagey(1986)을 필두로 하여 이른바 '조음체-기반 자질이론(Articulator-based Feature Theory)'을 전개하게 되었다. 조음체-기반 자질이론은 음성 산출이 독립적으로 기능하는 몇 개의 조음체를 사용한다는 기본적인 생각에서 출발한다. 입술, 혀끝, 혓몸, 연구개 등과 같은 조음체가 바로 그러한 것들인데, 이들은 각각 Labial, Coronal, Dorsal, Soft Palate 등과 같은 마디(node)로 구성된다.

(6) Sagey(1986)

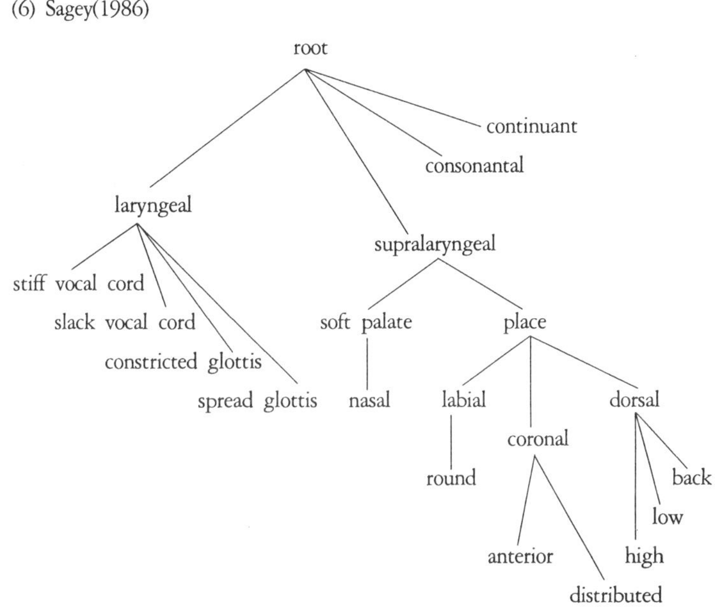

이는 주로 음성학적인 동기(phonetic motivation)에 바탕을 둔 것으로 몇몇 자질들이 함께 묶이게 되는 기능적인 단위를 조음체로 포착했다는 데에 그 특징이 있다. 여기서 supralaryngeal이나 place와 같은 마디는 조음체와는 관련이 없는 마디인데, 그것은 서로 다른 음향적인 효과(acoustic effects)를 반영하고 있다: supralaryngeal 아래에 묶이는 자질들은 formant 구조의 형태에 영향을 미치고, place 아래에 묶이는 자질들은 공명체(resonator)의 모양을 바꾸어 formant를 변경시킨다. 또한 root 마디는 음운론적으로 동기화 된 것으로 전통적인 음소의 개념을 대신하고 있다. 한편, 개별적인 마디에 묶이지 않고 root 마디에 직접 연결된 [continuant]와 [consonantal] 두 개의 자질은 조음체와는 상관없이 폐쇄(closure)의 정도(degree)를 나타내는 자질로 다루어지고 있다.

자질들의 이러한 표기는 Clements(1985)에서처럼 모든 조음위치 자질들이 place 마디에 평면적으로 배열되어 있는 모델, 즉 조음위치 이론(PAT)보다 좀 더 많은 설명력을 지닌다(Shin-sook Lee 1994). 먼저 조음체-기반 자질이론(AFT)은 음운론과 말소리의 조음(articulation) 사이의 수긍 가능한 상호작용을 포착함으로써 음운론과 음성학의 밀접한 관련성에 관한 통찰을 가능하게 했다. 다음으로 Sagey(1986)의 자질계층 모델은 SPE의 자질 체계 및 그 운용에서 문제가 되었던 연쇄복합분절음(contour segment)과 동시복합분절음(complex segment)에 대해 다음과 같은 표기를 제안함으로써 이를 설명할 수 있게 되었다.

(7) 가. 연쇄복합분절음(contour segment)   나. 동시복합분절음(complex segment)
    : 파찰음(affricate) cf. /t?/   : 양순-연구개음(labiovelar) cf. /kp/

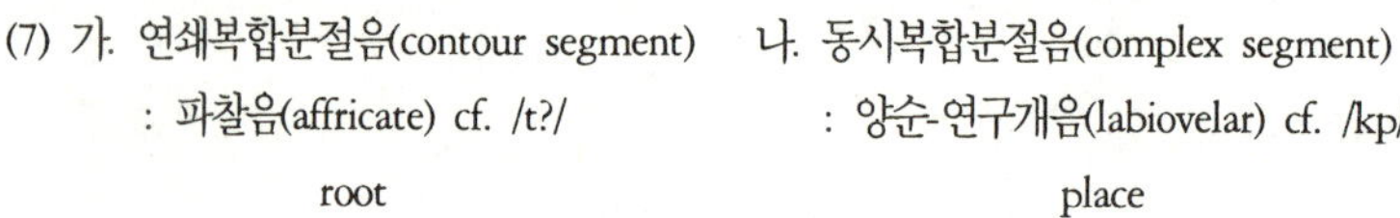

또한 조음체-기반 자질이론(AFT)은 한 어근 형태소 안에서 동일 자질에 대한 서로 다른 자질가의 공기(cooccurrence)를 금지하는 OCP(cf. Ponapean *[[+anterior, -coronal, αround][+anterior, -coronal, βround]]root-morpheme)에 대해 두 분절음이 동일한 마디와 자질을 공유하는 것으로 표기하여 그 적용을 피하거나, 확산(spreading)이나 저지(blocking)와 같은 음운과정의 투명성(transparence)과 불투명성(opacity)을 동일 조음체가 같은 층위에 놓이게 표기함으로써 이를 설명할 수 있다.

(8) pVm/p^wVm^w $*p^wVm$

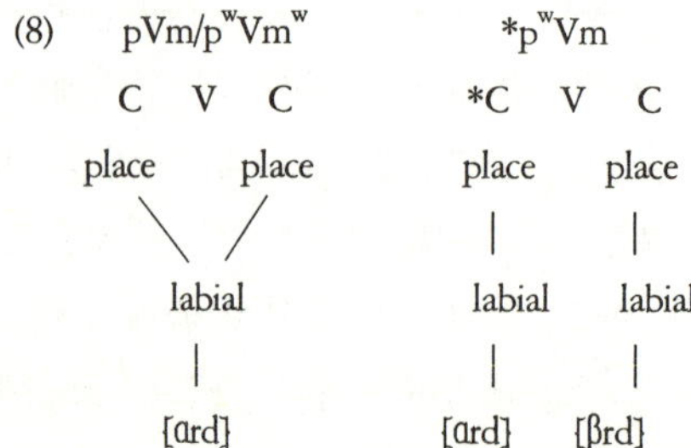

한편, McCarthy(1988)은 비단선적인(nonlinear) 음운론적 표시에 대한 확산(spreading), 절단(delinking), OCP와 같은 기본적인 작용에 기초하여 마디를 설정하고 여기에 관련된 자질들을 묶어 다음과 같은 모델을 제시하였다.

(9) McCarthy(1988)

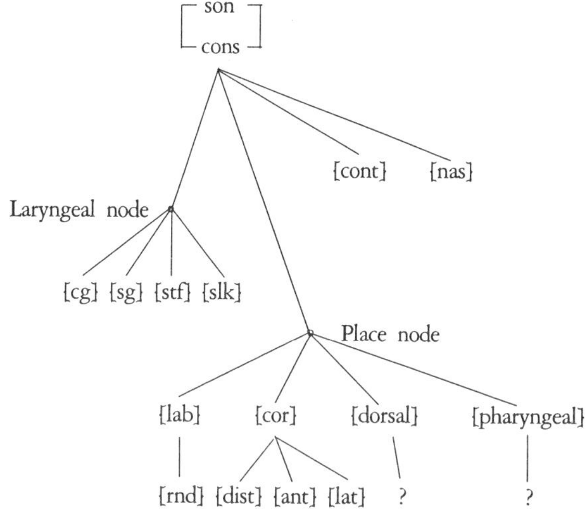

이 모델은 root 마디를 주요분류자질(Major class features)인 [sonorant]와 [consonantal] 자질로 구성한 것이 가장 큰 특징이라고 할 수 있다. 이러한 구성은 다음과 같은 점에서 선호된다(Kenstowicz 1994).

첫째, [consonantal]과 [sonorant]는 완전동화의 경우로서 결코 외부로 확산되지 않는다. 특히, [consonantal]이 확산되거나 절단된다는 것은 지극히 생각하기 어려운 상황이다. 이 자질들을 root 마디에 위치시키는 것은 이러한 특성을 잘 표현할 수 있게 해준다.

둘째, 모든 언어는 자음과 모음, 공명음과 장애음을 구별하지만, 폐쇄음과 마찰음, 비음의 대조는 일반적이지 않다. [consonantal]과 [sonorant]를 root 마디에 위치시키는 것은 보다 상위의 자질들이 대조에 있어서도 보다 기본적인 범주라는 직관을 반영한다.

셋째, [consonantal]과 [sonorant]는 공명도에 의해 적용되는 음절화 절차의 주요결정요소이다. 음절화 절차는 음소들의 연속체에 최초의, 그리고 가장 기본적인 운율구조(prosodic structure)를 부여한다. 그러므로 이 자질들을 root 마디에 위치시키는 것은 또한 이들의 이러한 특별한 지위를 두드러지게 한다.

또한 이 모델은 기존의 다른 모델들에서 설정하였던 supralaryngeal 마디를 그것의 음운론적인 동기가 존재하지 않는다는 이유에서 설정하지 않았고, [continuant]와 [nasal] 자질은 이것이 다른 자질들과는 달리 각각 독립적으로 행동한다는 점에서 특정한 마디 없이 root 마디에 바로 연결시켜 놓았다.

Avery & Rice(1989)는 coronal의 잠재표기(underspecification)에 주목하며 다음과 같은 모델을 제시했다.

(10) Avery & Rice(1989)

                              ROOT
          ┌───────────────────┼───────────────────┐
      Laryngeal   Continuant
          │
       {voice}   Supralaryngeal
                               │
                               └──────────┐
                                       Sonorant
                                      ┌────┴────┐
                                   Nasal   Lateral

                           Place
                       ┌─────┴─────┐
                   Peripheral   Coronal
                   ┌────┴────┐   │
                Labial   Dorsal {distributed}
                   │
                {round}

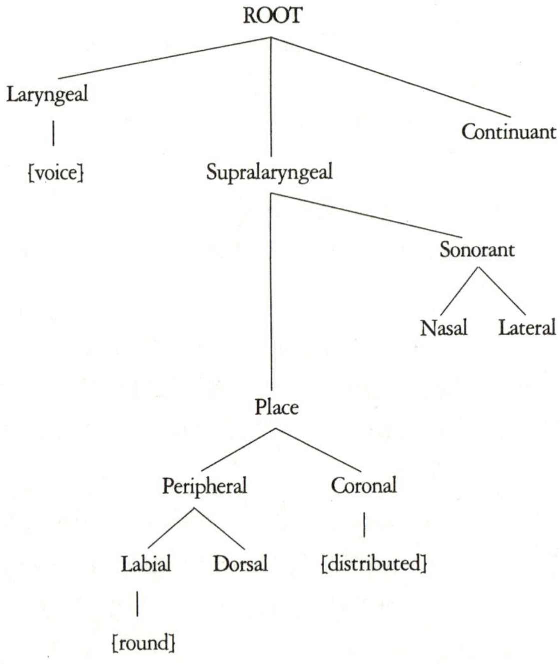

여기서는 Peripheral 마디가 주목되는데, 이는 Dorsal과 Labial을 묶는 상위 마디로 Dorsal과 Labial이 Coronal과의 비교에서 보이는 차이점을 표기에 반영한 것이다. 이는 한국어와 Ponapean에서 순음(labial)과 연구개음(velar)이 자연류를 이루게 되는 현상에 근거한 것이다.5) 'Peripheral'이란 개념은 결국 Jakobson & Halle(1956)의 [+grave] 자질과 그 특성이 동일한 것으로 Coronal을 중심으로 했을 때 주변적(peripheral) 조음체가 되는 Dorsal과 Labial을 묶어 주는 역할을 한다. Coronal 마디가 가장 무표적이라는 전제하에 Peripheral 마디 내에서 무표적인 요소를 가정한다면 그것은 Labial이라고 할 수 있는데,6) 이에 의해 Labial은 일반적으로는 잠재표기 되었다가 필요한 경우에 명시된다. 3장에서 살펴보겠지만, 이와 같이 Peripheral 마디를 설정하고 Coronal, Labial, Dorsal 간에 상대적인 잠재표기를 가정하는 것은 특히 국어의 조음위치 동화현상을 설명하는 데 있어 매우 유용한 기제가 된다. 또한 Sonorant 마디에 Nasal과 Lateral이 함께 묶여 있는 것이 주목된다. 이것은 비음(nasal)과 설측음(lateral)이 모두 공명음(sonorant)이라는 사실에 주목한 것인데, Avery & Rice(1990, 1991)에서는 공명음이 조음될 때 수반되는 특징 중의 하나인 자발적인 성대진동(Spontaneous Voicing)에 착안하여 이 마디의 이름을 SV 마디로 바꾸었다. 이 마디의 설정 근거로는 공명자음들 사이의 동화, 비공명화, 그리고 인접 분절음의 공명도에 따른 동화현상 등을 들 수 있다. 여기서 Nasal이 Lateral에 비해 상대적으로 무표적이라고 할 수 있는데, 이는 공명자음들 중 비음이 가장 무표적이라는 관찰(Kean 1975)에 의해 지지된다. 이렇듯 Nasal과 Lateral을 동일 마디에 묶고 이들 사이의 상대적인 잠재표기를 가정하는 것은 국어의 유음화(설측음화)나 두음법칙과 같은 현상을 해명하는 데 있어 설명력을 제공한다.

---

5) 한국어에서는 Coronal이 Labial과 Dorsal에 의해 동화될 뿐만 아니라 Labial도 Dorsal에 의해 동화되는 현상이 나타난다. 반면에 Ponapean에서는 Coronal만이 Labial과 Dorsal에 의해 동화된다. 이는 한국어에서는 물론이고 Ponapean에서도 동일한 음운환경에서 함께 동화의 촉발자(trigger)가 되는 순음(labial)과 연구개음(velar)이 자연류를 형성한다는 사실을 보여준다.

6) 이것은 언어습득 과정에서 그 근거를 찾을 수 있다. 어린이들의 언어습득에 있어서 일반적인 경향은 /k/와 같은 연구개 자음보다는 /p/와 같은 순음을 먼저 배우게 된다. '어머니'를 뜻하는 '[mama]'를 '[ŋaŋa]'로 발음하는 경우는 거의 없기 때문에, 이러한 사실로부터 Labial이 Dorsal보다 더 무표적이라는 것을 알 수 있다. 이에 대해서는 Hyman(1975:16~17) 참조

Halle(1992)는 Sagey(1986)를 바탕으로 이제까지 제시되었던 조음체-기반 자질이론의 자질계층 모델들을 종합하여 다음과 같은 모델을 제시하였다.

(11) Halle(1992)

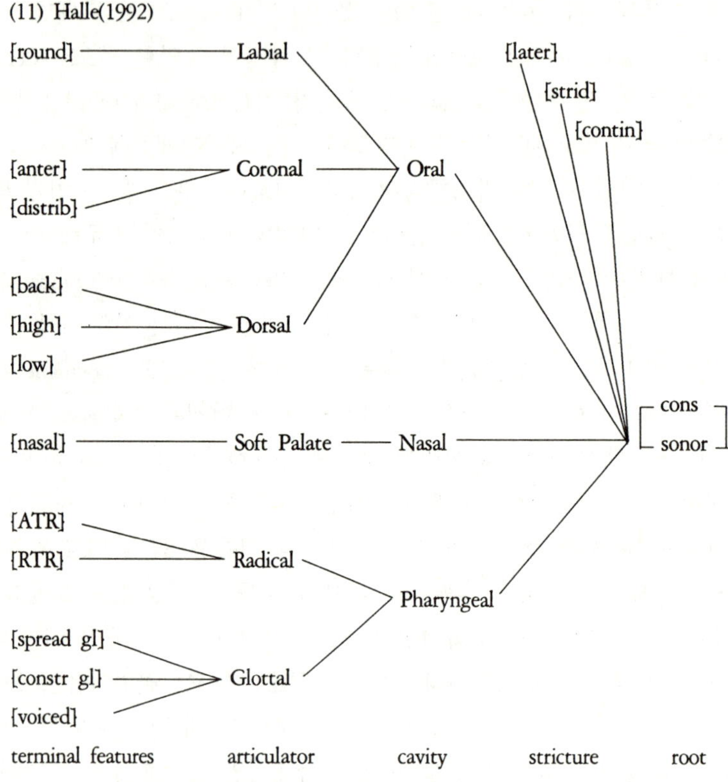

이 모델은 관련된 자질들을 하나로 묶는 기능적인 단위를 철저하게 조음체에 기반하여 설정하고 있다. 각 조음체 마디에 의해 관할(dominance)되고 있는 자질들은 대부분 조음체-의존 자질(Articulator-bound features)이라고 할 수 있는데, 다만 root 마디에 의해 직접 관할되고 있는 [lateral], [strident], [continuant]와 같은 협착(constriction) 자질들은 특정 조음체에 관할되지 않는 조음체-자유 자질(Articulator-free features)이 된다.

3) 협착-기반 자질이론(Constriction-based Feature Theory)

(12) Clements(1989, 1991), Clements & Hume(1995): Unified Model

가. Consonant

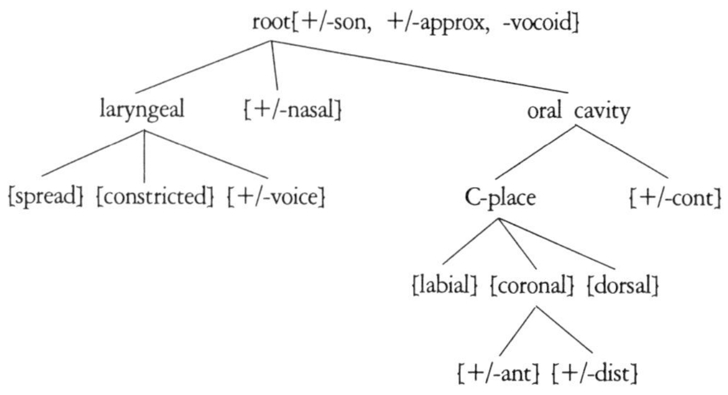

나. Vowel

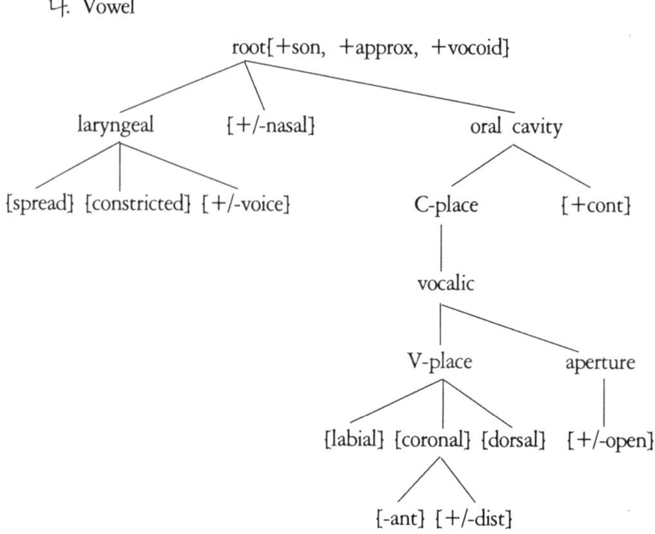

　　　이것은 협착(constriction)을 자질들을 조직화하는 데 기본적인 단위로 삼은 것으로 구강에서 조음되는 어떠한 분절음이건 협착 정도(the degree of constriction)와 협착 위치(the location of constriction)에 의해 특징 지워지게 된다는 점에 착안한 모델이다. 이 모델은 자음과 모음으로 자질이 조직되어 자음과

모음이 상호작용 하는 현상들을 기술할 수 있다는 특징이 있다.[7]

이와 같이 자질계층이론의 전개 과정은 관련된 자질들을 하나로 묶는 기능적인 단위를 어떠한 기준에 의해 설정하는가 하는 것에 이론 전개의 요점이 있다고 할 수 있다. 이제까지의 논의는 그 기능적인 단위를 조음체에 둘 것인가, 아니면 협착에 둘 것 인가로 요약된다. 결국 자질계층이론이란 관련된 자질들을 기능적인 단위로 묶어 그것들의 계층적인 구조를 표기하고 이를 각 분절음들의 내부 구조로 파악하여 이들 사이의 간단한 상호작용을 통해 음운현상을 규명하는 이론이다.

4. 자질계층이론을 통한 국어 음운현상의 해명

이제까지 소개된 자질계층이론은 언어 보편적인 이론으로 발전할 수 있

---

7) 자음과 모음의 조음위치적 상관성은 다음과 같은 비교를 통해 알 수 있다.

<place>	<consonantal expression>	<vocalic expression>
labial	lip constriction	rounding
coronal	constriction of tip/blade/front of tongue	front and retroflex
dorsal	constriction at back of tongue (palatine dorsum)	back vowels
radical	constriction in lower pharynx	low and pharyngealized

한편, Shin-sook Lee(1994)에서는 이러한 협착-기반 자질이론에 대해 다음과 같은 문제점을 지적했는데, 아래에 제시된 문제점들은 이론 전체에 대한 것이라기보다는 국부적인 문제점들에 대한 언급이라고 할 수 있겠다.

첫째, 비대칭적인 모습을 보이는 한국어의 위치동화와 같은 경우는 여전히 설명되지 못한 채 남아 있다.

둘째, 한국어나 헝가리어와 같은 언어에서 non-coronal음들이 자연류를 형성하는 사실을 포착하지 못한다.

셋째, 터어키어와 같은 언어의 모음조화에서는 [back] 자질의 두 자질가가 모두 확산되어야 하는데, coronal과 dorsal이 단일 자질가를 갖는 Clements & Hume(1995)의 모델에서는 이를 설명할 수 없다.

넷째, 모음의 고저는 open1, open2, open3 등으로 나뉘어질 수 있는 [open] 자질에 의해 표시되는 일정한 음성적 차원인데, Steriade가 사적인 대화에서 지적했듯이 open2의 모음(중모음)은 거의 확산되지 않는다는 사실도 문제가 된다.

다는 가능성 아래 국어에도 이를 통한 음운현상의 해명이 시도되었다. Kim Kee-Ho(1987)은 이러한 시도의 선구적인 업적으로 다음과 같은 자질계층 모델을 통해 국어의 어말 중화현상과 조음위치 동화, /n/-설측음화, 비음화와 같은 일련의 동화현상, 그리고 유기음화와 장애음의 유성음화 현상, 'ㅂ'과 'ㄷ' 불규칙 용언의 활용현상 등을 해명하고자 하였다.

(13) Kim Kee-Ho(1987)

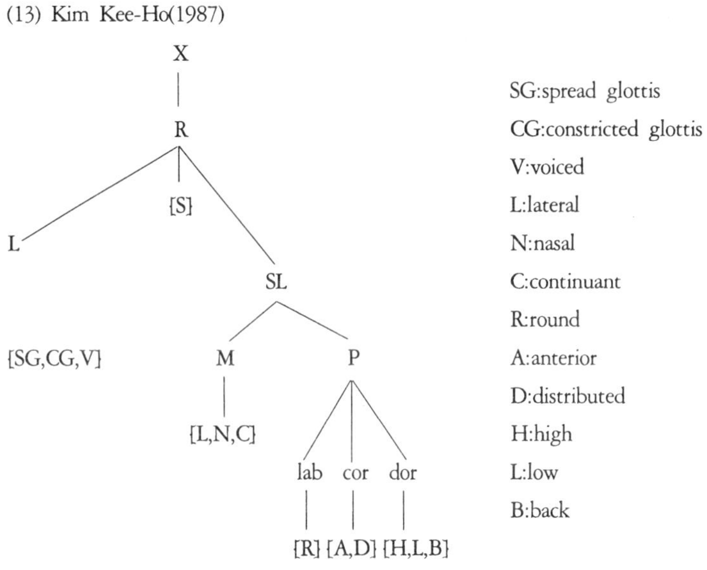

이것은 Sagey(1986)의 모델에 기반한 것으로 특히 음운론적인 증거들에 주목하면서 잠재표기 이론을 자질계층이론에 도입하여 그 설명력을 높이고 있다. 그러나 주요분류자질의 하나인 [sonorant] 자질을 독립적인 자질로서 Root 마디 아래에 바로 연결시켜 비음화와 같은 동화현상을 하위의 [nasal] 자질이 아닌 이 [sonorant] 자질이 확산하는 것으로 파악한 것은 논란의 여지가 있을 수 있다. 그것은 이와 같은 처리가 음운과정에 있어서 같은 주요분류자질인 [consonantal] 자질과의 비대칭적인 행동을 초래하게 되기 때문이다.8) 무엇보

---

8) Kaisse(1992)는 Cyproit Greek에서 과도음(glide)이 자음에 인접했을 때 선연구개음(prevelar)으로 바뀌는 과도음-경화 과정(glide-hardening processes; /y/ → [k'] / C__)에 대해 [+consonantal] 자질의 확산으로 이를 설명하였다. 그러나 이는 매우 특수한 예가 되는 것으로 주요분류자질

다도 이 모델이 갖는 가장 큰 문제점은 이것이 자음들 사이에서 나타나는 음
운현상만을 해명할 수 있을 뿐 모음과 모음, 또는 자음과 모음 사이에서 나타
나는 음운현상에 대해서는 적절한 해명을 제공하지 못한다는 것이다.9) 이는
Clements에 의해 제기된 AFT의 문제점 중의 하나로 국어의 여러 음운현상을
해명하기 위해서는 모음도 함께 다룰 수 있는 자질계층 모델이 필요하다.

필자는 Clements(1989, 1991)에서 나타나는 문제점을 비판한 Lahiri & Evers
(1991)의 견해를 수용하여 AFT모델의 단점을 보완한 김유범(1995b)의 모델을
통해 자질계층이론으로 설명 가능한 국어의 음운현상들에 대해 해명해 보
고자 한다.

(14) 김유범(1995b)10)

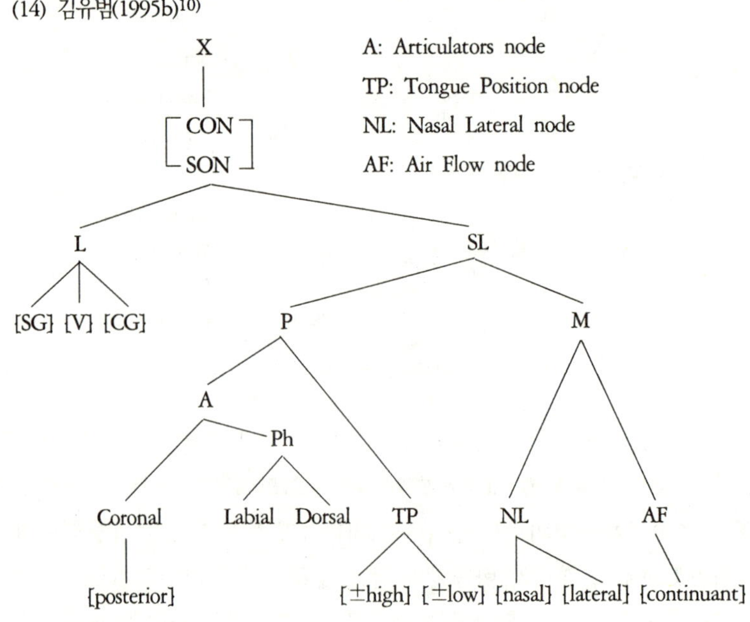

에 대한 일반적인 견해는 이들이 직접적으로 음운과정에 참여하는 것을 인정하지 않는다.
9) Kim Kee-Ho(1987)의 수정안으로 제시된 오정란(1990), 신지영(1990) 등도 이러한 문제를 극복
    하지는 못하였다.
10) 이 모델은 국어의 음소와 음운현상을 대상으로 조직되었으므로 다분히 국어 개별적인 특성
    이 강할 것이며, 또한 그 운영에 있어서는 잠재표기이론(Underspecification Theory)에 많이 의
    존하고 있다.

이것은 Kim Kee-Ho(1987), 신지영(1990)을 바탕으로 McCarthy(1988)과 Lahiri & Evers(1991), 그리고 Avery & Rice(1989, 1990, 1991) 등의 논의 중 설득력이 있는 부분들을 종합하여 구성한 모델이다. 특히 혀의 높이와 관련된 자질들을 묶어 놓은 TP 마디의 설정으로 구개음화와 같이 자음과 모음이 상호작용하는 현상을 설명할 수 있게 되었다. 또한 NL 마디와 AF 마디는 조음방식과 관련된 자질들 중 [nasal], [lateral], [continuant] 세 자질만을 이 두 마디에 나누어 간략하게 묶음으로써 각 분절음들의 조음방식적 특징을 모두 나타낼 수 있다. 이 모델의 운용에는 다음과 같은 제약이 전제된다.

(15) 가. Structural Complexity Constraint(SCC)
　　　명시된 NL 구조는 Place 구조의 미명시를 암시하고,
　　　명시된 Place 구조는 NL 구조의 미명시를 암시한다.
　　나. NL Spreading Constraint(NSC)
　　　[lateral]이 명시된 NL마디는 그것과 동일한 PLACE
　　　마디를 갖는 목표물로만 확산이 가능하다.
　　다. NL and AF Co-occurrence Constraint(NACC)
　　　NL마디와 AF마디는 서로 배타적인 분포를 갖는다.

1) 확산(spreading)으로서의 동화

　동화(assimilation)란 자질론적 관점에서 볼 때 새로운 자질을 첨가하는 현상이라 할 수 있다. 자질계층이론은 이러한 자질론의 기본적인 입장을 분명하고 명쾌하게 보여준다. 그것은 자질계층이론에서 동화가 빈자리에 관련된 자질을 채워넣는 자질채우기(feature filling) 과정으로 이해되기 때문이다.

　동화는 그것이 발생하는 대상에 따라 (ⅰ)자음과 자음 사이에서의 동화, (ⅱ)모음과 모음 사이에서의 동화, (ⅲ)자음과 모음 사이에서의 동화로 그 유형을 나누어 볼 수 있으므로 이 순서에 따라 국어의 동화현상들을 살펴보기로 한다.

(1) 자음과 자음 사이에서의 동화

① 유기음화(Aspiration)

평음 폐쇄음이 'ㅎ'/h/와 만나 유기음이 되는 현상이다. 이 때 'ㅎ'/h/와 평음 폐쇄음의 결합 순서는 상관없다. 이 때문에 유기음화는 전통적으로 경상규칙(鏡像規則 mirror image rule)으로 다루어져 온다. 자질계층이론에서는 이를 'ㅎ'/h/가 가진 L 마디의 [spread glottis] 자질을 인접한 평음 폐쇄음의 빈 L 마디로 확산시키는 동화현상으로 설명할 수 있다. 다만 [spread glottis] 자질을 확산시킨 'ㅎ'/h/는 사라지게 되는데, 이러한 특성으로 인해 유기음화는 자음축약 현상으로 다루어지기도 한다.

(16) 유기음화[11]

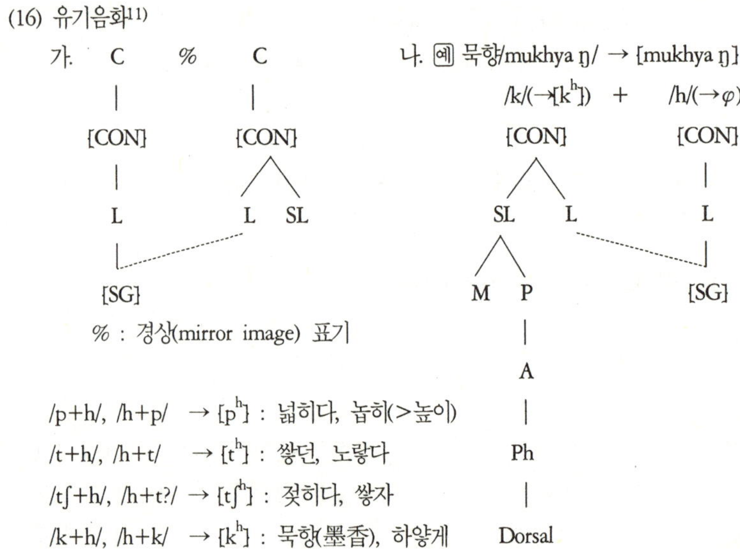

② 유음화(Lateralization)

비음 /n/이 유음의 앞뒤에서 동일한 유음으로 변하는 현상으로 이 역시 일반적으로 경상규칙으로 처리되어 왔다.[12] 이 현상은 [lateral] 자질이 연결

---

11) 각 현상에 대해 (가)에서는 일반화된 유형을, (나)에서는 구체화된 예를 제시한다.

된 /l/의 NL 마디를 /n/의 비어 있는 M 마디에 확산시키는 과정으로 이해할
수 있다. 이때 표면형 [l-l]이나 [ʎ-ʎ]은 겹자음(geminated consonants)을 형성하여
탄설음화를 비롯한 다른 음운규칙들의 적용을 봉쇄하거나 CV 층위에서 하
나의 자음으로 행동하는 등 특별한 양상을 보여준다. 유음화는 변화의 결과
가 설측음(lateral)으로 나타나기 때문에 '설측음화'라고도 한다.

(17) 유음화

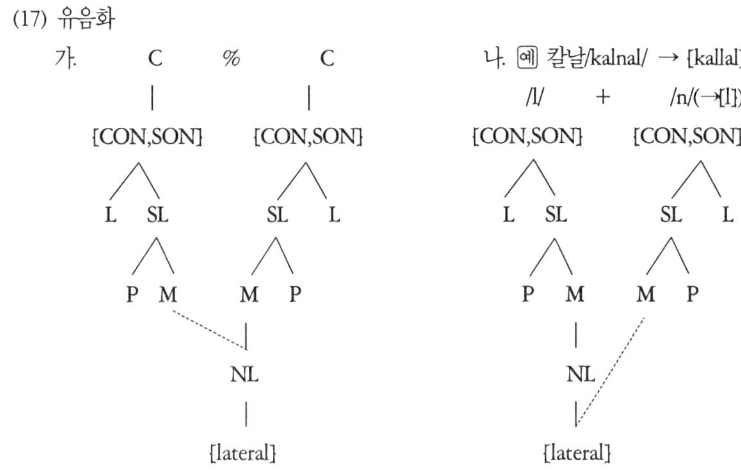

/n/ → [l] : 칼날, 줄넘기, 신라, 천리

③ **비음화**(Nasalization)

　어말 폐쇄음이 비음과 만나 동일 조음점의 비음으로 변화하는 현상이다.
즉, 폐쇄음의 조음위치는 그대로 유지되면서 조음방식에 있어서만 변화를
겪는다. 이 현상은 [nasal] 자질이 연결된 후행 비음의 NL 마디를 선행 폐쇄
음의 빈 M 마디로 확산시키는 과정으로 이해된다.

---

12) 유음화를 경상규칙으로 보려는 견해에 대한 문제점의 제기는 이진호(1998)를 참조할 수 있다.

(18) 비음화

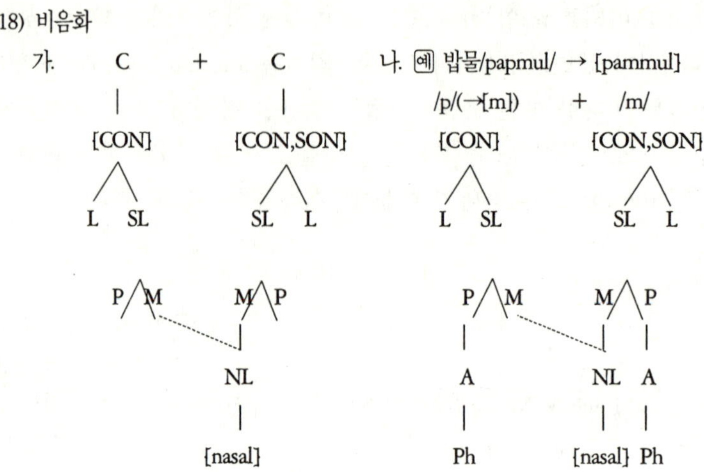

/p/ → [m] : 밥물, 잡는
/t/ → [n] : 돋나물, 닫는
/k/ → [ŋ] : 작문, 먹는

④ 위치동화(Place Assimilation)

치경(alveolar)이나 양순(bilabial)의 조음위치를 갖는 음이 뒤에 오는 순음이나 연구개음에 의해 같은 순음이나 연구개음으로 변화하는 현상이다. 여기서 치경음은 항상 동화를 입는 요소가 되고 연구개음은 항상 동화를 일으키는 요소가 된다. 또한 순음은 이 두 가지 역할을 모두 수행하는 요소가 된다. 국어에서 볼 수 있는 이러한 위치동화 현상은 언어학적으로 매우 흥미롭다고 할 수 있다. 그것은 조음체인 치경(Coronal), 입술(Labial), 연구개(Dorsal)가 음운과정에서 비대칭성(asymmetry)을 보여준다는 사실이다. 2의 1)에서 살펴보았듯이 Avery & Rice(1989)는 Ponapean에서 나타나는 labial과 dorsal의 자연류 형성과 함께 국어의 이러한 현상에 착안하여 Place 마디에 대한 새로운 구조를 제안했다.

국어의 위치동화는 후행하는 순음이나 연구개음의 P 마디에 연결된 요소들을 선행하는 치경음이나 순음의 P 마디 아래의 빈자리에 확산시키는 과정으로 이해할 수 있다.

(19) 위치동화[13)

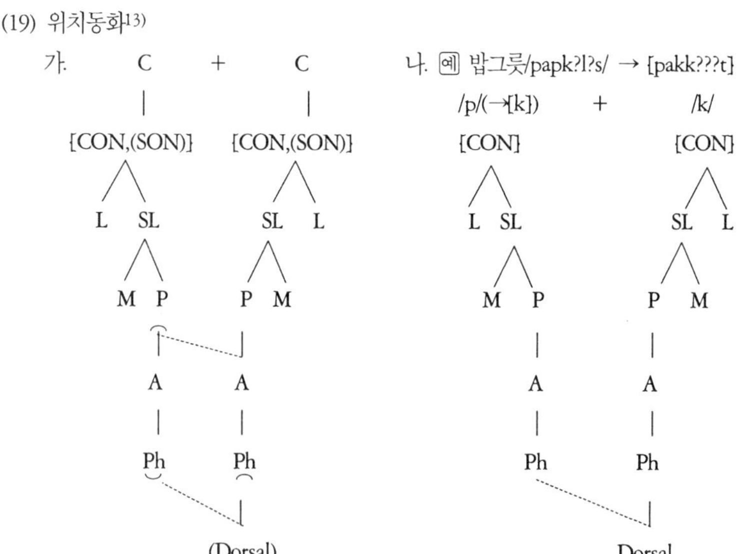

( ) : 수의적인 요소의 표시

치경음 → 순음 : 신문, 신발

치경음 → 연구개음 : 삿갓, 받고

순음 → 연구개음 : 밥그릇, 업고

(2) **자음과 모음 사이에서의 동화** : 구개음화(Palatalization)

구개모음 /i/에 의해 선행하는 비구개 자음들이 구개음으로 변화하는 현상으로 선행자음의 종류에 따라 그 유형이 다양하게 나뉘어진다. 이 중 /t/, /tʰ/가 [tʃ], [tʃʰ]로 바뀌는 t-구개음화와 같은 경우는 변이음 차원이 아닌 음소 차원의 변화라는 점에서 여타의 구개음화와는 그 층위를 달리한다고 하겠다. 국어의 구개음화 현상은 선행 자음의 빈 P 마디에 Coronal 마디와 [posterior] 자질이 연결된 후행 구개모음 /i/의 A 마디를 확산시키는 것으로 설명할 수 있다.

---

13) 여기서 설명되고 있는 동화의 예들에 대해 국어 표준어 규정에서는 이를 인정하고 있지 않다. 그러나 실제 언어 생활에서 이러한 동화현상이 공공연히 발생하고 있는 것을 볼 때, 이를 현대의 공시적인 음운현상으로 인정하는 것이 바람직하다고 생각된다.

(20) 구개음화

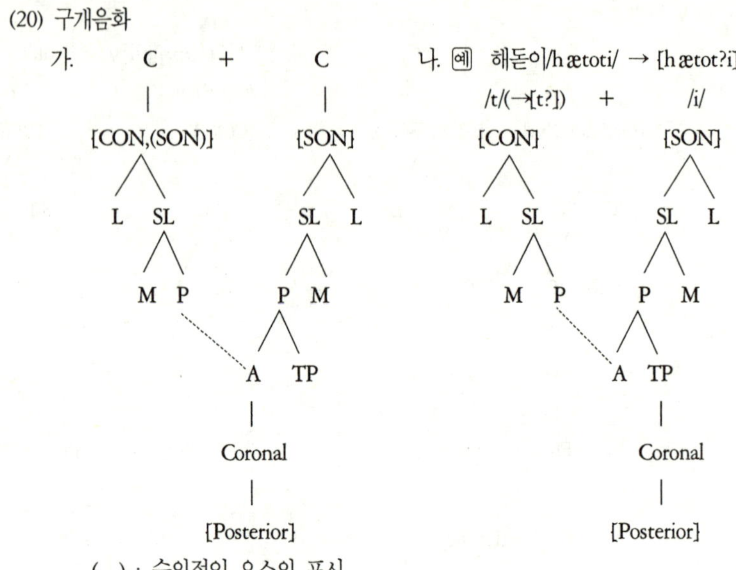

( ) : 수의적인 요소의 표시

/t, tʰ/ → [tʃ, tʃʰ] : 해돋이, 같이

/n/ → [ɲ] : 보니

/s/ → [ʃ] : 시계, 심다

/l/ → [ʎ] : 훌륭

(3) 모음과 모음 사이에서의 동화 : 'ㅣ'모음 역행동화(Umlaut)

전설 고모음 /i/가 선행하는 비전설 모음들을 전설모음으로 변화시키는 현상이다. 현행 표준어 규정에서는 이 현상이 일어난 어휘가 대부분 표준어로 인정받지 못하고 있으나, '고집쟁이', '허풍쟁이' 등에서 보이는 접미사 '-쟁이'가 기원적으로는 '-장이'에서 온 것임을 고려할 때, 'ㅣ'모음 역행동화의 존재를 인정하지 않을 수 없다. 이는 선행 모음의 빈 A 마디에 [posterior] 자질이 연결된 후행 구개모음 /i/의 Coronal 마디를 확산시키는 것으로 설명할 수 있다.

(21) 'ㅣ'모음 역행동화

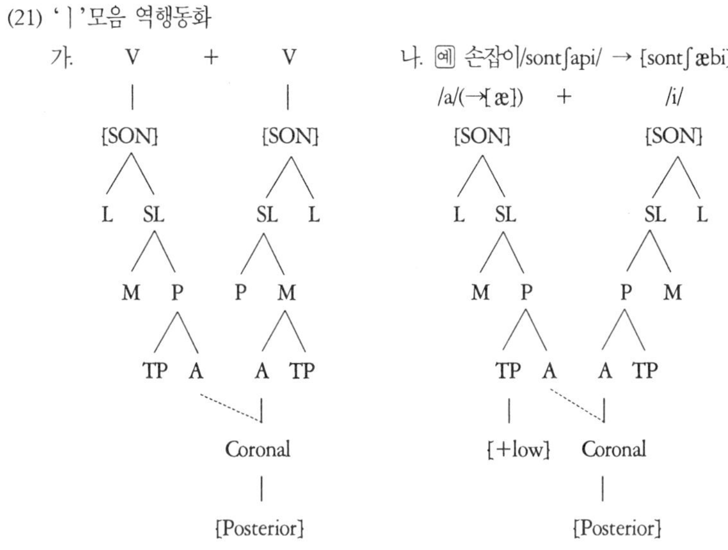

/a/ → [æ] : 손잡이
/ʔ/ → [e] : 먹이다
/u/ → [ü] : 죽이다
/o/ → [ö] : 쫓기다

'ㅣ'모음 역행동화에서 한 가지 흥미로운 사실은 '맞이(迎), 멀리, 굳이, 해돋이' 등과 같이 Coronal 자음이 두 모음 사이에 개재한 경우에는 이 현상이 일어나지 않는다는 것이다. 이것은 같은 조음체는 동일한 층위(tier)에 배열된다는 자질계층이론의 기본적인 가정으로부터 예측될 수 있는 현상이다.

(22) 'ㅣ'모음 역행동화의 저지

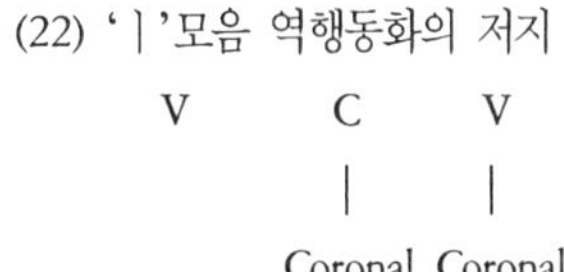

이제까지 국어의 다양한 동화현상들을 그 유형에 따라 살펴보았다. 자질계층이론에서는 표면적으로는 각기 개별적으로 보이는 여러 동화현상들을

단일한 기제에 의해 설명할 수 있다. 즉, 동화란 빈자리에 관련된 마디나 자질을 채워 넣는 확산 과정으로 이해된다. 이는 표면에서 다양한 모습을 보이는 현상들로부터 그 기본적 동질성을 포착해 내는 생성음운론의 설명력을 다시 한번 보여주는 대목이라고 할 수 있다.

2) 절단(delinking)으로서의 중화

자질론적 관점에서 중화(neutralization)란 어떤 분절음이 가지고 있던 자질을 상실하는 현상이라 할 수 있다. 이러한 자질의 상실은 다른 분절음과의 변별력의 상실을 가져오게 된다. 중화는 자질계층이론에서 분절음의 기저표시에서 특정한 마디나 자질을 절단(delinking)하는 과정으로 이해된다. 이 역시 동화와 함께 자질계층이론에 의해 잘 설명될 수 있는 음운현상이라고 할 수 있다.

① 말음법칙

국어의 특징적인 음운현상 중 하나는 국어의 장애음(obstruents)이 어말이나 자음 앞에서 불파음(unreleased stop)으로 실현되는 것이다. 이는 음성학적으로는 장애음의 음성 실현 단계 중 '파열(release)' 단계를 생략하는 것으로 이해되지만, 음운론적으로는 파열음과 파찰음 중 경음과 유기음, 그리고 마찰음이 특정 환경에서 동일 조음점을 갖는 무표적인 평음 폐쇄음으로 중화되는 것이라고 이해할 수 있다. 자질계층이론에서 이는 L 마디나 M 마디의 종속체들을 모두 절단함으로써 설명된다.

(23) 말음법칙

$$\begin{array}{ccc} \text{M} & \text{P} & \qquad\qquad \text{[SG]}\ \ \text{M}\ \ \text{P} \\ \dagger & & \end{array}$$

/p^h/, /p'/ → [p] : 숲

/t^h/, /t'/, /s/, /s'/, /tʃ/, /tʃ^h/, /t?'/ → [t] : 숱, 낫, 갔다, 낮, 낯

/k^h/, /k'/ → [k] : 부엌, 깎고

② 두음법칙

어두에 위치하는 유음이 발음의 편의를 위해 비음 [n]으로 변화하는 현상이다. 이 현상은 유음 /l/이 지닌 [lateral] 자질을 상실하는 과정으로 이해되므로 중화현상이라고 할 수 있다. 그러나 이것은 남북의 표준발음에서 그 적용 여부가 서로 차이를 보이고 있어 국어에서는 수의적인 음운현상이 된다.

(24) 두음법칙

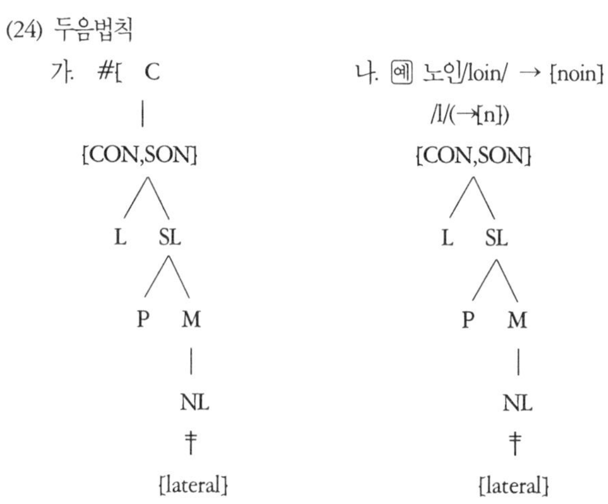

/l/ → [n] : 노인(老人), 내일(來日)

5. 맺음말

이제까지 자질계층이론의 전개 약사를 각 모델의 특징을 중심으로 살펴 보고, 국어의 여러 음운현상들을 필자가 제시했던 자질계층이론의 모델에 입각해 설명해 보았다. 특히 동화와 중화라는 음운현상의 중심적인 두 축을 자질의 확산(spreading)과 절단(delinking)이라는 간단한 두 기제에 의해 설명할 수 있다는 점은 이 이론이 보여주는 가장 큰 장점이라고 하겠다.

어떤 이론도 그 자체로 모든 것을 설명해낼 수 없듯이 자질계층이론 또 한 여러 가지 면에서 그 한계성을 노출하고 있다. 먼저 여러 모델들의 수립 과정을 통해 볼 수 있었듯이 언어 보편적인 자질계층 모델의 수립이 쉽지 않다는 점이다. 개별 언어들의 특성을 어느 하나의 일반화된 모델을 이용해 설명하기에는 개별 언어마다 나타나는 특징들이 너무도 다양하고 심지어는 상반된 양상을 보이기까지 한다.

다음으로 잠재표기이론(Underspecification Theory)에 대한 과잉 의존의 문제이 다. 자질계층이론은 잠재표기이론과 병행될 때 원활한 운용과 함께 이론적 설명력이 증대될 수 있는데, 실제로 자질의 확산과 절단 과정에서 일관된 기준 없이 자의적으로 잠재표기를 적용시키는 경우들이 생겨 오히려 설명 력을 감소시키게 된다. 잠재표기이론이 자질계층이론의 설명적 한계를 피 해 갈 수 있도록 하는 징검다리가 되어서는 곤란하다.

또 한 가지는 표기(representation)만을 통한 음운현상의 불완전한 해명의 문 제이다. 주어진 모델에 따라 각 분절음들의 내부 구조를 가정하고 여기에 확산과 절단 작용을 통해 음운현상들을 해명하여야 하지만, 실제로 이론의 세부적인 면에 있어서는 개별적인 조치나 설명이 요구되게 된다. 특히 형태 론적 정보가 요구되는 경우에는 자질계층이론만으로는 정확한 설명이 이루 어질 수 없다. 이러한 문제점은 제약 설정을 불가피하게 만들었고, 제약 설 정의 확장은 최적성이론(Optimality Theory)이라는 새로운 이론의 등장을 요구 하게 되었다.

이와 같이 자질계층이론이 비록 그 자체로 여러 가지 문제점들을 지니고 있음을 인정하지만, 이 이론의 전개 과정을 통해 우리는 음운론에 대한 기

존의 시야를 크게 넓힐 수 있었다. 특히 분절음의 내부 구조에 관해 본격적
이고 진지한 고민을 할 수 있었고, 음운과정이 진행되는 모습을 보다 명시
적으로 보여줄 수 있게 되었다는 점을 강조하고 싶다.

참고문헌

김기호(1990), "계층적 자질수형도에서의 비표기와 잠재표기", 『언어』 15(통합호).

김유범(1995a), "國語의 資質階層樹型圖-자음과 모음의 통합모델을 위한 모색", 『한국어학』 2. 한국어학연구회.

김유범(1995b), 「國語 流音의 音韻史的 研究」, 고려대 석사학위논문.

김희성(1998), 「자질계층이론에 의한 음운현상 연구」, 이화여대 석사학위논문.

손형숙(1997), "미명세이론의 음운론적 의미", 『언어』 22-1.

신지영(1990), 「국어 자음체계의 기저표시와 음운현상」, 고려대 석사학위논문.

오정란(1990), "자질층위이론과 국어", 『韓國語學新研究』, 한신문화사.

이진호(1998), "국어 유음화에 대한 종합적 고찰", 『국어학』 31.

한선희(1992), "자질 수형도이론으로 본 국어의 기식음화와 구개음화 현상", 『논문집』(대림전문대학) 14.

허삼복(1995), 「중세국어 음절구조와 음운현상 연구」, 충남대 박사학위논문.

허은애(1998), 「자질계층이론에 의한 조음위치 자질동화현상 분석」, 이화여대 석사학위논문.

Avery, P. & Rice, K.(1989), "Segment Structure and Coronal Underspecification." *Phonology Yearbook* 6.

Chomsky, N & M. Halle(1968), *The Sound Pattern of English*. New York: Harper & Row. 전상범 譯 『영어의 음성체계』 1993, 한신문화사.

Clements, G.N.(1985), "The Geometry of Phonological Features." *Phonology Yearbook* 2.

Clements, G.N.(1989), "A Unified Set of Features for Consonants and Vowels" (preliminary version), ms., Cornell University, Ithaca, New york.

Clements, G.N.(1991), "Place of Articulation in Consonants and Vowels: a Unified Theory." In Working Papers of the Cornell Phonetics Laboratory, vol. 5. / *Phonology and Morphology* 15. Hanshin.

Clements, G.N. & E.V. Hume(1995), The Internal Organization of Speech Sound. *The Handbook of Phonological Theory*, ed. by J. Goldsmith. 245~306. Oxford: Blackwell.

Halle, M.(1992), Phonological features. *International encyclopedia of linguistics*, vol. 3, ed. by W. Bright. 207~212. New York: Oxford University Press.

Hyman, L.M.(1975), *Phonology: Theory And Analysis*. New York: Holt, Rinehart and

Winston.

Jakobson, R., C.G.M. Fant and M. Halle(1952), *Preliminaries to Speech Analysis*. MIT Press.

Jakobson, R. and M. Halle(1956), *Fundamentals of Language*. The Hague: Mouton.

Kaisse(1992), "Can [consonantal] spread?" *Language* 68.

Kean(1975), The Theory of Markedness in generative grammar. Ph.D.Dissertation, MIT.

Kenstowicz, M.(1994), *Phonology in Generative Grammar*. Cambridge, Mass.: Blackwell.

Kim, Kee-Ho(1987), The Phonological Representation of Distinctive Features: Korean Consonantal Phonology, Ph.D.Dissertation, Univ. of Iowa at Iowa.

Lahiri, A and Evers, V.(1991), "Palatalization and Coronality." *Phonetics and Phonology* 2.

Lee, Shin-Sook(1994), Theoretical Issues in Korean and English Phonology, Ph.D.Dissertation, Univ. of Wisconsin-Madison.

McCarthy, J.(1988), "Feature geometry and dependency: A review." *Phonetica* 43.

Mohanan, K. P.(1983), "The Structure of the Melody." ms. MIT.

Sagey, E. C.(1986), The Representation of Features and Relations in Non-linear Phonology. Ph.D.Dissertation, MIT.

비통사적 합성 용언 어간에서 발견되는 모음조화 현상

이 동 석*

목 차

---

1. 서론

　국어의 모음조화 현상은 알타이어의 한 특징으로서 널리 알려져 있다. 이에 대해 그동안 많은 연구가 진행되어 왔는데, 기존의 연구 성과들이 집적되면서 현재는 이전만큼 활발한 논의가 진행되지 못하고 있다. 그러나 ATR 자질의 도입이나 통계적인 접근 방법의 적용을 통하여 모음조화 현상에 대해 새롭게 접근하려는 시도가 끊이지 않고 있어 아직까지도 모음조화 현상은 연구 대상으로서 매력을 잃지 않은 것으로 생각된다.

　전통적으로 모음조화 현상에 대한 연구는 체언의 곡용형과 어미의 활용

---

* 고려대학교 강사

형에서 이 현상이 어떻게 적용되고 쇠퇴하게 되었는지를 밝히는 데 집중되었다. 반면 합성어 구성에서 적용되는 모음조화 현상에 대해서는 상대적으로 논의가 활발하게 진행되지 못했는데, 이는 합성어 구성에서는 모음조화 현상이 적용되지 않는 것으로 판단했기 때문이다.

이에 대하여 본고는 합성어 중에서 비통사적 합성 용언 어간에서는 모음조화 현상이 적용된다는 사실을 새롭게 밝히고자 한다. 비록 그 수가 10여 개에 불과하지만 이 예들은 합성어에서도 모음조화 현상이 적용될 수 있었다는 새로운 사실을 지적해 주는 중요한 역할을 수행한다. 게다가 이들은 모음조화 현상이 역행의 방향으로 적용되는 모습을 보여 주어 모음조화 현상의 방향성에 대해서도 새로운 사실을 제공한다.

본고는 모음조화 현상의 적용을 받은 비통사적 합성 용언 어간의 예를 분석과 함께 제시한 후 합성어 중 유독 비통사적 합성 용언 어간에서만 모음조화 현상이 적용된 원인에 대해서 살펴보도록 하겠다.

2. 예와 분석

앞서 언급했듯이 기존의 논의들은 합성어 구성에서의 모음조화 현상 적용 여부에 대해 별로 주목하지 못했다. 이에 대해 언급한 논의들은 소수에 불과한데, 그나마도 모두 합성어 구성에서는 모음조화 현상이 적용되지 않는다는 결론을 보이고 있다. 金完鎭(1971), 崔泰榮(1980, 1983), 朴鍾熙(1985) 등은 복합어에서 모음조화 현상이 적용되지 않는다고 하였고, 姜昶錫(1982: 67)은 어간과 어간의 결합에서 모음조화 현상이 적용되지 않는다고 하였다.

그러나 소수이긴 하지만 비통사적 합성 용언 어간에서 모음조화 현상이 적용되는 것을 발견할 수 있다. 비통사적 합성 용언 어간이란 연결 어미의 개입 없이 용언 어간끼리 결합하여 만들어진 용언 어간을 말한다. 비자립적인 용언 어간끼리 결합했다는 점에서 비통사적이라고 할 수 있고, 두 가지 요소가 결합했다는 점에서 합성어라고 할 수 있으며, 합성의 결과 새로운 용언 어간이 만들어지므로 명칭을 용언 어간이라고 할 수 있다.[1] 이 세 측면을 종합하면 용언 어간끼리 결합하여 만들어진 새로운 용언 어간을 비통사적 합성 용언 어간이라고 지칭할 수 있다.

현재 비통사적 합성 용언 어간에서 발견할 수 있는 모음조화 현상 적용 예는 10여 개다. 발견되는 예가 많지 않기 때문에 이들을 유형별로 나누는 데 다소 무리가 있지만, 이때 적용되는 모음조화 현상의 원인을 연구하는 데 도움이 되므로 이들을 유형화하여 제시하도록 하겠다.[2]

유형은, 구성 요소에 해당하는 용언 어간이 모음조화쌍을 가지고 있는지 여부를 기준으로 하여 나누었다. 편의상, 모음조화쌍을 가지고 있는 용언 어간을 모음조화쌍 용언 어간, 그렇지 않은 용언 어간을 비모음조화쌍 용언 어간이라고 부르도록 하겠다.

1) 모음조화쌍 용언 어간이 구성 요소에 포함되어 있는 경우

모음조화쌍 용언 어간이 구성 요소에 포함되어 있는 비통사적 합성 용언 어간에서 모음조화 현상이 적용된 예로는 다음과 같은 것들이 있다.

(1) ㄱ. 검어듭-
　　　① 구성 요소 : 검-, 어듭-
　　　② 용례 : 그 나랏 中間 어드본 따흔 곧 니른논 鐵圍 兩山 <u>검어드본</u> ᄉ
　　　　　ᅀᅵ라 <月印釋譜 14:17b>
　　　　　묏부리 깁수위오 시냇 묏고리 <u>검어듭도다</u> (峯巒窈窕溪谷黑)
　　　　　<杜詩諺解-初刊本 25:44b>
　　ㄴ. 검프를-
　　　① 구성 요소 : 검-, 프를-

---

1) 널리 알려진 '비통사적'이라는 용어에 대해, 이러한 경우도 '통사적'이라고 해석할 수 있다는 견해가 있다. 그러나 이러한 문제는 본고의 주요한 논의 대상이 아니기 때문에 본고는 일단 '비통사적'이라는 일반적인 용어를 수용하여 사용하겠다. 이 문제가 중요하지 않기 때문이 아니라 본고의 논의 전개에서 핵심된 내용이 아니기 때문에 판단을 보류하는 것이다.

2) 이 예들은 15, 16세기의 중세 국어 합성 용언 어간만을 대상으로 하여 수집하였다. 대상을 중세 국어의 합성 용언 어간으로 한정시킨 이유는, 근대 국어 시기로 갈수록 'ㆍ'를 비롯한 모음의 변화가 심해져 모음조화 현상에 대한 명백한 증거를 찾을 수 없기 때문이다.

    ② 용례 : ᄀ장 부어 검프르러 알파 어즐코 답답ᄒ며 (洪腫暗靑 疼痛昏
        悶) <救急方諺解 下:32b>

  ㄷ. 감프ᄅ-
    ① 구성 요소 : 감-, 프ᄅ-
    ② 용례 : 눖ᄌᅀᅵ 감프ᄅ며 힌 ᄃᆡ 블근 ᄃᆡ 조히 分明ᄒ시며
        <月印釋譜 2:41a>
        靑蓮花ᄂᆫ 天쯔에 잇ᄂᆞ니 부텻 눈 감프ᄅ샤미 ᄀᆮᄒ시니라
        <楞嚴經諺解 1:47a>

(1ㄱ) '검어듭-'은 '검-'과 '어듭-'이 결합한 것으로 분석되는데, 이들이 각
각 현대 국어의 '검-'과 '어둡-'에 대응되므로 구태여 '검어듭-'을 모음조화
현상이 적용된 예로 취급하려 하지 않을 수도 있다. 그러나 (1ㄱ, ㄴ)과 (1
ㄷ)을 비교해 보면 [黑]의 의미를 갖는 형용사 어간으로 '감-'과 '검-'이 모
두 존재했다는 사실을 알 수 있다. 이러한 사실은 또한 현대 국어의 다음
어휘들을 비교해 보아도 알 수 있다.

(2) ㄱ. 감- : 감다,3) 까맣다, 감푸르다, 까마득하다
   ㄴ. 검- : 검다, 꺼멓다, 검푸르다

또한 다음과 같은 중세 국어의 단일 어간의 활용에서도 '감-'과 '검-'을
모두 발견할 수 있다.

(3) ㄱ. 四千 里 감온 龍이 道士ㅣ ᄃᆞ외야 <月印千江之曲 上:35a, 其95>

---

3) '감다'는 동사이고 '검다'는 형용사이다. 전자는 '눈을 감다'와 같은 용례로 사용되는데, 중세
국어 시기에는 'ᄀᆞᆷ다'였다. 동사 어간 'ᄀᆞᆷ-'과 형용사 어간 '검-'이 모음 차이뿐만 아니라 성
조 차이, 품사 차이까지 보이는 점 때문에 이 두 어간이 같은 뿌리를 갖는다는 점을 의심할
수도 있지만, 오랜 시간이 경과되면서 모음과 성조에서 변화가 발생했을 가능성이 높고 의
미와 용법의 분화 과정에서 품사 차이가 발생했을 가능성이 높다.
파생 관계에 있다고 생각되는 '자다'와 '줌', '프ᄅ다'와 '파라ᄒ다'나 동일한 어휘라고 생각
되는 '아리'와 '아래'가 모음 차이를 보이고 있는 점이 이러한 가능성을 높여 준다. (귀를)
'먹다', (코가) '먹다'와 '막다'가 같은 뿌리를 가진 것으로 생각되면서도 품사 차이를 보이는
점 역시 동일한 근거로 작용한다.

      가물 현 (玄) <訓蒙字會-叡山文庫本 中:14b, 新增類合 上:5a>
    ㄴ. 黑은 거믈 씨오 <月印釋譜 1:22b>

   따라서 (1ㄱ)이 '*감어듭-'으로 나타나지 않는 점, (1ㄴ)이 '*검프르-'로 나타나지 않는 점, (1ㄷ)이 '*감프르-'로 나타나지 않는 점을 통하여 용언 어간끼리 결합할 때 모음조화 현상이 작용했다는 점을 잘 알 수 있다.4)

   그런데 용언 어간 '감-/검-'이 합성어의 구성 요소가 될 때 모음조화 현상이 절대적으로 적용되었다고 보기는 어렵다. 다음과 같이 용언 어간 '감-/검-'이 합성어의 구성 요소임에도 불구하고 모음조화 현상을 어기는 예가 발견되기 때문이다.

    (4) 비얌 쉰 삐 ᄆᆞᅀᆞ미 덥달오 누니 <u>가마어듭거든</u> (如蛇螫着之時 心頭熱躁 眼
       前暗黑) <救急方諺解 下:74b~75a>
      비얌 믈인 삐 ᄆᆞ솜 ᄯᅩ기 덥달오 누니 <u>가마어듭거든</u> (如蛇螫着之時 心頭熱
       躁 眼前暗黑) <救急簡易方 6:48a>

   '가마어듭-'은 '검어듭-'과는 달리 통사적 합성어에 속하는데, 전자는 모음조화 현상의 적용을 받지 않은 반면 후자는 모음조화 현상의 적용을 받았다는 점에서 차이를 보인다. 그러나 이러한 차이가 합성법의 차이에 의해 나타난다고 보기는 어렵다.

---

4) 현대 국어의 용언 어간 중 '까마득하-'가 있다. 이는 '감- + 아득하-' 또는 '감- + -아 # 아득하-'와 같은 결합에 의해 만들어진 것으로 볼 수 있는데, 전자와 같은 비통사적인 합성어인지 아니면 후자와 같은 통사적 합성어인지 구별하기가 어렵다. 그러나 이 어휘가 모음조화 현상의 적용을 받았다는 사실만은 분명하다. 중세 국어에서 '감-'의 모음조화쌍으로 '검-'이 존재했으며 '아득ᄒᆞ-'의 모음조화쌍으로 '어득ᄒᆞ-'가 존재했기 때문이다. 따라서 '아득ᄒᆞ-'가 현대 국어에서 '아득하-'가 된 것을 비어두에서 'ㅡ'로 변화한 'ㆍ'의 속성 탓으로 분석한다면, 현대 국어의 '까마득하-' 역시 합성어 구성에 모음조화 현상이 적용된 것으로 분석해 볼 수 있다. 다만 이 어휘를 본고의 본문에서 다루지 않은 것은 중세 국어의 문헌에서 이 어휘가 발견되지 않기 때문이다. 이러한 현상은 우연한 공백인 것으로 생각되지만, 현대 국어에는 모음조화 현상이 존재하지 않는다고 보는 본고의 입장에서는 문헌상의 증거 없이 함부로 통시적인 논의를 전개할 수 없기 때문에 이 예를 본문에서 다루지 않았다. 현대 국어에 모음조화 현상이 존재하지 않는다는 주장에 대해서는 이동석(2002:257~260, 304~307)을 참고하기 바란다.

모음조화쌍 용언 어간이 구성 요소에 포함되어 있음에도 불구하고 모음
조화 현상이 적용되지 않은 비통사적 합성 용언의 예가 아래와 같이 발견
되기 때문이다. 따라서 비통사적 합성 용언 어간에 모음조화 현상이 절대
적으로 적용되었다고 보기는 어렵다.

   (5) 얼굴와 ᄆᆞᅀᆞᆷ과롤 <u>거두자바</u> 寂靜호미 安이오 <月印釋譜 21:4b>
       오솔 <u>거두드러</u> 믈로 건나디 아니ᄒᆞ야 가며 오미 通ᄒᆞ도다 (褰裳不涉往來通)
       <杜詩諺解-初刊本 15:35a>
       山河를 <u>ᄆᆞᄅᆞ서흐러</u> 베혀 天下를 세헤 ᄂᆞᆫ화 (宰割山河ᄒᆞ야 三分天下ᄒᆞ야)
       <小學諺解 5:99a>

비록 적은 수의 예를 살펴보았지만 이를 통하여 모음조화 현상의 방향성
에 대하여 새로운 지적을 할 수 있게 되었다. 일반적으로 모음조화 현상은
동화 현상으로 취급되었다. 그리고 그 방향은 항상 순행으로만 적용되는
것으로 인식되었다.

그런데 앞서 살펴본 세 예의 방향성을 분석해 보면 새로운 사실을 발견
하게 된다.

   (6) 모음조화 현상의 적용 방향

방향 구성	순행	역행	상호
합성용언어간		검어듭–	검프를– 감프ᄅᆞ–

위의 표에서 보듯이 모음조화 현상이 역행의 방향으로 적용되는 경우와
상호 방향으로 적용되는 경우를 새롭게 발견할 수 있다. 그동안 모음조화
현상이 순행의 방향으로만 적용될 수 있었다고 본 것은 비통사적 합성 용
언 어간의 예를 인식하지 못하고 체언의 곡용형과 용언의 활용형에서 적용
되는 모음조화 현상의 예만 관찰했기 때문이다. 이 방향성 문제에 대해서
는 3장에서 다시 자세하게 다루도록 하겠다.

　한편 위의 예들은 구성 요소 중 한 쪽이 단독형에서 이미 모음조화쌍을 가지고 있는 경우인데, 이 때문에 이들을 모음조화 현상의 적용을 받은 진정한 예로 볼 수 없다고 판단할 수도 있다. 이미 만들어져 있는 변이형을 선택했을 뿐 합성의 기제가 작용할 때 모음조화 현상이 음운 현상으로서 적용된 것은 아니라고 볼 수도 있는 것이다.

　그러나 2)에서 살펴보겠지만 모음조화쌍이 없는 용언 어간의 경우에도 모음조화 현상의 적용을 받은 예가 발견되기 때문에 비통사적 합성 용언 어간에서 모음조화 현상이 적용된다는 점을 부인하기는 어렵다.

　한편 용언 어간이 모음조화쌍을 가지고 있는 경우에는 통사적인 합성 용언 어간에서도 모음조화 현상이 적용될 수 있었던 것으로 보인다.

(7) ㄱ. 우룸 쏘리 즘게 <u>나마가</u>며 王이 토샤 나시면 <月印釋譜 1:27b~28a>
　　ㄴ. 새뱃 비치 져기 번ᄒᆞ거든 가시야 西南ㅅ 묏 그틀 <u>너머가리라</u> (晨光稍朦朧 更越西南頂) <杜詩諺解-初刊本 9:15a>
　　　<u>너머갈</u> 매(邁) <新增類合 下:4a>
　　ㄷ. 城 <u>나마</u> 逃亡ᄒᆞ샤 <釋譜詳節 6:4b>
　　　빗근 남글 ᄂᆞ라 <u>나마</u>시니 (于彼橫木 又飛越兮) <龍飛御天歌 9:37b, 第86章>
　　　히 <u>남디</u> 아니ᄒᆞ야 肝腦ㅣ 이우러 다ᄋᆞ며 (未逾年歲예 肝腦ㅣ 枯竭ᄒᆞ며) <楞嚴經諺解 9:117a>
　　ㄹ. 도즈기 남 <u>너머</u> 드러 <月印釋譜 10:25a>
　　　쏘 八相ᄋᆞᆯ <u>넘디</u> 아니ᄒᆞ야셔 마ᄂᆞ니라 (亦不過八相而止ᄒᆞᄂᆞ니라) <月印釋譜 釋譜詳節序:3b>

　현대 국어에서는 '넘-'[逾, 越]과 '남-'[剩, 餘]이 대체로 의미의 분화를 보이고 있지만 중세 국어에서는 '넘-'과 '남-'이 (7ㄷ, ㄹ)과 같이 동일하게 '逾, 越'의 의미로 사용되었다. 이처럼 '넘-'과 '남-'은 모음조화쌍을 이루고 있었는데, 이 용언 어간이 '가-'와 결합할 때 (7ㄱ)과 같이 '넘-'이 아닌 '남-'을 선택하여 결과적으로 모음조화 현상의 적용을 받은 예가 발견된다. 본고에서 많은 예를 제시하지는 못했지만 이처럼 구성 요소로 참여하는 용언

어간이 모음조화쌍을 가지고 있을 경우에는 비통사적 합성 용언 어간뿐만 아니라 통사적인 합성 용언 어간에서도 모음조화 현상이 자연스럽게 적용될 수 있었던 것으로 보인다.[5]

2) 모음조화쌍 용언 어간이 구성 요소에 포함되어 있지 않은 경우

구성 요소에 해당하는 용언 어간이 비모음조화쌍 용언 어간인 경우 모음조화 현상의 적용을 받은 비통사적 합성 용언 어간의 예를 제시하면 다음과 같다.

(8) ㄱ. ① 나돌-, 드나돌-

   ② 덥듯ᄒ-, 걷너-, 하솟그리-, 엿우-

   ㄴ. 붇돈-, 붇둥가, 뜯앏프-

(8ㄱ)은 모음조화 현상이 순행의 방향으로 적용된 예이고 (8ㄴ)은 모음조

---

5) 이 밖에 '곱골외-/곱고뢰-'와 '굽구뤼-'에서도 모음조화 현상의 적용을 확인할 수 있다.

   ㄱ. 고히 平코 엷디 아니ᄒ며 ᄯ 곱골외디 아니ᄒ며 (鼻不匾虒ᄒ며 亦不曲戾ᄒ며)
      <法華經諺解 6:13b>
      외와 果實ㅅ 가온디 곱고뢰오 얽놋다 (曲綴瓜果中) <杜詩諺解-初刊本 11:24b>
   ㄴ. 朔方은 詼諧호미 키 굽구뤼도다 (方朔諧太枉) <杜詩諺解-初刊本 24:37b>
      겨근 길흔 굽구뤼여 ᄆ술히 ᄉᄆ찻도다 (小徑曲通村) <杜詩諺解-初刊本 25:19a>

   이 경우에도 '곱-'과 '굽-'이 모음조화쌍을 이루고 있었으므로 모음조화쌍 용언 어간에 의해 모음조화 현상이 적용된 예라고 할 수 있다. 다만 '곱-'과 '굽-' 뒤에 결합된 '(-)골외-/(-)고뢰-', '(-)구뤼-'가 용언 어간인지 접미사인지 정확하지 않기 때문에 참고로만 제시하도록 하겠다. 확인되지는 않지만 만약 '(-)골외-/(-)고뢰-', '(-)구뤼-'가 원래 용언 어간에서 유래한 것이라면 '곱골외-/곱고뢰-'와 '굽구뤼-'의 경우도 모음조화쌍 용언 어간이 구성 요소에 포함된 상태에서 모음조화 현상이 적용된 예에 포함시킬 수 있을 것이다.
   '곱-'과 '굽-'이 모음조화쌍을 이루고 있었다는 점은 다음의 예를 통하여 확인할 수 있다.

   ㄱ. 曲온 고볼 씨라 <釋譜詳節 11:6a>
   ㄴ. 눈 멀오 귀 먹고 등 구버 (盲聾背傴ᄒ야) <法華經諺解 2:167a>

화 현상이 역행의 방향으로 적용된 예이다. (8ㄱ) 중에서도 ①은 음성모음이 양성모음으로 통일된 경우이고 ②는 양성모음이 음성모음으로 통일된 경우이다.

　실제 문헌에 나타나는 예와 개별적인 해석상의 차이점을 제시하기 위하여 위의 예들을 간략하게 하나씩 분석해 보도록 하겠다.

　(9) ㄱ. 미실 차 ᄑᆞᆫ 지븨 쩨 <u>나돌며</u> (每日穿茶房) <飜譯老乞大 下:48b>
　　　　 고히며 이브로 김 <u>나돌며</u> 運動ᄒ며 호미 긔 風大라 <七大萬法 6b>
　　　ㄴ. 門戶애 손 더답ᄒᆞ야 겨지븨ᄉᆞ <u>드나ᄃᆞᆺ다</u> (應當門戶女出入)
　　　　　<杜詩諺解-初刊本 25:45b~46a>
　　　　 後에 서르 미더 <u>드나ᄃᆞ로몰</u> 어려이 아니ᄒᆞ나 (後相體信 出入無難)
　　　　　<圓覺經諺解 序:47b>
　　　ㄷ. 삼도의 <u>나ᄃᆞ로몬</u> 믜며 ᄃᆞ오미 ᄆᆡ인 배오 (三途 出沒은 憎愛所纏이오)
　　　　　<野雲自警 76a>
　　　　 미양 <u>나들어</u> 殿門에 ᄂᆞ릴 제 (每出入下殿門에) <小學諺解 6:33b>

　(9ㄱ)은 '나돌-'의 예이며 (9ㄴ)은 '드나돌-'의 예이다. (9ㄱ)은 원래 '나-'[出]와 '들-'[入]이 결합한 것인데, (9ㄷ)과 같이 '나들-'로 표기된 경우도 발견되지만 (9ㄱ)과 같이 '나돌-'로 표기된 경우 역시 자주 발견된다. 특히 (9ㄷ)의 '드나돌-'의 경우에는 원래의 어형을 보여 주는 '드나들-'이 발견되지 않아, '나- + 들-'의 구성에서 모음조화 현상이 얼마나 강력하게 적용되었는지를 잘 알 수 있다.6)

　허웅(1975:119)는 '들-'과 '나들-'의 결합이 '드나들-'이 되지 않고 '드나돌-'이 된 것을 특이하게 간주하여 '들-'이 되풀이되는 것을 피하기 위하여 한

---

6) '드나돌-'은 '들-'[入]과 '나돌-'이 결합한 것이고, '나돌-'은 '나-'[出]와 '들-'[入]이 결합한 것이다. 이처럼 '드나돌-'에는 '들-'[入]이 두 번이나 포함되어 있지만, 그렇다고 해서 '드나돌-'이 문자 그대로 '들어가고 나가고 (다시) 들어가는' 삼중(三重) 행동을 의미하지는 않는다. '나돌-/나들-'의 앞에 '들-'이 다시 결합할 수 있었던 것은, [出入]의 의미를 갖는 '나돌-/나들-'이 원래 의미에서 변화를 입어 '나가다'의 의미가 강조되는 경향이 있었기 때문이라고 생각된다. 이러한 경향은 '나드리'에서 '들어가는 행위'보다는 '나가는 행위'의 비중이 높게 반영된 것을 통해서도 충분히 짐작할 수 있다. 결국 '나돌-/나들-'에 '들-'이 다시 결합할 수 있었던 것은 '나돌-/나들-'에서 '들-'의 의미에 대한 인식이 희박해졌기 때문에 가능했던 것이다.

편이 '둘'로 이화된 것이라고 보았다. 그러나 이 경우 첫 음절의 '들-'이 ㄹ 탈락 현상의 적용을 받아 '드-'가 되었으므로 원칙적으로 동일한 음절이 반복되었다고 볼 수 없다. 또한 '들-'이 되풀이되지 않는 '나- + 들-'의 구성에서도 (9ㄱ)처럼 '나들-'이 나타나며, 앞서 주에서 설명한 것처럼 첫째 음절의 '드-'와 둘째 음절의 '들-'이 동일하게 인식되었다고 보기 어려우므로, '들-'이 되풀이되는 것을 피하기 위해 셋째 음절의 '들-'을 '둘'로 바뀌었다고 보기는 어렵다.

(10) ㄱ. <u>덥듯호</u> ᄇᄅ미 둣봇ᄒ야 (熏風이 習習ᄒ야) <金剛經三家解 4:18a>
　　　네짯 拘ᄂᆞᆫ 서늘코 싁싁ᄒ야 죠고맛 <u>덥듯홈도</u> 업슬 시라
　　　<南明集諺解 上:25b>
ㄴ. 溫ᄋᆞᆫ <u>둣홀</u> 씨라 <月印釋譜 2:34b>
　　차며 <u>둣호미</u> 맛갑게 ᄒ야 (適寒溫) <救急方諺解 上:66a>
ㄷ. 서 홉곰 <u>둣도시</u> ᄒ야 머그라 (每服三合溫溫服之) <救急簡易方 3:94b>
ㄹ. 뵈 ᄌᆞᆯ의 녀허 <u>듯듯게</u> ᄒ야 (以布囊貯令灼灼) <救急簡易方 2:29b>

(10ㄱ) '덥듯ᄒ-'는 '덥-'과 '둣ᄒ-'가 결합한 합성 용언 어간이다. 중세 국어에서 단독 어간 '*둣ᄒ-'가 발견되지 않으므로 '덥듯ᄒ-'는 모음조화 현상의 영향을 받은 것으로 분석된다. (10ㄴ)의 '둣ᄒ-'와 (10ㄷ)의 '둣ᄒ시'가 '덥듯ᄒ'의 두 번째 구성 요소가 '둣ᄒ-'임을 잘 보여 준다.

그런데 (10ㄹ) '듯듯-'을 보면, 비록 문헌상 발견되지는 않지만 '*듯ᄒ'가 존재했을 가능성도 생각해 볼 수 있다. 만약 '*듯ᄒ-'가 존재했었다면 (10ㄱ) '덥듯ᄒ-'는 '덥- + *듯ᄒ-'로 분석할 수 있을 것이다. 그러나 '듯듯-'의 존재에도 불구하고 중세 국어 시기에 '*듯ᄒ-'가 존재했을 가능성은 거의 없다고 생각된다. '듯'과 'ᄒ-'의 결합이 모음조화 현상을 어기기 때문이다.

따라서 (10ㄱ) '덥듯ᄒ-'는 모음조화쌍 용언 어간이 구성 요소에 포함되어 있지 않음에도 불구하고 모음조화 현상의 적용을 받은 경우로 분류할 수 있다.

이 경우에 '듯'이 '듯'이 된 것은 선행 음절 '덥'의 영향 때문이지만 그

결과 후행 음절 '후'와의 사이에서 모음조화 현상을 어기는 모순이 발견된다. 이러한 현상은 음절의 위치보다는 형태론적인 구성과 관련이 있는 듯하다. '듯'과 '후'의 관계는 '덥'과 '듯'의 관계보다 더 긴밀한 것으로 생각되는데, 형태론적으로 긴밀한 구성에서 적용되는 모음조화 현상보다 형태론적으로 긴밀하지 않은 구성에서 적용되는 모음조화 현상이 우선 순위를 가지고 있었다고 생각된다. 형태론적으로 긴밀하지 않은 구성에서 발생하는 여러 가지 조정 결과가 형태론적으로 긴밀한 구성으로 하여금 변화를 수용하는 희생을 강요하는 것으로 이해되는 것이다.

국어의 형태소 내부에서도 모음조화 현상이 비교적 잘 지켜졌던 것이 사실이지만, '덥듯후-'의 예를 통해 미루어 볼 때 중세 국어 당시에는 이미 형태소 내부에서 적용되는 모음조화 현상이 형태소 경계에서 적용되는 모음조화 현상에 비해 매우 세력이 약화되어 있었던 것으로 보인다.

> (11) ㄱ. 步步애 三界를 <u>걷너</u> 지븨 도라와 믄득 疑心이 그처 (步步애 超三界
>   ᄒ야 歸家頓絕疑라) <牧牛子修心訣 15a>
>   北녁 바를 <u>건너믈</u> 사름ᄃ려 닐오더 (以超北海를 語人曰호더)
>   <內訓-初刊本 序:7a>
>   ㄴ. 濟ᄂ <u>걷날</u> 씨라 <月印釋譜 御製月印釋譜序:9a>
>   六波羅蜜온 六度ㅣ니 뎌 녁 ᄀᅀᅢ <u>건나다</u> 혼 ᄠᅳ디라 <月印釋譜
>   7:42b>

(11ㄱ) '걷너-'는 원래 '걷-'과 '나-'가 결합한 합성 용언 어간이다. (11ㄴ)처럼 '걷나-'가 발견되기도 하지만 모음조화 현상의 적용을 받은 '걷너-' 역시 자주 발견된다. 현대 국어에서는 모음조화 현상의 적용을 받지 않은 '건나-'형은 사라진 채 모음조화 현상의 적용을 받은 '걷너-'의 자음동화 현상 반영형인 '건너-'만이 사용되고 있다.

> (12) ㄱ. <u>하숟그릴</u> 참 (讒) <u>하숟그릴</u> 춤 (讚) <訓蒙字會-叡山文庫本 下:12b>
>   ㄴ. 님금 겨틔 <u>하숟그릴</u> 사르미 잇ᄂ니라 (君側有讒人)
>   <杜詩諺解-初刊本 17:18b>

주우린 드라민 藤草애 뎌셔 <u>히숫그리놋다</u> (飢鼯訴落藤)
<杜詩諺解-初刊本 20:24a>

(12ㄱ) '하숫그리-'는 '할-'[訴]과 '숫그리-'[竪]가 결합한 합성 용언 어간이다. '할-'과 + '숫그리-'의 결합에서 'ㄹ'이 탈락한 것은, 일부 자음 앞에서 'ㄹ'이 탈락하는 ㄹ탈락 현상이 적용됐기 때문이다. (12ㄴ) '하숫그리-'와 비교해 볼 때 (12ㄱ) '하숫그리-'에 모음조화 현상이 적용된 것을 지적할 수 있지만, 그렇다고 해서 모음조화 현상이 완벽하게 적용되었다고 보기는 어렵다. 셋째 음절의 '그'가 여전히 음성모음을 가지고 있기 때문이다. 이렇게 모음조화 현상이 불완전하게 적용된 것에 대해서 이동석(2002:287)은 여러 가지 가능성 중에서도 'ㆍ'의 불안정성이 'ㅡ> ㆍ'의 변화를 차단했을 가능성이 높다고 보았다. 'ㆍ'의 불안정성이 모음조화 현상의 엄격한 적용을 불가능하게 했던 것이다.[7]

(13) ㄱ. 됴혼 무리 그스기 채 <u>엿우미</u> 곧호믈 면하리라 하니 (免同良馬이 暗窺
鞭이라 하니) <金剛經三家解 2:2a>
專혀 <u>엿워</u> 觀照이 볼고미 낫 곧흔 時節엔 곧 그스기 수믈시 (專伺候
觀照明顯如晝日時 卽潛伏故) <圓覺經諺解 下3-1:54b>
ㄴ. 窓牖를 <u>엿오더니</u> (窺看窓牖하더니) <法華經諺解 2:123a>
佛眼이 비록 볼フ시나 <u>엿와도</u> 보디 몯하시느니라 (佛眼이 雖明이나 覰
不見 하시느니라) <金剛經三家解 4:20b>
ㄷ. 새는 새 거든 바롤 <u>엿보느다</u> (鳥窺新卷簾) <杜詩諺解-初刊本
7:11b>
엿볼 규 (窺) <訓蒙字會-叡山文庫本 下:12a>

(13ㄱ) '엿우-'는 '엿-'[窺]과 '보-'[看]가 결합한 합성 용언 어간이다. 'ㅂ'이 탈락하는 것은 중세 국어 시기에 유성음 사이에서 간혹 보이는 현상인데, (13ㄷ)처럼 'ㅂ'이 탈락하지 않은 '엿보-'도 발견된다. '엿- + 보-'의 결합에서 '*엿부-'가 발견되지 않는 것은, 'ㅂ'이 탈락한 '엿오-/엿우-'와는 달

---

7) 더 자세한 설명은 이동석(2002:287)을 참고하기 바란다.

리 '엿보-'에서는 '보-'의 의미가 비교적 뚜렷하게 인식되었기 때문에 음운 변화를 거부하게 된 결과라고 생각된다.

(14) ㄱ. <u>븓드롤</u> 닐 (昵) <新增類合 下:27a>
   ㄴ. 산 긔운을 구러 더운 긔우니 비예 드러 병혼 사ᄅᆞ미 긔운과 서르 <u>브드게</u>
      ᄒᆞ요ᄆᆞᆯ 반 날 만 ᄒᆞ야 (呵吐生氣 令煖氣入腹中與病人元氣交接半
      日久) <救急簡易方 1:65b~66a>

(14ㄱ) '븓드-'은 '븥-'[附]과 '드-'이 결합하여 만들어진 합성 용언 어간으로서 '들러붙다'의 의미를 갖는다. 그런데 이 분석에서 '드-'의 정체가 구체적으로 파악되지 않는다. 중세 국어에서 발견되는 '드-'은 '부착'이나 '결합'과는 다른 의미로 사용되었기 때문이다.

그러나 현대 국어의 '들러붙다, 달라붙다'에서 '들러'와 '달라'가 '드'의 변화된 활용형일 가능성이 높기 때문에 '븥드-/븓드-'에서 '드-'을 분석해 내는 게 불가능한 것은 아니다. 중세 국어의 '븥드-/븓드-'이 비통사적 합성 용언 어간인 반면 현대 국어의 '둘러붙-, 달라붙-'은 통사적 합성 용언 어간인데, 이 둘은 이 외에도 전자가 '븥-'과 '드-'의 결합 순서를 갖는 반면 후자는 '드-'과 '븥-'의 결합 순서를 갖는다는 점에서 차이를 보인다.

현대 국어의 '들러붙-'은 '든- + -어 # 붙-'의 구성에서, '달라붙-'은 '드- + -아 # 붙-'의 구성에서 발전한 것으로 보인다. 그렇다면 '드-'과 '든-'을 모두 확인할 수 있어 이 용언 어간이 모음조화쌍을 가졌던 것으로 추정할 수 있다. 그러나 (14ㄱ) '븓드-'이나 (14ㄴ) '븥드-'을 보면 '드-'이 모음조화쌍을 가졌다고 보기 어렵다. '븥-'은 모음조화쌍 어간이 아니기 때문에, '븥-'과 '드-/든-'이 결합할 때 후자의 어간으로 '든-'이 선택되어 '*븥든-'이 되는 것이 가장 이상적인데, 실제로는 '*븥든-'이 발견되지 않기 때문이다.

이러한 문제점과 함께, ㄷ불규칙 용언으로 생각되는 '드- + -아'와 '든- + -어'가 각각 '달아', '들어'가 되지 않고 '달라', '들러'가 된 점도 문제가 된다. 그러나 이와 동일한 의미로 '들어붙다'가 존재하는 것을 볼 때 '둘러붙다'는 '들어붙다'를 강조하여 사용하는 과정에서 발음의 변화를 겪은 어형이라고 생각된다.[8]

비록 '둘-/든-'의 모음조화쌍 존재 여부가 아직까지는 확정되지 않은 상
태이지만, 문헌에서 발견되는 예를 중시하여 본고에서는 (14ㄱ)의 예가 모
음조화쌍 용언 어간이 구성 요소에 포함되어 있지 않은 상태에서 모음조화
현상의 적용을 받은 것으로 분류하도록 한다.

(15) ㄱ. 緣을 <u>붇둥기야</u> 가져 長常 業報애 미여 (攀緣取著ᄒᆞ야 恒繫業報ᄒᆞ야)
　　　　 <月印釋譜 御製月印釋譜序:3b>
　　　　 <u>붇둥기</u>ᄂᆞᆫ 緣을 자바 降伏히에 ᄒᆞ시니 (攝伏攀緣ᄒᆞ시니)
　　　　 <楞嚴經諺解 3:115b>
　　ㄴ. 므슷 자최예 <u>븓둥기디</u> 아니ᄒᆞ리니 <月印釋譜 18:63a>
　　　　 捨覺支ᄂᆞᆫ 世間ㅅ法에 <u>븓둥기이디</u> 아니ᄒᆞ야 브튼 ᄃᆡ 업스며 마ᄀᆞᆫ ᄃᆡ 업
　　　　 슬씨라 <月印釋譜 2:37b>

(15ㄱ)은 '븥-'[附]과 '둥기-'[引]가 결합하여 만들어진 합성 용언 어간으
로서 '붙잡아 당기다'의 의미를 갖는다. 역시 모음조화 현상의 적용을 받지
않은 어형과 모음조화 현상의 적용을 받은 어형이 모두 발견된다. (14ㄱ)의
예와 함께, 모음조화쌍을 가지지 않은 용언 어간 '븥-'이 모음조화 현상의
적용을 받은 예에 속한다.

(16) 奪腦奪字未詳 鄕習傳解曰 더고리 <u>ᄠᅳ앓프다</u> <老朴集覽 朴通事集覽
　　　 中:2b~3a>

위의 예는 'ᄠᅳ-'[摘]과 '알프(앓프)-'[痛]가 결합하여 만들어진 합성 용언
어간이다. 의미는 '뜯는 듯이 아프다' 정도가 되는데, 모음조화 현상을 어기
는 'ᄠᅳ알프-'는 발견되지 않는다.

이 외에 부사와 용언 어간이 결합하여 합성 용언 어간을 이룰 때 모음조
화 현상이 적용된 예도 발견된다.

---

8) 「표준국어대사전」에서도 '들어붙다'가 '들러붙다'의 원말이라고 밝히고 있다.

(17) ㄱ. 얼굴이 <u>기우틑의</u> 업서 엇게과 등이 고즉ᄒ고 바르며 (體無欹側ᄒ야 肩
背竦直 ᄒ며) <小學諺解 6:124a>
게으르며 <u>기우튼</u> 긔운을 모매 두디 아니ᄒ야 (惰慢邪辟之氣롤 不設於
身體ᄒ야) <內訓-初刊本 1:12a>
ㄴ. 幽深ᄒ 고존 <u>기웃ᄒ야</u> 남긔 ᄀ독ᄒ얏고 (幽花欹滿樹)
<杜詩諺解-初刊本 7:20b>
기웃ᄒ 두듥과 <u>기웃ᄒ</u> 셤과ᄂᆞᆫ ᄀ슰 터릿긑ᄀ티 젹도다 (欹岸側島秋毫
末) <杜詩諺解-初刊本 16:30b>

(17ㄱ) '기우트-'는 '기웃'과 'ᄒ-'가 결합한 합성 용언 어간이다. 이 합성
용언 어간은 관점에 따라서 부사와 용언 어간의 결합으로 분석할 수도 있
고 부사와 접사의 결합으로 분석할 수도 있다. 어떻게 분석하든 통사적인
합성 용언 어간이 될 테지만 용언 어간끼리 결합한 경우가 아니기 때문에,
즉 복수의 용언 어간이 결합한 것이 아니기 때문에 참고 사항으로 본고의
논의에 포함시켰다.

이 경우 모음조화 현상이 적용된 경우에는 표기가 한결같이 '기우트-'로
나타나는 점이 흥미롭다. 분철된 '*기웃흐-'가 발견되지 않는 것은, 모음조
화 현상이 적용되면서 이 어휘 전체가 마치 단일어처럼 인식되었기 때문인
것으로 보인다. 이에 대해서는 3장에서 자세하게 설명하도록 하겠다.

3. 모음조화 현상에 대한 새로운 해석

모음조화 현상에 대한 기존의 해석을 통해 볼 때, 비통사적 합성 용언 어
간에서 나타나는 모음조화 현상은 2가지의 문제점을 발생시킨다. 첫째는
합성어 구성에서 모음조화 현상이 적용되었다는 점이고 둘째는 모음조화
현상이 역행의 방향으로 적용되었다는 점이다. 이 두 경우 모두 기존의 해
석에서는 불가능한 것으로 여겨져 왔다.

이 장에서는 이 2가지 새로운 사실에 대해서 자세히 살펴보도록 하겠다.

합성어 구성에서 적용되는 모음조화 현상은 합성 용언 어간에 국한하여

적용된다. 즉 합성 명사에서는 모음조화 현상이 적용되는 예가 발견되지 않는 것이다. 합성어 구성에서 모음조화 현상이 적용되지 않는다고 본 기존의 해석은, 합성 명사의 경우만을 보고서 내린 성급한 결론이었던 셈이다.

합성 명사와 합성 용언 어간에서 나타나는 이러한 차이점의 원인은 복합적이라고 생각되는데, 이에 대해 살펴보면 다음과 같다.

첫째, 명사는 자립적이고 용언 어간은 비자립적이라는 점에서 원인을 찾을 수 있다. 명사는 자립성을 갖기 때문에 내부 변화에 소극적인 반면 용언 어간은 비자립적이기 때문에 내부 변화를 어느 정도 수용하는 것으로 생각된다. 어간 내부에 변화를 입는 불규칙 용언 어간이 존재하는 점, ㄹ탈락 현상이 명사 내부에서는 수의적으로 적용되는 반면 용언 어간 내부에서는 필수적으로 적용되는 점 등은, 명사보다 용언 어간이 내부 변화에 더 관대하다는 사실을 잘 말해 준다.

둘째, 용언 어간에 모음조화쌍이 존재한다는 점에서 원인을 찾을 수 있다. 모음조화쌍이라고까지 할 수는 없지만 모음을 교체하여 약간의 의미 차이를 부여하는 현상은 명사에서도 발견된다(예 맛∽멋, 갖∽겆)[9]. 그러나 이러한 현상은 다음과 같이 용언 어간에서 더 활발하게 발견된다. 게다가 용언 어간의 경우에는 (17ㄴ)처럼 의미 차이를 거의 보이지 않으면서 모음만 교체되는 모음조화쌍이 있는데, 바로 이 모음조화쌍의 존재가 비통사적 합성 용언 어간에 모음조화 현상이 적용되는 데 큰 기여를 했을 것이라고 생각된다.

    (18) ㄱ. 늙다∽늙다, 묽다∽묽다, 붉다∽붉다, 작다∽적다, 남다∽넘다

        ㄴ. 밧다∽벗다, 바히다∽버히다, 노릇다∽누르다

이처럼 모음조화쌍의 존재에 의해 모음조화 현상의 적용을 받을 수 있었던 예들로 '검어듭-, 감프르-, 검프를-'이 존재한다.

셋째, 비통사적 합성 용언 어간이 단일어간처럼 인식된 후 단일어 내부

---

9) 南星祐(1986:37)은 '갖'과 '겆'이 [皮]의 뜻을 가진 동의어이면서도 전자는 [+有情物]의 [皮]를, 후자는 [-有情物]의 [皮]를 가리킨다고 지적하였다.

차원에서 모음조화 현상이 적용되었을 가능성을 생각해 볼 수 있다. 만약 이것이 사실이라면 합성 용언 어간에서 발견되는 모음조화 현상이 분석의 측면에서 비록 형태소 경계를 사이에 두고 적용된 것처럼 보이더라도, 실상은 이미 단일어로 굳어진 이후에 모음조화 현상이 적용된 것이라고 할 수 있으므로 합성어에서는 모음조화 현상이 적용되지 않는다는 기존의 해석에 전혀 위배되지 않는다.

'엿오-/엿우-'의 존재와 '기우트-'의 존재는 이러한 점을 지지해 주는 것처럼 보인다. 구성 요소의 원형을 잘 보여 주는 '엿보-'와 '기웃ᄒ-'에 대해서는 대응되는 모음조화쌍 표기 '*엿부-'와 '*기웃흐-'가 발견되지 않고 다만 구성 요소의 원형에 대한 정보가 희미해진 것처럼 보이는 모음조화쌍 표기 '엿우-'와 '기우트-'만 발견되기 때문이다. 이는, 곧 합성 용언 어간에서 모음조화 현상이 적용되기 이전에 이미 이들이 단일어처럼 인식되었을 가능성을 보여 준다.

그러나 합성어가 단일어처럼 인식된다고 해서 모음조화 현상이 자유롭게 적용될 수 있었다고 보기는 어렵다. 많은 합성 명사들이 단일어처럼 인식됨에도 불구하고 이들에서는 모음조화 현상이 적용되지 않기 때문이다. 게다가 단일어처럼 인식되는 것으로 추정되는 수많은 합성 용언 어간들 중에서 극히 일부만이 모음조화 현상의 적용을 경험했다는 사실을 감안할 때, 합성어를 단일어처럼 인식하는 것만으로 모음조화 현상의 적용이 가능했다고 보기는 어렵다.

게다가 합성어가 단일어처럼 인식되는 시점을 객관적으로 증명할 수 없기 때문에 이에 대해서는 보다 신중한 검토한 필요한 실정이다.

본고는 생성적인 면이 아닌 분석적인 면, 즉 공시적 차원이 아닌 통시적인 분석의 면에서 합성어 구성을 다루고 있으므로, 단일어가 아닌 비통사적 합성 용언 어간에 모음조화 현상이 적용되었다고 보는 데 전혀 문제가 발생하지 않는다.

그러나 본질적으로 이들이 과연 단일어와 유사한 자격으로 모음조화 현상의 적용을 받을 수 있었던 것인지에 대해서는 보다 구체적인 연구가 진행되어야 할 것이다.

다음으로 비통사적 합성 용언 어간에서 발견되는 역행 모음조화 현상에 대해서 살펴보도록 하겠다. 체언의 곡용형과 용언의 활용형에서는 모음조화 현상이 순행의 방향으로 적용된다. 반면 비통사적 합성 용언 어간에서는 모음조화 현상이 순행으로 적용되기도 하고 역행으로 적용되기도 한다.

체언의 곡용형과 용언의 활용형에서 모음조화 현상이 순행의 방향으로 적용될 수밖에 없었던 것은, 후행하는 조사와 어미가 선행하는 체언과 용언 어간에 대해 의존적이기 때문이다. 게다가 체언과 용언 어간은 그 수가 많기 때문에 모음의 변화가 동음이의어를 산출할 위험성이 많지만, 조사와 어미는 그 수나 형태 면에서 모음의 변화가 동음이의어를 만들어 낼 위험성이 적기 때문에, 선행 요소인 체언과 용언 어간보다는 후행 요소인 조사와 어미의 모음을 교체하는 방향으로 모음조화 현상이 적용되었을 것을 쉽게 짐작할 수 있다.

따라서 체언의 곡용형과 용언의 활용형에서 모음조화 현상이 순행 방향으로 적용되는 것은, 모음조화 현상 자체의 본질에 의한 것이 아니라 곡용과 활용의 특성에 의한 것이라고 해석할 수 있다.

비통사적 합성 용언 어간은 활용형, 곡용형과는 달리 구성 요소가 서로 대등한 관계를 가질 수 있기 때문에 모음조화 현상이 적용될 때 선행 구성 요소의 모음이 기준이 될 수도 있고 후행 구성 요소의 모음이 기준이 될 수도 있다.

따라서 비통사적 합성 용언 어간에 적용되는 모음조화 현상의 방향성은 미리 예측할 수 없다. 구성 요소를 이루는 두 용언 어간이 대등한 경우 어휘 개별적으로 어떤 어휘에서는 순행의 방향으로 적용되기도 하고 어떤 어휘에서는 역행의 방향으로 적용되기도 하는 것이다.

그러므로 역행 모음조화 현상 자체는 필연적인 현상이 아니며 비통사적 합성 용언 어간에 한해서 그 방향성이 수의적으로 적용될 수 있는 것이다.

지금까지 살펴본 내용을 토대로 비통사적 합성 용언 어간에서 발견되는 모음조화 현상의 예를 유형별로 분류해 보면 다음과 같다.

(19) 비통사적 합성 용언 어간에서 발견되는 모음조화 현상의 유형별 분류

방향 \ 기준 모음 \ 모음조화쌍	모음조화쌍 용언 어간 포함함	모음조화쌍 용언 어간 포함하지 않음
순행 · 양성모음으로 통일		나돌-(드나돌-)
순행 · 음성모음으로 통일		덥듯ᄒ-, 건너-, 기우트-, 하숫그리-, 엿우-
역행 · 양성모음으로 통일		붇듣-, 뜬앓프-, 붇둥기-
역행 · 음성모음으로 통일	검어듭	
상호 · 양성모음으로 통일	감프르-	
상호 · 음성모음으로 통일	검프를	

4. 결론

이상으로 비통사적 합성 용언 어간에서 발견되는 모음조화 현상에 대해 살펴보았다.

그동안 모음조화 현상에 대한 논의가 활발하게 진행되어 왔지만 대부분 체언의 곡용형과 용언의 활용형에 집중되는 경향이 있었다.

이에 대해 본고는 합성어에 적용되는 모음조화 현상을 연구 대상으로 하여, 특히 비통사적 합성 용언 어간에서 적용되는 모음조화 현상이 기존의 견해와는 다른 새로운 특징을 가지고 있다는 사실을 발견하였다.

첫째는 합성어에서도 모음조화 현상이 적용될 수 있었다는 것이고 둘째는 모음조화 현상이 역행의 방향으로도 적용될 수 있었다는 것이다.

비통사적 합성 용언 어간에서 모음조화 현상이 적용될 수 있었던 원인에 대해서는 두 가지 면에서 그 가능성을 제시하였다.

첫째는 용언 어간이 비자립적이기 때문에 모음조화 현상을 수용할 수 있었을 것이라는 점이고, 둘째는 용언 어간의 경우 모음조화쌍이 존재하기 때문에 역시 모음조화 현상을 수용할 수 있었을 것이라는 점이다.

모음조화 현상의 역행성에 대해서는, 체언과 조사, 용언 어간과 어미의 관계에서 체언과 용언 어간에 대해 조사, 어미가 종속적인 관계를 가진 데

반해, 합성 용언 어간에서는 서로 대등한 관계를 가질 수 있기 때문에 경우에 따라 역행 모음조화 현상이 가능할 수 있었다고 보았다.

앞으로 모음조화 현상에 대한 다양한 접근 방법이 시도되어 이 현상의 본질에 대한 연구가 종합적으로 이루어지길 바란다.

참고문헌

姜昶錫(1982), 現代國語의 形態素 分析과 音韻現象, 석사학위논문(서울대). (『國語研究』 50)

김석득(1976), 형태 음소 변동 요인으로서의 모음 조화 규칙-15세기 국어-, 『延世論叢』 13, 1~36.

金完鎭(1967), 韓國語發達史 上 音韻史, 『韓國文化史大系 Ⅴ (言語·文學史 (上))』, 115~164, 高麗大學校民族文化研究所.

────(1971a), 音韻現象과 形態論的 制約, 『學術院論文集(人文·社會科學篇)』 10, 91~115. (金完鎭(1971b)에 재수록)

────(1971b), 『國語音韻體系의 研究』, 一潮閣.

────(1975), 音韻論的 誘因에 依한 形態素 重加에 대하여, 『國語學』 3, 7~16. (김완진 (1996)에 재수록)

────(1978), 母音體系와 母音調和에 대한 反省, 『語學研究』 14-2, 127~137. (김완진(1996)에 재수록)

────(1983), 古代國語의 母音調和에 대한 一考察, 『白影 鄭炳昱先生 還甲紀念論叢 Ⅰ 國語學研究』, 149~155, 新丘文化社. (김완진(1996)에 재수록)

────(1985), 母音調和의 例外에 대한 研究, 『韓國文化』 6, 1~22. (김완진(1996)에 재수록)

────(1996), 『음운과 문자』, 신구문화사.

김주원(1992), 모음체계와 모음조화, 『國語學』 22, 33~56.

都守熙(1970), 國語母音調和의 誤算問題-體言과 格語尾의 調和를 中心으로-, 『국어국문학』 49·50, 105~124.

박종희(1985), 모음조화의 붕괴요인에 대하여, 『羨烏堂金炯基先生八耋紀念 國語學論叢』, 155~190, 創學社.

박창원(1986), 국어 모음체계에 대한 한 가설, 『국어국문학』 95, 313~344.

오종갑(1984), 모음조화의 재검토-어간과 접미사의 조화를 중심으로-, 『牧泉兪昌均博士 還甲紀念論文集』, 393~427, 啓明大學校出版部.

이근규(1981), 15세기 국어의 모음 조화와 울림도 동화, 『한글』 171, 91~129.

────(1982), 처소격조사의 모음조화 붕괴에 대하여, 『人文科學研究所論文集』 9-2, 153~170.

───(1986), 『중세국어 모음조화의 연구』, 창학사.

───(1988), 法華經諺解의 모음조화에 대한 분석적 연구, 『언어』 9, 59~92.

李基文(1971), 母音調和의 理論, 『語學研究』 7-2, 29~36.

───(1979), 中世國語 母音論의 現況과 課題, 『東洋學』 9, 23~36.

이덕영(1994), 한국어의 모음조화에 대한 새로운 해석-ATR 조화-, 『한글』 223, 157~
  199.

이동석(2002), 국어 음운 현상의 소멸과 변화에 대한 연구, 박사학위논문(고려대).

이병건(1976), 『현대 한국어의 생성 음운론』, 일지사.

李秉根(1975), 音韻規則과 非音韻論的 制約, 『國語學』 3, 17~44. (李秉根(1979)에
  재수록)

───(1976), 19세기 國語의 母音體系와 母音調和, 『국어국문학』 72·73, 1~14.

───(1979), 『音韻現象에 있어서의 制約』, 韓國語研究選書 8, 탑출판사.

이상억(1986), 모음조화 및 이중모음, 『國語學新研究 II』, 85~98. 塔出版社.

李善英(1992a), 15世紀 國語 複合動詞 研究, 석사학위논문(서울대). (『國語研究』 110)

이선영(1992b), 중세국어 비통사적 복합동사의 특성, 『周時經學報』 10, 121~126.

李崇寧(1946), 母音調和 修正論, 『한글』 96, 2~7.

───(1949), 母音調和研究, 『震檀學報』 16, (李崇寧(1955)에 재수록)

───(1955), 『音韻論研究』, 民衆書館.

宋喆儀(1977), 派生語形成과 音韻現象, 碩士學位論文(서울大). (『國語研究』38)

崔泰榮(1980), 母音調和와 母音體系 및 媒介母音, 『延岩玄平孝博士回甲紀念論
  叢』, 629~650, 刊行委員會.

───(1983), 母音調和論-中世國語 形態音素論的 研究의 一環으로-, 『一山金俊
  榮先生 華甲紀念論叢』, 181~231, 螢雪出版社.

한영균(1990a), 모음체계의 재정립과 '·'의 제2단계 변화, 『애산학보』 10, 85~109.

───(1990b), 母音調和의 崩壞와 '·'의 第1段階 變化, 『國語學』 20, 113~136.

───(1994), 후기 중세 국어의 모음조화 연구, 박사학위논문(서울대).

허 웅(1975), 『우리 옛말본-15세기 국어 형태론-』, 샘문화사.

제3부
우리 옛말 연구

長城監務官貼文의 吏讀

이 철 수*

목 차

1. 序論

全羅道(현재 전라남도) 長城郡의 白巖寺에 전해 온 古文書는 모두 세 文件인데, 첫째로 가장 오래된 것으로, 고려 恭愍王 6년 햇수로 丁酉년(1357)의 貼文「僧錄司貼文」이고, 둘째로 고려 禑王 4년 햇수로 戊午년(1378)의 貼文「長城監務官貼文」이 그것이며, 셋째로 조선조 太宗 7년, 햇수로 丁亥년(1407)의 「監務官關白巖寺三剛」 등이다. 앞의 두 문건은 14세기 후반의 貼文이고, 마지막의 한 문건은 15세기 초의 것이다.

이들은 모두 약 50년에 걸쳐 白巖寺에 관련된 貼文이라는 점에서 공통적인 면이 있고, 모두 吏讀로 기록되어 있어서 고려 말의 吏讀文을 이해하는 데 매우 귀중한 자료라는 점에서 하나로 묶어서 살펴볼 필요가 있는 것

---

* 인하대학교 명예교수

이다. 또한 吏讀의 變遷史를 고찰할 수 있는 자료로서의 가치뿐만 아니라, 고려 시대에 僧侶와 寺刹에 관한 일을 관장했던 僧錄司의 관리와 운영의 문제를 비롯하여, 大禪師, 禪師, 大德, 大選 등과 같은 승려의 계급 문제나 敎弟의 문제 등 우리 佛敎史를 비롯한 불교 사회의 여러 가지의 문제에 관한 學際的 연구에 매우 귀중한 자료라 하겠다.

本稿에서는 이들 세 가지 貼文 중 두 번째의 洪武戊午 長城監務官貼文 (1378)을 중심으로 살펴보려는 것이다. 그러나 長城白巖寺貼文의 原本을 볼 수 없기 때문에, 鮎貝房之進의 「雜攷」(6輯下編, 1934)와 吏讀集成(1937), 그리고 홍기문의 「리두연구」(1957)에서 인용된 吏文을 참조하기로 한다.[1]

우선 이 貼文에서 사용된 특수한 어휘에 대한 語釋과 吏讀語에 대한 간단한 註釋을 붙이고, 전체의 문장을 해석하며, 본 貼文에서 사용된 吏讀語辭를 文法要素別, 즉 名詞類, 助詞類, 繫辭類, 動詞類, 副詞類 등으로 나누어 고찰하기로 한다.

이 논문을 통하여 14세기 국어의 吏讀, 즉 漢字借用表記 체계의 일모를 살펴보려는 것이 주된 목적이라 하겠다.

本稿에서 사용한 吏讀語彙 資料集과 그 出典의 略號는 다음과 같다.

羅麗吏讀	李義鳳, 「古今釋林」(1789, 附錄)	[羅麗]
典律通補	具允明, 「典律通補」(正祖때) 卷四 吏文條	[典律]
吏讀彙編	儒胥必知」 卷末(미상)	[彙編]
語錄辯證說	李圭景, 「五洲衍文長散稿」 卷四十八	[語證]
吏讀便覽	(미상)	[便覽]
吏文襍例	(미상, 日本東洋文庫本 목판본)	[襍例]
吏讀略解	中樞院편, 「校訂大明律直解」(1936) 附錄	[略解]
吏讀集成	(朝鮮總督府刊, 1937)	[集成]

---

1) 鮎貝房之進(1972), 「雜攷 俗字攷·俗文攷·借字攷」, 國書刊會, 594~5, 620~2, 648~9.
   中樞院(1937), 「吏讀集成」, 附錄 17~8, 18~20, 24~25.
   홍기문(1957), 「리두연구」, 과학원출판사, 333~4, 337~8, 343~4.

2. 語釋과 解釋

본 章에서는 우선 洪武戊午 長城監務官貼文(1378)의 原文을 제시하고, 註釋을 붙여야 될 색다른 語彙에 대한 語釋과, 漢借된 虛辭字에 대한 간단한 주석을 붙이고, 吏讀文을 逐語的으로 해석하기로 한다.[2]

【洪武戊午 長城監務官貼文(1378)】

2-1 監務官貼長城郡司

2-2 當司准僧錄司史椿潁丁巳十一月日貼 同郡監務兼勸農使將仕郎尙
   衣直長宋某

2-3 丙辰十月日 名狀申省 當司准僧錄司僧史仁敘九月日貼 憑是審是旀

2-4 啓受使內乎所有事是乙等 聖住寺住持性照禪師中延所志內乙仍于
   判付是乎

2-5 狀內爲乎矣 僧矣段 別敎無亦 焚修 祝

2-6 聖爲白臥乎次是在亦 至今玖戊申七月分 祝

2-7 聖觀音尊像願成爲乎旀 安邀處所奏請爲乎亦中 僧矣元叱乎造排爲
   臥乎長城

2-8 郡地白巖寺下安令是於爲 落點敎等乙仍于 下安令是白遣 右寺旣
   殘亡爲在山

2-9 枝五結分 八田處所是如在乙 一間置遣(遺)無亦 改排爲白乎等以
   長行 祝

2-10 聖法席 今萬口(日)焚修乙 起行爲良於爲敎矣 向前狀內 全當爲造
   排爲白在

2-11 等以法孫傳繼向事乙 所司弋只 界官良中出納下問令是乎矣 事狀
   的是在如中

2-12 更良奏聞除良只 法孫案牘施行爲良於爲 僧錄司良中下聖旨敎事白
   丙辰三月

2-13 二十日左承宣右散騎常侍上將軍知吏部事詹事府事文迪奏

2-14 判依奏付僧錄司 右如敎事爲是在等以 造排緣由乙良 仔細亦問備
   申省爲乎

---

2) 長城白巖寺貼文의 吏文解釋에 대해서는 홍기문의 『리두연구』(1957), pp.333~346를
   참조하였음.

2-15 味了乎用良依貼爲 傳出納下問令是乎矣 任內同郡戶長徐純仁等
　　　丙辰十月報

2-16 狀內爲乎矣 法堂三間 東俠藏室二間 犯寓學寮三間 副舍一間 客
　　　樓西狹堂二

2-17 間 下隅食堂三間 食廚一間 法堂 南斜廊五間 上房一間 廳一間 侍
　　　奉房一間

2-18 其餘堂舍等八十五間乙 幷只改排報狀爲置是乎等用良 申省爲臥乎
　　　事是去等

2-19 同香火大事斯備矣 投告內甲矣段 別敎無亦 香火 祝

2-20 聖爲臥乎在亦 向前寺段 殘爲甚 接人不得是如爲去乙 禪師中延奏
　　　請造排

2-21 敎弟中僧矣身乙 寺以主差備敎等用良 成造始終次知排置爲遣 火
　　　香爲臥 乎在

2-22 亦 禪師所志以

2-23 判下敎由以法孫安牘施行向事乙 長城官以 申省爲乎事是在等以
　　　僧矣身　乙

2-24 時亦中火香爲臥乎緣由並以施行敎味白臥乎事是去有等以貼內思
　　　乙用良村伏

2-25 公案良中法孫傳繼施行爲遣由報爲在味出納爲臥乎事

2-26 右事須貼

2-27 戊午三月二十三日

[語釋] 監務(고려때 지방 행정의 책임자 중의 하나, 長城郡의 행정 책임자), 名狀
(名義의 報狀), 啓受(임금에게 사건을 보고하고 그 처결에 대한 지시를 받는 일), 判付
(고려때 都評議使司와 같은 곳에서 처결책을 진언하면 다시 거기에 따라 임금의 처결
이 내리는 까닭에 判付라고 함), 落點(관리를 임명할 때 3명의 후보자를 전형해서 명단
을 임금에게 보내면, 임금은 그 중에서 한 사람을 채택하여 이름 위에 점을 찍는 일),
結(결, 조세를 계산하기 위한 논밭 면적의 단위), 八田處所(절의 소재지를 가리킴), 萬
口(萬日의 잘못), 法孫(중의 재산을 상속함에 있어 그 권리를 소유한 제자), 案牘(안독,
서류의 뜻으로 여기서는 전례의 뜻), 任內(管轄구역 내), 投告內(中延의 천거로 寺主
가 되고 또 여기서 僧矣身으로 자칭하는 승려가 제출한 청원서), 敎弟(한 大乘의 제자
들은 서로 형제, 즉 敎弟라 일컬음), 奏聞(주문, 임금에게 아뢰는 일), 案牘(안독, 관청
의 문서), 寺以主(寺主以, 寺主矣와 같음), 長城官(長城郡의 행정 관청이나 행정 책

임자), 村伏公案(토지의 소재를 기록할 때는 반드시 伏在라고 하는데, 村伏은 토지의 所在를 의미함. 公案은 법적인 文件 내지 文簿를 말함. 村伏公案은 토지에 대하여 地主, 地目, 地番 등을 명기한 법적 文簿를 말함), 由報(결정 집행에 대한 報告)

【吏 讀】 憑是(비기, 위해서), 審是旀(슬피며, 살피며), 使內乎所有事是乙等(브리온바잇일든, 부린 바 있는 일이거든), 是乙等(是去乙等 '이거늘든'의 준말, 이거든), 乙仍于(을지즈로, -에 의하여, 말미암아), (判付)是乎(이온, -인, 처결 내려진), 爲乎矣(ᄒᆞ오되, 하되), 矣段(의ᄃᆞᆫ(짠), -으로 말하면), 別教無亦(別故업시, 별일 없이), 爲白臥乎次是在亦(ᄒᆞ슯누온차이견이여, 하옵는 차인데), 分(분, 쏜, -뿐), 爲乎旀(ᄒᆞ오며, 하며), 爲乎亦中(ᄒᆞ온여히, 한 터에, 한 때에(여쭈어) 보매), 矣(-의), 元叱乎(비르수, 처음에, 처음으로), 爲臥乎(ᄒᆞ누온, 하는), 令是於爲(시기려ᄒᆞ야, 시키려 하여), 教等乙仍于(이산들지즈로, 하심으로 인하여), 令是白遣(시기슯고, -시키옵고), 右(임의여, 위의 =右如), 爲在(ᄒᆞ견, 한, 하는), 是如在乙(이다견을, 이라는 것을, 인 것을), 置(-두/도), 遣無亦(남김업시, 남김없이), 爲白乎等以(ᄒᆞ슯온들로, 한 까닭으로), 乙(-을/를), 爲良於爲教矣(ᄒᆞ려ᄒᆞ이시되, 하려 하시되), 向前(안전, 지난번), 爲(ᄒᆞ야, 하여), 爲白在等以(ᄒᆞ슯견들로, 하였사오므로, 하온지라), 向事乙(안일을, 할 일을), 弋只(의기, -이/가, -끼리), 良中(아히, -에,-에게), 令是乎矣(시기오되, 시키되), 的是在如中(마기견다히, 확실한 때에), 更良(가시아, 다시), 除良只(덜어기, 덜기로), 爲良於爲(ᄒᆞ려ᄒᆞ야, 하려고 하여), 良中(아히, -에), 教事白(이산일슯, 하실 일이압), 右如(임의여, 위와 같이), 教事爲是在等以(이산일ᄒᆞ잇견들로, 분부하신 일을 하였으므로, 하신 일인지라), 乙良(을안, -은, -을랑), 仔細亦(ᄌᆞ셔히, 자세히), 爲乎味了乎(等)用良(ᄒᆞ온맛아온들ᄡᅳ아, 하란 말로써), 爲(ᄒᆞ야, 해서), 令是乎矣(시기오되, 시키되), 爲乎矣(ᄒᆞ오되, 하되), 東俠(東脇, 동녘), 犯寓(犯斤隅, 다음 모퉁이), 西狹(西脇, 서녘), 斜廊(舍廊), 并只(다무기, 모두), 爲置是乎等用良(ᄒᆞ두이온들ᄡᅳ아, 한 것임으로써), 爲臥乎事是去等(ᄒᆞ누온일이거든, 하는 일이거든), 矣段(의ᄃᆞᆫ(쏜), -으로 말하면), 別教無亦(別故업시, 별일 없이), 爲臥乎在亦(ᄒᆞ누온견이여, 하는 것이기에, 하옵는 바), 向前(안전, 앞의), 段(돈, 쏜, -은/는), (殘甚)爲(ᄒᆞ야, 하여), 不得是如爲去乙(못질이다ᄒᆞ거늘, 못한다 하거늘), 矣身乙(의몸을, 자신을, 저를), (寺主)以(-로), 教等用良(이산들ᄡᅳ아, 하심으로써, 하신 까닭에), 次知(담당, 일을 맡음), 爲遣(ᄒᆞ고, 하고), 爲臥乎在亦(ᄒᆞ누온견이여, 하는 것이어서, 하옵는데), 以(-로, -으로), (教由)以(내려짐에 따라), 向事乙(안일을, 할 일을), (官)以(-로, -으로), 爲乎事是在等以(ᄒᆞ온일이견들로, 한 일이므로, 하온 일인지라), 矣身乙(의몸을, 자신을, 저를), 時亦中(ᄢᅴ여히, 때에), 爲臥乎(ᄒᆞ누온, 하는), 竝以(아오로, 아울러), 教味白臥乎事是去有等以(이산맛슯누온일이거이신들로, 이신 뜻을 사뢰

었던 것이므로), 乙用良(을쓰아, -으로써), 良中(아희, -에), 爲遣(호고, 하고), 爲在味
(호견맛, 한 뜻), 爲臥乎事(호누온일, 하는 일), 右(임이여, 위와 같이 =右如)

　【解釋】　監務官 長城郡司에 공문을 보냄.

　본 관청에 의거한 바 僧錄司의 史인 춘영(椿穎)의 丁巳년 11월 일 貼文에는 本郡
監務 겸 勸農使 將任郎 尙衣直長 宋某의 명의로 丙辰년 10월 일 취품한 데는 본
관청에서 의거한 바 僧錄司 僧史 仁敍 위해 공문을 살피며, 지시를 받은 바 있는 일
로서 聖住寺 住持인 性照禪師 中延의 청원에 의해서 처결이 내려진 서류에 이르되,
이 승려로 말하면 별일 없이 향불을 피우고 佛道를 닦아서 임금을 축복하옵는 차인데,
지금 戊申년 7월만 임금을 축복하기 위한 觀音尊像을 이루려 원하오며, 모시어 놓을
곳을 임금께 여쭈어 보매, 승려의 처음으로 세우는 長城郡 땅 白巖寺에 모시어 놓으라
고 해서 落點하심으로 인하여 모셔 놓고, 위의 절은 이미 殘亡한 뫼갓(山枝) 5結뿐 八
田處所인 것을 한칸도 남김 없이 고치어 지은지라. 임금을 축복하는 불교 의식을 길이
행할 것이요, 이제 만일 焚修를 시작하라 하시되, 앞의 청원에서는 전체를 담당해서 세
운다고 한지라. 法孫 상속에 관한 일을 담당한 관청끼리 지방관에게 임금의 분부로 조
사시키되, 사실이 정확할 때는 다시 임금에게 여쭙는 절차를 밟지 말고서 法孫 전례대
로 시행하도록 僧錄司에 임금의 분부를 내리실 일이 압. 丙辰년 3월 20일에 左承宣
右散騎常侍 上將軍 知吏部事 詹事府事 문적(文迪)이 임금께 여쭈었더니, 임금의 처
결이 그 말대로 僧錄司에 회부하라 하여 위와 같이 하신 일인지라. 절을 세운 緣由는
자세히 조사해서 보고하란 말로써 공문에 의해서 임금의 분부를 전달하고 조사시키되,
관할 구역내인 本郡 戶長 徐純仁 등의 丙辰년 10월 보고에서 이르되, 法堂 3칸, 동
녘으로 물건 두는 房 2칸, 다음 모퉁이로 공부하는 방 3칸, 부속방 1칸, 손님을 접대하
는 다락 서녘으로 방 2칸, 아래 모퉁이 식당 3칸, 부엌 1칸, 마루 1칸, 侍奉하는 방 1
칸, 그 나머지의 방마루 등 85칸을 모두 고치어 세웠다는 보고인 까닭에 보고하옵는 일
이니, 그 절은 佛道를 위하는 일이 이에 완비되었으며, 중의 청원에는 甲으로 말하면
별일 없이 佛道를 위해서 임금을 축복하옵는 바, 앞의 절로 말하면 심히 殘廢하여 接
人할 수 없다 하거늘, 禪師 中延이 고치어 세우기를 임금께 청하고, 제자들 가운데서
이 중을 寺主로 임명하신 까닭에 건축을 始終 담당 관리하고 佛道를 위하옵는데, 禪
師 청원으로 임금의 처결이 내려짐에 따라 法孫의 전례대로 시행할 것을 長城官廳으
로 신청하온 일인지라. 이 중의 몸일 때에 현재 절을 맡아 있는 緣由와 함께 시행케 하
실 것을 청한 일인지라. 공문 안의 뜻으로써 토지 대장에 法孫 상속을 시행하고, 그 결
과를 보고하라고 임금의 분부를 전하는 일. 위의 일로 공문을 보내게 됨.

【戊午년 3월 23일】

【對譯】

監務官貼長城郡司	監務官 長城郡司에 貼文을 보냄.
當司准僧錄司史椿穎丁巳十一月日	본 관청에서 의거한 바 僧錄司의 史인 椿穎(춘영)의
貼 同郡監務兼勸農使將仕郎尙衣直	丁巳년 11월 일 貼文에는 本郡 監務 겸 勸農使 將仕
長宋某 丙辰十月日名狀申省 當司	郎 尙衣直長 宋某의 명의로 丙辰년 10월 일 취품한데는
准僧錄司僧史仁敍九月日貼 憑是審 是旀	본 관청에서 의거한 바 僧錄司 僧史 仁敍의 9월 일 공문을 살피며
啓受使內乎所有事是乙等 聖住寺	지시를 받은 바 있는 일로서 聖住寺 住持인 性照禪
住持性照禪師中延所志內乙仍于 判	師 中延의 청원에 의해서 처결이 내려진 서류에 이르되,
付是乎狀內爲乎矣 僧矣段 別敎無亦 焚修 祝	이 중으로 말하면 별일 없이 향불을 피우고 佛道를 닦아서
聖爲白臥乎次是在亦 至今玖戊申 七月分 祝	임금을 祝福하옵는 차인데, 지금 戊申년 7월뿐
聖觀音尊像願成爲乎旀 安邀處所奏	임금을 축복하기 위한 觀音尊像을 이루려 원하오며,
請爲乎亦中 僧矣元叱乎造排爲臥乎	모시어 놓을 곳을 임금께 여쭈어 보매 이 중의 처음으로
長城郡地白巖寺下安令是於爲 落點 敎等乙仍于 下安令是白遣 右寺旣	세우는 長城郡 땅 白巖寺에 모시어 놓으라고 해서 落點하심으로 인하여 모시어 놓고, 위의 절은
殘亡爲在山枝五結分 八田處所是如 在乙 一間置 遣(遺)無亦 改排爲白乎 等以 長行 祝	이미 殘亡한 뫼갓 5結뿐 八田處所인 것을 한칸도 남김없이 고치어 지은지라.
聖法席 今萬口(日)焚修乙 起行爲 良於爲敎矣 向前狀內 全當爲造排	임금을 축복하는 불교 의식을 길이 행할 것이요, 이제 萬日 焚修를 시작하라 하시되, 앞의 청원에서는
爲白在等以	전체를 담당해서 세운다고 한지라.

法孫傳繼 向事乙 所司弋只 界官良　　法孫 상속에 관한 일을 담당한 관청끼리 지방
　　　　　　　　　　　　　　　　　관에게

中出納下問令是乎矣 事狀的是在如　　임금의 분부로 조사시키되, 사실이 정확할 때는
中 更良奏聞除良只 法孫案牘施行　　다시 임금에게 여쭙는 절차를 밟지 말고서 法孫
爲良於爲 僧錄司良中 下　　　　　　전례대로 시행하도록 僧錄司에
聖旨敎事白　　　　　　　　　　　　임금의 분부를 내리실 일이 압.
丙辰三月二十日左承宣右散騎常侍　　丙辰 3월 20일에 左承宣 右散騎常侍 上將
　　　　　　　　　　　　　　　　　軍 知吏部

上將軍知吏部事詹事府事文迪奏　　事 詹事府事 文迪(문적)이 임금에게 여쭈었더니,
判依奏付僧錄司 右如敎事爲是在　　임금의 처결이 그 말대로 僧錄司에 회부하라
　　　　　　　　　　　　　　　　　하여

等以　　　　　　　　　　　　　　　위와 같이 하신 일인지라.
造排緣由乙良 仔細亦問備申省爲乎　　절을 세운 緣由는 자세히 조사해서 보고하란
　　　　　　　　　　　　　　　　　말로써

味了乎用良依貼爲 傳出納下問令是　　공문에 의해서 임금의 분부를 전달하고 조사시
　　　　　　　　　　　　　　　　　키되,

乎矣 任內同郡戶長徐純仁等 丙辰　　관할 구역내인 本郡 戶長 徐純仁 등의 丙辰년
十月報狀內爲乎矣 法堂三間東俠藏　　10월 보고에서 이르되, 法堂 3칸, 동녘으로 물
　　　　　　　　　　　　　　　　　건 두는

室二間 犯寓學寮三間 副舍一間 客　　房 2칸, 다음 모퉁이로 공부하는 방 3칸, 부속
　　　　　　　　　　　　　　　　　방 1칸,

樓西狹堂二間 下隅食堂三間 食廚　　손님을 접대하는 다락 서녘으로 방 2칸, 아래
一間 法堂南斜廊五間 上房一間 廳　　모퉁이 식당 3칸, 부엌 1칸, 法堂 남쪽으로 사
　　　　　　　　　　　　　　　　　랑 5칸,

一間 侍奉房一間 其餘堂舍等八十　　윗방 1칸, 마루 1칸, 侍奉하는 방 1칸, 그 나머
五間乙 幷只改排報狀爲置是乎等用　　지의 방 마루 등 85칸을 모두 고치어 세웠다는
良 申省爲臥乎事是去等 同香火大　　보고인 까닭에 보고하옵는 일이니, 그 절은 불도
　　　　　　　　　　　　　　　　　를 위하는 일이

事斯備矣 投告內甲矣段 別敎無亦　　이에 완비되었으며, 중의 청원에는 甲으로 말하
香火 祝　　　　　　　　　　　　　면 별일없이 불도를 위해서
聖爲臥乎在亦 向前寺段 殘爲甚接　　임금을 축복하옵는 바, 앞의 절로 말하면 심히
　　　　　　　　　　　　　　　　　殘廢 하여

人不得是如爲去乙 禪師中延奏請造
排 敎弟中僧矣身乙 寺以主差備敎
等用良 成造始終次知排置爲遣 火
香爲臥乎在亦 禪師所志以
判下敎由以法孫安牘施行向事乙
長城官以 申省爲乎事是在等以 僧
矣身乙時亦中火香爲臥乎緣由並以
施行敎味白臥乎事是去有等以 貼內
思乙用良 村伏公案良中法孫傳繼施
行爲遣 由報爲在味出納爲臥乎事
右事須貼
戊午三月二十三日

接人할 수 없다 하거늘,禪師 中延이 고치어 세
우기를 임금께 청하고, 敎弟 가운데서 이 중을
寺主로 임명하신 까닭에 건축을 始終 담당 관
리하고 불도를 위하옵는데, 禪師 청원으로
임금의 처결이 내려짐에 따라 法孫의 전례대로
시행 할 것을 長城官廳으로 신청하온 일인지라.
이 중으로서 현재 절을 맡아 있는 緣由와 함께
시행케 하실 것을 청한 일인지라. 공문 안의 뜻
으로써 토지 대장에 法孫 상속을 시행하고 그
결과를 報告하라고 임금의 분부를 전하는 일.
위의 일로 공문을 보내게 됨.
戊午년 3월 23일

3. 長城監務官貼文의 吏讀語辭

이 章에서는 앞에서도 언급한 바와 같이, 長城監務官貼文(1378)에 사용된 吏讀語辭를 文法要素別, 즉 名詞, 助詞(격조사, 보조사), 繫辭, 動詞, 副詞 등으로 나누어 각각의 吏讀語辭를 정리해 보려고 한다.

1) 吏讀 名詞類

(1) 吏讀名詞의 語基

長城監務官貼文에서 사용된 名詞類 吏讀에는 '東俠(동녘), 西狹(서녘), 犯寓(犯斤隅), 斜廊(舍廊), 時(삐,떼), 緣由(연유), 差備(차비), 次知(츠지), 土·地(짜, 쌍), 事(일), 味(맛), 所(바), 次(츠), 由(말미, 젼츠), 山枝(뫼갓), 向事(안일), 矣身(의몸) 등이 있다. 이들의 사용례를 열거하고, 각각의 吏讀語辭를 살펴보기로 한다.

① 貼 텹

　　◦當司准僧錄司史椿潁丁巳十一月日貼 <2-2>
　　(본 관청에서 의거한 바 僧錄司의 史인 椿潁의 丁巳년 11月 日 公文에는)
　　◦當司准僧錄司僧史仁敍九月日貼 <2-3>
　　(본 관청에서 의거한 바 僧錄司 僧史 仁敍의 9月日 公文을 살피며)
　　◦依貼爲傳出納下問令是乎矣 <2-15>
　　(公文에 의해서 임금의 분부를 전달하고 조사시키되)
　　◦右事須貼 <2-26>
　　(위의 일로 公文을 보내게 됨)

　　‘貼’은 音借한 吏讀語로서 照會文, 公文의 뜻으로 사용되었다. 관청끼리 서로 통하고 문의하는 공문을 이르며, 白巖寺貼文의 셋째 貼文인 監務官關白巖寺三剛(1407)에서 사용된 ‘關子’(관ㅈ)의 준말인 ‘關’에 해당된다.

② 貼內 텹ㄴㅣ

　　◦貼內思乙用良村伏公案良中法孫傳繼施行爲遣 <2-24>
　　(公文 안의 뜻으로써 토지 대장에 法孫 상속을 시행하고)

　　‘貼內’(텹ㄴㅣ)도 音借한 吏讀語로서, ‘公文 內에, 照會文 내에’의 뜻이다. 白巖寺貼文의 셋째 貼文인 監務官關白巖寺三剛(1407)에서 사용된 ‘關內’(관ㄴㅣ)와 같은 뜻의 吏讀語辭이다.

③ 東俠 동녁, 동녘

　　◦法堂三間東俠藏室二間 <2-16>
　　(法堂 세 칸, 동쪽으로 물건 두는 방 두 칸)

　　‘東俠’은 동녁을 지칭하는 吏讀語로서, ‘東’은 동녁 東(동)자로 漢字語이며, ‘俠’자는 ‘脅(脇)’ 字와 동음으로 15세기 국어인 ‘녑’(옆구리)을 나타낸 말이다. ‘東俠’은 ‘東脅’, 즉 ‘동녑>동녁>동녘’(동쪽)의 뜻이다. ‘脅’의 同音인 ‘俠, 狹’을 사용하여 東俠(동녁), 西狹(서녁)으로 표기하였다.

④ 西狹　서녁, 서녁
　　◦客樓西狹二間 <2-16>
　　(손님을 접대하는 다락 서쪽으로 방 두 칸)

　‘西狹’은 서녁을 지칭하는 말로, ‘東俠’의 표기법과 같은 원칙으로 이루어진 吏讀語다. ‘東俠’의 ‘俠’과 ‘西狹’의 ‘狹’은 모두 脅(脇)과 같은 同音字로서 ‘脅(脇)의 訓讀인 15세기 국어 ‘녑’(옆구리)을 나타낸 말이다. ‘서녑>서녁>서녁’으로 ‘서녁’, 즉 ‘서쪽’의 뜻이다.

⑤ 緣由　연유
　　◦造排緣由乙良仔細亦問備申省爲乎味了乎用良依貼爲 <2-14>
　　(절을 세운 연유는 자세히 조사해서 보고하란 말로써 공문에 의하여)
　　◦僧矣身乙時亦中火香爲臥乎緣由並以施行敎味白臥乎事是去有等以
　　<2-24>
　　(僧侶의 몸으로서 현재 절을 맡아 있는 緣由와 함께 시행케 하실 것을 청한 일인지라)

　‘緣由’는 현대어에서와 마찬가지로 ‘까닭, 유래, 사유’의 뜻이다.

⑥ 犯寓　버금 모롱이
　　◦法堂三間東俠藏室二間犯寓學寮三間 <2-16>
　　(法堂 3칸, 동녁으로 물건 두는 방 2칸, 다음 모퉁이로 공부하는 방 3칸)

　‘犯寓’는 ‘犯斤隅’로서 ‘다음 모퉁이’의 뜻이다. ‘犯斤’은 ‘버금’, 즉 ‘다음’이란 뜻이다. 15세기 국어에서 ‘버근’이라는 관형사가 많이 사용되었는데, 여기서는 관형사적 용법으로 쓰였다.

　　　양지 摩耶夫人만 몯ᄒ실ᄊᆡ 버근 夫人이 ᄃᆞ외시니라 <석보,6:1>
　　　버근 氣韻은 닐굽 山이 ᄃᆞ외오 <월석,1:41>
　　　버근 ᄒ나ᄒᆞᆫ 通히 두가질 혈오 <원각경,上 43>

'寓'는 모퉁이를 뜻하는 '隅'를 대신하여 同音異字를 사용한 예이다. 이는 吏讀的 表記의 특징이다. 같은 글 안에서 漢文式 표기는 '下隅'(아래 모퉁이)와 같이 서로 다르게 표기하고 있다.

⑦ 斜廊　사랑(舍廊)
　　◦法堂南斜廊五間上房一間 <2-17>
　　(法堂 남쪽으로 舍廊 5칸, 윗방 1칸)

　'斜廊'은 '舍廊'의 吏讀的 표기로서, '舍'를 '斜'로 대신 표기한 同音異字를 사용한 예다.

⑧ 時　째
　　◦僧矣身乙時亦中火香爲臥乎緣由並以施行敎味白臥乎事是去有等以
　　 <2-24>
　　(僧侶 자신 현재에 절을 맡아 있는 緣由와 함께 施行케 하실 것을 청한 일인지라)

　위 예문에서 사용된 '時'는 시간을 뜻하는 訓讀字 '때'[時]로서 15세기 국어의 '째'에 해당되는 명사다. 위의 예문에서 사용된 '時'는 모두 '亦中'라는 조사와 같이 사용되고 있다. '時亦中'(때에)

　　　닭 째 爲酉時 <훈정해례>
　　　오히려 째룰 알오(尙知時) <용가 50>

⑨ 次知　ᄎ지, 차지
　　◦成造始終次知排置爲遣火香爲臥乎在亦 <2-21>
　　(건축을 始終 담당 관리하고 佛道를 위하옵는데)

　'次知'는 音借한 말로 '담당, 맡은 이, 책임자' 등으로 사용되는 吏讀名詞다. '次知'를 派生名詞 'ᄀ 숨아리'(주관자, 당당자)로 설명하기도 한다.3) 'ᄀ

---

3) 安秉禧(1977), "養蠶經驗撮要와 牛疫方의 吏讀의 硏究", 「東洋學」 7. p.10 참조

옴 ᄎᆞ’(次)와 ‘알 디’(知)가 복합된 명사로서 15세기의 동사 ‘ᄀᆞᅀᆞᆷ알다’(주관하다, 가말다, 담당하다)와 관계를 맺고 있다.

> 世界롤 ᄀᆞᅀᆞᆷ아ᄂᆞ니라 <석보, 13:6>
>
> 丈人이 宗卿을 ᄀᆞᅀᆞᆷ아라셔(丈人領宗卿) <두언,8:6>
>
> ᄀᆞᅀᆞᆷ아라셔 督責홀 사ᄅᆞ미 업디 아니ᄒᆞ니(督領不無人) <두언,7:35>

⑩ 土·地 ᄯᅡ,ᄯᅡᆼ

> 長城郡地白巖寺下安令是於爲 <2-8>
>
> (長城郡 땅 白巖寺에 모시어 놓으라 하여)

위의 예문의 ‘地’는 ‘땅’으로 읽었을 것으로 본다. 15세기 국어 ‘ᄯᅡㅎ’, ‘ᄯᅡᆼ’에 대응되는 명사다.

> ᄯᅡᆼ을 ᄑᆞ고 <신속孝1:1>   ᄯᅡᆼ해 업더혀 <신속烈 4:64>
>
> 寶土ᄂᆞᆫ 보비 ᄯᅡ히라 <월석 8:19>
>
> 地ᄂᆞᆫ ᄯᅡ히니 ᄯᅡ해 자본 거시 <월석 1:38>

⑪ 事 일

(1)｡聖旨敎事白 <2-13>

  (임금의 분부를 내리실 일이압)

(2)｡啓受使內乎所有事是乙等 <2-4>

  (지시를 받은 바 있는 일로서)

  ｡申省爲臥乎事是去等 <2-18>

  (보고하옵는 일이니)

  ｡長城官以申省爲乎事是在等以 <2-23>

  (長城官廳으로 신청하온 일인지라)

  ｡施行敎味白臥乎事是去有等以 <2-24>

  (施行하실 뜻을 청한 일인지라)

  ｡法孫傳繼施行爲遣由報爲在味出納爲臥乎事 <2-25>

李丞宰(1992), 「高麗時代의 吏讀」, 태학사, p.93 참조

(法孫 상속을 시행하고 그 결과를 보고하라고 임금의 분부를 전하는 일)

위 예문에서 사용된 '事'는 訓讀字 '일'(事)로서 중세어의 ':일'에 해당한다.모두 관형어의 뒤에서 피수식어로 사용되고 있다.

　　다만 혼 일 업수니 <용가 1>
　　그 낤 이롤 싱각ᄒ건대 <금삼 2:2>

⑫ 味　맛
　　◦仔細亦問備申省爲乎味了乎用良依貼爲傳出納下問令是乎矣 <2-15>
　　　(자세히 조사해서 보고하란 말로써 공문에 의해 임금의 분부를 전달하고 조사시키되)
　　◦火香爲臥乎緣由並以施行敎味白臥乎事是去有等以 <2-24>
　　　(절을 맡아 있는 緣由와 함께 施行케 하실 뜻을 정한 일인지라)
　　◦法孫傳繼施行爲遣由報爲在味出納爲臥乎事 <2-25>
　　　(法孫 상속을 施行하고 그 결과를 보고하라고 임금의 분부를 전하는 일)

　'味'는 訓借 '맛'으로서 '말'(語)이나 '趣旨' 등의 뜻으로 사용되는 명사다. '맛'과 '말'과의 대응관계는, 신라 시대 鄕歌인 祭亡妹歌의 제3구인 '吾隱去內如辭叱都(나는 가ᄂ다 맛도)'의 '辭叱'(맛, 말ㅅ)에서 찾아볼 수 있다.[4]

⑬ 所　바
　　◦啓受使內乎所有事是乙等 <2-4>
　　　(지시를 받은 바 있는 일로서)

　'所'는 訓借 '바'로서 의존명사다. 所 바소 <字會, 石千>

⑭ 次　ᄎ, 제
　　◦祝聖爲白臥乎次是在亦 <2-6>
　　　(임금을 祝福하옵는 차인데)

---

4) 安秉禧(1983), 吏讀文獻吏文大師에 대하여, 『東方學誌』 38, p.77 참조.

‘次’는 音·訓讀으로 두루 쓰이며, 형식명사로서 ‘際’의 뜻으로 쓰인다.

　　次 츠례츠 <石千>

⑮ 由　말믜, 젼츠
　◦禪師所志以判下敎由以法孫案牘施行向事乙 <2-24>
　　(禪師 청원으로 임금의 처결이 내려짐에 따라 法孫의 전례 대로 시행할 것을)

　‘由’는 訓借 ‘말믜’로 읽으며, ‘事由, 까닭’의 뜻이다. 아래의 (1)은 ‘말믜’
의 예이고, (2)는 ‘젼츠’의 사용 例이다

　　⑴ 말믜 유(由) <類合下 11>
　　　王의 가아 말믜 엳줍고 <석보 6:15>
　　　사호믄 어느 말믜로 定ᄒ리오(戰伐何由定) <두언 7:14>
　　　말믜롤 請ᄒᆞᆫ대 <소학언 6:37>
　　⑵ ᄯᅩ 젼츠 업시 <구급방上 65>
　　　ᄲᅥ러듈 젼츠롤 펴니라 <능엄 1:33>
　　　이런 젼츠로 어린 百姓이 니르고져 홇배 이셔도 <훈정언해>
　　　故ᄂᆞᆫ 젼ᄎᆞ라 <훈정언해>

⑯ 山枝　뫼갓
　◦右寺旣殘亡爲在山枝五結分八田處所是如在乙 <2-8~9>
　　(위의 절은 이미 殘亡한 묏갓 5結뿐 八田處所인 것을)

　‘山枝’는 ‘뫼갓’으로 읽으며, ‘山地, 산의 것(物)’의 뜻이다. ‘山’은 訓借
‘뫼’로서 글자 그대로 ‘산’을 뜻하며, ‘枝’는 訓借 ‘가지, 갓’으로 ‘가지’(枝)
의 뜻이 아니라, ‘갓’(物), 즉 ‘것’의 뜻으로 사용되고 있다. 한편 ‘枝’는 同音
字인 ‘地’의 뜻으로 사용한 것으로도 볼 수 있다.

풍륫 가스로 莊嚴ᄒ얫거든 <월석 8:8>
갓 믈(物) <훈몽下 2>

⑰ 向事 안일

  ◦法孫傳繼向事乙所司弋只 <2-11>
    (法孫 相續에 관한 일을 담당한 官廳끼리)
  ◦法孫案牘施行向事乙長城官以申省爲乎事是在等以 <2-23>
    (法孫의 전례 대로 施行할 것을 長城官廳으로 신청하온 일인지라)

  '向事'는 '안일'[彙編], '아안일[典律]', '아안'[語證] 등으로 읽히며, '할
일', '할 것'의 뜻으로 사용되는 합성명사다. 위의 예문을 보면, 관청에서
指示하거나 命令하는뜻의 명사임을 알 수 있다.
  吏讀에서 '向'을 '아'나 '안'으로 읽고 있는데, 向[안], 向事[안일], 向入
[안드러], 向前[아젼], 向敎事[아이샨일] 등이 그것이다. 중세국어에서는 '前
日,접때'를 ':아·래, :아·리'라고 이르며, '八日'을 '여·드래'라 하고, '九日'을
'아·ᄒ래'라고 한다. 여기에서 쉽게 알 수 있는 것은, '前'이 上聲표시를 한
':아' 라는 사실이다.

    이런 고지 아래 업더니라 ᄒ시고 <석보 11:32>
    아래 잇디 아니ᄒᆫ 이를 得과라 ᄒ더니(得未曾有) <능엄 1:29>
    아리브터 바다 쓰는 家風이며(依前愛用家風) <金三 2:19>

  또한 중세국어에서 '向來'(前日, 지난번)를 ':아리'라고 표기한 기록(즉, 圓覺
上 1-2:15)을 보면 '向'과 ':아' 와의 밀접한 대응관계를 짐작할 수 있다. 현대
국어에서도 '向日, 向者, 向來' 등이 '前日,지난번'의 뜻으로 사용된다. 이
와 같은 사실에서 '向'을 '아'라고 읽고, '向'[아]가 '前'[앒]의 뜻임을 쉽게
알 수 있다.5)
  '向'[안,아]를 '向'의 訓 '앒'의 省略形으로 보거나, '알다'(知)의 連體形,

____

5) 李喆洙(1989), 「養蠶經驗撮要의 吏讀研究」, 인하대출판부, pp.146~147 참조

즉 관형형으로 설명하기도 한다.6)

 ‘事’는 訓讀字 ‘일’(事)로서 중세국어 ‘:일’에 대응된다. 그러므로 ‘向事’ [안일]은 ‘向’[안]과 事[일]이 복합된 합성명사라 할 수 있다.

⑱ 矣身   의몸
　　◦敎弟中僧矣身乙寺以主差備敎等用良 ＜2-21＞
　　　(敎弟 가운데서 이 중 의몸을 寺主로 임명하신 까닭에)
　　◦僧矣身乙時亦中火香爲臥乎緣由並以 ＜2-23＞
　　　(이 중 자신으로서 현재 절을 맡아 있는 緣由와 함께)

 ‘矣身’은 ‘의몸’으로 읽히는 대명사로서 ‘矣, 矣身, 矣徒’ 등과 같이 현대 국어 ‘저’, ‘自身’, ‘저희들’의 뜻으로 사용되었다. ‘矣’는 音借 ‘의’로서 일 반적으로 속격 조사로 사용되는 語辭이며, ‘身’은 訓借 ‘몸’으로서 名詞이 다.

2) 吏讀名詞의 添辭

 名詞類가 문장 속에서 統語素로서의 統辭관계를 가질 때, 그 名詞는 두 가지의 형태로 나타난다. 하나는 語基만으로 나타나며, 또 하나는 語基에 文法素 등이 첨가되어 나타나는 경우다. 名詞類語의 添辭표시는 후자에 속하는 것으로서 名詞類語의 統辭관계를 나타내기 위하여 명사 語基에 첨 가되는 助詞類, 繫辭類 添辭의 借字表記를 말하는 것이다.7)

가. 助詞類 添辭

 助詞類 添辭는 體言에 첨가되는 모든 체언토, 즉 助詞를 이르는 말로서, 格助詞類와 補助詞類가 있다. 本 長城監務官貼文(1378)에서 사용된 格助 詞類는 ‘弋只(-익기), 矣(-의), 之(-의, -ㅅ), 乙(-을/를), 良中(-아희), 亦中(-여희), 以

---

6) 小倉進平(1929), 「鄕歌及び吏讀の硏究」, pp.462～463 참조
7) 李喆洙(1989), 앞의 책, p.25.

(-로/으로)’ 등이며, 補助詞類는 ‘段(-ᄃᆞ,-단), 乙良(-을란, -으란), 分(-분, -뿐), 置(-도/두)’ 등이다.

가) 格助詞類

이 長城監務官貼文에서 사용된 格助詞類 添辭를 열거하면 다음과 같다.

格助詞	格助詞類 添辭의 例
主 格	弋只(-익기)
屬 格	矣(-의)
對 格	乙(-을/-를)
處 格	良中(-아히, -에), 亦中(-여히, -에)
造 格	以(-로/-으로)
原因格	以(-로/-으로)

(가) 主格添辭

주격을 나타내는 첨사는 앞에 圖示에서 제시한 바와 같이 ‘弋只’(-익기) 하나뿐이다.

① 弋只　익기, 끼리

　　。法孫傳繼向事乙所司弋只界官良中出納下問令是乎矣 <2-11>
　　　(法孫 상속에 관한 일을 담당한 官廳이 지방관에게 임금의 분부로 조사시키되)

‘弋只’는 ‘이, 익기, 의기, 이키, 끼리’ 등으로 읽히며 官廳이나 團體와 같은 複數체언의 주격으로 사용된다.

(나) 屬格添辭

長城監務官貼文에 사용된 屬格표지 虛辭字는 ‘矣’ 하나뿐이다.

② 矣 의

∘僧矣元叱乎造排爲臥乎長城郡地白巖寺下安令是於爲 <2-7>
(僧侶의 처음으로 세우는 長城郡땅 白巖寺에 모시어 놓으라고 하여)

‘矣’는 音借표기의 屬格조사로서 15세기 국어의 ‘-이/의’에 대응된다. 吏讀의 屬格표지에는 ‘矣’와 ‘叱’(之) 등이 있는데, ‘矣’는 비존칭 有情명사의 屬格조사로 사용되고, ‘叱’(之)은 無情명사나 존칭 有情명사의 속격조사로 쓰인다.8)

(다) 對格添辭
長城監務官貼文에 사용된 對格표지는 ‘乙’ 하나뿐이다.

③ 乙 을

∘聖法席今萬日焚修乙起行爲良於爲敎矣 <2-10>
(임금을 축복하는 불교 의식을 길이 행할 것이요,이제 萬日 焚修를 시작하라 하시되)
∘法孫傳繼向事乙所司弋只界官良中出納下問令是乎矣 <2-11>
(法孫 상속에 관한 일을 담당한 관청끼리 지방관에게 임금의 분부로 조사시키되)
∘其餘堂舍等八十五間乙幷只改排報狀 <2-18>
(그 나머지의 堂舍 등 85칸을 모두 고치어 세웠다는 보고)
∘敎弟中僧矣身乙寺以主差備敎等用良 <2-21>
(敎弟 가운데서 이 僧侶를 寺主로 임명하신 까닭에)
∘僧矣身乙時亦中火香爲臥乎緣由並以 <2-23>
(僧侶로서 현재 절을 맡아 있는 緣由와 함께)

‘乙’은 對格조사로서 15세기 국어의 ‘-올/을’에 대응되는 吏讀助詞다. 音借표기 ‘을’로서 音韻的 조건과 관계없이 ‘乙’로만 借字되었다. ‘乙’의 용법에는 名詞 語基에 添辭되는 경우와 複數 접미사 ‘等’(-돌,-둟)에 添辭되는 ‘等乙’의 두 경우가 있다.

---

8) 安秉禧(1968), 中世國語 屬格語尾 ‘ㅅ’에 대하여,『李崇寧博士頌壽紀念論叢』
李丞宰(1992), 앞의 책, p.110 참조

(라) 處格添辭

　앞에서 열거한 바와 같이 白巖寺貼文에 사용된 處格添辭는 '良中'과 '亦中' 두 종류뿐인데 長城監務官貼文(1378)에서 이 두 處格첨사의 사용 예가 보인다.

④ 良中　아히

　　∘界官良中出納下問令是乎矣 <2-11>
　　　(地方官에게 임금의 분부로 조사시키되)
　　∘僧錄司良中下聖旨敎事白 <2-12>
　　　(僧錄司에 임금의 분부를 내리실 일이압)
　　∘村伏公案良中法孫傳繼施行爲遣 <2-25>
　　　(토지 대장에 法孫 상속을 시행하고)

　'良中'은 이른바 通音借 '아히'로서 處格표지로 사용되었다. '良'의 音은 량>양>아(여)>아(어)로 轉用되었고, '아(여)'가 '이, 에, 애' 등으로 應用되었다. '中'의 讀音은 '히'로서 뒤에 '아히>아이>이'로 변화되었다. '良'과 '中' 모두 이미 삼국시대에 處格표지로 사용되었던 虛辭字들이다. 다음은 그 예들이다.

　　　彌陀刹良, 一等隱枝良出古 <祭亡妹歌>
　　　東京明期月良 <處容歌>
　　　戊戌中立在之 <葛項寺造塔記>
　　　三年間中産小子 <新羅帳籍>

　'良中'의 사용례는 淨兜寺造塔記에 처음으로 보이는데, 고려시대 이후에 와서 '良'과 '中'이 處格으로 사용된 경우는 거의 없다. 長城白巖寺貼文에 '右良'의 예가 있으나 이미 處格標識로서의 기능을 상실하고 있다.

⑤ 亦中　여히

　　∘僧矣身乙時亦中火香爲臥乎緣由竝以 <2-24>
　　　(중으로서 현재 절을 맡아 있는 연유와 함께)

‘亦中’는 通音借 ‘여히’로서 ‘亦’의 音은 ‘역’<類合, 石千>이지만, 語末 子音이 생략되어 略音借 ‘여’로 읽었고, ‘中’은 ‘良中’의 경우와 같다. 본 長城監務官貼文에서 사용된 時間을 나타내는 處格표지로 사용되었음을 알 수 있다.

(마) 造格添辭

본 長城監務官貼文에서 사용된 造格표지 虛辭字는 ‘以’ 하나로서 ‘以’는 매우 오랜 역사를 가진 借字表記로서 ‘南山新城碑銘’(591)을 비롯하여 ‘葛項寺石塔記’(758) 등의 金石文에서 일찍부터 사용된 용례를 찾아볼 수 있다.

⑥ 以　로(으로)
　　(1) 敎弟中僧矣身乙寺主以差備敎等用良　<2-21>
　　　　(敎弟 가운데서 이 중을 寺主로 임명하신 까닭에)
　　(2) 法孫安牘施行向事乙長城官以申省爲乎事是在等以　<2-23>
　　　　(法孫의 전례 대로 施行할 것을 長城官廳으로 신청하온 일인지라)

‘以’는 訓借표지로서 字意를 빌어 ‘로, 으로’로 읽었으며, 器具·使用·資格 등의 格標識로 쓰였다. 위의 예에서 ‘以’가 사용된 문맥적 의미로 보아, 예문(1)에서는 資格格으로, 그리고 예문(2)에서는 指向點을 나타내는 造格 조사로 사용되었다.

(바) 原因格添辭

⑦ 以　로(으로)
　　◦禪師所志以判下敎由以　<2-22>
　　　(禪師 청원으로 임금의 처결이 내려짐에 따라)

‘以’는 造格添辭와 같으나 문맥상으로 ‘原因’의 뜻을 가지고 있는 격조 사다. 禪師의 청원으로 인하여 임금의 처결이 내려진 것이다.

나) 補助詞類

本 長城監務官貼文에 사용된 補助詞類는 段(-돈,-단), 乙良(-을란, -으란), 分(-분, -뿐), 置(-도/두) 등이다.

① 段 돈, 단

　　◦僧矣段別敎無亦焚修〈2-5〉
　　　(이 중으로 말하면 별일 없이 향불을 피우고 佛道를 닦아서)
　　◦向前寺段殘甚爲接人不得是如爲去乙〈2-20〉
　　　(앞의 절은 심히 殘廢하여 接人할 수 없다 하거늘)

‘段’은 音借표기로서 15세기 形式名詞 ‘ᄃ’와 主題化 標識 ‘ㄴ’이 결합된 語辭로서 신라 때의 金石文 ‘願爲內等者’<竅興寺鍾銘>의 ‘等者’가 交替된 것으로 본다.[9]

主題, 提示, 相異, 限定 등의 의미를 가지고 주로 主格으로 사용되는 補助詞다. 현대어의 補助詞 ‘은/는’에 해당되는 虛辭字다. 옛글에서 ‘段’에 대응되는 ‘ᄃᆫ’의 흔적을 찾아볼 수 있는데, ‘願ᄒᆞᆫᄃᆫ’ <월인천강지곡>, ‘請ᄒᆞᆫᄃᆫ’ <두시언해>, ‘긴힛ᄃᆫ’, ‘信잇ᄃᆫ’<악학궤범,서경별곡> 등이 그 예들이다.

② 乙良 을란, 으란

　　◦造排緣由乙良仔細亦問備申省爲乎味了乎用良 <2-14>
　　　(절을 세운 緣由는 자세히 조사해서 보고하란 말로써)

‘乙良’은 ‘을란, 으란’으로 읽으며, ‘段, 隱’ 등과 같이 主題化표지의 借字로서 ‘은,는.ㄴ,을랑’의 뜻으로 쓰인다. ‘乙良’의 讀法은 ‘을안’〔彙編, 典律, 裸例, 略解, 集成〕, ‘을아’〔便覽〕, ‘을쇼이’〔語證〕 등 여러 가지인데, 이들 吏書의 ‘을안’은 ‘으란’이며, 中世국어에서 사용되고 있는 ‘으란, 을란, ㄹ란, 란’ 등이 이에 속한다.

---

9) 南豊鉉(1975), 漢字借用表記의 發達,『國文學論集』7・8合輯, p.26 참조

　‘乙’은 音借 ‘을’로 對格표지이고, ‘良’은 略音借 ‘란’으로 主題化표지의
複合態라 할 수 있다. 한편 ‘란’(良)을 ‘든’(段)의 變形으로 보려는 의견도 있
다.10)

　③ 分　분, 쑨
　　　。至今玖戊申七月分 <2-6>
　　　　(지금 戊申七月뿐)
　　　。右寺旣殘亡爲在山枝五結分 <2-9>
　　　　(위의 절은 이미 殘亡한 뫼갓 5結뿐)

　‘分’은 音借 ‘분’으로 ‘叱分’(쑨)과 함께 체언 아래에 붙어서 그것만이고
다른 것이 없다는 單獨의 뜻을 나타내는 補助詞 ‘만’과 같이 쓰인다.

　④ 置　도, 두
　　　。八田處所是如在乙一間置遺無亦改排爲白乎等以〈2-9〉
　　　　(八田處所인 것을 한칸도 남김없이 고치어 지은지라)

　‘置’는 訓借 ‘도,두’로서, 音借표기 ‘投’와 같이 ‘同一’(한가지), ‘添加’ 등
의 뜻을 지닌 補助詞로서, 현대어의 協隨보조사 ‘도’에 해당되는데, 옛글
에서도 ‘도’와 ‘두’로 사용되었다.
　‘置’는 위의 보기에서와 같이 단독형과 복합형이 있는데, 단독형은 實辭
에 첨가되어 ‘同一, 添加’의 뜻을 添意하면서 실사의 格을 정해주며, 複合
型은 위의 ‘分置’(쑨도)와 같이 두 보조사의 결합형이다.

　나.　繫辭類　添辭
　繫辭類는 체언에 後接하여 체언을 敍述態로 변동시키는 語辭다. 이른바
敍述格조사니, 指定詞(잡음씨)니, 體言敍述態 接中辭니 하는 ‘이다’類를 繫

---

10) 金泰均(1975), 養蠶經驗撮要의 吏讀註解, 『京畿大論文集』 3, p.120.

辭類라 통칭하여 名詞표현의 表記範疇에 포함시켜 다루려는 것이다. 自立
형태인 繫辭(copula)와는 그 성격을 달리 한다. '是齊' 따위의 계사류는 依存
形態인 文法素로서 어미 활용을 한다.

　　본 長城監務官貼文에서 사용된 繫辭類 첨사는 '是去等, 是去有等以, 是
如, 是如在乙, 是乙等,　是在等以, 是在亦, 是乎, 是乎等用良 등이다.

　　① 是去等　이거든
　　　　◦ 申省爲臥乎事是去等同香火大事斯備矣 <2-18>
　　　　(報告하옵는 일이니,그 절은 불도를 위하는 일이 이에 完備되었으며)

'是去等'은 '이거든'으로 읽으며, '인데, 이면'의 뜻으로 쓰인다. '是'는
訓借 '이'로서 繫辭 '이다'의 語基이며, '去'는 音借 '거'로서 時制 先語末
어미이며, '等'은 通音借 '든'으로 '去等'과 함께 副動詞 어미 '-거든'에 해
당하는 어미로서 매우 生産的인 活用形이다.

　　② 是去有等以　이거이신들로
　　　　◦ 緣由並只施行敎味白臥乎事是去有等以 <2-24>
　　　　(緣由와 함께 施行케 하실 것을 청한 일인지라)

'是去有等以'는 複合態 繫辭로서 '이거이신들로'로 읽히며, '~인 것이
므로,이기 때문에'의 뜻으로 쓰인다. '是'는 訓借 '이'로서 계사 '이다'의 語
基이며, '去'는 音借 '거'로서 先語末어미이며, '有'는 訓借 '이시'로서 존
재사이며, '等'은 通音借 '둘, 들'로서 形式명사 'ᄃ'에 對格표지 첨가형이
다. '以'는 義訓借 '로'로서 語末어미 '-로,-으로'이다.

　　③ 是如　이다, 이라
　　　　◦ 向前寺段殘甚爲接人不得是如爲去乙 <2-20>
　　　　(앞의 절로 말하면 심히 殘廢하여 接人할 수 없다 하거늘)

'是如'는 引用格 添辭의 借字로서 '이다, 이라'로 읽으며, '이라, 이라고'

의 뜻을 가진 말이다.

‘是’는 訓借 ‘이’로서 繫辭 ‘이다’의 語基이며, ‘如’는 義訓借 ‘다’ 혹은 ‘다’의 流音化 轉音 ‘라’로서 引用格 조사 ‘이라, 라’에 해당하는 말이다.

④ 是如在乙　이다견을
　　◦八田處所是如在乙一間置遣無亦改排爲白乎等以 <2-9>
　　(八田處所인 것을 한 칸도 남김없이 고치어 지은지라)

‘是如在乙’은 ‘이다견을’로 읽으며, ‘이라는 것을, 인 것을’의 뜻으로 사용된다. ‘是’는 訓借 ‘이’로서 계사 ‘이다’의 語基이며, ‘如’는 義訓借 ‘다’로서 형식명사 ‘ᄃ’에 대응되며, ‘在’는 義訓借 ‘견’으로 중세어 ‘겨시다’(在)의 동사 어기에 속하며, ‘乙’은 音借 ‘을’로서 副動詞어미 ‘-거늘, -는데’에 해당한다.

⑤ 是乙等　일든
　　◦啓受使內乎所有事是乙等聖住寺住持性照禪師中延所志內乙仍于
　　　<2-4>
　　(指示를 받은 바 있는 일로서 聖住寺 住持인 性照禪師 中延의 청원에 의하여)

‘是乙等’은 ‘일든’으로 읽으며, ‘是去乙等’(이거늘든)의 준말로서 ‘이거든’의 뜻이다. ‘是’는 訓借 ‘이’로서 繫辭 ‘이다’의 語基 ‘이-’이며, ‘乙’은 ‘去乙’(-거늘)에서 ‘去’가 생략된 것으로 ‘去乙’은 현대국어 ‘-거늘’에 대응되며 ‘원인, 이유’의 뜻을 갖는다. ‘等’은 通音借 ‘둘, 들’로서 형식명사 ‘ᄃ’에 對格표지 첨가형이다. 어원적으로 ‘ᄃ’는 형식명사 ‘바’(所)의 뜻이다.

⑥ 是在等以　이견들로
　　◦法孫案牘施行向事乙長城官以申省爲乎事是在等以 <2-23>
　　(法孫의 전례대로 시행할 것을 長城官廳으로 신청하온 일인지라)

‘是在等以’는 ‘이견들로’로 읽으며, ‘~인 것으로,~이므로’의 뜻이다. ‘是’는 訓借 ‘이’로서 繫辭 ‘이다’의 語基 ‘이-’이다. ‘在’는 義訓借 ‘견’으로 중세어 ‘겨시-’는 ‘견’에 존칭 선어말어미 ‘-시-’가 붙은 것이다. ‘견’은 동사 어기 ‘겨-’에 동명사 어미 ‘-ㄴ’의 결합형이다. ‘等’은 通音借 ‘돌, 들’로서 형식명사 ‘ᄃ’에 對格표지 ‘-ㄹ’이 첨가된 것이며, ‘以’는 義訓借 ‘로’로서 語末어미 ‘-로, -으로’에 해당된다.

⑦ 是在亦   이견이여

 ◦祝聖爲白臥乎次是在亦至今玖戊申七月分 <2-6>
  (임금을 축복하옵는 차인데, 지금 戊申년 7월뿐)

‘是在亦’은 ‘이견이여’로 읽으며, ‘~인 것이기에,~인 것이므로’의 뜻이다. ‘是’는 訓借 ‘이’로서 繫辭 ‘이다’의 語基 ‘이-’이며, ‘在’는 義訓借 ‘견’으로 중세어 ‘겨시-’는 존칭 선어말 어미 ‘-시-’가 결합된 것이다. ‘견’(在)은 動詞 語基 ‘겨-’에 동명사 어미 ‘-ㄴ’의 결합형이라 할 수 있다. ‘亦’은 略音借 ‘여, 이여, 혀’ 등으로 읽으며, ‘在亦’은 ‘견이여’로 읽으며 ‘~는 것이기에, ~는 것인데’의 뜻이다.

   祝聖爲臥乎在亦向前寺段殘甚爲接人不得是如爲去乙   <2-20>
   (임금을 祝福하옵는 것인데, 앞의 寺刹로 말하면)

⑧ 是乎   이온

 ◦中延所志內乙仍于判付是乎狀內爲乎矣 <2-4>
  (中延의 청원에 의하여 처결이 내려진 서류에 이르되)

‘是乎’는 ‘이온’으로 읽으며, ‘~인, ~이온’의 뜻으로 쓰인다. ‘是’는 역시 訓借 ‘이’로서 계사 ‘이다’의 語基 ‘이-’이고, ‘乎’는 略音借 ‘온’으로 動名詞어미다. 위 예문에서 被修飾語는 ‘狀內’이다.

⑨ 是乎等用良　이온들쓰아

　　。幷只改排報狀爲置是乎等用良申省爲臥乎事是去等 <2-18>
　　(모두 고치어 세웠다는 보고인 까닭에 보고하옵는 일이니)

　'是乎等用良'은 '이온들쓰아'로 읽으며, '~인 것이므로,~인 까닭에'의 뜻이다. '是'는 訓借 '이'로서 繫辭 '이다'의 語基 '이-'이고, '乎'는 略音借 '온'으로 動名詞어미이고, '等'은 通音借 '둘, 들'로서 형식명사 'ᄃ'에 對格표지 '-ㄹ'이 결합된 것이다. 그리고 '用良'은 '쓰아, 쓰아'로 읽히며, 중세국어 '뻐'(以)에 해당하는 吏讀 副詞類에 속한다.

2) 吏讀 動詞類

　여기에서 말하는 吏讀動詞는 이두로 표기되어 있는 動詞類, 즉 用言을 이르는 말이다. 용언은 서술어의 구실을 하는 동사와 형용사 등을 일컬으며, 動詞類는 敍述性과 屈折性을 그 본질로 한다. 또한 동사류는 어간과 어미로 나뉘며, 용언의 문법적 기능은 語尾변화에 의하여 이루어지는 變化詞다. 그러므로 이른바 繫辭類도 이 부류에 포함될 수 있다.

　본 長城監務官貼文에서 사용된 動詞類를 '爲'語基 動詞類와 기타 語基 動詞類로 나누어 논급하기로 한다.

(1) '爲' 語基 動詞類

　이 長城監務官貼文에 사용된 이른바 '爲' 語基用言과 그 複合態를 열거하고, 각 語辭의 讀法과 語法的 설명과 그 문맥적 의미에 대하여 살펴보기로 한다.

　'爲' 語基用言은 吏讀 動詞類에서 가장 생산적이어서 자주 사용되며, '爲' 語基에 많은 語尾를 비롯한 後接형태소가 연결된다.

① 爲 ᄒᆞ(고, 야)

　◦向前狀內全當爲造排爲白在等以 <2-10>

　　(앞의 청원에서는 전체를 담당해서 세운다고 한지라)

　◦依貼爲傳出納下問令是乎矣 <2-15>

　　(공문에 의해서 임금의 분부를 전달하고 조사시키되)

　◦向前寺段殘甚爲接人不得是如爲去乙 <2-20>

　　(앞의 절로 말하면 심히 殘廢하여 接人할 수 없다 하거늘)

　‘爲’는 訓借 ‘ᄒᆞ’로서 中世국어 ‘ᄒᆞ다’의 語基 ‘ᄒᆞ-’에 해당한다. 漢字語에 연결하여 동사나 형용사를 이룬다. ‘爲’ 語基 용언은 吏讀용언에서 가장 生産的이어서 자주 사용되며, ‘爲’에 많은 어미를 비롯한 後接형태소가 연결된다.

　그런데 위에 열거한 ‘爲’는 後接형태소(예컨대, ‘-良, -遣’ 등)의 省略形으로 보인다. ‘爲’를 漢字語에 연결하여 대부분 ‘ᄒᆞ야, ᄒᆞ고’ 등으로 읽힌다. 위의 예문을 현대 국어로 옮겨보면 쉽게 이해된다.

② 爲去乙 ᄒᆞ거늘

　◦向前寺段殘甚爲接人不得是如爲去乙 <2-20>

　　(앞의 절로 말하면 심히 殘廢하여 接人할 수 없다 하거늘)

　‘爲去乙’은 ‘ᄒᆞ거늘’로 읽으며, ‘하므로’와 같은 ‘원인’이나 ‘이유’의 뜻을 갖는다. ‘爲’는 訓借 ‘ᄒᆞ’로서 중세 국어 ‘ᄒᆞ다’의 語基 ‘ᄒᆞ-’에 대응된다. ‘去’는 音借 ‘거’로서 선어말 어미 ‘-거-’이며, ‘乙’은 通音借 ‘-늘’로서 動名詞어미다.

③ 爲遣 ᄒᆞ고

　◦成造始終次知排置爲遣火香爲臥乎在亦 <2-21>

　　(건축을 始終 담당 관리하고 佛道를 위하옵는데)

　◦法孫傳繼施行爲遣由報爲在味出納爲臥乎事 <2-25>

　　(法孫 相續을 시행하고 그 결과를 보고하라고 임금의 분부를 전하는 일)

　‘爲遣’는 ‘ᄒᆞ고’로 읽으며, ‘ᄒᆞ다’의 나열형이다. ‘爲’는 訓借 ‘ᄒᆞ’로서 동사 ‘ㅎ다’의 語基이고, ‘遣’는 略音借 ‘고’로서 나열형 副動詞어미다.

④ 爲良於爲　ㅎ야삼, ㅎ늘삼

　　◦法孫案牘施行爲良於爲僧錄司良中下聖旨敎事白　<2-12>
　　(法孫 전례 대로 시행하도록 僧錄司에 임금의 분부를 내리실 일이 압)
　　◦今萬日焚修乙起行爲良於爲敎矣向前狀內全當爲造排爲白在等以
　　<2-10>
　　(이제 萬日 焚修를 시작하도록 하시되, 앞의 청원에서는 전체를 담당해서 세운
　　다고 한지라)

　‘爲良於爲’는 ‘ㅎ야삼, ㅎ늘삼’으로 읽으며, ‘하도록, 하게끔’의 뜻으로 쓰
인다. ‘爲’는 訓借 ‘ㅎ’로서 동사 ‘ㅎ다’의 語基 ‘ㅎ-’이고, ‘良於’는 ‘야’로
읽으며, 또한 ‘於’는 전통적으로 ‘늘/늘’로 읽혀졌으므로 ‘늘’로도 읽을 수
있을 것이다. ‘爲’는 義訓借 ‘삼’으로서 현대국어의 ‘하게 하다’에서 ‘-게 하
다’에 해당하는 結合語辭다. ‘爲只爲’(ㅎ기삼)의 경우와 같이 ‘하도록’의 뜻
으로 사용된다.

⑤ 爲白臥乎　ㅎ습누온

　　◦僧矣段別敎無亦焚修祝聖爲白臥乎次是在亦　<2-6>
　　(이 중으로 말하면 별일 없이 향불을 피우고 佛道를 닦아서 임금을 축복하옵는
　　차인데)

　‘爲白臥乎’는 ‘ㅎ습누온’으로 읽으며, ‘하옵는’의 뜻이다. ‘爲’는 訓借 ‘ㅎ-’이
며, ‘白’은 訓借 ‘습, 숩’으로 주체 겸양 先語末어미다. ‘臥’는 ‘누’로 읽히
는 시상 형태소로 쓰이며 반드시 ‘乎’가 뒤따른다. ‘乎’는 略音借 ‘온’으로
動名詞어미다.

⑥ 爲白在等以　ㅎ습견들로

　　◦向前狀內全當爲造排爲白在等以　<2-10~11>
　　(앞의 청원에서는 전체를 담당해서 세운다고 하였사오므로)

'爲白在等以'는 'ᄒᆞᆸ견들로'로 읽으며, '하였사온지라'의 뜻으로 쓰인다. '爲'는 訓借 'ᄒᆞ'로서 동사 'ᄒᆞ다'의 語基 'ᄒᆞ-'이며, '白'은 역시 訓借 '습, 숣'으로서 겸양을 나타내는 先語末어미다. 중세어의 주체 겸양 '-습-'에 대응된다. '在'는 義訓借 '견'으로 동사 語基 '겨-' 動名詞어미 '-ㄴ'의 결합형이다. '等'은 형식명사 'ᄃᆞ'의 對格形 '둘'이며, '以'는 義訓借 '로'로서 副動詞어미 '-로, -으로'이다. '等以'는 '들로, 둘로'로 읽히며, '것이므로'의 뜻이다.

⑦ 爲白乎等以   ᄒᆞᆸ온들로
　　◦八田處所是如在乙一間置遣無亦改排爲白乎等以 <2-9>
　　(八田處所인 것을 한칸도 남김없이 고치어 지었사온지라)

'爲白乎等以'는 '爲乎等以'(ᄒᆞ온들로)의 높임말로서 'ᄒᆞᆸ온들로'로 읽으며, '하였사온지라'의 뜻이다. '爲'는 訓借 'ᄒᆞ'로서 동사 'ᄒᆞ다'의 語基 'ᄒᆞ-'이며, '白'은 訓借 '습, 숣'으로서 겸양을 나타내는 先語末어미다. '乎'는 略音借 '온'으로 動名詞어미이고, '等'은 형식명사 'ᄃᆞ'의 對格形 '둘'이며, '以'는 義訓借 '로'로서 副動詞어미 '-로, -으로'이다. '等以'는 '들로, 둘로'로 읽히며, '것이므로'의 뜻으로 사용된다.

⑧ 爲是在等以   ᄒᆞ이견들로
　　◦奏判依奏付僧錄司右如敎事爲是在等以 <2-14>
　　(임금의 처결이 그 말대로 僧錄司에 회부하라 하여 위와 같이 하신 일인지라)

'爲是在等以'는 'ᄒᆞ이견들로'로 읽으며, '시킨 바로'의 뜻이다. '爲'는 訓借 'ᄒᆞ'로서 동사 'ᄒᆞ다'의 語基 'ᄒᆞ-'이며, '是'는 訓借 '이'로서 '爲是'는 중세어 'ᄒᆞ이다'(시키다)의 語基 'ᄒᆞ이-'에 대응한다. '在'는 義訓借 '견'으로, 중세어 '겨시-'는 '견, 겨'에 존칭 先語末어미 '-시-'가 붙은 것이다. '견'은 動名詞어미 '-ㄴ'의 결합형이다. '等'은 通音借 '둘, 들'로서 형식명사 'ᄃᆞ'에 對格표지 '-ㄹ'이 첨가된 것이며, '以'는 義訓借 '로'로서 語末어미 '-로, -으로'에 해당된다.

⑨ 爲臥乎　ᄒᆞ누온

　◦僧矣元叱乎造排爲臥乎長城郡地白巖寺下安令是於爲落點敎等乙仍于
　　<2-7>
　　(이 중의 처음으로 세우는 長城郡 땅 白巖寺에 모시어 놓으라고 해서 落點
　　하심으로 인하여)
　◦申省爲臥乎事是去等 <2-18>
　　(보고하옵는 일이니)
　◦僧矣身乙時亦中火香爲臥乎緣由並以施行敎味白臥乎事是去有等以
　　<2-24>
　　(이 중으로서 현재 절을 맡아 있는 緣由와 함께 시행케 하실 것을 청한 일인지라)
　◦由報爲在味出納爲臥乎事 <2-25>
　　(그 결과를 보고하라고 임금의 분부를 전하는 일)

　‘爲臥乎’는 ‘ᄒᆞ누온’으로 읽히며, ‘하는, 한’의 뜻으로 사용된다. ‘爲’는
訓借 ‘ᄒᆞ’로서 ‘ᄒᆞ다’(爲)의 語基이며, ‘臥’는 앞에서 이미 언급한 바와 같이
略訓借 ‘누’로서, 中世국어의 先語末어미 ‘-ᄂᆞ-’에 해당되며, ‘乎’는 略音借
‘온’으로서 動名詞어미 ‘-온’이다.

⑩ 爲臥乎在亦　ᄒᆞ누온견이여

　◦祝聖爲臥乎在亦向前寺段殘甚爲接人不得是如爲去乙 <2-20>
　　(임금을 축복하옵는 바, 앞의 절로 말하면 심히 殘廢하여 接人할 수 없다 하거늘)
　◦成造始終次知排置爲遣火香爲臥乎在亦禪師所志以判下敎由以 <2-21
　　~22>
　　(건축을 始終 담당 관리하고 佛道를 위하옵는데, 禪師 청원으로 임금의 처결
　　이 내려짐에 따라)

　‘爲臥乎在亦’는 ‘ᄒᆞ누온견이여’로 읽으며, ‘하는 것이기에, 하옵는 바로’
의 뜻으로 사용된다. ‘爲’는 訓借 ‘ᄒᆞ’로서 ‘ᄒᆞ다’의 語基 ‘ᄒᆞ-’이며, ‘臥’는
略訓借 ‘누’로서 中世국어의 先語末어미 ‘-ᄂᆞ-’에 해당되며, ‘乎’는 略音借
‘온’으로서 動名詞어미다. ‘在’는 義訓借 ‘견’으로 중세국어 ‘겨시-’는 ‘겨-’
에 존칭 先語末어미 ‘-시-’가 붙은 것이다. ‘견’(在)은 동사 語基 ‘겨-’에 動

名詞어미 '-ㄴ'의 結合形이라 할 수 있다. '亦'은 略音借 '여, 이여, 혀' 등으로 읽으며, '在亦'은 '견이여'로 읽으며, '~는 것이기에,~는 것인데'의 뜻이다.

⑪ 爲在   ᄒᆞ견

  ∘右寺旣殘亡爲在山枝五結分八田處所是如在乙一間置遺無亦改排爲白乎等以 <2-8>
    (위의 절은 이미 殘亡한 뫼갓 5結뿐 八田處所인 것을 한칸도 남김없이 고치어 지은지라)
  ∘村伏公案良中法孫傳繼施行爲遣由報爲在味出納爲臥乎事 <2-25>
    (토지 대장에 法孫 상속을 시행하고 그 결과를 報告하라고 임금의 분부를 전하는 일)

'爲在'는 'ᄒᆞ견'으로 읽으며, '한, 하는'의 뜻이다. '爲'는 訓借 'ᄒᆞ'로서 동사 'ᄒᆞ다'(爲)의 語基 'ᄒᆞ-'이며, '在'는 義訓借 '견'으로 '乎'와 같이 動詞어미로서 이어지는 체언을 수식한다. 위의 예문에서는 '山枝'와 '味'를 수식하고 있다.

⑫ 爲置是乎等用良   ᄒᆞ두이온들쓰아

  ∘幷只改排報狀爲置是乎等用良申省爲臥乎事是去等 <2-18>
    (모두 고치어 세웠다는 보고인 까닭에 보고하옵는 일이니)

'爲置是乎等用良'은 'ᄒᆞ두이온들쓰아'로 읽으며, '~한 것인 까닭에'의 뜻이다. '爲'는 訓借 'ᄒᆞ'로서 'ᄒᆞ다'(爲)의 語基 'ᄒᆞ-'이며, '置'는 訓借 '두'로서 '爲, 是' 등의 語基에 연결되어 어떤 동작이나 상태의 결과에 의하여 다른 동작의 일어남을 나타낼 때 쓰이는 형태소다.

'是乎等用良'은 '이온들쓰아'로 읽히는 繫辭類 添辭로서, '是'는 訓借 '이'로서 계사 '이다'의 語基 '이-'이고, '乎'는 略音借 '온'으로 動名詞어미이고, '等'은 通音借 '둘, 들'로서 형식명사 'ᄃᆞ'에 對格표지 '-ㄹ'의 결합형이다. 그리고 '用良'은 '쓰아'로 읽히며, 중세어 '뻐'(以)에 해당하는 吏讀 副

詞類에 속한다. '흐두이온들쓰아'는 두 語基가 합하여 이루어진 복합태라
할 수 있다.

⑬ 爲乎旀　흐오며

　　◦祝聖觀音尊像願成爲乎旀安邀處所奏請爲乎亦中 <2-7>
　　　(임금을 축복하기 위한 觀音尊像을 이루려 원하오며,모시어 놓을 곳을 임금께
　　　여쭈어 모매)

'爲乎旀'는 '흐오며'로 읽으며, '흐며'(爲旀)의 높임말로서 '하오며'의 뜻
이다. '爲'는 訓借 '흐'로서 동사 '흐다'의 語基이며, '乎'는 略音借 '오',
'旀'는 '彌'의 俗字로서 轉音借 '며'로서 나열형 副動詞어미다.

⑭ 爲乎　흐온

　　◦仔細亦問備申省爲乎味了乎用良依貼爲傳出納下問令是乎矣 <2-14>
　　　(자세히 조사해서 보고하란 말로써 공문에 의해서 임금의 분부를 전달하고 조사
　　　시키되)
　　◦法孫案牘施行向事乙長城官以申省爲乎事是在等以 <2-23>
　　　(法孫의 전례대로 시행할 것을 長城官廳으로 신청하온지라)

'爲乎'는 '흐온, 흐올'로 읽으며, '하올(한), 하올(할)'의 뜻으로 쓰인다. '爲'
는 訓借 '흐'로서 '흐다'(爲)의 語基이며, '乎'는 略音借 '온'으로 動名詞어
미로서 이어지는 형식명사 '事, 味' 등을 수식하고 있다.

⑮ 爲乎矣　흐오듸

　　◦判付是乎狀內爲乎矣僧矣段別敎無亦焚修 <2-5>
　　　(처결이 내려진 서류에 이르되, 이 중으로 말하면 별일 없이 향불을 피우고 불
　　　도를 닦아서)
　　◦丙辰十月報狀內爲乎矣法堂三間東俠藏室二間 <2-16>
　　　(丙辰년 10월 보고에서 이르되, 法堂 3칸, 동녘으로 물건 두는 방 2칸)

'爲乎矣'는 'ᄒᆞ오디, ᄒᆞ오되'로 읽으며, '하오되, 하되'의 뜻이다. '爲'는 訓借 'ᄒᆞ'로서 동사 'ᄒᆞ다'(爲)의 語基이며, '乎'는 略音借 '오'이며, '矣'는 通音借 '디,되'로서 '乎矣'는 中世국어 副動詞어미 '-오디'와 일치한다.

(2) 기타 語基 動詞類

이 長城監務官貼文에 사용된 動詞類 중 '爲' 語基 動詞類를 제외한 기타의 動詞類 語基에는 '白, 遣, 令是, 使內, 審是, 的是, 除, 了, 憑是, 敎/敎是' 등이다.

① 白臥乎   ᄉᆞᆲ누온
　　。並以施行敎味白臥乎事是去有等以 <2-24>
　　(함께 施行케 하실 것을 청한 일인지라)

'白臥乎'는 'ᄉᆞᆲ누온, ᄉᆞᆲ누온'으로 읽으며, '사뢰었던'의 뜻이다. '白'은 訓借 'ᄉᆞᆲ, ᄉᆞᆲ'으로서 중세어 'ᄉᆞᆲ다'(사뢰다)의 동사 語基에 해당한다. '臥'는 略訓借 '누'로서 中世국어의 先語末어미 '-ᄂᆞ-'에 해당되며, '乎'는 略音借 '온'으로 動名詞어미다.

② 遣無亦   남김업
　　。八田處所是如在乙一間置遣無亦改排爲白乎等以 <2-9>
　　(八田處所인 것을 한칸도 남김없이 고치어 지은지라)

'遣無亦'은 '남김업시'로 읽으며, '남김없이'의 뜻이다. '遣無亦'은 動詞의 두 語基, 즉 '遣'(:남·다)와 '無'(없·다)의 結合態로서 '亦'(이, 히, 이여)가 接尾하여 副詞의 구실을 하고 있다. ':남·다'(遣)와 '없·다'(無)가 기록된 中世문헌의 예문을 들면 다음과 같다.

　　(1) 그 나ᄆᆞ닐 ᄆᆞᆯ이ᄂᆞ니 <능엄 8:124>
　　　　無餘涅槃ᄋᆞᆫ 나믄것업슨 涅槃이라 <석보 13:34>

(2) ᄀᆞᄅᆞ미 비 업거늘(河無舟矣) <용가 20>
　　나몸 업긔ᄒᆞ고(無餘) <금삼 5:40>

③ 令是白遣　시기습고

　　◦長城郡地白巖寺下安令是於爲落點敎等乙仍于下安令是白遣　<2-8>
　　(長城郡 땅 白巖寺에 모시어 놓으라고 해서 落點하심으로 인하여 모시어 놓고)

　'令是白遣'은 '시기습고'로 읽으며, '시키옵고'의 뜻이다. '令是遣'의 높임말이다. '令是'의 '令'은 訓借 '시기'이고, '是'는 訓借 '이'이다. '令是'는 中世국어 'ᄒᆞ다'(爲)의 使動詞인 '시기-'에 대응되는 말이다. '白'은 訓借 '습, 숩'으로서 겸양을 나타내는 先語末어미다. 中世국어의 주체 겸양 '-습-'에 대응된다. '遣'은 略音借 '고'로서 나열형 副動詞어미다.

　　　　우리를 아못이리나 시기쇼셔 <월석 10:13>
　　　　命은 시기는 마리라 <월인序 11>
　　　　習은 시교미라 <능엄 7:4>

④ 令是於爲　시기늘삼

　　◦僧矣元叱乎造排爲臥乎長城郡地白巖寺下安令是於爲落點敎等乙仍于
　　　<2-8>
　　(이 중의 처음으로 세우는 長城郡 땅 白巖寺에 모시어 놓도록 落點하심으로
　　인하여)

　'令是於爲'는 '시기늘삼'으로 읽으며, '시키도록'의 뜻이다. '令是'는 中世국어 'ᄒᆞ다'의 使動詞인 '시기-'에 대응되는 말이다. '於爲'에서 '於'는 전통적으로 '늘/늘'로 읽혀졌다. '爲'는 義訓借 '삼'으로서 현대국어의 '하게 하다'의 '-게 하다'에 대응되는 말이다. '於爲'는 '爲只爲'(ᄒᆞ기삼)의 '只爲'(기삼)과 같이 '-도록'의 뜻이다.

⑤ 令是乎矣   시기오딕

　　◦法孫傳繼向事乙所司弋只界官良中出納下問令是乎矣事狀的是在如中
　　　<2-11>
　　　(法孫 상속에 관한 일을 담당한 관청이 지방관에게 임금의 분부로 조사시키되,
　　　사실이 정확할 때는)
　　◦仔細亦問備申省爲乎味了乎用良依貼爲傳出納下問令是乎矣 <2-15>
　　　(자세히 조사해서 보고하란 말로서 공문에 의해서 임금의 분부를 전달하고 조사
　　　시키되)

　　‘令是乎矣’는 ‘시기오딕’로 읽으며, ‘시키오되, 하게 하되’의 뜻이다. ‘令
是乎矣’는 ‘令是矣’(시기딕)의 높임말이다. ‘令是’는 中世국어 ‘시기-’에 해
당되며, ‘乎矣’는 副動詞어미 ‘-오딕’에 대응된다. ‘乎’는 略音借 ‘오’이며,
‘矣’는 通音借 ‘딕, 되’로 읽는다.

⑥ 使內乎所   브리온바

　　◦貼憑是審是旀啓受使內乎所有事是乙等 <2-4>
　　　(공문을 살피며 지시를 받은 바 있는 일이거든)

　　‘使內乎所’는 ‘브리온바’로 읽으며, ‘하게 하는 바’의 뜻이다. ‘使內乎所’
는 ‘使內乎’(브리온)과 ‘所’(바)가 결합된 複合態로서 ‘使內乎’은 동사 ‘브리
다’의 語基 ‘使內’(브리-)와 動名詞어미 ‘乎’(-온)이 결합된 수식어로서 형식
명사 ‘所’(바)를 꾸미고 있다.

⑦ 審是旀   슬피며

　　◦僧錄司僧史仁敍九月日貼憑是審是旀啓受使內乎所有事是乙等 <2-3>
　　　(僧錄司 僧史 仁敍의 9월 일 공문을 살피며,지시를 받은 바 있는 일이거든)

　　‘審是旀’는 ‘슬피며’로 읽으며, ‘살피며’의 뜻이다. ‘審’은 訓借 ‘슐’이며,
‘是’는 訓借 ‘이’로서 ‘審是’는 중세국어 ‘술피다’의 동사 語基 ‘술피-’에 해
당한다. ‘旀’는 轉音借 ‘며’로서 나열형 副動詞어미다.

⑧ 的是在如中　마기견다히
　　°事狀的是在如中更良奏聞除良只法孫案牘施行爲良於爲 <2-11>
　　(사실이 정확할 때에는 다시 임금께 여쭙는 절차를 밟지 말고서 法孫 전례 대로
　　시행하도록)

　‘的是在如中’은 ‘마기견다히’로 읽으며, ‘정확한 때에, 확실하건대’의 뜻
으로 쓰인다. ‘的’은 중세국어 ‘맞-’으로 나타난다. ‘마줄 뎍 的’ <千字文
32>, ‘是’는 訓借 ‘이’로서, ‘的是’는 ‘정확함, 확실함, 的實함’의 뜻이며,
후대의 이두에서는 ‘的只’(마기)로 사용되었다. ‘在’는 義訓借 ‘견’으로 動名
詞어미이며, ‘如’는 義訓借 ‘다’로서 형식명사 ‘ᄃᆞ’에 대응되며, ‘中’은 通
音借 ‘히’로 읽으며, ‘於, 中’ 등과 같이 場所나 時間 또는 어떤 境遇 등을
나타내는 ‘에, 애’와 같은 處格으로 사용된다.

⑨ 除良只　덜어기
　　°事狀的是在如中更良奏聞除良只法孫案牘施行爲良於爲 <2-12>
　　(사실이 정확할 때에는 다시 임금께 여쭙는 절차를 밟지 말고서 法孫 전례 대로
　　시행하도록)

　‘除良只’는 ‘덜어기’로 읽으며, ‘제외하여, 덜어서’의 뜻으로 쓰인다. ‘除’
는 중세국어 동사 ‘덜다’의 語基에 대응되는 吏讀다. ‘良’은 ‘아/어’이며,
‘只’는 通音借 ‘기’로서, ‘良只’는 鄕歌, 즉 普賢十願歌의 여러 곳에서 사
용되고 있는 吏讀로서 중세국어의 ‘-악/억’에 대응된다.

　　　吾焉頓叱進良只(나는 바로 나아가) <請轉法輪歌>
　　　身靡只碎良只塵伊古米(몸이 부서져 티끌되어 가매) <常隨佛學歌>
　　　他道不冬斜良只行齊(딴길 비껴 가지 않을진저) <常隨佛學歌>
　　　大悲叱水留潤良只(大悲 물로 젖어서) <恒順衆生歌>
　　　一切善陵頓部叱廻良只(一切 善業 바로 돌려) <普皆廻向歌>

위의 예를 통하여 알 수 있는 바와 같이 動詞類에 이어진 연결어미로 간

주한다.

⑩ 了乎(等)用良 ᄆᆞ치온들쓰아
　　∘仔細亦問備申省爲乎味了乎用良依貼爲傳出納下問令是乎矣 <2-15>
　　(자세히 조사해서 보고하란 말로써 공문에 의해서 임금의 분부를 전달하고 조사시
　　키되)

　‘了乎(等)用良’은 ‘ᄆᆞ치온들쓰아’로 읽으며, ‘마치었음으로’의 뜻이다. ‘了’는 中世국어 ‘몿-’에 대응되며, ‘乎’는 略音借 ‘온’으로 動名詞어미이고, 본문에는 省略되었으나 ‘等’은 通音借 ‘둘, 들’로서 형식명사 ‘ᄃ’에 對格표지 ‘-ㄹ’의 결합형이며, ‘用良’은 ‘쓰아’로 읽으며, 中世국어 ‘뼈’(以)에 해당하는 副詞類 이두에 속한다.

⑪ 憑是 비기
　　∘丙辰十月日名狀申省當司准僧錄司僧史仁敍九月日貼憑是審是旀
　　<2-3>
　　(丙辰년 10월 일 취품한 데는 본 관청에서 의거한 바 僧錄司 僧史 仁敍의 9
　　월 일 공문을 살피며)

　‘憑是’는 ‘비기’로 읽을 수 있으며, ‘의거하다, 의하다’의 뜻이다. ‘憑’은 中世국어 ‘비기다’의 語基 ‘빅-, 비기-’에 대응되며, ‘是’는 訓借 ‘이’로서 憑是(빅+이>비기)는 ‘의해서, 의거하여’의 뜻으로 사용된 경우다.

　　　모딘 버미 제 므의여우믈 비겨시니(猛虎憑其威) <두언重 2:69>
　　　軒檻을 비겨셔(憑軒) <두언 16:54>
　　　빅일 빙 憑 <字類上 96>

⑫ 敎等用良 이샨들쓰아
　　∘僧矣身乙寺主以差備敎等用良成造始終次知排置爲遣 <2-21>
　　　(이 중을 寺主로 임명하신 까닭에 건축을 始終 담당 관리하고)

‘教等用良’은 ‘이샨들쓰아’로 읽으며, ‘하신 까닭에’의 뜻이다. ‘教’는 訓借 ‘이시, 이샨’으로, ‘이샨’은 동사 語基에 動名詞어미가 통합된 어형이다. 체언 ‘差備’에 후속하여 중세국어 ‘ᄒᆞ시-’에 대응하는 기능을 가졌다. ‘等’은 通音借 ‘둘, 들’로서 형식명사 ‘ᄃᆞ’에 對格표지 ‘-ㄹ’이 결합된 것이다. 그리고 ‘用良’은 ‘쓰아’로 읽히며, 중세국어 ‘ᄡᅥ(以)에 해당한다.

⑬ 教等乙仍于　이샨들지즈로
　　◦落點教等乙仍于下安令是白遣 <2-8>
　　(落點하심으로 인하여 모시어 놓고)

‘教等乙仍于’는 ‘이샨들지즈로’로 읽으며, ‘하심으로 인하여’의 뜻으로 사용된다. ‘教’는 訓借 ‘이샨’으로 체언 ‘落點’에 이어져 중세국어 ‘ᄒᆞ신’에 대응된다. ‘乙’은 音借 ‘을’로서 對格표지이며, ‘仍’은 訓借로서 중세국어 ‘지즐다’의 語基이며, ‘于’는 音借 ‘우’로서 副詞形成 접미사다. ‘仍于’의 용법은 ‘用良’와 같이 對格첨사에 연결되어 ‘~로 말미암아, ~로 인하여’의 뜻으로 사용된다.

⑭ 教味　이샨맛
　　◦僧矣身乙時亦中火香爲臥乎緣由並以施行教味白臥乎事是去有等以
　　　<2-24>
　　(이 중으로서 현재 절을 맡아 있는 緣由와 함께 시행케 하실 것을 청한 일인지라)

‘教味’는 ‘이샨맛’으로 읽으며, ‘이신 뜻, 하신 뜻’의 의미로 쓰인다. ‘教’는 訓借 ‘이샨’으로 체언 ‘施行’에 이어져 중세국어 ‘ᄒᆞ신’에 대응하는 뜻으로 사용된다. ‘味’는 訓借 ‘맛’으로서 ‘말’(語)이나 ‘뜻’(趣旨) 등의 의미로 사용되는 吏讀명사다.

⑮ 教事　이샨일
　　◦僧錄司良中下聖旨教事白 <2-12>
　　(僧錄司에 임금의 분부를 내리실 일이 압)

　。奏判依奏付僧錄司右如敎事爲是在等以 <2-14>

　(임금의 처결이 그 말대로 僧錄司에 회부하라 하여 위와 같이 하신 일인지라)

‘敎事’는 ‘이샨일’로 읽으며, ‘하신 일’의 뜻으로 사용된다. ‘敎’는 訓借 ‘이샨’으로 중세어 ‘ᄒ신’에 대응되며, ‘事’는 訓借 ‘일’로서 형식명사다.

⑯ 別敎　別ᄒ샨

　。僧矣段別敎無亦焚修(중으로 말하면 특별하신 분부 없이 향불을 피우고)

　　<2-5>

　。甲矣段別敎無亦香火(甲으로 말하면 특별하신 분부 없이 불도를 위해서)

　　<2-19>

‘別敎’는 ‘別ᄒ샨’으로 읽으며, ‘特別하신(분부)’의 뜻으로 사용된다. ‘別敎’(別ᄒ샨)은 ‘別爲’(別ᄒᆫ)과 대조를 이룬다. ‘別ᄒ샨’은 ‘別ᄒᆫ’으로 읽을 때의 ‘ᄒᆫ’에 주체존대의 ‘시’가 통합된 ‘ᄒ샨’(혹은 ‘ᄒ신’)에 대응된다.[11]

한편 ‘別敎’를 명사류로 처리한 의견도 있다. 즉, ‘別敎’는 ‘別故’(뜻밖의 事故, 별일)의 뜻으로서, ‘敎’와 ‘故’의 픔이 비슷함에서 ‘故’를 ‘敎’로 바꿔 쓰는 吏讀的 표기라는 의견이다.[12]

3) 吏讀 副詞類

副詞는 用言 또는 用言形이나 부사를 수식하는 위치에서 사용되는 不變化詞로서 限定되는 성분이 가지는 뜻을 분명히 밝히면서 그 성분에 지배되는 부용언을 말한다. 그러나 형태상 非屈折형태인 副詞는 用言이나 句, 節 등에 先行하는 統辭上의 특징으로 해서 분류된 語類나 그 세부적인 면에 있어서 매우 복잡하다. 構文上 항상 從屬성분이 되지만, 같은 종속 성분인 附體言에 비해 훨씬 依存性이 적기 때문에, 附用言은 단독으로 독립된 發話형태를 이루기도 한다. 修飾的 기능에 있어서도 용언이나 부사뿐 아니

---

11) 李丞宰(1992), 앞의 책, p.147 참조
12) 홍기문(1957), 앞의 책, p. 참조

라 체언도 수식하는 경우가 있기 때문에 附體言과도 혼동된다.

　더구나 漢借文에서 吏讀副詞를 규정하고 선별하는 일은 매우 어려운 것이다. 특히 漢語副詞와 吏讀副詞의 구별에 있어서 그러하다. 本稿에서는 '各各'을 비롯한 漢語副詞는 이두부사에서 제외시켰다. 副詞와 副詞形의 구별에 있어서 어려움이 있지만 用言語基 '爲-, 有-, 使內-, 令是-' 등과 繫辭語基 '是-' 등의 부사형은 活用形으로 보아 吏讀副詞에 포함시키지 않았다.그러나 副詞的 기능을 주로 하는 '餘良, 用良' 등은 吏讀副詞에 포함시켰다.

　본 長城監務官貼文에서 사용된 吏讀副詞는 다음과 같다. 즉, '更良(가시아), 無亦(업스론이여, 업시), 幷(값, 아오로), 竝以(아오로), 幷只(다모기), 不得(못질), 右/右如(임의여), 元叱乎(비르수), 仍于(지즈루), 仔細亦(ᄌ셔히), 向前(안젼), 用良(쓰아)' 등이 그것이다.

　이들 吏讀副詞類 語辭들을 열거하고, 각 副詞語에 대한 用例와 讀法, 그리고 文脈的 의미 등 간단한 주석을 붙이면 다음과 같다.

① 更良　가시아
　　◦事狀的是在如中更良奏聞除良只 <2-12>
　　(사실이 정확할 때는 다시 임금께 여쭙는 절차를 밟지 말고서)

　'更良'은 '가시아'로 읽으며, '다시'(更)의 뜻이다. '更'은 中世국어 '가시다'(更, 變, 改)의 語基에 대응하는 副詞이고, '良'은 略音借 '아'로서 副詞形成 接辭다. 본래 '良'은 用言語基에 붙는 副動詞어미이지만 여기서는 접미사로 쓰였다. 中世국어에서 '가시다'는 동사로서 '變하다'의 뜻이지만 '가시야'는 副詞로서 '다시'(更)의 뜻이다. '良'을 접미하여 吏讀副詞를 이룬 것으로 '餘良, 用良, 追良, 右良, 爲等良, 除除良' 등이 있다.

② 無亦　업스론이여, 업시
　　◦僧矣段別敎無亦焚修 <2-5>
　　(중으로 말하면 별다른 분부 없이 향불을 피우고 佛道를 닦아서)
　　◦八田處所是如在乙一間置遺無亦改排爲白乎等以 <2-9>
　　(八田 處所인 것을 한 칸도 남김 없이 고치어 지은지라)

◦投告內甲矣段別教無亦香火祝聖爲臥乎在亦 <2-19>
　(중의 청원에는 甲으로 말하면 별일 없이 佛道를 위해서 임금을 축복하옵는 바)

‘無亦’은 ‘업스론이여, 업시’로 읽으며, ‘없이’의 뜻이다. ‘無亦’은 中世국어 ‘업시’에 대응되는 吏讀副詞다. 현대국어 ‘없이’와 일치한다.

　　돈 업시 帝里예 살오(無錢居帝里) <두언 20:37>
　　多騈은 쇽절업시 崇尙ᄒᆞ야(虛尙多騈) <범화 1:9>
　　詩詞用無賴字謂부질업시 <사성해上 46>

　‘無亦’의 讀法은 ‘어오이여’〔彙編, 略解, 集成〕, ‘업스른견이여’〔彙編〕, ‘업스론견이여’〔褾例, 略解〕,‘업스로이여’〔集成〕 등이다. 그런데 ‘업스른견이여’나 ‘업스론견이여’의 ‘견이여’는 ‘在亦’의 讀法인데, 아마도 이들은 잘못된 표기일 것이다. ‘無亦’의 吏文讀法이 ‘어오이여’였던 것으로 보아 ‘無’의 訓이 ‘어오-, 어오른-’ 와 관련이 있는 것으로 추정된다. ‘無亦’의 ‘無’는 ‘없다’(無)의 語基이다.

　　無는 업슬씨라 <훈정주해 14>
　　點이 업스면 平聲이오 <훈정주해 14>

　‘亦’은 音借로서 대부분 ‘-이, -히’에 해당되는 形態素를 漢借한 것이다. 吏文의 主格添辭를 ‘亦’으로 借字했고, ‘無亦’과 같이 語基에 接尾하여 副詞를 이루는 副詞形成 접미사로 사용했다. ‘無亦’의 ‘亦’은 副詞形成 접미사로서 대부분 ‘여, 이여, 혀’ 등으로 읽었다. 語基에 ‘亦’을 접미하여 吏讀副詞를 이루는 語形成은 매우 生産的이어서 상당히 많은 용례를 찾아볼 수 있다.

③ 並以　아오로
　◦僧矣身乙時亦中火香爲臥乎緣由並以施行教味白臥乎事是去有等以
　　<2-24>

(이 중으로서 현재 절을 맡아 있는 연유와 함께 시행케 하실 것을 청한지라)

‘並以’는 ‘아오로’로 읽으며, ‘함께, 어울러서’의 뜻이다. ‘아오로’는 中世국어 ‘아오로’에 대응되는 吏讀副詞다. ‘並’은 訓借로서 中世국어 ‘아올다’의 語基이며, ‘以’는 역시 訓借로서 ‘로’(혹은 通音借 ‘리’)로 읽혀진다. ‘以’는 주로 體言語基에 접미하는 造格표지로 쓰이지만, ‘並以’(幷以)에서와 같이 用言語基에 접미하여 派生副詞로 만드는 副詞形成 접미사로도 쓰인다. 體言語基에 造格표지가 붙어 轉成부사로 된 것으로는 ‘自(自)以 〔스스로〕, 次第以 〔츠례로〕, 物物以 〔갓가亽로〕, 日日以 〔나날로〕 등이 있다.

④ 幷只, 並只　다모기, 아오로기
　　。其餘堂舍等八十五間乙幷只改排報狀爲置是乎等用良 <2-18>
　　(그 나머지의 堂舍 등 85칸을 모두 고치어 세웠다는 報告인 까닭에)

‘幷只, 並只’는 ‘다모기, 아오로기’ 등으로 읽으며, ‘모두’의 뜻을 가진 吏讀副詞다.‘並只’는 中世국어 ‘다뭇’(모두, 함께, 더불어)에 해당된다.

　　　ᄀᆞᄅᆞᆷ 비와 다뭇 묽도다(江與放船淸) <두언 7:11>
　　　龍의 삿기는 스싀로 샹녯 사ᄅᆞᆷ과 다뭇 다ᄅᆞ니라(龍種自與常人殊) <두언 8:2>
　　　슬픈 泉은 다뭇 幽咽ᄒᆞ놋다(悲泉共幽咽) <두언 1:5>
　　　진쥬와 다ᄆᆞᆮ 구슬ᄀᆞ티 ᄒᆞ야(若珠與瓊) <내훈 2:2>

‘並只’는 ‘幷只’와 같은 뜻의 부사로 사용되었는데, 후세의 吏讀語彙集에 기록된 讀音은 ‘다모기’〔羅麗, 典律, 彙編, 便覽, 襍集, 略解〕, ‘다무기’〔彙編, 略解, 集成〕, ‘다목기’〔略解〕, ‘아올우지’〔語證, 略解〕 등으로 표기되어 있다. 여러 가지로 달리 표기하고 있으나, 이들은 ‘다모기’와 ‘아오로기’ 두 형태의 變形임을 알 수 있다. ‘並’은 ‘ᄀᆞᆯ오다’(比, 並, 倂)의 뜻으로 사용되는 語辭다. 그런데 ‘並只’에서는 吏文讀法에서 알 수 있는 바와 같이 ‘다뭇’(모두, 함께)과 관련되어 있다. 아마도 ‘並’이 ‘比也, 皆也, 倂也, 同也’ 등의 뜻을 지니고 있어서, 그 의미의 類似性으로 말미암은 것으로 본다. 후기 문헌에는 '並'을 '다모기'로 對譯하고 있어 '並'과 '다모기'와의 관련성을 짐작할 수 있다.

　　　某ㅣ 다므기 일즙 抵敵디 아니ᄒ엿ᄂᆞ니(某並不曾抵敵) <박통重下 54>

그러므로 '並只' [다모기] 는 '다못'(共, 與)이라는 語基에 접미사 '只' [기] 가 붙어 '다모기'로 된 것이다.

　　　[다못(모두, 함께)+只(접미사)] > 다므기>다모기/다무기

한편 '並只'를 '아오로기(지)'로 읽는 것은, '並'을 '幷'과 같이 中世국어 동사 '아올다'(아울다, 머무르다)의 派生副詞 '아오로'(아울러)로 訓讀하고 거기에 副詞形成 접미사 '只'를 접미하여 '아오로기/아오로지'로 읽는 것이다.[13)]

　　　[아오로(皆, 兼)+只(접미사)] > 아오로기(지)

⑤ 不得　못질
　　 ◦向前寺段殘甚爲接人不得是如爲去乙 <2-20>
　　　(앞의 절로 말하면 심히 殘廢하여 接人할 수 없다 하거늘)

'不得'은 '못질'로 읽으며, '못하다, ~수 없다'의 뜻으로 사용된다. '不得'은 中世국어의 '不能'을 뜻하는 否定부사 '몯'과 '能히 얻음'을 뜻하는 '시러'가 합성된 吏讀부사다.

　　(1) 平生ㄱ 뜯 몯 일우시니(莫遂素志) <용가 12>
　　　　다 ᄉᆞ못디 몯 ᄒᆞᄂᆞ니라(俱透不得) <몽법 58>
　　　　ᄀᆞᆺ업스실ᄊᆡ 오늘 몯 숣뇌 <월석 2:45>
　　(2) 제 ᄠᅳ들 시러 펴디 몯ᄒᆞᇙ노미 하니라(不得伸其情者多矣) <훈정언해>

──────────────

13) 李喆洙(1989), 앞의 책, pp.120-123 참조.

시러 두렵디 몯ᄒ며 시러 通티 몯ᄒ리라(莫得而圓莫得而通) <능엄 6:53>
丹砂무로몰 시러 ᄒ디 몯ᄒ노라 <두언 7:5>

후세의 吏讀語彙集에 기록된 '不得'의 讀法은 '모딜'〔便覽, 略解〕, '므딜'〔典律〕, '모질'〔彙編, 襟例, 便覽, 略解〕, '못질'〔集成〕 등으로 읽고 있는데, 이들은 모두 '몯실'의 변형으로 본다.

'不得'을 '모질'이라고 읽는 까닭을 '몯'(不)에 '일다'(成)의 語基가 결합하여 合成된 것으로 설명하기도 한다.[14]

⑥ 右/右如   임의여, 우다이
  (1)。右寺旣殘亡爲在山枝 <2-8>
     (위의 절은 이미 殘亡한 되갓)
    。右事須貼 <2-26>
     (위 일로 公文을 보내게 됨)
  (2)。文迪奏判依奏付僧錄司右如教事爲是在等以 <2-14>
     (文迪이 임금께 여쭈었더니, 임금의 처결이 그 말대로 僧錄司에 회부하라
     하여 위와 같이 하신 일인지라)

'右/右如'는 '임의여, 우다이'로 읽으며, '위의, 위와 같이' 의 뜻을 가진 吏讀副詞다. '右, 右如, 右良'은 모두 동의어로 사용된다. '右如'를 '임의여'라고 읽는 것은 '右'의 讀音 '우'(上, 前)와 '임(님)'(前)과의 의미적 유연성 때문일 것이다.

上은 우히라 <월석序 17>
곳 우마다 닐굽 玉女ㅣ러니 <석보 6:31>
우 걷다 ᄒ샤ᄆ 隨喜品을 니르시니라 <월석 18:58>
德으란 곰비예 받줍고 福으란 림비예 받줍고 <악학 動動>
紅裳을 니믜츠고 <思美人曲>

---

14) 小倉進平(1929), 앞의 책, p.384 참조

‘如’는 音借 ‘여’로서 ‘임의여’(右如)로 읽었고, ‘如’를 訓讀하여 ‘다븨, 다히, 다이’로 읽어 ‘우다이’(위와 같이)로 再構할 수 있다. 위의 (1)의 예에서 볼 수 있는 ‘右’는 ‘右如’의 접미사 ‘如’의 생략형이라 할 수 있다. 본 長城監務官貼文의 예에서 (1)의 ‘右’는 ‘위의’의 뜻으로 사용되었고, (2)의 ‘右如’는 ‘위와 같이’의 뜻으로 사용되었다.

⑦ 元叱乎 비르수, 비르소

   ◦僧矣元叱乎造排爲臥乎長城郡地白巖寺下安令是白遣 <2-7>
   (이 중의 처음으로 세우는 長城郡 땅 白巖寺에 모시어 놓으라고)

‘元叱乎’는 ‘비르수,비르소’로 읽으며, ‘비로소,처음으로’의 뜻이다. ‘元’은 訓借로서 ‘비릇다’의 語基 ‘비릇’이며, ‘叱’은 ‘ㅅ’을 표시한 借字로서 ‘비릇’을 ‘元叱’로 나타내고 있다. ‘乎’는 略音借 ‘오’로서 ‘비릇오>비르소’

   (1) 世예 업슨 지조롤 비르소 알리로서니(始識不世才) <두언 8:18>
      吉흔 날애 비르소 머리옛 服을 쓰이노니 <소학언 3:19>
   (2) 비르수 白頭吟을 외오도다(試誦白頭吟) <두언 21:21>
      비르수 이 乾坤애 王室이 正ᄒ도소니(始是乾坤王室正) <두언 5:22>
   (3) 일로브터 비릇 가리라(從此始) <두언 16:31>
      이제ᅀᅡ 비릇 도라오니(今始歸) <두언 18:14>
      비릇 成佛ᄒ리라 <禪家龜 上 10>

⑧ 仍于 지즈루

   ◦聖住寺住持性照禪師中延所內乙仍于判付是乎狀內爲乎矣 <2-4>
   (聖住寺 住持인 性照禪師 中延의 청원에 의해서 처결이 내려진 서류에 이
   르되)

‘仍于’는 ‘지즈루’라 읽으며, ‘因하여, 말미암아’의 뜻으로 쓰인다. ‘仍’은 訓借로서 中世국어 ‘지즐다’의 語基이며, ‘于’는 音讀 ‘우’로서 副詞形成접미사다. ‘于’를 접미하여 吏讀副詞를 이룬 예는 ‘加于, 尤于, 必于, 仍于, 追于, 因于’ 등 많은 종류가 있다.

‘仍于’는 ‘因于’와 동의어로서 中世국어의 동사 ‘지즐다’(緣由하다, 因하다)의 派生副詞 ‘지즈로, 지즈루’(因하여, 말미암아)에 대응되는 이두 부사다.

> (1) 붑소리 다오니 지즈로 坐床에 우롓도다(鍾殘仍殷床) <두언 9:21>
> 　　이제 니르드록 쑤메 스츄니 지즈로 左右에 잇눈둣 ᄒ도다(至今夢想仍猶在)
> 　　<두언 9:6>
> (2) 여러 ᄒ룰 지즈루 머리 여희여소니(積年仍遠別) <두언 8:42>
> 　　廉頗ㅣ 지즈루 彼敵을 巫촌둧ᄒ며(廉頗仍走敵) <두언 5:41>

‘仍于’의 용법은 ‘用良’과 같이 對格표지에 연결되어 ‘~로 말미암아, ~로 因하여’의 뜻으로 사용된다. ‘等’에 연결될 때에는 對格표지 ‘乙’이 생략된다.

⑨ 仔細亦　주셰히, 주셔히
> 。造排緣由乙良仔細亦問備申省爲乎味了乎用良依貼爲 <2-14>
> 　(절을 세운 緣由는 자세히 조사해서 보고하란 말로써 공문에 의해서)

‘仔細亦’은 ‘주셰히, 주셔히’로 읽히며, ‘仔細히’의 뜻이다. ‘주셰’(仔細)만으로 부사로 쓰였으나 ‘주셰히’(仔細亦)는 접미사 ‘-히’(亦)를 취한 接尾派生副詞다.

> (1) 네 주셰 드르라 <恩重 3>
> 　　주셰 샹(詳) <類合下 60, 石千 38>
> (2) 주셰히 올디언뎡 <南明上 24>
> 　　주셰히 드르며 주셰히 드르라(諦聽諦聽) <金三 5: 28>
> (3) 주셔히 信ᄒ고 <六祖上 82>
> 　　주셔히 보라(仔細看) <노걸下 26>

⑩ 向前　안젼, 아젼
> 。今萬日焚修乙起行爲良於爲敎矣向前狀內全當爲造排爲白在等以
> 　<2-10>

(이제 萬日 焚修를 시작하도록 하시되, 앞의 청원에서는 전체를 담당해서 세운
다고 한지라)
◦向前寺段殘甚爲接人不得是如爲去乙 <2-20>
(앞의 절로 말하면 심히 殘廢하여 接人할 수 없다 하거늘)

'向前'은 '아젼, 안젼'으로 읽으며, '전에, 앞서'의 뜻을 가진 吏讀副詞다.
'向前'의 讀法은 독특하게 '아젼' 〔羅麗, 典律, 彙編, 便覽, 襍例, 略解〕과
'안젼' 〔略解, 集成〕으로 표기되어 있다. 이것을 보면 '向'과 '아'가 밀접
한 관계를 가지고 있음을 알 수 있다. 吏讀에서 '向'은 모두 '아'나 '안'으
로 읽고 있다.즉, 向 〔안〕, 向事 〔안일〕, 向入 〔안드러〕, 向前 〔아젼〕, 向
敎事 〔안이샨일〕 등.
　그리고 中世국어에서 '前日, 접때'를 ':아·래, :아·리'라고 이르며, '八
日'을 '여·드래'라 하고, '九日'을 '아·흐래'라고 한다. 여기에서 쉽게 알
수 있는 것이 '前'의 上聲표시를 한 ':아'라는 사실이다.

　　(1) 이런 고지 아래 업더니라 ᄒ시고 <석보 11:32>
　　　　아래 엇디 아니혼 이를 得과라 ᄒ더니(得未曾有) <능엄 1:29>
　　(2) 아리브터 바다 쓰논 家風이며(依前愛用家風) <金三 2:19>
　　　　아러 시믄 上根은 혼번 듣고 알어니와 <금강언序 6>

　또한 中世국어에서 '向來'(前日, 지난번)를 ':아리'라고 표기한 기록(즉, 원각
上 1-2:15)을 보면, '向'과 ':아'와의 對應관계를 짐작할 수 있다. 현대 국어에
서 '向日, 向者, 向來' 등은 '前日, 지난번'의 뜻으로 사용된다. 이와 같은
사실에서 '向'을 '아'라고 읽고, '向' 〔아〕가 '前'(앒)을 의미함을 쉽게 알 수
있다.
　'向前' 〔아젼〕의 '前'은 音讀 '젼'이며, '向前'의 문맥상의 의미는 '前記,
前者'이다.

⑪ 用良　쓰아
　◦貼內思乙用良村伏公案良中法孫傳繼施行爲遣 <2-24>

(공문 안의 뜻으로써 토지 대장에 法孫 상속을 시행하고)

‘用良’은 ‘쓰아, 쓰아’로 읽으며, ‘～으로써,～로 인하여,～에 따라’ 등의 뜻으로 사용된다. ‘用良’의 ‘用’은 訓借 ‘쓰, 쓰’로서 동사 ‘쓰다’(用)의 語基이며, ‘良’은 通音借 ‘아’로서 副詞形成어미이다.〔用(쓰-)＋良(아)＞쓰아(쓰아)＞뻐(써)〕. ‘用良’는 대부분 對格添辭 ‘乙’과 연결되어 위의 예와 같이 ‘乙用良’로 나타나는데, 中世국어 ‘을뻐, 으로뻐’에 대응되며, ‘～으로써, ～을 가지고, ～로 因하여, ～에 따라’ 등의 뜻으로 사용된다.

한편 ‘用良’의 ‘良’이 생략되기도 하고, 對格添辭 ‘乙’ 대신에 造格添辭 ‘以’를 사용하여 造格으로서의 기능을 明示하기도 한다.

(1) 十四列郡縣契乙用造成令賜之 ＜慈寂禪師凌雲塔碑＞
(2) 浴水乙良長流水及井花水以用使內遣 ＜養蠶經驗撮要＞

(1)은 ‘乙用良’에서 ‘良’이 생략된 예이고, (2)는 ‘乙用良’에서 ‘良’을 생략하고, 對格添辭 ‘乙’ 대신에 造格添辭 ‘以’를 사용하여 造格으로서의 기능을 明示한 예이다. ‘以用’은 ‘로뻐’에 대응되는 語辭다.

‘用良’의 讀法은 ‘쓰아’〔典律, 彙編, 便覽, 略解, 集成〕‘쓰아’〔襦例〕‘스아’〔略解〕‘씨아’〔略解〕‘써라’〔彙編〕등으로 표기되어 있는데, 이들은 모두 ‘쓰아’(쓰아)의 變形일 것이다.

4) 吏讀語辭와 그 用例

이상에서 살펴본 長城白巖寺貼文 중 둘째 貼文인 洪武戊午 長城監務官貼文(1378)에 나타난 吏讀語辭를 文法要素, 吏讀語辭, 그 用例, 參考事項 등으로 나누어 圖示하면 다음과 같다.

【洪武戊午 長城監務貼文의 吏讀語辭】

文法素	吏讀語辭	用　　例	參考事項
名詞類	貼	○當司准僧錄司史椿穎丁巳十一月日貼<2-2> (본 관청에서 의거한 바 僧錄司의 史인 椿穎의 丁巳년 11월 일 公文에는) ○當司准僧錄司僧史仁敍九月日貼<2-3> (본 관청에서 의거한 바 僧錄司 僧史 仁敍의 9월 일 公文을 살피며) ○依貼爲傳出納下問令是乎矣<2-15> (公文에 의해서 임금의 분부를 전달하고 조사시키되) ○右事須貼<2-26> (위의 일로 公文을 보내게 됨)	텹(公文)
	貼內	○貼內思乙用良村伏公案良中法孫傳繼施行爲遣<2-24> (公文 안의 뜻으로써 토지대장에 法孫 상속을 시행 하고)	텹니 (公文內容)
	東俠	○法堂三間東俠藏室二間<2-16> (法堂 세 칸, 동쪽으로 물건 두는 방 두 칸)	동녁(東녁)
	西俠	○客樓西狹二間<2-16> (손님을 접대하는 다락 서쪽으로 방 두 칸)	서녁(西녁)
	緣由	○造排緣由乙良仔細亦問備申省爲乎昧了乎用良依貼爲<2-14> (절을 세운 연유는 자세히 조사해서 보고하란 말로써 공문에 의하여) ○僧矣身乙時亦中火香爲臥乎緣由並以施行敎昧白臥乎事是去有等以<2-24> (僧侶의 몸으로서 현재 절을 맡아 있는 緣由와 함께 시행케 하실 것을 청한 일인지라)	
	犯寓	○法堂三間東俠藏室二間犯寓學寮三間 <2-16> (法堂 3칸, 동녁으로 물건 두는 방 2칸, 다음 모퉁이로 공부하는 방 3칸)	버금모롱이 (犯斤隅, 다음 모퉁이

文法素	吏讀語辭	用　　　例	參考事項
名詞類	斜廊	∘法堂南斜廊五間上房一間 <2-17> 　(法堂 남쪽으로 舍廊 5칸, 윗방 1칸)	사랑(舍廊)
	時	∘僧矣身乙時亦中火香爲臥乎緣由並以施行敎味白臥乎 事是去有等以<2-24> (僧侶 자신 현재에 절을 맡아 있는 緣由와 함께 施 行케 하실 것을 청한 일인지라)	때
	次知	∘成造始終次知排置爲遣火香爲臥乎在亦 <2-21> (건축을 始終 담당 관리하고 佛道를 위하옵는데)	츠지(담당, 책임자)
	土/地	∘長城郡地白巖寺下安令是於爲 <2-8> (長城郡 땅 白巖寺에 모시어 놓으라 하여)	짜,쌍(땅)
	事	(1)∘聖旨敎事白<2-13> 　(임금의 분부를 내리실 일이압) (2)∘啓受使內乎所有事是乙等<2-4> 　(지시를 받은 바 있는 일로서) ∘申省爲臥乎事是去等 <2-18> 　(보고하옵는 일이니) ∘長城官以申省爲乎事是在等以 <2-23> 　(長城官廳으로 신청하온 일인지라) ∘施行敎味白臥乎事是去有等以 <2-24> 　(施行하실 뜻을 청한 일인지라) ∘法孫傳繼施行爲遣由報爲在味出納爲臥乎事　<2-25> 　(法孫 상속을 시행하고 그 결과를 보고하라고 임금 　의 분부를 전하는 일)	일(事)
	味	∘仔細亦問備申省爲乎味了乎用良依貼爲傳出納下問令 是乎矣<2-15> (자세히 조사해서 보고하란 말로써 공문에 의해 임 금의 분부를 전달하고 조사시키되) ∘火香爲臥乎緣由並以施行敎味白臥乎事是去有等以 　<2-24>	맛(말, 趣旨)

文法素	吏讀語辭	用例	參考事項
名詞類	味	(절을 맡아 있는 緣由와 함께 施行케 하실 뜻을 정한 일인지라) ◦法孫傳繼施行爲遣由報爲在味出納爲臥乎事<2-25> (法孫 상속을 施行하고 그 결과를 보고하라고 임금의 분부를 전하는 일)	맛(말, 趣旨)
	所	◦啓受使內乎所有事是乙等<2-4> (지시를 받은 바 있는 일로서)	바(所)
	次	◦祝聖爲白臥乎次是在亦<2-6> (임금을 祝福하옵는 차인데)	츠, 제(際)
	由	◦禪師所志以判下敎由以法孫案牘施行向事乙<2-24> (禪師 청원으로 임금의 처결이 내려짐에 따라 法孫의 전례대로 시행할 것을)	말미,젼츠 (事由,까닭)
	山枝	◦右寺旣殘亡爲在山枝五結分八田處所是如在乙<2-8~9> (위의 절은 이미 殘亡한 묏갓 5結뿐 八田處所인 것을)	뫼갓(山地
	向事	◦法孫傳繼向事乙所司弋只<2-11> (法孫 相續에 관한 일을 담당한 官廳끼리) ◦法孫案牘施行向事乙長城官以申省爲乎事是在等以<2-23> (法孫의 전례 대로 施行할 것을 長城官廳으로 신청하온 일인지라)	안일(할 일, 할 것)
	矣身	◦敎弟中僧矣身乙寺以主差備敎等用良<2-21> (敎弟 가운데서 이 중 의몸을 寺主로 임명하신 까닭에) ◦僧矣身乙時亦中火香爲臥乎緣由並以<2-23> (이 중 자신으로서 현재 절을 맡아 있는 緣由와 함께)	의몸(저, 自身, 저희)
助詞類	主格	弋只	◦法孫傳繼向事乙所司弋只界官良中出納下問令是乎矣<2-11> (法孫 상속에 관한 일을 담당한 官廳이 지방관에게 임금의 분부로 조사시키되)	-익기,끼리 (複數 체언의 主格)

文法素		吏讀語辭	用例	參考事項
助詞類	屬格	矣	◦ 僧矣元叱乎造排爲臥乎長城郡地白巖寺下安令是於爲 <2-7> (僧侶의 처음으로 세우는 長城郡 땅 白巖寺에 모시어 놓으라고 하여)	-익/의 (屬格표지)
	對格	乙	◦ 聖法席今萬日焚修乙起行爲良於爲敎矣 <2-10> (임금을 축복하는 불교 의식을 길이 행할 것이요, 이 제 萬日 焚修를 시작하라 하시되) ◦ 法孫傳繼向事乙所司弋只界官良中出納下問令是乎矣 <2-11> (法孫 상속에 관한 일을 담당한 관청끼리 지방관에게 임금의 분부로 조사시키되) ◦ 其餘堂舍等八十五間乙幷只改排報狀 <2-18> (그 나머지의 堂舍 등 85칸을 모두 고치어 세웠다는 보고) ◦ 敎弟中僧矣身乙寺以主差備敎等用良 <2-21> (敎弟 가운데서 이 僧侶를 寺主로 임명하신 까닭에) ◦ 僧矣身乙時亦中火香爲臥乎緣由幷以 <2-23> (僧侶로서 현재 절을 맡아 있는 緣由와 함께)	-올/을 (對格표지)
	處格	良中	◦ 界官良中出納下問令是乎矣 <2-11> (地方官에게 임금의 분부로 조사시키되) ◦ 僧錄司良中下聖旨敎事白 <2-12> (僧錄司에 임금의 분부를 내리실 일이압) ◦ 村伏公案良中法孫傳繼施行爲遣 <2-25> (토지 대장에 法孫 상속을 시행하고)	-아히 (處格표지)
		亦中	◦ 僧矣身乙時亦中火香爲臥乎緣由竝以 <2-24> (중으로서 현재 절을 맡아 있는 연유와 함께)	-여히 (處格표지)
	造格	以	(1) 敎弟中僧矣身乙寺主以差備敎等用良 <2-21> (敎弟 가운데서 이 중을 寺主로 임명하신 까닭에) (2) 法孫女續施行向事乙長城官以申省爲乎事是在等以 <2-23> (法孫의 전례 대로 施行할 것을 長城官廳으로 신청하온 일인지라)	-로/으로 (造格표지)

文法素	吏讀語辭	用例	參考事項
助詞類 原因格	以	◦ 禪師所志以判下教由以<2-22> (禪師 청원으로 임금의 처결이 내려짐에 따라)	-로/으로(原因格표지)
補助詞	段	◦ 僧矣段別教無亦焚修<2-5> (이 중으로 말하면 별일 없이 향불을 피우고 佛道를 닦아서) ◦ 向前寺段殘甚爲接人不得是如爲去乙<2-20> (앞의 절은 심히 殘廢하여 接人할 수 없다 하거늘)	-돈,단(-은/는, 主題化표지)
	乙良	◦ 造排緣由乙良仔細亦問備申省爲乎味了乎用良<2-14> (절을 세운 緣由는 자세히 조사해서 보고하란 말로써)	-을란, 으란(-은/을란, 主題化표지)
	分	◦ 至今玖戊申七月分<2-6> (지금 戊申七月뿐) ◦ 右寺旣殘亡爲在山枝五結分<2-9> (위의 절은 이미 殘亡한 뫼갓 5結뿐)	-분, 쑨(뿐, 表別보조사)
	置	◦ 八田處所是如在乙一間置遺無亦改排爲白乎等以 <2-9> (八田處所인 것을 한칸도 남김없이 고치어 지은지라)	-도,두(도,協隨보조사)
繫辭類	是去等	◦ 申省爲臥乎事是去等同香火大事斯備矣<2-18> (報告하옵는 일이니, 그 절은 불도를 위하는 일이 이에 完備되었으며)	이거든(인데, 이면)
	是去有等以	◦ 緣由並只施行教味白臥乎事是去有等以<2-24> (緣由와 함께 施行케 하실 것으로 청한 일인지라)	이거인들로(~이기 때문에, ~인 것이므
	是如	◦ 向前寺段殘甚爲接人不得是如爲去乙<2-20> (앞의 절로 말하면 심히 殘廢하여 接人할 수 없다 하거늘)	이다, 이라(이다, 이라고)
	是如在	◦ 八田處所是如在乙一間置遺無亦改排爲白乎	이다견을(이라는 것을, 인 것을)

文法素	吏讀 語辭	用　例	參考事項
繋辭類	乙	◦ 等以 <2-9> (八田處所인 것을 한 칸도 남김없이 고치어 지은지라)	
	是乙等	◦ 啓受使內乎所有事是乙等聖住寺住持性照禪師中延所志內乙仍于 <2-4> (指示를 받은 바 있는 일로서 聖住寺 住持인 性照禪師中延의 청원에 의하여)	일든 (이거든)
	是在等	◦ 法孫案牘施行向事乙長城官以申省爲乎事是	이견들로 (～이므로, ～ 인 것 으 로)
	以	在等以 <2-23> (法孫의 전례대로 시행할 것을 長城官廳으로 신청하온 일인지라)	
	是在亦	◦ 祝聖爲白臥乎次是在亦至今玖戊申七月分 <2-6> (임금을 축복하옵는 차인데, 지금 戊申년 7월뿐)	이견이여 (～ 인 것이 므로)
	是乎	◦ 中延所志內乙仍于判付是乎狀內爲乎矣 <2-4> (中延의 청원에 의하여 처결이 내려진 서류에 이르되)	이온(～인, ～이온)
	是乎等 用良	◦ 并只改排報狀爲置是乎等用良申省爲臥乎事是去等 <2-18> (모두 고치어 세웠다는 보고인 까닭에 보고하옵는 일이니)	이온들쓰아 (～ 인 까닭 에)
動詞類	爲	◦ 向前狀內全當爲造排爲白在等以 <2-10> (앞의 청원에서는 전체를 담당해서 세운다고 한지라) ◦ 依貼爲傳出納下問令是乎矣 <2-15> (공문에 의해서 임금의 분부를 전달하고 조사시키되) ◦ 向前寺段殘甚爲接人不得是如爲去乙 <2-20> (앞의 절로 말하면 심히 殘廢하여 接人할 수 없다 하거늘)	호야, 호고 (하여, 하고)

文法素	吏讀 語辭	用　　　例	參考事項
'爲' 語基	爲去乙	○向前寺段殘甚爲接人不得是如爲去乙<2-20> (앞의 절로 말하면 심히 殘廢하여 接人할 수 없다 하거늘)	ᄒ거늘 (하거늘)
	爲遣	○成造始終次知排置爲遣火香爲臥乎在亦<2-21> (건축을 始終 담당 관리하고 佛道를 위하옵는데) ○法孫傳繼施行爲遣由報爲在味出納爲臥乎事<2-25> (法孫 相續을 시행하고 그 결과를 보고하라고 임금 의 분부를 전하는 일)	ᄒ고(하고)
	爲良 於爲	○法孫案牘施行爲良於爲僧錄司良中下聖旨敎事白 　<2-12> (法孫 전례 대로 시행하도록 僧錄司에 임금의 분부 를 내리실 일이 압) ○今萬日焚修乙起行爲良於爲敎矣向前狀內全當爲造排 爲白在等以<2-10> (이제 萬日 焚修를 시작하도록 하시되, 앞의 청원에 서는 전체를 담당해서 세운다고 한지라)	ᄒ야삼,ᄒ늘 삼 (하도록, 하게끔)
	爲白 臥乎	○僧矣段別敎無亦焚修祝聖爲白臥乎次是在亦<2-6> (이 중으로 말하면 별일 없이 향불을 피우고 佛道 를 닦아서 임금을 축복하옵는 차인데)	ᄒ습누온 (ᄒ옵는)
	爲白在 等以	○向前狀內全當爲造排爲白在等以<2-10~11> (앞의 청원에서는 전체를 담당해서 세운다고 하였 사오므로)	ᄒ습견들로 (하였사온지 라)
	爲白乎 等以	○八田處所是如在乙一間置遣無亦改排爲白乎等以<2-9> (八田處所인 것을 한칸도 남김없이 고치어 지었사 온지라)	ᄒ습온들로 (하였사온지 라)
	爲是在 等以	○奏判依奏付僧錄司右如敎事爲是在等以<2-14> (임금의 처결이 그 말대로 僧錄司에 회부하라 하여 위와 같이 하신 일인지라)	ᄒ이견들로 (시킨 바로)

文法素	吏讀語辭	用　　例	參考事項
'爲'語基	爲臥乎	◦僧矣元叱乎造排爲臥乎長城郡地白巖寺下安令是於爲落點教等乙仍于<2-7> (이 중의 처음으로 세우는 長城郡 땅 白巖寺에 모시어 놓으라고 해서 落點하심으로 인하여) ◦申省爲臥乎事是去等<2-18> (보고하옵는 일이니) ◦僧矣身乙時亦中火香爲臥乎緣由並以施行教味白臥乎事是去有等以<2-24> (이 중으로서 현재 절을 맡아 있는 緣由와 함께 시행케 하실 것을 청한 일인지라) ◦由報爲在味出納爲臥乎事<2-25> (그 결과를 보고하라고 임금의 분부를 전하는 일)	ᄒᆞ누온 (하는, 한)
	爲臥乎在亦	◦祝聖爲臥乎在亦向前寺段殘甚爲接人不得是如爲去乙<2-20> (임금을 축복하옵는 바, 앞의 절로 말하면 심히 殘廢하여 接人할 수 없다 하거늘) ◦成造始終次知排置爲遣火香爲臥乎在亦禪師所志以判下教由以<2-21~22> (건축을 始終담당 관리하고 佛道를 위하옵는데, 禪師 청원으로 임금의 처결이 내려짐에 따라)	ᄒᆞ누온견이여(하는 것이기에)
	爲在	◦右寺既殘亡爲在山枝五結分八田處所是如在乙一間置遣無亦改排爲白乎等以<2-8> (위의 절은 이미 殘亡한 뫼갓 5結뿐 八田處所인 것을 한칸도 남김없이 고치어 지은지라)	
	爲在	◦村伏公案良中法孫傳繼施行爲遣由報爲在味出納爲臥乎事<2-25> (토지 대장에 法孫 상속을 시행하고 그 결과를 報告하라고 임금의 분부를 전하는 일)	ᄒᆞ견 (한, 하는)

文法素	吏讀語辭	用　　例	參考事項
'爲'語基	爲置是乎等用良	◦并只改排報狀爲置是乎等用良申省爲臥乎事是去等 <2-18> (모두 고치어 세웠다는 보고인 까닭에 보고하옵는 일이니)	ᄒᆞ두이온들 쓰아(한 것인 까닭에)
	爲乎旀	◦祝聖觀音尊像願成爲乎旀安邀處所奏請爲乎亦中 <2-7> (임금을 축복하기 위한 觀音尊像을 이루려 원하오며, 모시어 놓을 곳을 임금께 여쭈어 모매)	ᄒᆞ오며 (하오며)
	爲乎	◦仔細亦問備申省爲乎味了乎用良依貼爲傳出納下問令是乎矣<2-14> (자세히 조사해서 보고하란 말로써 공문에 의해서 임금의 분부를 전달하고 조사시키되) ◦法孫案牘施行向事乙長城官以申省爲乎事是在等以 <2-23> (法孫의 전례대로 시행할 것을 長城官廳으로 신청하온지라)	ᄒᆞ온 (할/한, 하올)
	爲乎矣	◦判付是乎狀內爲乎矣僧矣段別敎無亦焚修<2-5> (처결이 내려진 서류에 이르되, 이 중으로 말하면 별일 없이 향불을 피우고 불도를 닦아서) ◦丙辰十月報狀內爲乎矣法堂三間東俠藏室二間<2-16> (丙辰년 10월 보고에서 이르되, 法堂 3칸, 동녘으로 물건 두는 방 2칸)	ᄒᆞ오ᄃᆡ(하오되, 하되)
其他語基	白臥乎	◦並以施行敎味白臥乎事是去有等以<2-24> (함께 施行케 하실 것을 청한 일인지라)	ᄉᆞᆲ누온(사뢰었던)
	遺無亦	◦八田處所是如在乙一間置遺無亦改排爲白乎等以<2-9> (八田處所인 것을 한칸도 남김없이 고치어 지은지라)	남김업시(남김없이)

文法素	吏讀語辭	用　　例	參考事項
其他語基	令是白遺	◦長城郡地白巖寺下安令是於爲落點教等乙仍于下安令是白遺<2-8> (長城郡 땅 白巖寺에모시어 놓으라고 해서 落點하심으로 인하여 모시어 놓고)	시기숩고 (시키옵고)
	令是於爲	◦僧矣元叱乎造排爲臥乎長城郡地白巖寺下安令是於爲落點教等乙仍于<2-8> (이 중의 처음으로 세우는 長城郡 땅 白巖寺에 모시어 놓도록 落點하심으로 인하여)	시기늘삼 (시키도록)
	令是乎矣	◦法孫傳繼向事乙所司弋只界官良中出納下問令是乎矣事狀的是在如中<2-11> (法孫 상속에 관한 일을 담당한 관청이 지방관에게 임금의 분부로 조사시키되, 사실이 정확할 때는) ◦仔細亦問備申省爲乎味了乎用良依貼爲傳出納下問令是乎矣<2-15> (자세히 조사해서 보고하란 말로써 공문에 의해서 임금의 분부를 전달하고 조사시키되)	시기오디 (시키오되, 하게 하되)
	使內乎所	◦貼憑是審是旀啓受使內乎所有事是乙等<2-4> (공문을 살피며 지시를 받은 바 있는 일이거든)	브리온바 (하게한 바)
	審是旀	◦僧錄司僧史仁敍九月日貼憑是審是旀啓受使內乎所有事是乙等<2-3> (僧錄司 僧史 仁敍의 9월 일 공문을 살피며,지시를 받은 바있는 일이거든)	술피며 (살피며)
	的是在如中	◦事狀的是在如中更良奏聞除良只法孫案牘施行爲良於爲<2-11> (사실이 정확할 때에는 다시 임금께 여쭙는 절차를 밟지 말고서 法孫 전례 대로 시행하도록)	마기견다희 (정확한 때에)
	除良只	◦事狀的是在如中更良奏聞除良只法孫案牘施行爲良於爲<2-12> (사실이 정확할 때에는 다시 임금께 여쭙는 절차를 밟지 말고서 法孫 전례 대로 시행하도록)	덜어기 (제외하여, 덜어서)

文法素	吏讀語辭	用　例	參考事項
其他語基	了乎等用良	◦仔細亦問備申省爲乎味了乎用良依貼爲傳出納下問令是乎矣<2-15> (자세히 조사해서 보고하란 말로써 공문에 의해서 임금의 분부를 전달하고 조사시키되)	ᄆᆞ치온들쓰아(마치었으므로)
	憑是	◦丙辰十月日名狀申省當司准僧錄司僧史仁敍九月日貼憑是審是旀<2-3> (丙辰년 10월 일 취품한 데는 본 관청에서 의거한 바 僧錄司僧史 仁敍의 9월 일 공문을 살피며)	비기 (의거하다)
	教等用良	◦僧矣身乙寺主以差備教等用良成造始終次知排置爲遣<2-21> (이 중을 寺主로 임명하신 까닭에 건축을 始終 담당 관리하고)	이샨들쓰아 (하신 까닭에)
	教等乙仍于	◦落點教等乙仍于下安令是白遣<2-8> (落點하심으로 인하여 모시어 놓고)	이샨들지즈로(하심으로 인하여)
	教味	◦僧矣身乙時亦中火香爲臥乎緣由並以施行教味白臥乎事是去有等以<2-24> (이 중으로서 현재 절을 맡아 있는 緣由와 함께 시행케 하실 것을 청한 일인지라)	이샨맛 (이신 뜻, 하신 뜻)
	教事	◦僧錄司良中下聖旨教事白<2-12> (僧錄司에 임금의 분부를 내리실 일이 압) ◦奏判依奏付僧錄司右如教事爲是在等以<2-14> (임금의 처결이 그 말대로 僧錄司에 회부하라 하여 위와 같이 하신 일인지라)	이샨일 (하신 일)
	別教	◦僧矣段別教無亦焚修<2-5> (중으로 말하면 특별하신 분부 없이 향불을 피우고) ◦甲矣段別教無亦香火<2-19> (甲으로 말하면 특별하신 분부 없이 불도를 위해서)	別ᄒᆞ샨(특별하신 분부)

文法素	吏讀 語辭	用　例	參考事項
副詞類	更良	◦事狀的是在如中更良奏聞除良只<2-12> (사실이 정확할 때는 다시 임금께 여쭙는 절차를 　밟지 말고서)	가시아 (다시)
	無亦	◦僧矣段別教無亦焚修<2-5> (중으로 말하면 별다른 분부 없이 향불을 피우고 佛道를 닦아서) ◦八田處所是如在乙一間置遺無亦改排爲白乎等以<2-9> (八田 處所인 것을 한 칸도 남김 없이 고치어 지은 지라) ◦投告內甲矣段別教無亦香火祝聖爲臥乎在亦<2-19> (중의 청원에는 甲으로 말하면 별일없이 佛道를 위 해서 임금을 축복하옵는 바)	업스론이여, 업시(없이)
	並以	◦僧矣身乙時亦中火香爲臥乎緣由並以施行教味白臥乎 事是去有等以<2-24> (이 중으로서 현재 절을 맡아 있는 연유와 함께 시 행케 하실 것을 청한지라)	아오로 (함께, 어울러서)
	幷只	◦其餘堂舍等八十五間乙幷只改排報狀爲置是乎等用良 　<2-18> (그 나머지의 堂舍 등 85칸을 모두 고치어 세웠다 　는 報告인 까닭에)	다모기, 아오르기 (모두)
	不得	◦向前寺段殘甚爲接人不得是如爲去乙<2-20> (앞의 절로 말하면 심히 殘廢하여 接人할 수 없다 하거늘)	못질 (못, 못하다, 〜수없다)
	右	(1) ◦右寺旣殘亡爲在山枝<2-8> (위의 절은 이미 殘亡한 뫼갓) ◦右事須貼<2-26> (위 일로 公文을 보내게 됨)	임의여 (위와 같이)

文法素	吏讀 語辭	用　　例	參考事項
副詞類	右如	(2) ◦文迪奏判依奏付僧錄司右如敎事爲是在等<2-14> (文迪이 임금께 여쭈었더니, 임금의 처결이 그 말대로 僧錄司에 회부하라하여 위와 같이 하신 일인지라)	임의여(위와 같이)
	元叱乎	◦僧矣元叱乎造排爲臥乎長城郡地白巖寺下安令是白遣 <2-7> (이 중의 처음으로 세우는 長城郡 땅 白巖寺에 모시어 놓으라고)	비르수,비르 소(비로소, 처음으로)
	仍于	◦聖住寺住持性照禪師中延所內乙仍于判付是乎狀內爲 乎矣<2-4> (聖住寺 住持인 性照禪師 中延의 청원에 의해서 처결이 내려진 서류에 이르되)	지즈루 (因하여, 말미암아)
	仔細亦	◦造排緣由乙良仔細亦問備申省爲乎味了乎用良依貼爲 <2-14> (절을 세운 緣由는 자세히조사해서 보고하란 말로써 공문에 의해서)	즈셔리, 즈셔히 (자세히)
	向前	◦今萬日焚修乙起行爲良於爲敎矣向前狀內全當爲造排 爲白在等以<2-10> (이제 萬日 焚修를 시작하도록 하시되, 앞의 청원에서는 전체를 담당해서 세운다고 한지라) ◦向前寺段殘甚爲接人不得是如爲去乙<2-20> (앞의 절로 말하면 심히 殘廢하여 接人할 수 없다하거늘)	안젼, 아젼 (전에, 앞서)
	用良	◦貼內思乙用良村伏公案良中法孫傳繼施行爲遣<2-24> (공문 안의 뜻으로써 토지 대장에 法孫 상속을 시행하고)	쓰아 (-으로써, -로 인하여, -에 따라)

4. 結論

지금까지 全羅道(현재 전라남도) 長城郡의 白巖寺에 전해 왔던 長城白巖寺貼文 가운데 두 번째 文件인 洪武戊午 長城監務官貼文(1378)을 중심으로 여기에 사용된 吏讀語辭를 중심으로 살펴보았다. 結論에서는 本研究의 주요 내용을 요약하고, 吏讀研究의 問題點과 展望에 대하여 살펴보았다.

1.

본 長城監務官貼文은 고려 禑王 4년 햇수로 戊午년(1378)에 吏讀로 기록된 貼文으로서 14세기 고려시대의 漢字借用表記 체계를 이해하는 데 매우 귀중한 資料가 된다. 그러나 僧錄司貼文을 비롯한 長城白巖寺貼文의 原本은 볼 수 없고 鮎貝房之進의 「雜攷」(1934)와 「吏讀集成」(1937), 그리고 홍기문의 「리두연구」(1957)에서 인용된 吏文을 밑본 삼아 살펴보았다.

「貼文 2」 즉 長城監務官貼文에서 "一間置遺無亦改排爲白乎等以"(한칸도 남김없이 고치어 지은지라)<2-9>에서 '一間置遺無亦'의 '遺'은 '遺'의 잘못으로 보이고, "今萬口焚修乙"(이제 萬日 焚修를 시작하도록 하시되)<2-10>에서 '萬口'는 '萬日'을 잘못 판독한 것으로 보인다. 그리고 "投告內甲矣段別敎無亦香火"(중의 청원에는 甲으로 말하면 별도의 분부 없이 불도를 위해서)<2-19>의 '甲矣段'은 원래 '僧矣段'이라고 기록되어야 할 자리인데, '甲矣段'으로 되어 있어 자연스럽지 못하다. 차라리 僧을 밝히지 않을 경우 '甲'은 '某'가 되어야 할 것으로 본다.

역시 「貼文 2」에서 "向前寺段殘爲甚接人不得"(앞의 절로 말하면 심히 殘廢하여 接人할 수 없다)<2-20>의 '殘爲甚'은 '殘甚爲'로 字順이 바뀌어야 하며, "寺以主差備敎等用良"(寺主로 임명하신 까닭에)<2-21>의 '寺以主'는 '寺主以'로 역시 字順이 바뀌어야 한다. 그리고 "祝聖爲白臥乎次是在亦至今玖戊申七月分"<2-6>의 '玖戊申'에서 '玖'는 '九'의 表記인데, '九戊申'은 어떤 뜻인지 알 수 없는 구절이다.

2.

본 長城監務官貼文의 내용을 개괄적으로 이해하기 위하여 長城監務官貼文의 原文을 제시하고, 註釋을 붙여야 될 색다른 項目에 대한 語釋과, 漢借된 吏讀語에 대한 간단한 주석을 붙이고, 吏讀文을 逐語的으로 해석해 놓았다. 완벽한 해석이라 할 수는 없지만 여러분의 의견을 종합하여 풀이해 놓았다. 특히 홍기문(1957)의 『리두연구』가 많은 도움이 되었다.

3.

본 長城監務官貼文에 사용된 吏讀語辭를 양적으로 풍부하지는 않지만, 이들을 文法要素, 즉 名詞類, 助詞類(格助詞, 補助詞), 繫辭類, 動詞類, 副詞類 등으로 나누어 각 語辭別로 설명하였다.

吏讀 名詞類 語基: 東俠(동녘), 西狹(서녘), 犯寓(犯斤隅), 斜廊(舍廊), 時(삐, 빼), 緣由(연유), 差備(차비), 次知(츠지), 土/地(짜, 쌍), 事(일), 味(맛), 所(바), 次(츠), 由(말미, 전츠), 山枝(뫼갓), 向事(안일), 矣身(의몸) 등.

吏讀 助詞類 添辭:
格助詞類 : 〔主格표지〕 弋只(익기, 끼리) ; 〔屬格표지〕 矣(이/의) ; 〔對格표지〕 乙(-을/를); 〔處格표지〕 良中(아히), 亦中(-여히, -에); 〔造格표지〕 以(-로/으로) ; 〔原因格표지〕 以(-로/으로) 등.

補助詞類 : 段(-둔, -단), 乙良(-을란, 으란), 分(-분, 쑨), 置(-도, 두) 등.
繫辭類 添辭 : 是去等(이거든), 是去有等以(이거인들로), 是如(이다, 이라), 是如在乙(이다견을), 是乙等(일든), 是在等以(이견들로), 是在亦(이견이여), 是乎(이온), 是乎等用良(이온들쓰아) 등.

吏讀 動詞類 :

〔'爲'語基 動詞〕爲(ᄒ고, ᄒ야), 爲去乙(ᄒ거늘), 爲遣(ᄒ고), 爲良於爲(ᄒ야삼, ᄒ늘삼), 爲白臥乎(ᄒ습누온), 爲白在等以(ᄒ습견들로), 爲是在等以(ᄒ이견들로), 爲臥乎(ᄒ누온), 爲臥乎在亦(ᄒ누온견이여), 爲在(ᄒ견), 爲置是乎等用良(ᄒ두이온들쓰아), 爲乎旀(ᄒ오며), 爲乎(ᄒ온), 爲乎矣(ᄒ오디) 등.

〔기타語基 動詞類〕白臥乎(습누온), 遣無亦(남김업시), 令是白遣(시기습고), 令是於爲(시기늘삼), 令是乎矣(시기오디), 使內乎所(브리온바), 審是旀(술피며), 的是在如中(마기견다히), 除良只(덜어기), 了乎(等)用良(ᄆ치온들쓰아), 憑是(비기), 敎等用良(이샨들쓰아), 敎等乙仍于(이샨들지즈로), 敎事(이샨일), 別敎(別ᄒ샨) 등.

吏讀 副詞類 :

更良(가시아), 無亦(업스론이여, 업시), 並以(아오로), 幷只, 並只(다모기, 아오로기), 不得(못질), 右·右如(임의여, 우다이), 元叱乎(비르수, 비르소), 仍于(지즈루), 仔細亦(ᄌ세리, ᄌ셔히), 向前(안젼, 아젼), 用良(쓰아) 등이다.

4.

長城白巖寺貼文 중에서 洪武戊午 長城監務官貼文(1378)에 나타난 吏讀語辭를 文法要素, 吏讀語辭, 用例, 參考事項 등으로 나누어 圖示해 놓았다.

끝으로 이 長城白巖寺貼文의 吏讀는 新羅시대의 吏讀體표기의 유형을 일부 그대로 유지하면서 吏讀語辭의 多音節化, 즉 吏讀語辭의 길이가 길어지고 보다 풍부해졌음을 알 수 있다. 특히 格標識를 비롯하여 文法素의 虛辭字가 많아졌음을 알 수 있다. 그리고 무엇보다도 다른 吏讀文과 다른 점은, 이른바 貼文類의 문장이 지니고 있는 특징적인 어휘와 문체상의 특징을 발견할 수 있다는 점이다. 敍述形式에 있어서도 처음에 '監務官貼長城郡司'(監務官 長城郡司에 公文을 보냄)이라는 序頭로 시작하여, 다음으로 公文을 보내게 된 事由와 內容을 기록하고, 마지막으로 '右事須貼'(위의 일로

公文을 보내게 됨)이라는 終結文章을 쓰고, 公文을 보낸 날자, 즉 '戊午三月二十三日'을 기록하여 貼文 양식을 갖추고 있다. 앞으로 吏讀貼文類의 집중적인 연구가 필요할 것으로 본다.

참고문헌

李基白 편저(1987),『韓國上代古文書資料集成』, 一支社.

南廣祐(1995),『古今漢韓字典』, 인하대출판부.

小倉進平(1929),『鄕歌及び吏讀の硏究』, 京城帝國大學.

鮎貝房之進(1934), 長城白巖寺貼文及關文,『雜攷』, 제6輯 下編.

中樞院(1937),『吏讀集成』, 朝鮮總督府中樞院.

홍기문(1957),『리두연구』, 과학원출판사.

安秉禧(1968), 中世國語 屬格語尾 'ㅅ'에 대하여,『李崇寧博士頌壽紀念論叢』

______(1977),「養蠶經驗撮要」와 牛疫方의 吏讀의 硏究,『東洋學』 7, 단국대.

______(1983), 吏讀文獻 吏文大師에 대하여,『東方學誌』 38.

李基文(1972),『國語學槪說』, 탑출판사.

南豊鉉(1975), 漢字借用表記法의 發達,『國文學論集』 7·8合輯.

朴喜淑(1985), 大明律直解」의 吏讀硏究, 명지대(博論).

李丞宰(1992),『高麗時代의 吏讀』, 太學社.

朴盛鍾(1996), 朝鮮初期 吏讀資料와 그 國語學的 硏究, 서울대(博論).

李喆洙(1980a),「養蠶經驗撮要」漢借文의 譯語構造,『南廣祐博士華甲紀念論叢』.

______(1980b),「養蠶經驗撮要」漢借文의 名詞類語 借字表記,『論文集』 6 인하대인
　　　　　문과학연구소

______(1984),『韓國語史』, 개문사

______(1989=1992),『養蠶經驗撮要의 吏讀硏究』, 인하대 출판부.

______(1990a),「大明律直解」의 吏文解釋(1),『論文集』, 16 인하대 인문과학연구소

______(1990b),「大明律直解」의 吏文解釋(2),『論文集』, 17 인하대 인문과학연구소

______(1990c),「養蠶經驗撮要」吏讀의 繫辭表記,『鄭愚相博士華甲紀念論文集』.

______(1991a),「大明律直解」漢借文의 副詞類語,『鄭琦鎬博士華甲紀念論叢』.

______(1991b),「大明律直解」의 吏文解釋(3), 인하대 인문과학연구소,『論文集』 18.

______(1996), 淨兜寺石塔造成形止記의 吏讀에 대하여,『한국학연구』 6·7합집, 인하대.

______(1997a), 長城白巖寺貼文의 吏讀에 대하여,『한국학연구』 8, 인하대 한국학연구소

______(1997b), 至正丁酉 僧錄司貼文의 吏讀,『仁荷語文硏究』 3 仁荷語文硏究會.

______(1999.8),『國語史의 硏究』韓國學硏究叢書 제14집 인하대 한국학연구소

______(2002.8),『國語史의 理解』(개정판), 인하대 출판부.

楞嚴呪 解義(3)

전 수 태*

목 차

---

1. 머리말

楞嚴呪는 서기 5~6세기에 인도 불교 교단이 사회 경제적 토대 붕괴와 정치적 탄압으로 말법 신앙이 고조될 때, 三寶와 불자들을 보호하기 위하여 재앙을 멀리하며 복을 부르고 악마를 몰아내는 것을 내용으로 함으로써 힌두교를 수용하여 자생과 독립을 도모한 종교적 현상의 결과로 나타난 것이라고 그 시대 배경을 말하는 사람이 있다(김진열, 1993).

능엄경은 내용이 참선과 관계가 깊기 때문에 예로부터 우리나라 불교계에서 매우 존중되어 온 경전이다. 그리하여 전문 講院의 교과목 가운데 『金剛經』,『圓覺經』,『大乘起信論』과 함께 四敎科의 하나로 학습되어 왔다. 이 경은 인도의 유명한 절인 나란타사에 숨겨져 있어 당나라 이전까지 중국에 들어오지 못하다가 당나라 4대 중종 때인 705년경 중인도의 般剌密

---

* 국립국어연구원

帝(반랄밀제)에 의해 전래되고 그에 의해 漢譯되었다.[1] 그런데 이 능엄경은 능엄주를 중심으로 이루어졌다. 비록 密敎 사상이 가미되기는 했지만 참선이 역설되고 있기 때문에 밀교 쪽보다는 禪家에서 환영을 받아 중국의 주석가들은 대부분이 선승들이다. 송나라 仁岳의『楞嚴經集解』(10권)를 비롯하여 여러 주석서들이 있다. 우리나라에서는 고려 시대 普幻의『楞嚴經 신료』(2권)을 비롯하여 몇 가지 주석서들이 있다.

楞嚴呪가 나타나게 된 직접적인 동기는 부처의 10대 제자 가운데 하나인 阿難과 관계가 있다. 부처님의 제자인 阿難이 여러 여자의 유혹을 받는 사이에 그 가운데 '마등가'라는 여인의 꾐에 빠져 그녀의 딸에 의해 청정한 戒를 깨뜨리게 되었는데 그 때에 부처님이 楞嚴呪의 신통력으로 구해 준 일이 있다. 阿難은 불법을 많이 들어서 알기는 하지만 참선을 닦아 도의 힘을 기르지 못했음을 부끄럽게 여겨 깊이 후회하고, 부처님에게 참선하는 방법을 청하게 됨으로써 이 주가 설해지게 된 것이다.[2] 다시 말해 악마의 장애를 물리치고 참선해 전념해 여래의 진실한 지혜를 얻게 함으로써 생사의 괴로움을 벗어나게 하려는 것이 이 楞嚴呪의 목적이다.

楞嚴經을 해석한 최근의 업적으로는『楞嚴經研究入門』(김진열, 1993)이다. 이 책 제4장의 '楞嚴呪 解義'는 高麗本 능엄주와 宋·元·明本 능엄주를 나란히 대비하여 梵語 원문을 제시하고 이를 解義한 것을 내용으로 하고 있다. 고려본은 439구로 되어 있고, 중국본은 427구로 되어 있는데 호흡 단락을 임의로 끊은 데서 비롯하기 때문에 句數의 가감은 별 의미가 없다. 필자는 김진열님의 제4장에 나타난 고려본 능엄주 가운데 일부의 내용에 高

---

1)『佛敎常識百科』上(1994)에는 漢譯者가 般剌密帝(반자밀제)로 되어 있다.
2) 阿難이 부처님에게 직접한 말은 다음과 같다. 이에 대하여는 한글 대장경『首楞嚴經 外』(2001) 참조
    "제가 출가한 뒤로 부처님의 사랑을 믿고 교만해져서 많이 듣기만 하였으므로 작용이 없는 경지를 증득하지 못하여 저 梵天의 삿된 술수에 걸렸사오니, 마음은 비록 밝고 또렷하였으나 자유롭게 움직일 힘이 없다가 文殊菩薩을 만나서 벗어났나이다. 비록 부처님 정수리에서 나온 신비한 주력의 힘을 입었으나 아직 친히 듣지 못하였습니다. 바라옵건대 큰 자비로 다시 말씀하시어 이 모임에서 수행하는 모든 사람과 앞으로 輪廻하는 모든 사람으로 하여금 부처님의 비밀한 법을 듣고서 몸과 마음이 解脫하게 하소서."

麗大藏經의 『首楞嚴經 外』卷第七에서 『神呪』부분의 한문 원문을 대응시켜 아래와 같은 본문을 만들었다. 말하자면 이 본문 가운데 한문 부분을 필자가 보탠 셈이다. 필자는 『梵和大辭典』(1987)에 따라 어휘 해석을 해 나갔는데 이 때 다른 자료가 없어 번역문은 편의상 김진열(1993)를 따른 것이다. 그리고 범어에 관한 문법적인 설명은 『산스끄리뜨의 기초와 실천』(이지수 역, 1993)과 『산스크리트 문법』(전수태 옮김, 2002)에서 도움을 받았다.

2. 본문 해석

여기에서는 고려본 능엄주 총 439句 가운데 일부에 대하여 풀이를 가해 보기로 한다. 위에서 언급한 바와 같이 풀이를 위해서는 『梵和大辭典』(1987), 『산스끄리뜨의 기초와 실천』(1993, 이지수 역), 『산스크리트 문법』(2002, 전수태 역)과 기타가 도움을 줄 것이다. 번역문은 달리 참고할 자료가 없어 『楞嚴經 硏究 入門』(1993, 김진열)의 그것을 제시하기로 한다.

   ○ 毘陀防娑那羯囉　　　비드방사나 · 카라
     vidhvaṃsana · kara!//　　파멸하신 분이여!

vidhvaṃsana는 형용사로서 '멸하는', '파괴하는', '능욕하는'의 의미이며, 한역으로는 '壞', '破壞', '敗壞'이다. kara는 형용사로서 '하는', '행하는', '야기하는'의 뜻이고, 남성 명사로서는 '하는 것', '만드는 것', '손', '(코끼리의) 코'이며, 漢譯으로는 '손'이다

   ○ 呼吽咄嚧吽　　　　　훔 트룸
     Hūṃ trūṃ.　　　　　거룩히 존경하는

hum은 간투사로서 Kṛ과 함께 'hum이라고 하는 음을 발하는', '~에 말을 붙이는(대격)'의 뜻이다. 과거수동분사로는 '모-라고 울로 있는'의 의미로 쓰

인다. trūṃ은 사전에 보이지 않는다.

○ 阿瑟咤微摩舍帝喃   아슈타 · 빙사티남
　　ashta · viṃsatināṃ   스물여덟 가지

ashṭā는 형용사로서 '八'이고 viṃśati는 여성 명사로서 '두 개의 十'의 뜻
이다. ashṭāvimśati는 여성 명사로서 '28'이다. ashṭāvimśatināṃ는 ashṭāvimśati
의 복수 속격형이다.3)

○ 那伕沙怛囉喃   나크샤트라남
　　nakshatrānāṃ   성숙들을4)

nakshatra는 중성 명사로서 '천체', '星', '星座', '星宿'[원래는 27, 후에는
28 : Dakṣa의 아가씨와 달의 妻로서의 인격화]의 뜻이며, 漢譯으로는 '星',
'星宿', '星辰'이다. nakshatrānāṃ은 중성 명사 nakshatra의 복수 속격형이
다.5) 대격형을 속격형으로 대신하는 것에 대하여는 파니니 문법 2.3.54 조
항에 따른다.

○ 婆囉摩馱那伽囉   프라마르다나 · 카라
　　pramardana · kara!//   기쁘게 하신 분이여!

pramardana는 형용사로서 속격을 취하여 '분쇄하는', '파괴하는', '절멸시
키는'의 뜻이다. 漢譯으로는 '항복', '滅', '散滅'이다. 남성 명사로는 'Viṣṇu
神의 稱'이다. kara는 형용사로서 '하는', '행하는', '야기하는'의 뜻이고, 남
성 명사로서는 '하는 것', '만드는 것', '손', '(코끼리의) 코'이며, 漢譯으로는
'손'이다.

---

3) ashṭā는 『梵和大辭典』(1987)에는 aṣṭa로 나타나 있다. 또, viṃsati는 사전에는 viṃśati로 되어
　　있다.
4) 星宿을 '성숙'으로 발음하는 것은 김진열(1993)의 잘못이다 . 이는 '성수'로 읽어야 한다.
5) nakshatra는 『梵和大辭典』(1987)에는 nakṣatra로 나와 있다.

○ 呼吽咄嚧吽　　　　　　홈 트룸
　Hūṃ trūṃ.　　　　　　거룩히 존경하는 이여,

　hum은 간투사로서 Kṛ과 함께 'hum이라고 하는 음을 발하는', '~에 말을 붙이는(대격)'의 뜻이다. 과거수동분사로는 '모-라고 울로 있는'의 의미로 쓰인다. trūṃ은 사전에 보이지 않는다.

○ 囉剎囉剎　　　　　　　라크샤 라크샤
　raksha raksha!//　　　　(나를) 수호하소서, 수호하소서!

　raksha는 형용사로서 '방호하는', '보호하는', '보존하는', '준수하는'의 뜻이고, 漢譯으로는 '守護', '擁護'이다. 남성 명사로는 '番서는 사람'이고, 漢譯으로는 '수호', '수호자', '호위'이다.[6]

○ 薄伽梵薩　　　　　　　바가밤스
　bhagavāṃs　　　　　　　大

　bhagavāṃs는 사전에 나오지 않는다. bhagavat는 형용사로서 '행운의', '숭배해야 할', '존경해야 할', '신성의', '저명한', '신성한'의 뜻이고, 남성 명사로는 'Viṣṇu 신·Kṛṣṇa 신·Śiva 신의 稱', '불타'의 의미이며, 漢譯으로는 '世尊'이고, 音寫로는 '薄伽梵', '婆伽婆'이다.

○ 怛他揭都烏瑟尼沙　　　타타가토슈니샤
　tathāgatoshṇisha　　　　여래불정으로써

　tathāgata는 형용사로서 '이렇게 춤추다', '이러한 상태에 있다', '이러한 성질 또는 본성의', '이와 같이'의 뜻이 있다. 남성 명사로서는 '불교도'의 의미를 가진다. 한역으로는 '여래', '佛', '세존'이고, 音寫로는 '多陀阿伽

---

6) raksha는 『梵和大辭典』(1987)에는 rakṣa로 나와 있다.

度’, ‘多陀阿伽馱’, ‘多他阿伽度’이다. ushṇisha는 남성 명사, 중성 명사로서 ‘머리를 감는 布’이며 漢譯으로는 ‘頂’, ‘頂高’, ‘佛頂’, ‘尊勝’, ‘最勝頂相’이다.

　　　　○ 鉢囉登擬哩　　　　　　　프라티앙기라
　　　　　pratyaṅgira!//　　　　　　조복시키는 분이여!

사전에는 pratyaṅgiras는 남성 명사로서 ‘어떤 신화적 인물의 이름’으로 나와 있다.

　　　　○ 摩訶薩囉薩囉部兒　　　　마하 · 사하스라 · 부자
　　　　　Mahā · sāhasra · bhuja　　대천수여신

mahā는 형용사로서 ‘큰’, ‘거대한’의 뜻이고, 漢譯으로는 ‘大’, ‘廣大’, ‘巨’이다. bala는 중성 단수 명사로서 ‘힘’, ‘능력’, ‘체력’, ‘활력’의 의미이고 漢譯으로는 ‘力’, ‘勢力’, ‘氣力’, ‘大力’, ‘强力’이다. sāhasra는 형용사로서 ‘千을 가진’, ‘千倍의’, ‘극히 많은’, ‘~에서 이루어지는’, ‘~에 달하는’의 뜻이고, 중성 명사로서는 ‘千’이다. bhuja는 남성 명사로서 ‘팔’, ‘象牙’, ‘가지’(枝), ‘곡선’의 의미이며, 중성 명사로서 ‘양팔의 중간’, ‘가슴’의 의미이다.

　　　　○ 娑訶薩囉室曬　　　　　　사하스라 · 쉬르쉐
　　　　　sahasra · śirshe　　　　　천두여신

sāhasra[7]는 형용사로서 ‘千을 가진’, ‘千倍의’, ‘극히 많은’, ‘~에서 이루어지는’, ‘~에 달하는’의 뜻이고, 중성 명사로서는 ‘千’이다. śirshe는 사전에 보이지 않는다. 참고로 말하면 śiras는 중성 명사로서 ‘머리’, ‘정상’, ‘봉우리’, ‘수령’, ‘수장’, ‘제일인자’의 뜻이다.

----

7) sahasra는 『梵和大辭典』(1987)에는 sāhasra로 되어 있다.

○ 俱胝舍多娑訶薩囉寧怛餘　　코티・샤타 사하스라・네트레
　　koṭi · śata · sāhasra · netre!　　일조안을 지닌 여신이여!

koṭi는 여성 명사로서 '(활 등의) 만곡부', '첨단', '극단', '최고도', '천만'(數)의 뜻이다. śata는 남성 명사, 중성 명사로서 '百'의 뜻이다. sāhasra는 형용사로서 '千을 가진', '千倍의', '극히 많은', '~에서 이루어지는', '~에 달하는'의 뜻이고, 중성 명사로서는 '千'이다. netra는 남성 명사로서 '지도자', '안내자'의 뜻이며, 중성 명사로서 '안내', '눈'의 뜻이다. 漢譯으로는 '目', '眼'이다.

　　○ 阿樊地也什縛哩多那吒迦　　아베드야쥬발리타・나타가
　　　Abhedyajvalita · naṭakā!　　화염처럼 비추며 춤추는 여신이여!

abhedya는 미래수동분사로서 漢譯으로는 '無壞', '不可壞', '不可沮壞', '無能壞者'의 뜻이며, jvalita는 어근 Jval의 과거수동분사로서 漢譯으로는 '焰然', '猛焰'의 뜻이며, 중성 명사로는 '照耀', '光輝'의 뜻이다. naṭakā는 사전에 보이지 않고 naṭa가 보이는데 이는 남성 명사로서 '무용자', '배우', '무언극 배우'의 뜻이며, 漢譯으로는 '배우', '춤', '가무'이다.

　　○ 摩訶跋折嚕陀囉　　마하바쥬로다라
　　　Mahā · vajrodara!　　대금강저를 가진 여신이여!

mahā는 형용사로서 '큰', '거대한'의 뜻이고, 漢譯으로는 '大', '廣大', '巨'이다. vajra는 남성 명사 또는 중성 명사로서 '雷電 특히 Indra 신의 雷電 또는 金剛杵(-저) 신의 稱', '金剛石'의 의미를 가지며, 漢譯으로는 '金剛', '金剛杵', '霹靂'이다. udara는 중성 명사로서 '배', '胃', '가슴', '내부'의 뜻이며, 漢譯으로는 '腹', '腸', '胎'이다.8)

---

8) vajra의 -a와 udara의 u-가 합하여 -o되는 것은 連聲法에 다른 것이다. 이에 대하여는 『산스끄리뜨』(이지수 역, 1993) 30쪽 참조

○ 帝哩菩縛那   트리·부바나
　　tri · bhuvana   삼계의

tri는 남성 명사 또는 중성 명사로서 ‘三’의 뜻이다. bhuvana는 중성 명사로서 ‘존재’, ‘생물’, ‘존재물’, ‘세계’, ‘(삼계의 하나인) 地界’의 뜻이다.

○ 曼茶囉   만달라
　　maṇḍalā!   만다라를 지배하는 여신이여!

maṇḍala는 형용사로서 ‘원형의’, ‘둥근’의 뜻이며, 중성 명사로는 ‘圓’, ‘球形의 물건’, ‘環’, ‘車輪’, ‘태양 또는 달 주위의 光輪’의 뜻이고, 남성 명사, 중성 명사로서는 ‘단체’, ‘전체’, ‘집단’, ‘군대’, ‘지역’, ‘영역’의 뜻이 있다. 音寫로는 ‘曼拏羅’, ‘曼茶羅’이다.

○ 嗚咩莎悉底   옴 스바스티르
　　Oṃ svastir   길상이

om은 간투사로서 ‘(聖字) om[祈念 또는 祈禱文의 開始 때 · Veda 암송의 전후에 쓰인다. 여기에는 많은 신비적인 해석이 있다.]’로 풀이되어 있다. 漢譯으로는 ‘極讚’이다. svastir의 형태는 사전에 보이지 않고 svasti가 보이는데 이는 여성 명사로서 ‘福祉’, ‘好運’, ‘성공’의 뜻이고, 부사로는 ‘잘’, ‘행복하게’, ‘처음과 끝이 좋게’의 뜻이며, 漢譯으로는 ‘吉’, ‘福’, ‘吉慶’, ‘吉祥’, ‘無病’이다.

○ 薄婆都   바바투
　　bhavatu!//   있으소서!

bhavatu의 형태로는 사전에 보이지 않는다. bhavat는 어근 BHū의 현재분사로서 ‘존재하는’, ‘현존하는’의 뜻이다.

○ 印兎麼麼　　　　　　　잇탐마마샤
　Ittāṃmamāsya//　　　　이와 같이 (연송하는) 이 나에 대하여.

ittāṃ의 형태로는 사전에 보이지 않고 사전에는 ittham 또는 itthā가 보이는데 이는 모두 부사로서 '이와 같이'의 뜻으로 나와 있다. mama는 1인칭 대명사 mad의 속격형으로 '나의'의 뜻이다. -sya는 -a로 끝나는 남성 명사의 속격형이다.

○ 囉闍婆夜　　　　　　　라자·바야
　Rāja·bhaya　　　　　　왕난

rāja의 형태로는 사전에 보이지 않는다. rāj는 남성 명사로서 '지배자', '王'의 뜻이다. bhaya는 중성 명사로서 '공포', '염려', '위험', '危難'의 뜻이다. 참고로 말하면 rājan도 남성 명사로서 '王'의 의미이다. rājan의 격변화를 보이면 아래와 같다.

(1) rājan. m. '왕'

	Sg.	Du.	Pl.
N.	rājā	rājānau	rājānaḥ
Ac.	rājānam	rājānau	rājñaḥ
Ins.	rājñā	rājābhyām	rājabhiḥ
D.	rājñe	rājabhyām	rājabhyaḥ
Ab.	rājñaḥ	rājabhyām	rājabhyaḥ
G.	rājñaḥ	rājñoḥ	rājñām
L.	rājñi	rājñaḥ	rājasu
	rājani		
V.	rājan	rājānau	rājānaḥ

○ 主囉婆夜　　　　　　　초라바야
　cora·bhaya　　　　　　도적의 재앙,

cora는 남성 명사로서 '도적', '剽竊者'의 뜻이며, 漢譯으로는 '賊', '怨賊'이다. bhaya는 중성 명사로서 '공포', '염려', '위험', '危難'의 뜻이다.

○ 阿祇尼婆夜　　　　　아그니 · 바야
　agni · bhaya　　　　불의 재앙

agni는 남성 명사로서 '불', '화재', 'Agni 신'의 뜻이며, 漢譯으로는 '火', '猛火'. '燃'이다. bhaya는 중성 명사로서 '공포', '염려', '위험', '危難'의 뜻이다.

○ 烏陀迦婆夜　　　　　우다카 · 바야
　udaka · bhaya　　　　물의 재앙,

udaka는 중성 명사로서 '물', '垢離', '(祖靈에 대하여) 聖水를 바치는 것'의 뜻이다. bhaya는 중성 명사로서 '공포', '염려', '위험', '危難'의 뜻이다.

○ 吳沙婆夜　　　　　　비샤 · 바야
　visha · bhaya　　　　독난

visha는 중성 명사로서 '毒', '毒液'의 뜻이고, 漢譯으로는 '毒', '毒藥', '惡毒', '毒害'이다. bhaya는 중성 명사로서 '공포', '염려', '위험', '危難'의 뜻이다.9)

○ 舍薩多囉婆夜　　　　샤스트라 · 바야
　śastra · bhaya　　　　무기의 재앙,

śastra는 중성 명사로서 '小刀', '短劍', '武器'의 뜻이며, 漢譯으로는 '刀', '刀劍', '刀兵', '杖', '兵器', '兵戈'이다. bhaya는 중성 명사로서 '공포', '염

___

9) visha는 『梵和大辭典』(1987)에는 viṣa로 나와 있다.

려’, ‘위험’, ‘危難’의 뜻이다.

　　○ 波囉斫羯囉婆夜　　　파라 · 챠크라 · 바야
　　　para · cakra · bhaya　　적병의 재앙,

　　para는 형용사로서 [장소에 관하여](탈격) ‘멀리 떨어진’, ‘원격의’, [시간에 관하여] ‘과거의’, ‘이전의’, ‘이후의’, [범위에 관하여] ‘다른’, ‘外地의’, ‘미지의’, ‘敵對的인’, ‘다른’의 뜻이며, 漢譯으로는 ‘他人’, ‘反對者’, ‘敵’, ‘怨讐’, ‘絕對者’이다. cakra는 중성 명사로서 ‘車輪’, ‘원반’, ‘다수’, ‘대세’, ‘군대’, ‘지배’이다. bhaya는 중성 명사로서 ‘공포’, ‘염려’, ‘위험’, ‘危難’의 뜻이다.

　　○ 突栗叉婆夜　　　　두르 · 비크샤 · 바야
　　　dur · bhiksha · bhaya　기아같은 재앙,

　　dur는 여성 명사로서 ‘戶’의 뜻이다. bhikshā는 여성 명사로서 ‘求乞’, ‘懇願’, ‘乞食’, ‘施物’의 뜻이다.[10] bhaya는 중성 명사로서 ‘공포’, ‘염려’, ‘위험’, ‘危難’의 뜻이다.

　　○ 阿舍你婆夜　　　　아샤니 · 바야
　　　aśani · bhaya　　　　벼락같은 재앙,

　　aśani는 여성 명사, 또는 남성 명사로서 ‘電光’의 뜻이며, 漢譯으로는 ‘電’, ‘雷電’, ‘霹靂’, ‘雷電霹靂’이다. bhaya는 중성 명사로서 ‘공포’, ‘염려’, ‘위험’, ‘危難’의 뜻이다.

　　○ 阿迦囉沒栗駐婆夜　　아칼라 · 므리튜 · 바야
　　　akāla · mritya · bhaya　때아닌 횡사같은 재앙,

____

10) bhikshā는 『梵和大辭典』(1987)에는 bhikṣā로 나와 있다.

  akāla는 남성 명사로서 '法外의 때', '時外', '밤'의 뜻이고, 漢譯으로는 '非時', '不依時', '非爲時'이다. mritya에 대하여는 mrityati가 타동사로서 사전에 보이는데 이는 '붕괴하다', '분해하다'의 뜻이다. bhaya는 중성 명사로서 '공포', '염려', '위험', '危難'의 뜻이다.

  ○ 阿陀囉弥部尼劍婆夜   다라니·부미캄·바야
     dhāranī · bhūmikaṃ · bhaya   지운같은 재앙,

  dhāranī는 여성 명사로서 '[大乘佛教에서 法을 마음에 새기고 망각하지 않는 능력 또는 수행자를 수호하는 능력 등이 있는 章句를 말한다. 특히 後世呪文的 성격의 章句를 말한다]'로 풀이되어 있다. 한역으로는 '總', '總持'이고, 音寫로는 '陀羅尼'이다.[11] -bhūmika는 형용사로서 '땅의'의 뜻이고, bhūmikā는 여성 명사로서 '대지', '지면', '토지', '장소', '程度', '(배우가) 역할 또는 연출하는 인물', '(코끼리의) 裝飾' 등의 뜻이 있다. 이때 -bhūmikam은 형용사 -bhūmika가 중성 명사 bhaya를 꾸미기 위하여 중성의 대격을 취한 형태이다. 대격형이 속격의 의미를 갖는 것에 대하여는 파니니 문법 2.3.54 조항을 참조하면 된다. bhaya는 중성 명사로서 '공포', '염려', '위험', '危難'의 뜻이다.[12] 참고로 -a로 끝나는 중성 명사의 격 변화의 예를 보이면 아래와 같다.

  (2) satya. n. '진실'

	Sg.	Du.	Pl.
N.	stayam	satye	satyāni
Ac.	〃	〃	〃
Ins.	satyena	satyābhyām	satyaiḥ
D.	satyāya		satyebhyaḥ

---

11) dhāranī는 『梵和大辭典』(1987)에는 dhāranī로 되어 있다.
12) 해석 가운데의 '지운'은 '地運'으로서 '地震'을 말한다.

Ab.	satyāt	//	//
G.	satyasia	satyayoḥ	satyānām
L.	satye	//	satyeṣu
V.	satya	satye	satyāni

○ 伽婆哆婆夜　　　　카파타 · 바야
　kāpāta · bhaya　　　떨어지는 재앙,

kāpāta는 사전에서 확인이 되지 않는다. bhaya는 중성 명사로서 '공포', '염려', '위험', '危難'의 뜻이다.

○ 烏囉囉迦波多婆夜　　　울카 · 파타 · 바야
　ulkā · pāta · bhaya　　　유성 추락같은 재앙,

ulkā는 여성 명사로서 '流星', '炬火'의 뜻이며, 한역으로는 '星', '流星', '炬', '燈', '燈炬', '照'이다. pāta는 남성 명사로서 '飛翔', '몸을 던짐'(처격), '떨어짐'(처격)의 뜻이며, 漢譯으로는 '隕', '退', '崩', '倒', '墜', '落', '墜落'이다. bhaya는 중성 명사로서 '공포', '염려', '위험', '危難'의 뜻이다.

○ 囉闍彈茶婆夜　　　라자 · 단다 · 바야
　rāja · daṇḍa · bhaya　　　왕의 형벌난,

rāja의 형태로는 사전에 보이지 않는다. rāj는 남성 명사로서 '지배자', '王'의 뜻이다. daṇḍa는 남성 명사 또는 중성 명사로서 '棒', '杖', '笞', '棍棒', '武力', '軍隊', '刑鞭', '刑罰', '體刑', '벌금'의 뜻이며, 한역으로는 '杖', '柄', '棍'', '器杖'이다. bhaya는 중성 명사로서 '공포', '염려', '위험', '危難'의 뜻이다. rāja에 대한 내용은 171을 참조하면 될 것이다.

○ 那伽婆夜   나가·바야
　　nāga · bhaya   뱀의 재앙,

　nāga는 남성 명사로서 '蛇', '龍', '[특히 지옥의 Bhogaratī라는 이름이 붙은 城邑에 사는 人面蛇身의 전설적인 半神族의 이름]'의 뜻이며, 형용사로는 '뱀의 모습을 한', '뱀과 닮은'의 뜻이다. bhaya는 중성 명사로서 '공포', '염려', '위험', '危難'의 뜻이다.

○ 微地揄婆夜   비드윳·바야
　　vidyud · bhaya   뇌전의 재앙,

　vidyud는 vidtut와 같은 말로서 형용사로는 '閃光을 발하는'의 뜻이고, 여성 명사로서는 '번쩍이는 무기', '電光의' 뜻이며, 漢譯으로는 '電', '雷光', '雷焰', '閃電'이다. bhaya는 중성 명사로서 '공포', '염려', '위험', '危難'의 뜻이다.

○ 蘇跋栗尼婆夜   수파르니·바야
　　suparṇi · bhaya   독수리 형귀의 재앙,

　suparṇi의 형태로는 사전에 보이지 않는다. suparṇa는 형용사로서 '아름다운 날개를 가진'의 뜻이고, 남성 명사로서는 '大猛禽', '독수리'의 뜻이며, 중성 명사로는 '아름다운 잎'의 뜻이다. bhaya는 중성 명사로서 '공포', '염려', '위험', '危難'의 뜻이다.

○ 藥叉揭囉訶   야크샤·그라하
　　yaksha · grahā   야차귀의 재앙,

　yaksha는 중성 명사로서 '나타남', '형태', '초자연적 존재', '妖怪'의 의미이고, 남성 명사로서 'Kubera 神의 종자', '半神의 一類의 이름'의 뜻이며, 漢譯으로는 '神', '鬼神'이고, 音寫로는 '夜叉'이다. graha는 형용사로서 '잡

는’, ‘얻는’, ‘知覺하는’의 의미이며, 남성 명사로는 ‘捕捉者’, ‘流星’, ‘病魔’, ‘强盜’, ‘竊盜’의 뜻이고, 漢譯으로는 ‘별’, ‘惡星’이다.

○ 羅剎婆揭囉訶   라크샤·그라하
  rāksha·grahā   나찰귀의 재앙,

rāksha는 사전에 보이지 않고 rākṣasa가 사전에 나와 있다. 이는 형용사로서 ‘악마에 속하는’, ‘악마에 특유한’, ‘악마의’의 뜻이며, 남성 명사로는 ‘밤의 악마’, ‘악마’의 뜻이고, 漢譯으로는 ‘惡鬼’, ‘魅’이고, 音寫로는 ‘羅刹’, ‘羅刹婆’이다. graha는 형용사로서 ‘잡는’, ‘얻는’, ‘知覺하는’의 의미이며, 남성 명사로는 ‘捕捉者’, ‘流星’, ‘病魔’, ‘强盜’, ‘竊盜’의 뜻이고, 漢譯으로는 ‘별’, ‘惡星’이다.

○ 畢唎哆揭囉訶   프레타·그라하
  preta·grahā   아귀의 재앙,

preta는 과거수동분사로서 ‘前方으로 간’, ‘죽은’의 의미이고, 남성 명사로는 ‘死人’, ‘死體’, ‘亡靈’(특히 正規의 葬禮完了 이전의), ‘惡靈’의 뜻이며, 한역으로는 ‘靈’, ‘祖父’, ‘祖父鬼’이다. graha는 형용사로서 ‘잡는’, ‘얻는’, ‘知覺하는’의 의미이며, 남성 명사로는 ‘捕捉者’, ‘流星’, ‘病魔’, ‘强盜’, ‘竊盜’의 뜻이고, 漢譯으로는 ‘별’, ‘惡星’이다.

○ 毘舍遮揭囉訶   피샤차·그라하
  piśāca·grahā   시육귀의 재앙,

piśāca는 남성 명사로서 ‘[屍肉을 먹는 것을 특징으로 하는 惡鬼의 일종]’, ‘惡魔’의 뜻이며, 漢譯으로는 ‘鬼’, ‘神鬼’, ‘鬼神’, ‘鬼魅’, ‘食肉’, ‘食血肉鬼’이다. graha는 형용사로서 ‘잡는’, ‘얻는’, ‘知覺하는’의 의미이며, 남성 명사로는 ‘捕捉者’, ‘流星’, ‘病魔’, ‘强盜’, ‘竊盜’의 뜻이고, 漢譯으로는 ‘별’, ‘惡星’이다.

○ 部多揭囉訶　　　　　　　부타·그라하
　bhūta·grahā　　　　　　정령귀의 재앙,

　bhūta는 남성 명사, 중성 명사로서 '[神, 人, 動物, 植物을 포함하는 존재물]', '피창조물', '세계'의 뜻이며, 중성 명사로는 '怪物', '精靈', '幽靈', '鬼類'의 뜻이다. graha는 형용사로서 '잡는', '얻는', '知覺하는'의 의미이며, 남성 명사로는 '捕捉者', '流星', '病魔', '强盜', '竊盜'의 뜻이고, 漢譯으로는 '별', '惡星'이다.

○ 鳩槃茶揭囉訶　　　　　　쿰반다·그라하
　kumbhānda·grahā　　　　수궁부녀귀의 재앙,

　kumbhānda는 사전에 없고 kumbhāṇḍa가 사전에 나온다. 이는 남성 명사로서 '(瓶 모양의 陰囊이 있는) 악귀', 'Asura Bāṇa의 大臣의 이름'의 뜻이며, 漢譯으로는 '瓶', '瓶卵', '卵腹', '陰囊'의 뜻이다. graha는 형용사로서 '잡는', '얻는', '知覺하는'의 의미이며, 남성 명사로는 '捕捉者', '流星', '病魔', '强盜', '竊盜'의 뜻이고, 漢譯으로는 '별', '惡星'이다.

○ 布單那揭囉訶　　　　　　푸타나·그라하
　pūtanā·grahā　　　　　　후귀의 재앙,

　pūtanā는 여성 명사로서 '[일종의 小兒病을 일으키는 Kṛṣṇa 神에게 죽은 女惡鬼의 이름]'이다. graha는 형용사로서 '잡는', '얻는', '知覺하는'의 의미이며, 남성 명사로는 '捕捉者', '流星', '病魔', '强盜', '竊盜'의 뜻이고, 漢譯으로는 '별', '惡星'이다.

○ 羯吒布單那揭囉訶　　　　카타푸타나·그라하
　kaṭapūtanā·grahā　　　　기후귀의 재앙,

　kaṭapūtana는 남성 명사로서 '악귀의 일종'이다. 漢譯으로는 '極臭鬼',

‘短臭鬼’이다. graha는 형용사로서 ‘잡는’, ‘얻는’, ‘知覺하는’의 의미이며, 남성 명사로는 ‘捕捉者’, ‘流星’, ‘病魔’, ‘强盜’, ‘竊盜’의 뜻이고, 漢譯으로는 ‘별’, ‘惡星’이다.

○ 塞捷陀揭囉訶　　　　　스칸다·그라하
　　skanda·grahā　　　　소아병마의 재앙,

skanda는 남성 명사로서 ‘뛰는 것’, ‘流出’, ‘滴下’, ‘破壞’, ‘攻擊者’, ‘어린이 病魔의 首領’의 뜻이다. graha는 형용사로서 ‘잡는’, ‘얻는’, ‘知覺하는’의 의미이며, 남성 명사로는 ‘捕捉者’, ‘流星’, ‘病魔’, ‘强盜’, ‘竊盜’의 뜻이고, 漢譯으로는 ‘별’, ‘惡星’이다.

○ 阿婆婆摩囉揭囉訶　　　아파스마라·그라하
　　apasmarā·grahā　　　양두귀의 재앙,

apasmāra는 남성 명사로서 ‘意識의 상실’, ‘憑依’, ‘顚眩’, ‘顚疾’, ‘顚狂病’의 뜻이 있다. graha는 형용사로서 ‘잡는’, ‘얻는’, ‘知覺하는’의 의미이며, 남성 명사로는 ‘捕捉者’, ‘流星’, ‘病魔’, ‘强盜’, ‘竊盜’의 뜻이고, 漢譯으로는 ‘별’, ‘惡星’이다.

○ 烏檀摩陀揭囉訶　　　　운마다·그라하
　　unmāda·grahā　　　　광병마의 재앙,

unmāda는 남성 명사로서 ‘광기’, ‘광포’, ‘도취’, ‘격정’의 뜻이며, 漢譯으로는 ‘顚’, ‘狂病’, ‘迷惑’의 뜻이고, 형용사로는 ‘發狂하는’, ‘광기의’의 뜻이다. graha는 형용사로서 ‘잡는’, ‘얻는’, ‘知覺하는’의 의미이며, 남성 명사로는 ‘捕捉者’, ‘流星’, ‘病魔’, ‘强盜’, ‘竊盜’의 뜻이고, 漢譯으로는 ‘별’, ‘惡星’이다.

○ 車耶揭囉訶   차야·그라하
  chāyā · grahā   영귀의 재앙,

chāyā는 여성 명사로서 '陰', '影', '像', '反射', '光輝', '色', '美', '優美'의 뜻이며, 漢譯으로는 '陰', '影', '影量이'다. graha는 형용사로서 '잡는', '얻는', '知覺하는'의 의미이며, 남성 명사로는 '捕捉者', '流星', '病魔', '强盜', '竊盜'의 뜻이고, 漢譯으로는 '별', '惡星'이다.

○ 黎婆底揭囉訶   레바티·그라하
  revatī · grahā//   여매의 재앙

revatī는 여성 복수 명사로서 '牝牛', 단수 또는 복수로서 '月宿의 이름'의 의미이고, 漢譯으로는 '28宿의 하나', '流灌'의 뜻이다. revatī-graha는 남성 명사로서 漢譯으로는 '女魅', '腹行魅'이다.

3. 마무리

楞嚴呪는 원래 '용맹스럽게 정진하여 定을 닦는 데 힘을 돕는 呪文'이라는 뜻이다. 좀더 정확하게 말하면 楞嚴呪의 본 이름은 '마하살단다반달라'(Mahā-sita-ātapatra)인데 이를 풀이하면 '크나큰 白傘蓋'(흰 비단으로 덮개를 만든 天蓋) 정도의 뜻으로 왕위 또는 권위를 상징한다.

부처님의 말에 따르면 선남자가 주문을 가지고 있을 때에는 비록 呪를 지니기 전에 계율을 범하였다 하더라도 呪를 지닌 뒤에는 파계한 모든 죄의 가볍고 무거움을 막론하고 일시에 소멸할 것이며, 비록 술을 마시고 五辛菜를 먹어서 여러 가지로 부정한 행위가 있었다 하더라도 모든 부처와 보살들과 金剛王·하늘·귀신·신선이 허물삼지 아니한다고 하였다. 그리고 한글 대장경 『首楞嚴經 外』(2001)에 언급된 것을 더 참조하면 윤회를 넘어 피안으로 인도하는 길잡이 역할을 하는 것이 이 능엄주이다.

　　그렇다면 불교의 진리에 문외한인 필자가 부처님이 직접 설법한 내용을 풀이해 보겠다고 한 것은 불경에 가까운 만용일지도 모른다. 그러나 필자의 과문의 탓인지는 모르겠으되 이토록 영향력 있는 주문에 대하여 범어 사전에서 단어 하나하나의 뜻을 찾아 제대로 해석해 낸 자료가 보이지 않는다는 것 또한 이해하기 힘든 일이다. 이것이 필자의 불경함에 대한 변명이 되는지 모르겠다.

참고문헌

김진열(1993), 『楞嚴經 研究 入門』, 윤주사.

佛敎學大辭典編纂委員會(1993), 『佛敎大辭典』, 明文堂.

이지수 역(1993: 스가누마 아키라), 『산스끄리뜨의 기초와 실천』, 서울, 민족사.

허용하(1994), 『佛敎辭典』, 동국역경원.

홍사성 편(1994), 『佛敎常識百科』 上·下, 불교시대사.

平川彰 편(1997), 『漢梵大辭典』, 東京, 靈友會.

佛敎學大辭典編纂委員會(1998), 『佛敎學大辭典』, 弘法院.

淨園 역(연대?), 『楞嚴經神呪經』(강의 노트), 淸光寺.

김민수 외(2001), 『고려대장경의 고전범어문법연구』, 月印.

김민수 외(2001), 『파니니문법의 규범생성모형연구』, 月印.

김월운 외역(2001), 한글 대장경, 『首楞嚴經 外』, 동국역경원.

김민수 외(2002), 『우리말의 규범생성문법연구』, 月印.

전수태(2002), 『산스크리트 문법』, 박이정.

Renou, Louis(1966), *La grammaire de Pāṇini traduite du sanskrit avec des extraits des commentaires indigènes*. Revised edition. Paris: Ecole Française d'Extreme-Orient. 2v.

Staal, J. F., ed.(1972), *A Reader on the Sanskrit Grammarians*.(Studies in Linguistics, 1). cambridge & London: MIT Press.

Katre, S.M.(1987), *Aṣṭādhyāyī of Pāṇini: in Roman Transliteration by Sumitra M.Katre*. Austin: university of Texas Press.

화동정음 동음의 운모 중성

정 경 일*

목 차

1. 서론

18세기 조선 한자음의 모습을 보여 주는 자료로서, 화동정음과 여기에 표기된 한자음은 일찍부터 주목을 받아왔다.[1] 화동정음은 화음과 동음을 병기하고 있는 표기상의 특징과 함께 자음의 경우 규범적 태도를 바탕으로 한자음을 표기하면서도 현실적인 행용음인 속음을 본문의 난외에 두주하여 현실음을 아울러 보여주고 있는 독특한 형식을 취하고 있는 운서이다.

화동정음의 한자음을 비롯하여 근세 동음은 중세 동음을 충실히 이어받

---

* 건양대학교

[1] 강신항(1969), 이돈주(1977), 김인경(1986), 강호천(1991), 정경일(1989, 1996, 1997, 2002) 등이 참고할 만하다.

고 있는 것으로 평가된다. 물론 중세 동음은 중국 중고음의 음운체계에 바탕을 두고 고정된 것으로 이해되고 있으므로 결국은 근세 동음의 음운체계도 멀리는 중고음 체계에 그 맥이 닿아 있다고 하겠다. 한편 운서의 한자음은 훈몽자회류의 자서음과 달리 비교적 엄격한 규범성 위에 표기되므로 공시적인 변화의 흐름에서 벗어나 있는 경우가 있다. 그러므로 운서에 표기된 한자음 전체를 모두 당시 현실음으로 판단할 수는 없다.

그럼에도 우리가 운서에 관심을 가지는 것은 이것이 조선 한자음에 대한 전면적인 자료로서의 가치가 있기 때문이다. 다시 말하면 운서는 훈몽자회, 유합 등의 자서가 갖는 수록한자의 숫적 제약으로부터 자유롭기 때문에 좀 더 다양하고 구체적인 동음의 특징을 보여주기 때문이다. 이와 아울러 운서는 자음의 표기 기준이 되는 기저운서를 파악하는 것이 용이하기 때문에 그들 사이의 통시적 변화를 파악하여 한자음의 사적 변화를 확인하는데 매우 유용한 자료이기 때문이다.

본고가 화동정음의 운모중성에 관심을 갖는 이유도 바로 여기에 있다. 18세기 중엽에 편찬된 이 운서는 근세에 들어와 만들어진 최초의 운서로 당시 한자음에 대한 가장 광범위한 자료를 보유하고 있다. 특히 국어 음운사에서 중요한 전환점으로 여기고 있는 임진왜란을 경험하고 난 뒤 150여 년이 경과하였다는 통시적 관점에서 국어 음운체계의 변화가 한자음에 끼쳤을 영향을 확인하는 데에 상당히 중요한 자료가 된다. 따라서 이 운서의 표기음에 대한 고찰은 조선 한자음의 전체적 음운체계를 파악하기 위한 선행 작업으로서의 의미를 가진다.

특히 본고에서 확인하고자 하는 바는 화동정음의 편찬자인 박성원의 운모중성에 대한 인식이다. 박성원은 범례의 '各韻中聲'條에서 운서의 편찬기준인 106운모의 중성을 화음과 동음으로 나누어 기록하고 있다. 이는 그가 인식한 당시 한자음 운모에 대한 규범적 음가를 보여주는 것으로 해석된다. 그런데 실제로 운서의 본문을 확인하여 보면 각운중성에 기록된 중성 이외의 예외적 반영자들이 상당수 나타난다.

본고는 이에 대해 일차적으로 동음의 각운중성과 그 기저가 되는 중고음과의 관계를 간략히 살펴 보고 본문에서 이와 다르게 반영되고 있는 동음의 양상을 기술하고자 한다. 이를 통해 동음의 특징을 알아보고 조선 한자음 전체의 체계를 확인하는 기초작업으로 삼고자 한다.

2. 동음의 운모중성

1) 각운중성

화동정음의 편찬자인 박성원은 서문과 범례에서 字音의 取音 기준을 다음과 같이 밝히고 있다.

> "取三韻通考懸華音於字下 一依本國崔世珍所撰四聲通解 而廣集字書以訂參考" (序文)
> "世宗大王作爲諺書 以叶音律解中華反切之義 若其中聲之異 固因方言之不同 而初終之聲 華與我同 故以反以切 無不脗合" (序文)
> "我音初聲本與華同 不同者中聲 而我音又多變訛 竝與初聲 而不同者間亦有之 今以字書等反切釋之則 無不脗合 故一從初聲之同華者定音" (凡例)

이를 통해 보면 동음의 경우 초성은 화음과 본질적으로 같은 체계라고 보고 있다. 그런데 화음은 사성통해에 근거를 두고 자음을 기록하였다고 하였다. 사성통해가 홍무정운에 바탕을 둔 운서라는 점은 주지의 사실이므로 결과적으로 동음의 초성도 홍무정운음에 기초하고 있다는 의미로 받아들일 수 있다.

그러나 중성에 대하여는 방언적 차이로 인해 화음과 심히 다르다고만 할 뿐 더 이상의 언급이 없다. 이에 따라 본고는 일단 중성의 취음 근거를 정경일(1997)에서 살펴본 바와 같이 당시의 행용음 즉 현실적으로 통용되던 한자음을 근거로 설정한 것으로 보고자 한다. 그러나 본문에 표기된 한자음과 별도로 난외에 속음이 두주되어[2] 있다는 사실은 화동정음의 동음이

---

2) "我音訛誤至於經書諺解 亦或有謬釋者 而世人率以諺解歸重不可 以訛誤而置之 故

모두 현실음이 아니었음을 보여준다 하겠다.

　동음 전체를 현실음으로 인정할 수는 없다 하더라도 동음의 대부분은 현실 행용음이었을 것이다. 따라서 이들의 모음체계 역시 당시 국어음의 음운체계의 범주 안에 있었을 것이다. 이를 확인하기 위하여 먼저 각 운모별로 표기된 한자음의 중성음을 귀납하여 보기로 한다. 박성원은 화동정음의 범례에 '各韻中聲' 항을 두고 각각의 운모에 쓰인 중성을 정리하여 보여주고 있다. 이를 동음과 화음으로 정리하여 다음 표에 보인다.

【표 1】 화동정음의 各韻中聲

운모	동음중성	화음중성	운모	동음중성	화음중성
東	ㅗㅛㅜㅠ	ㅜㅠ	冬	ㅗㅛㅜㅠ	ㅜㅠ
江	ㅏㅘ	ㅏㅑ	支	ㆍㆌㅢㅣ	ㅣㅡㅟ
微	ㅟㅢㅣㆍ	ㅣㅡㅟ	魚	ㅓㅕ	ㅜㅠ
虞	ㅜㅠ	ㅜ	齊	ㅖ	ㅖ
佳	ㅐㅙ	ㅐㅒㅙ	灰	ㅚㅐㆎㅙ	ㅟㅙㅐ
隊	ㆎㅐㆌㅖ	ㅟ,ㅐ,ㅖ,ㅙ,ㅣ	眞	ㅣㅡㅜㅠ	ㅣㅜㅠㅡ
文	ㅣㅡㅜㅠ	ㅣㅜㅠㅡ	元	ㅣㅡㅜㅠㅏ	ㅣㅜㅠㅡㅓ
寒	ㅏㅘ	ㅓㅕ	刪	ㅏㅘ	ㅏㅑㅘ
先	ㅓㅕㅟ	ㅕㅖ	蕭	ㅗㅛ	ㅕ
肴	ㅗㅛ	ㅏㅑ	豪	ㅗㅛ	ㅏㅑ
歌	ㅏㅘ	ㅓㅕ	麻	ㅏㅘㅑ	ㅏㅑㅘ
陽	ㅏㅑㅘ	ㅏㅑㅘ	庚	ㅕㆎㅡㅣ	ㅣㆎㅟㅖ
靑	ㅕㆎㅡㅣ	ㅣㆎㅕㅖ	蒸	ㅕㆎㅡㅣ	ㅣㆎㅕㅖ

竝書俗音於頭註以證參考" (凡例)

운모	동음중성	화음중성	운모	동음중성	화음중성
尤	ㅜㅠ	ㅡㅣ	侵	ㅣㅡㆍ	ㅣㅡ
覃	ㅏ	ㅏㅑ	鹽	ㅓㅕ	ㅕ
咸	ㅏ	ㅏㅑ			

이를 통해 살펴보면 각 운모중성 사이에 서로 유사한 중성이 사용되고 있음을 발견할 수 있다. 예를 들면 東韻과 冬韻, 寒韻과 刪韻, 蕭韻과 肴韻, 豪韻등이 그러하다. 이러한 관계에 대해 일찍이 중국 음운학에서는 '攝'이란 개념을 발전시켜 사용하였다.

攝이란 운서상의 소속은 다르나 음운적으로 유사한 운모를 모아서 하나로 묶어 놓은 것이다.3) 攝의 분류는 광운의 운모분류가 지나치게 세밀한데서 연유한다. 다시 말하면 광운의 운모는 이미 당시의 음운체계와 견주에 볼 때 지나치게 세분되어 있어서 일부 운모 사이에는 음운적 변별력이 떨어져 있었음을 의미한다. 즉 섭은 대표되는 하나의 韻字로써 소리가 가까운 여러 개의 운을 파악할 수 있도록 분류한 체계이다.

攝은 등운학자들이 운도를 편찬하면서 창안된 개념이다. 七音略과 韻鏡은 광운의 206운을 43圖에 나누어 정리하고 이를 43轉이라고 명명하였다. 切韻指掌圖는 20圖에 나누었는데 이를 開口와 合口로 정리하면 13종류가 된다. 운섭이라는 명칭이 사용된 것은 四聲等子부터이고, 元代 劉鑑의 經史正音切韻指南에서도 사용되고 있다. 이들은 광운의 206운을 정리하여 16섭으로 나누었다. 그 16섭은 다음과 같다.4)

通, 江, 止, 遇, 蟹, 山, 效, 果, 假, 宕, 曾, 梗, 流, 深, 咸

---

3) '攝'을 다른 이름으로는 '韻攝'이라 부르기도 한다.

4) 四聲等子에서는 江攝을 宕攝에, 梗攝을 曾攝에, 假攝을 果攝에 합쳐 놓아 결과적으로는 13섭으로 분류되었음을 보여 준다. 그런데 그 위에 편찬된 절운지남이 오히려 16섭을 유지하고 있는 것은 절운지남의 보수성에 기인하는 것으로 볼 수도 있고(이재돈, 1993), 당시 어음체계의 요동으로 인한 분류상의 혼란으로 이해할 수도 있다.

음운적으로 유사한 여러개의 운목을 하나의 섭으로 묶는 기준은 다음 두 가지이다.(潘重規·陳紹棠, 1981)

1) 韻尾相同 : 운미가 서로 같아야 한다.
2) 主要元音相近 : 주요 모음이 서로 비슷하여야 한다.

예를 들면 通攝에는 평성기준으로 東, 冬, 鍾 세개의 운이 포함된다. 이들의 운미는 모두 /ŋ/이므로 위의 첫째 기준에 부합한다. 다음 주요 모음은 東韻은 /u/, 冬韻, 鍾韻은 /o/이다 /u/ 와 /o/ 는 원순성을 지니는 후설고모음으로 음운적으로 유사성을 지닌다. 따라서 하나의 섭으로 묶을 수 있다. 부연하자면 운미 /ŋ/ 을 가지는 운모는 위의 운모들 이외에도 江韻, 陽韻, 梗韻, 蒸韻 등을 포함해서 9개가 더 있다. 그러나 이들은 운미는 같으나 주요 원음이 서로 유사하지 않기 때문에 동일한 섭으로 분류되지 않는 것이다.

우리나라에서 만들어진 운서는 이와 같은 섭의 개념을 직접적으로 도입하지는 않고 있다. 그러나 한국 운서의 편찬자들도 운모의 음운적 유사성에 대해서는 인지하고 있었으므로 이를 범례에 기록하고있다.

화동정음은 범례의 각운중성에서 운목간의 유사성을 밝히고 있다. 예를 들어 東韻에는 중성으로 / ㅗ, ㅛ, ㅜ, ㅠ /가 쓰이고 있다고 밝힌 뒤 冬韻은 '同東'이라고 하였다. 이러한 기록을 통해 박성원은 화동정음의 평성 30운모를 다음과 같이 묶어 놓고 있다.

1) 東, 冬 2) 江 3) 支, 微 4) 魚 5) 虞 6) 齊 7) 佳 8) 灰 9) 隊
10) 眞, 文, 元 11) 寒 12) 刪 13) 先 14) 蕭, 豪 15) 歌 16) 麻 17) 陽
18) 梗, 靑, 蒸 19) 尤 20) 侵 21) 覃, 咸 22) 鹽

이는 섭의 분류방식과 정확히 일치하지는 않는다. 화동정음이 홍무정운을 이어 받은 사성통해를 기저로 하였기 때문이다. 따라서 실제 음운적 유사성과 거리가 있는 분류가 되고 말았다. 이런 결과로 각운중성에는 寒韻과 刪韻처럼 중성이 / ㅏ, ㅘ/로 동일한 데도 하나로 묶지 않은 경우도 있다.

그런데 규장전운은 좀더 엄격한 처리 모습을 보여준다. 규장전운도 화동정음과 마찬가지로 106운 체제로 편목 되었다. 그러나 이 운서의 편찬자는 당시에 이와 같은 106운이 모두 정확히 변별되는 것이 아님을 정확히 인식하고 있었다. 그래서 편찬자인 이덕무는 운서의 서두에 실린 「御定奎章全韻部目」에 106운의 순서를 기록하면서 각 운모에 서로 통할 수 있는 운모들을 '通韻'이라하여 부기하고 있다.

각운에 부기한 通韻에 의하여 평성을 기준으로 다시 정리하면 실제적으로 『규장전운』의 운류는 다음과 같이 10류로 귀납된다.

1) 東, 冬, 江
2) 支, 微, 齊, 佳, 灰
3) 魚, 虞
4) 眞, 文, 元, 寒, 刪, 先
5) 蕭, 豪, 肴
6) 歌, 麻
7) 陽
8) 梗, 靑, 蒸
9) 尤
10) 侵, 覃, 咸, 鹽

이 분류는 섭을 나누는 제1기준인 운미의 동질성이라는 기준을 그대로 적용하고 있다. 각 운류의 운미는 다음과 같다.

1) -ŋ   2) -i   3) -ø   4) -n   5) -u
6) -ø   7) -ŋ   8) -ŋ   9) -u   10) -m

결국 규장전운의 운모 분류는 송대 등운학에서 발달된 운섭의 개념을 충실히 적용하고 있는 것으로 보인다. 그러나 화동정음은 이를 따르지 않고 있다. 그러나 이러한 결과는 운모 분류상의 문제일 뿐 그것이 한자음의 체계에 직접적으로 영향을 주는 것은 아니었다.

위의 동음의 운모 중성 귀납 결과에서 우리는 화동정음에 다음과 같이 모두 23개의 모음이 쓰이고 있음을 알 수 있다.

단모음	ㅏ	ㅓ	ㅗ	ㅜ	ㅡ	ㅣ	ㆍ
이중모음	ㅑ	ㅕ	ㅛ	ㅠ			
	ㅘ	ㅝ	ㅚ	ㅟ			
	ㅐ	ㅔ[5]		ㅢ		ㆎ	
삼중모음			ㅙ	ㅞ			
	ㅖ		ㆌ				

이 운서가 편찬된 18세기 중엽의 국어 모음체계와 비교해 볼 때 'ㆍ'를 음소로 인정할 수 있을 것인지가 논의되어야 한다. 일반적으로 국어사에서는 18세기 말엽에는 이미 'ㆍ'의 비음운화가 실현된 것으로 보고 있다. 그러나 'ㆍ'는 음소 여부와 관계없이 표기문자로서는 20세기 초반까지도 지속적으로 사용되고 있었다. 화동정음에 사용된 'ㆍ'는 국어음에서는 비음운화가 완료되었으나 한자음이 지니는 규범적, 보수적 성격으로 인해 표기에 사용되고 있는 것으로 보아야 한다.

그리고 隊韻과 支韻에 쓰인 'ㆌ'도 국어음에서는 음성적으로 실현되지 않는 문자이다. 그런데 이것이 표기에 사용되고 있는 것은 후술할 바와 같이 화음표기에 이끌려 나타난 것이다. 이 둘을 제외하면 동음의 모음체계는 당시 국어음의 음운체계와 비교하여 다름이 없다.

다음에 각운중성 별로 중고음과의 반영 관계 및 예외적 반영 양상에 대해 간략히 살펴 보기로 한다.

2) 각 운모별 반영 양상

위의 각운 중성의 운모를 기준으로 하여 실제 운서 상에 나타나는 각 운모의 중성을 살펴본다.[6]

---

5) /ㅐ, ㅔ/의 단모음화 여부는 여전히 논란의 대상이다. 이기문(1977), 최범훈(1990)이 18세기에, 김동소(1998)는 18세기 중반 무렵에 이들이 단모음화하였다고 하였고, 박병채(1989)는 18세기 말 이후 19세기 초로 추정하고 있다. 화동정음이 편찬된 1747년은 단모음화의 진행시기에 놓여 있는 것으로 판단된다. 따라서 본고에서는 이중모음으로 처리한다.

6) 화동정음의 운모는 전통적 詩韻인 106운모로 되어 있다. 따라서 각운중성의 반영양상을 고찰하기 위해서는 이에 맞추어 평성 30운모를 기준으로 고찰하여야 한다. 본고에서는 기술상의 편의를 위하여 운모를 통합하는 전통적 분류법인 16섭을 기준으로 하여 고찰하기로 한다.

(1) **東·冬韻** : 東韻과 冬韻은 通攝에 속하는 운들이다. 각운중성에서 冬운은 東운과 동일한 중성으로 반영된 것으로 기록되어 있다. 이들의 중성은 /ㅗ, ㅛ, ㅜ, ㅠ/로 반영되는 것으로 되어 있고 실제 반영 양상도 예외 없이 이와 일치한다. 東,冬운은 1등과 3등에 속하며, 中古音[7]에서 -uŋ /-juŋ 으로 재구된다.[8] 이들 운의 1등자는 예외없이 /ㅗ(-oŋ/-jok)로 반영되었다. 그러나 3등운은 /ㅗ, ㅛ, ㅜ, ㅠ/ 에 다양하게 분포된다. 그 원인의 일단으로 살펴 볼 수 있는 것이 성모와의 결합 관계인데, 이 관계는 훈몽자회의 반영 결과와도 일치한다.(이돈주, 1995) 성모가 양순음일 경우에는 모두 /ㅗ/로 반영되고, 아음과 후음의 影母 뒤에서는 /ㅜ/로, 기타 설음과 치음 뒤에서는 /ㅠ/로 반영되는데, 이때 일부가 /ㅛ/로 반영된다. 이는 중국음의 영향을 받고 있는 것으로 이해된다. 결론적으로 東, 冬운에 속한 자들이 /ㅗ, ㅛ, ㅜ, ㅠ/등으로 반영되어 있는 것은 중기 한자음의 전통을 잇는 정상적인 결과라고 보인다.

(2) **江韻** : 각운중성에서 江운은 /ㅏ, ㅘ/로 반영된 것으로 기록되어 있다. 江韻은 단독으로 江攝을 이루는데 모두 2등으로 중고음은 -ɔŋ/-ɔk으로 재구된다. 그런데 각운중성에서 /ㅘ/로 반영되는 것으로 기록되어 있으나 실제로 /ㅘ/로 반영된 예는 없다. 그럼에도 박성원이 각운중성에 /ㅘ/를 기록하고 있는 것은 近古音期 중국 官話에서 脣牙喉音字는 모두 開口音이고 舌齒音字는 모두 合口音으로 바뀐 후기적 변화를(동동화, 1975) 인지하고 이에 이끌려 기록한 것이 아닌가 생각된다. 이는 江韻과 음운적으로 동일한 핵모음을 가지는 陽, 歌, 麻 등 宕攝과 假攝등에 소속된 자들이 /ㅘ/로 반영되어 있는 점에서 짐작이 가능하다. 특히 박성원이 각운중성의 註에 "華從ㅘ者 ㅏ之變 洪武韻附陽"이라 기록하고 있는 것은 이러한 짐작의 신빙성을 높이는 결과이다.

예외적으로 반영을 보이는 자는 /ㅗ/로 반영된 한 예가 있다.

---

7) 중고음의 재구는 동동화(1975)에 의하였다.
8) 따라서 정상적으로는 /ㅜ,ㅠ/로 반영되어야 할 것으로 예상된다. 그런데 이들이 /ㅗ,ㅛ/로 반영되는 것을 상고음의 영향으로 보는 견해도 있다.(최희수, 1986)

ㅗ : 谾(홍)

谾은 曉母에 江韻이므로 '항'으로 반영될 것이 예상되나 '홍'으로 반영되었다. 이는 성부인 空이 東韻이므로 이에 이끌려 유추된 변화로 보인다. 그러나 谾이 삼운성휘나 규장전운에는 '항'으로 반영되어 있는 것으로 보아 화동정음의 반영이 정상적인 반영은 아니다.

(3) 支·微韻 : 각운중성에 支韻은 /ㅣ, ㅢ, ㅟ, ㆍ/로 기록되어 있고, 微韻은 "同支洪武韻附支"라 기록되어 동일한 중성을 가지고 있음을 알 수 있다. 그런데 支韻과 微韻의 실제 반영을 살펴보면 이들 외에 /ㅟ, ㅚ, ㅔ, ㅖ/등의 중성이 나타나고 있어 일정한 반영 양상을 보이지 않는다. 이에 대해 박성원은 범례에서 이미 支韻의 중성이 상당히 혼란되어 있음을 다음과 같이 언급하고 있다.

"各韻中惟支韻中聲甚殽亂者 盖洪武韻中支微齊灰四韻混合爲一之致也 觀者詳之"

박성원은 支韻의 혼란상을 언급하면서 이것이 화음에 관한 것인지 혹은 동음에 관한 것인지는 분명히 하지 않았다. 그러나 이런 혼란상이 홍무정운의 운목 배속의 변화에 의한 것으로 기록하고 있는 것을 보면 대체로 화음의 변화에 주목하고 있는 것으로 보인다. 각운중성에서 支韻의 아래에 다음과 같이 주를 달아 화음의 변화에 대한 자신의 생각을 기록하고 있음을 볼 수 있는 데에서도 이런 짐작은 타당성을 갖는다.

"華從ㅟ則洪武韻灰隊賄之雜 從ㅣ或薺霽之雜"

그러나 실제로는 동음과 화음에 모두 각운중성의 기록과 어긋나는 많은 예들을 볼 수 있다. 그러므로 범례의 기록은 화음과 동음, 양음에 모두 관련된 것이라고 해석할 수 있다.

支韻과 微韻은 止攝에 속한다. 止攝은 모두 3등운이고 개구음과 합구음으로 나뉜다. 중고음에서는 매우 다양해서, 동동화(1975)는 支운의 경우, 1류운은 -je/-jwe로, 2류운은 -jĕ/-jwĕ 로 재구한다. 또한 脂운은 1류는 -jei/-jwei로 2류운은 -jĕi/-jwĕi 로, 微운은 1류, 2류 구분없이 -jəi/-jwəi 로, 그리고 之운은 단지 -i로만 재구된다.

따라서 止攝 개구음자의 한국 한자음 반영은 주로 아,후음 3등자는 /ㅢ/로 기타는 /ㅣ/로 반영되었다. 치음은 정치음은 /ㅣ/로, 치두음은 /ㆍ/로 반영되었다. 합구음은 /ㅟ, ㅠ, ㅖ/가 주류음이다.(이돈주, 1995)

그런데 화동정음의 支, 微 두운의 東音은 한국 한자음의 주류로 정리된 중성과 다른 양상을 보인다. 즉 앞에서 보인 /ㅢ, ㅣ, ㆍ, ㅟ, ㅠ, ㅖ/ 가운데 화동정음에는 /ㅢ, ㅣ, ㆍ, ㅟ/는 나타나고 있으나 /ㅠ,ㅖ/는 나타나지 않는다. 그리고 주류음으로 나타나지않는 /ㅚ, ㅔ, ㅖ/가 반영되어 있다. 다음에 각운 중성에서 기록한 중성 이외의 반영예를 일부 제시한다.

> ㅟ : 龜(귀), 爲(위), 麾(휘), 蠃(뤼), 萃(취), 蕤(쉬) 등
> ㅚ : 媿(괴), 誄(뢰), 衰(쇠), 衰,榱 (최)
> ㅔ : 洎,壑, 曀(게) 食壹(에)
> ㅖ : 季,悸(계)

특히 /ㅟ/의 반영예는 위에서 극히 일부만 제시하였을 뿐이고 실제 예는 이보다 훨씬 많이 나타나서[9] 당연히 각운 중성에 주류음으로 반영되었어야 할 것이다. 그리고 동음의 중성에서 국어음운체계에서 음성적으로 실현되지 않는 /ㆌ/가 기록되어 있음이 특이하다. 이에 대해 박성원은 본문의 支韻란에 다음과 같이 두주하여 /ㆌ/가 속음에서는 /ㅠ/로 반영되어 있었음을 밝히고 있다.

"此韻東音之從ㆌ聲者 俗從ㅠ非 凡ㆌ之俗音 註煩不著 觀者詳之"

---

9) /ㅟ/로 반영된 한자는 支韻의 경우 55자, 微韻의 경우 54자가 나타난다.

그럼에도 그가 본문에서 속음을 기록하지 않고 비현실적인 음을 기록하고 있는 것은 운서 편찬자로서의 규범적 태도를 보이는 것이고 이와 같은 태도는 다른 운에서도 동일하게 나타난다.

(4) **魚·虞韻** : 이들은 遇攝에 속한다. 각운중성에 魚韻은 / ㅓ, ㅕ/로 기록되어 있고, 虞韻은 /ㅜ, ㅠ/로 기록되었다. 魚韻은 개구 3등으로 -jo로 재구되고, 虞韻은 합구 3등으로 -jwo로 재구된다. 따라서 한국 한자음에서 魚韻이 / ㅓ, ㅕ/로, 虞韻이 /ㅜ, ㅠ/로 반영되는 것은 매우 자연스런 결과이다. 魚韻 중에는 훈몽자회에서 猪(뎨), 礜(예)가 / ㅖ/로 반영된 경우가 있으나 원칙에 벗어난 음이다. 화동정음에서 虞韻에 속한 자는 위의 각운중성의 중성을 지키고 있으나 魚韻의 경우는 예외적으로 /ㅜ/로 반영된 경우가 보인다. 몇 예를 아래에 보인다.

ㅜ : 疏, 蔬, 疎, 梳, 所(수) 助, 詛, 阻 (주) 楚, 礎, 憷, 齭 (추)

이들이 /ㅜ/로 반영된 것은 한국 한자음의 자연스런 반영으로부터 벗어난 결과이다. 위의 예들은 모두 치상음을 성모로 가지고 있다. 운경에는 魚韻의 치상음이 2등란에 배치되어 있다. 이들은 동국정운이나 중세 한국 한자음에서 모두 /ㅗ/로 반영되어있다.(이돈주, 1995) 삼운성휘나 규장전운 등에도 이들은 모두 /ㅗ/로 반영되어 있다.

이들을 /ㅜ/로 반영한 것은 순전히 화음에 이끌린 결과로 보인다. 각운중성에서 박성원은 어운의 화음 중성은 /ㅜ, ㅠ/로 기록하고 있다. 그러면서 여기에 주를 붙여 "華從ㅜ字洪武韻附虞"라고 하였다. 즉 화음의 /ㅜ/는 현실음이 아니라 홍무정운의 운목체계를 따르기 때문이라는 것이다. 그리고 본문의 魚韻란에서는 동음의 /ㅜ/ 반영에 대해서 다음과 같이 頭註하고 있다.

"此韻東音之從ㅜ聲等字 洪韻統韻皆入虞而不在此故從虞釋音 而俗皆讀
ㅗ 觀者詳之"

그렇다면 박성원은 이들 동음의 /ㅜ/가 속음 즉 현실음에서는 /ㅗ/로 반영되고 있음을 알고 있었다는 의미이다. 그럼에도 불구하고 그가 이들을 본문에 /ㅜ/로 반영하고 있는 것은 홍무정운에 이끌린 규범적 처리 태도를 보여주는 것이다.

이와 같은 태도는 虞韻에도 동일하게 나타난다. 虞韻란에도 다음과 같이 頭註되어 있음을 볼 수 있다.

“此韻中聲皆從ㅠ 俗多從ㅗ非 註煩不著俗音 觀者辯之”

이미 앞의 支韻에서 보여준 것과 동일한 규범성을 보이는것이다.

(5) **齊·佳·灰·隊韻** : 이들은 모두 蟹攝에 속하는 운모들이다. 각운중성에 齊韻은 / ㅖ/, 佳韻은 / ㅐ, ㅙ/, 灰韻은 /ㅚ, ㅐ, ㅢ, ㅙ/, 隊韻은 / ㆍ, ㅑ, ㅐ, ㆌ, ㅖ, ㅚ, ㅙ/ 등으로 다양하게 나타난다. 이들의 중고음이 이미 다양하게 나타나기 때문이다. 齊韻은 -iɛi/-iwɛi 로 재구되고 佳韻은 -æi/-wæi로, 灰韻과 隊韻은 -wʌi로 재구되므로 이들은 한국 한자음에서 주로 /ㅢ, ㅐ, ㅙ, ㅚ, ㅖ/등으로 반영되어 왔다.

齊韻의 경우 훈몽자회등의 중세 한자음에서 중고음의 운미 -i 가 탈락하여 / ㅕ/로 반영된 예가 나타난다[10]. 박성원은 이에 대해 다음과 같이 頭註하여 그 변화를 인정하지 않으려는 태도를 보이고 있다.

“此韻中聲 皆從ㅖ而俗從ㅕ者多非 註煩不著俗音 觀者詳之 此韻東則正
而則變俗者也”

그러나 齊韻에 실제로 기록된 동음을 보면 다음과 같이 / ㅖ/외에 다양한 변이음들이 나타난다. 다음에 각 음절별로 그 일부를 보인다.

---

10) 麗, 黎(려) 堦, 棲, 犀(셔), 妻(쳐) 등이 이에 속한다.

　ㅖ : 暳, 殢 (에), 揭, 偈, 愒,憩 (게)
　ㅟ : 衛 (위), 劌 (귀)
　ㅠ : 圭, 珪, 邽, 閨 (귀), 携, 蠵, 畦, 寯 (휘), 贅, 毳, 脆 (취)
　ㅖ : 撅, 蹶, 鱖 (궤)

　이들은 대체로 4등의 개모 -j가 탈락되어 나타난 것으로 보인다. 국어의 음절구조상 화음에서 운을 형성하는 세 부분인 개모 즉 운두와 운복, 운미가 동시적으로 조음되는 것은 그리 쉬운 일이 아니었던 것으로 보인다. 齊운과 같이 4등합구음인 촬구음인 경우에는 운복 즉, 핵모음을 중심으로 운두나 운미가 탈락하는 일이 자연스레 이루어진다. 이에 따라 개모 -j가 탈락한 위와 같은 변이형들이 나타난 것으로 볼 수있다.
　佳韻은 각운중성에 / ㅐ, ㅙ/로 기록되어 있는데 이는 중고음의 충실한 반영이다. 그런데 실제 반영양상을 보면 다음과 같은 예외들이 나타난다.

　ㅣ : 皆, 偕, 楷 (기), 骸, 諧(히) 儕, 齋 (지)
　ㅚ : 乖, 膾, 襘, 澮(괴), 外(외), 會, 薈, 懷, 淮 (회), 蕞(최), 賴, 籟(뢰)
　ㅟ : 祋 (뒤)
　ㅠ : 椔 (취)

　灰韻은 각운중성에 /ㅚ, ㅐ, ㅣ, ㅙ/로 기록되어 있는데, 재구음에 비하여 다양하게 반영되고 있다. 예외적 반영으로는 다음과 같은 경우가 있다.

　ㅖ : 戒, 誡, 界, 屆 (계)
　ㅠ : 綷 (취)

　隊韻은 거성만 있는 운모이다. 중고음은 灰韻과 동일하게 재구된다. 각운중성에는 / ㅣ, ㅏ, ㅣ, ㅠ, ㅖ, ㅚ, ㅙ/로 기록되어 있어 蟹攝에 속해있는 齊, 佳, 灰韻의 중성이 모두 실현되는 특징을 보이고 실제 반영에서도 각운중성 이외의 예외는 나타나지 않는다.

(6) **眞 · 文韻** : 이들은 臻攝에 속하는데, 각운중성에는 眞韻과 文韻 모두 / ㅣ, ㅡ, ㅜ, ㅠ/로 기록되어 있다. 실제 반영 예도 두 운모 모두에서 다음과 같이 예외가 나타날 뿐이다.

ㅗ : 蜳 (돈) 溫, 熅, 氳, 慍 (온)

眞韻은 중고음에서 3등 1류가 -jen, 2류가 -jĕn으로 재구되고 文韻은 -juən으로 재구된다. 이들은 동음에서 1류는 대체로 / ㅣ/로, 2류는 /ㅡ/로 반영되었다. /ㅜ, ㅠ/는 합구음의 개모가 반영된 결과이다. 예외적인 /ㅗ/가 나타나는 것은 眞, 文韻외에 臻攝에 속하는 魂韻의 -uən이 한국 한자음에서 주로 /ㅗ/로 반영된 것[11]에 이끌린 음으로 보인다.

(7) **元 · 寒 · 刪 · 先韻** : 이들은 山攝에 속한 운들이다. 각운중성에 寒, 刪韻은 모두 / ㅏ, ㅘ/로 기록되어 있는데, 寒韻은 1등 운으로 -ɑn으로 재구되며 刪韻은 2등운으로 -an/wan으로 재구되므로 이와같은 반영은 매우 정상적인 중고음의 반영이다. 先韻은 각운중성에 / ㅓ, ㅕ, ㅝ/로 기록되어 있는데 중고음에서 -jɛn/jwɛn으로 대응되므로 대체로 자연스런 반영을 보인다고 하겠다.

그러나 元韻의 양상은 매우 복잡해서 각운중성에는 / ㅣ, ㅡ, ㅜ, ㅠ, ㅏ, ㅘ, ㅓ, ㅕ, ㅝ/등으로 다양하게 기록되어 있다. 元韻은 3등운으로 중고음은 -jɐn/jwɐn으로 재구되므로 / ㅏ, ㅓ, ㅝ/등으로 반영되는 것이 자연스러울 것으로 예상된다. 그러나 각운중성에서 기록한 바와 같이 다양한 반영이 나타나고 실제 표기에서는 /ㅗ, ㆍ/등의 예외가 나타나는 것은 이들이 화음의 영향을 받고 있기 때문이다. 元韻에 다양한 중성이 나타나는 이유에 대해 각운중성에서는 다음과 같이 주를 달아 설명하고 있다.

"華東並與眞文寒刪先相混 故洪武韻從類分屬"

그리고 본문에도 다음과 같은 두주가 기록되어 있다.

---

11) 坤, 豚, 孫, 村, 昏 등이 이에 속한다.

“此韻中聲 殽亂不一者 洪韻之文寒刪先四韻字入此故也 ”

이로 미루어 보면 이미 그 당시 화음과 동음 모두에서 臻攝과 山攝에 속한 자들의 음이 뒤섞여 있었음을 알 수 있다.

각운중성과 예외적으로 반영되고 있는 예들은 寒韻의 경우 다음 一字가 있을 뿐이다.

　　ㅝ: 獂(원)

刪韻의 경우도 다음 一字뿐이다.

　　ㅝ: 眷(권)

그리고 先韻의 경우도 마찬가지이다.

　　ㅖ: 蠡(예)

이들 예외들은 모두 해성자의 성부음에 이끌려 유추된 음으로 보인다.
元韻은 다음과 같은 예외적 반영자들이 나타난다.

　　ㅗ: 困, 滾, 晜, 棍(곤), 頓, 飩(돈), 巽, 遜 (손), 溫, 穩(온) 尊(존), 村, 忖(촌),
　昏, 緷(혼) 噉, 啍(톤)
　　ㆍ: 墾, 懇 (ᄀᆞᆫ), 狠 (ᄒᆞᆫ)

(8) 蕭·肴·豪韻 : 이들은 效攝에 속하는데, 각운중성에 모두 /ㅗ, ㅛ/로 기록되어 있고 실제 반영도 예외 없이 이를 지키고 있다. 중고음은 1등운 豪韻은 -ɑu로, 2등운 肴는 -au로, 4등운 蕭韻은 -jɛu로 재구되는 만큼 이들이 /ㅗ, ㅛ/로 반영되고 있는 것은 중고음의 음가를 잇는 매우 자연스런 결과이다.

(9) **歌·麻·陽韻** : 각각 果攝과 假攝, 宕攝에 속하는 이들 3운모는 한국 한자음에서는 매우 유사하게 반영되고 있다. 歌韻과 麻韻의 차이는 이들이 1등운과 2등운에 배속되어 잇는 점이 다를 뿐이고 따라서 이들은 각각 -ɑ/wɑ와 -a/wa로 재구되므로 동음에서는 변별성을 상실한다. 다만 麻韻 가운데 반절 "遮,者,夜"를 가지는 일부가 3등에 배속되어 있어 -ja로 재구된다.

陽韻은 3등운으로 -jɑŋ/jwɑŋ으로 재구된다. 따라서 이들의 각운중성이 歌韻은 / ㅏ, ㅘ/, 麻韻과 陽韻은 / ㅏ, ㅑ, ㅘ/로 기록되어 있는 것은 중고음의 음가를 충실히 반영하고 있는 예이다. 그리고 실제 반영에서도 예외가 나타나지 않는다.

(10) **庚· 靑· 蒸韻** : 庚韻과 靑韻은 梗攝에, 蒸韻은 曾攝에 속하는데 각운중성에는 모두 / ㅕ, ㅖ, ㅡ, ㅣ/로 동일하게 기록되어 있다. 庚韻의 2등자는 -eŋ/weŋ으로, 3등자는 -jɐŋ/jwɐŋ으로, 4등운인 靑韻은 -jeŋ/jweŋ으로 재구된다. 蒸韻은 3등개구운으로 -jəŋ으로 재구된다. 따라서 경운의 2등자는 동음에서 주로 /ㅖ, ㅕ/로 반영되고 3등자와 靑韻은 / ㅕ/로 반영되는 것이 자연스런 결과이다. 그리고 蒸韻의 개모는 구개적인 -j와 비구개적인 -i로 구별되는데, 전자는 동음에서 / ㅣ/로 후자는 /ㅡ/로 반영된다. 따라서 중고음의 반영이라는 측면에서는 이들의 중성은 서로 다르게 실현되고 현재 한국 한자음에서도 그대로 유지되고 있다.

그런데 박성원은 홍무정운이 이들을 하나의 운으로 통합하였다는 사실에 이끌려 이들을 동일시하고 있다. 각운중성의 靑韻 하단에 다음과 같은 주가 있어 이를 분명히 하고 있다.

"洪武韻 庚靑蒸 合"

실제 반영양상을 살펴보면 庚韻과 靑韻은 각운중성의 기록과 예외없이 나타나 있다. 그러나 蒸韻의 경우는 다음과 같이 다양한 예외가 나타난다.

ㆍ: 刻 (극), 恒 (흥)

ㅓ: 德 (덕), 嶷, 礙, 饕, 億, 抑(억), 賊(적)

ㅗ: 或, 惑 (혹),

ㅚ: 軦 (굉), 弘 (횡)

ㅜ: 國 (국), 薨 (훙)

(11) **尤韻** : 流攝에 속하는 尤韻은 3등자로 -ju로 재구된다. 따라서 동음에서는 /ㅠ/로 재구되는 것이 자연스럽다. 그런데 개모음의 약화로 때로 /ㅜ/로 재구 되기도 한다. 각운중성이 /ㅜ, ㅠ/로 기록하고 있는 것은 이런 양상을 반영하는 것이다. 실제 반영에서는 다음의 1자가 예외적으로 나타난다.

ㅟ: 傲 (취)

예외적인 '취'에 대해 이돈주(1995)는 -ju에 말음 i가 첨가되어 나타난 현상으로 파악하고 있다.

(12) **侵韻** : 深攝에 속하는 侵韻은 3등운으로 -jem으로 재구된다. 그런데 深따攝라에 속하는 자들은 이미 동국정운에서부터 3류로 나뉘어지는데(이돈주, 1995) 비구개적 개모의 경우 아음과 후음, 순음 성모와 연결된 경우는 /ㅡ/로, 구개적 개모의 경우는 /ㅣ/로 반영되었다. 그리고 치상음 아래서는 모두 /ㆍ/로 반영되고 있는데 각운중성에서도 /ㅣ, ㅡ, ㆍ/로 기록하고 있다. 이는 동국정운의 반영 이래 동음의 전통을 잇고 있는 것이다. 예외적 반영으로는 다음의 1예가 있을 뿐이다.

ㅏ: 瘖(암)

(13) **覃·鹽·咸韻** : 이들은 모두 咸攝에 속한다. 覃韻은 1등운으로 -Am으로 재구되고, 咸韻은 2등운으로 -em으로, 鹽韻은 3등운으로 -jem으로 재구된다. 따라서 앞의 두 운은 /ㅏ/로, 후자는 /ㅕ/로 반영되는 것이 자연스럽다. 그런데 鹽운의 구개적 개모는 주로 아,후음 성모와 연결되어서는 요

음성을 상실하고 /ㅓ/로 반영되고 있다. 이에 따라 각운중성에서는 覃, 咸韻
은 /ㅏ/로, 鹽韻은 /ㅓ, ㅕ/로 기록하고 있다.

예외적 반영으로는 覃韻에서는 나타나지 않고 咸韻에서 다음과 같은 예
외가 보인다.

ㅕ : 峽, 陜, 硤, 冾 (협)

鹽韻에 나타나는 예외는 다음과 같다.

ㆍ : 潛 (좀), 憯 (춤)
ㅏ : 鋄 (감)

3. 결론

위에서 각운중성의 운모 중성과 본문에 실지로 표기된 실제 운모 사이의
중성과의 관계를 비교하면서 살펴보았다. 각운중성에 기록된 운모중성은
23모음이 사용되고 있는데 음운으로서의 변별력이 사라진 'ㆍ, ㅢ'와 음성
실현이 불가능한 'ㆌ'를 제외하면 당시 국어의 모음체계와 일치함을 볼 수
있다. 그리고 이러한 결과는 중고음 이래 중세 동음의 전통을 비교적 충실
히 지켜오고 있는 것으로 볼 수 있다. 이는 한자음의 보수성으로 인한 결과
로 이해된다.

그러나 일부 운목은 홍무정운의 운목 배속에 따른 화음의 변화를 받아들
인 경우가 있다. 江, 支, 微, 魚, 元, 靑韻 등이 이에 해당한다. 이는 동음의
취음근거가 현실적 행용음 위주이면서도 부분적으로는 화음의 영향을 받고
있음을 보여 준다. 화동정음의 동음을 순순히 현실적 행용음이라고 할 수
없는 이유가 바로 여기에 있다.

각운중성에 기록된 내용과 실제 반영 예를 살펴보면 각운중성과 동일하
게 반영된 운모가 30운모 가운데 13운모이다. 그러나 江, 眞, 寒, 刪, 先, 侵
등 운모는 예외적 반영자가 1예에 그치므로 정상적인 반영으로 판단해도

무방하다.

그러나 본고에서는 각운모의 예외적 반영자들의 원인에 대해서는 살피지 못했다. 화동정음 동음의 특성과 아울러 조선후기 한자음의 특성을 올바로 살피기 위해서는 이들에 대한 면밀한 검토 및 동시대 다른 운서음과의 비교를 통한 검토가 요구된다. 이에 대하여는 후고를 기약한다.

참고문헌

강신항(1969), "한국 운서에 관한 기초적인 연구", 문교부 학술보고서, 15.

강호천(1991), "조선조 한자음 정리의 역사적 고찰", 청주대 박사학위 논문.

김동소(1998), 『한국어변천사』, 형설출판사.

김인경(1986), "화동정음통석운고고", 『동천 조건상선생 고희기념논총』, 형설출판사.

동동화(1975), 『한어음운학』, 공재석 역, 범학도서.

박병채(1989), 『국어발달사』, 세영사.

潘重規·陳紹棠(1981), 『中國音韻學』東大圖書公司.

이기문(1977), 『국어음운사』, 탑출판사.

이돈주(1977), "화동정음통석운고의 속음자에 대하여", 『이숭녕선생고희기념 국어국문학논총』, 탑출판사.

――――(1995), 『한자음운학의 이해』, 탑출판사.

이재돈(1993), 『중국어음운학』, 서광학술자료사.

정경일(1989), "화동정음통석운고 한자음 성모연구", 고려대학교 박사학위논문.

――――(1996), "화동정음의 운모체계", 『어문논집』, 35, 고려대학교 국어국문학연구회.

――――(1997), "화동정음 동음의 특성과 운모체계", 『한국어학의 이해와 전망』 일암 김응모교수화갑기념논총간행위원회.

――――(2002), 『한국 운서의 이해』, 아카넷.

최범훈(1990). 『한국어발달사』, 경운출판사.

최희수(1986), 『조선한자음 연구』, 흑룡강조선민족출판사.

유해류 역학서 '天文'부의 특징 일 고찰

박 찬 식*

1. 서론

　말을 이루는 기본적인 요소로는 음운, 문법, 어휘가 있는데 이들은 각각의 체계속에서 그 기능을 수행하게 된다. 국어에 있어서 음운과 문법에 관하여는 공시적으로나 통시적으로 그 실상이 상당히 밝혀져 있으나, 어휘에 관하여는 제대로 규명되지 못한 실정이다. 이는 어휘라는 것이 음운이나 문법에 비하여 한결 복잡다단한 데다가, 의사소통의 가장 기본 단위임에도 불구하고 음운이나 문법은 일정한 범주를 그을 수 있지만 어휘의 경우는 그 수효가 방대할 뿐만 아니라 끊임없이 생성, 변화, 소멸하는 속성을 지니고 있으므로 이를 체계화하기란 여간 어려운 일이 아니다. 뿐만 아니라 이

───────────────────────

* 경원대학교 강사

론 중심의 학문적 풍토로 말미암아 음운과 문법에 밀려 상대적으로 소홀하게 연구되었다. 그럼에도 불구하고 어휘에 관한 연구와 체계의 수립은 그만큼 값진 작업이 아닐 수 없다.

우리가 과거의 언어를 살피고자 할 때는 옛 문헌을 찾게 되는데 이에는 대체로 언해류 자료와 어휘집 자료의 두 종류가 있다. 그런데 이에 대한 그동안의 연구는 중세국어를 중심으로 한 언해류 자료에 편중되었다 할 수 있으며 어휘집 자료에 대해서는 천자문류와 훈몽자회류에 대한 연구가 그나마 활발하였다고 볼 수 있다. 그러나 국어의 어휘는 어휘집에 보다 풍부하고 생생한 모습으로 담겨져 있다.

임지룡(1989)은 국어의 분류어휘집을 1, 字會類 계통의 분류어휘집 2, 類解類 계통의 분류어휘집 3, 物名類 계통의 분류어휘집 4, 方言類 계통의 분류어휘집 5, 表現辭典類 계통의 분류어휘집으로 분류한 바 있는데, 이들 중에 유해류에 해당하는 것들이 근대국어의 어휘자료의 보고라 할 수 있는 몇 권의 어휘집들이다. 「역어유해」, 「동문유해」, 「몽어유해」, 「방언유석」, 「왜어유해」 등이 그것이다. 이것들은 어휘를 '天, 地, 人'등의 부문으로 분류하여 그것을 해설한 것들로 이러한 역학서들은 주로 17~18세기에 간행되었으며 그 속의 우리말 어휘는 근대국어 어휘 자료의 보고이다.

이들 역학서는 다른 문헌 자료에 비해 독특한 성격을 갖고 있다. 대부분의 국어사 자료들이 상류층의 언어로 기록되어 있으나, 역관의 외국어 학습을 위하여 마련된 대역 어휘집인 유해류 역학서들은 상인 등 평민들의 어휘가 주로 수록되어 있었을 것인데, 이는 역학서가 외국과의 교류를 위한 실용대화를 목적으로 만들어진 교과서이므로 그 실용성에 의해 필요한 언어를 선택했기 때문일 것이다. 특히 이들 유해류 역학서들은 일정한 용도와 목표 아래 동일기관에서 관장하여 편찬하였으므로 그 상관성이 한결 긴밀할 것으로 보인다. 이런 역학서의 어휘 성격은 다른 국어사 자료에 비하여 오히려 더 연구되어야 할 가치를 지닌다고 하겠다.

다음으로 지적할 수 있는 것은 유해류 역학서의 국어 어휘에 대한 연구가 소홀하다는 것이다. 현재까지도 대부분의 논의들이 서지적 연구, 문헌 소개 등을 주로 행하고 있으며, 유해류에 대한 구체적인 어휘의 색인 작업도 다 이루어지지 않은 상태이다. 또 이들 문헌 중에서 「왜어유해」는 그 간행 시기에 대한 의견의 일치마저 이루어지지 않고, 유해류에 대한 용어도 「방언유석」과 「방언집석」을 혼용하고 있는 등 통일되어있지 않으며, 또한 국어 어휘에 대한 연구보다는 몽고어나 청어 어휘에 대한 연구가 더 많은 편이다. 물론 외국어의 어휘를 살피는 작업 또한 중요하지만 국어 어휘를 찾고 정리하여 근대국어 자료로 자리매김을 할 수 있는 연구가 절실한 실정이다. 이런 측면을 생각할 때, 곽재용(1994)이 시사하는 바가 크다. 또한 앞으로의 연구 방향은 유해류 역학서의 국어의 어휘자료를 분석-검토하고 정리하며 이들 문헌에 나타난 어휘들을 상호 비교하는 작업등이 되어야 할 것이다.

결국, 유해류 역학서들에 대한 연구에서는 이들 문헌에 나타난 개별적인 국어 어휘에 대한 논의가 절실한 실정에 있다. 따라서 본고에서는 선행연구에 나타난 이런 필요성에 바탕을 두고, 유해류 '天文'부에 제한하여 논의를 진행하고자 한다.

2. 본론

1) '天文'부와 관련된 유해류의 체계

본 논고의 대상인 유해류 역학서의 '天文'부와 관련된 전체의 어휘 수는 아래의 표와 같다.

【표 1】

유해류 역학서	'天文'관련 어휘수
역어유해 / 역어유해보	72 / 78
동문유해	74

몽어유해 / 몽어유해보	66 / 32
방언유석	158
왜어유해	55
계	535

위에서와 같이 유해류 역학서의 '天文'에 관련된 부의 어휘수는 모두535 개이다.

【표 1】에서 알 수 있듯이 「방언유석」의 어휘 수는 기타의 유해류들에 비하여 그 어휘의 수가 월등히 많은데 이는 비교적 후대에 만들어진 것으로 「방언유석」이 이전의 유해류들을 참고로 하여 만들어졌기 때문이다.

본고의 주된 관심은 표제어에 대한 대역 어휘들로 명사는 물론 동사나 구, 절의 형식으로 이루어진 것들도 '天文'관련 어휘로 보고 다루기로 한다. 이는 표제항에 대한 적절한 국어의 명사 어휘가 없어서 용언이나 구, 절의 형식을 취했을 것이라고 생각되기 때문이다.

유해류 역학서를 편찬할 때 '天文'관련 어휘들을 어떤 순서로 배열하였는지는 정확히 알 수가 없으며, 이에 관한 기록 또한 남아있지 않다. 그러나 이들 유해류들은 동일기관에서 편찬한 관계로 그 어휘항목들을 살펴보면 일정한 체계아래에 나름대로의 어휘군을 형성하고 있음을 알 수 있다. 문헌별로 '天文'관련 어휘의 배열순서를 알아보면 다음과 같다.

【표 2】

역어유해	하늘, 해, 달, 별, 무지개, 바람, 구름, 우레, 번개, 노을, 비, 물, 이슬, 서리, 우박, 눈
역어유해보	하늘, 해, 달, 별, 무지개, 바람, 구름, 우레, 번개, 비, 이슬, 안개, 우박, 서리, 눈
동문유해	하늘, 해, 달, 별, 구름, 노을, 안개, 우레, 번개, 비, 무지개, 이슬, 서리, 눈, 우박, 바람, 기타
몽어유해	하늘, 해, 달, 별, 구름, 노을, 안개, 우레, 번개, 비, 무지개, 우박, 이슬, 서리, 눈, 바람, 기타

몽어유해보	하늘, 해, 달, 별, 구름, 안개, 우레, 번개, 비, 이슬, 눈, 기타
방언유석	하늘, 별, 해, 달, 바람, 구름, 우레, 번개, 무지개, 비, 이슬, 노을, 안개, 서리, 우박, 눈
왜어유해	하늘, 날, 달, 별, 바람, 구름, 번개, 비, 무지개, 눈, 우박, 이슬, 안개, 노을, 아지랑이

각 문헌의 '天文'관련 어휘의 배열 순서를 나타내는데, 많은 유사성이 발견된다. 우선 이들의 '하늘, 별, 해, 날, 달, 바람, 구름, 우레, 번개, 무지개, 물, 비, 이슬, 노을, 안개, 서리, 우박, 눈, 기타'의 의미에 해당하는 어휘들로 이루어져 있는 어휘군들이 일정한 순서에 의하여 배열되어 있는 것이다.

이러한 작업을 통해 당시 유해류 역학서의 편찬자들이 생각하고 있었던 한국어 어휘의 분류 체계를 파악해 낼 수 있다. 부류 배열 순서에 기반을 둔 이러한 多段 體系는 유해류 역학서마다 세부적인 면에서는 다소 차이가 있지만, 유해류 역학서끼리는 어느 정도 유사성을 공유하고 있다. 그러므로 이런 체계를 사역원 역학자들이 인식하고 있었던 어휘 분류 기준이라 이해해도 무방할 것이다. 또한 이를 서구 언어학의 낱말밭의 개념을 도입하여 이해하게 되면 당시의 역학자들은 그들 나름대로의 낱말밭을 인식하고 있었음을 보여주는 것이다.

필자는 연규동[1](2001)에서 알 수 있듯이 유해류 어휘들을 天, 地, 人구성을 기반으로 하고 있다는 것에 근거하여 이들 '부'를 해체하여 같거나 유사한 종류끼리 모아 정리 할 수 있는데 곽재용(1994)의 분류를 '天文'과 관련

---

1) 연규동(2001)은 유해류 역학서의 부류 배열순서에 관하여 사역원의 역학자들은 어휘들을 우선 天, 地, 人의 의미 범주로 구분했음을 알 수 있으며, 이는 天, 地, 人의 구성으로 우주가 형성되었다는 성리학의 사상에 근거한 것으로 보면서 유해류 역학서의 각 부류를 다음과 같이 구분하였다.

	譯語類解	同文類解	蒙語類解	倭語類解	方言類釋
天	1~3	1~2	1~2	1~3	1~2
地	4	3	3	4~6	3
人	5~62	4~55	4~54	7~53	4~87

된 부분만 살피면 【표 3】과 같다.

【표 3】

역어유해	동문유해	몽어유해	방언유석	왜어유해
1) 天文 3) 氣候	1) 天文	1) 天文	1) 天文	1) 天文
2) 時令	2) 時令	2) 時令	2) 時令	2) 時候 3) 干支

　필자는 【표 3】에 실제 유해류 어휘들의 비교분석을 근거로 약간의 수정을 가하는데 '天文'부를 포함하는 부분을 보이면 다음의 【표 4】와 같이 정리하였다.[2]

【표 4】

	역어유해	동문유해	몽어유해	방언유석	왜어유해
天	1) 天文	1) 天文	1) 天文	1) 天文	1) 天文
	2) 時令	2) 時令	2) 時令	2) 時令	2) 時候
	3) 氣候				3) 干支

2) '天文'부 대역어휘와 관련어휘

　본 장에서는 '天文'부의 표제어에 해당하는 관련어휘와 또한 그 중에서 중요어휘에 해당하는 것들은 중세어와 현대어에서의 관련어휘를 살피겠다. 이를 도표화하면 아래와 같다.

---

2) 연규동(1987)에서 이 비교표를 작성한 바 있다. 작성 내용이 대체로 타당성이 인정되어 곽재용(1994)은 연규동(1987)에 「몽어유해」를 첨가하여 재작성한 바 있다. 필자는 연규동(2001)의 부에 상위하는 天, 地, 人의 개념에다 곽재용의 비교표를 어휘수의 중복 빈도수를 근거로 하여 수정하여 재작성하였으며, 표에 나타나는 번호는 그 부가 나오는 순서이다.

【표 5 3)】

	표제어	대역어휘					관련어휘		
		역어유해/보	동문유해	몽어유해/보	방언유석	왜어유해	중세어 (~1591)	근대어 (1592~1893)	현대어 (1894~)
1	天				하늘	하늘(텬)	하늘, 하ᄂᆞᆶ (입천정)	하늘, 하룰 (입천정)	하늘
2	天道	하늘	하늘	하늘					
3	上天			[上天]	샹텬				
4	靑天				프른하늘		프르다	프르다, 푸루다	푸르다
5	蒼天		[蒼天]	[蒼天]					
6	天文		[天文]	[天文]	텬문				
7	天河	銀河	은하슈	은하슈	은하슈			은하슈	은하수
8	銀河					은하			
9	天淸亮	/하늘 청명ᄒ다			하늘 청명ᄒ다			청명ᄒ다	청명 하다
10	晴明天			/청명ᄒ날					
11	天暗昏				하늘 어듭다		어듭다, 어둡다	어둡다	어둡다,
12	天陰		하늘 흘이다	하늘흘이다	하늘 흘이다		흐리다	흘이다	
13	天暗昏	/하늘흘이다							
14	陰凉				그늘		ᄀᆞᄂᆞᆶ,그 ᄂᆞᆶ,ᄀᆞ늘, 그늘	그늘,그를, 그늘	그늘
15	川涯		하늘ㅅᄀ	하늘ㅅᄀ	하늘ᄀ				
16	淸天			/몱은하늘			몱다	몱다	맑다
17	天變		[天變]	[天變]	텬변				
18	天道變了	/텬긔변ᄒ다			텬도 변ᄒ다				
19	天變了		[天變]ᄒ다						
20	天旱	ᄀᄆ다							
21	星	별	별	별	별	별(성)	별,벼-	별	별
22	景星				경성				
23	樞星		[樞星]	[樞星]	츄성				
24	三台星		[三台星]		삼태셩	삼틱셩			
25	斗星				북두셩				
26	七星		북두셩	북두셩		칠셩			

3) (/) 「역어유해보」나 「몽어유해보」에 해당하는 어휘.

   ([ ]) 표제어가 대역어휘로 그대로 쓰인 어휘.

   (?) 원문에서의 판독이 의심스러운 경우.

	표제어	대 역 어 휘					관 련 어 휘		
		역어유해/보	동문유해	몽어유해/보	방언유석	왜어유해	중세어 (~1591)	근대어 (1592~1893)	현대어 (1894~)
27	太乙星				태을성				
28	木星				목성				
29	火星				화성				
30	土星				토성				
31	金星				금성				
32	水星				슈성				
33	牽牛				경우성				
34	牽牛星					견우성			
35	織女				직녀성				
36	織女星					직녀성			
37	參星		[參星]	슘셩	삼셩	슘셩			
38	參兒	參星							
39	明星	새별	새별	샛별	새ㅅ별				
40	亮星	/새별	.						
41	流星	뽀아가는별			뽀아 가는별				
42	賊星	뽀아가는별							
43	篲星	/혜성			혜성				
44	彗星		[彗星]						
45	星稠	/별비다,星密			별비다				
46	星稀	/별드므다			별드므다				
47	星?				별 쩌러지다				
48	星移				별옴다				
49	星落了	/별지다							
50	老人星			/[老人星]		로인셩			
51	辰兒	辰星							
52	笳篲星		昴星						
53	昴星			/[昴星]					
54	日	히			히	날(일)	히, 나,		
55	日頭		히	히			날, 랄,	히,	날
56	太陽	히	볕	볏	볏		볃, 볕,	볃, 볏,	해, 태양
57	日光	/히ㅅ빗	히ㅅ빗	히ㅅ빗	히ㅅ빗		빗,빛	빗	

	표제어	대역어휘					관련어휘		
		역어유해/보	동문유해	몽어유해/보	방언유석	왜어유해	중세어 (~1591)	근대어 (1592~1893)	현대어 (1894~)
58	日頭 發紅	히ᄌ비쵀다			히ᄌ 비쵀다		비취다	비쵀다, 빗취다	
59	日頭 上了	히돗다	히돗다		히돗다				
60	日升			/히돗다					
61	日照				히비쵀다				
62	日頭 中天	/히즁텬ᄒ다			히즁텬 ᄒ다				
63	日光 轉射				히ㅅ빗맛 비쵀다				
64	回光 返照	/히ㅅ빗맛 쵀다							
65	日頭?	/히낫계다			히낫계다		낫 : 계다	낫 : 계다	낫 : 지니다, 넘다
66	日微斜				히셜픗ᄒ 다		설픠다, 설픠다	설픠다	섬기다
67	日平西				히ᄆ이 기우다		미뵈,ᄆ 뵈,ᄆ이, 미이	ᄆ이,미이	몹시, 매우
68	日大斜			/히미이 기우다			기울다		기울다
69	日頭壓 山				히산에 거지다		거디다	거지다	걸쳐 있다
70	日頭落 了	/히지다	히디다	히디다	히지다		히디다	히지다	해지다
71	日出		히나다	히나다			나다	나다	나다, 드러나다
72	日?		히기우다	히기우다					
73	日微斜			/히젹이 기우다			져기	젹이	적이
74	日圈	히ㅅ모로					힛모로	히ㅅ모로	햇무리
75	日暈	히ㅅ모로	히ㅅ모로 ᄒ다	히ㅅ모로ᄒ다	히ㅅ모로	일운			
76	日曛	/히어슬음					어ᄉ름, 어으름	어으름, 어읆	어스름
77	日欄風	日暈ᄒ면 ᄇ람잇다							

	표제어	대역어휘					관련어휘		
		역어유해/보	동문유해	몽어유해/보	방언유석	왜어유해	중세어 (~1591)	근대어 (1592~1893)	현대어 (1894~)
78	日珥	/힝ㅅ귀엿골	힝ㅅ귀엿골ㅎ다	힝ㅅ귀엿골ㅎ다	힝ㅅ귀엿골				
79	日環	힝ㅅ귀엣골							
80	日이	/힝ㅅ귀엣말							
81	日頭?山	힝山에거디다							
82	日?眼	/힝ㅅ빗눈에ㅂ의다							
83	映射		힝ㅅ빗쏘이다	/힝ㅅ빗쏘이다					
84	日蝕	[日蝕]	[日蝕]ㅎ다	[日蝕]ㅎ다	일식	일식			
85	影兒	/그림자	그림자	그림자	그림ㅈ		그리메, 그림제	그리매,그림애 ,그림ㅈ	그림자
86	背陰處		음달	음달				음달	응달
87	月				둘	둘(월)	둘	둘	달
88	月兒	둘	둘	둘					
89	太陰	둘							
90	月華	/둘빗	/둘빗		둘ㅅ빗				
91	月芽	/츠싱둘			초싱ㅅ둘				
92	明月			/붉은둘					
93	月盈	/둘두렷ㅎ다			둘두렷ㅎ다		두렷다, 두렷ㅎ다	두렷ㅎ다,두두렷ㅎ다,둘렷다	둥글다
94	月明	둘붉다			둘붉다				
95	月亮	둘붉다	둘붉다	둘붉다					
96	月暗			/둘흐리다					
97	月淡	/둘빗여다			둘ㅅ빗여다				
98	月黑	/둘어둡다			둘어둛다				
99	月暈	둘모로	둘모로ㅎ다	둘모로ㅎ다	둘ㅅ모로	월운			
100	月圈	둘모로							
101	月蝕	[月蝕]	[月蝕]ㅎ다	[月蝕]ㅎ다	월식	월식			
102	月?	/둘이즈러지다			둘이즈러지다			이즈러지다	이즈러지다

	표제어	대역어휘					관련어휘		
		역어유해/보	동문유해	몽어유해/보	방언유석	왜어유해	중세어 (~1591)	근대어 (1592~1893)	현대어 (1894~)
103	月兒落了	돌다다	돌다다		돌지다				
104	月落			/돌다다					
105	月茅			돌초싱되다					
106	風		바람	바람	바름	바름(풍)	바름	바름, 바람, 바람ㅁ	바람
107	和風				온화혼바름				
108	薰風				더운바름				
109	凉風				서늘혼바름				
110	冷風				촌바름				
111	微風				ᄀ는바름				
112	暴風	/모진바람			모진바름	포풍			
113	朔風	/北風			북풍	북풍			
114	東風					동풍			
115	西風					셔풍			
116	南風					남풍			
117	東南風					동남풍			
118	西南風					셔남풍			
119	東北風					동북풍			
120	西北風					셔북풍			
121	順風					순풍			
122	背風	/뒤흐로부눈바람,順風							
123	背後風				뒤흐로부눈바름				
124	逆風					역풍			
125	飄風					표풍			
126	殘風					잔풍			
127	急風					급풍			
128	旋風					션풍			
129	旋?風	호로래바람	호로래바람	호로래바람	호로리바름				
130	倒捲風	/호로래바람							

	표제어	대역어휘					관련어휘		
		역어유해/보	동문유해	몽어유해/보	방언유석	왜어유해	중세어 (~1591)	근대어 (1592~1893)	현대어 (1894~)
131	羊角風	沙石눌리는호로래ㅂ람							
132	黃風	/沙石눌리는 큰ㅂ람							
133	一陣風	/혼쎼ㅂ람			혼쎼ㅂ롬				
134	迎面風				바조부는 ㅂ롬				
135	頂風	/바조부는ㅂ람							
136	廻風				스면으로 부는ㅂ롬				
137	刮風		ㅂ람부다	ㅂ람부다	ㅂ롬부다				
138	刮風了	/ㅂ람부다, 刮風							
139	起風	ㅂ람니다	ㅂ람니다	ㅂ람니다					
140	風大				ㅂ롬세다				
141	風大了	ㅂ람세다							
142	風往				ㅂ롬자다				
143	風往了	ㅂ람자다							
144	風息		ㅂ람자다	ㅂ람자다					
145	風?	/ㅂ람자다, 風息							
146	有風	ㅂ람잇다							
147	風住		ㅂ람머즉ㅎ다	ㅂ람머즉ㅎ다			머즉ㅎ다	머즉ㅎ다, 머즉다	머츰하다
148	無風	ㅂ람업다							
149	迎風	/ㅂ람마조 가다							
150	風止					풍지			
151	雲		구룸	구룸	구룸	구룸(운)	구룸, 구룸	구룸, 구룸, 구룸, 구몸(?)	구름
152	彩雲	/五色구룸	[彩雲]	[彩雲]	오식구몸				
153	五色雲彩	五色구룸							
154	浮雲		[浮雲]	[浮雲]	쓴구룸				

	표제어	대역어휘					관련어휘		
		역어유해/보	동문유해	몽어유해/보	방언유석	왜어유해	중세어 (~1591)	근대어 (1592~1893)	현대어 (1894~)
155	魚鱗雲	/魚鱗ᄀᆞᆺ흔 구름			어린ᄀᆞᆺ흔 구름				
156	一?雲	/흔 쎄구롬							
157	雲布開	/구롬퍼지다			구룸 퍼지다		퍼디다	퍼지다, 폐디다	퍼지다
158	雲遮蔽	/구롬ᄀᆞ리오다			구룸가리오다		ᄀᆞ리다, ᄀᆞ리오다, ᄀᆞ리우다,	ᄀᆞ리호다	가리우다
159	雲淡	/구롬묽다			구룸묽다				
160	雲黑				구룸어득ᄒᆞ다				
161	雲黑了	구롬어득ᄒᆞ다							
162	雲縱				구룸 훗터지다				
163	雲縱了	구롬훗터디다							
164	雲散了	/구롬 훗터지다							
165	雲開				구룸것다				
166	雲開了	구롬것다							
167	雲布			/구룸실리다					
168	雷		우레	우레	우리	우레(뢰)	울에, 우리	우리, 우레	우레(천둥)
169	轟雷	/큰우리		미이우레ᄒᆞ다	큰우리				
170	焦雷	/급흔우리			급흔무리				
171	?耳雷	/귀에쎙ᄒᆞᄂᆞᆫ 우리							
172	雲?口向	/雲中隱雷							
173	天鼓鳴	天動ᄒᆞ다	天動ᄒᆞ다	우레ᄒᆞ다 /天動ᄒᆞ다	우리ᄒᆞ다				
174	雷鳴	/우리ᄒᆞ다	우레ᄒᆞ다						
175	雷響	우리ㅅ소리			우리소리				
176	雷打			벼락치다	벽녁ᄒᆞ다				
177	雷打了	별악티디	벽녁ᄒᆞ다						
178	雷震	별악티디							
179	電		번게	번게	번게	번게(턴)	번게	번게	번개
180	閃電	번게							

	표제어	대 역 어 휘					관 련 어 휘		
		역어유해/보	동문유해	몽어유해/보	방언유석	왜어유해	중세어 (~1591)	근대어 (1592~1893)	현대어 (1894~)
181	電光 閃爍	/번게번득이 다			번게 번득이다				
182	電光 閃灼			/번게번 듯 번듯ᄒ다					
183	打閃	/번게ᄒ다	번게ᄒ다	번게치다					
184	霹靂					벽력			
185	霹靂 火閃	별악							
186	虹				무지게	무지게(홍)	므지게	무지게	무지개
187	天杠	므지게	무지게	무지게					
188	天弓	/므지게							
189	雙杠?	/굶션므지게			굶션무지게		굶		나란히
190	?	굶션므지게							
191	虹霓?	굶션므지게							
192	虹現	/므지게셔다	무지게 셔다	무지게셔다	무지게 셔다				
193	虹消	/므지게스다	므지게 스다	므지게스다	무지게 스다				
194	雨		비	비	비	비(우)			
195	雨點?	/비듯는뎜	비듯다 ?	/비ㅅ발	비ㅅ뎜				
196	下雨點			/비듯다					
197	濛鬆雨	ᄀ랑비			ᄀ랑비				
198	甘雨				째마초 오ᄂ비				
199	時雨	/째마초 오ᄂ비							
200	驟雨	쇠나기	쇠나기	쇠나기	쇠나기		쇠나기	쇠나기	소나기
201	過路雨	쇠나기							
202	凍雨	쇠나기							
203	霖雨		댱마	댱마	쟝마ㅅ비		댱마,댱 맣,맣, 쟝마	댱마,쟝마	
204	連陰雨	댱마비							
205	?雨	/쟝마ㅅ비							
206	下霖雨		댱마디다	댱마지다					

	표제어	대역어휘					관련어휘		
		역어유해/보	동문유해	몽어유해/보	방언유석	왜어유해	중세어 (~1591)	근대어 (1592~1893)	현대어 (1894~)
207	傾盆雨	/붓드시오난비	비붓드시오다	/비담아붓드시오다	퍼붓듯오는비				
208	颶風雨				ᄇᄅᆞᆷ에눌리는비				
209	?雨				비짓다				
210	露			이슬	이슬	이슬(로)	이슬	이슬,이슬	이슬
211	露水		이슬						
212	露珠	이슬미친것			이슬미친것				
213	下露水	이슬다	이슬오다	이슬오다	이슬지다				
214	下雨	비오다	비오다	비오다	비오다				
215	雨大				비만타				
216	雨大了	/비만타							
217	雨濕				비젓다				
218	雨濕了	/비젓다							
219	冒雨				비맛다				
220	?雨	/비맛다,冒雨							
221	雨少停	/비젹이머즉ᄒ다			비껴기며즉ᄒ다				
222	雨住				비머즉ᄒ다				
223	雨住了	비머즉ᄒ다							
224	雨少停			/비머즉ᄒ다					
225	雨晴				비개다				
226	雨晴了	비개다		비개다					
227	雨? 泡				비방올지다				
228	雨起泡			/비ㅅ방올지다					
229	下雨起泡	/비와방올지다							
230	土雨	/흙비			흙비				
231	急雨					급우			
232	驟雨					취우			
233	細雨		[細雨]	[細雨]		세우			

| 표제어 | 대역어휘 | | | | | 관련어휘 | | |
	역어유해/보	동문유해	몽어유해/보	방언유석	왜어유해	중세어 (~1591)	근대어 (1592~1893)	현대어 (1894~)
233 細雨		[細雨]	[細雨]		셰우			
234 霖雨					림우			
235 祈雨					긔우			
236 滂? 雨			/비미이오다					
237 雨霏霏		비부슬부슬오다	부슬부슬오다					
238 雨? 足			/비흡족ᄒ다					
239 雨透了	/비ᄉ뭇다							
240 淋雨	/ᄉ뭇젓다							
241 ?倒雨	박으로붓듯 오ᄂ비							
242 水漲? 洪	시위나다							
243 ?	시위나다							
244 水淹了	믈줌기이다							
245 水泡	믌방올							
246 水沫了	믌거품							
247 旱					ᄀ믈(한)	ᄀ믈, ᄀ마,	ᄀ믈	가믈
248 月欄雨	月暈ᄒ면 비온다							
249 露滴	/이슬듯다			이슬듯다				
250 露乾				이슬 ᄆᆞᄅ다				
251 露乾了	/이슬ᄆᆞᄅ다							
252 露凝			/이슬엉긔다					
253 霞		노올	노올	노올	노을(하)	노올	노올,노을	노을,놀
254 火雲?	/노올	노올다다	노올ᄯ다					
255 早霞	아춤노올			아춤노올				
256 晚霞	져녁노올			져녁노올				
257 野馬			아즈랑이					
258 ?			/아즈랑이					
259 靄					아즈랑이 (애)		아즈랑이	아지랑이

	표제어	대역어휘					관련어휘		
		역어유해/보	동문유해	몽어유해/보	방언유석	왜어유해	중세어 (~1591)	근대어 (1592~1893)	현대어 (1894~)
260	霧		안개	안개	안개	안개(무)	안개	안개	안개
261	大霧				큰안개				
262	黃露	/大霧							
263	下霧	안개디다	안개디다	안개디다	안개지다				
264	?霧	안개ᄭᅵ이다			안개 ᄭᅵ이다				
265	霧濃	/안개조옥ᄒᆞ 다	안개조옥 ᄒᆞ다		안개조옥 ᄒᆞ다				
266	下濃露			/안개 조옥ᄒᆞ다					
267	霧收			안개것다	안개것다				
268	露?了	/안개것다							
269	露?			/안개 ᄂᆞᆺ초지다					
270	霜		서리	서리	서리	서리(상)	서리	서리	서리
271	甜霜	ᄆᆞ서리			무서리				
272	嚴霜	된서리			된서리				
273	苦霜	된서리							
274	花霜	산고디	산고디 ᄒᆞ다	산고디ᄒᆞ다	산고디				
275	?稼	/산고디							
276	霜降				서리오다				
277	霜打				서리티다				
278	霜打了	서리티다	서리티다	서리티다					
279	着霜	서리맛다			서리맛다				
280	霜化				서리녹다				
281	霜化了	서리녹다							
282	霜早	/서리일으다	서리 이ᄅᆞ다		서리이ᄅᆞ 다				
283	霜晚	/서리늣다	서리늣다		서리늣다				
284	雹				무뤼	무리(박)	무뤼, 누뤼	무뤼,믈위, 믈의,무릐	
285	氷雹	믈위	무뤼	무뤼					
286	米雹	/존믈위			존무뤼				
287	下雹				무뤼오다				

	표제어	대역어휘					관련어휘		
		역어유해/보	동문유해	몽어유해/보	방언유석	왜어유해	중세어 (~1591)	근대어 (1592~1893)	현대어 (1894~)
288	下雹了	믈위오다							
289	下雹子		무뤼오다	무뤼오다					
290	雹打				뮈뤼티다				
291	雪		눈	눈	눈	눈(셜)			
292	雪花			/눈ㅅ발					
293	雪片		눈ㅅ발						
294	鵝毛雪	/송이눈			눈송이				
295	米心雪			쏜눈	쏜눈				
296	米미미米粒了雪	쏜눈							
297	米雪	/쓴눈	쓴눈						
298	?					싸눈(션)			
299	下雪	눈오다	눈오다	눈오다	눈오다				
300	雪花飄揚	/눈늘리다			눈늘니다				
301	雪大	/눈만히오다			눈만히오다				
302	雪深	눈깁다			눈깁다				
303	?				눈머즉ㅎ다				
304	雪住了	눈머즉ㅎ다							
305	雪晴				눈개다				
306	雪晴了	눈개다							
307	雪化				눈녹다				
308	雪化于	눈녹다							
309	雪化了			눈녹다					
310	米心雪			/쏜눈오다					
311	下大雪	눈만히오다							
312	風揚雪			/눈보라치다					
313	桃花水				눈녹은믈				
314	曀					흐릴(에)			
315	東開了		동트다	동트다					
316	?光現		먼동트다						
317	?光現出			/먼동트다					

표제어	대역어휘					관련어휘		
	역어유해/보	동문유해	몽어유해/보	방언유석	왜어유해	중세어 (~1591)	근대어 (1592~1893)	현대어 (1894~)
318 曉頭		새벽	새벽					
319 川亮了		새다	새다					
320 照了		빗취다	비쵀다					
321 晴了		개다						
322 晴					갤(청)			
323 簷凌			/곳어름					
324 簷? 凌			/곳어름지다					
325 瑞氣					셔긔			
326 平明		[平明]	[平明]					

【표 5】의 54)~56)[4]에서 알 수 있듯이 표제어 "日, 日頭, 太陽"에 해당하는 대역어휘로 '희, 날, 볃, ,볏'이 혼용되어진 것을 발견할 수 있는데 이는 이들 어휘들이 현대어에서와 같이 정확한 의미의 구분이 없음을 암시한다 할 수 있다. 5), 52), 53), 172), 326)에서는 표제어를 설명하는 대역 어휘가 없는데 이는 당시에 표제어에 해당하는 국어의 어휘가 존재하지 않는 경우에 해당한다. 3), 17), 23), 24), 37), 50), 84), 101), 113), 145), 152), 154), 173), 220), 233)에서는 표제어에 해당하는 설명에 표제어가 그대로 쓰이거나 표제어의 음이 그대로 한글로 표기되어 있는 경우이다. 27)~36), 114)~121), 231), 232), 234), 235)에서는 대역어휘에 표제어의 음이 그대로 쓰이는데, 이 중에서 114)~121), 231), 232), 234), 235)는 「왜어유해」에 출현하는 경우로 문헌의 특성에 기인한 것인지 당시의 국어의 특징을 반영한 것인지 모호한 면이 있으나, 27)~36)은 「왜어유해」 이외의 문헌에서 발견되는 것들로 당시의 언어학적 특성을 반영한 것으로 보아야 할 것이다.

---

4) 반괄호의 있는 숫자는 【표 5】의 일련번호이다.

3) '天文'부 관련어휘의 특징

본 장에서는 '天文'부에 해당하는 어휘의 중에서 모음과 관련이 있는 것들만을 살피며 그 이외의 특징들은 다음의 기회로 미루겠다.

(1) ' ㆍ > ㅏ '의 변화

어휘 형태소의 제 1음절에서 ' ㆍ > ㅏ '의 변화를 보이는 초기의 용례로는 석보상절의 '난호아, 차리다'등으로 이는 당시에 각각 '눈호아, 츠리다'의 형태로도 사용되었다. 이러한 변화를 보여주는 '天文'부의 어휘를 37) 삼성, 66) 희셜픳ᄒ다, 158) 가리오다, 이 있다.

'삼성'은 '天文'부에서도 '슴성' '삼성'의 형태가 혼용되어지고 있는데, 이 경우는 표제어 '參星'에 해당하는 우리의 언어가 존재하지 안는 어휘로 표제어의 한자음이 그대로 한글로 표기되어 ' ㆍ > ㅏ '의 변화를 보여주는 것이다.

66) '희셜픳ᄒ다'에서의 '셜픳ᄒ다'는 그 기본형을 '설픠다'로 보아야 하는데 이는 '설픠다 > 설픠다'의 변화를 격은 것으로 보아야 할 것이다. '설픠다'의 형태는 두시언해(초간, 1481), 선종 영가집(1745), 동국신속삼강행실도(1617), 역어유해(1690),에 보이는 반면에 '설픠다'의 형태는 두시언해(초간, 1481)에 보이는 것을 알 수 있다. 이는 적어도 두시언해(초간)이 간행되던 15세기에 ' ㆍ > ㅏ '의 변화는 진행 중이었으며, 선종 영가집, 동국신속삼강행실도, 역어유해에는 '설픠다'의 형태가 보이지 않는데 이는 적어도 '설픠다'의 형태는 17~18세기에 이미 ' ㆍ > ㅏ '의 변화가 이루어진 것으로 보아야 할 것이다.

158) '가리오다'의 이형태이 문헌에 나타나는 것을 살펴보면 'ᄀ리븟다' 형태는 월인석보(1459), 묘법연화경(1463) 'ᄀ리오다'형태는 월인석보(1459), 석보상절(1447), 두시언해(초간, 1481), 신증유합(상, 1576), 'ᄀ리우다'형태는 두시언해(초간, 1481), 역어유해(보, 1715), 'ᄀ리호다'형태는 가례언해(1632), '가리우다'형태는 방언유석에 나타나는데 여기에서 우리는 '가리오다'는 " ᄀ리븟다 = ᄀ리오다 > ᄀ리우다 > ᄀ리호다"의 변화를 격다가 이것이 18세

기에 들어서서 '、 > ㅏ'의 변화가 이루어진 것으로 보아야 할 것이다.
이상과 같은 소수 용례로는 '、 > ㅏ'변화의 조건을 발견하기가 어려울 것이다.

(2) 'ㅓ > 、'의 변화

'ㅓ > 、'의 변화를 보이는 예로는 '天文'에서 '우레'를 발견하는데 "울에, 우레, 우리"의 형태로 문헌에 나타나는데, '울에'의 형태는 석보상절(1447), 금강반야바라밀경육조해(1482), 두시언해(초간, 1481), 속삼강행실도(1514), 훈몽자회(초간, 1527), 신증유합(1576)에, '우리'의 형태는 역어유해보(1715), 역어유해(1690)에 나타나며, '우레'의 형태는 동문유해(1748)에 나타나는데 여기서 어휘 '우레'의 형태는 "울에 > 우레 > 우리"의 어휘변화를 알 수 있다.

(3) '、 > ㅡ'의 변화

'、 > ㅡ'의 변화를 보이는 예로는 '그늘'이 있다. 이는 "ᄀᆞ늛, ᄀᆞ늘, 그늛, 그늘, 그눌"의 형태로 문헌에 나타난다. 'ᄀᆞ늘'의 형태는 능엄경(1461), 두시언해(초간, 1481), 훈몽자회(초, 1527)에 나타나고, 'ᄀᆞ늛'의 형태는 '월인석보(1459), 능엄경(1461), 구급간이방(1489), 두시언해(초간, 1481)'에 나타나며 '그늛'의 형태는 백련 동경(15??)에 '그늘'의 형태는 신증유합(1576), 천자문(석봉, 1583)에 보이고, '구눌'의 형태는 방언유석(1778)에 보인다.
여기에서 우리는 '、 > ㅡ'의 변화가 '、'음 변화의 제1단계 소실로 중기 국어에서 완성된 것으로 이야기되어지는데 그 변화가 여전히 근데 국어에서도 진행됨을 알 수 있다.
'셜핏하다'의 형태도 '설픠다'는 두시언해(초간, 1481), 선종영가집(1745), 역어유해(1690)에 '설픠다'는 두시언해(초간, 1481)에 나타난다. 이 또한 '、>ㅡ'의 변화를 보여주는 것이다.

3. 결론

이상에서 우리는 '天文'부에 나타난 유해류의 특징에서 일부를 살피었다. 우선 2)장에서는 유해류는 근대어의 자료로서 표제어에 해당하는 대역어휘에 순수한 우리말이 없을 경우 표제어가 그대로 혹은 그 음이 사용됨을 확인 하였고, 3)장에서는 모음의 변화중에서 '、 > ㅏ'의 변화, 'ㅓ > 、'의 변화, '、 > ㅡ'의 변화를 살피었는데 모음의 변화 중에서 일부만을 살핀 것임을 밝히며 나머지는 다음 기회로 미룬다.

참고문헌

자 료

월인석보(1459).
능엄경(1461).
석보상절(1447).
금강반야바라밀경육조해(1482).
두시언해(초간, 1481).
구급간이방(1489).
속삼강행실도(1514).
훈몽자회(초간, 1527).
신증유합(1576).
천자문(석봉, 1583).
역어유해(1690).
역어유해보(1715).
선종영가집(1745).
동문유해(1748).
방언유석(1778).

논 저

김광해(1989), 「고유어와 한자어의 대응 현상」, 탑출판사.
――――(1993), 「국어어휘론 개설」, 집문당.
김두현(1991), "한문의 어휘 (사) 변화에 대하여" 국민대학교 한국학연구소 『한국학논총』
김민수 편(1995), 「현대의 국어 연구사」, 서광학술자료사.
김완진(1973), "국어어휘 마멸의 연구", 진단학보 35.
――――(1975), "번역박통사와 박통사언해의 비교연구", 동양학 35.
김영신(1982), "'석보상절'의 어휘연구", 부산여대 논문집 15.
김종대(1989), "언어변천과 어휘의 개념변천", 「언어내용연구」, 태종출파사.
김진규(1981), "사어의 유형적 고찰", 인하대(석).

──(1993), 「훈몽자회 어휘연구」, 형설출판사.
──(1994), "훈몽자회에 나오는 사어 고찰", 「우리말 연구의 샘터」, 연산 도수희선생 환갑기념.
이기문, 1971, "훈몽자회연구", 한국문화총서 5(서울대).
──1978, "어휘 차용에 대한 일 고찰", 「언어」(한국언어학회).
조항범(1978), 「국어어휘사연구」, 경북대출판부.

수원·화성 지역의 지명에 대하여

천 소 영*

1. 서론

1)

　고구려 때 買忽로 불리던 수원이 신라 경덕왕 때 水城으로 개명된 이래 고려 초 水州를 거쳐 오늘의 水原에 이르렀음은 잘 알려진 사실이다. 이런

───────────────

* 수원대학교

지명 개칭은 고유어로 불려지던 지명이 한자어로 전환되었음을 보여주는 동시에, 買와 水가 借字表記法에서 대응관계에 있음을 보이는 적절한 예로 자주 인용되었다. 여기서 문제가 있다면 水의 고유어가 '물'(중세어로 '믈')이므로 차음자(借音字) '買'의 어형(매/ㅁㅣ/미)과는 차이가 있다는 점이다. 그간 학계에서는 買가 남방계와는 다른 북방계 고구려어라고 말하기도 하고, 또 물(믈)이 어두에 와서 수식어로 쓰일 때의 변이형이라 설명하기도 한다. 어떻든 지금에 와서 買와 水의 대응관계에 있다는 점에서는 별로 의심을 갖지 않는 것도 사실이다.

借字表記된 지명에서 과연 차음자 買가 물[水]을 뜻하는 고유어인가에 대해서 재고해 본다. 본고는 이런 의심에서 비롯된 것인데 거기에는 다음과 같은 몇 가지 관점에 의한다. 곧 買忽은 삼한 시대 牟水國에 비정된다는 사실과, 또 수원, 화성 지역에는 유독 '梅' 자가 들어가는 지명이 많다는 사실이다. 그렇다면 牟와 買, 그리고 梅는 같은 어형의 차음으로 보이는데 이들은 산(山)을 뜻하는 고유어 '뫼'의 표기로 볼 수 있지 않을까 하는 의문이다.

買忽이 牟水國의 계승이 분명하다면 여기서는 '水'가 생략된 개명 표기로서 이 '水'는 경덕왕 때의 지명 개칭에서 水城으로 그 모습을 드러낸다. 이와 함께 기원적으로 산수(山水)의 고유어가 동 어원일지도 모른다는 학계의 견해가 참고 될 수 있다. 뿐만 아니라 산을 뜻하는 고유어 '뫼'의 차음자 牟/買/梅는 후일 水原의 '原'으로 반영되었다고 볼 수 있을 것이다.

바다가 가까운 수원, 화성 지역은 물이 많은 대신 산이 적은 지형상의 특성을 지녔다. 산이라고 해야 해발 100m 내외의 나지막한 언덕이 대부분이고, 그 사이로 호수나 못 같은 물이 많음을 보면 이 지역이 옛날에는 바다였음을 짐작케 한다. 뫼, 물과 함께 이곳에는 '花'자 지명이 많음도 특징인데 이는 육지가 바다로 삐죽이 나온 '곶(串)'에서 연유한 지명임을 알 수 있다. 이밖에 좁고 작다는 뜻의 '솔'(대개 訓音借 '松'으로 표기됨)계 지명이 많음도 특징인데 어떻든 본고에서는 수원, 화성 지역 전 지명의 주요 어사를 개괄함으로써 이런 지형상의 특징이 지명에 어떻게 반영되어 있는가를 살펴보기로 한다.

2)

수원, 화성의 지명을 고찰하기 위해 우선 문헌 기록부터 들춰보기로 한다. 관찬(官撰) 지리지로서 최고의 것이 「삼국사기」 지리지란 사실엔 이견이 없다. 신라 경덕왕대의 지명 개칭 사항이 본 「삼국사기」 총 50권 중 제 34권부터 37권까지 4권에 들어가 있는데 여기서 34권~36권은 신라, 37권은 고구려·백제의 지명이 수록되어 있어 수원, 화성 지역은 이 37권에 해당한다.

「高麗史 地理志」는 고려사 137권 중 56권~58권의 3권으로 되어 있는 바, 고려가 건국된 918년부터 멸망한 1392년까지의 500여 년 간의 지명을 담고 있다. 또한 그 이후의 자료인 「世宗實錄 地理志」는 세종 14년(1432)에 편찬된 「新撰 八道地理志」의 내용 중 그 이후에 변동된 사항만을 추가하여 세종실록을 편찬할 때 그 부록으로 편입시킨 것이다.

이상 세 지리지에 수록된 화성 및 수원 지역의 지명은 買忽郡과 唐城郡, 그리고 上忽郡이 언급되어 있는 바 그 주요 부분만을 초록해 보면 다음과 같다.

(1) 「三國史記」 地理志
　　① (卷第三十五, 雜志第四 地理二)
　　　水城郡 本 高句麗 買忽郡 景德王改名 今水州
　　　唐恩郡 本 高句麗 唐城郡 景德王改名 今復故, 領縣二. 車城縣 本 高句麗 上(一作 車)忽縣
　　　景德王改名 今龍城縣 振威縣 本 高句麗 釜山縣 景德王改名 今 因之

　　② (卷第三十七, 雜志第六 地理四)
　　　買忽 一云 水城
　　　唐城郡 上忽 一云 車忽 釜山縣 一云 松村活達

(2) 「高麗史」 地理志 (五十六, 地理一)

唐城郡 本 高句麗 唐城郡 新羅 景德王改爲 唐恩郡 高麗初復古名
顯宗九年 爲水 州屬郡後來 屬……
水州 本 高句麗 買忽郡 新羅 景德王改爲 水城郡… 元宗十二年…
爲水原郡護府 後又陞爲水 州牧 忠宣王二年 汰諸牧降 爲水原府…
屬縣七, 安山縣(高句麗獐項口縣), 永新縣(一云 五朶, 一云 永豊), 雙
阜縣, 龍城縣(高句麗 上忽縣 一云 車忽, 爲唐恩郡領屬) 貞松縣, 振
威縣(高句麗 釜山縣(卷第一百四十八) 景德王改名 爲水城郡)

(3) 「世宗實錄」 地理志(卷第一百四十八)

水原郡護府 本 高句麗 買忽郡 新羅改爲 水城郡 屬縣五, 雙阜(右六
浦), 永新(一號 永豊), 貞松 (右松山部曲), 龍城(上忽縣, 車城, 唐恩郡
領), 廣德…
南陽郡護府 本 高句麗 唐城縣 新羅改爲 唐恩郡 高麗復古名 顯宗
戊午 屬水州 任內後移屬 仁州……

　　이상의 기록을 검토해 보면 「고려사」나 「세종실록」은 「삼국사기」 지리지
의 기록을 기반으로 하여 약간의 행정구역상의 변동사항만을 추가하고 있
음을 알 수 있다. 이들의 기록을 토대로 하여 華城 및 水原 지역의 지명을
사료별, 시대별로 정리해 본다.

고구려 지명				신라 경덕왕 개칭지명	고려지명	해당지역
권34 1차지명	一云	권37 1차지명	一云			
買忽郡		買忽	水城	水城郡	水州	水原
唐城郡		唐城郡		唐恩郡	唐城郡→南陽	華城
上忽郡	車忽郡	上忽	車忽	車城縣	龍城縣	水原

수원(水原)이란 이름의 기원이 된 '매골(買忽)'과 남양의 전신인 '당골(唐城)'은 상기 기록에 의하면 옛날에는 이 지역의 중심 고을이었던 것 같다. 곧 買忽과 唐城이 이 지역을 대표하던 곳으로서 당성의 경우, 그 구역 내에 龍城과 振威가 딸려 있어 '매골'보다 더 규모가 컸던 게 아닌가 한다. 흔히 '수원'이라면 경부선 열차가 통과하는 서울의 남쪽 관문 정도로, 혹은 지금까지도 수원성(본 이름이 華城임)이 잘 보존되어 있는, 현재의 수원시 중심가를 떠올리게 된다. 그러나 본래의 수원은 현 위치로부터 서쪽으로 옮겨 지금의 화성시, 곧 서해 바닷가에 위치했음 알아야 한다. 왜냐하면 오늘의 수원은 지금으로부터 고작 200여 년 전, 즉 조선조 정조가 새로 개발한 신도시이기 때문이다.

수원이나 남양의 지명유래는 이처럼 내륙이 아닌 바닷가 갯마을에서 비롯되었다. 그 옛날 어느 시기까지는 바닷물이 빠져나가 육지가 형성되면서 온통 '물나라'[水國]처럼 보였을, 이곳 갯마을 포구에 사람들이 몰려들어 보금자리를 튼 이후 그곳이 점차 커져나가면서 오늘의 화성, 또는 수원이란 지명을 만들어내게 된 것이다. 買忽이 고유지명의 차자 표기인 반면 唐城은 당시 중국 唐나라와의 교류에서 생긴 것으로 처음부터 한자지명으로 생성된 이름이다. 다만 당성군에 속했던 龍城縣은 上忽, 또는 車忽(城)로 차자 표기되었는데 이는 '수리골' 정도로 불리었으리라 생각된다. '수리'는 정수리[頂]에서 보듯 꼭대기, 으뜸을 뜻하는 고유어로서 주변에서 가장 큰 마을[首邑, 혹은 大邑]을 지칭할 때 쓰는 이름이다.

3)

수원, 화성의 지리적 여건과 지명의 생성과 변천 과정을 개관해 보기로 한다. 주지하는 대로 오늘날의 화성은 경기도 서남부에 위치하여 북으로 수원과 안산, 남으로 평택과 오산, 동으로는 용인과 접하고 서쪽으로는 서해 바다에 면하고 있다. 지형적으로는 광주산맥(廣州山脈)이 북부로 뻗어내려 수리산(修理山 475)이 안양과의 경계에 솟아 그 여맥이 계속 이어져 칠보산(七寶山 239), 서봉산(棲鳳山 243), 조두산(鳥頭山 141), 태봉산(泰峰山 223), 태행산(太行山 292) 등의 그리 높지 않은 산들이 구릉성(丘陵性) 산지를 형성하고 있다.

이들 산들은 모두 해발 300m 미만의 야산들로서 그 사이로 발안천을 비롯하여 남양천, 반월천 등의 시내가 서쪽의 넓은 화성평야를 적시고 흘러 서해로 유입된다. 해안선은 비교적 복잡하여 남양반도(南陽半島), 조암반도(朝岩半島) 등의 만(灣)이 형성되어 있고, 연해(沿海)에는 제부도(濟扶島)를 비롯한 여러 섬들이 산재해 있으나 조수간만의 차가 심하고 해안의 수심이 얕아 좋은 항구는 되지 못한다.

역사적으로 보면 이 지역에도 먼 신석기시대부터 사람이 살았다고 한다. 팔탄면, 양감면, 서신면, 마도면 등지에서 돌칼, 철촉, 토기 등 신석기로부터 초기 철기시대에 거치는 유물들이 발굴되고 있기 때문이다. 이처럼 이른 시기에 이곳 바닷가로 몰려온 사람들은 삶의 보금자리를 마련하고 마을을 형성하여 화성의 역사를 생성하게 된 것이다.

「삼국지」나 「후한서」를 비롯한 중국 사서에 나오는, 삼한(三韓) 중 마한(馬韓)이 바로 이곳 화성 지역으로 비정(比定)된다. 그러나 또 다른 설에 의하면 마한의 54국(國) 중에는 진한(辰韓)의 소국(小國)까지도 포함되어 있는 바, 경기도에 속한 14개국이 마한이 아닌 진한의 소국이었다는 주장도 있다. 이 설에 의하면 화성 지역에 속하는 부족국가로는 爰襄國, 桑外國, 车水國, 小石索國, 大石索國 등 다섯 소국이 있었다는 것이다.

이들 다섯 소국 중 爰襄國은 지금의 음덕면(陰德面) 일대라 비정된다. 「동국여지승람」(남양도호부條)에 의하면 이곳은 唐城郡의 속현으로 安陽縣 또는 載陽縣이라 기록되어 있다. 桑外國은 장안면 및 우정면 일대로, 속칭 三歸 혹은 三貴, 三槐라 칭하기도 했으며 고려 때는 雙阜縣으로 개칭되었다. 한편 车水國은 앞서 말한 대로 고구려 때 買忽로 이어지고, 신라에 의해 삼국이 통일된 후 경덕왕(757년) 대에 이르러 水城郡으로 개칭되었다. 한편, 小石索國과 大石索國은 서로 인접해 있는 서해안의 어느 섬이라고 짐작되나 그 정확한 위치는 상고할 길이 없다. 어떻든 수원, 화성은 북방으로부터 옮겨온 이민 집단에 의해 형성된 고장으로서 내륙의 车水國으로부터 서해안의 爰陽國, 서남향으로 桑外國, 그리고 섬 지역으로 大·小索國이 있었던 것으로 추정될 뿐이다.

삼국시대에 이르러 이 지역은 고구려 세력에 놓이게 되었는데 지금 우리가 알고 있는 고지명들은 대략 이 시기에 형성된 것으로 보인다. 말하자면 고구려가 한강유역을 점유하던 5세기 말부터 신라가 삼국을 통일할 때까지 호칭되었던 買忽, 唐城, 車城 등이 그런 이름들인 것이다.

당항성(黨項城)이라고도 불리었던 당성(唐城)은 고구려에 의해 축성되었다. 「신증동국여지승람」에 의하면, 고구려 영류왕(榮留王 639)이 당나라에서 학자들을 파견해 줄 것을 요청하니 당태종은 洪天河와 殷世通 등 8인을 보냈다고 한다. 이들 8인의 학자들이 이곳에 도착하여 처음 머문 곳이 銀樹浦(唐串이라고도 함)였는데 영류왕은 이들을 환영하여 성을 쌓고 그 덕행을 치하하여 '賜籍唐城'이라 칭했다는 것이다. 그러나 639년이라면 화성 지역이 고구려의 영토가 아닌 신라의 영토였기 때문에 이 기록만은 후세의 개작일 가능성이 있다. 어떻든 남양(南陽)의 전신인 唐城이란 이름은 그 남쪽에 있는 충남 당진(唐津)과 더불어 삼국시대 중국 唐나라와의 교섭에서 비롯되었음은 틀림이 없다고 하겠다.

세월 따라 사람 따라 그들이 살고 있는 지역의 땅이름은 변하기 마련이다. 이렇게 변한 이름들은 문헌상 기록으로 남게 되는데 이런 문자기록은 당시의 실지 호칭과 반드시 일치하지 않는다. 앞서 언급했던 화성 땅에 있었다던 여러 부족국가들, 이를테면 爰襄國, 桑外國, 牟水國, 大·小石索國 등의 당시 호칭과 그 정확한 발음이 어떠했는지 지금으로서는 알 길이 없다. 이는 우리말을 적을 수 있는 고유문자가 없었기 때문인데 당시 한자의 음(音)과 뜻(흔히 '訓'이라고 함)을 빌어 고유명사를 표기했던, 소위 말하는 차자표기법(借字表記法)의 난해성이 이들 고유지명의 정확한 해독을 가로막고 있는 것이다.

앞서 爰襄國의 계승인 唐城은 처음부터 중국 당과의 교섭에서 생겨난 한자 이름이라고 했는데 牟水國만은 다행히 고구려 때 買忽로 이어져 고유어의 순수성을 보존한다. 그러나 이것도 잠시뿐 모수(牟水)→매골(買忽)로 기록된 고유이름은 신라의 삼국통일과 함께 어쩔 수 없이 한자어의 침투를 받는다. 곧 순수한 우리말로 호칭되던 삼국의 땅이름들이 2자(字)의 한자말

이름으로 바뀌는, 소위 말하는 지명 개혁을 맞게된 것이다. 물론 지명의 특성인 보수성으로 인하여 어느 시기까지는 원주민들에 의해 매골(買忽)로 불리었을 것이다. 그러나 水城으로 출발한 한자어 이름은 이후 水州, 水原 등을 거치는 동안 지역민은 물론 모든 사람들의 뇌리에 '水' 字 系의 행정지명이 자리잡게 되었다.

수성(水城)은 고려 초(태조 23년, 940) 중국식을 모방하여 수주(水州)로 개칭하고 다시 수주목(水州牧)을 거쳐 지금처럼 수원(水原)이란 이름을 갖게 된 것은 1310년(고려 충선왕 2년) 수원부(水原府)가 설치되면서부터이다. 물을 뜻하는 '수'(水)에 언덕을 뜻하는 '원(原)'이 붙게 된 것은 이곳에 구릉성 산지, 곧 언덕[原]으로 이루어진 이 지역의 지형상의 특성을 반영한 것이다. 말하자면 못이나 저수지와 같은 물이 많고 또 낮은 야산, 곧 언덕이 많은 고장이라는 뜻이 이 지명에 잘 나타나 있는 것이다. 수원이란 이름의 이 이후의 변천에 대해서는 자세히 열거할 필요는 없을 것 같다. 성(城)에서 시작하여 군(郡), 주(州), 부(府), 도호부(都護府), 목(牧), 읍(邑), 시(市) 등의 변화는 단순히 지명접미사('地名普遍素'라고도 부름)의 차이로서 이는 행정상 개편 때마다 승격과 강등을 반복한 것에 불과하다.

다만 여기서 언급해야 할 것은 수원(水原)이란 이름에서 또 하나의 지명, 즉 '화성(華城)'이란 이름이 파생되었다는 사실이다. 華城이란 한자지명은 1783년 조선조 정조대왕이 선친 사도세자의 능침을 이 지역으로 옮기고 새로운 도시 건설을 위해 성을 쌓음으로써 비롯되었음은 잘 알고 있다. 최근에 이르러 수원시와 화성시는 행정상 별개의 명칭이 되었지만 기원적으로는 이들을 결코 따로 떼어 생각할 수는 없다. 200여 년 전, 정조는 수원부의 호칭을 화성(華城)으로 바꾸면서 그 이름을 친히 써서 장남헌(壯南軒) 현판으로 걸었다고 한다.

그렇다면 정조는 이곳에 신도시 건설을 위해 성(城)을 쌓으면서 수원성(水原城)이란 이름 대신 무엇을 근거로 '화(華)'자를 쓰게 되었을까? 이 땅의 지명유래를 설명하기 위해서는 水原과 華城을 동시에 언급하면서 그 중에서도 '수(水)'와 '화(華)'의 관계부터 규명되어야 할 것이다. 화성시에 梅花里란 유래 깊은 마을이 있는데 이 마을의 어원을 캐는 일이 수원, 화성의 관계를 밝히는 열쇠가 된다고 생각한다. 매화리(梅花里)에서 '花'는 꽃을 지칭하는 말이 아니라 지형이 바다 쪽으로 삐죽이 불거져 나온 곳에 붙는 고지→곶 [串]의 차훈 표기이다. 여기서 한자 '花'는 '華'와 상통하는 글자로서 정조 는 중국 지명의 영향 등으로 인하여 신축하는 성의 이름을 華城으로 정했 다고 생각되기 때문이다. 買, 梅와 水, 山 그리고 花, 華(串) 등이 실지 이 지역 지명에서 어떻게 반영되었는지를 알아보는 일이 본고의 핵심 과제가 될 것이다.

2. 買忽 > 水城의 해석 재고

1) 牟→買→梅 : '뫼'

앞서 매화리(梅花里)란 이름이 이 지역의 지명유래 및 어원을 푸는 열쇠 가 된다고 했다. 그러면서 매화는 말 그대로 꽃나무 이름인 梅花가 아니라 '물'[水](혹은 山의 고유어인 '뫼')과 '고지'[串]의 연결형인 뫼고지>뫼곶의 표 기라 하였다. 서해안으로 삐죽이 그 머리를 내민, 이 지역의 지형상의 특징 을 반영한 이름인데 그 정확한 의미는 뫼(山)가 바다 쪽으로 뻗었다는 뜻으 로 쓰였을 것이다. 이는 '므ᄀ(물)고지', 즉 물이 바다 쪽으로 뻗었다고 해석 할 수 없겠기 때문이다. 먼저 매화의 '매'에 관해서 그 쓰임을 알아보기로 한다.

매화라고 할 때의 '梅'란 표기는 고구려 때의 이름 매골의 '買'와 함께 그 이전 삼한의 모수국의 '牟'로 소급되어 이들은 모두 동일어의 다른 표기 임은 앞서도 말한 바 있다. 아득한 옛날 마한(馬韓)에 모수국(牟水國)이 있었 다고 사서(史書)는 기록하고 있는데 여기서 말하는 모수국이 지금의 어디인 지는 확실하지 않다. 만약 고구려의 매골(買忽)이 후세인들이 추정하는 대로 모수국이 계승이라면 그 위치는 화성시에서도 바다에 연한 남양면이나 송 산면, 또는 서신면이나 매송면 그 어디가 될 것이다.

牟水國에 대한 당시의 호칭도 자세히는 알 수가 없다. 혹자는 이를 '벌

믈’, 또는 ‘물벌’, ‘물골’ 이라고도 하나 단지 추정에 불과할 뿐이지 이를 뒷
받침할 만한 구체적인 증거는 없다. 다만 모수(牟水)에 접미한 국(國)만은 오
늘날의 국가 개념으로서의 ‘나라’가 아니라 단순히 ‘온누리’라고 할 때의
‘누리’[世]와 같은 개념으로 쓰인 말이다.

　‘牟’의 현용 한자음은 ‘모’이지만 속음(俗音)으로는 ‘무’로도 읽힌다(정확한
고대 한자음은 mou/mau/mu). 자전(字典)에 의하면 牟는 ‘클·모’, 또는 ‘땅이
름·모’로 되어 있으나 차자표기법에서는 주로 훈(訓)이 아닌 음(音)으로 읽
힌다. 모(牟)가 차음으로 쓰인 용례를 보면 모지현(牟支縣), 모산정(牟山亭)과
같은 신라 지명과 모대왕(牟大王), 모도(牟都), 모태(牟太) 등과 같은 백제 인
명을 들 수 있다. 현 고창의 삼국시대 이름이 모량부리(毛良夫里)였는데 이
는 삼한시대의 모로비리(牟盧卑離)의 계승으로 알려져 있다. 그렇다면 牟盧
와 毛良이 같은 어형의 다른 표기[同一語 異樣表記]로서 牟나 毛는 다같
이 ‘모/무’의 차음자임을 알 수 있다.

　그런데 여기서 말하는 ‘모’ 혹은 ‘무’가 지금의 물[水]이란 말의 어형과
는 어떤 관계에 있을까? 물의 중세어는 ‘믈’로서 이 믈이 어두에 놓여 다
른 말을 수식할 때는 받침 ‘ㄹ’이 떨어져나가 ‘무/모’, 혹은 ‘미’로 쓰이기
도 한다. 이를테면 무자이[水尺], 무자위[小車], 무삼[水蔘], 무소[水牛],
무살미(‘물꼬’의 옛말), 무삶이, 무넘이/ 무너미/ 무네미, 무솔, 무좀[水蟲]
따위의 ‘무-’ 계와, 미나리[芹葉, 물+나리], 미장이[泥水匠] 등에서 보는
‘미-’ 계가 바로 그런 예이다. 만약 買/梅를 물의 뜻으로 본다면 牟水의
牟는 ‘ㄹ’이 탈락한 ‘모’ 또는 ‘무’의 차음표기로서 제 2음절에 붙은 水가
이를 재확인하는 표기라 생각할 수 있다. 말하자면 牟水國은 물로 둘러
싸인 고장, 즉 물이 많은 ‘물 나라’, ‘물 누리’로 정도로 해독할 수 있는
것이다.

　牟水國의 牟가 중국 측의 표기라면 買忽郡의 買는 우리측의 표기라 할
수 있다. 買의 중국 한자음(7C 초 中古音)은 ‘마이(mai)’이며, 우리나라의 전통
한자음은 ‘미’라고 추정한다. 「삼국사기」 지리지에 수록된 고구려 지명 중
에 미(買)가 ‘미(米 또는 彌)’와 동일한 차음자로 쓰인 예가 있음을 안다.

內乙買 一云 內爾米 (지리 4)

買召忽 一云 彌鄒忽 (지리 4)

　米와 彌는 중국의 중고음(中古音)이 '미에(miei, 또는 myie)'인데 우리나라에서는 이를 '미'로 읽는다. 물나리를 미나리라고 하고 물장이를 미장이라 부르는 것도 이와 같은 현상에서 비롯된 것이다. 기원적으로 볼 때 중세어 '믈'은 '므리'란 어형으로 재구(再構)될 수 있다. 우리 국어가 본래 개음절어(開音節語)였음을 감안하면 믈 역시 받침이 없는 두 음절의 어형이라고 추정되기 때문이다. 한편 기원형 '므리'는 그 말이 놓이는 위치나 여건에 따라 다음과 같은 어형변화를 거쳤으리라 짐작된다.

　　　*므리[水] ― 수식어로 쓰일 경우 : 므리 > 미 / 매 / 모 / 미
　　　　　　　 ― 피수식어로 쓰일 경우 : 므리 > 믈 > 물

　옛 지명 표기에서도 물은 '미/미' 형과 '믈/물'의 두 어형으로 나타난다. 이를 두고 학계에서는 '미/미' 형이 북방계의 고구려어 계통이고, '믈/물'(勿로 표기) 형은 남방계의 한어(韓語) 계통이라고 주장하기도 한다. 그러나 이는 현대어의 예에서 보듯 그 말이 놓이는 환경에 따른 변이음이지 계통상 다른 말은 아니라고 생각된다. 어떻든 여기에서의 미(買)는 그것이 시냇물이거나 우물이나 간에 일반적인 물을 지칭한다. 고지명에서 買는 水 또는 川이나 井으로도 대응표기 되었으니 다음 예에서 그 사실은 분명해 진다.

　　　伊珍買 > 伊川 (지리2),　　內乙買 > 沙川 (지리2)
　　　薩　買 > 淸川 (지리2),　　伏斯買 = 深川 (지리4)
　　　省知買 = 述川 (지리4),　　於斯買 = 橫川 (지리4)
　　　於乙買 = 泉井 (지리4),　　於乙買串 > 泉井口 (지리4)

　그런데 여기서 한 가지 지적해야 할 점은 차자 買는 어중이나 어말에서 주로 쓰였다는 사실이다. 또한 대응자도 물을 뜻하는 水가 아닌 川이나 井으로 나타난다는 점도 간과할 수 없다. 買가 어두(지명표기에서는 前部要所, 또

는 '지명한정소'라고도 한다)에 와서 水와 대응 표기된 경우는 買忽＞水城 이
외에 다음의 두 용례뿐이다.

　　　買伊縣＝水入縣　(지리4)
　　　買旦忽＝水谷城　(지리4)

　반면, 물[水]이 어두나 어중에 놓일 경우는 그 어형이 '믈'로 나타나는 예
가 있다.

　　　史勿縣＞泗水縣　(지리1)
　　　德勿縣＞德水縣　(지리2)
　　　勿阿兮郡＞務安郡　(지리3)

　따라서 買忽의 買를 꼭 물을 뜻하는 어사로만 새길 수가 없고 산을 뜻하
는 고유어 '뫼'로 새겨도 무방하리라 본다. 한편 車, 買로 차음되었던 '뫼'
는 근대 이후에 와서 梅로 대신 표기되었음은 앞서도 말한 바 있다. 梅는
매화나무를 뜻하는 한자인데 이처럼 買 대신 梅 자를 택한 이유는 지명 표
기에서 이왕이면 뜻이 좋은 한자를 쓰고자 하는 지역민들의 바램이 반영된
것으로 보인다. 이처럼 동일어의 표기에서 뜻이 좋은 한자(嘉字, 또는 佳好字
라고도 부름)를 쓰는 표기법을 아역(雅譯)이라 부르기도 한다. 화성과 수원의
지명에서 유독 '梅' 字가 눈에 많이 뜨임은 그런 이유로 설명된다. 앞서 말
한 서신면의 梅花里에서부터 우정면의 梅香里, 팔탄면의 梅谷里, 송산면의
梅花洞, 수원 권선구의 梅山路와 梅橋 등이 그런 예일 것이다.

2) 산의 고유어 – 'ᄆᆞᄅᆞ ＞ 뫼'

(1) 'ᄆᆞᄅᆞ' 형

　산의 고유어 '뫼'는 그 기원형이 높은 곳을 지칭하던 'm∨r∨' 즉 'ᄆᆞᄅᆞ'
라 추정된다. ᄆᆞᄅᆞ는 현대어에서 마루(廳, 宗), 마리(首), 머리(頭), 말-(大) 등으

로 그 어형과 의미가 분화되어 쓰인다.「용비어천가」(4:21)의 지명 주석에서 椴山을 '피모르'라 적었으니 '모르'가 산의 고유어였음을 확인시켜 준다. ᄆᆞᄅᆞ(m∨r∨)는 말모음 탈락 및 모음간 'ㄹ'탈락에 의해 'm∨r∨>m∨r> m∨y'의 변화를 거친다. 대개 이 어사는 'ᄆᆞᄅᆞ/마리'형이 고대에 쓰이고 이후 중세에는 단음절의 '뫼' 형이 쓰이다가 한자어 산(山)에 그 자리를 내준 것으로 생각하기 쉽다.

그러나 반드시 이런 어형 변화를 거친 것만은 아니다. 현재 통용되고 있는 지명에서도 간혹 이 어사의 기원형으로 보이는 어형의 화석을 발견할 수 있으니 몇 예를 들어보기로 한다. 경기도 성남의 '모란장'의 '모란'은 'ᄆᆞᄅᆞ+안[內]'의 구조로서 산 안쪽이란 뜻으로 붙인 이름이다. 모란장터는 지금의 성남시 둔전동인데 이 지역이 오야동 쪽에서 보면 남한산 줄기의 안쪽에 위치하고 있어 이런 이름을 얻은 것으로 보인다. 경북 구미의 '웃모르(上毛洞)'는 기존마을의 위쪽에 있기에 붙은 이름이며, 경남 창령의 '모리실(牟谷里)'이나 함안과 밀양의 '모로실(慕老里, 慕魯里)'은 산간 계곡에 위치한다. 이밖에 '당모루(堂毛老, 함안 문천)', '솔모루(松隅里, 강원 양구)', '한모루(白隅里, 경기 이천)', '맷돌모루(磨石隅里, 경기 남양주)' 등도 ᄆᆞᄅᆞ의 기원형이 지명 접미어로 쓰인 예가 된다.

현 지명에서 기원형 ᄆᆞᄅᆞ의 표기에 쓰인 차훈자로는 隅, 馬, 頭, 斗 등을 들 수 있다. 隅는 모퉁이를 가리키는 말이지만 중세어의 훈이 '모롱이'(길 모롱이; 路隅)이며 방언으로는 모렝이, 마랭이어서 그 본 뜻에 관계없이 산을 지칭한다. 따라서 松隅는 솔산을, 石隅는 돌산을 가리킨다. 반면 차훈자 頭는 한자의 뜻 그대로 해당 지역의 윗 부분이나 입구를 지칭할 때 사용된다. 서울 지명 중 南山의 별칭인 '누에머리'(蠶頭)를 위시하여 '덜머리'(切頭, 마포구), '용머리'(龍頭, 동대문구) 등이 그런 예이다.

한편 ᄆᆞᄅᆞ의 차훈자로 쓰인 沙(砂)는 '모래'라는 한자의 본 의미를 살린 것인지, 아니면 그대로 산을 지칭하는 것인지 가려내기가 쉽지 않다. 대부분의 '모래'계 지명들이 한자어로 표기될 때 이 '沙' 字를 쓰고 있는데 서울에 있는 '모래내'도 고지도에서 沙川이라 적는 경우가 그러하다. 지금의 홍제천에 해당하는 이곳이 과연 모래가 맑고 많아서 그런 이름이 붙었는지는 잘 모른다. 서울의 모래내 뿐만 아니라 전국적으로 산재해 있는 '모라실/모래실/모래울' 따위의 이름들이 일반적으로 '沙谷'으로 기록되고(전북 임실, 전남 보성, 경남 거제, 경기 여주, 강원 철원, 경북 구미 등), '모라초/모라치'란 현지의 속명이 '沙村'(전남 장흥 ~ 강진)으로, 모래못이 '沙潭'(충북 괴산)으로 기록됨이 그런 예이다.

이들 '沙' 字 지명 중에는 간혹 고운 모래가 많아서 이런 이름을 얻게 된 예도 있을 수 있다. 그러나 대부분의 '모래/모라' 형 지명은 산을 뜻하는 ㅁ른의 차훈 표기로 보아야 함이 옳을 듯하다. '모래'의 중세어는 '모른/몰래/몰ᄋ ㅣ'인 바 이는 다시 기원형 '*몰개'로 소급된다. 여기서 '몰'의 본 의미는 불분명하나 이어지는 '-개'만은 접미사라 생각된다. 방언에는 모래를 '모새/모세'라고도 하는데 이런 '沙' 字 형 지명들이 표기 한자 그대로 모래의 의미로 쓰였다면 이런 음운의 흔적도 어느 정도 반영되었어야 하리라 본다.

산간 계곡으로 흐르는 물에는 으레 고운 모래가 있기 마련으로 현전하는 모든 '모래-'형 지명이 액면 그대로 모래[砂]만을 지칭하는 건 분명 아닐 게다. 대개의 '모래내/몰애내'란 이름은 山谷川 곧 산골 냇물을 나타내고, 마찬가지로 '모래재/몰애재'는 山峙 곧 산 고개를, '모랫말/몰애말'은 山村을 뜻하는 지명으로 봄이 옳을 것이다.

(2) '뫼' 형

m∨r∨는 앞서 말한 대로 母音間 'ㄹ'이 탈락하면 'm∨y' 형이 되어 중세어에서 '뫼'로, 또는 '모/무/메/매' 등으로 다양하게 표기되었다. 많지는 않지만 옛 지명에서도 이 단계의 어형을 표기한 듯한 예가 발견된다. 경북 군위군 효령(孝靈)의 옛 이름 芼兮縣과 경북 영일군 杞溪川의 옛 이름 芼矢川의 '芼兮/芼矢'가 바로 그런 예가 된다.

현 지명에서 '뫼'는 梅/每/母 등의 차음자를 사용하였으니 산 마을이란 뜻의 '매골/맷골/매실'은 '梅谷/梅溪'(경기 양주, 전남 고흥, 충남 아산, 경남 양산 등)로 표기되었다. 이를테면 산 안쪽 마을을 梅岸(경남 합천)이라 하고,

산이 삐죽 불거져 나온 지역을 '매꼬지/멧곶'이라 하여 梅花里(경기도 화성을 비롯하여 여주, 충북 옥천, 경북 울진, 충북 보은, 전남 신안 등)라 적는 것이다. 每峰山이나 毋岳山의 每/毋도 이 어형의 표기에 포함시킬 수 있다.

그런데 이 '뫼' 형 어사는 들[野]을 뜻하는 '무ㅣ'와 물[水]를 뜻하는 뫼/무/미 등과 그 어형이 비슷하여 해독에 있어 혼란을 초래할 수가 있다. 그 대표적인 예가 '무네미'라 불리는 아주 흔한 전래 지명이다. '무너미/무네미/무나미/무내미/무남이' 등 지역에 따라 다양하게 불리는 이 이름은 대체로 水踰/水越/水南/水餘/水余 등으로 표기되어 '무-'를 물의 뜻으로 수용되는 듯하다. 말하자면 비가 많이 왔을 때 물이 넘어가는 고개란 뜻으로 통상적으로 해석하는 것이다.

그러나 현지 조사를 통해 이들 '무너미'류의 지명들을 살펴보면 그 본뜻이 '물+넘이'보다는 '뫼+넘이'가 압도적으로 많다는 사실을 발견할 수 있다. 곧 '뫼넘이'란 이름은 병풍처럼 둘러쳐진 산줄기에서 사람들이 넘어갈 수 있는 산 고개, 즉 안부(鞍部)를 지칭하는 지명인 것이다. 여기서 '무-/뫼-'에 연결되는 '-나미/-너미'는 '남-'[餘]과 '넘-'[越, 過, 踰]의 모음교체형으로, 이 어사가 지명에 쓰일 때는 주로 '건너편'이란 뜻을 나타낸다. 따라서 전국에 흩어져 있는 무너미란 이름은 물이 넘쳐흐르는 곳이 아니라 물[河川]의 건너편이란 뜻으로 새김이 옳을 것이다.

한편 산을 뜻하는 '뫼'는 어형상의 이유로 조류의 매[鷹]로 옮아가 지명에서 중복어를 양산하기도 하는데 그 대표적인 예가 매봉[鷹峰], 매봉산[鷹峰山], 매봉재[鷹峰峴]이다. 「한국 땅이름 큰사전」에 수록된 것만도 무려 1,400여 곳에 이르는 산 이름이 바로 그것인데 이런 산명을 두고 세간에서는 매[鷹]를 놓은 산이어서, 혹은 봉우리 모양이 매와 같아서 이런 이름을 얻었다고 말하기도 한다. 그러나 이 산명은 '뫼+峰+山'의 구조로서, 말하자면 고유어와 한자어의 3중 중복어로 이루어진 이름이다. 다만 메바우/매박골로 불리는 鷹岩(서울 마포, 경기 이천, 충남 연기, 경북 달성 등)이란 이름은 매처럼 생긴 바위를 지칭할 수도 있으나 대다수는 그저 산골 바위를 지칭하는 지명으로 보아야 할 것이다.

3. 물(水)과 관련된 지명

앞서 화성은 서해 바다에 연해 있으면서 야트막한 야산 사이로 호수나 못, 샘, 우물, 시내 등 물이 많다고 하였는데 지명 속에 이런 지형적 특성이 반영됨은 당연한 일이다. 우선 바닷가에 위치하여 해변 고유의 특성을 살린 이름, 즉 ① 크고 작은 배가 드나들던 포구, ② 바닷물을 막기 위해 제방을 쌓으면서 갯벌에 형성된 마을, ③ 소금이나 양곡을 저장해 두던 곳집(海倉), ④ 바닷가의 모래톱으로 인해 생긴 마을, ④ 川, 井, 沼, 潭 등 그밖에 일반적인 물과 관련된 지명 용례를 들어보기로 한다.

1) 포구(浦口)

馬山浦·고잔(송산면 古浦里)

송산면에 있는 포구로서 곶(串)으로 형성되어 있어 "고지의 안"이라는 뜻으로 '고잔'으로 불리었다. 馬山浦란 이름은 본래 '마루개'[宗浦의 의미]라 불리었던 듯하다. 지명에 쓰이는 '馬'는 대개 말과는 직접 관련이 없고 대신 '으뜸'을 뜻하는 '마루>말'宗, 首]의 훈음차(訓音借)한 표기가 대부분이다. 흔히 말하길, 조선 중엽에 말이 바다를 건너와 이 포구가 마포(馬浦)로 불려지다가 이후에는 이곳 산세가 말의 형상을 닮아 마산포(馬山浦)로 개칭했다고 한다. 그러나 이런 해석은 지명에 쓰인 한자의 뜻[訓]에 구애된 것이라 본다.

기록에 의하면 구한말 임오군란(壬午軍亂) 때 청나라 장수 원세개(袁世凱)가 이 포구로 군대를 이끌고 상륙했으며, 대원군이 청나라로 끌려갈 때도 이 포구에서 배를 탔다고 전한다. 인근에 있는 馬山里와 우정면의 馬山洞(말미)도 같은 뜻의 이름, 이 역시 '마루뫼', '마루미', '말미' 정도로 불리었을 것이다.

이 마을이 전래지명에서 '고잔'으로 불린 것은 포구 남쪽에 있는 花梁鎭의 花梁이란 표기에서도 잘 드러난다. 花梁은 '고지들(돌)', '곶돌'의 표기로서 "곶에 형성된 마을"[串邑]이란 뜻이기 때문이다.

孫浦 · 손개(향남면 上新里)

馬山浦가 크고 으뜸가는 포구임에 반해 孫浦는 작고 좁은 포구로서 현지에서 '손개'로 불린다. 손개는 "좁고 가늘다" 라는 뜻의 '솔다(細, 狹)'의 관형사형 '손-'이 접두한 것으로 한자 '孫'과는 아무 관련이 없다. 강화도의 손돌(孫梁)과 같은 유형의 지명인데 이를 두고 孫씨가 많이 모여 사는 갯벌 마을이란 뜻으로 해석하기도 한다.

石浦里 · 돌소지(장안면)

현지에서는 '돌소지' 또는 그냥 '석포'라 불리기도 한다. 예로부터 돌이 많은 포구여서 그렇게 불렀다는데 이 역시 石의 훈에 구애된 해석이다. '돌'이라면 바닷가에 있는 마을을 일컫는 고유어로서, 대개 '梁'(울돌목의 鳴梁, 노들나루의 鷺梁津과 같이)으로 표기되었으나 여기서는 '돌 · 석(石)'자를 이 어형의 표기에 사용하였다.

浪浦 · 낭개(우정면 石川里)

'낭개' 또는 한자어 그대로 '낭포'로 불린다. 예전 바닷물이 마을 앞까지 몰려왔을 때 특히 이곳에서 물결이 거세었다 하여 붙인 이름으로 생성 당시부터 한역(漢譯)으로 출발했던 듯하다.

鳩浦里 · 굿개(비봉면)

구한말 이 포구에 갈매기가 많이 서식하여 이런 이름을 붙였다는 설이 있다. 퍽 문학적인 해석이나 鳩는 갈매기가 아닌 비둘기를 뜻하며, 그것보다는 한자어 구미(鳩尾)는 명치, 곧 인체의 급소를 지칭하는 말로서 땅이름에서는 지형상의 요처를 일컬을 수 있다. 또한 '구미'는 고유어로서 굽이진 지형을 뜻하기도 하는데 여기서는 어떤 의미로 쓰였는지 확실하지 않다.

柳浦里 · 버들개, 버들무지(비봉면)

이전에는 마을 어귀까지 바닷물이 들어와 포구에 어촌이 형성되어 浦村洞이라 불렀다. 지금은 '버들개' 또는 '버들무지'라 부르는데 이는 포구에 버드나무가 많아서 붙여진 이름이라고 말한다. 그러나 한자 '柳'는 버드나무를 뜻하지만 이 차자가 지명에 쓰일 때는 '길게 뻗은' 지형을 가리킨다. 이곳 柳浦도 포구가 바다 쪽으로 길게 뻗어 있다는 뜻으로 쓰인 말이다.

外浦洞 · 밝개(남양 匙里)

'수리', 또는 '시리'의 밖에 있는 포구란 뜻으로 '밧(밖)개'라 불린다. 본 마을은 그 지형이 숟가락을 닮았다 하여 '숟가락 · 시(匙)'를 써서 '시리'라 일컫게 되었다. 또한 시리 서쪽에 행촌(杏村)이란 마을이 있는데 이는 마을 주변에 몇 그루의 살구나무가 있어 붙여진 이름이다. 밝개가 고유어 이름인 반면 시리와 행촌은 처음부터 한자어 이름으로 지어진 것 같다.

海門里(마도면)

조선조 중엽 동네 어귀 산간지대를 배편으로 출입했다고 한다. 해문구화역(海門仇火驛)이 있었던 곳으로 그로 인해 붙은 이름이 많다. 해문(동), 역말, 역골, 역곡, 구화, 굿벌 등이 그런 예이다. 해문(海門)에서 보듯 처음부터 한자어로 지어진 이름이다.

海坪洞 · 바다들, 바닷들(서신면 梅花里)

매골 남쪽 바닷가에 있는 마을, 梅花里에 딸린 곳으로 간척사업으로 형성된 들(坪)이라 하여 붙여진 이름이다. 매화리는 본래 남양군 신리면 지역으로 맷골, 매골, 매곡, 매동, 또는 나라의 양(羊)을 길렀다 하여 목양동이라고도 호칭되었다. 그런데 단지 매골이라면 梅谷, 또는 梅洞이 되겠으나 梅花가 된 것을 보면 '고지>곶'(串이 맞지만 대개 花로 훈음차 표기함)이란 또 다른 이름이 첨가된 합성지명이라 생각된다.

배머리 · 녹사리(송산면 古井里)

'배머리'란 이름은 배가 정박하는 포구의 머리 부분이라는 뜻일 수도 있고, 혹은 산의 형국이 배의 머리와 같다고 하여 얻은 이름일수도 있다. 어떻든 배머리는 고잔 북쪽에 있는 마을이다. 또한 녹사리의 '녹'은 배의 닻줄을 일컫는 방언이며 '녹사리'란 말은 배 닻줄을 감는다는 뜻, 이곳이 포구로서 배가 많이 드나든 데서 유래한 이름이라 한다. 고정리는 본래 남양면 세곳면에 속했던 지역으로 고잔(고지의 안쪽이란 뜻)의 '고(古)'와 먼우물[遠井]의 '정(井)'을 합하여 고정동이 되었다.

古浦里(송산면)

자연부락인 고잔(古棧)과 포막동의 첫머리 글자를 따서 붙인 이름이다. 이처럼 합성지명에서는 지명 본래의 의미를 찾기는 어렵다.

2) 방죽(防築)

물의 범람을 막기 위해 쌓은 둑[堤防], 즉 방축을 흔히 방죽이라 부른다. 바다에 면해 물이 많은 화성 지역은 이 방죽과 관련된 지명이 많다. 바닷물을 막아 농경지를 넓히고 여기에 주거지를 닦은 데서 비롯된 이름들로서 그 일부만 소개하면 다음과 같다.

防築里·방죽머리(향남면/마도면 石橋里/송산면 芝花里 등)

방죽리는 한자로 쓸 경우 행정상의 법정지명이요, 전래지명으로는 방죽머리라 한다. 방죽의 윗쪽, 즉 머리 부분에 마을이 형성될 때 붙이는 이름이다.

防築里·방축말(장안면 水村里 등)

水村은 1914년 행정구역 개편 때 방축말, 배다리, 감나무골, 기장말, 꽃밭, 향골, 용당골을 병합하여 물이 많이 모이는 곳, 즉 물골이란 뜻으로 붙여진 이름이다. 여기서 '꽃밭'이란 말은 花田의 뜻이 아니라 '고지밧', 즉 곶밧[串外]이란 의미를 갖는다. 고지의 안을 뜻하는 '고잔'과는 상대적인 이름이다.

防築洞(우정면 覓祐里/ 봉담면 水機里 등)

水溜里(마도면 靑園里)

이곳은 방조제를 설치했으나 만조 때가 되면 바닷물이 유수(溜水)된다 하여 붙인 이름으로 혹은 수루지(水樓池)로도 표기한다.

水門開(서신면 宮坪里)

이곳은 밀물 때 바닷물이 마을 앞까지 밀려와 농경지가 침수되므로 방죽을 쌓아 수문을 만들었는데 그 문을 열고 닫는다고 하여 그렇게 부른다는 것이다. 그러나 여기서 개(開)는 포구를 뜻하는 고유어 '개(浦)'를 차음하여 開로 표기한 것이다. 따라서 수문개는 수문이 있는 포구의 뜻으로 보아야 한다.

3) 선창(船倉)

짐대울, 짐촌, 김대울(향남면 發安里)

예전에는 이 지역 일대가 온통 갯벌이었는데 그 벌의 안[內]쪽에 있다고 하여 '벌안'[原內, 坪內], 또는 '발안'이라 불렀다. 발안리의 옛날 이름인 짐대울, 또는 김대울은 선창(船倉)에 해당하는 고유어로서 배에 짐을 싣고 부리던 곳이어서 붙은 이름일 것이다.

社倉(향남면 下吉里)

社倉의 '社'는 본래 여러 민가가 모여 한 부락을 이루는 촌락공동체를 뜻하며, '倉'은 가뭄이나 홍수 따위의 비상시를 대비하여 곡물을 저장하는 곳간으로 조선시대에는 각 고을마다 이런 사창을 두었다. 下吉里는 '한절이'의 下洞과 '안길이(安吉)'를 병합할 때 생긴 합성지명이다.

社倉里(양감면)

고려 때 爭忽部曲이 있었던 곳으로 '쟁홀' 혹은 '쟁골'이라 불렀는데 조선조에 와서 사창이 건립되면서 이름이 바뀌었다. 예전 곡식 창고가 있던 자리에서 지금도 기왓장 따위의 흔적이 출토된다고 한다.

海倉里(팔탄면)

고려 때 工以鄕이 있었으므로 공이향, 공향이라 했고 조선조에 수원부의 海倉이 있었으므로 해창, 또는 창(倉)말, 창촌이라고 부르고 있다. 구한말까지 서해를 통하여 서울과 연결되어 조운(漕運)이 번성했던 곳으로 유명하다.

倉村·창말(우정면 覓祐里)

조선 영조 때 柏山 아래 있던 쌍고창(雙皐倉)이 이곳으로 옮겨옴에 따라 곳집이 있던 마을이라 하여 '창말'이란 이름을 얻었다. 먹우리는 그 지형이 마치 '머구리'(개구리의 옛말)처럼 생겼기에 머구리, 또는 머구니로 불리던 것을 음이 비슷한 한자로 차음 표기하였다.

船艙(우정면 珠谷里)

장작원 북쪽에 위치한 마을로 이곳에 선창이 있었다고 한다. 오래 전에 이곳 해변에 포구가 생겨 배가 닿을 수 있는 잔교가 가설되었다. 이때부터 사람들이 여기서 배를 타고 짐을 싣고 부리게 되면서 자연 어촌을 형성하게 되었다. 주곡리(珠谷里)는 그 지형이 '구슬(珠)'처럼 생겼으므로 구슬, 구실, 구술 등으로 불리던 것을 차훈하여 지금의 주곡이 되었다.

4) 기타, 물에서 비롯된 이름

느지지(양감면 蓼塘里)

이곳은 조선조 말까지 바닷물이 들어오던 해변 마을로서 장승배기를 대만촌(大晩村)이라 한 반면, 그 북쪽에 있는 작은 마을을 소만촌(小晩村)이라 하여 이를 '느지지'라 불렀다. '느지지'란 바닷물이 다른 곳에 비해 늦게 들어오고 늦게 빠진다는 뜻에서 그런 이름이 붙은 것으로 보인다.

한편 느지지가 속해 있는 요당리는 현지에서 '요댕이'라고 부르는데 「華城誌」(1831년 편찬)에서도 요당리(蓼塘里)라 기록되어 있다. 蓼는 '여뀌·료'

字이며, 塘은 못이나 방축을 뜻하는데 塘地라 하면 뚝을 쌓아서 물이 괴게
한 못을 가리킨다. 그렇다면 이 고을에 여뀌가 자생하는 못이 있어서 붙여
진 이름일 것이다.

沙浪里·새랭이(장안면)

본래 수원부 초장면에 속한 곳으로 '새랭이' 또는 '사랑동'이라 칭해 왔
다. 1914년 행정구역 개편 시 沙浪里라고 한 것은 이 지역이 바닷물이 밀
려오는 맨 끝 지역으로 모래사장이 형성되었기에 붙여진 이름이라고 하나
확인하기는 어렵다. 사량리는 본래 쇠파니를 비롯한 몇 개의 자연부락이
병합할 때 작명된 합성지명으로 沙는 쇠파니의 '쇠'에서 연유한 말이 아닌
가 싶다.

漁隱里·언골, 은골, 어은골(장안면)

「華城誌」(1831년 편찬)에 나오는 초장면 노은동(魯隱洞)에 해당하는 곳이다.
바뀐 漁隱이란 이름을 두고 바다의 물고기가 이곳으로 몰려 와 숨던 곳, 또
는 출어했다가 풍랑을 만나면 이곳으로 와서 피난했던 곳이라고 해석하기
도 한다. 그러나 물이 '어울(아울)리는' 곳을 어운내[並川], 그 주변 마을이나
골짜기를 어운골이라 하는 바, 어은리 역시 이 같은 이름의 차음 표기가 아
닌가 한다.

水營里(봉담읍)

'수영말'로 불리던 이 마을은 고려 말 군사들이 이곳에 진을 치고 주둔했
던 데서 비롯된 이름이다.

靑蓼里(비봉면)

앞서 소개한 양감면의 蓼塘里와 같은 '여뀌 요' 자를 쓰는 지명이다. 흔
히 말하길 이곳에 푸른 갈대[靑蓼]가 많이 자생하여 주민들이 갈대로 살구
지를 만들어 고기를 잡았다는 데서 유래했다고 한다. 그러나 靑蓼里는 '요
골'(蓼谷洞)과 靑龍洞이 병합할 때 두 지명의 첫 머리글자를 따서 붙인 합성

지명으로 '푸른 갈대' 설은 한낱 한자 풀이에 구애된 해석이다.

南陽里(남양)

화성·수원지역에서 매골(買忽)과 함께 역사가 오랜 고을로서 일찍부터 국제 무역항이었다. 삼국시대 중국 당나라로 가는 길목이란 뜻에서 唐城, 또는 唐(鷠)項城으로 호칭되고, 신라 경덕왕 때 唐恩으로, 그리고 홍덕왕 때는 唐城鎭으로 불리기도 했다. 南陽이란 이름은 삼국지에 나오는 제갈량(諸葛亮)의 고향 지명에서 따온 것이라고도 하나 믿기 어렵다. 왜냐하면 남양은 물을 경계로 하는 방위 지명으로 우리나라에서도 전국적으로 흔히 볼 수 있기 때문이다.

開默洞·개묵, 해묵(남양 遠泉里)

원천리는 원막동과 천곡동을 병합한 합성지명이며, 이 마을에 속한 개묵은 원막 서북쪽에 있는 작은 마을이다. 여기서 개묵은 본래 '깻묵'을 차음(借音)한 것이 아닌가 한다. 이곳은 예로부터 바닷물이 드나들던 곳으로 그곳의 모래가 검어서 땅을 파면 그 색깔이 깻묵처럼 검었다고 한다.

葛川·가리내, 葛谷·가래울, 가리울(향남면)

물이 '갈라진다[分岐]라고 할 때의 '가르>갈'을 한자 '葛'로 차음 표기한 것이다. 내(川)가 갈라진 곳에 위치한 마을을 흔히 '가래울'이라 하여 이곳뿐만이 아니라 전국적으로 많은 분포를 보인다. 흔히 말하길, 생활이 어려울 때 그 지역 주민들이 칡[葛]으로 연명했기에 이런 지명이 생겼다고 하지만 실은 칡하고는 아무런 관련이 없다. '울'은 골짜기[谷]를 뜻하는 '골'이란 말의 'ㄱ'탈락형이다.

求文川里(향남면)

1914년 행정구역 개편 때 구미리(求蜜)와 물언이(文彦), 돌내(石川)의 세 마을을 합하여 그 첫머리 글자를 딴 합성지명이다. 위의 세 지명은 모두 순수 고유어로서 '물언'의 경우는 물(시내)의 안쪽이며, 구미리는 굽이진 골짜기에 있다고 하여 붙여진 이름일 것이다.

한우물(향남면 防築里)

방죽머리 마을 앞에 큰 우물이 있어 본래의 뜻 그대로 '한우물'(한역한다면 '大井'이 될 것이다)이라 명하게 되었다. 행정구역 개편 때 한우물은 방죽머리(또는 방죽안), 대밭말과 함께 방축리가 되었다.

水直里・우뭇골(향남면)

역시 이 마을에 좋은 우물이 있으며, 마을 앞으로 흐르는 시내가 '곧게'(똑바로) 흐른다고 하여 水直이라 하고, 여기서 윗마을을 上水直, 아랫마을을 下水直이라 부르게 되었다.

佛川・부처내(향남면 水直里, 양감면 松山里)

시주를 요청하는 스님에게 오물을 퍼준 부자 주인이 그 벌로 돌이 되었다는, 소위 말하는 '장자못 설화'가 깃든 시내이다. 지금도 마을 앞에 그 전설의 돌부처가 남아 있다고 한다. 한편 양감면 松山里(솔미)에도 佛川洞라 표기되는 '부처내'가 있는데, 여기서는 마을 앞 냇가에서 불상이 여러 점 나왔다 하여 이런 이름을 얻었다는 것이다.

新旺里・샘골(양감면)

마을에 좋은 샘이 있었으므로 새미, 생이, 샘골 등으로 불리었다. 1914년 행정구역 개편 때 면사무소가 이곳으로 옮겨옴에 따라 더욱 발전하라는 의미에서 신왕리(新旺里)라 이름했다고 한다. 이 마을에 딸린 砂陽洞도 마을 앞 시내에 모래, 자갈이 많은 데서 유래했다지만 윗마을을 '윗생이'[上砂陽]라 하고, 아랫마을을 '아랫생이'[下砂陽]라 부르는 것을 보면 新陽이나 砂陽이란 한자말 이름은 실은 샘의 변이형 '생이'에서 비롯된 표기일 것이다.

龍沼里(양감면 등)

지명 특히 못이나 우물의 이름에서 '龍' 字가 들어가는 곳은 전국적으로 헤아릴 수 없을 만큼 많다. 이들은 풍수지리상 명당으로 손꼽히는 곳으로서 대개는 용이 승천했다는 전설을 가지고 있다. 그러나 어원적으로 본다면 용은 그 자체가 물과 관련이 깊다. 곧 龍의 고유어가 '미르'여서 '므리'라는 '물'의 고대 어형과 매우 유사하기 때문이다.

箕川里(팔탄면)

건달산(乾達山)을 끼고 흐르는 시내를 箕川, 그 시냇가에 자리잡은 세 개의 자연부락을 箕川里라 한다. 箕川은 '아래키울' 즉 下箕洞의 箕와 '사내' 즉 沙川의 川을 합성한 지명이다. 箕가 곡식을 까불 때 쓰는 기구를 뜻하기에 이곳 시내의 형상이 키를 닮았다고 설명하기도 한다.

上沙川·윗사내(팔달면 箕川里)

건달산 자락의 윗마을을 '윗사내'라 하고 아랫마을을 '아랫사내'라 하는데 여기서 사내[沙川]는 그 뜻이 '모래내' 일수도 있고, 또는 새내[新川] 즉 "새로 생긴 시내"를 지칭할 수도 있다.

金泉·쇠내(팔달면 栗岩里)

율암리는 '밤디'의 栗北의 栗과 '선돌'의 立岩의 岩을 따온 합성지명이다. 金泉은 율암리에 딸린 마을로 현지에서는 '쇠내'라 부른다. 지명에서 흔히 볼 수 있는 '金'은 여러 가지 뜻으로 쓰인다. 실지로 그곳에 金(금)이 나기 때문에 이를 지명에 넣는 경우도 있으나 이는 매우 드문 현상이다. 대부분의 경우 金, 즉 쇠/새는 사이(間)의 준말인 '새'와, 또 새로 생겼다는 '새(新)'의 뜻으로 쓰였다. 남양 삼괴 반도의 중간지점에 있는 이 시내는 이런 세 가지 중 어떤 뜻으로 쓰였는지는 지금으로서는 단언할 수 없다.

馬井洞 · 말우물, 마루머리(장안면 錦衣里)

'말우물'은 큰 우물을 뜻하며, 그 우물 머리에 있는 마을을 흔히 '마루머리'라 한다. 앞서 馬山浦의 '마루개'란 이름에서 설명한 바와 같이 馬는 동물인 말과는 상관없이 '마루'[宗 · 首]란 고유어를 훈음차한 것이다. 이는 전국에 흩어져 있는 '馬' 字系 지명의 공통된 현상이다. 한편 말우물이 속해 있는 금의리는 그 지형이 거미를 닮아 생긴 이름이라 하나 이 역시 확실하지 않다.

蘆井 · 갈우물(장안면 蘆眞里)

예로부터 이 마을 앞 벌판에 갈대가 우거지고 좋은 우물이 있어 '갈우물'이라 불렀다 한다. 조선조 말 행정명으로 대유정리(大有井里)라 했고, 1914년 행정구역 개편 때 갈우물(蘆井洞)의 蘆와 참남기(眞木洞)의 眞을 따서 蘆眞里가 되었다.

龜川 · 구래(장안면 德多里)

이 마을 앞 냇가에 거북이가 놀았다 하여 거북내, 이를 한자말로 옮겨 구내(龜川)라 했는데 이 구내가 변음이 되어 '구래'가 되었다는 것이다.

興川(장안면 沙谷里)

모래골, 또는 모새골로 불리던 사곡리(沙谷里)에 딸린 지역으로, 큰 내란 의미의 홍천(洪川)이 변질되어 지금처럼 홍천(興川이) 되었다.

口洞 · 물구리(장안면 長安里)

마을 앞 산기슭을 칭하는 이름으로 항상 물이 마르지 않아 물골[水谷]로 불리었다는 설과, 옛날에 이곳 마을 앞까지 밀물이 들어 왔기에 '물구리'로 불렀다는 설이 있다. 둘 다 맞는 해석으로 '구리'나 '골'은 같은 말로서 사람이 사는 마을을 뜻한다.

溫水谷·온수골(장안면 長安里)

장안리에 속한 이 마을은 이곳의 샘물이 다른 곳보다 유독 따뜻하다 하여 처음부터 '온수골'이란 한자이름으로 불리었던 듯하다.

놋우물(우정면 梅香里)

수식어로 쓰인 '놋-'의 뜻이 애매하나 일설에 의하면 일제 말 놋그릇 공출을 피하기 위해 마을 앞 공동우물 속에 그것을 감추었다는 설이 참고가 된다.

雲井洞·구름울(우정면 雲坪里)

산이 구름처럼 둘러쳐져 있고 마을 한가운데 우물이 있어 이렇게 '구름울'이라는 멋진 이름을 얻었다. 구름울이 속한 雲坪里는 雲井里와 坪田里의 합성지명이다.

널우물(우정면 元安里)

흔히 널판지를 우물 위에 깔았다고 하여 '널우물'이 되었다고 하나 그 본뜻은 규모가 큰, 곧 널따란 우물을 뜻하는 말이다.

박우물(우정면 珠谷里)

이 우물은 그리 깊지 않아 바가지로 물을 뜰 수 있다 하여 이런 이름이 붙었다고 한다.

麗水洞·여술, 새터(우정면 花樹里)

전래지명이 '여술'인데 그 본뜻은 확실하지 않다. 전설에 의하면 옛날 이 고을에 두 개의 큰 우물이 있었는데 한 곳에서는 뛰어난 장수가 나오고 다른 한 곳에서는 용마가 나왔다고 한다. 이 두 샘은 수량이 풍부하고 물 맛 또한 빼어나다 하여 이런 이름을 얻게 되었다는 것이다.

한편 화수리는 본래 수원부 사정면의 지역으로 새로 터를 잡고 꽃나무를 많이 심었으므로 새터, 신기(新基), 또는 화수라 불렀다 한다.

汾川里(봉담읍)

마을의 지형이 동이[盆]처럼 생겼다 하여 고려 때부터 분촌향(盆村鄕)으로 일컬어지다가 조선조 말에 분화촌(盆化村)으로 개칭되고, 다시 1914년 행정 구역 개편 때 이곳에 샘이 많다고 하여 汾川里라 하여 '분'의 한자가 바뀌게 되었다.

水機里 · 수틀(봉담읍)

흔히 말하길, 정조대왕이 선친 사도세자의 묘를 화산으로 정할 때 이곳에 있는 금릉바위에서 잠시 쉬어갔으므로 쉬틀, 수틀, 또는 수기란 이름이 붙었다는 것이다. 그러나 이는 한낱 민간어원설에 불과하고 이 이름은 '수틀'이란 기구를 만들던 데서 유래한 지명으로 보아야 한다.

濱汀(매송면 野牧里)

이 곳은 조선조 말부터 부락이 형성되었다고 한다. 마을이 바다를 끼고 있어 물가를 뜻하는 빈(濱)과 정(汀)이란 어려운 한자를 써서 지명으로 삼았다. 한편 野牧은 본래 광주군 송동면 지역으로 들의 목(項)이 되므로 '들목'이라 부르던 곳을 차자 표기하였다.

玄川 · 거무내(매송면 野牧里)

들목(野牧)의 남동쪽에 있는 마을로서 흐르는 시내의 이름을 따서 동명으로 삼았다. '거무내 >검내'는 비록 '검을·현(玄)'으로 차훈되고 있으나 냇물이 검은 게 아니라 마을 "뒤편으로 흐르는 시내"란 뜻인 '고마내/거무내 > 곰내/검내'(北川 또는 後川)의 뜻으로 쓰인 말이다.

漁川里 · 어랑내(매송면)

본래 매곡면에 속했던 곳으로 어랑내, 어랑내(천)라 부른다. 한자로는 於良川으로 표기했는데 於를 '어'로 읽어 '고기잡을·어(漁)'로 바꿔 놓았다. 지명에 쓰이는 '於' 자는 늘어지다란 뜻의 '느리-'로 읽혀지기 때문에 이곳의 본래 명칭은 '느리내', 또는 '늦내' 정도로 불리어졌을 것이다.

泉川里·샘내, 샘내골(매송면)

칠보산(七寶山) 기슭에 자리잡은 이 마을은 항상 맑은 시냇물이 흐를 뿐
아니라 어디서나 샘이 솟는다 하여 샘내, 샘내골로 불렀는데 이를 그대로
한역(차훈)하여 泉川里가 된 것이다.

五木川洞·오목내(매송면)

이 마을은 '오목내'란 시내의 이름에서 연유하였다. 오목이란 말은 다섯
그루의 나무[五木]라는 한자어와는 상관없이 시내가 '오목하다'는 지형상
의 특징을 반영한 고유어 이름이다.

文湖里(남양)

1914년 행정구역 개편 때 문구리(文起洞)와 서호동(西湖洞)을 합병하여 文
湖里라 이름하였다. 서호는 '새미' 서쪽에 있는 마을인데 처음에는 몇 가호
에 불과한 곳이 바닷가에 언(뚝)을 쌓고 갯벌을 개간하면서 큰 마을이 형성
되었다.

水花里(남양)

밀물이 드나들었다는 수충동(水充洞)과 '매고지'라 불리던 산화동(山花洞)
이 병합하여 水花里가 되었다. 앞서 수차 언급한 매화리의 매화(梅花)와 더
불어 물과 고지>곶이 결합한, 화성을 대표할 수 있는 지명이다.

遠泉里(남양)

'원실'이라 불리던 원막동(遠幕洞)의 遠과 '샘실'이라 불리던 천곡동(泉谷
洞)의 泉을 따서 遠泉里가 되었다. 먼 곳에 있는 막(幕)과 샘이 합하여 결과
적으로 '먼 샘'이 되어버린 것이다.

雨井·비우물(서신면 尙安里)

고려 때부터 이 지역에 뽕나무가 많았기에 상림원(桑林園)이라 칭했으나
이후 상림동(尙林洞)으로 바뀌고, 다시 인근의 대안동(代安洞)과 병합하여

상안리(尚安里)가 되었다. 이 마을에는 두 개의 우물에서 비롯된 지명이 있는데 '비우물'과 '개물'[蓋井]이 바로 그것이다. 비우물[雨井]은 때로 碑井村이라 하여 비석을 뜻하는 '碑' 字를 쓰기도 한다. 이는 우물을 팔 때 비석이 나왔기에 그렇다는 것이다. 또한 개물의 蓋井은 이곳이 명당 터라 하여 우물을 메우고 집을 지었다는 전설에서 '덮을·개(蓋)'를 쓴다는 설이 있다.

靈池(서신면 龍頭里)

신령스런 못이란 뜻으로 붙인 이름이라는데 확실치는 않다. 또한 이 못이 있는 마을을 영지촌이라 부른다.

雲川洞·구름내(서신면 前谷里)

구봉산 앞 골짜기에 있는 앞실[前谷]에 딸린 마을인데 '구름내'란 멋진 시내의 이름을 동명으로 삼았다.

古井里(송산면)

'고지의 안'[串內]이란 뜻의 고잔(古棧)동의 古와 "멀리 떨어져 있는 우물"이란 뜻의 원정(遠井)동의 井을 따서 古井里가 되었다.

沙江里(송산면)

본래 남양군 수산면 지역으로 전에는 이곳까지 조수가 드나들어 강처럼 변했으므로 沙江이라 이름한 것 같다. 안사강[內沙江]과 바깥사강[外沙江 또는 新外洞]으로 나뉜다.

水山洞·물미(송산면 三尊里)

삼면이 바다로 둘러싸여 있고 한 면이 산이어서 '물뫼', '물미'라 불렀는데 이를 水山으로 한역하였다. '뫼/미'는 산을 뜻하기도 하지만 물을 뜻하는 고유어이기도 하다.

雙井里(송산면)

본래 남양군 세곶면에 속한 곳으로 '한우물'[大井]과 '덕우물'[德井, 또는 石井]의 두 우물에서 비롯되어 雙井里라 이름하였다. 덕우물의 '덕' 역시 큰 것을 뜻하는 고유어이다.

龍水洞·용숫골·영개(송산면 龍浦里)

龍水는 옛날 이 포구에서 용이 승천했다는 전설에서 붙여진 이름이다. 이 용숫골과 신당이 있어 '당미'라 불리던 고포(羔浦)가 병합되어 지금의 龍浦里가 되었다.

4. '곶(串)'에서 비롯된 지명

지금까지 살펴본 것처럼 화성·수원 지역의 지형상의 특징이 서해 바다에 연하여 시내, 못, 우물, 저수지 등과 같이 물과 관련된 지명이 많았음을 확인하였다. 이에 못지 않게 또 하나 중요한 특징은 이곳의 지형이 바다 쪽으로 삐죽 나와 있다는 점이다. 이처럼 바다나 물 쪽으로 가늘고도 길게 뻗어 있는 육지의 끝 부분을 가리켜 '곶' [한자로는 岬, 또는 串]이라 부른다. 곶의 기원형은 어말모음을 보유한 '고지'로서 이 지역의 지명에도 자주 등장한다.

고지> 곶은 '-곶'이란 형태로 지명 접미어('지명보편소'라고도 함)로 쓰임이 통례지만 때로 수식어, 곧 접두사로 쓰이는 예도 발견할 수 있다. 이를테면 곶의 안쪽이라면 '곶+안'의 구조가 되어 '고잔'이라 부르고, 반면 바깥쪽이라면 '곶밖'으로 불리는 경우가 그러하다. 고잔은 현 지명에서 古棧, 高棧, 古盞, 高盞 등의 한자로 다양하게 표기되는데 이 중에는 강화도(불은명 고릉리)의 한 곳은 이를 차훈(한역)으로 표기하여 관내동(串內洞)이라 부르기도 한다.

곶안>고잔의 상대어는 고지밖>곶밖이 되겠는데 이를 관외(串外)라 적지 않고 엉뚱하게도 花田으로 적은 용례가 있다. 말하자면 '곶밖'을 의식적으로 '꽃밭'으로 생각하여 차훈 표기(정확히 말하여 訓音借 표기)한 것이다. 이런 현상은 이왕이면 뜻이 좋은 한자를 쓰고 싶은, 차자 표기법상의 일종의 아역(雅譯)이라고 할 수 있다.

현대어의 꽃(花)은 중세어에서 경음화 현상을 거치지 않은 '곳' 또는 '곶'으로 표기되었다. 따라서 고지의 준말 '곶'과 꽃의 고어 '곳'이 어느 시기까지는 발음이 같았거나 유사한데서 곶(串)을 꽃의 花로 표기한 것이다. 화성·수원의 지명만 하더라도 이 지역이 온통 꽃으로 뒤덮인 것처럼 많은 '花' 字系 지명을 발견할 수 있다. 지형상의 특징으로 인하여 그만큼 이곳에 곶[串]이 많다는 증거가 된다. 실지로 전국 지명사전에서 찾아보면 花 字, 즉 '곶' 系 지명의 70% 이상이 화성을 중심으로 한 서해안 일대에 분포되어 있음을 알 수 있다. 그 몇 예를 들어 보이기로 한다.

粉知串 · 분지고지, 분지곶(文湖里)

서호못 서쪽에 있는 작은 섬으로서 분지처럼 생겼기로 이를 분지섬이라 하고, 그 섬에 있는 곶으로 된 마을을 분지곶동이라 한다.

山花洞 · 뫼고지(水花里)

水花里는 水充과 山花의 합성지명임은 앞서 밝힌 바 있다. 山花는 '뫼고지', '뫼곶'으로 불리던 곳으로 여기서는 산이 바다 쪽으로 삐죽 나와 있어 이런 이름을 얻었다.

古棧 · 고잔(新外里)

인천 옆에 있는 마을로서 곶의 안쪽이 된다.

長串洞 · 장고지, 장곶(長德里)

본래 남양군 둔지곶면 지역인데 행정구역 개편 때 장고지와 덕바위(매바위) 등을 병합하여 장덕리가 되었다.

살구지(活草里)

지형이 화살촉처럼 뾰족 솟아 있는 고지임으로 '살구지'라 불렀다. 活草里란 이 살구(고)지를 차자 표기한 것이다.

高棧·고잔·꽃전(宮坪里)

궁평리의 바닷가에 위치한 마을로 이곳 역시 고지의 안쪽이 된다. 마을 앞 모래밭에 해당화가 피고 집집마다 꽃밭을 가꾸었기에 꽃전[花村]이 되었다고 하나 이 역시 고지안>고잔의 변이음에 지나지 않는다.

梅花里·맷골, 매곡

본래 남양군 신리면 지역으로 예전부터 '맷골'(梅谷, 혹은 梅洞)이라 불렀는데 1914년 행정구역 개편 때 고지>곶 系 지명과 병합하여 梅花가 된 것으로 보인다. 이곳이 산골짜기이므로 여기서의 梅는 산을 뜻하는 뫼[山]로 해석하기도 한다.

仕串里·벼슬고지(곶)

지형의 닭의 벼슬(鷄冠)을 닮아 '벼슬고지'라 불렀다 한다. 이 벼슬을 관직(官職)으로 생각하여 사곶(仕串)으로 차훈하였다. 벼슬>뱃은 또한 비스듬히 비탈진 지형을 일컫는 말로 쓰일 수도 있다.

箭串·살고지(松橋里)

남양면 活草里의 살구지와 같은 뜻의 지명인 듯하다. 일설에는 살[箭]을 많이 단 그물을 드리워 고기를 잡던 곳이라고 말하기도 한다.

唐串·당고지(前谷里)

삼국시대 唐나라와의 무역선이 출입하던 곳이어서 붙여진 이름이다. 남양의 본이름 당성(唐城)과 같은 계통의 이름이다.

古棧洞 · 고잔(古井里/古浦里/三尊里)

居芝洞 · 거지(芝花里)

'거지'는 고지의 변이음으로 보인다. 芝花里는 삼국시대부터 당항진 포구가 있던 곳으로 구한말 거지(居芝)의 芝와 화량(花梁)의 花를 딴 합성지명이다.

花梁鎭(芝花里)

와룡산 남쪽으로 삼국시대부터 군대 주둔지로서 지금도 성터가 남아 있다. 花梁은 '고지들'의 차자 표기로서 곶에 형성된 해변 마을을 뜻한다. 노량진(鷺梁津)이 노들나루로, 명량(鳴梁)이 울돌로 읽히는 것처럼 花梁의 梁은 지명표기에서 '돌', 또는 '들'로 읽히는 차자이다.

梨花洞 · 배꾸지(三花里)

배꼬지, 또는 배꾸지는 지형이 배[舟]처럼 생긴 곳이어서 붙은 이름인 것 같다.. 배꼬지를 중심으로 '도팟골'이라 불리는 桃花洞과 蓮花洞의 세 '花' 字系 지명을 합쳐 三花里가 되었다. 蓮花는 연꽃이 많아서가 아니라 그 지형이 명당이라 일컫는 연화부수형(蓮花浮水形)이라 하여 붙인 이름일 것이다.

古棧 · 고잔(蘆眞里)

鷄龍串 · 계룡고지(沙谷里)

管谷 · 떡구지(沙谷里)

花田 · 꽃바테, 꽃밭(水村里)

'숲말(水村)' 서쪽에 있는 마을로 花田 한자어 그대로 꽃밭이 아니고 고지의 밖[串外]을 뜻하는 이름이다.

拜向谷 · 바람고지(곶)(漁隱里)

어은리에 딸린 거문들(巨門坪)의 남서쪽에 있는 마을이다. 일설에 의하면 옛날 수령이나 방백들의 행차가 있을 때 삼괴(三槐) 지방의 유생들이 이곳

곳까지 따라와 배행(陪行)하였다고 해서 '배행고지'라 불리던 것이 '바람고지'로 변했다고 전한다. 그러나 지명에 쓰인 '바람'은 지형이 비스듬하거나 비탈진 곳에 붙이는 말이다. 바람고지 역시 비스듬히 기울어진 고지를 뜻할 것이다.

古棧·고잔(長安里)
高支里·고지물, 고주물
흔히 말하기를 이 마을에 큰 우물이 있어 '고지(주)물'이라 불렀다고 하나 고지[串]가 그대로 지명으로 굳어진 것이 아닌가 한다.

돌고지(安寧里)
高棧(路下里)
路下里에 딸린 마을로 이곳 역시 고지의 안이었다. '안고잔'이라 불리는 內高棧과 가운데에 있는 '중고잔(中高棧)'으로 나뉜다.

花塘里·꽃당산
본래 수원(화성)군 공항(貢鄕)면 지역으로 꽃당산 밑이 되므로 꽃당산, 또는 화당촌이라 불렀다. 여기서 말하는 꽃 역시 곳의 의미로 쓰인 말이다.

古棧·고잔(梅香里)
梨花里·배고지
마을 앞까지 배가 드나들어 舟谷里라 불렀는데 이 배(舟)란 말을 먹는 배 梨로 훈음차하였다.

孟串·맹곶(梨花里)
이 고을에 孟氏가 처음 들어와 살았기에 '맹고지'라 불렀다는 설이 있다.

사두곶(梨花里)

이전에 '사두질'을 하여 고기잡이를 하던 곳이라 이런 이름이 붙었다고
하나 확인하기는 어렵다.

5. '솔-(細·松)'에서 비롯된 지명

앞서 언급한 물[水], 뫼[山], 곶[串] 이외에도 화성·수원 지역에는 유난
히 '松' 字系 지명이 많음이 특징이다. 松은 솔, 또는 소나무를 뜻하는 한
자로서 우리나라 산야에 이 나무가 많고, 또 이 나무를 좋아함으로 해서 지
명에도 많이 반영되었음은 당연한 일로 보인다. 일반적으로 송산(松山)이나
송정(松亭)이라면 소나무가 우거진 산이나 소나무 숲 속에 있는 정자를 떠
올린다.

그러나 지명에 쓰이는 모든 '松'자가 소나무만을 지칭함이 아니라는데
문제가 있다. 우리말 '솔'은 소나무 이외에도 '솔다'[細]의 '솔-'과, 꼭대기
[頂·首]를 뜻하는 '소리/수리'의 준말인 '솔/술'과는 동음이의어(同音異義語)
의 관계에 있다. 따라서 지명 어원을 찾을 때 이런 사정을 감안하지 않으
면 안 된다. 솔섬[松島]의 경우만 하더라도 이는 '솔+섬'의 구조로서 소나
무가 많은 섬을 뜻하는 것이 아니라 "넓이나 폭이 좁다"(小, 細, 窄)는, '손섬'
의 뜻으로 쓰인 예가 대부분이다.

전국 각지에 퍼져 있는 작은 섬, 곧 부산이나 인천의 송도가 그 대표적인
예가 될 것이다. 대개 '송도'라 불리는 이러한 섬들은 실제 소나무와는 별
관계가 없고 매우 작은 섬이어서 무인도인 경우가 많음을 볼 수 있다. 여기
서 전국의 모든 송도가 소나무와 관련이 없는 섬이 하나도 없다고는 단언
할 수 없지만, 일반적으로 '작은 섬'이란 의미로 명명된 솔섬이 송도로 와
전된 것이라 하겠다.

또 하나의 어사 솔/술은 높은 곳을 뜻하는 말이기도 하다. 맨 꼭대기를
뜻하는 정수리라고 할 때의 '수리'와 꽃술, 입술이라고 할 때의 '-술'이 여
기 해당된다. 또한 하늘을 나는 새 중에서 가장 높이 난다는 소리개> 솔개,

독수리의 소리/ 수리도 이와 같은 어원이라 생각된다. 이런 관점에서 이 지역의 솔(松)계 지명 용례를 찾아보기로 한다.

茂松里 · 수리재, 술재(남양)

본래 남양군 둔지곶면 지역인데 지금까지 나온 각종 지명 해설서에서 이곳이 소나무가 무성한 고개 밑이 되므로 이런 이름이 붙었다고 말한다. 그러나 전래지명이 '수리재', 또는 '술재'인 점을 고려할 때 이는 소나무가 아니라 단순히 높은 고개를 지칭함을 알 수 있다. 첫 음절의 '무(茂)-'는 무성하다는 뜻으로 해석하기 쉬우나 지명을 2자로 맞추는 과정에서 첨가되었거나, 아니면 또 다른 지명과의 병합에 의해 붙여진 말일 것이다.

雙松橋(남양 新南里)

신남리의 매호(梅湖) 앞에 있는 다리 이름이다. 여기서 쌍송(雙松)은 소나무가 쌍으로 있다는 의미가 아니라 지명들이 서로 병합될 때 '松' 字형 지명이 서로 겹쳤거나 두 글자를 합치다 보니 이런 이름이 생기게 되었다.

松林里, 盤松(남양)

본래 남양군 화척지면의 지역으로 소나무 숲이 우거진 곳이라 이런 이름을 얻었다. 한편 반송은 장전리에 있는 마을로서 키가 작고 가지가 옆으로 퍼진, 반송(盤松)이란 소나무가 있었기에 붙여진 이름이다.

盤松里 · 돌산머리(동탄면)

수원(화성)군 동북면 지역으로 돌산머리에 반송이 있었으므로 남양의 경우와 같은 형식으로 붙여진 이름이다.

松里 · 소아래, 소라리, 술아래(동탄면)

이곳은 본래 어탄면 지역으로 소(못)의 아래쪽에 있었으므로 소아래, 소라리로 불리었던 것 같다.

松亭里(마도 /서신면 尙安里)

본디 남양군 쌍수리면에 속한 곳으로 소나무 정자, 또는 소나무 밑에 정자가 있었기에 붙은 이름이다.

雙松里(마도면)

雙峰洞의 雙과 '솔치'[松峙]의 松을 합성하여 쌍송리가 되었다. 남양 신남리의 쌍송교는 여기서 따간 이름이다.

松蘿里 · 소골, 숫골(매송면)

梅松面은 '매꼴(梅谷)'의 梅와 '솔꼴(松洞)'의 松을 따서 붙인 이름이다. 한편 松蘿를 '소(숫)골'이라 부르는 것을 보면 송탄면의 '소아래/소라리'란 이름과 마찬가지로 못 아래쪽을 지칭하는 이름으로 보인다.

松橋里 · 솔다리(서신면)

본래 남양군 서여제면 지역으로 소나무로 놓은 다리가 있어 붙은 이름이라 하나 그 본뜻은 '손다리' 즉 작고 좁은 다리를 지칭하는 말로 보인다.

松山洞 · 솔뫼(송산면 中松里)

면(面)의 이름이기도 한, 송산은 말 그대로 소나무가 많은 산 즉 '솔뫼'의 한역 지명으로 보아야 할 것 같다.

松陽洞 · 솔미(양감면 大陽里)
松山里 · 솔말, 솔미(양감면)
松內(院)洞 · 솔안(양감면 龍沼里)

이 마을에 소(龍沼라 부르는)가 있었으므로 소의 안쪽이라는 뜻으로 '소안', 또는 '솔안'으로 불리게 되었다. 이 솔안을 한자로 松沼洞이라 적기로 한다.

松內洞 · 솔안말(장안면 錦衣里)

양감면 용소리의 松內(松沼)와 같은 뜻의 지명일 것이다.

송모롱이(정남면 新里)

'안바리미'(내발산, 신리)에 딸린 '솔모롱이'란 말은 소나무 모퉁이 밑일 수도 있고, 또는 그냥 좁은 모퉁이를 지칭할 수도 있다.

間松谷 · 샛송골(태안읍 陵里)

고려 때 아기능이 있었던 '능골'에 딸린 곳으로 '송골'[松谷]과 '마당뫼'[場山]의 사이(줄여서 '새', 또는 '샛')에 있는 마을이다. 여기서의 송골은 손골(細谷), 즉 좁은 골짜기를 뜻한다.

솔미(태안 松山里 · 솔뫼 · 솔읍)

송산면과 양감면 소재의 松山과 같은 어형의 지명이다.

6. 행정구역 개편에서 비롯된 합성지명

10년이면 강산도 변한다고 했듯이 지명도 세월 따라 달라지기 마련이다. 지명의 변천은 고유어로 된 전래지명보다는 행정구역의 개편에 따른 법정지명에서 더 현저하게 나타난다. 지명은 본래 보수성이 강하여 법정지명이 새로 생겨 이를 강요하더라도 전래지명만은 그 끈질긴 생명을 유지하기 때문이다. 개칭되는 법정지명의 특징을 한 마디로 말한다면 기존의 마을들을 통폐합할 때 본래 지명의 한 글자씩을 떼어 이를 합성지명으로 만드는 일이다. 대개 기존 지명의 첫 글자를 따는 경우가 대부분이지만 때로 새 지명의 어형 및 의미를 고려하여 두 번째 자를 취할 수도 있다.

이처럼 병합으로 이루어진 합성지명(合成地名)은 대개 행정 편의에 의한 것으로 두 곳의 지명을 균등히 합침으로서 양쪽 주민의 불만을 무마할 수 있는 이점도 있다. 그러나 이런 합성지명은 고유지명의 순수성을 외면하고

지명 본래의 특성을 무시한다는 점에서 반드시 바람직하지만은 않다. 서두에서도 강조했듯이 지명 속에는 그곳 지형의 특성과 그곳에 살던 사람들의 문화가 배어 있기에 이를 외면한다면 우리의 고유한 문화유산을 무시하는 것과 별반 다름이 없어 보인다. 두세 지명이 합했을 때 처음 얼마 동안은 사람들이 이를 알 수 있을지 몰라도 세월이 흘러 새 지명에 익숙해지다 보면 옛 지명 본래의 의미는 까맣게 잊어버릴 우려가 있다. 온고지신(溫故知新)이란 말이 있듯이 옛것을 잃어버림이 결코 바람직한 일은 아니라 생각된다.

우리 역사상 최초의 지리지인 「삼국사기」지리지가 나온 이래 오늘날까지 수 차례의 크고 작은 지명 개칭이 있었다. 그런 가운데 화성 및 수원지역의 지명에 가장 큰 영향을 끼친 일은 1914년 3월 13일에 공포되어(조선총독부령 제3호) 4월 1일부로 단행된 대대적인 지명 개편일 것이다. 일제는 경기도 소재 모든 면(面)의 명칭과 구역의 통폐합을 통한 일대 개편을 단행하였다. 수원 및 화성도 예외는 아니어서 지명의 일원화란 명목으로 각 동리(洞里)의 명칭을 리(里)로 통일시켰다. 그 이후 화성군이 화성시로 승격된 오늘에 이르기까지 부분적인 개칭이 없지 않았으나 현재의 화성 지명의 근간은 이때 형성된 것이라 할 수 있다. 개략적인 내용을 보면 당시 수원군은 20개 면(面)으로 통폐합되었고, 군내의 전체 마을은 170개의 리(里)로 고정되었다. 참고로 개편된 면(面) 이름만을 보이면 다음과 같다.

水原面(6里),	日荊面(16里),	台章面(13里)
安龍面(13里),	梅松面(9里),	峰潭面(15里)
鄕南面(20里),	楊甘面(10里),	隱德面(15里)
麻道面(10里),	松山面(14里),	西新面(13里)
飛峰面(9里),	八灘面(16里),	長安面(10里)
雨汀面(13里),	儀旺面(9里),	正南面(19里)
城湖面(20里),	東灘面(13里),	半月面(16里)

여기서 보면 지금의 그것과 상당한 차이를 느낄 수 있다. 곧 현재는 수원, 의왕, 성호, 반월, 일형, 은덕 등의 면이 다른 지역으로 분리되고, 태장

과 안용이 합한 태안면, 그리고 봉담면이 읍으로 승격하고 시청이 들어선 남양동이 독립하는 등의 변동이 그것이다.

원래 지명은 한자로 써야 제 맛이 난다고 생각하기 쉽다. 한자로 표기되어야 그 의미도 분명해지고 또 다른 지명과의 변별도 가능하다고 믿는 것이다. 상기 기술에서 보듯 일제 때 개편된 면의 명칭을 한자로는 썼지만 지금 와서 보면 굳이 한자로 쓸 필요가 없을 듯이 보인다. 왜 그런고 하면 상기 면 명칭들이 유감스럽게도 대부분 합성지명으로 변질되어 지명 본래의 의미를 잃었기 때문이다. 말하자면 이들 한자어 이름만으로는 그 지역 고유 특성을 알기 어렵다는 얘기다. 여러 문헌에 수록되어 이미 잘 알고 있는 사실이지만, 이 기회에 다시 한번 기존의 어떤 지명이 합하여 오늘의 면 이름[面名]을 형성하게 되었는지를 알아보기로 한다.

東灘面
    東北과 漁灘의 각 제1음절과 2음절의 합성

梅松面
    梅谷과 松洞의 각각 제1음절의 합성

峰譚邑
    三峰과 葛譚의 각각 제2음절의 합성

西新面
    西如堤와 新里의 각각 제1음절의 합성

楊甘面
    楊澗과 甘味의 각각 제1음절의 합성

雨汀面
    雨井과 鴨汀의 각 제1음절과 2음절의 합성

正南面
    正林과 南谷의 각각 제1음절의 합성

台安邑
    台章과 安龍의 각각 제1음절의 합성

鄕南面
    貢鄕과 南(谷)면의 각 제2음절과 1음절의 합성

長安面

　　草長과 安龍의 각 제2음절과 1음절의 합성

松山面

　　松山과 水山의 각각 제1음절의 합성

이렇게 보면 화성의 면 이름 중에서 南陽, 麻道, 飛峰, 八灘, 또는 松山, 長安 정도가 합성을 면하고 본래의 제 이름을 유지한다. 이중에서 南陽과 長安은 중국의 영향을 받은 지명으로 보이는데, 특히 장안의 경우는 수원시의 長安區와 같은 이름을 쓰고 있다. 長安은 중국의 周나라 이래의 秦, 前漢, 隋, 唐 등의 수도명으로 삼았던 이름이다. 정조가 화성의 북문 이름을 長安門이라 이름한 것도 그 옛날 중국에서 태평성대를 구가했던 漢·唐의 수도 장안의 영화를 이 땅에서도 재현해보고자 했던 것 같다.

7. 결론

한 지역사회의 역사와 문화를 탐구하려면 우선적으로 그곳의 땅이름을 비롯한 언어부터 살펴보아야 한다. 본고에서는 수원, 화성 지명의 특성을 밝히기 위해 지명 전체를 다루지 않고 어원상 특징적인 것만을 골라 이를 중심으로 관련되는 용례를 추출해 보았다. 그 결과 바다에 연해 긴 해안선을 끼고 있는 이 지역 지형상의 특성으로 물과 관련된 어사와 함께 곶[串]이 주류를 이루고, 거기다 '솔'(松 또는 細)계 어사가 지명어에 많이 반영되었음을 알 수 있었다.

본고에서는 화성에 있는 梅花里란 마을의 '梅花'가 수원, 화성 지명의 어원을 푸는 열쇠라 생각하고 梅와 花의 두 음절을 중심으로 그 본래의 의미를 추적하고 이와 관련된 용례를 찾아보았다. 이 지역 지명에 많이 등장하는 '梅'는 수원의 고구려 때의 이름 買忽의 '買'와 삼한시대의 이름 牟水國의 '牟'와 동일어의 표기로 보고, 그 본뜻도 물[水]이 아닌 산의 고유어 '뫼'로 해독하고자 했다. 말하자면 '買 : 水'의 대응관계를 부정한 것인데,

水原이란 지명이 기원적으로 车水國과 買忽의 계승이라면 '车 : 買 : 梅 : 原'의 대응관계가 성립될 것이고, 대신 수원의 水는 车水의 水를 그대로 이어받은 것으로 보았다. 이와 관련하여 전국적으로 산재되어 있는 '무네미'와 '모래내'란 지명도 그 본뜻은 물[水]과 모래[砂]가 아닌 산의 고유어 '모른>뫼'일 가능성을 제시하였다. 어떻든 지금까지 의문의 여지가 없어 보였던 '買 : 水'의 대응관계에 대해서는 좀더 깊이 천착해 볼 필요가 있다고 본다.

한편 梅花의 '花'는 한자말 그대로 꽃을 지칭하는 것이 아니라 곶[串], 즉 물(바다) 쪽으로 길게 뻗은 지형을 일컫는 어사로서 일종의 訓音借(雅譯) 표기임을 확인하였다. 수원성의 본 이름 華城은 지형의 특성을 나타내는 고지>곶, 즉 串-花-華에서 연유하여 조선조 정조에 의해 명명된 것이다. 긴 해안선을 안고 있는 이 지역에 '곶(花)'계 지명이 많이 반영되었음은 당연하다고 할 것이다.

다른 지역도 마찬가지지만 행정구역 개편에 따른 관 주도의 지명 개칭은 고유지명의 순수성을 잃을 우려가 있다. 수원, 화성 지역도 예외가 아니어서 면 단위를 비롯한 비교적 규모가 큰 고을 이름들이 합성지명으로 바뀐 예가 많음을 볼 수 있었다. 행정구역이 바뀔 때면 어쩔 수 없이 지명의 변화도 감수할 수밖에 없겠지만 다만 행정상의 편의주의로만 흐르지 말고 전문가의 자문이나 현지 주민의 여론 조사 등의 방법으로 보다 신중한 자세와 현명한 조처가 필요하다고 본다.

참고문헌

강병륜(1997), 「고유지명어 연구」, 박이정.

김윤학(1996), 「땅이름 연구」, 박이정.

김준영(1999), "한국 소지명의 어원", 지명학 1, 한국지명학회.

도수희(1977), 「백제어 연구」, 아세아문화사.

______(1999), 「한국지명 연구」, 이회.

배우리(1994), 「우리 땅이름의 뿌리를 찾아서」 1·2, 토담.

이병선(1982), 「한국 고대 국명·지명 연구」, 형설출판사.

천소영(1990), 「고대국어의 어휘연구」, 고려대 민족문화연구소

______(1998), "'수원'의 어원", <수원지명총람>, 수원시·수원문화원.

______(2001), "지명연구에 쓰이는 술어에 대하여", 지명학 5, 한국지명학회.

______(2001), "고유지명에서 본 방위개념에 대하여", 한국어학 13, 한국어학회.

______(2002), "'MVRV' 형 지명어 再考", 지명학 7, 한국지명학회.

______(2003), "화성의 지명개관", <충효예의 고장 화성 2>, 화성시, 화성문화원.

경기도사편천위(1992), 「京畿道史」, 경기도 수원시사편찬의(1997~1998), 「水原市史」
            上·中·下, 수원시.

화성군사편찬위(1990), 「華城郡史」, 화성군.

한글학회(1984), 「한국지명총람」, 경기도 편.

________(1996), 「한국땅이름큰사전」.

중세국어의 의문법 고찰
― 공손법 체계를 중심으로 ―

석 미 영*

목 차

---

1. 서언

   국어의 의문법을 기술함에 있어 어디에 초점을 두어야 할 것인가 하는 입장 결정이 무엇보다 우선한다. 의문법이 서법체계상의 하위 범주[1]로 다

---

* 경원대학교 강사

[1] 의문법에 대한 개념을 확립하는 일도 의문법을 좀더 체계적으로 연구할 수 있는 바탕이 된다. 의문법에 대한 정의는 이인모(1978:5)의 "의문법이란 화자가 청자에게 대답을 요구하거나, 질문을 던져 보기도 하면서 의문의 형식으로서 文의 내용을 강조해 주는 심리적 태도가 드러난 서법을 일컫는다."가 일반적이며, 이외에도 의문의 표시로서 화자자신의 마음 속에 의심을 품어보는 표현으로 쓰는 일이 있다고 규정을 내린 허웅(1975:495), 최기호(1978:81)가 있으며, 의문의 형식만 빌어 화자의 주장을 좀더 자세하게 하기 위한 표현으로 쓰는 일이 있다는 주장으로 최현배(1961:866)가 대표된다. 그 동안 다양한 측면에서 논의가 진행된 의문법은 일정한 언어형식(의문을 표시하는)으로 표현되는, 즉 서법의 한 형태이며, 그 형식상 조건

루어지면서 각 시대별 특성들을 담는 의문법의 연구들이 다각적인 측면에서 그 성과를 보이고 있다.

국어 의문법에 대한 연구는 시대별로 공시적인 입장에서의 논의가 활발하다. 고대국어에서 현대국어에 이르기까지 단편적인 연구 노력의 성과가 의문법사의 기틀을 확립하는 데 기여하고 있음은 자명하다. 각 시대별 공시적 연구들이 한 문법사 전반을 체계적으로 살피게 하는 밑거름이 되듯이, 의문법에 관한 공시적 연구를 통해 밝혀진 의문법의 특성을 바탕으로 각 시대별 상호 연관성과 그 변화 과정을 살펴 정리한다면 국어 의문법의 전반적인 흐름을 체계화할 수 있는 기초가 될 수 있다.

국어사에 있어서 15세기는 훈민정음 창제와 이에 따른 풍부한 자료 때문에 국어 연구의 바탕이 된다. 비교적 정확한 연구를 기대하게 하는 시기이므로 그 동안 15세기 의문법에 대해 깊이 있는 연구들이 있어 왔다. 이들 연구 결과를 토대로 15세기 국어의 의문법을 공손법 체계상에서 살펴보고자 한다.

2. 중세 국어의 의문법

중세국어의 의문법은 의문법에 선행하여 나타나는 인칭법, 높임법 그리고 의문사와 관련을 중심으로 연구되어 왔다. 허웅(1975)은 물음법을 '인칭물음법'과 '비인칭물음법'으로 나누고 인칭의문법은 '-은', '-을'을 앞세운 세 씨끝이 임자말이 2인칭일 때는 '-다'가 쓰이고 임자말이 1·3인칭일 때는 '-가', '-고'가 쓰이게 됨을 지적하면서 이러한 현상을 '-으니-', '-으리-'를 앞세운 활용형에는 없음을 들어 비인칭 물음법과 달리 처리하고 있다. 더불어 비인칭 물음법은 '-으니-', '-으리-'를 앞세운 '-가'와 '-고'가 임자말

위에 의문에 관한 정보를 청자에게 요구한다는 내용적 측면이 결합된 특질을 지닌다. 따라서 의문법의 테두리 안에서 빚어지는 의문문은 서법의 일종으로 어떤 사실에 대한 단순한 진술을 넘어 화자의 심적 태도(정보의 제공 요구)가 의문형식으로써 실현되는 모든 것이라 규정지을 수 있다.

의 인칭에 의한 구별이 없는 점과 상대 높임의 수의적 동반이 특징임을 지적하고 있다.[2]

이승욱(1963)은 '-ta'와 '-ka'를 대치시킴으로써 양자간의 의미, 혹은 기능상의 '대립체계'를 구성시킬 가능성을 예측하면서, '-ta'와 '-ka'의 대립에서 생기는 변화가 통사적인 것이 아니라 「의미적 대립」인 것으로 설명하였다. 또한 의문 표시가 대체로 「질문」과 「의문」형식으로 나타남을 토대로 전자를 「직접적 의문」 후자를 「간접적 의문」으로 명명하였다. 그리고 이들의 차이를 전자가 1인칭 대 2인칭의 관계에 제약되어지는 것으로 보고, 후자를 문법적인 주어의 인칭에 관계치 않고 주관적인 심리의 재량을 두는 것이 특색이라 했다.

안병희(1965a)는 의문법이 종결법에 나타나는 형태에 관한 것이므로 공손법과 밀접한 관련성이 있음을 들어 후기 중세국어의 의문법을 공손법의 등급에 따라 'ᄒᆞ라체', 'ᄒᆞ야쎠체', 'ᄒᆞ쇼셔체'의 3체계 내에서 살피고 있다. 한편 의문사의 여부에 따라 설명의문문과 판정의문문으로 분류하고 있는데, 형태상 가부의 판정을 요구하는 의문문을 판정의문문이라 하고, '누, 무슴, 엇뎨, 몃' 등 의문사를 제시하여 그 의문사에 대한 설명을 요구하는 의문문을 설명의문문이라 하였다.

고영근(1981:7~8)은 의문법어미로 2인칭 의문을 표시하는 '-(으)ㄴ 다',

---

2) 허웅(1975 : 496) 물음씨끝 일람표

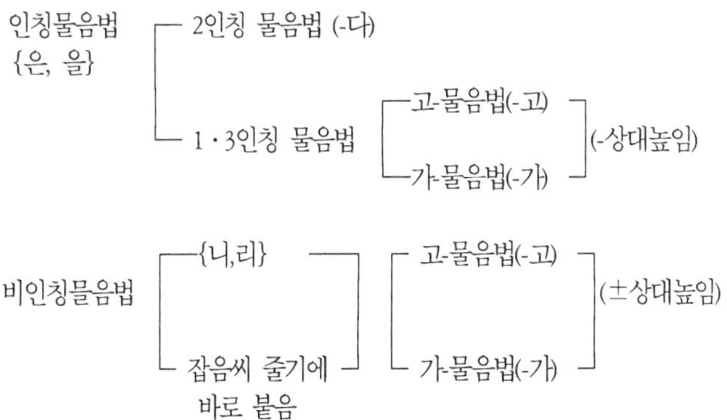

1・3인칭 의문을 표시하는 '-(으)녀, -(으)려', 간접의문의 '(으)ㄴ 가'를 들고, 이들을 설명법 어미와 같이 시제 관련의 {-ᄂ-, -더-, -리-}를 앞세울 수 있는 것으로 보았다. 특히, '-(으)ㄴ 다'와 '-(으)ㄴ 가'에 대해서는 안병희(1965a)와 동일한데, 즉 관형사형 '-(으)ㄴ'과 첨사 '-다','-가'의 통합구성으로 이루어진 것으로 견해를 밝혔고, 1・3인칭의 의문법어미를 '-(으)녀', '-(으)려'로 말하지 않고 '-(으)녀'로 통일할 수 있는 가능성에 대해서도 언급하고 있다.

이상의 연구는 중세국어의 의문법이 판정의문과 설명의문, 인칭의문법과 비인칭의문법, 직접의문법과 간접의문법의 형태로 분류될 수 있음을 보여준다. 의문사 존재여부에 따라 의문사 없이 가부의 판정을 요구하는 판정의문과 의문사와 함께 쓰여 그것에 대한 구체적인 설명을 요구하는 설명의문법은 각각 의문법어미 '-가'와 '-고'에 의해 실현된다. 이러한 의문법은 근대국어 시기에 들어와 의문법어미 '-가'로 통합되면서 설명의문과 판정의문의 형태상 구별이 없어지게 된다.3) 이는 의문사와 호응이 엄격하게 지켜졌던 '-고'가 '-가'와 혼용되어 쓰이면서 엄격한 규칙상의 변화를 초래하게 된 결과로 보아진다.

인칭의문법은 주어의 인칭에 따라 'ㄴ'이 결합된 '-ㄴ 다', '-ㄴ 가', '-ㄴ 고'의 형태가 달리 결합되며, 주어의 인칭에 구애받지 않는 '-가,-고'의 의문법이 비인칭의문법으로 나타난다. 인칭의문법도 의문사와의 상관관계를 지니고 있는데, 2인칭 '-ㄴ 다'가 의문사 유무에 상관 없이 쓰이고 있으며, 1・3인칭에 '-ㄴ 가', '-ㄴ 고'가 쓰이는데, '-ㄴ 가'는 의문사를 동반하지 않는 문장에, '-ㄴ 고'는 의문사가 동반된 문장에 사용됨이 일반적이다.4)

---

3) 김수정(2002:56), 「<박통사> 언해본의 형태・통사 변화 연구」, 건국대학교 석사학위논문.
4) 인칭에 구애받지 않는 비인칭의문법도 의문사가 있는 경우와 없는 경우로 다시 분류해 볼 수 있다. 그 예를 들어보면 다음과 같다.

    a. 의문사가 있는 경우
    ① 엇뎨 겨르리 업스리오 (월석 서:17)
    ② 이 知慧업슨 比丘ㅣ 어드러셔 오뇨 (석상 19:30)
    ③ 그에 精舍 업거니 어드리 가료 (석상 6:22)

‘-ㄴ 다’와 ‘-녀/뇨’, ‘-ㄴ 가, -ㄴ 고’의 각각의 기능은 직접의문과 간접의문법으로 드러난다. 직법의문법어미로 쓰이는 ‘-ㄴ 다’는 상대의 의도를 요구하는 의문을 표시하는데 2인칭과 호응하고, ‘-녀/뇨’는 1인칭과 3인칭에 호응한다. ‘-ㄴ 가, -ㄴ 고’는 다른 의문법과는 달리 간접의문을 표시하는 기능을 가지고 있는데 인칭과는 무관하다.

이상과 같이 중세국어의 의문법은 어말어미를 달리하면서 의문사와 관계를 맺으며 판정의문과 설명의문으로 나타나며, 의문에 대한 직접적인 대답을 요구하는 직접의문과 화자자신의 마음 속에 있는 회의나 의구심을 표시하는 간접의문으로 실현된다.

이러한 의문법을 나타내는 데 주된 기능을 담당하는 것은 의문법종결어미이다. 특히 의문법이 화자와 청자 사이에 나타나는 언어형식이므로 화자와 청자 사이의 상하관계를 고려한 높임법(공손법)과 밀접한 관련을 맺고 있다. 이러한 관계는 의문법을 공손법의 체계상에서 종합적인 고찰이 이루어질 것을 기대하게 한다. 이숭녕(1961)은 중세국어의 공손법 체계를 ‘卑稱, 平稱, 平上稱, 中稱, 中稱上, 上稱下, 上稱, 上稱上, 極稱’의 9단계로 자세히 나누어 의문법을 설명하고 있다. 이에 대해 이남덕(1967:24)은 의문법에서 9단계의 공손법 체계가 긍정법에서는 2~3단계로 나타나는 점에 의문을 품고, 의문사 선행 조건 여부를 기준으로 한 15세기 국어의 의문법어미를 시제와 계층(하대 Ⅰ·Ⅱ·Ⅲ, 존대)으로 구분하여 존대법과 의문사와의 관계를 도표로 제시하고 있다. 안병희(1965a)는 후기 중세국어의 의문법을 공손법의 등급에 따라 ‘ㅎ라체’, ‘ㅎ야쎠체’, ‘ㅎ쇼셔체’의 3체계 내에서 살피고 있어, 의문법 연구의 기준을 제시하고 있다.[5] 이러한 분류

---

④ 스승닚 어마니미 이에 잇다 ᄒ야 뉘 니르더니잇고 (월석 23:84)
⑤ 七大之王올 뉘 마가리잇가 (용가 15)
  b. 의문사가 없는 경우
① 境과 智왜 ᄒ가지가 다ᄅ니여 (월석 8:31)
② 天龍鬼神올 네 數를 알리로소니여 모ᄅ리로소니여 (석상 11:4)
③ ᄒ마 즈글 내어니 子孫올 議論ᄒ리여 (월석 1:7)
④ 어마니물 아라 보리소니잇가 (월석 23:86)
⑤ 그듸는 아니 듣ᄌᆞ뱃더시닛가 (석상 6:17)

5) 안병희(1965a:60)참조

를 바탕으로 의문법을 살펴 보기로 한다.

1) 「ᄒᆞ쇼셔체」 의문법

(1) 王이 무로ᄃᆡ 尊者ㅅ 우희 ᄯᅩ 다ᄅᆞᆫ <u>上座</u> 잇ᄂᆞ니잇가 (석보 23:42)

　　이어긔 갓가ᄫᅵ 사ᄅᆞ미 지비 <u>잇ᄂᆞ니잇가</u> (월석 8:94)

　　<u>上座</u>ㅣ 耶舍ᄭᅴ 닐오ᄃᆡ 부텨 授記ᄒᆞ샨 比丘 어나 <u>겨시니잇가</u> (석보 24:32)

　　菩薩이 엇던 緣으로 예 <u>오시니잇고</u> (월석 21:24)

　　엇던 因緣으로 如來를 <u>니ᄡᅳᆸ시니잇고</u> (석상 11:24)

(2) 善心<u>이니잇가</u> <u>아니잇가</u> (법화 7:20)

　　世尊이 … 安樂行ᄒᆞ시ᄂᆞ니<u>잇가</u> <u>아니잇가</u> (법화 5:91)

(3) 幡과 燈과ᄅᆞᆯ　엇뎨 <u>밍ᄀᆞ리잇고</u> (석상 9:32)

　　어느 나라해 가샤 <u>나시리잇고</u> (월석 2:11)

　　九變之局이 사ᄅᆞᆷ <u>ᄠᅳ디리잇가</u> (용가 15)

이상은 청자를 존귀한 상대로 높인 예들이다. 이들의 의문법 종결어미는 '-잇가, -잇고'로 나타난다, 이들에 대한 형태적 분석은 안병희(1965a:61)에서 공손법접미사 '-잇-'과 의문법어미 '-가'와 '-고'가 결합된 것으로 보고 있는데, 분석 가능한 형태 '-잇-'을 더 이상 분석하지 않은 까닭은 'ᄒᆞ야쎠체'의 의문법종결어미 '-닛가'를 고려했기 때문이다. 즉 형태 '-ㅅ-'을 공손법접미사로 따로 분석할 경우 'ᄒᆞ야쎠체'의 의문법 구성에서 zero형태의 공손법접

공손법 문체법	(1) ᄒᆞ라체	(2) ᄒᆞ야쎠체	(3) ᄒᆞ쇼셔체
명령법	ᄒᆞ라	ᄒᆞ야쎠	ᄒᆞ쇼셔
설명법	ᄒᆞ니라	ᄒᆞ닝다	ᄒᆞ니이다
의문법	ᄒᆞᄂᆞ녀	ᄒᆞᄂᆞ닛가	ᄒᆞᄂᆞ니잇가

여기서 계열 (1)은 일반적인 말씨로 존대를 높이지 않는 상대에게 (2)는 (3)을 쓸 수 있는 인물보다 낮은 상대에게 이야기하는것이며 (3)은 존귀한 인물인 상대에게 하는 가장 높은 공손법을 나타낸다.

미사를 설정해야 한다는 문제가 생기기 때문이다. 따라서 '호야쎠체'의 공손법접미사 '-잇가', '-잇고'는 '-잇'과 '-가/고'의 결합된 형태로 볼 수 있다.

공손법접미사 '-잇가', '-잇고'는 '-니/리-'를 앞세우고 나타나는 것이 특징인데 (1), (2)는 규정법이나 과거시칭선어말어미 '-니-'를 (3)은 미래시칭선어말어미 '-리-'를 앞세운 의문법이다. (2)는 상반된 의문형태를 병립시켜 병립된 사항 중에서 하나를 택하게 하는 형식을 갖는다.

어말어미의 종류에 따라 의문의 종류가 구별되는데, 의문사 없이 쓰이는 '-가'는 판정의문을 의문사를 동반한 '-고'는 설명의문법으로 실현된다. 위의 예들은 이러한 일반적 규칙에 적용된 의문법들이다. 그러나 나진석(1958 :22~23)은 15세기 국어의 의문법어미의 다양성을 {-가, -거, -고}의 3단계로 나누어 '고'계는 그 앞에 반드시 의문을 표시하는 말이 선행되는데 반해서 '가"계와 "거"계는 앞에 의문사가 오거나 말거나 상관없이 쓰인다고 진술하여 의문사와 관련한 의문법의 규칙을 벗어나게 된다. 이러한 견해에 안병희는(1965a) 대개의 경우 '-가'는 의문사 없이 나타나고, 의문사와 함께 나타남이 예외라 할 정도로 적고, 이들 예외적인 예들이 대부분 반어법을 많이 사용하는 용비어천가나 월인천강지곡과 같은 가사에 나타남을 들어 반어법의 형식을 의문문에서 제외시킴으로로써, 의문사를 동반한 '-가'의 존재를 의문법에서 인정하지 않고 있다[6]. 따라서 의문법 어미 '-가'와 '-고'의 차이는 의문사 수반 여부에 따라 구별되며 의문사 없이 쓰이는 '-가'는 제시된 의문에 대한 판정을 요구하는 판정의문, 의문사와 함께 쓰이는 어미 '-고'는 제시된 의문사에 대한 설명을 요구하는 설명의문을 표시하는 것으로 정리하고 있다.

---

6) 허웅(1975)도 {-(은)고}, {-(을)고}로 물음말이 포함되었을 경우의 {-고}물음법과 {-(은)가}, {-(을)가}로 물음말이 포함되지 않을 경우의 {-가}물음법으로 가르고,다음과 같이 의문사를 동반한 {-가}물음법은 예외적인 현상으로 처리하고 있다.

　　七代之王을 뉘 마ㄱ리잇가 (용가 15)
　　현번 뛰운둘 ᄂ미 오ᄅ리잇가 (용가 48)
　　닐ᄒ부텨 爲ᄒᅀᄫᅡ 이 짜해 精舍지ᅀᅥ 어느 부텻긔 恭敬이 덜리잇가 (월인上 其169)
　　무로더 스승니미 엇던 사ᄅ미완더 우리 地獄門알퍼 와겨시니잇가 (월석 23 : 82)

이상과 같이 'ㅎ쇼셔체'의 의문법은 '-잇가'로 실현되며, 이는 공손법접미사 '-잇-'과 '-가/고'의 결합 양상으로 표현된다. 의문사와 관련하여서는 판정의문에는 '-가'가 설명의문에는 '-고' 로 구별되어 나타나는 것도 일반적인 특성이다.

2) 「ㅎ야쎠체」 의문법

중세국어에 존재하는 공손법의 중간적인 등분이 'ㅎ야쎠체'이다. 이는 안병희(1965b)가 'ㅎ쇼셔체', 'ㅎ라체' 이외에 'ㅎ닝다, ㅎᄂ닝다(설명법), ㅎ닛가, ㅎᄂ닛가(의문법)' 등의 새로운 활용형에 대해 형태론적 기술과 공손법상의 문제를 제기하면서 2인칭대명사 '그듸'와 호응하는 'ㅎ야쎠체'를 찾아낸 결과이다. 공손법상에 숨겨져 있는 등분이었던 만큼 그 예도 드물게 나타난다.

> a. 그 ᄹᆞᆯᄃᆞ려 무로ᄃᆡ 그ᅌᅵᆺ 아바니미 <u>잇ᄂ닛가</u> (석보 6:14)
> b. 그듸는 아니 <u>듣ᄌᆞ뵛더시닛가</u> (석보 6:16)
> c. 須達이 護彌ᄃ려 무로ᄃᆡ 主人이 므슴 차바ᄂᆞᆯ 손ᅀᅩᄃᆞᆫ녀 <u>ᄆᆡᄀᄂ노닛가</u> (석보 6:16)
> d. 太子ᄅᆞᆯ 請ᄒᆞᅀᆞᄫᅡ 이받ᄌᆞᄫᅩ려 <u>ᄒᄂ노닛가</u> (석보 6:16)
> e. 須達이 ᄯᅩ 무로ᄃᆡ 婚姻 爲ᄒᆞ야 아ᅀᆞ미 오나ᄃᆞᆫ 이바도려 <u>ᄒᄂ노닛가</u> (석보 6:16)

이상은 '-니잇가'의 경우보다 상대를 조금 낮추어 말한 '-닛가'의 형태로 나타난 예이다. 의문법어미 '-닛가'는 다시 규정법의 선어말어미 '-니-'와 '-ㅅ 가'로 분석된다. 이를 'ㅎ쇼셔체'의 '-잇가'와 비교하면 '-ㅅ -'은 '-잇-'과 동일한 공손법접미사가 된다. 그런데 위의 예들은 의문법어말미의 형태가 모두 '-가'로 나타나고 있다. 의문법의 일반적인 규칙에 따른다면 위의 예들은 모두 판정의문에 해당해야 한다. 그러나 예문 C를 보면 의문사를 동반한 설명의문 형태를 보이고 있으면서 의문법어말어미가 '-가'로 실현되고 있다. 그러므로 'ㅎ야쎠체'의 의문법은 의문법어말어미 '-가'로써 판정의문과 설명의문의 두 기능을 모두 하는 것으로 생각될 수 있다. 그러나 이러한 생각에는 위에서 살핀 'ㅎ쇼셔체'에서 의문사를 동반한 '-가' 의문형을 인정하지 않는다는 논의와 상충된다.[7] 만약 'ᄒᆞ야쎠체' 내에서 의문사와 의문형어말어미 '-가'의 결합관계를 인정하여 어말어미 '-가'가 판정과 설명의 양 기능을 모두 갖는다고 본다면 'ᄒᆞ야쎠체'에서 예외로 처리된, 의문사를 동반한 '-가' 의문법을 의문법체계상에서 살펴야 할 충분한 이유가 생기게 된다.

따라서 'ᄒᆞ야쎠체'의 의문법은 의문사와 의문법어말어미의 일반적인 결합양상에 수정 가능성을 시사한다는 데 의의를 둘 수 있다. 비록 적은 예이지만 일관성 있는 태도와 적용방법이 필요하다고 본다.[8]

3) 「ᄒᆞ라체」 의문법

'ᄒᆞ라체' 의문법의 구성은 'ᄒᆞ쇼셔체'와 'ᄒᆞ야쎠체'와는 달리 극히 다채로운 체계를 가진다.[9] 'ᄒᆞ라체' 의문법어미는 체언에 직접 연결되는 particle 「고, 오」와 「가, 아」 (2) 어미 「-뇨」와 「-녀」 (3) 「-료, -리오」와 「-려, -리여」 그리고 (4) 「-ㄴ다」 (5) 「-ㄴ가」 등으로 나타나는데 이들은 각각의 특징을 보이고 있다.

---

7) 안병희(1965a:62)에서는 반어법에 사용된 의문을 수사의문(rhethorical question)이라 한다 하여 수사의문에 쓰인 의문사는 의문사가 아니라는 논의로 의문사와 '-가'의 결합 존재이유를 들었다. 'ᄒᆞ야쎠체'에 나타난 '의문사 + -가'의 관계에서는 '-가'의 기능 변화에 초점을 두어 설명하고 있어 동일한 구조에 대한 입장이 달리 나타나고 있다.

8) 나진석(1958 :22~23)의 "가"계와 "거"계가 의문사가 오거나 말거나 상관없이 쓰인다는 논의가 적용되는 의문법에 해당한다. 따라서 의문사와 의문법어미 '-가'의 결합을 인정하는 범위에서 의문법을 살펴야 한다. 그렇게 함으로써 의문사와 의문법의 관계는 다음과 같이 나타내어질 수 있다.

```
의문법어미 ┬── (-다) ──── (± 의문사)
           ├── (-고) ──── (+ 의문사)
           └── (-가) ──── (± 의문사)
```

9) 안병희(1965a:6) 참조

(1) 「고」, 「가」
　　니라샤더 이 엇던 光明고 (월석 10:7)
　　잇ᄯ리 너희 죵가 (월석 8:94)
　　섯근 거시 므슴 얼굴오 (능엄 2:97)
　　이ᄂᆞᆫ 賞가 罰아 (몽산 4:53)
　　이제 소리아 아니아 (능엄 4:126)

　체언에 '-가'와 '-고'가 직접 연결되는 형태로 직접의문이다. '-고'는 '몃, 엇던, 므슴' 등과 같은 의문사와 함께 쓰이며, 의문사에 대한 설명을 요구하는 설명의문에 쓰인다. '-가'는 의문사 없이 쓰이며 가부의 판정을 요구하는 판정의문에 쓰이는 것이 앞의 'ᄒᆞ야쎠체'의 '-잇고/잇가'의 의문법어미 '-가', '-고'의 기능과 동일하다. 이들은 선행말음에 따라 즉, 'ㄹ'음이나 'ㅣ' 모음 아래에서 '아'와 '오'의 형태로 나타난다.

(2) 「-뇨」와 「-녀」
　　이ᄂᆞᆫ ᄒᆞᆫ偈예 어루 成佛ᄒᆞ매 여희디 아니ᄒᆞ녀 (법화 1:203)
　　沙羅樹王이 八婇女 보낼 나래 앗가ᄫᆞᆫ 쁘디 업더녀 (월석 8:91)
　　得大勢여 엇던 因緣으로 일후믈 常不經이라 ᄒᆞ야뇨 (석보 19:29)
　　무슷 罪業을 짓관더 이런 受苦를 ᄒᆞᄂᆞ뇨 (월석 23:78)
　　뉘 能히 證ᄒᆞ뇨 (월석17:72)
　　네 겨지비 고ᄫᅡ니여 (월석 7:10)
　　太子ㅣ 무로디 부톄 涅槃ᄒᆞ시니여 (석상 23:20)

　이들 어미의 구성은 선어말접미사 '-니-'와 의문첨사 '가~아, 고~오'에서 전화된 '-어(아, 야, 여), -오'의 연결10)로 볼 수 있으며 '-뇨'와 '-녀'의 관

______

10) 이승욱(1963:195〜196), '의문첨사고-특히 그 대립의식에 대하여-', 국어국문학 제26호
　　안병희(1965a:67)는 위의 논의를 뒷받침할 수 있는 예를 제시하고 있다.

　　슬후미 이어긔 잇디 아니ᄒᆞ니아(두언 7:14)
　　이ᄂᆞᆫ 百丈히믈 得ᄒᆞ니아 馬祖히믈 得ᄒᆞ니아(몽산 31)
　　太子ㅣ 무로디 앗가ᄫᆞᆫ 쁘디 잇ᄂᆞ니여(석상 4:25)
　　몃히롤 長沙앳 나그내 두외옛ᄂᆞ니오(두언 7:26)

계는 ‘-가’와 ‘-고’의 관계와 일치한다. ‘-녀’는 의문사 없는 판정의문에 ‘-뇨’는 의문사를 동반한 설명의문에 쓰인다.

> (3) 「-료, -리오」와 「-려, -리여」
> 精舍업거니 어드리 <u>가료</u> (석상 6:22)
> 엇데 겨르리 <u>업스리오</u> (월석 서:17)
> 迷惑올 니려 <u>아니ᄒᆞ려</u> (능엄 4:35)
> ᄒᆞ마 주글 내어니 子孫올 <u>의논ᄒᆞ리여</u> (월석 1:7)
> 四海를 녀글 <u>주리여</u> (용가 20)

이들 어미는 선어말어미 ‘-리-’에 의문법어미 ‘-가’, ‘-고’의 이형태인 ‘-오, -어’가 결합된 형태이다.[11] ‘-리-’가 미래의 의미를 담고 있기 때문에 현재를 나타내는 ‘-ᄂᆞ-’와 과거를 나타내는 ‘-더-’와 함께 공기하지는 않는다.

역시 ‘-료’와 ‘-려’의 기능 차이는 전자가 설명의문을 후자가 판정의문을 나타내어 어미 (2)류와 기능이 동일하다.

> (4) 「-ㄴ다 」
> 네 엇데 <u>안다</u> (월석 23:74)
> 너희 어듸가 이런 藥을 <u>어든다</u> (월석 21:218)
> 그 귓것ᄃᆞ려 무로디 (네) 무슷 이를 <u>ᄒᆞᄂᆞ다</u> (석상 24:21)
> 네 <u>信ᄒᆞᄂᆞ다</u> 아니 <u>信ᄒᆞᄂᆞ다</u> (석상 9:26)
> 네 겨집 그려 <u>가던다</u> (월석 7:10)
> 王이 무로디 (네) 나를 주규려 <u>ᄒᆞᄂᆞ다</u> (석상 24:18)

위의 예에서 보는 바와 같이 어미 ‘-ㄴ다’는 의문사의 유무에 상관없이 작용[12]하는데 그 특징은 2인칭 서술어의 주어와 호응한다는 것이다. 의문

---

11) 선어말어미 ‘-리-’와 의문어미 ‘-오-’가 결합한 형태로는 -료와 ‘-리오’의 두 가지가 있는데. 주경미(1987)에서는 이 둘의 기능차이를 설명하고 있다. ‘-료’는 ‘-리-’의 의미보다는 ‘-오’의 의미가 더 부각되어 설명의문의 기능을 하고 ‘-리오’는 미확인이나 추측의 의미를 갖는 ‘-리-’의 의미가 강하게 살아 있어서 수사의문의 기능을 한다는 것이다.
12) 15세기에 의문사 여부와 관계없이 쓰이던 의문어미 ‘-ㄴ다’가 15세기 이후에는 의문사 있는

사가 있는 경우에는 설명의문으로 그렇지 않은 경우에는 판정의문으로써 어미 '-ㄴ다'는 판정과 설명의 두 기능을 모두 담당한다고 볼 수 있다. 이런 점에서 이는 앞의 'ᄒ야쎠체'의 '-가'와 그 기능이 같다고 처리할 수 있다. 따라서 '-ㄴ다'의 타 어미와의 변별성을 고려해 볼 수 있는데, 이승욱 (1963: 451)은 '-ㄴ가'와의 비교를 통해 직접의문을 표시하는 기능과 2인칭 주어에 쓰이는 특징이 있음을 명시했다. 이는 위의 예를 통해서도 밝혀지는 사실이며, '-녀, -뇨'가 직접의문을 표시하기는 하나 2인칭 주어와 결합하지 않는다는 점에서 '-ㄴ다'는 2인칭에 관련된 독특한 특성을 지닌다고 볼 수 있다. 관형사형어미 '-ㄴ'과 의문법어미 '-다'의 결합으로 구성된 '-ㄴ다'는 현대국어에서 보이지 않는 인칭제약을 보여주는 대표적인 의문법어미이다.

(5) 「-ㄴ가 」
　　　혼 疑心은 부텨 아니 다시 <u>나신가</u> ᄒ고 (석상 24:3)
　　　世尊끠 묻ᄌ오디 일후미 <u>드왼가</u> 코져ᄒ며 (법화 2:21)
　　　너희 이므를 보고 <u>더본가</u> 너기건마론 (월석 10:14)
　　　부텨 니르시논 解脫을 우리도 得ᄒ야 涅槃에 <u>다ᄃ론가</u> ᄒ다소니 (석상 13:43)
　　　<u>부톄</u> 道場에 안ᄌ샤 得ᄒ샨 妙法을 닐오려 <u>ᄒ시ᄂ가</u> — 授記를 <u>호려ᄒ시ᄂ가</u>
　　　(석상 13:25)

의문문에 나타나는 경향이 더 많아짐을 보인다. 이는 '-ㄴ다' 기능이 변화하고 있음을 보이는 것이다.

　　　네 며츨 호려 ᄒᄂ다(번박 상:31)
　　　네 이제 므슴 그를 비ᄒᄂ다(번박 상 49)
　　　네 은을 언메나 가져셔 사고져 ᄒᄂ다(번박 상 62)

'-ㄴ다'의 기능 변화와 소멸 원인을 이현규(1978)은 서술형어미 '-ㄴ다'의 출현과 동음충돌에 원인을 두고, 이승희(1996)는 '-니아'계 어미의 사용 확대와 '-ㄴ가'계가 직접의문으로 쓰이게 된 요인과 함께 의문법의 '단일화의 경향'으로 설명하고 있다.

의문법어미 '-ㄴ가'는 주어가 1·3인칭이어야 한다는 인칭의 제약이 따르며, 간접의문의 기능을 가진다. 위의 예에서 보듯 '-ㄴ가'가 나타나는 환경은 용언어간에 직접 연결되거나 용언 어간에 선어말어미 '-시-', '-더-'가 결합된 후에 나타나기도 한다.

'-ㄴ가'는 대개 상위문의 서술어에 내포되는 경우와 '-ㄴ가' 계 의문어미로 문장이 종결되는 경우에 실현된다. 간접의문은 화자의 의구나 회의, 혹은 추측이나 의혹을 표시하는 것이었는데, 이로 인해 상위문의 서술어는 일정한 특성을 지닌 서술어로 제한되었다. '모ᄅ다, 너기다, 식부다, ᄉ랑ᄒ다'의 경우와 '시름ᄒ다, 의심ᄒ다, 젛다, 저프다, 두리다, 슳다'의 경우가 이에 해당하는데, 전자는 내포문의 의구나 회의를 나타내는 서술어, 즉 사유행위의 서술어이고, 후자는 의구나 회의를 한 결과를 나타내는 서술어이다.[13]

3. 결어

중세국어의 의문법의 구성은 체계적이며 복잡하다. 다른 활용체계와 연결된 의문법을 공손법의 3체계 'ᄒ쇼셔체, ᄒ야쎠체, ᄒ라체' 내에서 살펴보았다. 다양한 활용체계와 의문법을 공손법체계 내에서 살핀 이유는 의문법이 화자와 청자사이에서 오가는 언어적 질의응답의 형태로 나타나므로 화자와 청자간의 존비의 개념이 반드시 존재하기 때문이다. 공손법의 등급에 따라 그 의문법어말어미가 형태를 달리한다는 점에서도 공손법의 체계에서 다루어질 때 올바른 의문법에 대한 연구가 가능하리라 생각된다.

이상에서 살핀 의문법들은 16세기를 거치면서 현대국어에 이르기까지 많은 변화와 발전을 보인다. 대표적인 예로 '-ㄴ다'계의 어미의 소멸과, '-ㄴ가'계의 직접의문의 기능 담당, 현대국어에 이르러 인칭의 제약에서 벗어나는 현상에 이르기까지 수많은 변천을 보이고 있어 연구의 다양성을 시사한다. 15세기 국어를 대상으로 했지만 16세기에 걸쳐 현대국어에 이르기까지

---

13) 이현희(1982:47~48)

의 변화 형태와 그 변화 과정과 원인을 규명해 간다면 의미 있는 작업으로 여겨지며, 의문법사에 한 장을 마련하는 일이라 생각된다. 그러기 위해서는 각 시대별 공시적 연구 성과들을 성의 있게 조감하고 재구성하여 결합할 수 있어야 할 것이다.

참고문헌

高永根(1981), 「中世國語의 時相과 敍法」, 塔出版社.
김수정(2002), 「<박통사> 언해본의 형태·통사 변화 연구」, 건국대학교 석사학위논문.
金英培(1971), 「釋譜詳節 23·24註解」, 一潮閣.
金貞娥(1985), "十五世紀國語의 '-ㄴ가' 疑問文에 대하여", 「국어국문학」 94, 국어국문학회.
金忠會(1970), "後期中世國語의 結語法研究", 「國語研究」 24, 國語研究會.
羅鎭錫(1958), "疑問形語尾考", 「한글」 123, 한글학회.
朴炳采(1991), 「論註月印千江之曲」, 世英社.
朴鐘植(1988), 「15世紀 國語 疑問法 研究」, 忠北大學校 敎育大學院碩學位論文.
朴眞完(1998), 「17세기 국어의 의문형종결어미 연구」, 高麗大學校碩士學位論文.
安秉禧(1965a), "後期中世國語의 疑問法에 對하여", 「建國大學校學術誌」 6.
———(1965b), "十五世紀國語 恭遜法의 한 研究", 「국어국문학」 28, 국어국문학회.
李南德(1967), "15世紀 國語의 直說法 終結語尾 變化에 대하여", 「韓國文化研究院
        論叢」 11집, 이화여자대학교
李崇寧(1961), 「中世國語文法」, 을유문화사(1990, 개정9판).
李承旭(1963), "疑問形添辭考", 「국어국문학」 26, 국어국문학회.
이승희(1996), "중세국어 의문법 '-ㄴ다'계 어미의 소멸 원인", 「관악어문연구」 21, 서울대학교
李仁模(1978), "中世國語의 敍法·時制·話式의 總體的 考察", 1) 高麗大學校大學院.
이현규(1978), "국어 물음법의 변천", 「한글」 162, 한글학회.
李賢熙(1982), "國語의 疑問法에 대한 通時的 研究", 「國語研究」 52, 國語研究會.
全成河(1984), 「十五世紀 國語의 疑問法에 대하여」, 高麗大學校碩士學位論文.
주경미(1987), "박통사·노걸대 언해에 나타난 의문법의 통시적 연구", 「국어학」 27, 국어학회.
최기호(1978), "17世紀 國語의 마침법 研究-맺음씨끝을 중심으로", 「牧園大學校論文集」 2.
崔鉉培(1961), 「우리말본」, 정음사.
허 웅 (1975), 「우리옛말본」, 샘문화사.

자 료

龍飛御天歌(1445), 大提閣. (용가)
釋譜詳節(1447), 大提閣. (석상)
月印釋譜(1459), 大提閣. (월석)
楞嚴經諺解(1462), 大提閣. (능엄)
妙法蓮花經諺解(1463), 大提閣. (법화)
杜詩諺解(1481), 一潮閣. (두언)

훈민정음의 창제 목적에 대한 인문학적
시론(試論)과 15세기 언어관

이 상 혁*

목 차

---

1. 서론

훈민정음(訓民正音)이 창제된 지 이제 560여 년이 되었다. 그리고 신문자가 만들어진 지 450여 년이 지나서야 훈민정음은 진정한 '국문'으로서[1] 그 지위를 얻게 되었다. 그 이전까지만 해도 한문에 밀려 신문자의 위상을 명

---

* 고려대학교

[1] 法律勅令總之國文爲本漢文附譯或混用國漢文(勅令 第一號 第十四條)(1894.11.21), 法律勅令은다國文으로써本을삼고漢譯으로附하며或國漢文을混用홈(1895.5.8)

실상부하게 발휘하지 못했다는 것은 역사적 사실이다. 그리고 『訓民正音』이라는[2] 문헌이 20세기 중반에 발견되고, 훈민정음 창제와 관련된 여러 역사적 정황 및 다양한 문헌적 근거가 제시되면서 훈민정음의 창제 목적이 어떤 것이었는가 하는 논의도 학계에서 다양하게 이루어져 왔다[3]. 그러나 그러한 훈민정음 창제 목적과 관련된 연구가 학제적 만남의 장에서 조응하여 한데 얽히지 못하고 각 학문 분야에서 고립된 양상으로 전개된 바가 없지 않다. 다시 말하거니와 인문학적 시각에서 총체적으로 훈민정음 창제 목적에 대한 논의가 다소 부족했던 것이 사실이다.

이러한 문제 의식을 바탕으로 이 글에서는 훈민정음 창제 목적과 관련해서 그 동안의 논의를 재정리해 보고 그것을 바탕으로 훈민정음 창제 목적에 대한 인문학적 접근을 모색해 보려고 한다. 또한 훈민정음 창제를 통해서 15세기의 언어관은 어떻게 해석되고 이해될 수 있는가 하는 점을 아울러 생각해 보고자 한다. 이러한 모색은 훈민정음 창제 목적에 대한 새로운 동기론을 제시하고 밝히는 작업이 아니다. 오히려 기왕에 논의되었던 여러 관점을 유의미하게 한데 묶어서 학제적 만남에 기반을 둔 새로운 국어학사적 논의의 시론(試論) 내지는 출발로 삼고자 하다는 점을 들머리에 덧붙이고자 한다.

2. 본론

1) 15세기 국어학사 서술 범위론과 훈민정음 창제 목적의 문제

훈민정음의 창제와 문헌으로서의 『훈민정음』의 간행은 문자사 및 국어학사의 시대 구분에서 새로운 패러다임의 기점이라는 점에서 국어학적 의의

---

2) 이 글에서는 『訓民正音＜解例本＞』을 문헌으로서의 『訓民正音』이라고 칭하고자 한다.

3) 어찌 보면 지금 이 시점에서 훈민정음 창제의 목적에 대한 필자의 논의가 국어학적 관점에서 학문적 의의가 있을 수 있는가 하는 의문을 제기할 수도 있다. 그러나 과거 역사적 사실에 대한 현재적 해석과 수용의 논리는 항상 현재 진행중이라는 점에서, 그리고 그것은 과거를 통해서 우리의 학문적(국어학적) 미래의 출발점을 삼아야 한다는 전제를 함의한다.

를 지닌다. 따라서 문자로서의 훈민정음과 문헌으로서의 『훈민정음』에 대한 다양한 연구들은 순수 국어학적 업적들이라고 아니 할 수 없다.

그러나 훈민정음이 왜 창제되었는가 하는 문제, 즉 훈민정음 창제의 목적은 무엇인가 하는 문제는 문자사 및 국어학사적 관점과 역사적 관점에 각각 걸리는 문제로 이숭녕(1956)의 국어학사 서술 태도에서 바라본다면 국어학사의 서술 내용에 벗어나는 문제일 수 있다. 이숭녕(1956)에서는 "국어학사는 과거의 순수과학적 연구만을 연구 대상으로 하고, 언어정책적인 면은 제거되어야 하며, 이로서 국어학의 권위를 세우며, 국어학 자체의 권위와 한계를 획정하게 된다"고 하였다.

그런데 현재 학계에서 주목을 받고 있는 여러 국어학사 연구서들이 훈민정음에 대하여 서술해 놓은 실상을 보면 위의 견해에 부합하지 않고 모두 훈민정음 창제 목적과 관련된 내용을 그 서술 대상으로 삼고 있다. 즉 언어정책적 측면, 정확히 말하면 어문정책사적 측면이 그 내용으로 자리를 차지하고 있다. 그렇기 때문에 미시적 접근에 초점을 맞추어 생각해 본다면 훈민정음 창제 목적과 관련된 논의는 어문정책사의 중요한 주제다. 그러나 훈민정음 창제 목적과 관련된 문제는 좁은 의미의 국어학에 입각한 국어 연구의 역사적 기술론에 의존할 수 없다.

그렇다면 우리는 그 문제와 관련해 넓은 의미의 국어학사의 서술 태도에 바탕을 두어야 한다. 그 넓은 의미의 국어학사라 함은 역사적으로 우리 선조들이 가졌던 국어에 대한 의식이나 표기법에 대한 지식, 그리고 언어 정책에 대한 태도까지를 아우르는 개념이다. 그렇다면 국어학사는 두 가지의 내포적 분류가 가능하다. 첫째 국어학의 역사로서 규정되는 국어학사가 하나요, 다른 하나는 국어학과 역사학의 만남으로서의 국어학사다.

전자의 경우가 국어학사의 외연을 좁게 볼 것인가 넓게 볼 것인가 하는 문제와 관련해서 지금까지 수용된 국어학사의 개념이라면, 후자의 경우는 훈민정음 창제 목적과 관련하여 국어학의 독립된 영역만으로는 그 주제를 규명하기가 불충분하기 때문에 필자가 제기하는 학제적 만남으로서 규정한 인문학사 속의 국어학사라 할 수 있을 것이다.

따라서 그 주제가 훈민정음 창제 목적과 같은 제 학문의 범위를 넘나드는 경우에 국어학사의 서술론은 특정한 한 학문의 영역에서만 논의되는 것만으로는 주제에 대한 총체적 접근이 가능할 수 없다. 이런 점에서 훈민정음 창제 목적의 인문학적 접근 방식은 그 의의가 있다고 생각한다.

2) 훈민정음 창제 목적과 관련된 국어학적 견해와 그 문제

훈민정음 창제 목적은 우선『훈민정음』어제 서문에[4] 드러나는 문헌적 근거에 따라 다음과 같이 정리되어 왔다.

   ① 나라의 말이 중국과 달라서 문자가 서로 통하지 않는다.
   ② 어리석은 백성이 그 뜻을 펴지 못한다.
   ③ 세종 자신이 그러한 것을 불쌍히 여겨 쉽게 익힐 수 있는 문자를 만들었다.

그리하여 ①과 관련해서는 조선의 자주 정신, ②, ③과 관련해서는 애민·실용 정신이라는 내용으로 훈민정음의 창제 목적을 파악하였다. 곧 고유 문자가 없는 국가적 체면과 백성을 사랑하고 어여삐 여겨 그들의 문자를 갖게 했으며 그것은 누구나 쉽게 익힐 수 있는 백성들의 문자임을 뜻하는 것이었다. 또한『훈민정음』말미에 정인지(鄭麟趾) 후서를 보면 이두의 불편함을 해소하기 위해서 훈민정음이 창제되었다고 덧붙이고 있다. 남풍현(1978, 1980)은 이 정인지의 후서를 근거로 삼아[5] 훈민정음 창제의 목적이 이두로 대표되는 차자 표기 수단을 대체하고자 하는 데 있다는 견해를 피력하였다.

또한 어제 서문에 첫머리에 나타나는 "國之語音"과 그 국역인 "말씀"에 주목하여 훈민정음 창제 목적에 대한 논의가 있었다. 즉 "國之語音"이 과연 무엇을 가리키는가 하는 문제였다. 강길운(1972)에서는 훈민정음 창제의 목적이 한자음 주음(注音)에 있었다고 보고 "國之語音"을 우리나라 말이 아

---

4) 國之語音, 異乎中國, 與文字不相流通, 故愚民有所欲言, 而終不得伸其情者多矣. 子爲此憫然, 新制二十八字, 欲使人人易習, 便於日用耳.
5) 蓋外國之語 有其聲而無其字. 假中國文字以通其用 是猶枘鑿之鉏鋙也 豈能達而無礙乎. 要皆各隨所處而安 不可强之使同也.

니라 우리나라 한자음이라는 논의를 펼쳤다. 그러한 논의는 이미 이숭녕 (1958)에서도 훈민정음 창제 목적을 한자음 개신(改新)이라는 측면에서 바라본 바가 있었다. 그러나 이기문(1974)에서는 고유어 표기와 한자어 표기가 다 국어 표기의 일면임을 강조하고 한자음 주음을 위해서 훈민정음이 창제되었다는 시각에 부정적 견해를 피력하면서 훈민정음이 '愚民'을 위해 '便民'할 목적으로 창제된 것이라고 하면서 '國字'의 필요성에 대한 세종 자신의 절실한 자각이 창제의 직접적인 동기라고 보았다.

한편 훈민정음이 당시에 어떤 방식으로 사용되었는가 하는 점에 초점을 맞춘 논의도 있었다. 김완진(1972)에서는 당시의 문헌에서 한자음을 주음하는 방식이 문헌마다 차이가 나는 점에 주목하여 훈민정음 창제 후 문자 사용의 측면에서 독자층을 고려한 국면이 있다고 해석하여, 훈민정음 창제의 목적은 한자와 훈민정음의 조화로운 병용을 의도한 것이었다는 견해를 강조하였다. 곧 한자의 대체 수단으로서 훈민정음이 창제된 것이 아님을 간접적으로 언급함으로써 소위 세종 정신은 한글 전용의 정신이 아니라는 점을 강조하였다.

이렇게 다양하게 훈민정음 창제 목적에 대한 논의가 진행되면서도 한편으로는 "창제 목적"이라는 다소 추상적 논제에 대한 미시적 문제 제기들이 제시되었다. 즉, 김완진(1972)나 이성연(1984)에서는 창제의 '목적'과 '동기'를6) 구분해서 파악해야 한다고 하였으며, 이현희(1990)에서는 '창제 동기'란 창제의 의도와는 관계가 없이 창제가 있게 된 직접적 원인과 관련되는 국면이고, '창제 목적'은 창제를 한 의도와 관련되는 국면이라고 구별하고 있다7). 한편 강신항(1977)에서는 '聖人之道'를 밝혀 이상 정치를 구현해야 한

---

6) 김완진(1972)에서는 고유어 표기 수단에 대한 필요성, 한자음 표기를 위한 수단의 필요성, 자주 의식의 대두 등을 내적 동기로 보고 있고, 元 세조의 파스파 문자 제정에 의한 영향을 외적 동기로 삼아서 내적 동기론과 외적 동기론을 구분하고 있다.

7) 이현희(1990)에서는 일례로 우리의 고유 문자가 없어서 훈민정음을 창제하게 되었다 함은 창제의 동기가 되겠지만, 고유 문자가 없었기 때문에 고유 문자를 가질 수 있게끔 새 문자를 창제하였다 함은 창제의 목적이 되는 것이라 하였다. 이 문맥에서 말하는 '창제의 동기'는 지금까지의 훈민정음 창제 목적과 관련된 논의의 '창제 목적'과 어떤 차이가 있는지 구별이 안 되는 듯싶고, 고유 문자를 가질 수 있도록 새 문자를 창제하였다 함이 '창제의 목적'이라고 하는 것이 논리적으로 성립할 수 있는 것인지 의문이 간다.

다는 인식이 직접적 동기이며, 표기 수단이 없는 점, 국가 체면의 문제, 한자음, 외국어음을 표기의 문제는 수단과 결과이지 목적이 아니라고 보고 있다.

이상과 같이 위의 논의들은 대체로 훈민정음 창제 목적을 고찰함에 있어서 국어학적, 언어학적 측면에서만 바라본 견해들이었다. 따라서 훈민정음 창제 목적과 관련된 역사성의 문제에 소홀했다고 볼 수 있다. 그러나 훈민정음 창제 목적에 대한 논의는 국어학적 의의로만 해결될 수 없는 그 역사적 의미가 있다. 그렇다고 해서 그저 역사학계의 논의만이 그 학문 분야에서 바라본 창제 목적의 또 다른 관점으로만 이해될 수는 없다. 그러한 역사학계의 관점이 국어학적 관점과 통합적이고 총체적 관계 속에서 논의되어야 하는 것이다.

그리고 훈민정음 창제 결과 이루어진 신문자의 다양한 기능을 고려해 본다면 고유어를 위한 표기니, 한자음을 위한 표기니 하면서 그 창제 목적을 단순화시킬 수 없다는 데 그 핵심이 있다. 다시 말하면 훈민정음 창제 이후, 『훈민정음』에서는 <用字例>를 통해서 신문자로 고유어를 94개 표기하고 있다[8]. 『훈민정음』이라는 문헌에 기대어 본다면 당연히 훈민정음은 고유어 표기를 위해 만들어진 문자로 이해할 수 있다. 그러나 『東國正韻』의 편찬과 『洪武正韻譯訓』의 간행은 또 무엇을 의미하는가? 『동국정운』은 金敏洙(1980)의 견해에 비추어 본다면 최초로 이루어진 한자음 통일안으로서 조선 한자음 자전의 성격을 띠고 있는 것이다. 그리고 『홍무정운역훈』 역시 한어 발음을 표기하기 위한 한어발음사전이자 한조(漢朝) 사전이다. 이 경우는 대신에 표음 문자로서의 훈민정음이 발음 기호로서 그 역할을 한 것이다. 그리고 각종 언해류 문헌들의 간행에 주목하면 번역의 수단이라는 측면에서는 훈민정음이 메타 언어(meta-language)로 대상 언어(한문)에 대한 상위 언어적 기능을 수행한 측면이 있었다. 그리고 『훈민정음』 국역본에서 "國之語音이 異乎中國ㅎ야 與文字로 不相流通홀씨…"에서 보여주는 표기 방식을 보면 한문 원문에 토를 훈민정음으로 달아 놓은 텍스트 구조를 볼 수 있다. 그런

---

8) 이상혁(2000)의 "『훈민정음해례』의 <용자례> 분석"에서는 당시의 『훈민정음해례』 편찬자들이 고유어를 기반으로 하여 인식했던 당시의 '국어 기초 어휘' 인식에 대하여 살펴 보았다.

데 이 형식은 한자 차자 표기로 토를 달던 그 이전의 구결문의 형식을 보여주는 것으로 그 토를 훈민정음으로 표기했다는 측면에서 신문자가 차자 표기 대체 수단임을 짐작해 볼 수도 있을 것이다.

그렇다면 훈민정음이 사용된 당대의 양상에 초점을 맞춰 바라본 창제 목적은 고유어 표기, 東音과 華音을 포함하는 한자음 표기, 번역어, 그리고 구결이나 이두를 대체하는 문자 체계로서 만들어진 측면이 있는 것이다. 그것은 곧 훈민정음 창제 목적 단순하지 않고 복합적이라는 점을 현재의 시각에서 해석해 볼 수 있다.

그리고 그러한 언어내적 동기론과 더불어 어제 서문에서 나오고 있듯이 '愚民'을 교화하고자 하는 훈민 정책의 일환으로서의 언어외적(정치사적, 사회사적) 측면이 통합적으로 모색되어야 하는 것이다. 그런데 이 언어외적 동기론과 언어내적 동기론을 분리해 사고할 수 없음에도 전자를 그저 역사학계의 관점으로만 이해하고자 했던 것이 훈민정음 창제 목적을 언어내적 동기론에만 머물게 만든 이유였다. 그러나 훈민정음 창제 목적에 대한 논의를 국어학계에서 다루고자 한자면, 그 학문적 독립성을 강조하긴 어렵다. 따라서 현대의 국어학사적 논의에서 문자 창제라는 결과와 그에 따른 문자 운용의 실제 측면만을 가지고 훈민정음의 창제 목적을 논하는 것은 국어학이라는 학문의 독자성의 줄기를 찾는다는 시각에서는 옳은 접근일 수는 있으나, 훈민정음 창제가 가져온 당대 인문학적 의식 흐름을 고민해 본다면 그러한 국어학만의 접근 방식은 국부적일 수밖에 없다. 그렇기 때문에 이 시점에서 훈민정음 창제 목적에 대한 인문학사적 접근에 대한 타당성이 제기되는 것이다. 그렇다면 훈민정음 창제와 관련해 역사학계의 논의는 국어학사의 관점에서 보았을 때 타당한 것이었는가? 그 점을 다음 장에서 살펴보기로 한다.

3) 훈민정음 창제 목적과 관련된 역사학적 견해와 그 문제

역사학계에서 훈민정음 창제와 관련된 중요한 논의는 이우성(1976)과 강만길(1977)이 있다. 이우성(1977)에서는 강신항(1967)의 견해를 국어학계의 한글 창제 목적이라고 소개하면서 훈민정음 창제에 관한 역사적 배경이 동시에 설명되어야 함을 강조하였다. 그리하여 조선 왕조의 정치·사회적 구조와 결부시켜 당시 국가 정책으로서의 훈민 정책을, 그리고 훈민 정책 수행을 위한 국자(國字) 제정의 불가피성을 다음과 같이 제시하였다.

"농민을 훈도해야 할 사정의 절실함과는 반대로 농민에 대한 전달 수단이 너무나 오활(迂闊)했던 사실은 조선 왕조의 정치적 고충이 아닐 수 없었고, 이러한 고충은 드디어 세종으로 하여금 새로운 전달 수단의 창안에 부심케 하였다. …왕조 자체의 지향은 이러한 농민들에게 훈도를 통해 항구적이며 안정된 공민으로 파악하려 하였다. 따라서 이 공민들을 부당한 권리 침해로부터 보호해 주어야 하며 그러기 위해 그들에게 말을 할 기회를 주어야 하고 동시에 말을 할 수 있도록 해야 하였다. 정음은 곧 이 우민(愚民)들로 하여금 말로써 감정을 표현할 수 있게 함이다. 훈민정음 어제 서문은 바로 이것을 강조함이었다"

강만길(1977)에서는 이우성(1976)의 견해를 새로운 이론이라고 강조하면서도 그 전엔 지배층이 백성들의 문자를 만들지 않고서도 백성을 다스리는 데 불편함을 느끼지 못했는데 왜 하필 15세기에 훈민정음이라는 문자 창제가 이루어졌는가 하는 문제 제기를 통해서 어느 개인의 능력이나 심리 상태가 역사적 사실의 중요 원인으로 부각되면 역사가 우연의 소산물로 이해되거나 영웅주의적 사관에 빠질 위험이 있다고 경계하고 한글 창제의 동기의 새로운 이해로 백성들의 자의식 향상에 초점을 맞추었다. 즉 그것은 결코 치자층(治者層)의 자애심이 바탕이 되어 어리석은 백성을 위하여 만든 것이 아니라 백성 세계가 스스로 자의식을 높여 감으로써 얻을 수 있었던 전리품과도 같은 것이라 할 수 있다고 하였다. 곧 치자층의 입장에선 지배 목적의 일환인 통치 이데올로기의 보급을 위한 수단이겠으나, 백성의 처지에서 보면 값 높은 전리품이었고 그렇기 때문에 그 훈민정음은 처음부터 진정한 백성이 것이 될 수 있었다는 시각이었다.

그런데 위에서 언급한 역사학계의 두 견해는 그동안 훈민정음 창제의 목적을 언어내적 동기론에서 찾고자 했던 국어학계의 시각을 역사적 관점에서 새롭게 조망한 의미 있는 시도였지만, 거시적 틀 속에서만 훈민정음 창제 목적을 바라보았기 때문에 국어학사적 시각에서 보면 지극히 공허한 측면이 있다. 그리고 그러한 논의 속에서 국어학계의 미시적 논의에 대한 충분한 이해 정도가 부족했다는 점을 지적하지 않을 수 없다. 예컨대, 훈민정음 사용 양상을 살펴보게 되면 문자로서의 훈민정음을 '백성의 글'이라는 추상적 틀 속에 묶을 수 없는 측면이 있기 때문이다. 즉 반절(反切) 대신에 그것을 대체하는 수단으로 동음과 화음 표기를 위해서 훈민정음이 사용된 측면, 곧 운서의 한자음 발음 표기 수단으로서의 훈민정음 기능은 강만길(1977)에서 언급하는 '백성의 글'과는 거리가 먼 것이기 때문이다. 훈민정음이라는 표음 문자가 가지는 내재적인 다기능성을 포착하지 못했거나 무시한 측면이 간접적으로 드러난다.

그런 의미에서 역사학계 내에서 훈민정음 창제 목적론은 거시적 담론으로서의 의의와 국어학계에서 간과할 수 있는 점을 제기한 의의는 있겠으나, 훈민정음의 언어학적·문자사적 의의에 대한 깊이가 상대적으로 부족한 연구 성과들이었다. 또한 그것은 진보적인 역사학계에서 훈민정음이 지니고 있는 언어학사적 가치를 본의 아니게 폄하할 수 있는 개연성을 보일 수 있다는 점에서 한계가 있다고 생각한다. 국어학계의 시각이, 혹은 역사를 바라보는 보수적 시각이 영웅주의적 관점에 경도되었기 때문이 아니라 훈민정음 창제 자체는 역사적으로, 문헌상으로 분명히 세종의 친제(親製)이기 때문이다.

따라서 훈민정음 창제라는 역사적 사실에 대한 접근은 국어학사의 시각에서 초점이 맞추어져야 한다. 다만 그 목적을 논함에 있어 역사적 의미를 국어학사 속에서 역사학계가 지적한 측면을 흡수하고 수용하여 통합적으로 논의될 때 더 의의가 있다고 필자는 생각한다. 설령 역사학계에서 훈민정음 창제의 역사적 의미에 대한 고찰을 하더라도 위에서 지적한 바와 같이 그 거시 담론의 전제 속에는 국어학적 미시 담론에 대한 이해를 바탕으로 이루어져야 하는 것이다. 그런 의미에서 이 글은 훈민정음 창제 목적과 관련하여 제1장에서 언급한 15세기 국어학사 서술 범위론의 설정에 대한 타당성이 획득될 수 있는 근거가 되는 것이다.

4) 훈민정음의 창제 목적과 인문학적 접근

그렇다면 훈민정음 창제 목적과 관련된 인문학적 접근은 무엇인가? 그것은 다음과 같은 전제를 통해서 이루어질 수 있다. 즉 국어학적 시각에서는 훈민정음 창제를 언어내적 관점에서 논의하고 있고, 역사학적 시각에서는 언어외적(정치사적, 사회사적) 관점에서 바라보는 개별 학문 구분론을 현대의 잣대로 삼아 훈민정음 창제 목적을 논의하는 것은 온당하지 못할 수 있다는 점이다. 따라서 훈민정음 창제 목적과 관련하여 국어학사라는 범주 안에서 인문학적 접근을 하고자 한다면 다음의 세 가지 측면이 서로 유기적 연관성을 가질 때 그 의의가 있을 것이다.

① 훈민정음이라는 신문자가 탄생할 당시의 언어학 및 인문학적 자양분은 무엇이었는가?
② 훈민정음 창제 목적과 관련된 언어내적 의미는 무엇이었는가?
③ 훈민정음 창제 목적과 관련된 역사적 의미는 무엇이었으며, 언어내적 의미와 어떻게 조응할 수 있는가?

①의 문제에 대하여 논하고자 한다면 그것은 당연히 문자음운학으로 대표되는 성운학(聲韻學)의 발달과, 차자 표기의 한계, 그리고 성리학 수용 이후 易철학의 발달을 들 수 있을 것이다. 역설적으로 훈민정음 창제는 한자를 극복한 새로운 표기 체계의 완성이기도 했지만, 그 탄생 기반은 한자음을 어떻게 표기할 것인가 하는 문제와 관련되기도 할 뿐만이 아니라 성운학의 기본 개념인 '聲'과 '韻'의 변용이 훈민정음의 초성, 중성, 종성으로 실현되었기 때문이다. 또한 운서의 수입, 운서의 복간(覆刊), 자체 운서의 제작이라는 일련의 과정이 성운학에 대한 깊이를 가져오게 했으며, 그 결과 운서에서 한자음을 표기하는 반절보다 더 효율적인 발음 기호로서 훈민정음 탄생을 가속화하는 결과를 가져오게 한 것이다.

그리고 『훈민정음』에서 확인할 수 있듯이 그 제자 원리가 역철학에 기반을 둔 것이었다는 점이 명백히 밝혀진 이상, 훈민정음 창제의 자양분이라고 할 수 있는 역철학이 신문자 창제에 실천적으로 적용될 수밖에 없었다는 점도 훈민정음 창제 당시의 중요한 인문학적 의의라고 볼 수 있을 것이다. 고려말 성리학의 융성과 그에 따른 철학적 기반의 성숙에 기인한 역철학은 『훈민정음』 텍스트 내적 원리이기도 하겠지만, 인문학사적으로 볼 때 유교라는 당대 가치관의 이론적 바탕이 되는 원리이기도 하다는 점에서 훈민정음 창제 배경론에서 논의될 성질의 것이다.

②의 문제는 훈민정음 창제 목적이 순수 국어학적으로 무엇이었는가 하는 점이다. 제2장에서 이미 언급한 바와 같이 당초 목적에 대한 논란이 분명히 존재하는 것은 사실이지만, 신문자 사용 면에서 역으로 훈민정음 창제 목적을 살펴본다면 단순히 하나의 목적만을 가지고 훈민정음이 창제되었다고 보기엔 ①과 같은 그 이전, 혹은 당대의 시대 배경론을 간과하기 어렵다. 즉, 문자음운학으로 대표되는 성운학의 발전, 그리고 역철학이라는 전통적인 인문학적 학문 영역의 구축과 그 관계를 설정하지 않을 수 없는 것이다. 그렇다면 언어내적인 의미의 창제 목적은 무엇으로 규정하는 것이 보다 설득력이 있는가?

백성, 우민(愚民)의 문제를 좀더 고민해 볼 필요가 있다. 곧 백성 혹은 우민은 어제 서문의 문맥에서는 단순히 글 모르는 평민일 수 있겠으나, 좀더 포괄적으로 보면 한자와 한자음의 관계를 정확히 이해하지 못하는 다수로서의 백성 혹은 우민일 수 있다는 가정을 하게 된다. 그렇게 되면 단순히 글을 모르는 백성들을 위한 표기 체계로서의 훈민정음이 창제된 측면이 하나가 있게 되고, 동음이든 화음이든 한자음이 시대에 따라 변화하면서 그 변화된 음의 정확히 발음을 알지 못하거나 정리하지 못하는 당대의 언어적 현실을 극복하고자 한자음 정리를 위한 훈민정음의 창제 목적이 가능하게 된다. 후자의 경우는 그 이전 시대, 혹은 당대의 시대 배경론(성운학의 발달, 역철학의 성립)에 비추어 충분히 예견될 수 있는 창제 목적이었을 것이다. 실제로 훈민정음 창제 후 '韻會'를 번역하라는 세종의 지시와 『홍무정운역훈』의 간행이 그것을 뒷받침하고 있다. 물론 그 차원에서 훈민정음의 기능은 표음적 및 주음적 성격을 띠는 발음 기호였겠으나9), 한자로 발음을 표시하

---

9) 필자는 훈민정음의 표음성과 주음성(注音性)을 구분하고자 한다. 전자는 문자로서 훈민정음이 고유어나 '東音'을 표기하는 특성으로 이해하고자 하며, 후자는 문자로서의 훈민정음이

는 이른바 반절, 양자 표음법(兩字表音法)에 대한 극복이라는 점에서 당대 언어관의 변화를 실감케 한다.

역사학계에서 주장하는 훈민정음 창제 목적은 전장에서 언급한 바 있으나, 그 논의가 실제로 국어학계의 논의와 어떻게 조응했는가 하는 점을 생각해 보면 거의 전무하다고 볼 수 있다. 또한 국어학계 역시 역사학계에서 제시한 거시적 창제 동기론에 대하여 거의 무비판적으로 수용하거나 아예 도외시하고 있다는 측면을 지을 수 없다. 결국 두 학계에선 각각의 독립된 학문 영역 안에서 훈민정음 창제 목적을 그 학문 영역 안에서만 해석해 내고 있는 셈이다. 따라서 ③의 문제는 훈민정음 창제 목적을 총체적이면서 학제적 만남의 관점에서 논의되어야 한다는 측면에서 제기된 것이다. 그것은 ①과 ②를 바탕으로 해야 함은 물론이고 이 글의 시각에서는 국어학사의 틀 속에서 국어학과 역사학의 만남이 이루어져야 함을 강조하고자 한다. 거듭 강조하거니와 훈민정음 창제는 국어학적 연구 성과이며 그 창제 목적은 새로운 어문 정책의 시발을 알리는 국가적 실천의 한 양상이라는 점에서 국어학적인 영역 안에서 실증적으로만 논의될 수 없는 역사적 사실이다. 그런 의미에서 김민수(1980)의 논의는 훈민정음 창제 목적과 관련된 다른 국어학계 논의 중에서 가장 인문학적 관점에 가깝다10).

따라서 인문학적 관점에서 훈민정음 창제 목적을 파악하고자 한다는 것은 ①에서와 같은 훈민정음 창제 배경론에 대한 고찰이 선행되어야 할 것이다. 그것은 다른 시기도 아니고 왜 하필 바로 15세기 초에 훈민정음의 창제가 가능하게 되었는가 하는 의문에 대한 타당한 해답을 줄 수 있는 것이기 때문이다. 그리고 전통적으로 논의되었던, 국어학적 의미에서 바라본 훈

‘華音’을 비롯한 다른 언어의 음을 표기하는 특성으로 이해하고자 한다. 넓은 의미에서 보면 주음성도 표음성 속에 포함된다. 그러나 이 글에서는 훈민정음의 표음적 특성을 대내적 표기 특성으로, 주음적 특성을 대외적 특성으로 파악해 보고자 구분한 것이다.

10) 金敏洙(1980)에서는 1431년에 설순이 어명을 받은 『三綱行實圖』의 편찬은 세종의 독자적인 창안으로서 두 의도가 스며 있었다고 분석된다. 삼강을 강조한 것은 국권 확립을 위한 『龍飛御天歌』의 창작과 연결되고, 거기에 그림을 고안한 것은 우민 교화를 위한 훈민정음의 창제와 이어지게 되기 때문이라고 밝히고 있다. 다만 이러한 논의가 순수 국어학적인 입장에서 문헌적 근거를 가지고 창제 목적을 전개한 측면과 어떻게 조응하고 있는가 하는 점이 두드러지지 않는다는 점이 아쉬운 대목이다.

민정음 창제 목적론을 문헌상의 근거만을 바탕으로만 논의할 것이 아니라 신문자 사용 면에서 당대 국어학적 사실들이 어떻게 전개되었는가 하는 점을 살펴보아야 한다. 그리고 거기에 덧붙여 역사학계에서 제기한 훈민정음 창제론과 명확한 선을 긋는 것이 아니라 역사학계의 시각을 인문학적 의미에서 바라본 훈민정음 창제 목적론이라는 흐름 속에서 국어학사의 서술 내용에 반영하여 제시해야 할 것이다.

그렇다면 ①, ②, ③을 바탕으로 국어학사 틀을 견지하면서 인문학적 관점에서 바라본 훈민정음의 창제 목적은 아래와 같이 정리될 수 있을 것이다.

고려 시대는 성운학의 발달을 가져온 시기이다. 그 과정 속에서 중국으로부터 운서가 직접 수입되기도 하고, 혹은 고려에서 직접 운서를 복각하기도 하고, 때로는 자체적인 운서를 간행하기도 하였는데 이것은 고려 말 조선 초 문자음운학의 발전이었다. 그리고 그 와중에 중국으로부터 성리학이 유입되고 조선 왕조가 건설되면서 불교에서 유교로 국가적 이데올로기가 바뀌면서 철학적인 면에서 역철학의 발전이 이루어진 계기가 되었다. 또한 국어사에서 볼 때, 차자 표기로 대표되는 이두나 구결이 지니는 표현상의 한계가 드러나게 되었다.

그런 언어학 및 인문학적 배경 아래서 훈민정음은 창제되었다.『훈민정음』<용자례>의 고유어, 각종 언해류의 간행 등을 보게 되면 그 신문자는 고유어 표기를 위한, 그리고 우민을 편민(便民)하고자 했던 실용적이고 표기 체계였다. 그러나 훈민정음은 고유어 표기만을 위한 문자 체계만은 아니었다. 발음기호로서 반절을 대체하는 수단이었으며 그 결과는『동국정운』이나『홍무정운역훈』의 정음 표기와 같은 한자음 정리였다. 이 때의 훈민정음은 단순한 문자라기보다는 음소문자가 보일 수 있는 표음 기호, 주음 기호의 성격임을 인식해야 한다. 그리고 한문의 권위가 여전히 지배하는 당대에 훈민정음은『훈민정음』의 정인지 후서의 주장과『훈민정음』국역본 텍스트의 구결문 형식에 초점을 맞추면 차자 표기를 대체하는 수단이기도 했던 것이다. 따라서 문자 사용 면에서 언어 내적 동기론에 비추어보면 훈민정음 창제 목적은 복합적일 수밖에 없었으며, 그것은 음소문자인 훈민정음이 가질 수밖에 없었던 태생적 장점에서 기인한 것이었다.

그러나 그러한 언어내적인 창제 목적 이면에는 정치사적·사회사적 의미에서 언어외적 창제 목적이 있었음을 부인하기 어렵다. 그것은 훈민정음이 치자층의 입장에서 보면 국가의 훈민 정책을 보급하고 백성들을 교화하는 중요한 통치 이데올로기적 수단이었으며, 백성들의 입장에서 보면 그들의 자의식 성장에 따라서 그들이 얻어낸 문화적 자기 무기였던 셈이다. 따라서 훈민정음의 창제는 역사적으로도 필연적으로 치자층의 지배 논리, 혹은 훈민 정책과 백성들의 언어 표현 욕구를 불가피하게 해소해 주어야 한다는 시대적 요청과 언어학적으로 성숙된 문화적 환경이 한데 어울려서 이루어질 수밖에 없는 필연적 산물이었다고 생각한다.

요컨대 훈민정음 창제 목적은 그 자체가 국어학적 의의가 있는 동시에 역사적 사실로서 국어학적 관점과 역사학적 관점이 독립적으로 서로 다르다는 시각에서 접근되어야 할 것이 아니라, 학제적 접근 혹은 인문학사적 관점 속에서 총체적으로 논의될 성질이 것이며 당시의 창제 목적 또한 그러한 흐름 속에 있었던 것이다.

5) 훈민정음 창제와 15세기 언어관

15세기에 훈민정음이 창제되면서 이 시대의 언어관은 그 새로운 국면을 맞이하게 되었다. 즉 한자 권위관의 위상이 흔들리기 시작한 것이다. 여전히 한자 문화권의 사회이기는 했으나, 훈민정음의 창제는 한자가 지닌 권위와 위상에 대한 도전이었다.

고대 국어학 시대에는 언어 신성관이 주류를 이루었고, 중세 초기(고려 시대)에는 동양의 라틴어로 그 위세를 떨쳤던 한문 중심의 언어권위관의 맹위를 떨쳤으며 그 언어권위관의 위력은 조선 후기까지 이어졌다. 그러나 그러한 한문 중심의 언어권위관은 훈민정음 창제와 더불어 조선 시대에서 절대적 위치를 지켜낼 수는 없었다.

시대에 따라 한자음이 변하고 그 한자음을 교정하려는 여러 당대 연구자들의 고뇌 속에서 언어라는 것은, 특히 조선 사회에서 한자, 혹은 한자음이라는 것은 주자(朱子)의 이선기후(理先氣後)의 이원론적 입장에서 언어 도구관이라는 관점으로 파악할 수 있는 대상이 되고 만 것이다. 이(理)에 해당하는 사고가 기(氣)에 해당하는 언어보다 앞선다는 성리학의 의식은 역설적으로 곧 한자 중심의 권위관을 15세기에 위축시키는 결과를 낳았던 것이다.

이것은 한자 중심의 언어 권위관의 위기이자 변모의 변증법이다. 한자가 차지하는 위치가 여전히 높긴 하지만, 새로운 문자의 등장과 더불어 그 기능과 역할이 축소되었다. 예컨대 한자음 표기에서 한자로 표음하던 양자 표음법, 곧 반절은 그 역할을 훈민정음에 넘겨주고 우리 운서의 한자음 표기는 정음이 그 전사 기호로서 소임을 다하게 되었다. 또한 문자 통용의 관점에서 보면 한자, 차자 표기, 훈민정음이라는 3중의 표기 체계가 공존하는 양상이 15세기에 전개됨으로써 그에 따른 다양한 인문학적 축적이 가능하게 되었다. 한자가 담당하던 기능의 일부를 훈민정음이 계승하고 그에 따라 훈민정음의 위상이 주목을 받게 된 질적 변화의 시기에는 한자 중심의 절대적 언어 권위관의 힘은 약화되고 언어 도구관이 15세기를 기점으로 하여 한자 중심의 권위관과 힘 겨루기 양상으로 전개되었던 것이다.

따라서 15세기는 언어 권위관의 상대적 위축과 언어 도구관의 등장이 어우러져서 한자 중심의 절대적 언어관의 자기 부정이 본격적으로 시작된 시기이자, 언어는 어떠한 대상을 기표하고 전사하는 수단이라는 새로운 언어관의 구축의 시대라는 점에서 그 의의가 있다.

3. 결론

이 글에서는 훈민정음 창제 목적과 관련해서 세 가지 정도의 초점을 가지고 살펴보았다. 우선 훈민정음 창제 목적과 관련된 논의는 순수 국어학사의 범주를 벗어나는 주제이기는 하나 훈민정음 창제가 가져다 준 인문학적·문화사적 의의에 주목하여 15세기 국어학사 서술 범위는 그 어느 시대보다 국어학과 역사학의 학제적 접근 필요함을 강조하였다. 또한 그러한 학제적 접근은 훈민정음이라는 신문자가 탄생할 당시의 언어학 및 인문학적 배경론에서 출발해야 하며, 그 다음에 훈민정음 창제 목적과 관련된 언어 내적 의미에 대한 고찰이 있어야 하며, 궁극적으로 훈민정음 창제 목적은 인문학적 관점을 견지한 국어학사에서 어떤 역사적 의미를 지니고 있는가 하는 점을 살펴보았다. 그리고 마지막으로 그러한 훈민정음 창제가 가져다 준 15세기 언어관의 변화는 무엇이며 국어학사에서 어떤 의의를 지니고 있는가 하는 점을 간략하게 첨언해 보았다.

　다른 통시적 언어 현상과 달리 훈민정음 창제는 단순히 국어학적 논의 대상 이상의 의미를 지닌다. 그리고 그 창제에 얽힌 배경, 목적 역시 전통적인 국어학사의 큰 틀 속에서 논의되어야 하지만, 국어학이라는 언어 내적 접근만으로는 진정으로 그 역사적 의미를 찾기엔 부족하다는 것이다. 바로 그러한 문제 제기가 곧 훈민정음 창제 목적을 인문학적 시각에서 바라보아야 한다는 근거이기도 하다. 시론적 성격의 글이기 때문에 차후에 좀더 실증적 접근을 통한 연구를 기대해 본다.

참고문헌

姜吉云(1972), "訓民正音 創製의 當初目的에 대하여", 「국어국문학」 55·57(합병호).

강만길(1977), "한글 창제의 역사적 의미", 「창작과비평」 12.2, 통권44호.

姜信沆(1963), "訓民正音解例理論과 性理大全과의 聯關性", 「국어국문학」 26.

─────(1980), "세종대 언어관의 성립", 「東洋學」 10.

─────(1987), 「訓民正音硏究」, 서울: 成均館大學校出版部.

─────(1995), 「國語學史」(增補改訂版), 서울: 普成文化社.

姜昶錫(1996), "훈민정음 연구 성과와 과제", 『光復 50週年 國學의 成果』(한국정신문화
　　　　연구원).

國語硏究會(1990). 「國語硏究 어디까지 왔나」, 서울대 대학원.

金敏洙(1957), "訓民正音 解題", 「한글」 121.

─────(1969), "訓民正音 創製의 始末", 「김재원박사 회갑 기념 논총」, 서울: 을유문화사.

─────(1980), 「新國語學史(全訂版)」, 서울: 一潮閣.

김병제(1984), 「조선어학사」, 평양: 과학, 백과사전출판사.

김영환(1987), "<해례>의 중세적 언어관", 「한글」 198.

金完鎭(1972), "世宗의 語文政策에 對한 硏究", 「省谷論叢」 3.

─────(1983), "訓民正音 制字經緯에 대한 새 考察", 「김철준박사화갑기념 사학논총」.

─────(1984), "訓民正音 創製에 관한 硏究", 「韓國文化」 5(서울대).

남풍현(1978), "훈민정음과 차자 표기법의 관계", 「국문학론집」 9(단국대).

─────(1980), "훈민정음의 당초 목적과 의의", 「東洋學」 10.

박수영 譯(1992), 「언어학의 사상사」, 서울: 이목.

兪昌均(1995), 「國語學史」, 서울: 螢雪出版社.

이근수(1987), 「조선조의 어문정책 연구(개정판)」, 서울: 홍익대 출판부.

─────(1997), 「훈민정음신연구(개정판)」, 서울: 보고사.

이기문(1974), "훈민정음 창제와 관련된 몇 가지 문제" 「國語學」 2.

이상혁(1996), "국어학사의 서술과 관련된 몇 가지 문제", 「어문논집」(고려대)35.

─────(1998), "언문과 국어의식", 「국어국문학」 121.

─────(1999ㄱ), 「朝鮮後期 訓民正音 硏究의 歷史的 變遷-」, 고려대 박사학위논문.

─────(1999ㄴ), "문자 통용과 관련된 문자 의식의 통시적 변천 양상", 『한국어학』 10.

─────(2000), "훈민정음 <용자례> 분석", 「21세기 국어학의 과제」 서울: 월인

이성연(1984), "세종의 언어 정책에 관한 연구", 「한국언어문학」 19.

李崇寧(1956), "國語學史", 「思想界」 4권 6-12호

──(1958), "世宗의 言語 政策에 관한 研究", 「亞細亞研究」 1-2(고려대).

──(1986), "「말」과 「말씀」의 의미 식별에 대하여", 「동천 조건상선생 고희기념논문집」.

李佑成(1976), "朝鮮王朝의 訓民政策과 正音의 機能", 「震檀學報」 42.

李賢熙(1996), "國語學史 研究 50년(1945∼1995)", 『光復 50週年 國學의 成果』(한국 정신문화연구원).

任桓宰 譯(1984), 「言語學史」, 서울: 經文社.

정 광(1981), "The Hunmin Chungum and the Cause of King Sejong's Language Policy.", 「덕성여 대 논문집」 10.

정 광·김완진·장소원(1997), 「국어학사」, 서울: 한국방송통신대출판부.

최현배(1961), 「고친 한글갈」 서울: 정음문화사.

洪起文(1946), 「正音發達史」 上·下, 京城: 서울신문社出版局.

國語學의 새로운 照明

인 쇄 2003년 02월 06일
발 행 2002년 02월 14일
펴낸이 이 대 현
편 집 이은희 · 안현진 · 조유미 · 박진희
펴낸곳 도서출판 亦樂 / 서울 성동구 성수2가 3동 301-80
　　　 (주)지시코 별관 3층 (우133-835)
Tel 대표 · 영업 3409-2058 편집부 3409-2060 FAX 3409-2059
E-mail yk3888@kornet.net / youkrack@hanmail.net
등록 1999년 4월 19일 제2-2803호
ISBN 89-5556-191-6-93710

정가 30,000원
*잘못된 책은 교환해 드립니다.